여러분의 합격을 응원하는

# 해커스공무원의 특별 혜택

## FREE 공무원 한국사 **특강**

해커스공무원(gosi.Hackers.com) 접속 후 로그인 ▶ 상단의 [무료강좌] 클릭 ▶
[교재 무료특강] 클릭하여 이용

## 해커스공무원 온라인 단과강의 **20% 할인쿠폰**

**ACCB555D2F4BFEV3**

해커스공무원(gosi.Hackers.com) 접속 후 로그인 ▶ 상단의 [나의 강의실] 클릭 ▶
좌측의 [쿠폰등록] 클릭 ▶ 위 쿠폰번호 입력 후 이용

* 등록 후 7일간 사용 가능(ID당 1회에 한해 등록 가능)

##  합격예측 **온라인 모의고사 응시권 + 해설강의 수강권**

**696425422FBE9FD4**

해커스공무원(gosi.Hackers.com) 접속 후 로그인 ▶ 상단의 [나의 강의실] 클릭 ▶
좌측의 [쿠폰등록] 클릭 ▶ 위 쿠폰번호 입력 후 이용

* ID당 1회에 한해 등록 가능

쿠폰 이용 관련 문의 **1588-4055**

# 해커스공무원 최진우 1/2 한국사 테마별 기출 700제

해커스

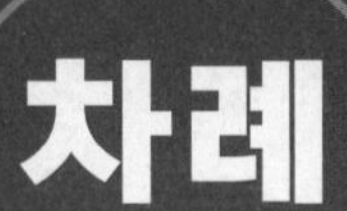

# 차례

# 이 책의 구성과 특징

**유형별로 분류한 테마!**

유형별로 상세하게 분류한 136개의 테마로 구성되어있어 효과적인 실전 대비가 가능합니다.

**최신 기출 문제 수록!**

2024년에 출제된 국가직/ 지방직/ 법원직 등의 최신 기출 문제까지 수록하였습니다.



THEME 102 의병 운동

**01** 2017년 국가직 9급

다음 조칙이 발표된 이후의 상황에 대한 설명으로 옳은 것만을 <보기>에서 모두 고른 것은?

> 《관보》 호외
> 짐이 생각건대 쓸데없는 비용을 절약하여 이용후생에 응용함이 급무라. 현재 군대는 용병으로서 상하의 일치와 국가 안전을 지키는 방위에 부족한지라. 훗날 징병법을 발표하여 공고한 병력을 구비할 때까지 황실 시위에 필요한 자를 빼고 모두 일시에 해산하노라.

보기
(ㄱ) 신돌석과 같은 평민 출신의 의병장이 처음으로 등장하였다.
(ㄴ) 단발령의 실시로 위정척사 사상에 바탕을 둔 의병 운동이 시작되었다.
(ㄷ) 연합 의병 부대인 13도 창의군이 결성되어 서울 진공 작전을 계획하였다.
(ㄹ) 일본군의 '남한 대토벌 작전'으로 의병 부대의 근거지가 초토화되었다.

① (ㄱ), (ㄴ) ② (ㄱ), (ㄹ)
③ (ㄴ), (ㄷ) ④ (ㄷ), (ㄹ)

**02** 2007년 국가직 9급

다음은 항일 의병 운동의 시기별 특징을 설명한 것이다. (나) 시기에 일어난 역사적 사실이 아닌 것은?

> (가) 존왕양이를 내세우며 지방 관아를 습격하여 단발을 강요하는 친일 수령들을 처단하였다.
> (나) 일본의 외교권 박탈을 계기로 국권 회복을 위한 무장 항전을 전개하였다.
> (다) 유생과 군인, 농민, 광부 등 각계각층을 포함하여 전력이 향상된 의병은 일본군과 직접 전투를 벌였다.

① 민종식은 1천여 의병을 이끌고 홍주성을 점령하였다.
② 평민 출신 의병장 신돌석이 처음으로 등장하여 강원도와 경상도의 접경지대에서 크게 활약하였다.
③ 의병 지도자들은 서울 진공 작전을 시도하여 경기도 양주에서 13도 창의군을 결성하였다.
④ 최익현은 정부 진위대와의 전투에 임해서 스스로 부대를 해산시키고 체포당하였다.

**03** 2021년 법원직 9급

자료의 의병에 대한 설명으로 옳은 것을 <보기>에서 모두 고른 것은?

> 군사장은 미리 군비를 신속히 정돈하여 철통과 같이 함에 한 방울의 물도 샐 틈이 없는지라. 이에 전군에 명령을 전하여 일제히 진군을 재촉하여 동대문 밖으로 진격할 때, 대군은 긴 뱀의 형세로 천천히 전진하게 하고, …… 3백 명을 인솔하고 선두에 서서 동대문 밖 삼십리 되는 곳에 나아가 전군이 모이기를 기다려 일거에 서울로 공격하여 들어가기로 계획하더니, 전군이 모이는 시기가 어긋나고 일본군이 갑자기 진격해 오는지라. 여러 시간을 격렬히 사격하다가 후원군이 이르지 않아 할 수 없이 퇴진하였다.

보기
(ㄱ) 고종이 해산 권고 조칙을 내리자 대부분 해산하였다.
(ㄴ) 13도 창의군을 결성하여 서울 진공 작전을 시도하였다.
(ㄷ) 각국 영사관에 교전 단체로 인정해 줄 것을 요구하였다.
(ㄹ) 의병 잔여 세력이 활빈당 등의 무장 결사를 조직하였다.

① (ㄱ), (ㄴ) ② (ㄱ), (ㄹ)
③ (ㄴ), (ㄷ) ④ (ㄷ), (ㄹ)

2024년 국가직 9급

**04**

(가)~(라)를 시기순으로 바르게 나열한 것은?

> (가) 13도 창의군이 결성되었다.
> (나) 지방군은 10정으로 조직하였다.
> (다) 친위 부대인 장용영을 설치하였다.
> (라) 중앙군은 2군 6위제로 운영하였다.

① (나) → (라) → (가) → (다)
② (나) → (라) → (다) → (가)
③ (라) → (나) → (가) → (다)
④ (라) → (나) → (다) → (가)

290 해커스공무원학원·공무원인강 gosi.Hackers.com

## $\frac{1}{2}$한국사 고득점 TIP

반드시 알아두어야 할 개념과 고득점을 위한 심화 개념을 정리한 '$\frac{1}{2}$한국사 고득점 TIP'을 통해 깊이 있게 학습할 수 있습니다.

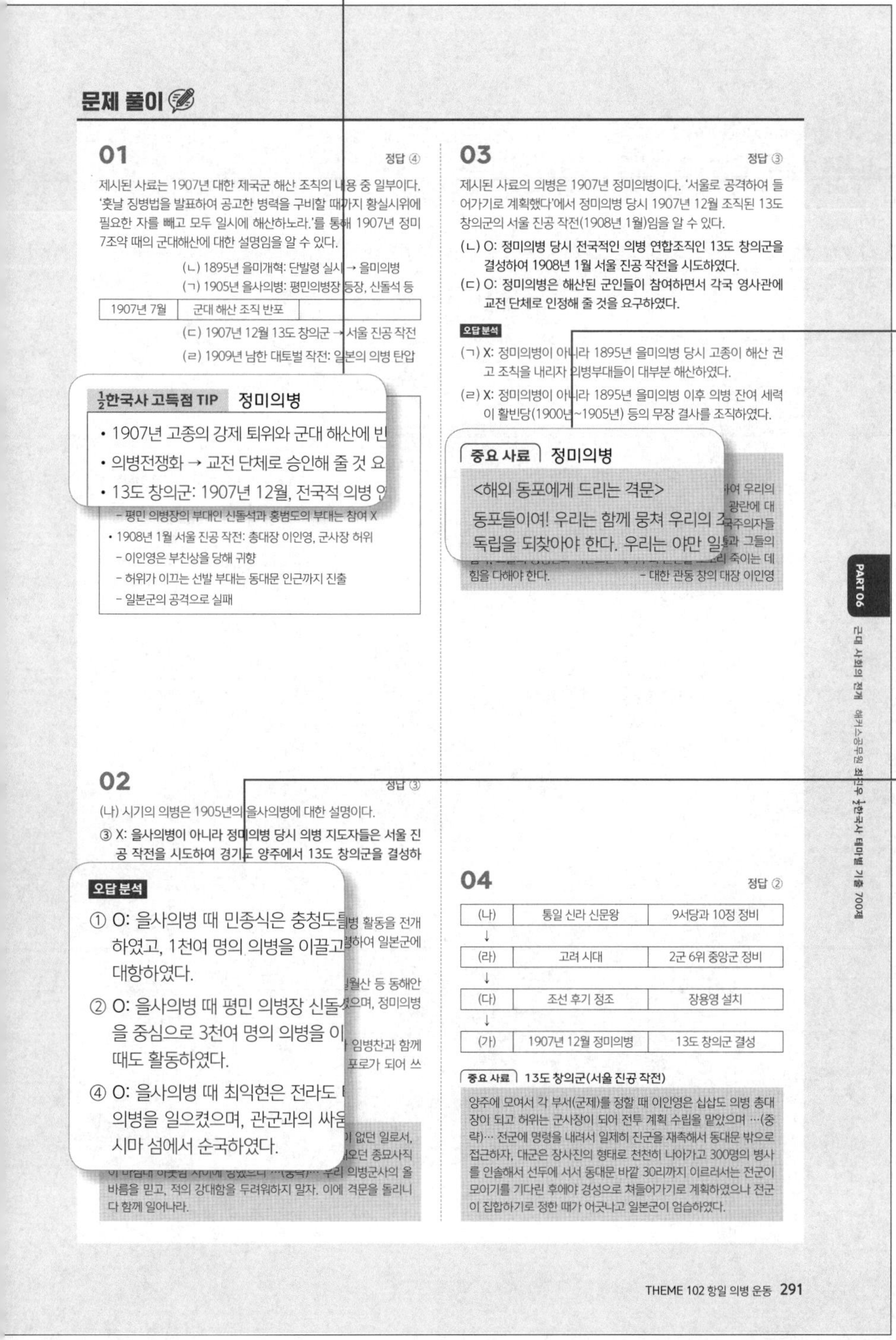

문제 풀이

**01** 정답 ④

제시된 사료는 1907년 대한 제국군 해산 조칙의 내용 중 일부이다. '훗날 징병법을 발표하여 공고한 병력을 구비할 때까지 황실시위에 필요한 자를 빼고 모두 일시에 해산하노라.'를 통해 1907년 정미 7조약 때의 군대해산에 대한 설명임을 알 수 있다.

(ㄴ) 1895년 을미개혁: 단발령 실시 → 을미의병
(ㄱ) 1905년 을사의병: 평민의병장 등장, 신돌석 등

| 1907년 7월 | 군대 해산 조칙 반포 |
| --- | --- |

(ㄷ) 1907년 12월 13도 창의군 → 서울 진공 작전
(ㄹ) 1909년 남한 대토벌 작전: 일본의 의병 탄압

$\frac{1}{2}$한국사 고득점 TIP 정미의병
- 1907년 고종의 강제 퇴위와 군대 해산에 반
- 의병전쟁화 → 교전 단체로 승인해 줄 것 요
- 13도 창의군: 1907년 12월, 전국적 의병
  - 평민 의병장의 부대인 신돌석과 홍범도의 부대는 참여 X
- 1908년 1월 서울 진공 작전: 총대장 이인영, 군사장 허위
  - 이인영은 부친상을 당해 귀향
  - 허위가 이끄는 선발 부대는 동대문 인근까지 진출
  - 일본군의 공격으로 실패

**02** 정답 ③

(나) 시기의 의병은 1905년의 을사의병에 대한 설명이다.

③ X: 을사의병이 아니라 정미의병 당시 의병 지도자들은 서울 진공 작전을 시도하여 경기도 양주에서 13도 창의군을 결성하

오답 분석
① O: 을사의병 때 민종식은 충청도 병 활동을 전개하였고, 1천여 명의 의병을 이끌고 하여 일본군에 대항하였다.
일월산 등 동해안
② O: 을사의병 때 평민 의병장 신돌 으며, 정미의병을 중심으로 3천여 명의 의병을 이 임병찬과 함께 때도 활동하였다. 포로가 되어 쓰
④ O: 을사의병 때 최익현은 전라도 의병을 일으켰으며, 관군과의 싸움 시마 섬에서 순국하였다.

이 없던 일로서, 오던 종묘사직 … 우리 의병군사의 올바름을 믿고, 적의 강대함을 두려워하지 말자. 이에 격문을 돌리니 다 함께 일어나라.

**03** 정답 ③

제시된 사료의 의병은 1907년 정미의병이다. '서울로 공격하여 들어가기로 계획했다'에서 정미의병 당시 1907년 12월 조직된 13도 창의군의 서울 진공 작전(1908년 1월)임을 알 수 있다.

(ㄴ) O: 정미의병 당시 전국적인 의병 연합조직인 13도 창의군을 결성하여 1908년 1월 서울 진공 작전을 시도하였다.
(ㄷ) O: 정미의병은 해산된 군인들이 참여하면서 각국 영사관에 교전 단체로 인정해 줄 것을 요구하였다.

오답 분석
(ㄱ) X: 정미의병이 아니라 1895년 을미의병 당시 고종이 해산 권고 조칙을 내리자 의병부대들이 대부분 해산하였다.
(ㄹ) X: 정미의병이 아니라 1895년 을미의병 이후 의병 잔여 세력이 활빈당(1900년~1905년) 등의 무장 결사를 조직하였다.

중요 사료 정미의병
<해외 동포에게 드리는 격문>
동포들이여! 우리는 함께 뭉쳐 우리의 조 … 여 우리의 독립을 되찾아야 한다. 우리는 야만 일 … 광란에 대 … 국주의자들 … 과 그들의 … 를 죽이는 데 힘을 다해야 한다. - 대한 관동 창의 대장 이인영

**04** 정답 ②

| | | |
| --- | --- | --- |
| (나) | 통일 신라 신문왕 | 9서당과 10정 정비 |
| (라) | 고려 시대 | 2군 6위 중앙군 정비 |
| (다) | 조선 후기 정조 | 장용영 설치 |
| (가) | 1907년 12월 정미의병 | 13도 창의군 결성 |

중요 사료 13도 창의군(서울 진공 작전)
양주에 모여서 각 부서(군제)를 정할 때 이인영은 십삼도 의병 총대장이 되고 허위는 군사장이 되어 전투 계획 수립을 맡았으며 …(중략)… 전군에 명령을 내려서 일제히 진군을 재촉해서 동대문 밖으로 접근하자, 대군은 장사진의 형태로 천천히 나아가고 300명의 병사를 인솔해서 선두에 서서 동대문 바깥 30리까지 이르러서는 전군이 모이기를 기다린 후에야 경성으로 쳐들어가기로 계획하였으나 전군이 집합하기로 정한 때가 어긋나고 일본군이 엄습하였다.

THEME 102 항일 의병 운동 291

PART 06 근대 사회의 전개 해커스공무원 최진우 $\frac{1}{2}$한국사 테마별 기출 700제

## 중요 사료

실제 기출 되었거나 앞으로 기출 될 가능성이 높은 '중요 사료'를 통해 어려운 사료 제시형 문제를 완벽히 대비할 수 있습니다.

## 상세하고 직관적인 해설!

문제의 자료, 정답 및 오답에 대한 상세한 해설로 문제에 대한 완벽한 이해가 가능하며, 해설에 있는 OX 표기를 통해 옳은 내용과 옳지 않은 내용을 빠르게 파악할 수 있습니다.

PART 01

# 역사의 의미와 선사 시대

# THEME 001 역사의 두 가지 의미

## 01

2016년 국가직 9급

**다음 글을 근거로 할 때, 사료를 탐구하는 자세로 옳지 않은 것은?**

> 역사라는 말은 사람에 따라 다양한 뜻으로 사용되고 있지만, 일반적으로 '과거에 있었던 사실'과 '조사되어 기록된 과거'라는 두 가지 뜻을 지니고 있다. 즉, 역사는 '사실로서의 역사'와 '기록으로서의 역사'라는 두 측면이 있다. 전자가 객관적 의미의 역사라면, 후자는 주관적 의미의 역사라 할 수 있다. 우리가 역사를 배운다고 할 때, 이것은 역사가들이 선정하여 연구한 '기록으로서의 역사'를 배우는 것이다.

① 사료는 '과거에 있었던 사실'이므로 그대로 '사실로서의 역사'라고 판단한다.
② 사료를 이해하기 위해 그 사료가 기록된 당시의 전반적인 시대 상황을 살펴본다.
③ 사료 또한 사람에 의해 '기록된 과거'이므로, 기록한 역사가의 가치관을 분석한다.
④ 동일한 사건 또는 같은 시대를 다루고 있는 여러 다른 사료와 비교·검토해 본다.

## 02

2011년 지방직 9급

**다음과 같은 주장에 가장 적합한 역사 서술은?**

> 역사가는 자기 자신을 숨기고 과거가 본래 어떠한 상태에 있었는가를 밝히는 것을 자신의 지상 과제로 삼아야 하며, 이때 오직 역사적 사실로 하여금 말하게 하여야 한다.

① 궁예와 견훤의 흉악한 사람됨이 어찌 우리 태조와 서로 겨룰 수 있겠는가.
② 건국 초에 향리의 자제를 뽑아 서울에 머물게 하여 출신지의 일에 대하여 자문하였는데, 이를 기인이라고 한다.
③ 묘청 등이 승리하였다면 조선사가 독립적, 진취적으로 진전하였을 것이니, 이 사건을 어찌 일천년래 제일대사건이라 하지 아니하랴.
④ 토문 이북과 압록 이서의 땅이 누구의 것인지 알지 못하게 하였으니 …(중략)… 고려가 약해진 것은 발해를 차지하지 못하였기 때문이다.

## 03

2019년 경찰 1차

**다음 내용에 대한 설명으로 틀린 것은?**

> 역사가와 역사적 사실은 상호 불가분의 관계이다. 사실을 갖추지 못한 역사가는 뿌리가 없기 때문에 열매를 맺을 수 없다. 반면에 역사가가 없다면 사실은 생명이 없는 무의미한 존재일 뿐이다. 역사란 무엇일까? 이 질문에 대한 나의 궁극적인 답변은 다음과 같다. 역사는 역사가와 사실이 끊임없이 겪는 상호 작용의 과정이며, 이는 현재와 과거의 끊임없는 대화인 셈이다.

① 사실로서의 역사를 강조하는 실증주의적 역사관을 잘 드러내고 있다.
② 역사는 사실과 기록이라는 두 가지 측면으로 구성되어 있다.
③ 카(E. H. Carr)가 쓴 『역사란 무엇인가?』에 나오는 문구이다.
④ 역사가의 주관적인 해석 과정은 객관적인 과거 사실만큼이나 역사를 형성하는 데 중요하다.

## 04

2008년 국가직 9급

**다음 주장을 고려할 때 가장 적절한 태도는?**

> 역사에 대한 서로 다른 관점을 사관(史觀)이라고 한다. 역사가가 어떤 사관을 가지고 책을 저술 또는 편찬하는가에 따라서 역사의 내용이 달라질 수 있다.

① 과거 사실을 밝히는 일을 지상 과제로 삼는다.
② 대중을 위한 역사를 만들고자 적당한 윤색을 가한다.
③ 역사 서술에는 반드시 현재의 요구를 반영해야 한다.
④ 역사서를 읽을 때 독자는 저자의 사관을 염두에 둔다.

# 문제 풀이

## 01

정답 ①

① X: 사료는 '과거에 있었던 사실'이므로 그대로 '사실로서의 역사'라고 판단한다. → 사료는 역사를 쓰는 재료이며 역사가에 의해서 선택된 과거의 사건 등을 의미한다. 하지만 사료 또한 과거의 기록물이므로 이 사료를 작성한 저자의 주관적 견해가 포함될 수 있으므로 '사실로서의 역사'라고 볼 수는 없다.

**오답 분석**

② O: 사료를 이해하기 위해서는 단순히 사료 자체의 내용뿐 아니라 사료가 기록된 당시의 전반적인 시대 상황을 함께 살펴보아야 한다.

③ O: 사료에는 그것을 기록하는 역사가의 가치관이 개입될 수 있으므로, 사료를 기록한 역사가의 가치관을 분석해야 한다.

④ O: 사료를 비판할 때에는 동일한 사건 또는 같은 시대를 다루고 있는 다른 사료와 비교·검토하는 과정을 통해 각각의 사료가 어떠한 관점과 의도를 지니고 있는지 해석해야하며, 그 안에 나타나 있는 역사적 의미 등을 파악하여야 한다.

## 02

정답 ②

제시된 자료는 '사실로서의 역사'에 대한 설명이다. 역사가는 자기 자신을 숨기고 ~ 오직 역사적 사실로 하여금 말하게 하여야 한다.'에서 랑케의 실증주의, 객관적인 역사 연구임을 알 수 있다.

② O: 건국 초에 향리의 자제를 뽑아 서울에 머물게 하여 출신지의 일에 대하여 자문하였는데, 이를 기인이라고 한다. → 고려시대 기인제도에 대한 사실적 설명이다.

**오답 분석**

① X: 궁예와 견훤의 흉악한 사람됨이 어찌 우리 태조와 서로 겨룰 수 있겠는가. → 궁예와 견훤의 흉악한 사람됨에서 저자의 주관이 들어간 것을 알 수 있다.

③ X: 묘청 등이 승리하였다면 조선사가 독립적, 진취적으로 진전하였을 것이니, 이 사건을 어찌 일천년래 제일대사건이라 하지 아니하랴. → 신채호의 『조선사연구초』의 내용이며, 여기서 신채호는 묘청의 서경 천도 운동을 "일천년래 제일대사건"으로 주관적으로 평가하였다.

④ X: 토문 이북과 압록 이서의 땅이 누구의 것인지 알지 못하게 하였으니 …(중략)… 고려가 약해진 것은 발해를 차지하지 못하였기 때문이다. → 고려가 약해진 것을 발해를 차지하지 못한 것으로 해석하는 것으로 보아 역사가의 주관이 들어가있다.

## 03

정답 ①

제시된 사료에서 역사는 역사가와 사실이 끊임없이 겪는 상호 작용의 과정이며, 이는 현재와 과거의 끊임없는 대화라는 내용을 통해 E. H. 카의 주장임을 알 수 있다.

① X: 사실로서의 역사를 강조하는 실증주의적 역사관을 제시한 대표적인 역사학자는 랑케이다. 랑케는 '역사학의 임무는 과거의 사실을 있는 그대로 밝히는 것이다'라고 주장하며 역사 서술의 객관성을 강조하였다.

**오답 분석**

②, ③, ④ O: 카(E. H. Carr)는 그의 저술인 『역사란 무엇인가?』에서 역사를 '현재와 과거의 끊임없는 대화'라고 정의하였고, 이를 통해 역사를 구성하는 사실과 기록의 두 가지 측면을 모두 강조하며 실증주의 사관과 상대주의 사관의 절충적 견해를 제시하였다. 또한 그는 객관적인 과거의 사실만큼 역사가의 주관적인 해석 과정이 역사를 형성하고 이해하는 데 중요한 것임을 강조하였다.

## 04

정답 ④

제시된 사료에서 역사가가 어떤 사관을 가지고 책을 저술하는가에 따라 역사의 내용이 달라질 수 있다는 것을 통해 상대주의 사관에 대한 내용임을 알 수 있다.

④ O: 역사서는 역사가들의 사관이 반영되었으므로 이를 읽을 때 독자는 저자의 사관을 염두에 두어야 한다는 것은 상대주의 사관과 일맥상통한다.

**오답 분석**

① X: 과거의 사실을 밝히는 일을 지상 과제로 삼는 것은 실증주의 사관의 특징이다.

② X: 역사는 사실에 입각하여 서술해야 하며, 윤색을 가하면 안 된다.

③ X: 역사 서술에 반드시 현재의 요구를 반영해야 하는 것은 아니다.

**½한국사 고득점 TIP** 사관

| 관점 | 실증주의 사관 | 상대주의 사관 |
|---|---|---|
| 내용 | 객관적인 방법을 통해 과거 사실을 재구성하려는 입장으로, 역사가의 주관적 해석을 배제한 객관적인 역사 서술을 지향 | 역사를 고정된 실체로 보지 않고, 역사가의 주관적·현대적인 해석을 통해 역사적 진실을 추구 |
| 대표 학자 | 랑케, 앨버트 비버리지, 엘튼 등 | 베커, 크로체, 콜링우드, 카 등 |

# THEME 002 구석기 시대

## 01

2020년 국가직 9급

(가) 시기의 생활상에 대한 설명으로 옳은 것은?

> 1935년 두만강 가의 함경북도 종성군 동관진에서 한반도 최초로 (가) 시대 유물인 석기와 골각기 등이 발견되었다. 발견 당시 일본에서는 (가) 시대 유물이 출토되지 않은 상황이었다.

① 반달 돌칼을 이용하여 벼를 수확하였다.

② 넓적한 돌 갈판에 옥수수를 갈아서 먹었다.

③ 사냥이나 물고기잡이 등을 통해 식량을 얻었다.

④ 영혼 숭배 사상이 있어 사람이 죽으면 흙 그릇 안에 매장하였다.

## 02

2023년 지방직 9급

밑줄 친 '주먹 도끼'가 사용된 시대에 대한 설명으로 옳은 것은?

> 이 유적은 경기도 연천군 한탄강 언저리에 넓게 위치하고 있다. 이곳에서 아슐리안 계통의 주먹 도끼가 다량으로 출토되어 더욱 많은 관심이 집중되었다. 이곳에서 발견된 주먹 도끼는 그 존재 유무로 유럽과 동아시아 문화가 나뉘어진다고 한 모비우스의 학설을 무너뜨리는 결정적 증거가 되었다.

① 동굴이나 바위 그늘, 강가의 막집 등에서 살았다.

② 내부에 화덕이 있는 움집이 일반적인 주거 형태였다.

③ 토기를 만들어 음식을 조리하거나 식량을 저장하였다.

④ 구릉에 마을을 형성하고 그 주변에 도랑을 파고 목책을 둘렀다.

## 03

2018년 서울시 9급

구석기 시대 사람들의 생활상에 대한 설명으로 가장 옳은 것은?

① 대체로 동굴이나 바위그늘에서 생활하였으며 불을 사용할 줄 알았다.

② 단양 수양개, 연천 전곡리, 공주 석장리 등 강가에 살던 사람들은 주로 고기잡이와 밭농사를 하며 생활하였다.

③ 이 시기의 대표적인 무덤 형식은 고인돌과 돌널무덤이다.

④ 주먹도끼, 가로날도끼, 민무늬 토기 등의 도구를 사용했다.

## 04

2014년 국가직 9급

1960년대 전반 남북한에서 각기 조사 발굴되어 한국사에서 구석기 시대의 존재를 확인시켜 준 유적들을 바르게 짝지은 것은?

| | 남한 | 북한 |
|---|---|---|
| ① | 제주 빌레못 유적 | 상원 검은모루 유적 |
| ② | 공주 석장리 유적 | 웅기 굴포리 유적 |
| ③ | 단양 상시리 | 덕천 승리산 유적 |
| ④ | 연천 전곡리 유적 | 평양 만달리 유적 |

## 05

2018년 서울시 7급

<보기>에서 설명하는 구석기 유적은?

> **보기**
> 이곳에서는 동아시아에서 처음으로 아슐리안형 주먹 도끼가 발굴되었다. 이러한 성과는 세계의 전기 구석기 문화가 유럽·아프리카 아슐리안 전통과 동아시아 지역의 찍개 문화로 나뉜다는 고고학계의 학설이 무너지는 계기가 되었다.

① 공주 석장리 유적

② 연천 전곡리 유적

③ 청원 두루봉 동굴 유적

④ 단양 상시리 바위 그늘 유적

## 문제 풀이

### 01

정답 ③

제시된 자료의 시기는 구석기 시기이다. 주어진 자료의 함경북도 종성군 동관진 유적은 일제강점기에 발견된 한반도에서 최초로 발견된 구석기 시대 유적지이다. 그러므로 (가) 시기는 구석기 시대에 해당한다.

③ O: 구석기 시대에는 사냥이나 물고기잡이 등을 통해 식량을 얻었다.

**오답 분석**

① X: 구석기 시대가 아니라 청동기 시대에 반달 돌칼을 이용하여 벼를 수확하였다.

② X: 구석기 시대가 아니라 신석기 시대에 넓적한 돌 갈판에 옥수수를 갈아서 먹었다.

④ X: 구석기 시대가 아니라 신석기 시대 이후 영혼 숭배 사상이 있어 사람이 죽으면 흙 그릇 안에 매장하였다.

### 02

정답 ①

제시된 자료에서 모비우스 학설을 무너뜨리는 결정적 증거가 되었다는 내용을 통해 밑줄 친 '주먹 도끼'는 연천 전곡리 유적에서 발견된 아슐리안형 주먹 도끼임을 알 수 있다. 아슐리안형 주먹 도끼가 사용된 시대는 구석기 시대이다.

① O: 구석기 시대에는 식량을 찾아 다니며 이동 생활을 하였기 때문에 동굴이나 바위 그늘, 강가의 막집 등에서 살았다.

**오답 분석**

② X: 신석기 시대에 내부에 화덕이 있는 움집이 일반적인 주거 형태였다. 신석기 시대의 움집은 바닥이 원형 또는 모서리가 둥근 사각형이었으며, 내부의 중앙에는 불씨를 보관하거나 취사와 난방을 위한 화덕이 위치하였다.

③ X: 구석기 시대가 아니라 신석기 시대부터 흙을 빚어 불에 구워 만든 용기인 토기를 만들어 음식을 조리하거나 식량을 저장하였다.

④ X: 청동기 시대에 구릉에 마을을 형성하고, 그 주변에 도랑을 파고 목책을 둘렀다. 잉여 생산물과 농경지를 둘러싼 대립이 빈번해지자 청동기 시대의 사람들은 방어에 유리한 구릉에 마을을 형성하고, 그 주변에 도랑(환호)과 목책을 둘렀다.

### 03

정답 ①

① O: 구석기 시대에는 동굴에 살거나 바위 그늘, 강가에 막집을 짓고 살았고 불과 언어가 사용되었다.

**오답 분석**

② X: 구석기 시대가 아니라 신석기 후기부터 밭농사가 시작되었다.

③ X: 구석기가 아니라 청동기 시대에 고인돌과 돌널무덤이 제작되었다.

④ X: 민무늬 토기는 청동기 시대의 대표적인 토기이다. 주먹도끼, 가로날도끼는 구석기 시대 유물이다.

### 04

정답 ②

② O: 한국사에서 구석기 시대의 존재를 확인시켜준 유적은 [남한]에서는 공주 석장리 유적, [북한]에서는 웅기 굴포리 유적이다. 구석기 시대의 유적은 일제 강점기에 최초로 북한의 함경북도에서 종성 동관진 유적이 발견되었지만, 일본인들은 이를 구석기 유적으로 인정하지 않았다. 그리고 해방 이후 1963년 북한의 웅기 굴포리에서 구석기 유적이 최초로 발견되었고, 1964년 남한에서도 최초로 공주 석장리에서 구석기 유적이 발견되었다.

**½한국사 고득점 TIP** 구석기 주요 유적지

- 종성 동관진: 일제 강점기 최초로 발견된 구석기 유적지
- 웅기 굴포리: 해방 이후 발견된 최초의 구석기 유적지(북한)
- 공주 석장리: 해방 이후 남한에서 발견된 최초의 구석기 유적지
- 단양 금굴: 한반도 最古(최고)유적지
- 청원 두루봉 동굴: 흥수아이라는 어린이 뼈 발견, 얼굴 새긴 사슴뼈
- 덕천 승리산: 최초로 인골화석 발견 유적지(북한)
- 연천 전곡리: 아슐리안계 석기 발견, 모비우스 학설과 배치
- 단양 상시리: 구석기 시대 인골 발견

### 05

정답 ②

제시된 자료에서 동아시아에서 처음으로 아슐리안형 주먹 도끼가 발견되었다는 내용을 통해 전기 구석기 시대의 유적인 경기도 연천 전곡리 유적에 대한 설명임을 알 수 있다.

② O: 연천 전곡리 유적은 대표적인 전기 구석기 시대의 유적으로, 이곳에서 동아시아 최초로 돌의 양면을 가공한 형태의 아슐리안형 주먹 도끼가 출토되었다. 이 발굴을 통해 아슐리안형 주먹 도끼가 발견되는 유럽·아프리카 지역의 석기 문화가 아시아 지역보다 더 진보되었다는 모비우스의 학설이 무너지게 되었다.

**오답 분석**

① X: 충청남도 공주 석장리 유적은 광복 이후 남한에서 최초로 발견된 구석기 시대 유적으로, 전기~후기 구석기 유적이 모두 발견된 곳이다.

③ X: 충청북도 청원 두루봉 동굴 유적은 후기 구석기 시대의 유적으로, 이곳에서는 어린 아이의 인골 화석인 흥수 아이가 발견되었다.

④ X: 충청북도 단양 상시리 바위 그늘 유적은 구석기 시대~청동기 시대의 유적으로, 이곳에서 남한 최초로 인골 화석인 상시인이 발굴되었다.

# THEME 003 신석기 시대

## 01

2015년 국가직 9급

밑줄 친 '이 시대'의 사회 모습으로 옳은 것은?

> 이 시대의 황해도 봉산 지탑리와 평양 남경 유적에서 탄화된 좁쌀이 발견되는 것으로 보아 잡곡류 경작이 이루어졌음을 알 수 있다. 농경의 발달로 수렵과 어로가 경제 생활에서 차지하는 비중이 줄어들기 시작하였지만, 여전히 식량을 얻는 중요한 수단이었다. 한편 가락바퀴나 뼈바늘을 이용하여 옷이나 그물을 만드는 등 원시적인 수공업 생산이 이루어지기 시작하였다.

① 생산물의 분배 과정에서 사유 재산 제도가 등장하였다.
② 마을 주변에 방어 및 의례 목적으로 환호(도랑)를 두르기도 하였다.
③ 흑요석의 출토 사례로 보아 원거리 교류나 교역이 있었음을 알 수 있다.
④ 집자리는 주거용 외에 창고, 작업장, 집회소, 공공 의식 장소 등도 확인되었다.

## 02

2018년 서울시 9급

<보기>의 유적들이 등장한 시대의 사회상에 대한 설명으로 가장 옳은 것은?

> **보기**
> • 서울 암사동 유적 • 제주 고산리 유적
> • 양양 오산리 유적 • 부산 동삼동 유적

① 움집을 청산하고 지상 가옥에서 거주하기 시작하였다.
② 벼농사를 위하여 각종 수리시설이 축조되었다.
③ 씨족 중심의 사회로 조개무지(패총)를 많이 남겼다.
④ 마을을 보호하기 위한 방어시설이 발전하였다.

## 03

2014년 서울시 9급

다음 유물이 등장한 시기의 생활 모습에 관한 설명으로 옳은 것은?

> • 팽이처럼 밑이 뾰족하거나 둥글고, 표면에 빗살처럼 생긴 무늬가 새겨져 있다.
> • 곡식을 담는 데 많이 이용되었다.

① 철제 농기구로 농사를 지었다.
② 비파형동검을 의식에 사용하였다.
③ 취사와 난방이 가능한 움집에 살았다.
④ 죽은 자를 위한 고인돌 무덤을 만들었다.
⑤ 정복 전쟁을 거치며 지배 계급이 등장하였다.

## 04

2017년 법원직 9급

다음 도구들이 사용되었던 시기에 새롭게 볼 수 있었던 장면으로 가장 적절한 것은?

① 주먹도끼를 제작하는 사람들
② 고인돌의 굄돌을 끌고 가는 사람들
③ 가락바퀴로 실을 뽑고 있는 사람들
④ 반달 돌칼을 농사에 이용하는 사람들

## 05

2019년 국가직 7급

다음 토기가 사용된 시기의 생활상으로 옳지 않은 것은?

> 이 토기는 그릇의 표면에 점토 띠를 덧붙여 각종 문양 효과를 내었으며, 바닥은 평저 또는 원저로 이루어져 있다. 대표적인 예로 부산 동삼동, 울주 신암리, 양양 오산리 유적 등에서 출토된 것이 있다.

① 움집에서 주거 생활을 하였다.
② 검은 간 토기를 함께 사용하였다.
③ 가락바퀴를 이용해 옷을 만들었다.
④ 농경이 시작되어 조와 기장 등을 경작하였다.

## 문제 풀이

### 01

정답 ③

제시된 자료의 밑줄 친 '이 시대'는 신석기 시대이다. 신석기 시대에는 조와 피, 수수, 기장 등의 작물을 재배하는 농경이 시작되었고, 가락바퀴(방추차)와 뼈바늘을 이용하여 옷이나 그물을 제작하였다.

③ O: **신석기 시대 남해안에서 발견된 흑요석의 사례로 보아 원거리 교류나 교역이 있었음을 알 수 있다. 신석기 시대 남해안에서 발견된 흑요석은 일본에서 전래된 흑요석으로 이 시기 일본과 교류가 있었음을 보여주는 증거이다.**

**오답 분석**

① X: 신석기 시대가 아니라 청동기 시대에 생산물의 분배 과정에서 사유 재산 제도가 등장하였다.

② X: 신석기 시대가 아니라 청동기 시대에 마을 주변에 방어 및 의례 목적으로 환호(도랑)를 두르기도 하였다.

④ X: 신석기 시대가 아니라 청동기 시대의 집자리는 주거용 외에 창고, 작업장, 집회소, 공공 의식 장소 등도 확인되었다.

**½한국사 고득점 TIP** 청동기 시대 집터

청동기 시대에는 구릉지나 산간에서 배산임수의 집단적인 취락 생활을 하였고 주거지가 보다 밀집화되었으며 신석기 시대보다 규모가 큰 취락이 형성되었다. 또한 청동기 시대의 움집은 직사각형의 장방형 형태로 만들어졌으며, 화덕이 중앙에서 한쪽 벽면으로 옮겨졌다. 그리고 칸막이를 두어 용도를 구분하였고 초석(주춧돌)을 이용하였다. 뿐만 아니라 청동기 시대에는 같은 지역의 집터라 하더라도 그 넓이가 다양한 것으로 보아 주거용 외에 창고, 공동 작업장, 집회소, 공공 의식 장소 등도 만들었음을 알 수 있다.

### 02

정답 ③

제시된 자료의 서울 암사동 유적, 제주도 한경면 고산리 유적, 양양 오산리 유적, 부산 동삼동 유적 등은 신석기 시대의 대표적인 유적지이다.

③ O: **신석기 시대에는 씨족 중심이 사회였고, 조개무지(패총)를 많이 남겼다.**

**오답 분석**

① X: 신석기 시대가 아니라 철기 시대에 움집을 청산하고 지상 가옥에서 거주하기 시작하였다.

② X: 신석기 시대가 아니라 철기 시대에 벼농사를 위하여 각종 수리 시설이 축조되었다.

④ X: 신석기 시대가 아니라 청동기 시대에 마을을 보호하기 위한 방어시설이 발전하였다.

**½한국사 고득점 TIP** 씨족 사회

신석기 시대는 씨족을 중심으로 하는 부족사회였다. 씨족은 자급자족의 경제 생활을 하였고, 아직은 사유재산은 없었다. 그리고 씨족의 혼인은 다른 씨족과 족외혼을 하여 부족을 형성하였으며, 이 시기에는 부족의 지도자는 있었지만 지배자는 아직 등장하지 않았다. 동예의 책화나 족외혼, 신라의 화백 회의와 화랑도가 씨족사회의 전통을 계승한 것이다.

### 03

정답 ③

제시된 자료는 신석기 시대의 대표적인 토기인 빗살무늬 토기에 대한 설명이다.

③ O: **신석기 시대에는 취사와 난방이 가능한 움집에 살았다.**

**오답 분석**

① X: 신석기 시대가 아니라 철기 시대에 철제 농기구로 농사를 지었다.

② X: 신석기 시대가 아니라 청동기 시대에 비파형동검을 의식에 사용하였다.

④ X: 신석기 시대가 아니라 청동기 시대에 고인돌 무덤을 만들었다.

⑤ X: 신석기 시대가 아니라 청동기 시대부터 정복 전쟁을 거치며 지배 계급이 등장하였다.

### 04

정답 ③

제시된 자료의 도구는 신석기 시대 사용된 갈돌과 갈판(좌), 빗살무늬 토기(우)이다. 신석기 시대에는 농경이 시작되어 갈판과 갈돌을 이용하여 농작물의 껍질을 벗기거나 가는데 이용하였다.

③ O: **신석기 시대에는 가락바퀴로 실을 뽑아 그물이나 옷을 제작하였다.**

**오답 분석**

① X: 신석기 시대가 아니라 구석기 시대에 주먹도끼를 제작하였다.

② X: 신석기 시대가 아니라 청동기 시대에 고인돌을 제작하였다.

④ X: 신석기 시대가 아니라 청동기 시대에 반달 돌칼을 농사에 이용하였다.

### 05

정답 ②

제시된 자료의 '이 토기'는 신석기 시대 제작된 덧무늬 토기이다. 또한, '부산 동삼동', '울주 신암리', '양양 오산리' 등을 통해 신석기 시대에 대한 내용임을 알 수 있다.

② X: **신석기 시대가 아니라 철기 시대에 검은 간 토기를 사용하였다.**

**오답 분석**

① O: 신석기 시대에는 움집에서 주거 생활을 하였다.

③ O: 신석기 시대부터 가락바퀴(방추차), 뼈바늘(골침) 등을 통해 옷을 제작하였다.

④ O: 신석기 시대에는 농경이 시작되어 조와 기장 등을 경작하였다.

# THEME 004 청동기와 철기 시대

## 01

2019년 국가직 9급

**청동기 시대의 유적과 유물에 대한 설명으로 옳은 것은?**

① 연천 전곡리에서는 사냥도구인 주먹도끼가 출토되었다.
② 창원 다호리에서는 문자를 적는 붓이 출토되었다.
③ 강화 부근리에서는 탁자식 고인돌이 발견되었다.
④ 서울 암사동에서는 곡물을 담는 빗살무늬토기가 나왔다.

## 02

2011년 지방직 9급

**한국 철기 시대의 주거 양상에 대한 설명으로 옳지 않은 것은?**

① 부뚜막이 등장하였다.
② 지상식 주거가 등장하였다.
③ 원형의 송국리형 주거가 등장하였다.
④ 출입구 시설이 붙은 '여(呂)'자형 주거가 등장하였다.

## 03

2007년 광주시 9급

**기원전 5세기 사실에 대한 설명으로 틀린 것은?**

① 철기가 보급되어 철제 무기와 철제 연모가 만들어지면서 청동기는 의식용 도구로 변하였다.
② 이 시기에 명도전, 반량전, 오수전 등이 출토되는 것으로 보아 중국과의 교류가 활발했음을 알 수 있다.
③ 이 시기 유적에서는 청동기 때 사용되던 세형동검, 잔무늬 거울은 발견되지 않았다.
④ 청동기 시대부터 만들어진 민무늬 토기 이외에 덧띠 토기, 검은 간토기 등도 사용되었다.

## 04

2017년 기상직 9급

**(가), (나) 무덤이 주로 제작된 시기에 대한 설명으로 옳은 것을 <보기>에서 고른 것은?**

(가)

(나)

| 보기 |
|---|
| (ㄱ) (가): 농경과 목축이 시작되었다.<br>(ㄴ) (가): 철제 농기구를 사용하였다.<br>(ㄷ) (나): 계급이 없는 평등사회였다.<br>(ㄹ) (나): 반달 돌칼로 농작물을 수확하였다. |

① (ㄱ), (ㄷ)　　② (ㄱ), (ㄹ)
③ (ㄴ), (ㄷ)　　④ (ㄴ), (ㄹ)

## 05

2018년 법원직 9급

**다음 유적이 형성된 시기에 대한 설명으로 가장 옳은 것은?**

① 최초의 예술품이 나타났다.
② 처음으로 농경이 시작되었다.
③ 사유 재산과 계급이 발생하였다.
④ 씨족들이 모여서 부족 사회를 이루었다.

## 06

2014년 법원직 9급

**다음 유물들을 통해 알 수 있는 사실로 가장 옳은 것은?**

① 계급의 분화가 시작되었다.
② 농경을 처음으로 시작하였다.
③ 중국과 활발하게 교류하였다.
④ 철제 농기구의 사용이 보편화되있다.

# 문제 풀이

## 01

정답 ③

③ O: 청동기 시대 유적인 강화 부근리에서는 탁자식 고인돌이 발견되었다.

**오답 분석**

① X: 청동기 시대가 아니라 구석기 시대 유적인 연천 전곡리에서 사냥도구인 주먹도끼가 출토되었다.

② X: 청동기 시대가 아니라 철기 시대 유적인 창원 다호리에서 문자를 적는 붓이 출토되었다.

④ X: 청동기 시대가 아니라 신석기 시대의 유적인 서울 암사동에서 곡물을 담는 빗살무늬토기가 나왔다.

**½한국사 고득점 TIP** 청동기 시대 고인돌 유적

고인돌은 청동기 시대의 대표적인 무덤으로 강화도와 화순, 고창 등에서 발견되었으며 유네스코 문화유산에 등재되었다. 특히 청동기 시대에는 고인돌 이외에도 돌무지 무덤, 돌널무덤 등이 제작되었다.

## 02

정답 ③

③ X: 철기 시대가 아니라 청동기 시대 부여 송국리 유적에서 원형의 송국리형 주거가 등장하였다.

**½한국사 고득점 TIP** 철기 시대 주거 양식

지상가옥이 만들어졌고, 부뚜막이 등장하여 온돌 장치가 장착되었다. 그리고 출입구 시설이 붙은 여자형 집터가 강원도 일대에서 발견되었다.

## 03

정답 ③

기원전 5세기경은 초기 철기 시대로서 이 시기에는 중국의 전국시대 철기 문화가 전래되어 무기나 농기구가 철기로 제작되기 시작하였다. 반면 이 시기에 청동기는 의기화되었고, 독자적으로 발전하면서 세형동검과 잔무늬 거울, 거푸집 등이 제작되었다.

③ X: 철기 시대에는 세형동검, 잔무늬 거울 등의 독자적 청동기가 제작되어 의식용 도구로 사용되었다.

**오답 분석**

① O: 철기 시대에는 철제 무기와 철제 연모가 만들어지면서 청동기는 의식용 도구로 변하였다.

② O: 철기 시대에는 명도전, 반량전, 오수전 등을 통해 중국과 교류가 활발했음을 알 수 있다.

④ O: 철기 시대에는 민무늬 토기, 덧띠 토기, 검은 간토기가 제작되었다.

## 04

정답 ④

제시된 자료의 (가)는 옹관묘로 철기 시대의 무덤 양식이고, (나)는 고인돌로 청동기 시대의 무덤 양식이다.

(ㄴ), (ㄹ) O: 청동기 시대에는 반달 돌칼 등 석제 농기구로 농작물을 수확하였고, 철기 시대에는 철제 농기구를 사용하였다.

**오답 분석**

(ㄱ) X: (가)가 유행하던 철기 시대가 아니라 신석기 시대부터 농경과 목축이 시작되었다.

(ㄷ) X: (나)가 만들어진 청동기 시대에는 계급이 없는 평등사회가 아니라 계급사회였다.

## 05

정답 ③

제시된 자료는 청동기 시대에 제작된 고령 (장기리) 양전동 알터 바위그림이다. 암각화는 선사 시대부터 제작되었으며 주로 청동기 시대에 가장 많이 제작되었다. 고령 (장기리) 양전동 알터 바위그림은 청동기 시대에 제작되었다.

③ O: 청동기 시대에는 사유 재산이 발생하였으며, 이에 따라 계급이 발생하였다.

**오답 분석**

① X: 청동기 시대가 아니라 구석기 시대부터 예술품이 나타났다.

② X: 청동기 시대가 아니라 신석기 시대부터 처음으로 농경이 시작되었다.

④ X: 청동기 시대가 아니라 신석기 시대에 씨족들이 모여서 부족사회를 이루었다.

**½한국사 고득점 TIP** 고령 (장기리) 양전동 알터 바위 그림

동심원(태양), 십자형, 삼각형 등의 추상적인 기하학 무늬가 보이며 태양신을 섬기는 농경 문화인들의 제단으로 보인다.

## 06

정답 ③

제시된 첫 번째 유물은 명도전, 두 번째는 반량전, 세 번째 유물은 붓이다. 모두 철기 시대의 유물로 중국과의 교류를 보여준다.

③ O: 철기 시대에는 중국과 활발하게 교류하였다.

**오답 분석**

① X: 철기가 아니라 청동기 시대부터 계급의 분화가 시작되었다.

② X: 철기가 아니라 신석기 시대부터 농경을 처음으로 시작하였다.

④ X: 철기 시대에는 철제 농기구의 사용이 보편화되었다.

**½한국사 고득점 TIP** 철기 시대 중국과 교류

명도전, 반량전, 오수전, 왕망전 등의 중국 화폐가 한반도에서 발견되었고, 붓과 진과 등이 발견되어 한자가 중국에서 전래된 것을 알 수 있다.

# THEME 005 선사 시대 개관

## 01

2021년 국가직 9급

**신석기시대 유적과 유물을 바르게 연결한 것만을 모두 고르면?**

(ㄱ) 양양 오산리 유적 - 덧무늬토기
(ㄴ) 서울 암사동 유적 - 빗살무늬토기
(ㄷ) 공주 석장리 유적 - 미송리식토기
(ㄹ) 부산 동삼동 유적 - 아슐리안형 주먹도끼

① (ㄱ), (ㄴ) ② (ㄱ), (ㄹ)
③ (ㄴ), (ㄷ) ④ (ㄷ), (ㄹ)

## 02

2018년 지방직 9급

**다음은 각 유물과 그것이 사용되던 시기의 사회 모습에 대한 설명이다. 옳은 것만을 모두 고르면?**

(ㄱ) 슴베찌르개 - 벼농사를 짓기 시작하였고 나무로 만든 농기구를 사용하였다.
(ㄴ) 붉은 간토기 - 거친무늬 거울을 사용하여 제사를 지내거나 의식을 거행하였다.
(ㄷ) 반달 돌칼 - 농사를 짓기 시작했지만 아직 지배와 피지배 관계는 발생하지 않았다.
(ㄹ) 눌러찍기무늬 토기 - 가락바퀴와 뼈바늘을 이용하여 옷이나 그물을 만들어 사용하였다.

① (ㄱ), (ㄴ) ② (ㄱ), (ㄷ)
③ (ㄴ), (ㄹ) ④ (ㄴ), (ㄹ)

## 03

2015년 법원직 9급

**(가)~(라)에 들어갈 내용으로 가장 옳은 것은?**

<당시 사람들의 생활 방식 체험 활동>

| 유적지 | 유적 개요 | 체험 활동 |
|---|---|---|
| 연천 전곡리 | 아슐리안 석기 형태를 갖춘 주먹도끼와 박편도끼가 동아시아에서 처음 발견됨 | (가) |
| 서울 암사동 | 한강변에 위치하며, 원형 혹은 귀퉁이를 없앤 사각형의 움집이 다수 발굴됨 | (나) |
| 여주 흔암리 | 구릉 경사지에 반움집 형태의 주거지를 형성하였으며 탄화된 쌀이 발견됨 | (다) |
| 강화 부근리 | 높이 2.6m, 덮개돌의 추정 무게 약 50톤 이상의 탁자식 고인돌을 비롯한 여러 기의 고인돌이 있음 | (라) |

① (가) - 돌을 갈아서 돌도끼 만들기
② (나) - 반달 돌칼로 벼 이삭 따기
③ (다) - 흙을 빚어 그릇 만들기
④ (라) - 쇠쟁기로 밭 갈기

## 04

2020년 경찰 1차

**한국의 선사 시대에 대한 설명으로 가장 적절하지 않은 것은?**

① 중기 구석기 시대에는 몸돌에서 떼어 낸 돌조각인 격지를 잔손질하여 석기를 만들었다.
② 신석기 시대에는 제주 고산리나 양양 오산리 등에서 목책, 환호 등의 시설이 만들어졌다.
③ 신석기 시대에는 백두산이나 일본에서 유입된 것으로 보이는 흑요석이 사용되었다.
④ 청동기 시대에는 어로 활동이나 조개 채집의 비중이 줄어들어 패총이 많이 발견되지 않는다.

# 문제 풀이

## 01

정답 ①

(ㄱ), (ㄴ) O: 양양 오산리 유적과 서울 암사동 유적은 모두 신석기 시대의 대표적인 유적지이며, 덧무늬 토기와 빗살무늬 토기는 신석기 시대의 토기이다.

**오답 분석**

(ㄷ) X: 공주 석장리 유적은 구석기 유적이며, 미송리식 토기는 청동기 시대의 토기이다.

(ㄹ) X: 부산 동삼동 유적은 신석기 유적이지만 아슐리안형 주먹도끼는 구석기 시대의 유물이다.

**½한국사 고득점 TIP 신석기 시대의 유적지**

- 강원 양양 오산리: 한반도에서 가장 오래된 신석기 시대 집터 유적지 발견
- 황해 봉산 지탑리, 평양 남경: 탄화된 좁쌀이 발견되어 신석기 시대에 농경이 시작되었음을 보여 줌
- 부산 동삼동: 패총 유적, 조개 껍데기 가면, 빗살무늬 토기 등 출토, 일본산 흑요석 화살촉 등이 출토되어 일본과 교류 사실을 보여 줌.
- 강원 양양 지경리: 신석기 시대 움집 자리 발견, 바닥 중앙에 화덕 자리가 있었음을 알려 줌

## 02

정답 ③

(ㄴ) O: 붉은 간토기는 청동기 시대 제작된 토기이며 청동기 시대에는 비파형 동검과 거친무늬 거울을 지배층이 주로 사용하였고, 거친무늬 거울을 이용하여 제사 의식을 거행하였다.

(ㄹ) O: 눌러찍기무늬 토기(압인문 토기)는 신석기 시대의 토기이며 신석기 시대에는 직조기술이 발달하여 가락바퀴(방추차), 뼈바늘(골침)을 통해 옷이나 그물을 제작하였다.

**오답 분석**

(ㄱ) X: 슴베찌르개는 구석기 후기 시대에 사용된 복합 도구이다. 벼농사를 짓기 시작한 시기는 청동기 시대이다. 그러므로 시대가 맞지 않는다.

(ㄷ) X: 반달 돌칼은 청동기 시대 곡식을 수확할 때 사용되었던 도구이다. 하지만 청동기 시대에는 지배와 피지배 관계가 발생하였고, 구석기와 신석기 시대가 계급이 없는 평등한 사회였다.

**½한국사 고득점 TIP 선사 시대 출제 유형**

선사 시대 관련 문제는 내용의 사실 여부를 묻는 문제도 일부 있지만 대부분이 시대를 연결시키는 문제이니 너무 문제를 지엽적으로 생각할 필요는 없다. 유물과 시대를 연결시켜 생각해보면 의외로 문제가 단순해진다.

## 03

정답 ③

③ O: 여주 흔암리는 청동기 시대 유적지인데 흙을 빚어 그릇(토기)를 만든 것은 신석기 시대부터이지만 청동기 시대에도 토기를 제작하니 맞는 지문이다.

**오답 분석**

① X: 연천 전곡리는 구석기 유적지인데 돌을 갈아서 만든 석기는 간석기로 신석기 시대의 도구이다. 시대가 맞지 않는다.

② X: 서울 암사동은 신석기 시대 유적지인데 반달돌칼은 청동기 시대의 도구이므로 시대가 일치하지 않는다.

④ X: 강화 부근리는 청동기 시대 고인돌 유적지인데 쇠쟁기는 철기 시대 농기구이므로 시대가 맞지 않는다.

**½한국사 고득점 TIP 선사 시대의 주요 유적지**

- 연천 전곡리: 구석기 전기 유적지로 모비우스 학설과 배치되는 아슐리안계 석기가 발견되었다.
- 서울 암사동: 신석기 시대 대표적 유적지이다.
- 여주 흔암리: 청동기 시대 탄화미가 발견된 유적지이다.
- 강화 부근리: 청동기 시대 고인돌이 다수 발견된 유적지이다.

**½한국사 고득점 TIP 고인돌**

고인돌은 청동기 시대 지배층의 무덤이다. 규모에 비해 부장품이 적고 유물의 수와 종류도 화살촉과 간돌칼 등으로 한정되어 있는 점이 특징이다. 전 세계 고인돌의 50% 이상이 우리나라에 있으며, 2000년에 강화도의 고인돌, 고창, 화순의 고인돌이 유네스코 문화유산으로 등재되었다.

## 04

정답 ②

② X: 제주 고산리 유적과 양양 오산리 유적이 신석기 시대의 유적인 것은 맞지만, 신석기 시대에는 목책, 환호 등의 방어 시설이 만들어지지 않았다. 목책, 환호 등의 방어 시설이 등장한 것은 청동기 시대이다.

**오답 분석**

① O: 중기 구석기 시대에는 큰 몸돌에서 떼어 낸 격지(조각난 돌)를 잔손질하여 제작한 석기를 만들어 사용하였다.

③ O: 신석기 시대의 유적에서는 백두산이나 일본에서 유입된 것으로 보이는 흑요석이 발견되었고, 이를 통해 당시 주변 지역과 활발히 교류하였음을 알 수 있다.

④ O: 청동기 시대에 농경의 발달로 농업 생산량이 증가하여 어로 활동이나 조개 채집의 비중이 줄어듦에 따라 유적지에서 패총이 많이 발견되지 않았다.

해커스공무원 최진우 1/2 한국사 테마별 기출 700제

PART 02

# 고조선과 초기 국가의 모습

# THEME 006 고조선

## 01
2009년 국가직 9급

**고조선의 세력 범위가 요동반도에서 한반도에 걸쳐 있었음을 알게 해주는 유물을 모두 고르면?**

(ㄱ) 조개껍데기 가면
(ㄴ) 거친무늬 거울
(ㄷ) 비파형 동검
(ㄹ) 미송리식 토기

① (ㄱ), (ㄴ)　② (ㄴ), (ㄷ)
③ (ㄱ), (ㄴ), (ㄷ)　④ (ㄴ), (ㄷ), (ㄹ)

## 02
2011년 법원직 9급

**(가)~(다)의 유물에 대한 설명으로 옳은 것은?**

(가)

(나)

(다)

① (가): 한반도 안에서 독자적인 발전을 이룬 청동기 형태이다.
② (나): 애니미즘과 토테미즘이 등장하던 시기에 처음 제작되었다.
③ (다): 주춧돌을 사용한 집터에서 주로 발견된다.
④ (가), (나): 우리 민족이 최초로 세운 국가의 특징적인 유물이다.

## 03
2019년 서울시 9급(6월)

**고조선을 주제로 한 학술 대회를 개최할 경우, 언급될 내용으로 가장 적절하지 않은 것은?**

① 위만의 이동과 집권 과정
② 진대법과 빈민 구제
③ 범금 8조(8조법)에 나타난 사회상
④ 비파형 동검 문화권과 국가의 성립

## 04
2020년 법원직 9급

**고조선에 대한 설명으로 가장 옳은 것은?**

① 10월에 무천이라는 제천 행사를 개최하였다.
② 형이 죽으면 형수를 아내로 삼는 풍습이 있었다.
③ 중대한 범죄자는 제가 회의를 열어 사형에 처했다.
④ 왕 밑에서 국무를 관장하던 상이라는 관직이 있었다.

## 05
2016년 국가직 9급

**(가)와 (나) 시기 고조선에 대한 <보기>의 설명으로 옳은 것만을 고른 것은?**

| | (가) | (나) | |
|---|---|---|---|
| | 기원전 2333년 단군의 등장 | 기원전 194년 위만의 집권 | 기원전 108년 왕검성 함락 |

**보기**
(ㄱ) (가) - 왕 아래 대부, 박사 등의 직책이 있었다.
(ㄴ) (가) - 고조선 지역에 한(漢)의 창해군이 설치되었다.
(ㄷ) (나) - 철기 문화를 본격적으로 수용하며, 중계 무역의 이득을 취하였다.
(ㄹ) (나) - 비파형 동검과 고인돌의 분포를 통하여 통치 지역을 알 수 있다.

① (ㄱ), (ㄷ)　② (ㄱ), (ㄹ)
③ (ㄴ), (ㄷ)　④ (ㄴ), (ㄹ)

# 문제 풀이

## 01

정답 ④

**(ㄴ), (ㄷ), (ㄹ) O: 청동기 시대 유물인 비파형 동검, 거친무늬 거울, 미송리식 토기, 북방식 고인돌 등이 고조선의 영역안에서 나오는 특징적인 유물이다.**

※ 주의: 일부 교과서는 팽이형 토기를 포함시키기도 한다.

**오답 분석**

(ㄱ) X: 조개껍데기 가면은 신석기 시대의 유물로 고조선의 영역과 관련이 없다.

**½한국사 고득점 TIP** 고조선의 위치와 세력 범위

- 위치: 랴오닝(요령) 지방을 중심으로 성장하여 점차 세력을 확대하면서 한반도까지 발전
- 세력 범위: 비파형동검과 북방식 고인돌, 미송리식 토기, 거친무늬 거울의 출토 지역을 통해 고조선의 세력 범위를 짐작

## 02

정답 ④

제시된 (가)는 비파형 동검, (나)는 미송리식 토기, (다)는 빗살무늬 토기이다.

**④ O: (가)의 비파형 동검과 (나)의 미송리식 토기는 북방식 고인돌, 거친무늬 거울 등과 함께 고조선의 세력 범위를 알려주는 유물이다.**

**오답 분석**

① X: (가)의 비파형 동검이 아니라 세형 동검과 잔무늬 거울이 한반도 안에서 독자적인 발전을 이룬 청동기 형태이다. 비파형 동검과 거친무늬 거울은 북방계 청동기의 영향을 받은 동검이다.

② X: (나)의 미송리식 토기는 청동기 시대의 토기이며, 신석기 시대에 애니미즘과 토테미즘이 등장하였다.

③ X: (다)의 빗살무늬 토기는 신석기 시대의 토기인데, 주춧돌을 사용한 집터는 청동기 시대부터이다.

## 03

정답 ②

**② X: 진대법과 빈민 구제 → 진대법은 고구려 고국천왕 시기 을파소의 건의로 양민의 노비화를 방지하기 위해 시행되었다.**

**오답 분석**

① O: 위만의 이동과 집권 과정 → 위만은 진·한 교체기에 1,000여 명의 유이민을 이끌고 고조선으로 왔고, 고조선의 준왕은 위만을 신임하여 박사의 직함을 주고 변방 수비를 맡겼다. B.C. 194년 위만은 유이민을 기반으로 준왕을 축출하고 왕위를 차지하였고, 이후 준왕은 진국에 망명하여 한왕이 되었다.

③ O: 범금 8조(8조법)에 나타난 사회상 → 고조선의 8조법은 후한 때 반고의 『한서지리지』에 3조만(살인, 폭행, 절도)이 전해지며 고조선 사회 전체의 관습법이었다.

④ O: 비파형 동검 문화권과 국가의 성립 → 고조선은 청동기 문화를 바탕으로 발전하였고, 거친무늬 거울, 미송리식 토기, 고인돌(북방식), 비파형 동검은 고조선의 세력 범위를 보여주는 특징적 유물로 간주된다.

**½한국사 고득점 TIP** 고조선의 8조법

1. 살인자는 사형에 처함
2. 남을 다치게 한 자는 곡물로 배상
3. 남의 물건을 훔친 자는 노비로 만들거나 50만의 벌금 지불

## 04

정답 ④

**④ O: 왕 밑에서 국무를 관장하던 상이라는 관직이 있었다. → 고조선의 '상'은 왕 밑에서 국무를 관장하였고, 자신이 직접 다스리는 영역과 주민이 있었다.**

**오답 분석**

① X: 10월에 무천이라는 제천 행사를 개최하였다. → 동예에 대한 설명이다. 동예는 매년 10월에 무천이라는 제천 행사를 개최하였다.

② X: 형이 죽으면 형수를 아내로 삼는 풍습이 있었다. → 부여와 고구려의 형사취수제에 대한 설명이다.

③ X: 중대한 범죄자는 제가 회의를 열어 사형에 처했다. → 부여와 고구려에 대한 설명이다. 부여에서는 마가, 우가, 저가, 구가 등의 족장들이 제가회의에서 국사를 처리하였고, 고구려에서는 범죄자들을 제가회의에서 사형에 처하고 가족을 노비로 삼았다.

## 05

정답 ①

**(ㄱ) O: (가) 시기인 기원전 4~3세기경 부왕과 준왕 시절 왕 아래 상, 대부, 대신, 장군, 박사 등의 직책이 있었다.**

**(ㄷ) O: (나) 시기인 위만조선 시절 철기 문화를 본격적으로 수용하며, 한과 진, 예 사이에서 중계 무역의 이득을 취하였다.**

**오답 분석**

(ㄴ) X: (가) 시기가 아니라 (나) 시기인 위만 조선 시절 기원전 128년 조선 지역에 한(漢)의 창해군이 설치되었다. 기원전 128년 동방 예맥 세력의 일부는 요동군에 귀속하여 중국과의 직접적인 관계를 맺게 되었는데, 한나라는 이 사건을 동방 진출의 좋은 기회로 여겨 그 땅에 창해군을 설치하고 요동군과의 무역로를 만들었다.

(ㄹ) X: (나) 시기가 아니라 (가) 시기가 청동기 시대로 비파형 동검과 고인돌의 분포를 통하여 고조선의 영역을 알 수 있다. 하지만 (나) 시기의 위만 조선 시절은 철기 시대로 이 시기에는 철기가 실생활에 사용되면서 청동기는 의기화되고 세형 동검과 잔무늬 거울 등의 독자적인 청동기가 제작되는 시기였다.

**½한국사 고득점 TIP** 고조선의 발전과 멸망

고조선의 발전과 멸망의 순서 문제나 시기를 묻는 문제는 고조선의 시대를 3개의 시대로 나누면 간단히 문제가 풀린다. 일단 기준은 기원전 2세기 위만조선(기원전 194~108)을 기준으로 위만조선 전과 위만조선 시절, 그리고 한4군 시절로 나누고 그 시기의 상황을 연결만 시키면 된다.

## 06

2015년 교육행정직

**(가) 시기에 고조선에서 있었던 사실로 옳은 것은?**

| 기원전 5~4세기경 | 기원전 194년경 | | 기원전 108년 | 기원전 57년 |
|---|---|---|---|---|
| | | (가) | | |
| 철기 보급 | 위만 집권 | | 고조선 멸망 | 신라 건국 |

① 부왕에 이어 준왕이 왕위에 올랐다.
② 졸본성에서 국내성으로 도읍을 옮겼다.
③ 전국 7웅의 하나인 연(燕)과 대결하였다.
④ 진(辰)과 한(漢) 사이의 중계 무역으로 이익을 얻었다.

## 07

2009년 지방직 7급

**다음 그림에 대한 설명으로 옳은 것은?**

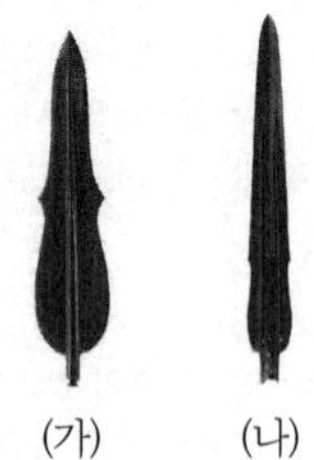

(가) (나)

① (나) 시기의 지배자는 스스로를 '왕'이라 일컫고, 중국의 연(燕)나라를 공격할 계획을 세우기도 하였다.
② (가) 시기의 사람들은 주로 바닷가의 움집에서 빗살무늬 토기를 사용하였다.
③ (가)는 대체로 요하 일대, 요동반도 그리고 한반도 서북 지역에서 발견되며 후기 고조선의 대표적 유물이다.
④ (나)는 독자적 양식으로 옛 마한지역을 중심으로 분포하며 청동 농기구와 함께 발견되고 있다.

## 08

2019년 국가직 9급

**단군에 대한 인식을 설명한 것으로 옳지 않은 것은?**

① 이승휴의 『제왕운기』에서는 우리 역사를 단군부터 서술하였다.
② 홍만종의 『동국역대총목』은 단군 정통론의 입장에서 기술하였다.
③ 이규보의 『동명왕편』은 단군의 건국 과정을 다루고 있다.
④ 기미 독립 선언서에는 '조선 건국 4252년'으로 연도를 표기하였다.

## 09

2015년 국회직 9급

**다음 중 단군신화의 내용이 수록되어 있지 않은 것은?**

① 『삼국유사』 ② 『제왕운기』
③ 『응제시주』 ④ 『동명왕편』
⑤ 『세종실록지리지』

# 문제 풀이

## 06

정답 ④

④ O: 진(辰)과 한(漢) 사이의 중계 무역으로 이익을 얻었다. → 위만 조선은 지리적인 이점을 이용하여 압록강 중류의 예나 남방의 진이 직접 중국의 한과 교역하는 것을 막아 중계 무역의 이득을 독점하려 하였다.

**오답 분석**

① X: 부왕에 이어 준왕이 왕위에 올랐다. → 부왕과 준왕은 기원전 4~3세기경으로 위만 조선 전의 상황이다.

② X: 졸본성에서 국내성으로 도읍을 옮겼다. → 고조선이 아니라 고구려의 모습이다. 주몽이 압록강의 지류인 동가강 유역의 졸본 지방의 오녀산성에서 건국하였고, 이후 유리왕 때 국내성으로 이동하였다.

③ X: 전국 7웅의 하나인 연(燕)과 대결하였다. → 기원전 4세기경의 모습으로 위만 조선 전의 상황이다.

**½한국사 고득점 TIP 위만 조선**

- 고조선 계승: 토착민을 관료로 임명, 국호 유지
- 철기문화 본격 수입, 중계무역(한과 진, 예)
- 활발한 정복활동
- 창해군 설치: 한이 예의 영토에 설치, B.C 128
- 섭하 살해 사건: B.C 111(추정)
- B.C 109년 한 무제 침입 → B.C 109년 멸망

## 07

정답 ①

제시된 (가)는 비파형 동검이고, (나)는 세형 동검이다.

① O: 고조선이 중국의 연과 대등하게 대립할 정도로 강성했던 시기는 기원전 4세기경으로 철기 시대의 모습이다.

**오답 분석**

② X: (가)의 청동기 시기의 사람들이 아니라 신석기 시대의 사람들이 주로 바닷가의 움집에서 빗살무늬 토기를 사용하였다.

③ X: (가) 비파형 동검은 대체로 요하 일대, 요동반도 그리고 한반도 서북지역에서 발견되지만 후기가 아니라 초기 고조선의 대표적 유물이다. 후기 고조선은 철기 시대로 세형 동검이나 잔무늬 거울 등이 사용되었다.

④ X: (나)의 세형 동검은 독자적 양식으로 한반도에서 주로 발견되며 주로 청천강 이남에서 발견되었다. 특히 금강과 영산강 유역의 옛 마한지역을 중심으로 분포한다. 하지만 청동기 시대에는 청동 농기구는 제작되지 않았고 여전히 반달 돌칼, 홈자귀 등의 석기가 농기구로 사용되었다.

**½한국사 고득점 TIP 청동기 시대와 철기 시대**

| 시기 | 청동기 시대 | 철기 시대 |
|---|---|---|
| 유물 | 비파형 동검 | 세형 동검 |
| 전래 | 기원전 20~15세기 전래 | 기원전 5세기 전래 |
| 계통 | 북방계통 | 독자적 |
| 특징 | 지배층 유물 | 철기: 무기와 농기구 제작<br>청동기: 의기화, 독자적 |
| 국가 | 기원전 2333년<br>고조선 건국 | B.C 4세기 연과 대립<br>B.C 3세기 연 진개 침입<br>B.C 4~3 부왕, 준왕 |

## 08

정답 ③

③ X: 이규보의 『동명왕편』은 무신 집권기에 『구삼국사』를 토대로 저술한 서적으로, 동명왕(고구려 주몽)의 업적을 칭송한 서사시이며, 금에 대한 자신감을 표현하였다.

**오답 분석**

① O: 이승휴의 『제왕운기』는 원 간섭기 충렬왕 시절 편찬되었다. 상권과 하권에서 중국과 우리나라의 역사를 서술하여 중국과의 대등함을 강조하였다. 특히 하권에서는 고조선부터 고려말까지 기록하였으며, 단군신화가 수록되어 있다.

② O: 조선 후기 소론 홍만종은 『동국역대총목』에서 단군 정통론을 강조하였고, 이후 이익과 안정복에게 영향을 주었다.

④ O: 기미 독립 선언서에서는 단기를 사용하였다. 마지막에는 '조선을 세운 지 4252년 3월 1일(1919년 3월 1일)'이라 표기되어 있다.

**½한국사 고득점 TIP 이승휴의 『제왕운기』의 단군신화**

처음에 누가 나라를 열고 바람과 구름을 이끌었는가? 석제의 손자, 그 이름은 단군이로세. 본기에 이르기를, 상제 환인에게 서자가 있어 웅이라 하였는데, 일러 말하기를, "삼위태백에 이르러 널리 인간을 이롭게 하고자 한다."라고 하였다.

## 09

정답 ④

④ X: 『동명왕편』은 고려 무신 집권기 이규보가 고려 초기의 『구삼국사』의 동명왕 본기를 인용하여 동명왕의 업적을 오언시로 쓴 장편 영웅 서사시이다.

**½한국사 고득점 TIP 단군 신화 수록 문헌**

- 『삼국유사』: 충렬왕, 일연, 기이편, 현존 최고
- 『제왕운기』: 충렬왕, 이승휴, 3조선설 강조
- 『세종실록지리지』: 단종, 평양조에서 단군신화 소개
- 『응제시주』: 세조, 권람, 각국의 건국 신화 기록
- 『동국여지승람』(성종), 『신증동국여지승람』(중종)

# THEME 007 초기 국가의 모습 비교

## 01

2019년 국가직 9급

**(가), (나)의 나라에 대한 설명으로 옳은 것은?**

> (가) 음력 12월에 지내는 제천행사가 있는데, 이를 영고라고 한다. 이때에는 형옥을 중단하고 죄수를 풀어 주었다.
> (나) 해마다 10월 하늘에 제사를 지내는데, 밤낮으로 술 마시며 노래 부르고 춤추니 이를 무천이라고 한다. -『삼국지』

① (가) - 5부가 있었으며, 계루부에서 왕위를 차지하였다.
② (가) - 정치적 지배자로 신지, 읍차 등이 있었다.
③ (나) - 죄를 지은 사람이 소도에 들어가면 잡아가지 못하였다.
④ (나) - 다른 부족의 영역을 침범하면 책화라 하여 노비나 소, 말로 변상하였다.

## 02

2021년 소방직

**(가) 나라에 대한 설명으로 옳은 것은?**

> (가)의 혼인하는 풍속은 여자의 나이가 10살이 되기 전에 혼인을 약속하고, 신랑 집에서는 (그 여자를) 맞이하여 장성하도록 길러 아내로 삼는다. (여자가) 성인이 되면 다시 친정으로 돌아가게 한다. 여자의 친정에서는 돈을 요구하는데, (신랑 집에서) 돈을 지불한 후 다시 신랑 집으로 돌아온다. -「삼국지」, 위서 동이전

① 농경과 관련하여 동맹이라고 하는 제천 행사가 있었다.
② 대가들의 호칭에 말, 소, 돼지, 개 등의 가축 이름을 붙였다.
③ 단궁, 반어피(바다표범 가죽), 과하마 등의 특산물로 중국과 교역하였다.
④ 시체를 가매장하였다가 뼈만 추려 가족 공동 무덤인 큰 나무 덧널에 넣었다.

## 03

2020년 지방직 9급

**밑줄 친 '이 나라'에서 볼 수 있는 모습으로 적절한 것은?**

> <u>이 나라</u>는 대군왕이 없으며, 읍락에는 각각 대를 잇는 장수(長帥)가 있다. …… <u>이 나라</u>의 토질은 비옥하며, 산을 등지고 바다를 향해 있어 오곡이 잘 자라며 농사짓기에 적합하다. 사람들의 성질은 질박하고, 정직하며 굳세고 용감하다. 소나 말이 적고, 창을 잘 다루며 보전(步戰)을 잘한다. 음식, 주거, 의복, 예절은 고구려와 흡사하다. 그들은 장사를 지낼 적에는 큰 나무 곽(槨)을 만드는데 길이가 십여 장(丈)이나 되며 한쪽 머리를 열어 놓아 문을 만든다. -『삼국지』 위서 동이전

① 민며느리를 받아들이는 읍군
② 위만에게 한나라의 침입을 알리는 장군
③ 5월에 씨를 뿌리고 하늘에 제사를 지내는 천군
④ 국가의 중요한 일을 논의하고 있는 마가와 우가

## 04

2017년 지방직 9급

**(가), (나)의 특징을 가진 국가에 대한 설명으로 옳은 것은?**

> (가) 옷은 흰색을 숭상하며, 흰 베로 만든 큰 소매 달린 도포와 바지를 입고 가죽신을 신는다.
> (나) 부여의 별종(別種)이라 하는데, 말이나 풍속 따위는 부여와 많이 같지만 기질이나 옷차림이 다르다.

① (가) - 혼인 풍속으로 민며느리제가 있었다.
② (나) - 제사장인 천군이 다스리는 소도가 있었다.
③ (가) - 남의 물건을 훔쳤을 때는 12배로 배상하게 하였다.
④ (나) - 단궁이라는 활과 과하마·반어피 등이 유명하였다.

# 문제 풀이

## 01

정답 ④

제시된 사료의 (가)는 부여, (나)는 동예이다.

④ O: (나)의 동예에는 다른 부족의 영역을 침범하면 책화라 하여 노비나 소, 말로 변상하였다.

**오답 분석**

① X: (가)의 부여가 아니라 고구려가 5부가 있었으며, 계루부에서 왕위를 차지하였다.

② X: (가)의 부여가 아니라 삼한이 정치적 지배자로 신지, 읍차 등이 있었다.

③ X: (나)의 동예가 아니라 삼한이 죄를 지은 사람이 소도에 들어가면 잡아가지 못하였다.

**½한국사 고득점 TIP 초기 국가 문제 풀이 요령**

초기 국가의 문제 특징은 사료와 제시된 선택지문의 국가가 일치하는가를 묻는 문제가 대부분이다. 그러므로 각 국가의 모습을 연결하는 연습을 충분히 하면 맞출 수 있는 문제이다. 단, 사료가 어려운 경우가 있다면 그 사료는 체크하고 암기하는 것이 중요하다.

**½한국사 고득점 TIP 삼한의 소도**

삼한이 제정 분리 사회였음을 보여주며, 신구세력 간의 갈등을 완충, 해소하는 기능을 하였다. 또한, 도망자가 소도에 들어가도 돌려보내지 않았다.

## 02

정답 ④

제시된 사료의 (가) 나라는 옥저이다. 자료는 옥저의 민며느리제에 대한 설명이다. 옥저의 민며느리제라는 혼인 풍속은 여자의 나이가 10살이 되기 전에 혼인을 약속하고, 신랑 집에서는 (그 여자를) 맞이하여 장성하도록 길러 아내로 삼는 것이다.

④ O: 옥저는 시체를 가매장하였다가 뼈만 추려 가족 공동 무덤인 큰 나무 덧널에 넣는 골장제의 풍습이 있었다.

**오답 분석**

① X: 고구려에 농경과 관련하여 동맹이라고 하는 제천 행사가 있었다.

② X: 부여가 대가들의 호칭에 말(마가), 소(우가), 돼지(저가), 개(구가) 등의 가축 이름을 붙였다.

③ X: 동예가 단궁, 반어피(바다표범 가죽), 과하마 등의 특산물로 중국과 교역하였다.

## 03

정답 ①

제시된 자료의 밑줄 친 '이 나라'는 옥저이다. "사람들의 성질은 질박하고, 정직하며 굳세고 용감하다. 소나 말이 적고, 창을 잘 다루며 보전(步戰)을 잘한다."에서 옥저임을 알 수 있다.

① O: 옥저에는 민며느리제의 혼인 풍습이 있었다.

**오답 분석**

② X: 위만은 고조선(위만 조선)의 왕이며, 고조선과 한나라가 전쟁을 치른 것은 위만 때가 아니라 위만의 손자 우거왕 때이다. 우거왕이 한나라의 공격에 맞서 약 1년에 걸쳐 항전하였으나, 고조선은 지배층의 분열로 왕검성이 함락되고 멸망하였다. 한편 고조선은 왕 밑에 상, 경, 대부, 장군, 박사 등의 관직 체계를 가지고 있었다.

③ X: 5월에 수릿날, 10월에 계절제라는 제천 행사를 지내며, 제정이 분리되어 제사장인 천군이 존재했던 나라는 삼한이다.

④ X: 왕 아래에 마가, 우가, 구가, 저가라는 여러 가들이 있었고, 이들이 국가 중대사를 처리한 나라는 부여이다. 또한 마가, 우가, 구가, 저가들은 저마다 사출도라는 행정 구획을 통치하였다.

**½한국사 고득점 TIP 옥저의 특징**

옥저는 사람들의 성질은 질박하고, 정직하며 굳세고 용감하다. 소나 말이 적고, 창을 잘 다루며 보전(步戰)을 잘하였고 전해진다. 옥저인들은 장사를 지낼 적에는 큰 나무 곽(槨)을 만드는데 길이가 십여 장(丈)이나 되며 한쪽 머리를 열어 놓아 문을 만든다. 그리고 시체를 가매장한 후 뼈만 추려 가족 공동 목곽에 안치하는 세골장(골장제)의 풍습이 있었고, 죽은 자의 양식으로 쌀 항아리를 매달아 놓기도 하였다.

## 04

정답 ③

제시된 사료의 (가)는 부여이고, (나)는 고구려이다.

③ O: (가)의 부여는 남의 물건을 훔쳤을 때는 12배로 배상하게 하였다. → 부여와 고구려

**오답 분석**

① X: (가)의 부여가 아니라 옥저가 혼인 풍속으로 민며느리제가 있었다.

② X: (나)의 고구려가 아니라 삼한이 제사장인 천군이 다스리는 소도가 있었다.

④ X: (나)의 고구려가 아니라 동예가 단궁이라는 활과 과하마·반어피 등이 유명하였다.

**½한국사 고득점 TIP 부여와 고구려의 공통점**

- 5부족 연맹체, 1세기 초 왕호 사용, 제가 회의 개최
- 점술법이 유행하였고, 하호가 생산을 담당
- 결혼 풍습으로 형사취수의 풍습과 법률로 1책 12법, 연좌제의 시행
- 족장을 '가'라고 불렀음, 관리의 명칭에 '사자'가 들어감

## 05

2018년 교육행정직

**다음 나라의 사회 모습으로 옳은 것은?**

> 꺼리는 것이 많아 사람이 병들어 죽으면 집을 버리고 새 집을 짓는다. …(중략)… 낙랑단궁이라는 활, 바다표범 가죽[班魚皮], 무늬 있는 표범, 그리고 키가 작은 과하마가 난다.

① 신랑이 처가에서 지은 서옥에 머물렀다.
② 은력 정월에 영고라는 국중대회가 열렸다.
③ 범금팔조가 시행되어 살인, 상해, 절도 등을 처벌하였다.
④ 다른 읍락을 침범하면 책화라 하여 노비, 소, 말로 배상하였다.

## 06

2019년 국회직 9급

**다음과 같은 풍속이 있었던 나라에 대한 설명으로 옳은 것은?**

> 옛 풍속에 장마와 가뭄이 연이어 오곡이 익지 않을 때, 왕에게 허물을 돌려 '왕을 마땅히 바꾸어야 한다.' 라거나 '왕을 마땅히 죽여야 한다.'라고 하였다.
>
> -『삼국지』 위서 동이전

① 동맹이라는 제천 행사가 있었다.
② 남의 물건을 훔친 자는 노비로 삼는 법률이 있었다.
③ 왕이 죽으면 주변 사람을 함께 묻는 순장의 풍습이 있었다.
④ 대군장이 없었고 후, 읍군, 삼로가 읍락을 다스렸다.
⑤ 사람이 죽으면 옛 집을 버리고 새 집을 짓고 살았다.

## 07

2012년 법원직 9급

**다음과 같이 기록된 나라에 대한 설명으로 옳은 것은?**

> 토질은 비옥하며, 산을 등지고 바다를 향해 있어 오곡이 잘 자라며 농사짓기에 적합하다. 그들은 장사 지낼 적에는 큰 나무 곽을 만드는데, 길이가 10여 척이나 되며 한쪽 머리를 열어 놓아 문을 만든다. 사람이 죽으면 시체는 모두 가매장을 하되 겨우 형체만 덮일 만큼 묻었다가 가죽과 살이 다 썩은 다음에 뼈만 추려 곽 속에 안치한다.
>
> -『삼국지』 위서 동이전

① 신지, 읍차 등의 지배자가 사람들을 다스렸다.
② 일종의 매매혼인 민며느리제의 풍속이 있었다.
③ 특산물로 단궁이라는 활과 과하마, 반어피가 유명하였다.
④ 남의 물건을 훔치면 물건 값의 12배를 배상하게 하였다.

## 08

2021년 법원직 9급

**밑줄 친 '나라'에 대한 설명으로 가장 옳은 것은?**

> 이 <u>나라</u>는 남쪽으로는 진한과 북쪽으로는 고구려·옥저와 맞닿아 있고, 동쪽으로는 큰 바다에 닿았으니 오늘날 조선 동쪽이 모두 그 지역이다. 호수는 2만이다. …… 대군장이 없고 한 시대 이래로 후·읍군·삼로라는 관직이 있어 하호를 다스렸다.
>
> -『삼국지』 위서 동이전

① 1세기 초 왕호를 사용하였다.
② 민며느리제라는 혼인 풍습이 있었다.
③ 목지국의 지배자가 왕으로 추대되었다.
④ 해마다 무천이라는 제천 행사를 열었다.

## 문제 풀이

### 05

정답 ④

제시된 사료의 나라는 동예이다. "낙랑단궁이라는 활, 바다표범 가죽[班魚皮], 무늬 있는 표범, 그리고 키가 작은 과하마가 난다."에서 단궁과 과하마, 반어피는 동예의 특산물임을 알아야 한다.

④ O: **동예는 다른 읍락을 침범하면 책화라 하여 노비, 소, 말로 배상하였다.**

**오답 분석**

① X: 동예가 아니라 고구려가 신랑이 처가에서 지은 서옥에 머물렀다.

② X: 동예가 아니라 부여가 매년 은력 정월(12월)에 영고라는 국중대회가 열렸다.

③ X: 동예가 아니라 고조선이 범금 8조가 시행되어 살인, 상해, 절도등을 처벌하였다.

**½한국사 고득점 TIP** 서옥제

고구려의 혼인 풍습인 서옥제(예서제, 데릴사위제)에 대한 설명이다. 고구려의 서옥제는 혼인을 정한 뒤 뒤꼍에 조그만 집을 짓고, 거기서 자식을 낳아 장성하면 아내를 데리고 신랑집으로 돌아가는 제도이다.

### 06

정답 ③

제시된 사료의 나라는 부여이다. 부여는 흉년이 들면 족장들이 모여 왕을 교체하거나 죽이기도 하였다.

③ O: **부여는 왕이 죽으면 주변 사람을 함께 묻는 순장의 풍습이 있었다.**

**오답 분석**

① X: 부여가 아니라 고구려에 동맹이라는 제천 행사가 있었다.

② X: 부여가 아니라 고조선이 남의 물건을 훔친 자는 노비로 삼는 법률이 있었다.

④ X: 부여가 아니라 옥저와 동예에 후, 읍군, 삼로가 읍락을 다스렸다.

⑤ X: 부여가 아니라 동예가 사람이 죽으면 옛 집을 버리고 새 집을 짓고 살았다.

**½한국사 고득점 TIP** 부여 영고

부여는 12월에 영고(북을 울려 신을 맞이한다)라는 제천 행사를 열어 술과 음식을 먹었고, 죄수를 풀어주기도 하였다. 이 제천 행사는 농사와 수렵 생활의 풍요를 기원하기 위한 것이었다. 이 행사는 전쟁 중에도 거행하였다.

### 07

정답 ②

제시된 사료의 국가는 옥저이다. "사람이 죽으면 시체는 모두 가매장을 하되 겨우 형체만 덮일 만큼 묻었다가 가죽과 살이 다 썩은 다음에 뼈만 추려 곽 속에 안치한다."는 옥저의 세골장(골장제)에 대한 설명이다.

② O: **옥저에는 일종의 매매혼인 민며느리제의 풍속이 있었다.**

**오답 분석**

① X: 삼한에서 신지, 읍차 등의 지배자가 사람들을 다스렸다.

③ X: 동예에 특산물로 단궁, 과하마, 반어피(바다표범 가죽)가 유명하였다.

④ X: 부여와 고구려에서 남의 물건을 훔치면 12배로 배상하게 하는 1책 12법이 있었다.

**중요 사료** 옥저

지형이 동북은 좁고 서남은 길어서 1,000리 정도나 된다. 북쪽은 읍루·부여, 남쪽은 예맥과 맞닿아 있다. …(중략)… 나라가 작아서 큰 나라 틈바구니에서 핍박받다가 결국 고구려에 복속되었다. …(중략)… 땅은 기름지며 산을 등지고 바다를 향해 있어 오곡이 잘 자라며, 농사짓기에 적합하다. -『삼국지』

### 08

정답 ④

제시된 사료의 국가는 동예이다. '읍군과 삼로의 군장이 있다'에서 옥저와 동예임을 알 수 있지만 '고구려·옥저와 맞닿아 있다'에서 동예임을 알 수 있다.

④ O: **동예는 해마다 10월 무천이라는 제천 행사를 열었다.**

**오답 분석**

① X: 동예가 아니라 부여와 고구려가 1세기 초 왕호를 사용하였다.

② X: 동예가 아니라 옥저가 민며느리제라는 혼인 풍습이 있었다.

③ X: 동예가 아니라 삼한이 목지국의 지배자가 왕으로 추대되었다.

**중요 사료** 동예

- 꺼리는 것이 많아 사람이 병들어 죽으면 집을 버리고 새 집을 짓는다. …(중략)… 낙랑단궁이라는 활, 바다표범 가죽[班魚皮], 무늬 있는 표범, 그리고 키가 작은 과하마가 난다.
- 해마다 10월이면 하늘에 제사를 지내는데, 밤낮으로 술을 마시고 노래 부르며 춤을 추니 이를 무천이라 한다. 또 호랑이를 신(神)으로 여겨 제사 지낸다. 읍락을 함부로 침범하면 노비와 소, 말로 변상하는데, 이를 책화라 한다. -『삼국지』「위서」 동이전

PART 03

# 고대 국가

# THEME 008 고대 국가의 특징

## 01

2004년 인천시 9급

**다음은 국가 발전 단계를 나타낸 것이다. (B) 시기의 상황으로 알맞지 않은 것은?**

| 군장 국가 | → | 연맹 왕국 (A) | → | 중앙 집권 국가 (B) |
|---|---|---|---|---|

① 부족장 세력의 자기 부족에 대한 지배력이 강화되었다.
② 불교를 수용하여 사상적인 통합을 추진하였다.
③ 신분 제도가 정비되고 통합적인 율령 체계가 정비되었다.
④ 끊임없는 정복 활동으로 영토를 확장시켜 갔다.
⑤ 왕위 세습을 위하여 부자 상속제가 마련되었다.

## 02

2016년 기상직 7급

**다음 제시된 각 국왕 대의 공통점에 대한 설명으로 옳은 것은?**

- 고구려 태조왕
- 백제 고이왕
- 신라 내물왕

① 왕위의 부자 세습제를 확립하였다.
② 율령을 반포하여 통치 체제를 정비하였다.
③ 불교를 공인하여 사상을 통합하였다.
④ 중앙 집권적 고대 국가의 도대를 마련하였다.

## 03

2009년 국가직 9급

**백제 건국의 주도 세력이 부여·고구려계의 이주민 집단이었음을 말해주는 근거로 적절하지 않은 것은?**

① 백제 왕족의 성이 부여씨이다.
② 영산강 유역의 마한 소국들을 정복하였다.
③ 건국 신화에서 비류와 온조가 주몽의 아들이라고 하였다.
④ 한강 유역의 초기 백제 무덤은 압록강 유역의 고구려식 무덤 양식을 이은 것이다.

## 04

2014년 지방직 7급

**다음은 삼국 시대에 시행된 정책들이다. 이것이 계기가 되어 일어난 변화로 가장 적절한 것은?**

- 율령 반포와 통치 체제 정비
- 관등제 정비
- 불교의 수용과 공인
- 왕위의 부자 상속 확립

① 연맹 왕국의 유지에 주력하였다.
② 국가의 중앙 집권 체제가 정비되었다.
③ 모든 군현에 지방관을 파견하였다.
④ 지방에서는 호족이라 불리는 새로운 세력이 성장하였다.

## 문제 풀이

### 01
정답 ①

① X: 부족장 세력의 자기 부족에 대한 지배력이 강화가 아니라 약화되었다.

**오답 분석**

② O: (B) 시기에는 고대 국가들이 불교를 수용하여 사상적인 통합을 추진하였다.

③ O: (B) 시기에는 신분 제도와 율령이 정비되었다.

④ O: (B) 시기에는 고대 국가들이 정복 활동을 통해 영토를 확장시켰다.

⑤ O: (B) 시기에는 왕위 세습을 위해 부자 상속제가 마련되었다.

**½한국사 고득점 TIP** 중앙집권화

연맹 국가에서 고대 국가로 발전해 가면서 삼국은 왕권이 강화되었고, 족장들은 세력이 약화되어 중앙 귀족으로 편입되어 왕의 관료가 되었다. 또한 지방에 욕살과 방령, 군주 등의 지방관을 파견하여 중앙 집권이 강화되었다.

**½한국사 고득점 TIP** 초기 국가와 중앙 집권 국가

| 구분 | 초기 국가(연맹 국가) | 중앙 집권 국가 |
|---|---|---|
| 왕위 | 군장들이 선출을 함 | 세습제 형태<br>(형제 상속 → 부자 상속) |
| 왕권 | 미약<br>(잘못이 있으면 물러남) | 강력 |
| 군장 | 독립적 지위 유지<br>(군대와 관료 장악) | 중앙의 귀족이나 관료로 흡수됨, 골품제 |
| 종교 사상 | 원시 신앙 | 불교, 유학의 수용 |
| 법률 | 관습법으로 엄격 | 율령의 정비로 체계화 |
| 권력 | 지방 분권 형태 | 중앙 집권 형태 |
| 국가 | 고조선, 부여, 초기 고구려, 삼한, 가야 | 고구려, 백제, 신라 |

### 02
정답 ④

제시된 국왕은 모두 삼국의 중앙 집권화를 이룩한 국왕들이다.

④ O: 고구려는 1~2세기 태조왕, 백제는 3세기 고이왕, 신라는 4세기 내물 마립간 시절부터 중앙 집권 국가로 발전해가기 시작하였다.

**오답 분석**

① X: 고구려는 2세기 고국천왕, 백제는 3세기 고이왕, 신라는 5세기 눌지마립간 시기에 왕위의 부자 세습제를 확립하였다.

② X: 고구려는 4세기 소수림왕, 백제는 3세기 고이왕, 신라는 6세기 법흥왕 때 율령을 반포하여 통치 체제를 정비하였다.

③ X: 고구려는 4세기 소수림왕, 백제는 4세기 침류왕, 신라는 6세기 법흥왕 때 불교를 공인하여 사상을 통합하였다.

### 03
정답 ②

② X: 백제가 영산강 유역의 마한 소국을 정복한 것은 이를 뒷받침하는 근거는 아니다.

**오답 분석**

① O: 백제 왕족의 성은 부여씨로 백제의 건국 주도 세력이 부여 출신임을 알려주는 근거가 된다.

③ O: 백제의 건국 신화에 의하면 비류와 온조는 고구려 주몽의 아들로, 어머니 소서노와 함께 남쪽으로 내려와 한성 지역에서 나라를 건국하였다고 전해진다.

④ O: 한강 유역에 있는 초기 백제의 무덤은 압록강 유역의 초기 고구려식 무덤인 계단식 돌무지무덤의 양식에 영향을 받았다. 대표적으로는 석촌동 고분군이 있다.

**½한국사 고득점 TIP** 백제와 고구려가 부여 계통이라는 증거

- 백제와 고구려의 건국설화를 통해 같은 부여 계통임을 알 수 있다.
- 백제 왕족의 성이 부여씨였다.
- 서울 석촌동 돌무지무덤은 고구려 초기 돌무지무덤과 같은 양식이다.
- 개로왕이 북위에 보낸 국서에서 백제가 고구려와 함께 부여 계통임을 밝히고 있다.
- 성왕 때 국호를 남부여로 칭하였다.

### 04
정답 ②

제시된 자료는 모두 중앙 집권화 과정에서 나타나는 정책들이다.

② O: 삼국은 율령을 반포하여 통치 체제를 정비하였고, 관리들의 관복제와 관등제를 마련하였다. 또한 왕위의 부자 상속제를 확립하여 왕권을 더욱 강화하였으며, 백성들의 사상적 통합과 왕권 강화를 위하여 불교를 수용하였다.

**오답 분석**

① X: 제시된 정책들은 연맹 왕국에서 중앙 집권 국가로 발달하는 단계에서 나타난 특징이다.

③ X: 조선 시대에 모든 군현에 지방관을 파견하였다.

④ X: 신라 말에 지방에 호족이라 불리는 새로운 세력이 성장하였다.

**½한국사 고득점 TIP** 초기 국가와 중앙 집권 국가

| | 고구려 | 백제 | 신라 |
|---|---|---|---|
| 형제 상속 | 2세기 태조왕 | 3세기 고이왕 | 4세기 내물 마립간 |
| 부자 상속 | 2세기 고국천왕 | 4세기 근초고왕 | 5세기 눌지 마립간 |
| 율령 반포 | 4세기 소수림왕 | 3세기 고이왕 | 6세기 법흥왕 |
| 불교 공인 | 4세기 소수림왕 | 4세기 침류왕 | (수용은 5세기 눌지 마립간)<br>6세기 법흥왕 |

PART 03 고대 국가 해커스공무원 최진우 ½한국사 테마별 기출 700제

# THEME 009 가야 연맹

## 01

2021년 지방직 9급

(가) 나라에 대한 설명으로 옳은 것은?

> 북쪽 구지에서 이상한 소리로 부르는 것이 있었다. …(중략)… 구간(九干)들은 이 말을 따라 모두 기뻐하면서 노래하고 춤을 추었다. 자줏빛 줄이 하늘에서 드리워져서 땅에 닿았다. 그 줄이 내려온 곳을 따라가 붉은 보자기에 싸인 금으로 만든 상자를 발견하고 열어보니, 해처럼 둥근 황금알 여섯개가 있었다. 알 여섯이 모두 변하여 어린아이가 되었다. …(중략)… 가장 큰 알에서 태어난 수로(首露)가 왕위에 올라 (가)를/을 세웠다.
>
> -『삼국유사』

① 해상 교역을 통해 우수한 철을 수출하였다.
② 박, 석, 김씨가 교대로 왕위를 계승하였다.
③ 경당을 설치하여 학문과 무예를 가르쳤다.
④ 정사암 회의를 통해 재상을 선발하였다.

## 02

2012년 1차 경간부

다음은 가야 연맹체의 어떤 나라의 시조설화이다. 밑줄 친 '이 나라'의 왕릉급 고분이 밀집된 고분군의 이름은?

> 시조는 이진아시왕이고, 그로부터 도설지왕까지 대략 16대 520년이다. 최치원이 지은 「석이정전」에는, "가야산신 정견 모주가 천신 이비가지에게 감응되어 뇌질주일과 뇌질청예 두 사람을 낳았다. 뇌질주일은 곧 '이 나라'의 시조인 이진아시왕의 별칭이고, 뇌질청예는 금관국의 시조인 수로왕의 별칭이다."라고 하였다.
>
> -『신증동국여지승람』

① 합천 옥전 고분군　　② 김해 대성동 고분군
③ 함안 도항리 고분군　　④ 고령 지산동 고분군

## 03

2020년 지방직 9급

밑줄 친 '이 나라'에 대한 설명으로 옳은 것은?

> 이 나라는 삼한의 종족이며, 지금의 고령에 있었다. 건원 원년(479)에 그 국왕 하지(荷知)는 사신을 보내 남제에 공물을 바쳤다. 남제에서는 국왕 하지에게 "보국장군 본국왕"을 제수하였다.

① 관산성 전투에서 국왕이 전사하였다.
② 울릉도를 정복해서 영토로 편입하였다.
③ 호남 동부 지역까지 세력을 확장하였다.
④ 신라를 도와 낙동강 유역에 진출한 왜를 격파하였다.

## 04

2024년 법원직 9급

(가) 국가에 대한 설명으로 가장 옳지 않은 것은?

> 김해·고령 등 (가) 고분군 7곳, 유네스코 세계 문화 유산됐다.
>
> 유네스코 "고대 문명의 주요 증거"
>
> 한반도 남부에 남아 있는 유적 7곳을 묶은 고분군이 유네스코 세계 문화유산이 됐다. …… (가) 은/는 기원 전후부터 562년까지 주로 낙동강 유역을 중심으로 번성한 작은 나라들의 총칭이다.
>
> - 2023. 9.18 □□ 일보

① 낙동강 하류의 변한 지역에서 성장하였다.
② 철기를 활발히 생산하여 주변국에 수출하였다.
③ 골품에 따라 관등이나 관직 승진에 제한이 있었다.
④ 금관가야를 중심으로 전기 가야 연맹이 결성되었다.

## 05

2019년 기상직 9급

다음 자료와 관련된 국가에 대한 설명으로 옳은 것은?

> "저는 아유타국의 공주로 성은 허이고 이름은 황옥이며 나이는 16살입니다. 본국에 있을 때 금년 5월에 부왕과 모후께서 저에게 말씀하시기를, '우리가 어젯밤 꿈에 함께 황천을 뵈었는데, 황천은 가락국의 왕 수로라는 자는 하늘이 내려보내서 왕위에 오르게 하였으니 곧 신령스럽고 성스러운 것이 이 사람이다. 또 나라를 새로 다스림에 있어 아직 배필을 정하지 못했으니 경들은 공주를 보내서 그 배필을 삼게 하라 하고, 말을 마치자 하늘로 올라갔다. 꿈을 깬 뒤에도 황천의 말이 아직도 귓가에 그대로 남아 있으니, 너는 이 자리에서 곧 부모를 작별하고 그곳을 향해 떠나라'라고 하였습니다. 저는 배를 타고 멀리 증조를 찾고, 하늘로 가서 반도를 찾아 이제 아름다운 모습으로 용안을 가까이하게 되었습니다."

① 신라 진흥왕의 공격으로 멸망하였다.
② 국동대혈에서 하늘에 제사를 지냈다.
③ 22담로에 왕족을 파견하여 지방을 통제하였다.
④ 낙랑과 왜를 연결하는 중계 무역이 발달하였다.

# 문제 풀이

## 01
정답 ①

제시된 사료의 (가)는 김수로가 건국한 금관가야이다. '수로가 왕위에 올랐다'에서 금관가야 건국설화인 구지가임을 알 수 있다.

① O: **금관가야는 낙동강 하류의 수운을 이용하여 낙랑과 왜 사이의 해상 교역을 통해 우수한 철을 수출하였다.**

**오답 분석**

② X: 금관가야가 아니라 신라가 이사금 시절 박, 석, 김씨가 교대로 왕위를 계승하였고, 내물 마립간 때부터 김씨의 왕위 세습이 이루어졌다.

③ X: 금관가야가 아니라 고구려 장수왕 시절 지방에 경당을 설치하여 학문과 무예를 가르쳤다.

④ X: 금관가야가 아니라 백제가 정사암 회의를 통해 재상을 선발하였다.

## 02
정답 ④

제시된 사료의 밑줄 친 '이 나라'는 후기 가야 연맹을 주도한 대가야이다. 금관가야의 시조는 김수로이며, 대가야의 시조는 이진아시왕이다.

④ O: **전기 가야 연맹의 고분군은 김해의 대성동과 부산 복천동 고분군이 대표적이고, 후기 가야 연맹인 대가야의 고분 중 왕릉급 고분으로 유명한 고분은 고령 지산동 고분이다.**

**½한국사 고득점 TIP** 덧널 → 구 → 굴 : 최 고 지 !!

가야는 초기에 금관가야 시절 덧널무덤을 주로 제작하나 후기에는 구덩식 돌방무덤, 이후 굴식돌방무덤을 제작했다. (덧널 → 구 → 굴) 그리고 고령 지산동 고분은 대가야 최고의 왕릉급 고분이다.(최고지)

## 03
정답 ③

제시된 사료의 밑줄 친 '이 나라'는 대가야이다. '고령에 중심이 있었다'와 하지는 5세기경 가라왕(가야왕)으로 중국 남제에 사신을 보내 직접 교역을 하였던 것을 통해 대가야임을 알 수 있다.

③ O: **대가야는 전성기 시절 소백산맥 서쪽 일대(호남 동부)까지 영토를 확장하였다.**

**오답 분석**

① X: 대가야가 아니라 백제가 554년 관산성 전투에서 국왕인 성왕이 전사하였다.

② X: 대가야가 아니라 신라가 지증왕 시절 512년 이사부가 울릉도를 정복해서 영토로 편입하였다.

④ X: 대가야가 아니라 고구려의 광개토대왕이 400년 신라를 도와 낙동강 유역에 진출한 왜를 격파하였고 이로 인해 전기 가야 연맹이 해체되었다.

**½한국사 고득점 TIP** 가야의 중국과 교역

가야는 처음에는 낙랑을 통해 중국과 교류하다 4세기 낙랑이 멸망한 뒤 백제를 통해 중국과 교역을 하였다. 이후 5세기 이후 가라왕 하지는 남제에 사신을 보내 직접 교역을 하였다.

## 04
정답 ③

제시된 자료에서 김해, 고령 등을 통해 (가) 국가가 가야임을 알 수 있다.

③ X: **가야가 아니라 신라가 골품에 따라 관등이나 관직 승진에 제한이 있었다.**

**½한국사 고득점 TIP** 가야 고분의 변화

- 전기 가야 연맹: 금관가야 중심, 덧널무덤, 김해 대성동, 부산 복천동
- 후기 가야 연맹: 대가야 중심, 구덩식 돌방무덤, 굴식돌방무덤 등
  - 고령 지산동 고분: 대가야 최고 왕릉급 고분

## 05
정답 ④

제시된 사료의 국가는 금관가야이다. 주어진 자료의 '허황옥', '가락국의 왕 수로라는 자는 하늘이 내려보내서 왕위에 오르게 하였으니' 등을 통해 금관가야에 대한 내용임을 알 수 있다. 금관가야의 시조 김수로는 아유타국의 공주(허왕후)와 혼인한 것으로 알려진다.

④ O: **낙랑과 왜를 연결하는 중계 무역이 발달하였다. → 전기 가야 연맹 시절 금관가야는 한군현(낙랑, 대방), 왜와의 중계 무역으로 크게 번성하였다. 특히, 일본의 규슈와 나라까지 광범위하게 가야 유물이 출토되는 것을 통해 왜와 긴밀한 관계를 맺고 있었음을 알 수 있다.**

**오답 분석**

① X: 금관가야가 아니라 대가야가 562년 신라 진흥왕의 공격으로 멸망하였다. 금관가야는 532년 법흥왕에게 멸망하였다.

② X: 금관가야가 아니라 고구려가 매년 10월 국동대혈에서 동맹이라 하여 하늘에 제사를 지냈다.

③ X: 금관가야가 아니라 백제 무령왕이 22담로에 왕족을 파견하여 지방을 통제하였다.

**½한국사 고득점 TIP** 6세기 가야의 멸망 과정

- 522년 혼인 동맹: 대가야 이뇌왕 + 신라 법흥왕
- 532년 금관가야 멸망: 신라 법흥왕
- 554년 관산성 전투: 백제 성왕과 함께 관산성 전투에 참여 → 패배
- 562년 대가야 멸망: 신라 진흥왕

# THEME 010 삼국의 항쟁

## 01

2021년 국가직 9급

(가) 시기에 신라에서 있었던 사실은?

> 고구려의 침입으로 한성이 함락되자, 수도를 웅진으로 옮겼다.

↓

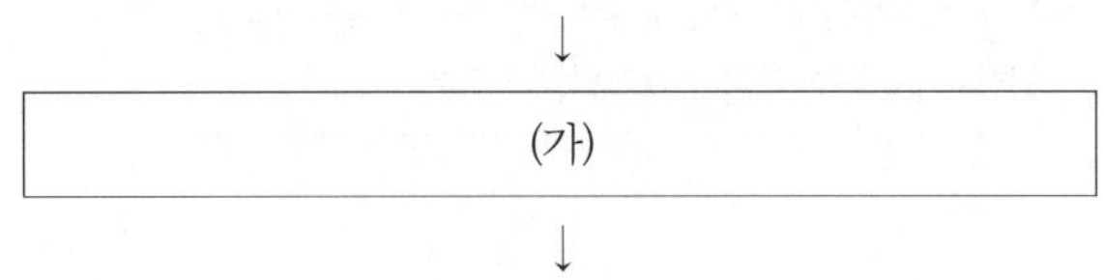


↓

> 성왕은 사비로 도읍을 옮겼다.

① 대가야를 정복하였다.
② 황초령순수비를 세웠다.
③ 거칠부가 『국사』를 편찬하였다.
④ 이차돈의 순교를 계기로 불교가 공인되었다.

## 02

2020년 국가직 9급

(가)~(라)에 해당하는 사실로 옳지 않은 것은?

| 낙랑군 축출 | (가) | 광개토대왕릉비 건립 | (나) | 살수 대첩 승리 | (다) | 안시성 전투 승리 | (라) | 고구려 멸명 |
|---|---|---|---|---|---|---|---|---|

① (가) - 백제 침류왕이 불교를 받아들였다.
② (나) - 고구려 영양왕이 요서 지방을 선제공격하였다.
③ (다) - 백제가 신라 대야성을 공격하여 함락시켰다.
④ (라) - 신라가 매소성에서 당군을 격파하였다.

## 03

2018년 국가직 9급

밑줄 친 (ㄱ)의 결과에 해당하는 사실로 옳은 것은?

> (영락) 6년 병신(丙申)에 왕이 직접 수군을 이끌고 백제를 토벌하였다. (백제왕이) 우리 왕에게 항복하면서 "지금 이후로는 영원히 노객(奴客)이 되겠습니다." 라고 맹세하였다. …(중략)… (ㄱ) 10년 경자(庚子)에 왕이 보병과 기병 5만 명을 보내어 신라를 구원하게 하였다.

① 고구려가 신라 내정 간섭을 강화하였다.
② 백제가 고구려의 평양성을 공격하였다.
③ 신라가 관산성 전투에서 백제 성왕을 살해하였다.
④ 금관가야가 가야 지역의 중심 세력으로 대두하였다.

## 04

2017년 국가직 9급 지역 인재 수습

다음 사건을 시기 순으로 바르게 나열한 것은?

> (ㄱ) 백제 사비성이 함락되었다.
> (ㄴ) 가야가 낙랑과 왜 등에 철을 수출하였다.
> (ㄷ) 고구려가 율령을 반포하고 태학을 설립하였다.
> (ㄹ) 신라가 인재를 양성하기 위해 화랑도를 국가 조직으로 개편하였다.

① (ㄱ) - (ㄴ) - (ㄷ) - (ㄹ)
② (ㄴ) - (ㄷ) - (ㄹ) - (ㄱ)
③ (ㄷ) - (ㄹ) - (ㄱ) - (ㄴ)
④ (ㄹ) - (ㄱ) - (ㄴ) - (ㄷ)

## 05

2019년 지방직 9급

(나) 시기에 발생한 사건으로 옳은 것은?

> (가) 백제왕이 병력 3만 명을 거느리고 평양성을 공격해 왔다. 왕이 출병하여 막다가 날아오는 화살에 맞아 서거하였다.
>
> ↓
>
> (나)
>
> ↓
>
> (다) 왕이 보병과 기병 5만 명을 보내 신라를 구원하게 하였다. (고구려군이) 남거성을 통해 신라성에 이르렀는데 그곳에 왜가 가득하였다. 관군이 도착하자 왜적이 퇴각하였다.

① 태학을 설립하고 율령을 반포하였다.
② 평양으로 도읍을 옮기고 한성을 함락하였다.
③ 관구검이 이끄는 위나라 군대의 침략을 받았다.
④ 왕이 직접 말갈 병사를 거느리고 요서지방을 공격하였다.

# 문제 풀이

## 01

정답 ④

| 475년 | 웅진 천도 | 문주왕 |
|---|---|---|

↓ ④ 527년: 법흥왕 때 이차돈 순교 이후 불교 공인

| 538년 | 사비 천도 | 성왕 |
|---|---|---|

③ 545년: 진흥왕 때 거칠부가 『국사』 편찬

① 562년: 진흥왕 때 대가야 정벌

② 568년: 진흥왕 때 황초령비

## 02

정답 ④

낙랑군 축출(313년, 미천왕) → (가) → 광개토대왕릉비 건립(414년, 장수왕) → (나) → 살수 대첩 승리(612년, 영양왕) → (다) → 안시성 전투 승리(645년, 보장왕) → (라) → 고구려 멸망(668년, 보장왕)

**④ X: 신라가 매소성에서 당군을 격파하였다. → 675년 나당전쟁 당시의 상황이다. 그러므로 668년 고구려 멸망 뒤에 해당하는 사건이다.**

**오답 분석**

① O: 백제는 침류왕 때인 384년에 동진의 승려 마라난타가 처음으로 불교가 전파되었다. 그러므로 (가)에 들어갈 수 있는 사건이다.

② O: 6세기 말 고구려 영양왕에 대한 설명이다. 고구려는 중국의 남북조를 통일한 수나라에 위기의식을 느끼고, 598년 영양왕 때 말갈군을 이끌고 영주(요서 지방)를 선제공격하였다. 이에 수나라는 네 번에 걸쳐 고구려를 침략하였고 2차 침략이 612년 살수대첩이다. 그러므로 영양왕의 요서 지방 선제공격은 (나)에 들어갈 수 있다.

③ O: 백제 의자왕은 642년 대야성을 비롯한 40여 개 성을 함락하여 한강 유역을 되찾았고, 643년 고구려와 친교를 맺고 신라에 공격을 가하여 당항성(남양)을 빼앗았다. 그러므로 (다)에 들어갈 수 있는 사건이다.

## 03

정답 ①

제시된 사료는 광개토대왕비의 내용 중 일부로 400년 광개토대왕이 신라에 침입한 왜구를 격퇴한 내용이다.

**① O: 고구려가 신라 내정 간섭을 강화하였다. → 400년 광개토대왕은 신라를 침략한 왜구를 격퇴하였고, 이후 신라에 정치적 간섭을 하였다. 장수왕 때 제작된 호우명 그릇을 통해 이러한 상황을 추론할 수 있다. 이후 장수왕 때도 고구려는 신라 정치에 영향력을 행사하며 눌지마립간을 옹립하기도 하였다.**

**오답 분석**

② X: 백제가 고구려의 평양성을 공격하였다. → 371년 백제 근초고왕 때 백제군이 고구려를 침입하여 고구려의 고국원왕을 전사시켰다.

③ X: 신라가 관산성 전투에서 백제 성왕을 살해하였다. → 6세기 554년 신라 진흥왕 때 사건이다.

④ X: 금관가야가 가야 지역의 중심 세력으로 대두하였다. → 400년 광개토대왕의 남하로 금관가야 세력이 약화되면서 전기가야 연맹이 해체되고 이후 대가야가 성장하는 계기가 되었다.

**½한국사 고득점 TIP 554년 관산성 전투**

신라 진흥왕과 백제 성왕은 나제동맹을 이용하여 고구려의 한강을 공격하여 수복하였다. 하지만 신라 진흥왕이 배신하고 한강 하류에 553년 신주를 설치하였다. 이에 백제 성왕과 왜, 대가야가 신라를 침공하였다. 하지만 신라 김무력 장군이 관산성에서 백제의 공격을 격퇴하였고, 백제 성왕이 이 전투에서 전사하였다(554년 관산성 전투). 이후 고구려와 백제의 동맹과 신라와 중국의 동맹이 충돌하는 십자외교가 형성되었다.

## 04

정답 ②

| (ㄴ) | 3~4세기 초: 낙랑 멸망 전 까지의 상황 |
|---|---|
| ↓ | |
| (ㄷ) | 4세기 373년 소수림왕: 율령 반포 |
| ↓ | |
| (ㄹ) | 6세기 진흥왕: 화랑도를 국가 조직화 |
| ↓ | |
| (ㄱ) | 7세기 660년 의자왕 때 나·당 연합군에게 사비성 함락 |

※ (ㄴ) 가야가 낙랑과 왜 등에 철을 수출하였다. : 3~4세기 초 금관가야 (*주의: 313년 이후 낙랑은 미천왕에게 멸망하였기 때문에 (ㄷ)의 소수림왕과의 순서 배열이 가능해진다.)

## 05

정답 ①

③ 244년: 고구려 동천왕 시절 위의 관구검이 침략

| (가) 371년 | 백제 근초고왕의 침입으로 고국원왕 전사 |
|---|---|

↓(나) ① 372년: 태학, 고구려 소수림왕

| (다) 400년 | 광개토대왕이 신라에 침입한 왜구 격퇴 |
|---|---|

② 475년: 장수왕, 427년에 평양 천도 후 한성 함락

④ 598년: 영양왕이 수나라에 선제공격

**½한국사 고득점 TIP 동천왕 당시 상황**

- 242년 서안평 공격
- 244년 위의 관구검의 공격: 국내성 함락, 유유와 밀우의 항전
- 245년 위의 왕기의 공격으로 왕이 남옥저로 피난
- 246년 위에게 환도성 점령당함, 관구검기공비 건립

## 06
2012년 지방직 9급

**시기 순으로 바르게 나열한 것은?**

> (ㄱ) 고구려의 흥안령 일대 장악
> (ㄴ) 백제의 사비 천도
> (ㄷ) 신라의 마운령비 건립
> (ㄹ) 전기 가야 연맹의 약화

① (ㄱ) - (ㄹ) - (ㄷ) - (ㄴ)　② (ㄱ) - (ㄹ) - (ㄴ) - (ㄷ)
③ (ㄹ) - (ㄱ) - (ㄷ) - (ㄴ)　④ (ㄹ) - (ㄱ) - (ㄴ) - (ㄷ)

## 07
2018년 서울시 9급

**고구려와 관련된 <보기>의 사건을 시간순으로 바르게 나열한 것은?**

> **보기**
> (ㄱ) 평양 천도　(ㄴ) 관구검과의 전쟁
> (ㄷ) 고국원왕의 전사　(ㄹ) 광개토왕릉비 건립

① (ㄷ) - (ㄱ) - (ㄹ) - (ㄴ)　② (ㄱ) - (ㄷ) - (ㄴ) - (ㄹ)
③ (ㄴ) - (ㄷ) - (ㄹ) - (ㄱ)　④ (ㄹ) - (ㄴ) - (ㄱ) - (ㄷ)

## 08
2017년 국회직 9급

**다음 (ㄱ)~(ㅁ) 시기에 일어난 사건으로 옳은 것을 <보기>에서 모두 고르면?**

| 단양 적성비 건립 | | 북한산비 건립 | | 창녕비 건립 | | 황초령비 건립 | |
|---|---|---|---|---|---|---|---|

| (ㄱ) | (ㄴ) | (ㄷ) | (ㄹ) | (ㅁ) |
|---|---|---|---|---|

> **보기**
> (ㄱ) 신라가 김해 지역의 금관가야를 정복하였다.
> (ㄴ) 백제의 왕이 관산성 전투에서 전사하였다.
> (ㄷ) 신라가 고령 지역의 대가야를 정복하였다.
> (ㄹ) 고구려가 천리장성을 완공하였다.
> (ㅁ) 신라의 거칠부가 『국사』를 편찬하였다.

① (ㄱ), (ㄴ)　② (ㄱ), (ㄷ)
③ (ㄴ), (ㅁ)　④ (ㄷ), (ㄹ)
⑤ (ㄹ), (ㅁ)

## 09
2018년 법원직 9급

**다음 자료의 시기에 해당하는 상황으로 옳은 것을 <보기>에서 모두 고른 것은?**

> 고려대왕 상왕공과 신라 매금은 세세토록 형제같이 지내기를 원하며 수천(守天)하기 위해 동으로 …… 동이 매금의 옷을 내려 주었다.

> **보기**
> (ㄱ) 중국에서 남북조가 대립하였다.
> (ㄴ) 고구려는 남하 정책을 추진하였다
> (ㄷ) 백제는 수도를 사비로 천도하였다.
> (ㄹ) 신라는 왕호를 중국식으로 바꾸었다.

① (ㄱ), (ㄴ)　② (ㄴ), (ㄷ)
③ (ㄷ), (ㄹ)　④ (ㄱ), (ㄷ)

## 10
2017년 법원직 9급

**다음 (가), (나) 사이의 시기에 있었던 사실로 가장 옳은 것은?**

> (가) 대업 9년(613년) 양제가 다시 친히 정벌하였다. 이때는 모든 군대에 상황에 맞게 적절히 대응하라고 하였다. 여러 장수가 길을 나누어 성을 공격하니 적의 군세가 날로 위축되었다. -『수서』
> (나) 당 태종이 다시 고구려를 정벌하려 했으나, 조정에서 의논하기를 "고구려가 산에 의지하여 성을 만들어 갑자기 함락할 수 없습니다. …… 지금 소부대를 자주보내어 그 지방을 피곤하게 하고 쟁기를 놓고 보루에 들어가게 하여 1,000리가 쓸쓸해지면 인심이 저절로 떠나 압록강 이북은 싸우지 않고도 얻을 수 있습니다."하니 이에 따랐다. -『삼국사기』

① 영양왕이 요서 지방을 선제공격하였다.
② 을지문덕이 살수에서 수나라 군대를 물리쳤다.
③ 광개토대왕이 신라에 쳐들어 온 왜군을 물리쳤다.
④ 당 태종이 이끈 당군의 침략을 안시성에서 물리쳤다.

# 문제 풀이

## 06

정답 ④

| (ㄹ) | 400년 고구려 광개토대왕이 신라 원조 → 왜구 격퇴 |
|---|---|

↓

| (ㄱ) | 5세기 장수왕: 흥안령 진출 |
|---|---|

↓

| (ㄴ) | 6세기(538년) 성왕: 사비천도, 남부여 |
|---|---|

↓

| (ㄷ) | 6세기(568년) 진흥왕: 마운령비 건립 |
|---|---|

**½한국사 고득점 TIP 성왕과 진흥왕의 순서**

성왕과 진흥왕의 순서는 555년 건립된 북한산비를 기준으로 보면 된다. 성왕과 진흥왕은 6세기 고구려의 한강 유역을 공격하여 수복하지만 이후 진흥왕의 배신으로 554년 관산성 전투에서 백제 성왕이 전사하였고, 555년 신라 진흥왕은 북한산비를 건립하였다. 그리고 이후 진흥왕은 가야를 정벌하고 창녕비, 함경도 지방을 공격하여 마운령비와 황초령비를 세웠다. 그러므로 북한산비가 건립된 이후에는 성왕은 없다고 보면 된다.

## 07

정답 ③

| (ㄴ) | 244년 관구검과의 전쟁: 동천왕 (밀우와 유유) |
|---|---|

↓

| (ㄷ) | 371년 고국원왕이 백제 침입으로 전사 |
|---|---|

↓

| (ㄹ) | 414년 장수왕이 광개토대왕비 건립 |
|---|---|

↓

| (ㄱ) | 427년 장수왕이 평양 천도 |
|---|---|

**½한국사 고득점 TIP 5세기 상황 (순서에 주의할 것)**

- 414년 광개토대왕비 건립: 장수왕 → 415년 호우명 그릇
- 427년 평양 천도: 장수왕, 남북조와의 다면외교 이용
- 433년 나제 동맹: 백제 비유왕과 신라 눌지마립간
- 472년 백제 개로왕이 북위에 도움을 요청
- 475년 장수왕의 한강 점령, 개로왕 전사, 백제의 웅진 천도(문주왕)
- 493년 결혼 동맹: 백제 동성왕과 신라 소지마립간
- 494년 고구려의 문자왕이 부여 복속 → 최대 영토

## 08

정답 ①

(ㄱ) → 단양 적성비 건립(551) → (ㄴ) → 북한산비 건립(555) → (ㄷ) → 창녕비 건립(561) → (ㄹ) → 황초령비 건립(563) → (ㅁ)

**(ㄱ) O: (ㄱ) 시기인 532년에 신라의 법흥왕은 김해 지역의 금관가야를 정복하였다.**

**(ㄴ) O: (ㄴ) 시기인 554년에 백제의 성왕이 관산성 전투에서 전사하였다.**

**오답 분석**

(ㄷ) X: 신라가 고령 지역의 대가야를 정복하였다. → 562년 진흥왕 시절로 (ㄹ)에 해당한다.

(ㄹ) X: 고구려가 천리장성을 완공하였다. → 고구려의 천리장성은 631년 영류왕 때 만들기 시작하여 647년 보장왕 때 완성되었다. 그러므로 (ㅁ)에 해당한다.

(ㅁ) X: 신라의 거칠부가 『국사』를 편찬하였다. → 545년 진흥왕 시절 거칠부가 편찬하였다. 그러므로 (ㄱ) 시기에 해당한다.

## 09

정답 ①

제시된 자료는 5세기 후반에 건립된 충주(중원) 고구려비문의 일부이다.

**(ㄱ) O: 중국에서 남북조가 대립하였다. → 5세기 중국은 남북조의 분열기였고, 이를 이용하여 장수왕이 남하 정책을 추진하였다.**

**(ㄴ) O: 고구려는 남하 정책을 추진하였다. → 427년 장수왕은 평양으로 천도하면서 남하 정책을 추진하고 475년 한강 유역을 점령하였다.**

**오답 분석**

(ㄷ) X: 백제는 수도를 사비로 천도하였다. → 6세기(538년) 성왕 때 사비로 천도하였다.

(ㄹ) X: 신라는 왕호를 중국식으로 바꾸었다. → 신라는 6세기 지증왕 때부터 왕의 칭호를 사용하였고, 7세기 무열왕 때부터 신라의 왕명을 불교식 왕명 대신 중국식 왕명으로 사용하였다.

**½한국사 고득점 TIP 충주 고구려비**

국보 제205호. 높이 203㎝, 너비 55㎝이다. 중원 고구려비라고도 하였다. 입석마을에 글자가 새겨진 돌이 있다는 정보에 따라 1979년 4월 8일 단국대학교 학술조사단에 의하여 발견, 조사되었다. 국내에서 발견된 유일의 고구려비이므로 역사적 가치가 매우 크다고 하겠다. 또한 5세기 고구려·신라 관계, 고구려 관등조직, 인명표기 방식 등 문헌에 없는 내용이 담겨 있는 것으로도 잘 알려져 있다.

## 10

정답 ④

③ 400년: 광개토대왕이 신라에 침입한 왜구 격퇴

① 598년: 영양왕, 수나라에 선제공격

② 612년: 살수대첩(영양왕, 을지문덕, 수의 2차 침입)

| 613년 | 영류왕, 수의 3차 침입 |
|---|---|

④ 645년: 보장왕, 당의 1차 침입 → 안시성에서 양만춘이 격퇴

| 647년 | 보장왕, 당의 2차 침입 |
|---|---|

## 11

2021년 법원직 9급

(가)~(라)를 일어난 순서대로 바르게 나열한 것은?

(가) 성왕이 군사를 보내 고구려를 공격하였다.
(나) 온조는 한강 하류에 이르러 도읍을 정하였다.
(다) 태조왕이 동옥저를 정벌하고 빼앗아 성읍으로 삼았다.
(라) 법흥왕이 율령을 반포하고, 처음으로 관리의 공복을 정하였다.

① (가) - (나) - (다) - (라)　② (나) - (다) - (라) - (가)
③ (나) - (가) - (라) - (다)　④ (다) - (가) - (나) - (라)

## 12

2022년 지방직 9급

다음 사건을 시기순으로 바르게 나열한 것은?

(가) 신라의 한강 유역 확보
(나) 관산성 전투
(다) 백제의 웅진 천도
(라) 고구려의 평양 천도

① (가) → (라) → (나) → (다)
② (나) → (다) → (가) → (라)
③ (다) → (나) → (가) → (라)
④ (라) → (다) → (가) → (나)

## 13

2023년 법원직 9급

(가), (나) 시기 사이에 있었던 사실로 가장 옳은 것은?

(가) 영락 5년 왕은 패려(稗麗)가 …… 하지 않는다고 생각하고 친히 군사를 이끌고 가서 토벌하였다. 부산(富山)·부산(負山)을 지나 염수(鹽水) 가에 이르렀다. 600~700영(營)을 격파하니, 노획한 소·말·양의 수가 헤아릴 수 없이 많았다.
(나) 고구려왕 거련(巨璉)이 병사 3만 명을 거느리고 한성을 포위하였다. 고구려 사람들이 병사를 네 방면의 길로 나누어 협공하고 또 바람을 이용해서 불을 질러 성문을 태우니, 성 밖으로 나가 항복하려는 자도 있었다. 임금은 기병 수십 명을 거느리고 성문을 나가 서쪽으로 달아났는데, 고구려 병사에게 살해되었다.

① 신라에 병부가 설치되었다.
② 고구려가 평양으로 천도하였다.
③ 고이왕이 좌평과 관등제의 기본 골격을 마련하였다.
④ 백제군의 공격으로 고국원왕이 전사하였다.

## 14

2024년 법원직 9급

(가)와 (나) 사이의 시기에 있었던 사실로 가장 옳지 않은 것은?

(가)

(나)

① 태조왕이 옥저를 복속하였다.
② 진흥왕이 화랑도를 개편하였다.
③ 장수왕이 남진 정책을 추진하였다.
④ 지증왕이 국호를 '신라'로 정하였다.

## 15

2019년 서울시 9급(2월)

고구려의 대중국투쟁에 대한 설명으로 가장 옳은 것은?

① 고구려는 요서 지역을 선제공격함으로써 수나라를 견제하였다.
② 수 양제의 침략에 대비하기 위해 천리장성을 축조하였다.
③ 을지문덕은 당 태종의 2차 침입을 살수대첩으로 막아냈다.
④ 양만춘은 수나라의 별동대를 안시성에서 격퇴하였다.

## 16

2019년 서울시 7급(2월)

<보기>의 시와 관련된 전쟁에 대한 설명으로 가장 옳은 것은?

귀신같은 전술은 천문을 꿰뚫었고 묘한 전략은 지리를 통달했구나. 전쟁에서 이겨 공이 이미 높아졌으니, 만족함을 알고 그만함이 어떠하겠는가.

① 동천왕 때 일어난 전쟁이다.
② 살수에서 고구려군이 크게 승리하였다.
③ 당 태종이 직접 군대를 이끌고 침략을 감행하였다.
④ 왜군 3만 명이 원군으로 참전하였으나 백강 전투에서 크게 패배하였다.

# 문제 풀이

## 11

정답 ②

| (나) | 기원전 18~기원후 28년 | 온조 |
|---|---|---|
| ↓ | | |
| (다) | 1~2세기 | 태조왕 |
| ↓ | | |
| (라) | 6세기 520년 | 법흥왕 |
| ↓ | | |
| (가) | 6세기 550년 | 성왕 + 진흥왕 |

## 12

정답 ④

| (라) | 427년 | 고구려 평양 천도(장수왕) |
|---|---|---|
| ↓ | | |
| (다) | 475년 | 백제 웅진 천도(문주왕) |
| ↓ | | |
| (가) | 551~553년 | 신라 한강 유역 확보(진흥왕) |
| ↓ | | |
| (나) | 554년 | 관산성 전투(성왕 ↔ 진흥왕) |

## 13

정답 ②

③ 3세기: 고이왕 때 6좌평과 관등 정비

④ 4세기: 371년 근초고왕 때, 평양성에서 고국원왕 전사

| 광개토대왕 | 395년 패려(비려)격퇴 |
|---|---|

② 427년 장수왕: 평양 천도

| 장수왕 | 475년 백제 공격, 개로왕 전사 |
|---|---|

① 6세기: 법흥왕, 병부 설치

## 14

정답 ①

제시된 (가)는 백제가 한강을 점령하고 있던 백제의 전성기로 4세기 근초고왕 시절, (나)는 신라가 한강을 점령하고 있는 6세기 진흥왕 시절의 모습이다. 진흥왕 시절 신라는 함경도 일대에 진출하였다. 그러므로 4~6세기 사이의 모습을 찾으면 된다.

**① X: 태조왕이 옥저를 복속한 것은 1~2세기이다.**

**오답 분석**

② O: 진흥왕이 화랑도를 개편한 것은 6세기이다.

③ O: 장수왕이 남진 정책을 추진한 것은 5세기이다.

④ O: 지증왕이 국호를 '신라'로 정한 것은 6세기이다.

## 15

정답 ①

**① O: 고구려는 중국의 남북조를 통일한 수에 위기의식을 느끼고, 영양왕 때 말갈군을 이끌고 영주(요서 지방)를 선제공격하였다. 이후 수나라는 네 번에 걸쳐 고구려를 침략하였다.**

**오답 분석**

② X: 고구려의 천리장성은 수나라가 아니라 당나라의 침략에 대비하기 위해 축조되었다. 618년 건국된 당은 초기에는 고구려에 대해 유화 정책을 취하였으나 당 태종이 즉위하면서 고구려 침략 의도를 드러냈고, 영류왕 시절 연개소문은 요동의 부여성에서 비사성까지 천리장성을 축조하기 시작하였다.

③ X: 을지문덕은 당 태종의 침략이 아니라 수나라 양제의 2차 침입을 살수(청천강)에서 막아냈다.

④ X: 양만춘은 수나라의 별동대가 아니라 당 태종의 군대를 안시성에서 격퇴하였다(645년 당의 1차 침입).

**½한국사 고득점 TIP 고구려의 천리장성**

- 영류왕~보장왕 (631년~647년), 요동지방(부여성~비사성)
- 당의 침략에 대비해서 축조

※ 주의: 고려의 천리장성은 압록강~도련포 (덕종~정종)

**½한국사 고득점 TIP 고구려와 당과의 관계**

618년 수가 멸망하고 당이 중국을 통일하였다. 초기 당은 고구려에 우호적이었지만 당 태종 즉위 후 고구려를 압박하였다. 이에 대응하여 고구려는 부여성에서 비사성까지 천리장성을 축조하기 시작하였다. 그리고 대당 강경파인 연개소문이 642년 친당적인 영류왕을 제거하고 보장왕을 옹립하는 정변을 일으키고 정권을 장악하면서 당과 관계가 악화되었다. 연개소문은 신라 김춘추와 협상을 거부하고, 신라에 대한 압박을 중단하라는 당의 요구를 거부하였다. 이에 당이 645년 고구려를 침입하였지만 안시성에서 양만춘이 당군을 무찔렀고, 이후 당은 2차례 더 고구려를 침입하였지만 실패하였다.

## 16

정답 ②

제시된 사료는 수나라의 2차 침입 때 고구려 장수 을지문덕의 여수장우중문시 중 일부이다.

**② O: 수의 2차 침입 때 을지문덕이 살수에서 수의 군대를 무찔렀다.**

**오답 분석**

① X: 수나라의 2차 침입은 고구려 동천왕이 아니라 영양왕 때 상황이다.

③ X: 당 태종이 직접 군대를 이끌고 침략을 감행하였다. → 645년 당의 1차 침입에 대한 설명이다.

④ X: 왜군 3만 명이 원군으로 참전하였으나 백강 전투에서 크게 패배하였다. → 백강 전투는 663년 왜의 지원을 받아 백제 부흥군이 나당연합군과 벌인 전투로, 이 전투에서 백제 부흥군이 패배하면서 부여풍은 고구려로 망명하였다.

**½한국사 고득점 TIP 백강(백촌강, 백강구) 전투(663년)**

660년 백제의 멸망 후 당은 5도독부를 설치하려 했으나 백제유민의 저항으로 웅진도독부만 설치했지만 백제 부흥운동이 일어나자 당군이 증파되면서 부흥군은 수세에 몰리게 되었다. 내부적으로는 부여풍이 복신을 살해하고, 복신은 고구려와 왜에 응원군을 요청했고, 왜국에서 군사를 보냄으로써 663년 백강전투가 벌어졌다. 당의 수군과 신라는 백강에서 부여풍이 이끄는 부흥 운동군과 왜의 수군에 4차례의 전투를 벌여 400척의 배를 불태웠다.

# THEME 011 신라 왕

## 01

2014년 법원직 9급

**신라 왕호의 변천 과정에서 (가), (나)에 해당하는 설명으로 가장 옳은 것은?**

> 거서간 → 차차웅 → (가) → (나) → 왕

① (가)가 왕호였던 시기에 이르러 독자적 세력을 유지해 오던 6부가 행정 구역으로 재편되었다.
② (가)가 왕호였던 시기에 신라는 낙동강 유역의 가야 세력을 정복하고 영토를 확장하였다.
③ (나)는 대군장의 뜻을 지니며 왕권의 성장이 그 이름에 반영되어 있다.
④ (나)가 왕호였던 시기에 신라 왕위는 박·석·김의 3성이 교대로 차지하였다.

## 02

2020년 지방직 9급

**밑줄 친 '왕'의 재위 기간에 있었던 사실로 옳은 것은?**

> 이찬 이사부가 왕에게 "국사라는 것은 임금과 신하들의 선악을 기록하여, 좋고 나쁜 것을 만대 후손들에게 보여 주는 것입니다. 이를 책으로 편찬해 놓지 않는다면 후손들이 무엇을 보고 알겠습니까?"라고 아뢰었다. 왕이 깊이 동감하고 대아찬 거칠부 등에게 명하여 선비들을 널리 모아 그들로 하여금 역사를 편찬하게 하였다. -『삼국사기』

① 정전 지급
② 국학 설치
③ 첨성대 건립
④ 북한산 순수비 건립

## 03

2019년 서울시 9급(2월)

**<보기>의 밑줄 친 '왕' 대에 이루어진 내용을 옳게 고른 것은?**

> 재위 19년에는 금관국주인 김구해가 비와 세 아들을 데리고 와 항복하자 왕은 예로써 대접하고 상등(上等)의 벼슬을 주었으며, 23년에는 처음으로 연호를 칭하여 건원(建元) 원년이라 하였다.

> **보기**
> (ㄱ) 국호를 사로국에서 '신라'로, 왕호를 마립간에서 '왕'으로 고쳤다.
> (ㄴ) 왕은 연호를 고쳐 '개국(開國)'이라 하였으며 국사를 편찬토록 하였다.
> (ㄷ) 왕호를 '성법흥대왕'이라 쓰기도 하였다.
> (ㄹ) '신라육부'가 새겨진 울진 봉평 신라비가 세워졌다.
> (ㅁ) 연호를 '인평(仁平)'으로 고쳤으며 분황사와 영묘사를 창건하였다.

① (ㄱ), (ㄴ)　② (ㄴ), (ㄷ)
③ (ㄷ), (ㄹ)　④ (ㄹ), (ㅁ)

## 04

2020년 법원직

**밑줄 친 '왕'의 활동으로 가장 옳은 것은?**

> 대야성의 패전에서 도독 품석의 아내도 죽었는데, 그녀는 춘추의 딸이었다. … 왕에게 나아가 아뢰기를, "신이 고구려에 가서 군사를 청해 원수를 갚고 싶습니다."라고 하니 왕이 허락했다. -『삼국사기』

① 단양 적성비를 세웠다.
② 황룡사 9층 목탑을 건립하였다.
③ 고구려 부흥 운동을 지원하였다.
④ 이차돈의 순교를 계기로 불교를 공인하였다.

## 문제 풀이

### 01

정답 ③

제시된 자료의 (가)는 이사금, (나)는 마립간이다.

**③ O: (나) 마립간은 대군장의 뜻을 지니며 왕권의 성장이 그 이름에 반영되어 있다. → 마립간 칭호를 사용하면서 김씨 왕위 세습이 이루어지며 왕권이 강화되고 중앙집권국가로 발전하기 시작하였다.**

**오답 분석**

① X: (가) 이사금이 아니라 (나) 마립간이 왕호였던 5세기 자비마립간 시절에 이르러 독자적 세력을 유지해 오던 6부가 행정 구역으로 재편되었다.

② X: (가) 이사금이 칭호였던 시기가 아니라 '왕'의 칭호를 쓰던 법흥왕 시절 금관가야, 진흥왕 시절 대가야를 정벌하였다.

④ X: (나) 마립간이 아니라 (가) 이사금의 칭호가 사용되던 시기에 신라 왕위는 박·석·김의 3성이 교대로 차지하였다.

### 02

정답 ④

제시된 사료의 밑줄 친 '왕'은 진흥왕이다. 국사, 거칠부 등을 통해 진흥왕임을 알 수 있어야 한다. 진흥왕 시절 거칠부가 『국사』를 편찬하였다.

**④ O: 진흥왕은 북한산 순수비를 건립하였다.**

**오답 분석**

① X: 진흥왕이 아니라 성덕왕이 정전을 지급하였다.

② X: 진흥왕이 아니라 신문왕이 국학을 설치하였다.

③ X: 진흥왕이 아니라 선덕 여왕이 첨성대를 건립하였다.

**½한국사 고득점 TIP 진흥왕(540~576)**

- 544년 중원소경(충주)설치 → 557년 국원소경(충주) 설치
- 545년 『국사』: 거칠부
- 551년 개국 연호 사용, 단양적성비, 고구려의 혜량이 팔관회 개최
- 553년 황룡사 건립, 신주 (한강하류) 설치 → 백제와 동맹 결렬
- 554년 관산성 전투 → 백제 성왕 전사, 위덕왕 즉위
- 555년 북한산비 건립
- 556년 비열홀주 설치
- 561년 창녕비 건립
- 562년 대가야 정벌
- 568년 대창으로 연호 고침, 황초령비와 마운령비 건립
- 569년 황룡사 완공 (→ 574년 황룡사 장육존상)

### 03

정답 ③

제시된 사료의 밑줄 친 '왕'은 법흥왕이다. 금관국의 김구해의 항복, 건원의 연호를 통해 법흥왕임을 알 수 있다.

**(ㄷ) O: 왕호를 '성법흥대왕'이라 쓰기도 하였다. → 신라의 울산 천전리 서석에서는 '성법흥대왕(태왕)'의 명칭이 보인다.**

**(ㄹ) O: '신라육부'가 새겨진 울진 봉평 신라비가 세워졌다. → 법흥왕**

**오답 분석**

(ㄱ) X: 국호를 사로국에서 '신라'로, 왕호를 마립간에서 '왕'으로 고쳤다. → 지증왕

(ㄴ) X: 왕은 연호를 고쳐 '개국(開國)'이라 하였으며 국사를 편찬토록 하였다. → 진흥왕

**½한국사 고득점 TIP 법흥왕(514~540)**

- 517년: 병부 설치
- 520년: 율령 반포, 공복 제도 정비(자비청황)
- 522년: 가야 왕의 청혼을 받고 비조부의 누이를 보냄
- 524년: 울진 봉평비(동해안 북쪽 진출, 반란진압, 율령 집행 등)
- 527년: 불교 공인(이차돈 순교)
- 532년: 금관가야 복속(김구해에게 본국을 식읍 지급)
- 536년: 건원(신라 최초 연호), 영천 청제비

### 04

정답 ②

제시된 사료는 642년 신라 선덕 여왕이 김춘추를 고구려에 보내 도움을 요청하는 내용이다. 642년 백제 의자왕이 신라의 대야성을 공격하여 품석과 그의 부인인 김춘추의 딸을 죽였다. 이에 선덕 여왕은 김춘추를 고구려에 보내 도움을 요청하였지만 협상이 결렬되었다.

**② O: 선덕 여왕은 자장의 건의에 따라 황룡사 9층 목탑을 건립하였다.**

**오답 분석**

① X: 선덕 여왕이 아니라 진흥왕이 단양 적성비를 세웠다.

③ X: 선덕 여왕이 아니라 문무왕이 고구려 부흥 운동을 지원하였다.

④ X: 선덕 여왕이 아니라 법흥왕이 이차돈의 순교를 계기로 불교를 공인하였다.

**중요 사료 선덕 여왕**

- 당 태종이 붉은색, 자주색, 흰색의 3색의 모란꽃 그림과 그 씨 3되를 보내왔다. 그[선덕 여왕]는 꽃 그림을 보고 "이 꽃은 절대로 향기가 없을 것이다."라고 말했다. 이에 씨를 뜰에 심어 그 꽃이 피어 떨어지기를 기다리니 과연 그 말과 같았다.
- 왕이 죽기 전에 여러 신하들이 왕에게 아뢰었다. "어떻게 해서 모란꽃에 향기가 없고, 개구리 우는 것으로 변이 있다는 것을 아셨습니까." 왕이 대답했다. "꽃을 그렸는데 나비가 없으므로 그 향기가 없는 것을 알 수가 있었다. 이것은 당나라 임금이 나에게 짝이 없는 것을 희롱한 것이다."

# THEME 012 백제 왕

## 01

2016년 국가직 9급

(가)~(라)의 시기에 해당하는 백제 역사에 대한 설명으로 옳지 않은 것은?

| | (가) | (나) | (다) | (라) | |
|---|---|---|---|---|---|

| 기원전 18년 건국 | 475년 웅진 천도 | 538년 사비 천도 | 660년 사비성 함락 | 665년 문무왕과 회맹 |
|---|---|---|---|---|

① (가) - 관등제를 정비하고 공복제를 도입하는 등 국가 통치체제의 근간을 마련하였다.

② (나) - 남쪽의 마한 잔여 세력을 정복하고, 수군을 정비하여 요서 지방까지 진출하였다.

③ (다) - 신라와 연합하여 한강 유역 일부 지역을 수복했으나 얼마 후 신라에게 빼앗겼다.

④ (라) - 복신과 도침 등이 주류성에서 군사를 일으켜 사비성의 당나라 군대를 공격하였다.

## 02

2019년 서울시 9급(6월)

<보기>에서 백제의 발전 과정을 순서대로 바르게 나열한 것은?

(ㄱ) 6좌평제와 16관등제 및 백관의 공복을 제정하였다.
(ㄴ) 고구려의 평양성을 공격하였다.
(ㄷ) 지방에 22담로를 설치하였다.
(ㄹ) 불교를 받아들여 통치이념을 정비하였다.

① (ㄱ) - (ㄴ) - (ㄷ) - (ㄹ)
② (ㄱ) - (ㄴ) - (ㄹ) - (ㄷ)
③ (ㄴ) - (ㄹ) - (ㄷ) - (ㄱ)
④ (ㄹ) - (ㄴ) - (ㄷ) - (ㄱ)

## 03

2015년 교육행정직

밑줄 친 인물의 업적으로 옳은 것은?

<u>여륭(餘隆)</u>이 사신을 보내 글을 올렸는데, 고구려를 잇달아 격파했다고 하였다. …(중략)… 모두 22담로가 있는데, 왕실 자제들에게 나누어 다스리게 했다.

① 남조의 양과 교류하고 가야 지역으로 진출하였다.

② 사비로 수도를 옮겨 국가 중흥의 기틀을 다졌다.

③ 율령을 반포하여 중앙 집권 국가로서의 통치 기준을 마련하였다.

④ 마한의 잔여 세력을 정복하여 전라도 일대까지 영역을 확대하였다.

## 04

2019년 기상직 9급

(가)에 해당하는 국왕에 대한 설명으로 옳은 것은?

당시의 백제 왕 근개루는 장기와 바둑을 좋아하였다. 도림이 대궐 문에 이르러, "제가 어려서부터 바둑을 배워 상당한 묘수의 경지를 알고 있으니, 원컨대 곁에서 알려 드리고자 합니다."라고 하였다. 왕이 그를 불러들여 대국을 하여 보니 과연 국수(國手)였다. …… 이에 도림이 도망쳐 돌아와 이를 보고하니, 장수왕이 기뻐하며 백제를 치기 위해 장수들에게 군사를 나누어 주었다. 근개루가 이 말을 듣고 아들 <u>(가)</u>에게 말했다. "내가 어리석고 총명하지 못하여 간사한 사람의 말을 믿고 썼다 이렇게 되었다."

-『삼국사기』

① 웅진 천도를 단행하였다.

② 국호를 남부여로 바꾸었다.

③ 고구려의 평양성을 공격하였다.

④ 신라 눌지 마립간과 동맹을 체결하였다.

# 문제 풀이

## 01

정답 ②

② X: (나) 시기가 아니라 (가) 시기에 근초고왕이 남쪽의 마한 잔여 세력을 정복하고, 수군을 정비하여 요서 지방까지 진출하였다.

**오답 분석**

① O: (가) 시기인 3세기에 고이왕이 관등제를 정비하고 공복제를 도입하는 등 국가 통치체제의 근간을 마련하였다.

③ O: (다) 시기에 성왕이 신라와 연합하여 한강 유역 일부 지역을 수복했으나 얼마 후 신라에게 빼앗겼다.

④ O: (라) 시기에 백제가 660년 나·당 연합군에게 멸망한 뒤 복신과 도침 등이 부흥 운동을 벌이며 주류성에서 군사를 일으켜 사비성의 당나라 군대를 공격하였다.

## 02

정답 ②

| (ㄱ) | 3세기 고이왕 | 6좌평, 16관등, 자비청의 공복 |
|---|---|---|
| ↓ | | |
| (ㄴ) | 4세기 371년 근초고왕 | 근초고왕은 고구려와 황해도를 두고 경쟁하였고, 371년 고구려의 평양성을 공격하여 고국원왕을 전사시켰다. |
| ↓ | | |
| (ㄹ) | 4세기 384년 침류왕 | 동진에서 마라난타가 불교 전래 |
| ↓ | | |
| (ㄷ) | 6세기 무령왕 | 22담로에 왕족 파견 |

**½한국사 고득점 TIP 무령왕(사마왕, 501년~523년)**

- 503년 고구려의 수곡성을 침략
- 507년 고구려와 말갈을 침략을 격퇴
- 513년 일본에 단양이 파견
- 516년 일본에 고안무 파견
- 523년 한강유역에 쌍현성 축조
- 대가야 억압하며 섬진강 차지, 남조에게 영동대장군 작위 받음

## 03

정답 ①

제시된 자료는 중국 『양서(梁書)』의 백제전 중 양직공도의 내용이다. '여융'은 중국의 『양서(梁書)』에서 무령왕의 성과 이름을 합해 나타낸 것이다. 또한 '모두 22담로가 있는데, 왕실 자제들에게 나누어 다스리게 했다'에서 백제 무령왕 때 22담로에 왕족 파견이 기억나야 한다.

① O: 무령왕이 남조의 양과 교류하고 가야 지역으로 진출하였다. 무령왕은 중국 남조의 양과 통교하여 양으로부터 '영동대장군'의 관직을 받았다. 또한, 양나라에 사신을 보내 "고구려를 깨트려 다시 동이의 강국이 되었다."라고 천명하였으며 신라나 가야 사신을 데려가 이들 국가가 백제에 예속된 나라라고 소개하였다.

**오답 분석**

② X: 무령왕이 아니라 성왕이 사비로 수도를 옮겼다.

③ X: 무령왕이 아니라 고이왕이 율령을 반포하여 통치의 기준을 마련하였다.

④ X: 무령왕이 아니라 근초고왕이 마한의 잔여 세력을 정복하고 전라도 일대까지 영역을 확대하였다.

**½한국사 고득점 TIP 무령왕의 남조와 통교**

무령왕은 남조의 양과 통교하였고, 특히 양직공도의 백제사신도에는 "여륭(餘隆)이 사신을 보내 글을 올렸는데, 고구려를 잇달아 격파했다고 하였다. …(중략)… 모두 22담로가 있는데, 왕실 자제들에게 나누어 다스리게 했다."라고 기록되어 있다. 특히 남조 양으로부터 무령왕은 '영동대장군'의 칭호를 받았다.

## 04

정답 ①

제시된 사료의 (가)는 백제 문주왕이다. 고구려 장수왕은 백제 한성 공격에 앞서 도림을 첩자로 백제에 보냈다. 바둑을 잘 두던 도림은 백제 개로왕에게 접근하였고, 이후 고구려가 백제를 침략하지 않을 것이다라고 방심하게 하였다. 이후 백제의 개로왕이 이를 믿고 방심한 사이 475년 장수왕이 백제 수도 한성을 공격하여 개로왕을 죽였다.

① O: 문주왕은 개로왕이 죽은 뒤 왕위를 이어받고, 웅진 천도를 단행하였다.

**오답 분석**

② X: 문주왕이 아니라 성왕이 국호를 남부여로 바꾸었다.

③ X: 문주왕이 아니라 근초고왕이 고구려의 평양성을 공격하였다.

④ X: 문주왕이 아니라 비유왕이 신라 눌지 마립간과 동맹을 체결하였다.

**½한국사 고득점 TIP 백제의 고구려 공격**

4세기 백제 근초고왕은 고구려와 황해도 지방을 두고 경쟁하였다. 고구려 고국원왕이 먼저 백제를 공격하자 이를 격퇴하고, 371년 고구려의 평양성을 공격하여 고국원왕을 전사시켰다.

## 05

2018년 기상직 9급

**다음과 같은 업적을 남긴 왕의 재위 기간에 있었던 사실로 옳은 것은?**

> 내신좌평을 두어 왕명 출납을, 내두좌평은 물자와 창고를, 내법좌평은 예법과 의식을, 위사좌평은 숙위 병사를, 조정좌평은 형벌과 송사를, 병관좌평은 지방의 군사에 관한 일을 각각 맡게 하였다. -『삼국사기』

① 한강 유역을 장악하고 한 군현과 대립하였다.
② 동진과 국교를 맺고 요서 지방에 진출하였다.
③ 광개토대왕의 도움을 받아 가야와 왜의 연합군을 물리쳤다.
④ 낙랑군을 공격하여 중국 세력을 영토에서 완전히 쫓아냈다.

## 06

2020년 법원직 9급

**(가) 왕 재위 시기 업적으로 가장 옳은 것은?**

> (가) 왕이 관산성을 공격하였다. 각간 우덕과 이찬 탐지 등이 맞서 싸웠으나 전세가 불리하였다. 신주의 김무력이 주의 군사를 이끌고 나가서 교전하였는데, 비장인 산년산군(충북 보은)의 고간 도도가 급히 쳐서 (가) 왕을 죽였다. -『삼국사기』 신라본기

① 나·제 동맹을 체결하였다.
② 22담로에 왕족을 파견하였다.
③ 화랑도를 국가적 조직으로 개편하였다.
④ 국호를 남부여로 바꾸었다.

## 07

2016년 법원직 9급

**다음 문화재의 소재 지역이 백제의 수도였을 때 일어난 사실로 가장 옳은 것은?**

① 불교를 공인하였다.
② 지방에 22담로를 설치하였다.
③ 칠지도를 제작하여 일본에 전해 주었다.
④ 신라와 연합하여 한강 유역을 회복하였다.

## 08

2016년 국가직 7급

**밑줄 친 '대왕'이 재위하던 시기의 사실로 옳은 것은?**

> 우리 왕후께서는 좌평 사택적덕의 따님으로 …(중략)… 기해년 정월 29일에 사리를 받들어 맞이하셨다. 원하오니, 우리 대왕의 수명을 산악과 같이 견고하게 하시고 치세는 천지와 함께 영구하게 하소서.

① 사비의 왕흥사가 낙성되었다.
② 22담로에 왕족을 보냈다.
③ 박사 고흥이 『서기』를 편찬하였다.
④ 노리사치계가 왜에 불상과 불경을 전하였다.

## 문제 풀이

### 05

정답 ①

제시된 사료의 왕은 백제 고이왕이다. 내신좌평, 내두좌평, 내법좌평, 위사좌평, 조정좌평 등 6좌평의 정비는 고이왕 시절 이루어졌다.

**① O: 고이왕이 한강 유역을 장악하고 한 군현과 대립하였다.**

**오답 분석**

② X: 백제 근초고왕 시절 동진과 국교를 맺고 요서 지방에 진출하였다.

③ X: 신라 내물 마립간 시절 광개토대왕의 도움을 받아 가야와 왜의 연합군을 물리쳤다.

④ X: 고구려 미천왕 시절 낙랑군을 공격하여 중국 세력을 영토에서 완전히 쫓아냈다.

**½한국사 고득점 TIP** 고이왕

낙랑과 대방을 공격하였으며 중국의 서진에는 사신을 파견하여 외교 관계를 강화하였다. 또한, 한강 유역을 처음으로 통합하여 점령하였으며 목지국을 병합하여 마한의 중심 세력이 되었다.

### 06

정답 ④

제시된 사료의 (가) 왕은 백제 성왕이다. '관산성 공격', '김무력 장군' 등을 통해 554년 관산성 전투임을 알 수 있다. 신라 진흥왕과 백제 성왕이 한강을 고구려로부터 수복한 뒤 553년 신라 진흥왕이 한강 하류에 신주를 설치하고 군사를 보내 백제를 배신하였다. 이후 백제군이 554년 신라 관산성을 공격하였다. 하지만 이 전투에서 백제 성왕이 전사하였다.

**④ O: 백제 성왕 때 국호를 백제에서 남부여로 바꾸었다.**

**오답 분석**

① X: 백제 비유왕과 신라 눌지 마립간이 나·제 동맹을 체결하였다.

② X: 백제 무령왕이 22담로에 왕족을 파견하였다.

③ X: 신라 진흥왕이 화랑도를 국가적 조직으로 바꾸었다.

**½한국사 고득점 TIP** 성왕(523~554)

- 사비 천도(538): 웅진보다 넓고 교통이 편리한 사비로 천도, 국호를 남부여로 변경
- 체제 정비
  - 22부의 중앙 관청 설치, 5부(수도), 5방(지방) 제도 정비
  - 16관등제 확립
- 불교 진흥: 승려 겸익을 등용하여 불교 진흥, 일본에 불교 전파(노리사치계 파견)
- 대외 관계: 중국 남조와 활발하게 교류, 왜와 긴밀한 관계 유지

### 07

정답 ④

제시된 자료의 좌측은 부여 정림사지 5층 석탑, 우측은 백제 금동대향로이다. 부여 정림사지 5층 석탑과 백제 금동대향로를 통해 백제 수도가 사비(부여)였을 당시의 상황을 묻는 문제임을 알 수 있다.

**④ O: 6세기 백제 성왕 시절 신라와 연합하여 한강 유역을 회복하였다. → 사비 시대**

**오답 분석**

① X: 4세기 침류왕 때 불교를 공인하였다. → 한성 시대

② X: 6세기 무령왕 때 지방에 22담로를 설치하였다. → 웅진 시대

③ X: 4세기 근초고왕 시절 칠지도를 제작하여 일본에 전해 주었다. → 한성 시대

**½한국사 고득점 TIP** 백제 수도 관련 출제 경향

백제는 수도가 초기에는 한성, 이후 475년 문주왕 시절 웅진(공주)로 천도, 538년 성왕 시절 사비(부여)로 천도한다. 그래서 백제는 수도를 한성, 웅진, 사비에 두고 있던 시기의 상황을 연결하는 문제를 출제한다.

| | |
|---|---|
| 한성 시대 | 3세기: 고이왕<br>4세기: 근초고왕, 침류왕<br>5세기: 비유왕, 개로왕 |
| ↓ | |
| 웅진 시대 | 5세기: 문주왕(웅진 천도), 동성왕<br>6세기: 무령왕, 성왕(538년 사비 천도) |
| ↓ | |
| 사비 시대 | 6세기: 성왕<br>7세기: 무왕, 의자왕 |

### 08

정답 ①

제시된 자료는 익산 미륵사지 석탑의 금제사리 봉안기 중 일부 내용으로 밑줄 친 '대왕'은 백제 무왕이다. 좌평 사택적덕의 따님에서 무왕임을 알 수 있다. 익산 미륵사지 석탑의 금제사리 봉안기에서 무왕 시절 부인 사택왕후의 발원으로 이 탑을 만들었다는 기록이 남아있다.

**① O: 무왕은 부여에 왕흥사, 익산에 미륵사를 창건하였다.**

**오답 분석**

② X: 무령왕 시절 22담로에 왕족을 보냈다.

③ X: 근초고왕 시절 박사 고흥이 『서기』를 편찬하였다.

④ X: 성왕 시절 노리사치계가 왜에 불상과 불경을 전하였다.

**½한국사 고득점 TIP** 왕흥사

- 『삼국유사』와 『삼국사기』: 무왕
- 창왕 청동 사리함 명문: 위덕왕

# THEME 013 고구려 왕

## 01

2021년 국가직 9급

다음 시가를 지은 왕의 재위 기간에 있었던 사실은?

> 펄펄 나는 저 꾀꼬리 암수 서로 정답구나
> 외로울사 이 내 몸은 뉘와 더불어 돌아가랴

① 진대법을 시행하였다.
② 낙랑군을 축출하였다.
③ 졸본에서 국내성으로 천도하였다.
④ 율령을 반포하여 중앙 집권 체제를 강화하였다.

## 02

2016년 국가직 9급

밑줄 친 '왕' 때의 사실로 옳은 것은?

> • 왕 재위 2년에 전진 국왕 부견이 사신과 승려 순도를 보내며 불상과 경문을 전해왔다. (이에 우리) 왕께서 사신을 보내 사례하며 토산물을 보냈다.
> • 왕 재위 5년에 비로소 초문사를 창건하고 순도를 머물게 하였다. 또 이불란사를 창건하고 아도를 머물게 하였다. 이것이 해동 불법(佛法)의 시작이었다.
>
> -『삼국사기』

① 역사서인『신집』을 편찬하였다.
② 진휼 제도로 진대법을 도입하였다.
③ 유학 교육 기관인 태학을 설치하였다.
④ 왜에 종이와 먹의 세작 방법을 전해 주었다.

## 03

2015년 서울시 9급

다음 글의 밑줄 친 '왕'이 재위할 때의 사실로 옳은 것을 <보기>에서 모두 고른 것은?

> 왕이 군사 3만을 이끌고 백제에 침입하여, 백제왕의 도읍 한성을 함락시키고 백제 왕 부여경을 죽이고, 남녀 8천 명을 사로잡아 돌아왔다.

> **보기**
> (ㄱ) 백제가 국호를 남부여로 고쳤다.
> (ㄴ) 고구려가 도읍을 평양으로 옮겼다.
> (ㄷ) 금관가야가 가야 연맹을 주도하였다.
> (ㄹ) 신라가 백제와 친선 정책을 추진하였다.

① (ㄱ), (ㄴ)　② (ㄱ), (ㄷ)
③ (ㄴ), (ㄹ)　④ (ㄷ), (ㄹ)

## 04

2021년 지방직 9급

밑줄 친 '그'에 대한 설명으로 옳은 것은?

> 그가 왕에게 아뢰었다. "삼교는 솥의 발과 같아서 하나라도 없어서는 안 됩니다. 지금 유교와 불교는 모두 흥하는데 도교는 아직 번성하지 않으니, 소위 천하의 도술(道術)을 갖추었다고 할 수 없습니다. 엎드려 청하오니 당에 사신을 보내 도교를 구해 와서 나라 사람들을 가르치게 하소서."
>
> -『삼국사기』

① 당나라와 동맹을 체결하였다.
② 천리장성의 축조를 맡아 수행하였다.
③ 수나라의 군대를 살수에서 격퇴하였다.
④ 남진 정책을 추진하여 한성을 점령하였다.

# 문제 풀이

## 01

정답 ③

제시된 사료는 고구려 유리왕이 지은 황조가이다.

③ O: 고구려 유리왕 때는 졸본에서 국내성으로 천도하였다.

**오답 분석**

① X: 진대법을 실시한 것은 고구려의 고국천왕이다.

② X: 낙랑군을 축출한 것은 고구려의 미천왕이다.

④ X: 율령을 반포하여 중앙 집권 체제를 강화하였던 것은 고구려의 소수림왕, 백제의 고이왕, 신라의 법흥왕이다.

## 02

정답 ③

제시된 사료의 밑줄 친 '왕'은 고구려 소수림왕이다. 승려 순도, 초문사를 창건, 이불란사를 창건을 통해 소수림왕임을 알 수 있다. 고구려는 소수림왕 시절 순도가 전진에서 불교를 전래하였고, 초문사와 이불란사를 창건하였다.

③ O: 소수림왕 시절 유학 교육 기관인 태학을 설치하였다.

**오답 분석**

① X: 영양왕 시절 600년 이문진이 『유기』 100권을 요약하여 역사서인 『신집』을 편찬하였다.

② X: 고국천왕 시절 을파소의 건의로 진휼 제도로 진대법을 도입하였다.

④ X: 영양왕 시절 담징이 왜에 종이와 먹의 제작 방법을 전해 주었고, 호류사의 금당벽화를 그려주었다.

## 03

정답 ③

제시된 사료의 밑줄 친 '왕'은 5세기 고구려 장수왕(413~491)이다. 장수왕 시절 475년 백제 한강유역을 공격하여 개로왕(부여경)을 전사시키고 한강을 점령하였다.

(ㄴ) O: 427년 고구려 장수왕이 국내성에서 도읍을 평양으로 옮겼다.

(ㄹ) O: 5세기 고구려 장수왕의 남진 정책에 대항하여 신라가 백제와 친선 정책을 추진하며 433년 나·제 동맹, 493년 결혼동맹을 체결하였다.

**오답 분석**

(ㄱ) X: 538년 6세기 백제 성왕 시절 국호를 남부여로 고쳤다.

(ㄷ) X: 금관가야는 400년 광개토대왕의 남하로 국력이 약화되어 전기 가야 연맹이 해체되었다. 이후 5세기 후반 고령 지방의 대가야가 가야 연맹의 중심으로 성장하였다.

## 04

정답 ②

제시된 사료의 밑줄 친 '그'는 고구려의 연개소문이다. '당에 사신을 보내 도교를 구해와서 사람들을 가르치자'에서 도교를 장려하였던 고구려의 연개소문임을 알 수 있다, 연개소문은 억불양도책으로 도교를 장려하고 불교를 억압하여 불교 사원을 도교 사원으로 이용하기도 하였다.

② O: 연개소문은 당의 침략에 대비하여 부여성에서 비사성까지의 천리장성의 축조의 책임을 맡아 수행하였다.

**오답 분석**

① X: 연개소문이 아니라 신라의 김춘추가 진덕여왕 시절 648년 당에 건너가 당 태종과 군사 동맹을 체결하였다.

③ X: 연개소문이 아니라 642년 고구려의 을지문덕이 수나라의 군대를 살수에서 격퇴하였다.

④ X: 연개소문이 아니라 고구려의 장수왕이 475년 남진 정책을 추진하여 한성을 점령하였다.

**½한국사 고득점 TIP 연개소문의 정권 장악**

동부 대인이었던 아버지가 죽은 뒤, 연개소문이 그 직을 계승하였다. 유력 귀족들이 그의 세력과 무단적인 기질을 두려워하여 이를 반대했으나 귀족들에게 호소해 간신히 승인을 받았다. 뒤에 그는 천리장성을 쌓을 때 최고 감독자가 되었고, 그를 두려워한 영류왕이 그의 제거를 모의하였다. 이를 눈치챈 그는 642년 정변을 일으켜 영류왕을 시해하고 보장왕을 세웠다.

**½한국사 고득점 TIP 연개소문**

- 동부 대인이었던 아버지가 죽은 뒤, 그 직을 계승
- 천리장성을 쌓을 때 최고 감독자
- 642년 정변을 일으켜 영류왕을 시해하고 보장왕을 옹립
- 반대파 제거를 감행: 안시성 성주 공격 → 타협
- 도교 장려: 당에 사신을 보내어 숙달 등 8명의 도사를 맞이함
- 신라의 김춘추가 제안한 양국의 화평을 거부
- 신라와의 관계를 개선하라는 당나라의 압력을 거부
- 665(666년)년 사망 → 그의 맏아들 남생이 직을 계승

## 05

2014년 법원직

**(가), (나) 사이에 고구려에서 있었던 사실로 가장 옳은 것은?**

> (가) 겨울에 왕이 태자와 함께 정예군사 3만 명을 거느리고 고구려에 쳐들어가 평양성을 공격하였다. 고구려의 왕 사유가 힘을 다해 싸워 막다가 빗나간 화살에 맞아 죽었다. 왕이 군사를 이끌고 물러났다.
>
> (나) 왕 9년 기해에 백잔(百殘)이 맹서를 어기고 왜와 화통하였다. 이에 왕이 평양으로 내려갔다. 그때 신라가 사신을 보내 아뢰기를 …(중략)… 왕 10년 경자에 보병과 기병 5만을 보내 신라를 구원하게 하였다.

① 천리장성을 쌓았다.
② 율령을 반포하였다.
③ 평양으로 천도하였다.
④ 낙랑군을 몰아내었다.

## 06

2022년 국가직 9급

**밑줄 친 '이 왕'에 대한 설명으로 옳은 것은?**

> 백제 개로왕은 장기와 바둑을 좋아하였는데, 도림이 고하기를 "제가 젊어서부터 바둑을 배워 꽤 묘한 수를 알게 되었으니 개로왕께 알려드리기를 원합니다."라고 하였다. …(중략)… 개로왕이 (도림의 말을 듣고) 나라 사람을 징발하여 흙을 쪄서 성(城)을 쌓고 그 안에는 궁실, 누각, 정자를 지으니 모두가 웅장하고 화려하였다. 이로 말미암아 창고가 비고 백성이 곤궁하니, 나라의 위태로움이 알을 쌓아 놓은 것보다 더 심하게 되었다. 그제야 도림이 도망을 쳐 와서 그 실정을 고하니 <u>이 왕</u>이 기뻐하여 백제를 치려고 장수에게 군사를 나누어 주었다.
>
> -『삼국사기』

① 평양으로 도읍을 천도하였다.
② 진대법을 처음으로 시행하였다.
③ 낙랑군을 점령하고 한 군현 세력을 몰아내었다.
④ 신라에 침입한 왜군을 낙동강 유역에서 물리쳤다.

## 07

2023년 국가직 9급

**밑줄 친 '왕'에 대한 설명으로 옳은 것은?**

> 16년 겨울 10월, <u>왕</u>이 질양(質陽)으로 사냥을 갔다가 길에 앉아 우는 자를 보았다. <u>왕</u>이 말하기를 "아! 내가 백성의 부모가 되어 백성들이 이 지경에 이르게 하였으니 나의 죄로다." …(중략)… 그리고 관리들에게 명하여 매년 봄 3월부터 가을 7월까지 관청의 곡식을 내어 백성들의 식구 수에 따라 차등 있게 빌려주었다가, 10월에 이르러 상환하게 하는 것을 법규로 정하였다.
>
> -『삼국사기』

① 낙랑군을 축출하였다.
② 진대법을 시행하였다.
③ 백제의 침입으로 전사하였다.
④ 영락이라는 독자적인 연호를 사용하였다.

# 문제 풀이

## 05

정답 ②

④ 313년: 미천왕이 낙랑군을 축출

| 371년 | 고국원왕 | 백제 근초고왕의 침략으로 전사 |
|---|---|---|

② 373년: 소수림왕이 율령 반포

| 400년 | 광개토대왕 | 신라에 침입한 왜구 격퇴 |
|---|---|---|

③ 427년: 장수왕이 국내성에서 평양으로 천도

① 631년~647년: 천리장성(영류왕~보장왕)

**중요 사료** **소수림왕의 체제 정비**

진왕 부견(苻堅)이 사신과 승려 순도(順道)를 보내 불상과 경전을 전하였다. 왕이 사신을 보내 회사(廻謝)하고 방물(方物)을 바쳤다.
태학(太學)을 세우고 자제(子弟)를 교육시켰다.
3년(373), 처음으로 율령(律令)을 반포하였다.
4년(374), 승려 아도(阿道)가 왔다.
5년(375) 봄 2월, 처음으로 초문사(肖門寺)를 창건하고 순도(順道)를 두었으며, 또한 이불란사(伊弗蘭寺)를 창건하고 아도를 두니, 이것이 해동(海東) 불법(佛法)의 시초였다.

## 06

정답 ①

제시된 사료의 밑줄 친 '이 왕'은 고구려의 장수왕이다. 고구려 장수왕은 도림을 보내 백제 개로왕의 환심을 사게 하고 이후 백제의 고구려 방비를 약화시켰다. 이후 475년 고구려 장수왕이 백제를 공격하여 개로왕을 죽이고, 한강을 점령하였다.

**① O: 고구려 장수왕은 국내성에서 평양으로 도읍을 천도하였다.**

**오답 분석**

② X: 진대법을 처음으로 시행한 것은 고구려 고국천왕이다.

③ X: 낙랑군을 점령하고 한 군현 세력을 몰아낸 것은 고구려 미천왕이다.

④ X: 신라에 침입한 왜군을 낙동강 유역에서 물리친 것은 고구려 광개토대왕이다.

**½한국사 고득점 TIP** **장수왕의 업적**

- 영토 확장
  - 지두우 지역을 분할 점령하여 흥안령 일대의 초원 지대 장악
  - 평양 천도를 기반으로 남하 정책을 추진하여 백제 수도 한성을 함락하고, 남한강 지역(죽령 일대~남양만)까지 차지
- 광개토 대왕릉비 건립: 아버지 광개토 대왕의 업적을 기리기 위해 국내성(만주 지안 시 일대) 지역에 건립

## 07

정답 ②

제시된 사료의 밑줄 친 '왕'은 고구려 고국천왕이다. "봄 3월부터 가을 7월까지 관청의 곡식을 내어 백성들의 식구 수에 따라 차등 있게 빌려주었다가, 10월에 이르러 상환하게 하는 것을 법규로 정하였다."에서 고국천왕 때 시행된 진대법임을 알 수 있다.

**② O: 고구려 고국천왕은 진대법을 시행하여 빈민을 구휼하였다.**

**오답 분석**

① X: 낙랑군을 축출한 것은 고구려 미천왕이다.

③ X: 백제의 침입으로 전사한 것은 고구려 고국원왕이다.

④ X: 영락이라는 독자적인 연호를 사용한 것은 고구려 광개토대왕이다.

# THEME 014 금석문

## 01
2020년 경찰 1차

다음 밑줄 친 신라 왕의 재위 기간 중 축조된 비석은?

> 9월 대가야가 반란을 일으켰다. 왕이 이사부에게 명하여 그들을 토벌하도록 하였는데, 사다함이 그 부장이 되었다. …(중략)… 이사부가 병력을 이끌고 그곳에 이르니 모두 항복하였다. 전공을 논하는데 사다함이 최고였으므로 왕이 상으로 좋은 토지와 포로 200명을 주었다.
> -『삼국사기』

① 울진 봉평비
② 단양 적성비
③ 포항 중성리비
④ 영일 냉수리비

## 02
2018년 국가직 7급

다음 풍속이 행해진 나라의 중심지와 가장 가까운 곳에 위치하였던 문화유산으로 옳은 것은?

> 이곳 사람들은 시체를 가매장했다가 썩은 뒤에 다시 뼈만 추려서 큰 목곽에 넣는다. 가족들의 시신도 모두 여기에 합장했으며, 죽은 사람의 모습을 닮은 인형을 만들어 목곽 옆에 두었다. -『삼국지』

① 창녕비
② 황초령비
③ 사택지적비
④ 충주 고구려비

## 03
2023년 지방직 서울시

다음 문화재와 이를 통해 알 수 있는 내용의 연결이 옳지 않은 것은?

① 사택지적비 - 백제가 영산강 유역까지 영역을 확장하였다.
② 임신서기석 - 신라에서 청년들이 유교 경전을 공부하였다.
③ 충주 고구려비 - 고구려가 5세기에 남한강 유역까지 진출하였다.
④ 호우명 그릇 - 5세기 초 고구려와 신라가 밀접한 관계를 맺고 있었다.

## 04
2014년 지방직 9급

삼국 시대 금석문 자료에 대한 설명으로 옳지 않은 것은?

① 호우총 출토 청동 호우의 존재를 통해 신라와 고구려 관계를 살펴볼 수 있다.
② 사택지적비를 통해 당시 백제가 도가(道家)에 대한 이해를 하고 있었음을 알 수 있다.
③ 울진 봉평리 신라비를 통해 신라가 동해안의 북쪽 방면으로 세력을 확장하였음을 알 수 있다.
④ 충주 고구려비(중원 고구려비)를 통해 신라가 고구려에게 자신을 '동이(東夷)'라고 낮추어 표현하였음을 알 수 있다.

## 문제 풀이

### 01

정답 ②

제시된 사료의 밑줄 친 왕은 신라 진흥왕이다. '대가야 반란 토벌' 등을 통해 562년 신라 진흥왕이 고령의 대가야를 정벌하는 상황임을 알 수 있다.

**② O: 단양 적성비는 551년 신라 진흥왕때 건립되었다.**

**오답 분석**

① X: 울진 봉평 신라비는 법흥왕 때 건립된 비석이다.

③ X: 포항 중성리 신라비는 지증왕 때 건립된 것으로 추정되는 비석이다. 토지 등 재산 또는 재물과 관련된 소송의 평결이 기록되어 있는 현존하는 최고(最古)의 신라비이다.

④ X: 영일 냉수리비는 지증왕 때 건립된 비석이다.

**½한국사 고득점 TIP** 진흥왕 시절 비석

| 비석 | 연도 | 내용 |
|---|---|---|
| 단양적성비 | 551년 | 고구려 격파, 한강 진출, 야이차 포상 |
| ※ 명활산성작성비 | 551년 | 산성을 쌓고 세운 기념비 |
| 임신서기석 | 552년 | 화랑들의 유교 공부 맹세 |
| ※ 임신서기석: 진평왕설과 성덕왕설이 존재 | | |
| 북한산비 | 555년 | 관산성 전투 이후 건립, 김정희 고증 |
| 창녕비 | 561년 | 비화가야, 아라가야 등을 정벌 |
| ※ 주의 | 562년 | 대가야 정벌 |
| 황초령비와 마운령비 | 568년 | 함경도에 건립 |

### 02

정답 ②

제시된 사료는 옥저의 세골장(골장제)에 대한 설명이다. 옥저는 함경도 함흥평야를 중심으로 북쪽은 읍루와 부여, 남쪽은 예에 접하였다.

**② O: 황초령비는 568년 신라 진흥왕 때 함경도에 건립된 비석이다.**

**오답 분석**

① X: 창녕비는 561년 신라 진흥왕 때 창녕 지역에 건립되었다.

③ X: 사택지적비는 654년 백제 의자왕 때 부여 지방에 건립되었다.

④ X: 충주 고구려비는 5세기 장수왕 때 충주 지역에 건립되었다.

**½한국사 고득점 TIP** 사택지적비

현재 남아 있는 백제의 유일한 금석문이다. 일본인들이 부여신궁을 세우기 위해 쌓아놓았던 돌무더기 속에서 1948년에 발견되었다. "갑인년 정월 9일, 나지성 사택지적은 몸이 해가 가듯 쉽게 가고 달이 가듯 돌아오기 어려움을 슬퍼하여 금을 뚫어 진당을 세우고 옥을 깎아 보탑을 세우니, 그 웅장하고 자비로운 모습은 신광을 토해내어 구름을 보내며, 찌를듯이 높게 솟아 슬프고 간절함은 성명을 머금어……"라고 되어 있다. 사륙변려체의 문장에 인생의 무상함을 적은 내용으로, 도교적인 색채를 지니고 있어 백제 귀족의 정신세계를 이해하는 데 중요한 자료이다.

### 03

정답 ①

**① X: 사택지적비는 의자왕 시절 사택지적이 불당을 세우면서 그 과정을 기록한 비석으로 도교적 세계관이 반영되어 있다.**

**오답 분석**

② O: 임신서기석에는 신라의 두 청년이 나라에 충성하고 유교 경전을 공부하여 익힐 것을 맹세하는 내용이 세겨져있다.

③ O: 충주 고구려비는 중원 고구려비라고도 불리며, 고구려가 5세기 당시 남한강 유역까지 진출하였음을 알 수 있게 해준다.

④ O: 호우명 그릇은 신라의 호우총에서 발견된 고구려의 유물로, 5세기 초에 고구려와 신라가 밀접한 관계를 맺고 있었음을 알게 해준다.

**중요 사료** 임신서기석

임신년 6월 16일에 두 사람이 함께 맹서하여 기록한다. 하늘 앞에 맹세하기를 지금부터 3년 이후까지 충성의 도리를 갖고 잘못을 저지르지 않기로 맹서한다.

### 04

정답 ④

**④ X: 충주(중원) 고구려비에 신라가 동이(동쪽의 오랑캐)라 표현되어 있는 것은 맞지만 충주(중원) 고구려비를 세운 주체는 고구려이기 때문에 신라가 고구려에게 자신을 낮추었다고 하기보다는 고구려가 신라를 동이라고 낮추어 표현하였다고 이해하는 것이 적절하다.**

**오답 분석**

① O: 경주 호우총에서 출토된 호우명 그릇에는 광개토 대왕의 호칭이 새겨져 있는데 이를 통해 고구려가 신라에 영향력을 미치고 있었음을 짐작할 수 있다.

② O: 사택지적비문에는 백제의 관료인 사택지적이 불당을 세운 내력과 노장 사상이 반영된 내용이 4·6 변려체 문장으로 표현되어 있는데 이를 통해 당시 백제에서 도가에 대한 이해가 깊었음을 알 수 있다.

③ O: 울진 봉평리 신라비는 경상북도 울진군 봉평리에서 발견된 법흥왕 시기의 비석으로, 이를 통해 당시 신라가 동해안의 북쪽 방면으로 세력을 확장하였음을 알 수 있다.

**½한국사 고득점 TIP** 충주(중원) 고구려비

- 건립: 장수왕이 남한강 유역의 여러 성을 공략한 후 건립한 것으로 추정
- 충주 입석마을에 위치, 국내 유일한 고구려 비석
- 고구려 왕이 신라왕에게 관복 하사, 고구려 중심의 천하관 과시
- 고구려와 신라의 역학관계
- 고구려왕은 대왕, 신라왕은 매금, 신라인을 동이로 표현
- 고구려 당주(군사 지휘관)가 신라 영토에 머문 기록

THEME

# 015 삼국 통일

## 01

2018년 국가직 9급

**신라 문무왕의 유언이다. 밑줄 친 (ㄱ)~(ㄹ)의 내용과 부합하지 않는 것은?**

> 과인은 운수가 어지럽고 전쟁을 하여야 하는 때를 만나서 (ㄱ) 서쪽을 정벌하고 (ㄴ) 북쪽을 토벌하여 영토를 안정시켰고, (ㄷ) 배반하는 무리를 토벌하고 (ㄹ) 협조하는 무리를 불러들여 멀고 가까운 곳을 모두 안정시켰다. -『삼국사기』

① (ㄱ) - 태자로서 참전하여 백제를 멸망시켰다.
② (ㄴ) - 당나라 군대와 함께 고구려를 멸망시켰다.
③ (ㄷ) - 백제 부흥 운동을 주도한 복신을 공격하였다.
④ (ㄹ) - 임존성에서 저항하던 지수신의 투항을 받아주었다.

## 02

2018년 지방직 9급

**(가) 시기에 해당되는 사실로 옳은 것만을 <보기>에서 모두 고르면?**

> 문무왕이 왕위에 올랐다. → (가) → 신라가 기벌포에서 당의 수군을 격파하였다.

> **보기**
> (ㄱ) 신라가 안승을 고구려왕에 봉했다.
> (ㄴ) 당나라가 신라를 계림대도독부로 삼았다.
> (ㄷ) 신라가 황산벌 전투에서 백제군을 무찔렀다.
> (ㄹ) 보장왕이 요동 지역에서 고구려 부흥을 꾀했다.

① (ㄱ), (ㄴ)　② (ㄱ), (ㄷ)
③ (ㄴ), (ㄹ)　④ (ㄷ), (ㄹ)

## 03

2022년 지방직 9급

**밑줄 친 '그'에 대한 설명으로 옳은 것은?**

> 이날 소정방이 부총관 김인문 등과 함께 기벌포에 도착하여 백제 군사와 마주쳤다. …(중략)… 소정방이 신라군이 늦게 왔다는 이유로 군문에서 신라 독군 김문영의 목을 베고자 하니, 그가 군사들 앞에 나아가 "황산 전투를 보지도 않고 늦게 온 것을 이유로 우리를 죄주려 하는구나. 죄도 없이 치욕을 당할 수는 없으니, 결단코 먼저 당나라 군사와 결전을 한 후에 백제를 쳐야겠다."라고 말하였다.

① 살수에서 수의 군대를 물리쳤다.
② 김춘추의 신라 왕위 계승을 지원하였다.
③ 청해진을 설치하고 해상 무역을 전개하였다.
④ 대가야를 정벌하여 낙동강 유역을 확보하였다.

## 04

2023년 국가직 9급

**다음 전투 이후에 일어난 사건으로 옳은 것만을 모두 고르면?**

> 이근행이 군사 20만 명의 대군을 이끌고 매소성(買肖城)에 머물렀다. 우리 군사가 공격하여 달아나게 하고 전마 30,380필을 얻었는데, 남겨놓은 병장기도 그 정도 되었다. -『삼국사기』

> **보기**
> ㄱ. 웅진 도독부가 설치되었다.
> ㄴ. 김흠돌이 반란을 일으켰다.
> ㄷ. 교육 기관인 국학이 설립되었다.
> ㄹ. 복신과 도침이 부여풍과 함께 백제 부흥 운동을 일으켰다.

① ㄱ, ㄴ　② ㄱ, ㄹ
③ ㄴ, ㄷ　④ ㄷ, ㄹ

## 05

2023년 법원직 9급

**(가), (나) 시기 사이에 있었던 사실로 가장 옳은 것은?**

> (가) 진흥왕이 이사부에게 토벌을 명하고 사다함에 보좌하게 하였다. …… 이사부가 군사를 이끌고 다다르자, 대가야가 모두 항복하였다. -『삼국사기』
> (나) 백제군 한 사람이 1,000명을 당해냈다. 신라군은 이에 퇴각하였다. 이와 같이 진격하고 퇴각하길 네 차례에 이르러, 계백은 힘이 다하여 죽었다. -『삼국사기』

① 백제가 웅진으로 천도하였다.
② 소수림왕이 불교를 수용하였다.
③ 신라가 기벌포에서 당군을 물리쳤다.
④ 고구려가 수나라 군대를 살수에서 격퇴하였다.

# 문제 풀이

## 01

정답 ④

④ X: (ㄹ) 협조하는 무리를 불러들인다는 것은 투항세력을 받아주는 것인데, 백제에서는 임존성에서 저항하던 지수신이 아니라 흑치상지가 투항을 하였고 이를 받아주었다.

**오답 분석**

① O: (ㄱ) 서쪽을 정벌한다는 것은 백제를 정벌하는 것을 말하는데, 이 시기는 660년 무열왕 시기로 문무왕은 태자로서 참전하여 백제를 멸망시켰다.

② O: (ㄴ) 북쪽을 토벌한다는 것은 668년 고구려 정벌을 의미한다. 이 시기는 문무왕 시절이며 당나라 군대와 함께 고구려를 멸망시켰다.

③ O: (ㄷ) 배반하는 무리를 토벌한다는 것은 660년부터 663년까지 벌어진 백제 부흥 운동을 진압한 것을 의미한다.

**½한국사 고득점 TIP** 백제 부흥 운동(660~663)

- 왜의 지원, 부여 풍을 왕으로 추대
- 한산의 주류성: 복신과 도침
- 임존성: 흑치상지, 지수신
- 백강전투: 663년 왜의 지원 → 패배 → 부여풍은 고구려 망명
- 임존성의 흑치상지는 투항, 지수신이 저항

## 02

정답 ①

(ㄷ) 660년 : 무열왕, 황산벌 전투 → 김유신이 계백의 부대를 무찌름

| 661년 | 문무왕 | 문무왕 즉위 |
|---|---|---|

(ㄴ) 663년: 당은 신라를 계림대도독부로 삼음(문무왕을 계림 도독에 임명)

(ㄱ) 670년: 문무왕, 안승을 금마저에 안치, 고구려왕에 임명(674년 보덕 국왕에 임명)

| 676년 | 문무왕 | 기벌포에서 당군 격퇴 → 삼국 통일 |
|---|---|---|

(ㄹ) 677년: 고구려 보장왕이 요동에서 고구려 부흥 운동 전개

**½한국사 고득점 TIP** 보장왕의 부흥 운동

보장왕은 677년 요동 지방 전체를 지배하는 요동도독 조선군왕에 임명되어 당나라에 잡혀간 많은 고구려인들을 데리고 요동으로 돌아왔다. 이는 당나라가 한반도 포기에 따른 요동 지역의 동요를 막기 위해 취한 조치였으나 요동으로 돌아온 보장왕은 오히려 고구려 유민을 규합하고 말갈과 내통해 고구려 부흥을 도모하였으나 이러한 사실이 발각되어 681년 공주로 유배되었다.

## 03

정답 ②

제시된 사료의 밑줄 친 '그'는 김유신이다. 소정방, 황산 전투를 통해 660년 백제 정벌 당시 김유신에 대한 내용임을 알 수 있다.

② O: 김유신은 김춘추(무열왕)의 신라 왕위 계승을 지원하였다.

**오답 분석**

① X: 김유신이 아니라 을지문덕이 살수에서 수의 군대를 물리쳤다.

③ X: 김유신이 아니라 장보고가 완도에 청해진을 설치하고 해상 무역을 전개하였다.

④ X: 김유신이 아니라 이사부가 진흥왕 때 대가야를 정벌하여 낙동강 유역을 확보하였다.

**½한국사 고득점 TIP** 김유신

- 출신: 금관가야 출신 → 진골, 김춘추와 사돈
- 주요 활동
  - 선덕여왕 시절 비담의 난을 진압, 백제 공격 여러 성을 수복
  - 김춘추가 왕위를 잇고 무열왕이 되는 데 앞장섬
  - 용화향도 조직
  - 황산벌 전투에서 백제 계백을 무찌름
  - 흥덕왕 시절 흥무대왕에 봉해짐

## 04

정답 ③

제시된 사료는 675년에 전개된 매소성 전투이다.

(ㄱ) 660년: 웅진 도독부 설치

(ㄹ) 660년~663년: 백제 부흥 운동

| 675년 | 매소성 전투 |
|---|---|

(ㄴ) 신문왕: 김흠돌 모반사건(681)

(ㄷ) 신문왕: 국학설립(682)

## 05

정답 ④

② 372년: 소수림왕이 불교를 수용하였다.

① 475년 문주왕: 백제가 웅진으로 천도하였다.

| (가) | 562년 진흥왕 | 대가야 정벌 |
|---|---|---|

④ 612년: 살수 대첩

| (나) | 660년 무열왕 | 백제 정벌, 김유신 황산벌 전투 |
|---|---|---|

③ 676년: 신라가 기벌포에서 당군을 물리쳤다.

# THEME 016 통일 신라 중대의 정치적 변동

## 01

2005년 수능 국사

**다음은 고려 시대에 편찬된 두 역사책의 신라사 시기 구분을 비교한 것이다. 설명이 적절하지 않은 것은?**

『삼국유사』

(ㄱ)

| (가) | (나) | 하고(下古) |
|---|---|---|
| 혁거세 지증왕 | 법흥왕 진덕여왕 | 무열왕 경순왕 |

『삼국사기』

(ㄴ)

| 상대(上代) | (다) | (라) |
|---|---|---|
| 혁거세 진덕여왕 | 무열왕 혜공왕 | 선덕왕 경순왕 |

① (가) 시기에는 거서간, 차차웅, 이사금, 마립간 등의 왕호가 사용되었다.

② (나) 시기에는 불교를 통해 왕실의 권위를 높이려는 시도가 있었다.

③ (다) 시기에는 성골이라는 최상위 신분이 출현하였다.

④ (라) 시기에는 진골 귀족 사이에 치열한 왕위 쟁탈전이 벌어졌다.

⑤ (ㄱ)은 불교 공인을, (ㄴ)은 무열왕 직계 왕통의 단절을 기준으로 삼았다.

## 02

2016년 법원직 9급

**다음 '왕'에 관한 설명 중 가장 옳은 것은?**

> '왕'은 놀라고 기뻐하여 오색 비단과 금과 옥으로 보답하고 사자를 시켜 대나무를 베어서 바다에서 나오자, 산과 용은 갑자기 사라져 나타나지 않았다. '왕'이 행차에서 돌아와 그 대나무로 피리를 만들었는데, 이 피리를 불면, 적병이 물러나고 병이 나으며, 가뭄에는 비가 오고 장마는 개며, 바람이 자자지고 물결이 평온해졌다.
>
> -『삼국유사』

① 백성들에게 정전을 지급하였다.

② 김흠돌의 반란을 진압하고 왕권을 강화하였다.

③ 당의 세력을 몰아내고 삼국 통일을 완수하였다.

④ 독서삼품과를 실시하여 유교 교육을 신흥시켰다.

## 03

2018년 국가직 9급

**다음 왕의 재위 기간에 있었던 사실로 옳은 것은?**

> • 왕 원년: 소판 김흠돌, 파진찬 흥원, 대아찬 진공 등이 반역을 도모하다가 사형을 당하였다.
>
> • 왕 9년: 달구벌로 서울을 옮기려다 실현하지 못하였다.
>
> -『삼국사기』

① 사방에 우역을 설치하였다.

② 수도에 서시와 남시를 설치하였다.

③ 국학을 설치하여 유학을 교육하였다.

④ 관료에게 지급하는 녹읍을 부활하였다.

## 04

2020년 경찰 1차

**다음은 어느 역사서의 일부분이다. 밑줄 친 인물의 왕위 재위 기간에 일어난 사실로 가장 적절한 것은?**

> "신의 나라가 대국을 섬긴 지 여러 해가 되었습니다. 그러나 백제는 강성하고 교활하여 침략을 일삼아 왔습니다. [중략] 만약 폐하께서 군사를 보내 그 흉악한 무리들을 없애지 않는다면 우리나라 백성은 모두 포로가 될 것입니다. 육로와 수로를 거쳐 섬기러 오는 일도 다시는 기대할 수 없을 것입니다." 태종이 크게 동감하고 군사를 보낼 것을 허락하였다.

① 갈문왕 제도가 사실상 폐지되고 상대등의 권한이 약화되었다.

② 비담과 염종 등 귀족 세력의 반란이 일어났다.

③ 독자적인 연호를 폐지하고 당 고종의 연호를 사용하였다.

④ 자장의 건의로 황룡사 9층 목탑이 축조되었다.

## 05

2017년 하반기 국가직 7급

**다음 시가가 만들어진 국왕대의 사실로 옳은 것은?**

> 임금은 아버지요 신하는 사랑하실 어머니시라. 백성을 어리석은 아이라 여기시니, 백성이 그 사랑을 알리라. 꾸물거리며 사는 물생들에게, 이를 먹여 다스리네.
>
> 이 땅을 버리고 어디로 가랴, 나라 안이 유지됨을 아리이다. 아아! 임금답게 신하답게 백성답게 할지면, 나라 안이 태평하리라.
>
> -「안민가」

① 9주의 명칭을 중국식으로 바꾸었다.

② 귀족들의 경제적 기반인 녹읍을 폐지하였다.

③ 최초로 진골 출신이 왕이 되어 왕권을 강화하였다.

④ 최치원이 국왕에게 10여 조의 시무책을 건의하였다.

## 문제 풀이

### 01

정답 ③

③ X: (다) 신라 중대에는 무열계 진골이 왕이 되기 시작하였고, 성골의 마지막 왕은 진덕 여왕으로 이후로 성골은 사라졌다.

**오답 분석**

① O: (가)는 신라 상고 시기로 거서간, 차차웅, 이사금, 마립간 등의 독자적인 왕명을 사용하였다.

② O: (나)는 불교식 왕명을 사용하던 시기로 법흥왕~진덕 여왕까지이다. 이 시기에는 불교식 왕명 사용, 진종설 등의 불교를 통해 왕실의 권위를 높이려는 시도가 있었다.

④ O: (라) 신라 하대에는 중앙에서 진골 귀족 사이에 치열한 왕위 쟁탈전이 벌어져 150년 동안 20명이 넘는 왕이 등장하였다.

⑤ O: (ㄱ)은 불교 공인을, (ㄴ)은 무열왕 직계 왕통의 단절을 기준으로 삼았다.

**½한국사 고득점 TIP** 신라의 시대 구분

• 『삼국유사』: 왕호 기준, 상고·중고·하고

| 상고 | (가) 독자적 왕명 | ~지증왕 |
|---|---|---|
| 중고 | (나) 불교식 왕명 | 법흥왕~진덕 여왕 |
| 하고 | 중국식 왕명 | 무열왕~경순왕 |

• 『삼국사기』: 혈통을 기준, 상대·중대·하대

| 상대 | 내물계 성골 | 내물마립간~진덕 여왕 |
|---|---|---|
| 중대 | (다) 무열계 진골 | 무열왕~혜공왕 |
| 하대 | (라) 내물계 진골 | 선덕왕~경순왕 |

### 02

정답 ②

제시된 사료의 '왕'은 통일 신라 신문왕이다. '대나무를 베어서 바다에서 나오자, 산과 용은 갑자기 사라져 나타나지 않았다. '왕'이 행차에서 돌아와 그 대나무로 피리를 만들었는데, 이 피리를 불면, 적병이 물러나고 병이 나으며, 가뭄에는 비가 오고 장마는 개며, 바람이 자자지고 물결이 평온해졌다.'에서 신문왕 시절 만파식적임을 알 수 있다.

② O: 681년 신문왕은 김흠돌의 반란을 진압하고 왕권을 강화하였다.

**오답 분석**

① X: 722년 성덕왕이 백성들에게 정전을 지급하였다.

③ X: 676년 문무왕이 당의 세력을 몰아내고 삼국 통일을 완수하였다.

④ X: 788년 원성왕이 독서삼품과를 실시하였다.

### 03

정답 ③

제시된 사료의 왕은 통일 신라 신문왕이다. '김흠돌의 처형', '달구벌 천도 계획' 등을 통해 신문왕임을 알 수 있다.

③ O: 신문왕은 국학을 설치하여 유학을 교육하였다.

**오답 분석**

① X: 5세기 소지 마립간 시절에 사방에 우역을 설치하였다.

② X: 효소왕 시절에 수도에 서시와 남시를 설치하였다.

④ X: 경덕왕 시절에 관료에게 지급하는 녹읍을 부활하였다.

**½한국사 고득점 TIP** 신문왕 681년~692년

- 681년: 김흠돌의 모반사건, 문무왕릉 조성
- 682년: 국학, 감은사 창건, 만파식적
- 683년: 김흠운의 딸을 왕비로 맞이함, 안승을 경주로 불러 김씨성 하사
- 684년: 안승 조카 대문이 금마저에서 반란
- 685년: 9주 5소경 완성
- 687년: 관료전 지급
- 689년: 녹읍 혁파, 달구벌 천도 계획 → 실패
- 9서당과 10정 정비, 공장부와 예작부 설치,

### 04

정답 ①

제시된 사료의 밑줄 친 인물은 김춘추이며 진덕 여왕 이후 최초로 진골왕인 태종 무열왕이 되었다. 나·당 동맹은 648년 진덕 여왕 시절 체결되었지만 직접 당 황제를 만나 동맹을 성사시킨 것은 김춘추이다. 김춘추는 진덕 여왕이 죽은 뒤 왕에 올랐다.

① O: 무열왕 때 갈문왕 제도가 사실상 폐지되고 상대등의 권한이 약화되었다.

**오답 분석**

② X: 선덕 여왕 시절 비담과 염종 등 귀족 세력의 반란이 일어났고 김춘추와 김유신이 진압하였다.

③ X: 독자적인 연호를 폐지하고 당 고종의 연호를 사용하였다.→ 진덕 여왕은 648년 나·당 동맹을 맺고 650년 당의 연호를 사용하였다.

④ X: 선덕 여왕 시절 자장의 건의로 황룡사 9층 목탑이 축조되었다.

### 05

정답 ①

제시된 사료는 통일 신라 경덕왕 시절 충담이 지은 「안민가」이다.

① O: 경덕왕이 고유 지명과 관직명을 중국식으로 변경하여 9주의 명칭도 중국식으로 바꾸었다.

**오답 분석**

② X: 689년 신문왕 시절 귀족들의 경제적 기반인 녹읍이 폐지되었으나, 이후 757년 녹읍이 부활되었다.

③ X: 김춘추 무열왕이 최초로 진골 출신의 왕이 되어 왕권을 강화하였다.

④ X: 최치원은 진성 여왕에게 10여 조의 시무책을 건의하였다.

# THEME 017 통일 신라 하대의 정치적 변동

## 01

2020년 국가직 9급

**밑줄 친 '왕'의 재위 기간에 있었던 사실로 옳은 것은?**

> 나라 안의 여러 군현에서 공부(貢賦)를 바치지 않으니 창고가 비어 버리고 나라의 쓰임이 궁핍해졌다. 왕이 사신을 보내어 독촉하자, 이로 말미암아 곳곳에서 도적이 벌떼처럼 일어났다. 이때 원종과 애노 등이 사벌주에 웅거하여 반란을 일으켰다.

① 발해가 멸망하였다.
② 국학을 설치하였다.
③ 최치원이 시무책 10여 조를 건의하였다.
④ 장보고의 건의에 따라 청해진이 설치되었다.

## 02

2018년 법원직 9급

**다음 (가), (나) 사이의 시기에 있었던 사실로 옳지 않은 것은?**

> (가) 대왕을 도와 조그마한 공을 이루어 삼한을 한 집으로 만들었으며, 백성들은 두 마음이 없게 되었습니다(三韓爲一家百姓無二心). 비록 아직 태평한 세상에 이르지는 못하였으나 조금 편안한 상태는 되었습니다.
> (나) 원종과 애노 등이 사벌주에서 반란을 일으키니 왕이 나마(관직명) 영기에게 명하여 잡게 하였으나 영기가 적진을 쳐다보고는 두려워하여 나아가지 못하였다.

① 발해의 장문휴가 산둥 반도를 공격하였다.
② 장보고의 도움을 받아 신무왕이 즉위하였다.
③ 궁예가 개성을 수도로 삼고 후고구려를 건국하였다.
④ 발해 문왕이 상경 용천부에서 동경 용원부로 수도를 옮겼다.

## 03

2017년 경기 북부 여경

**다음 제시된 사건과 가장 가까운 시기인 것은?**

> 왕이 말하기를 "사람에게는 위와 아래가 있고, 벼슬에도 높고 낮음이 있어 명칭과 법식이 같지 않고 의복 또한 다른 것이다. 그런데 세상의 습속은 점점 각박해지고 백성들은 다투어 사치와 호화를 일삼고 오로지 외래품의 진귀한 것만을 숭상하고 토산물의 야비한 것을 싫어한다. 그리하여 예절이 분수에 넘치는 데 빠지고 풍속이 파괴되는 데에까지 이르렀다. 이에 옛날 법에 따라 엄한 명령을 내리는 것이니, 그래도 만약 일부러 범하는 자는 진실로 응당한 형벌이 있을 것이다."라고 하였다. - 『삼국사기』

① 대조영이 고구려 유민과 말갈족을 이끌고 동모산 근처로 이동하여 국가를 세웠다.
② 장보고가 당에서 귀국하여 현재의 완도에 청해진을 설치하였다.
③ 불국토의 이상을 조화와 균형감각으로 표현한 불국사가 건립되었다.
④ 견훤이 지방의 군사력과 호족 세력을 토대로 완산주에 도읍을 정하고 후백제를 건국하였다.

## 04

2014년 국가직 7급

**다음 자료에 나타난 시기의 사회·경제적 상황으로 가장 적절한 것은?**

> 당나라 소종 황제가 중흥을 이룰 때, 전쟁과 흉년이라는 두 가지 재앙이 서쪽에서 그치고 동쪽으로 오니 굶어서 죽고 전쟁으로 죽은 시체가 들판에 별처럼 늘어 있었다. - 해인사 묘길상탑기

① 당나라와 계속되는 전쟁으로 인하여 국가의 재정이 악화되었다.
② 왕실이 차지하는 농장은 장·처라 불리었는데 그 수는 360개나 되었다.
③ 성주 또는 장군이라 칭한 이들이 지방 행정을 장악하고 조세를 징수하였다.
④ 관료에게 관료전을 주고 녹읍을 폐지하는 대신 세조(歲租)를 차등 지급하였다.

# 문제 풀이

## 01

정답 ③

제시된 사료의 밑줄 친 '왕'은 진성 여왕이다. '원종과 애노 등이 사벌주에 웅거하여 반란을 일으켰다.'에서 진성 여왕 때임을 알 수 있다.

**③ O: 진성 여왕 때 최치원이 시무책 10여 조를 건의하였다.**

**오답 분석**

① X: 발해는 926년 거란족의 침입으로 멸망하였는데 이때 신라는 경애왕 시절이다.

② X: 신문왕 시절에 국학을 설치하여 유학 교육을 실시하였다.

④ X: 흥덕왕 시절에 장보고의 건의에 따라 완도에 청해진이 설치되었다.

**½한국사 고득점 TIP** 진성 여왕 887년~897년

- 887년: 효녀 지은 표창
- 888년: 『삼대목』, 왕거인 투옥 사건
- 889년: 원종과 애노의 난 / 양길과 견훤이 세력을 키움
- 890년: 최승우가 당에 건너가 국학에 입학
- 891년: 양길이 궁예를 보내 북원과 명주 등을 점령
- 892년: 견훤이 무진주에서 스스로 왕을 칭함
- 894년: 최치원이 시무 10조를 올리고 아찬에 오름
- 896년: 적고적이 경주 모량리까지 침입

## 02

정답 ③

| (가) | 676년 | 문무왕 시절: 김유신의 통일에 대한 평가 |
|---|---|---|

① 732년: 발해 무왕 시절 장문휴가 당 산둥 반도 공격

④ 785년: 발해 문왕이 상경에서 동경으로 천도

② 839년: 김우징이 장보고의 도움으로 민애왕 제거 → 신무왕

| (나) | 889년 | 진성 여왕 시절: 원종과 애노의 난 |
|---|---|---|

③ 901년: 효공왕 시절, 궁예가 송악(개성)에 후고구려 건국

**½한국사 고득점 TIP** 발해와 신라의 충돌(무왕 vs 성덕왕)

발해 무왕(719~737)은 수군 장문휴 장군을 산둥 반도에 보내 당을 공격하였다. 무왕은 당시 송화강 유역의 흑수부 말갈을 압박하는 과정에서 동생 대문예가 말갈 공격의 명을 어기고 당으로 망명하자 장문휴 장군으로 하여금 당나라 등주(산둥 반도)를 공격하게 하였다. 이에 당은 신라 성덕왕에 도움을 요청하였고, 신라 성덕왕은 732년~733년 발해를 공격하였다.

## 03

정답 ②

제시된 사료는 신라 하대 흥덕왕 시절 834년 발표된 사치 금지령의 일부이다. "백성들은 다투어 사치와 호화를 일삼고 오로지 외래 품의 진귀한 것만을 숭상하고 토산물의 야비한 것을 싫어한다. ~ 그래도 만약 일부러 범하는 자는 진실로 응당한 형벌이 있을 것이다."라고 하였다."에서 백성들이 사치를 일삼자 이를 금지하겠다는 내용이 보인다.

**② O: 흥덕왕 때 장보고가 당에서 귀국하여 현재의 완도에 청해진을 설치하여 해상 교역을 전개하였다.**

**오답 분석**

① X: 698년 효소왕 시절 대조영이 고구려 유민과 말갈족을 이끌고 동모산 근처로 이동하여 국가를 세웠다.

③ X: 경덕왕 시절 불국토의 이상을 조화와 균형감각으로 표현한 불국사가 건립되었다.

④ X: 효공왕 시절 견훤이 지방의 군사력과 호족 세력을 토대로 완산주에 도읍을 정하고 후백제를 건국하였다.

## 04

정답 ③

제시된 사료는 신라 하대 최치원이 지은 '해인사 묘길상탑기'이다. 이를 통해 이 시기는 신라 하대의 상황임을 알 수 있다.

**③ O: 성주 또는 장군이라 칭한 이들이 지방 행정을 장악하고 조세를 징수하였다. → 신라 하대의 모습이다.**

**오답 분석**

① X: 당나라와 계속되는 전쟁으로 인하여 국가의 재정이 악화되었다. → 신라가 당과 전쟁을 하였던 것은 문무왕 시절 671년 석성전투를 시작으로 하는 나당 전쟁이므로 신라 하대의 모습은 아니다.

② X: 왕실이 차지하는 농장은 장·처라 불리었는데 그 수는 360개나 되었다. → 고려시대 왕실과 사원의 농장을 장과 처라 불렀다.

④ X: 관료에게 관료전을 주고 녹읍을 폐지하는 대신 세조(歲租)를 차등 지급하였다. → 신라 중대 신문왕이 관료전을 지급하고 녹읍을 폐지하였다.

## 05

2017년 지방직 9급

**다음 밑줄 친 '대사'에 대한 내용으로 옳지 않은 것은?**

> 이 엔닌은 대사의 어진 덕을 입었기에 삼가 우러러 뵙지 않을 수 없습니다. 저는 이미 뜻한 바를 이루기 위해 당나라에 머물러 왔습니다. 부족한 이 사람은 다행히도 대사께서 발원하신 적산원(赤山院)에 머물 수 있었던 것에 대해 감경(感慶)한 마음을 달리 비교해 말씀드리기가 어렵습니다. -『입당구법순례행기』

① 법화원을 건립하고 이를 지원하였다.
② 당나라에 가서 서주 무령군 소장이 되었다.
③ 회역사, 견당매물사 등의 교역 사절을 파견하였다.
④ 웅주를 근거지로 반란을 일으켜 장안(長安)이라는 나라를 세웠다.

## 06

2024년 국가직 9급

**밑줄 친 '반란'에 대한 설명으로 옳은 것만을 모두 고르면?**

> 웅천주 도독 헌창이 반란을 일으켜, 무진주·완산주·청주·사벌주 네 주의 도독과 국원경·서원경·금관경의 사신 및 여러 군현의 수령들을 위협하여 자신의 아래에 예속시키려 하였다.

> ㄱ. 천민이 중심이 된 신분 해방 운동 성격을 가졌다.
> ㄴ. 반란 세력은 국호를 '장안', 연호를 '경운'이라 하였다.
> ㄷ. 주동자의 아버지가 왕이 되지 못한 것에 대한 불만으로 일어났다.
> ㄹ. 무열왕 직계가 단절되고 내물왕계가 다시 왕위를 차지하는 결과를 가져왔다.

① ㄱ, ㄴ ② ㄱ, ㄹ
③ ㄴ, ㄷ ④ ㄷ, ㄹ

## 07

2009년 지방직 9급

**신라 말 호족의 출신 성분에 대한 설명으로 옳지 않은 것은?**

① 중앙의 권력 투쟁에서 밀려나 지방에서 세력을 쌓은 귀족
② 해상활동으로 재력과 무력을 쌓은 군진 세력
③ 지방의 토착 세력으로 성장한 촌주
④ 당에서 유학하고 돌아와 개혁을 추구한 지식인

# 문제 풀이

## 05

정답 ④

제시된 사료의 밑줄 친 '대사'는 장보고이다. 일본 승려 엔닌이 당에 불법을 공부하러 갈 때 장보고의 지원을 받았고, 이후 일본으로 돌아갈 때 장보고가 다시 안전하게 일본으로 보내줬다. 이에 대한 감사의 뜻으로 『입당구법순례행기』에 장보고에 대한 내용이 등장한다.

**④ X: 신라 하대 헌덕왕 시절 김헌창이 웅주(웅천주, 공주)를 근거지로 반란을 일으켜 장안(長安)이라는 나라를 세웠다.**

**중요 사료** 장보고의 청해진 설치

[장보고]가 귀국하여 [흥덕왕]을 뵙고 아뢰기를, "중국의 어디를 가든지 우리나라 사람들을 노비로 삼고 있으니, 청해에 진영을 설치하여 해적이 사람들을 잡아 서쪽으로 데려가지 못하게 해 주십시오."라고 하였다. 왕은 그 말에 따라 군사 만 명을 주어 해상을 방비하게 하였다.

**½한국사 고득점 TIP** 장보고

- 본명: 궁복 → 엔닌의『입당구법순례행기』에 장보고로 기록
- 당에서 무령군 소장이 됨
- 청해진 설치: 흥덕왕, 완도에 설치
- 법화원 설치: 당의 산둥반도 적산에 설치, 청해진과 연락 업무
- 무역 활동: 견당매물사(당), 회역사(일본) 파견
- 신무왕 즉위 지원: 김우징이 민애왕을 제거하고 왕 즉위할 때 지원/ 신무왕이 장보고를 감의군사로 임명
- 장보고의 난: 문성왕 시절, 염장에게 진압되어 실패/ 후에 청해진의 군인들을 벽골제로 보내 농사짓게 함

## 06

정답 ③

제시된 사료는 신라 하대 헌덕왕 시절 김헌창의 난이다.

**(ㄴ) O: 김헌창은 국호를 '장안', 연호를 '경운'이라 하여 반란을 일으켰다.**

**(ㄷ) O: 김헌창은 자신의 아버지인 김주원이 왕이 되지 못한 것에 대한 불만으로 난을 일으켰다.**

**오답 분석**

㉠ (ㄱ) X: 김헌창의 난은 신라 하대에 진골 귀족들이 일으킨 왕위 쟁탈전으로, 신분 해방 운동과는 관련이 없다. 한편, 천민이 중심이 된 신분 해방 운동 성격을 가진 대표적인 반란으로는 고려 시대에 일어난 만적의 난 등이 있다.

㉣ (ㄹ) X: 무열왕 직계가 단절되고 내물왕계가 다시 왕위를 차지하는 결과를 가져온 것은 김지정의 난이다. 혜공왕 때 내물왕의 10대손인 김양상이 권력을 장악하자, 나라의 기강을 바로잡는다는 명분으로 이찬 김지정이 반란을 일으켰으나 실패하였다. 이 과정에서 무열왕계인 혜공왕이 피살되고 뒤이어 김양상이 선덕왕으로 즉위하면서 무열왕 직계가 단절되고 내물왕계가 다시 왕위를 차지하였다.

## 07

정답 ④

**④ X: 당에서 유학하고 돌아와 개혁을 추구한 지식인 → 당에 유학을 다녀온 도당 유학생들은 주로 6두품들이며 이들은 주로 호족과 결탁하였지만 이들 6두품이 호족이 된 것은 아니다. 예를 들어 최언위는 왕건, 최승우는 견훤과 결탁하였다. 단 최치원은 호족과 결탁하지는 않았다.**

**오답 분석**

① O: 중앙의 권력 투쟁에서 밀려나 지방에서 세력을 쌓은 귀족들은 호족이 되었다. 대표적인 인물로는 신라 왕족 출신으로 알려진 궁예 등이 있다.

② O: 해상 활동으로 재력과 무력을 쌓은 군진 세력은 호족이 되었다. 대표적으로 장보고와 송악을 중심으로 활동한 작제건(왕건의 할아버지) 등이 있다.

③ O: 지방의 토착 세력으로 성장한 이들은 각 연고지에서 스스로 성주 또는 장군을 칭하면서 호족이 되었다.

**½한국사 고득점 TIP** 신라 말 호족

- 성주, 장군이라 불림
- 중앙 정부의 통제를 받지 않는 반독립적 세력
- 관반제라는 관료 조직 갖춤
- 사병을 보유하고 농민에게 세금을 거둠
- 반신라적 세력으로 6두품과 선종불교, 노장사상, 풍수지리세력과 연계

**½한국사 고득점 TIP** 호족의 유형

- 촌주 출신: 가장 다수
- 몰락한 중앙 귀족 출신: 궁예
- 군진 세력: 강화도의 혈구진 등
- 해상 세력: 해상 무역으로 재력을 보유한 작제건, 장보고 등
- 군인 출신: 견훤

# THEME 018 발해

## 01

2016년 교육행정직

(가) 국가에 대한 설명으로 옳지 않은 것은?

> 왕자 대봉예가 당 조정에 문서를 올려, (가)이/가 신라보다 윗자리에 자리 잡기를 청하였다. 이에 대해 답하기를, "국명의 선후는 원래 강약에 따라 일컫는 것이 아닌데, 조정 제도의 등급과 위엄을 지금 어찌 나라의 성하고 쇠한 것으로 인해 바꿀 수 있겠는가? 마땅히 이전대로 할 것이다."라고 하였다.

① 인안, 대흥 등의 독자적인 연호를 사용하였다.
② 위화부를 두고 관리 인사 업무를 담당케 하였다.
③ 일본에 보낸 문서에 고려 국왕이라는 명칭을 사용하였다.
④ 대부분의 말갈족을 복속시켰고 요동 지역으로도 진출하였다.

## 02

2017년 법원직 9급

다음 문화유산을 남긴 왕조에 대한 설명으로 가장 옳지 않은 것은?

① 좌평이 국정을 총괄하였다.
② 중앙군으로 10위를 두었다.
③ 12목에 지방관을 파견하였다.
④ 상대등이 귀족 회의를 주관하였다.

## 03

2023년 법원직 9급

(가)~(라)를 시대순으로 가장 바르게 연결한 것은?

> (가) 견훤이 후백제를 건국하였다.
> (나) 신문왕이 관료전을 지급하였다.
> (다) 광개토 대왕이 왜군을 격퇴하였다.
> (라) 선왕 시기에 '해동성국'으로 불렸다.

① (가) - (다) - (나) - (라)
② (나) - (다) - (라) - (가)
③ (다) - (나) - (라) - (가)
④ (라) - (나) - (다) - (가)

## 04

2018년 국가직 9급

다음은 발해사에 대한 중국과 러시아 입장이다. 한국사의 입장에서 이를 반박하는 증거로 적절한 것은?

> • 중국: 소수 민족 지역의 분리 독립 의식을 약화시키려고, 국가라기보다는 당 왕조에 예속된 지방 민족 정권 차원에서 본다.
> • 러시아: 중국 문화보다는 중앙 아시아나 남부 시베리아의 영향을 강조하여 러시아의 역사에 편입시키려 한다.

① 신라와의 교통로
② 상경성 출토 온돌 장치
③ 유학 교육 기관인 주자감
④ 3성 6부의 중앙 행정 조직

# 문제 풀이

## 01

정답 ②

제시된 사료의 (가) 국가는 발해이다. 자료는 897년 쟁장 사건의 내용이다. 이 사건은 발해 왕자 대봉예가 당 조정에 사신들의 위치를 신라와 바꿔줄 것을 요청하였다. 이에 신라 최치원이 「사불허북국거상표」를 올려 이를 반대하여 결국 사신들의 위치는 바뀌지 않았다.

**② X: 위화부를 두고 관리 인사 업무를 담당케 하였다. → 신라에 대한 설명이다. 신라는 진평왕 시절 위화부를 설치하였다.**

**오답 분석**

① O: 발해는 독자적 연호를 사용하여 황제국을 과시하였다.

③ O: 일본에 보낸 문서에 고려 국왕이라는 명칭을 사용하였다.

④ O: 대부분의 말갈족을 복속시켰고 요동 지역으로도 진출하였다. → 선왕 시절 대부분의 말갈족을 복속하고 요동으로 진출하였다.

**½한국사 고득점 TIP 발해의 황제국 과시**

발해는 '인안'(발해 무왕), '대흥'(발해 문왕) 등의 독자적인 연호를 사용하였고, 황상(皇上)의 용어를 사용하면서 대내적으로 황제국의 면모를 과시하기도 하였다.

**½한국사 고득점 TIP 발해와 일본의 관계**

- 무왕 당시 신라와 당을 견제하기 위해서 일본과 수교
- 일본에 보낸 외교 문서에서 고구려 계승 강조
  - 무왕: 고구려의 옛 땅을 수복하고, 부여의 전통을 계승하였다.
  - 문왕: 고려국왕 대흠무, 천손을 과시, 장인과 상위 관계 강조
- 일본도: 동경 용원부를 통해 일본과 무역

## 02

정답 ②

제시된 자료의 좌측은 발해 석등, 우측은 발해의 이불병좌상이다.

**② O: 발해는 중앙군으로 10위를 두었다.**

**오답 분석**

① X: 발해가 아니라 백제에서 좌평이 국정을 총괄하였다.

③ X: 발해가 아니라 고려에서 12목에 지방관을 파견하였다.

④ X: 발해가 아니라 신라에서 상대등이 귀족 회의인 화백 회의를 주관하였다.

**½한국사 고득점 TIP 발해의 대외관계**

- 당과 관계: 초기에는 적대(무왕) → 문왕 때 친선(발해국왕 승인)
- 신라와 관계: 기본적으로 경쟁관계이지만 교류도 있다.
  - 경쟁: 쟁장사건, 등재서열사건, 무왕과 성덕왕 시절 충돌(732~733)
  - 교류: 신라도, 사신 교류 등

**½한국사 고득점 TIP 발해의 멸망**

발해는 귀족 간의 권력 투쟁이 극심하여 10세기 성장한 거란의 침입을 효과적으로 방어하지 못하였고, 발해의 15대 왕인 대인선 때 거란족의 침입으로 멸망(926)하였다.

## 03

정답 ③

| (다) | 4세기 (400년) | 광개토대왕 |
|---|---|---|
| ↓ | | |
| (나) | 7세기 (687년) | 신문왕, 관료전 지급 |
| ↓ | | |
| (라) | 9세기 전반 | 선왕 |
| ↓ | | |
| (가) | 9세기 말 (900년) | 견훤, 후백제 건국 |

**½한국사 고득점 TIP 발해의 천도**

동모산(대조영) → 중경(무왕) → 상경(문왕, 755) → 동경(문왕, 785) → 상경(성왕, 794)

## 04

정답 ②

중국은 동북공정을 시도하며 발해를 중국의 지방 정권으로 보고 있다. 또한 러시아의 연해주에서 발해의 유물들이 발견되어 러시아도 발해를 러시아의 역사에 편입하려 하고 있다. 이를 반박하는 것은 발해는 중국이나 러시아의 지방정부가 아니고 고구려를 계승하는 독립국가였다는 것을 보여주면 된다.

**② O: 상경성 출토 온돌 장치는 고구려의 영향을 받은 유물로 발해가 고구려를 계승했다는 증거가 된다.**

**오답 분석**

① X: 신라와의 교통로인 신라도는 신라와 교류를 보여주지만 발해가 고구려를 계승하는 것과는 관련이 없다.

③ X: 유학 교육 기관인 주자감은 문왕 때 설치되었지만 고구려와 연관성은 없다.

④ X: 3성 6부의 중앙 행정 조직은 고구려가 아니라 당의 영향을 받은 것이다.

**½한국사 고득점 TIP 발해의 고구려 계승**

- 민족 구성: 지배층의 대부분은 고구려 유민이었다.
- 외교 문서: 무왕(복고구려지구 거유부여유속), 문왕(고려국왕 대흠무)
- 문화 유사성
  - 정혜공주묘: 굴식 돌방무덤, 모줄임 천장구조
  - 정효공주묘: 평행고임구조
  - 온돌장치, 이불병좌상 등
- 고려의 발해 유민 수용

**½한국사 고득점 TIP 발해의 무역로**

- 당과 무역: 영주도(상경 용천부), 조공도(압록길. 서경 압록부, 발해관)
- 신라와 무역: 신라도(문왕, 남경 남해부)
- 일본과 무역: 일본도(동경 용원부)
- 거란과 무역: 거란도(담비의 길, 부여부)

## 05

2019년 국가직 9급

(가) 왕대의 사실에 대한 설명으로 옳은 것은?

> (가) 은/는 흑수말갈이 당과 통하려고 하자 군사를 동원하여 흑수말갈을 치게 하였다. 또한 일본에 사신 고제덕 등을 보내 "여러 나라를 관장하고 여러 번(蕃)을 거느리며, 고구려의 옛 땅을 회복하고 부여의 옛 습속을 지니고 있다."라고 하여 강국임을 자부하였다.

① 국호를 진국에서 발해로 바꾸었다.
② 신라는 급찬 숭정을 발해에 사신으로 보냈다.
③ 대흥이라는 독자적인 연호를 사용하였다.
④ 장문휴가 당의 등주를 공격하였다.

## 06

2017년 하반기 국가직 9급

발해에서 일어난 일을 시기 순으로 바르게 나열한 것은?

> (ㄱ) 장문휴가 당의 산둥지방 등주를 공격하였다.
> (ㄴ) 수도를 중경현덕부에서 북쪽의 상경용천부로 옮겼다.
> (ㄷ) 당으로부터 '발해군왕'에서 '발해국왕'으로 봉해졌다.
> (ㄹ) '건흥'이라는 연호를 사용하였다.

① (ㄱ) - (ㄴ) - (ㄷ) - (ㄹ)　② (ㄱ) - (ㄷ) - (ㄹ) - (ㄴ)
③ (ㄴ) - (ㄱ) - (ㄹ) - (ㄷ)　④ (ㄱ) - (ㄷ) - (ㄴ) - (ㄹ)

## 07

2009년 국가직 9급

일본에 사신을 보내면서 스스로를 '고려국왕 대흠무'라고 불렀던 발해 국왕 시절 일본이 보낸 문서이다. 이 시기 통일 신라의 상황으로 옳은 것은?

> 지금 보내온 국서(國書)를 살펴보니 부왕(父王)의 도를 갑자기 바꾸어 날짜 아래에 관품(官品)을 쓰지 않았고, 글 끝에 천손(天孫)이라는 참람된 칭호를 쓰니 법도에 어긋납니다. 왕의 본래의 뜻이 어찌 이러하겠습니까. …(중략)… 고씨의 시대에 병난이 그치지 않아 조정의 위엄을 빌려 저들이 형제를 칭하였습니다. 지금 대씨는 일없이 고의로 망령되이 사위와 장인을 칭하였으니 법례를 잃은 것입니다.

① 귀족 세력의 반발로 녹읍이 부활되었다.
② 9주 5소경 체제의 지방 행정 조직을 완비하였다.
③ 의상은 당에서 귀국하여 영주에 부석사를 창건하였다.
④ 장보고는 청해진을 설치하고 남해와 황해의 해상 무역권을 장악하였다.

## 08

2020년 지방직 9급

다음 설명에 해당하는 발해 왕의 재위 기간에 통일 신라에서 일어난 상황으로 옳은 것은?

> • 대흥이란 독자적인 연호를 사용하였다.
> • 수도를 중경 → 상경 → 동경으로 옮겼다.
> • 일본에 보낸 외교문서에 천손(하늘의 자손)이라 표현하였다.
> • 당과 친선 관계를 맺으며 당의 문물을 도입하여 체제를 정비하였다.

① 녹읍 폐지　② 청해진 설치
③ 『삼대목』 편찬　④ 독서삼품과 설치

## 문제 풀이

### 05

정답 ④

제시된 사료의 (가)는 발해 무왕이다. '흑수말갈을 치게하였다.' '고구려의 옛 땅을 회복하고 부여의 옛 습속을 지니고 있다.'라는 것을 통해 (가)는 발해 무왕임을 알 수 있다.

**④ O: 무왕 시절인 732년에 장문휴가 당의 등주를 공격하였다.**

**오답 분석**

① X: 고왕(대조영)이 698년 국호를 진국으로 하였다가 이후 713년 발해군왕에 봉해지면서 국호를 발해로 바꾸었다.

② X: 신라는 814년 헌덕왕 시절 급찬 숭정을 발해(희왕 시절) 사신으로 보냈다.

③ X: 문왕이 대흥이라는 독자적인 연호를 사용하였고, 무왕은 인안이라는 연호를 사용하였다.

**½한국사 고득점 TIP 발해와 신라 사신 교류**

- 대조영이 효소왕에게 사신 파견: 효소왕이 대아찬의 벼슬 내림
- 원성왕 6년(790) 일길찬 백어를 북국(발해 문왕)에 사신 파견
- 헌덕왕 4년(814년) 급찬 숭정을 북국(발해 희왕)에 사신 파견

### 06

정답 ①

| | |
|---|---|
| (ㄱ) | 무왕 732년 |
| ↓ | |
| (ㄴ) | 문왕 755년 |
| ↓ | |
| (ㄷ) | 문왕 762년 |
| ↓ | |
| (ㄹ) | 선왕 818년 |

### 07

정답 ①

제시된 사료에서 스스로를 '고려국왕 대흠무'라 불렀던 발해의 왕은 문왕이다. 발해와 신라를 남북국 시대라고 부른다. 그래서 문제도 발해와 신라를 연결하여 자주 출제하는데, 해결하는 방법은 각 나라의 왕을 연결시켜 놓는 것이 중요하다.

**① O: 신라 경덕왕 시절 757년 귀족 세력의 반발로 녹읍이 부활되었다.**

**오답 분석**

② X: 신라는 신문왕 시절 9주 5소경 체제의 지방 행정 조직을 완비하였는데 이 당시는 아직 발해가 건국되기 전이다.

③ X: 신라 문무왕 시절 의상은 당에서 귀국하여 영주에 부석사를 창건하였고, 이 시기에도 발해는 아직 건국되기 전이다.

④ X: 신라 흥덕왕 시절 828년 장보고는 청해진을 설치하고 남해와 황해의 해상 무역권을 장악하였다.

**½한국사 고득점 TIP 발해와 신라**

- 대조영(고왕): 698년 진국 건국 vs 신라는 효소왕
- 대무예(무왕): 신라는 성덕왕 시절
- 대흠무(문왕): 경덕왕, 혜공왕, 선덕왕, 원성왕 초기
- 대인수(선왕): 헌덕왕, 흥덕왕 시절

### 08

정답 ④

제시된 자료와 관련된 발해 왕은 문왕(737~793)이다. 문왕 집권 시기 통일 신라에서는 경덕왕, 혜공왕, 선덕왕, 원성왕 등이 집권하였다.

**④ O: 788년 통일 신라 원성왕 때 독서삼품과를 설치하였다.**

**오답 분석**

① X: 689년 신문왕 때 녹읍을 폐지하였다.

② X: 828년 흥덕왕 때 장보고의 건의로 청해진을 설치하였다.

③ X: 888년 진성 여왕 때 『삼대목』을 편찬하였다.

## 09

2021년 국가직 9급

**다음은 발해 수도에 대한 답사 계획이다. 각 수도에 소재하는 유적에 대한 탐구 내용으로 옳은 것만을 모두 고르면?**

| 발해 유적 답사 계획서 | |
|---|---|
| 일시 | 출발 OOOO년 O월 OO일<br>귀국 OOOO년 O월 OO일 |
| 인원 | OO명 |
| 장소 | 하얼빈, 길림, 돈화 ㉠, 영안 ㉢, 화룡 ㉡, 훈춘 ㉣, 심양, 백두산, 집안, 황해, 동해, → 수도 이동 및 답사 경로 |
| 탐구 내용 | (ㄱ) 정효공주 무덤을 찾아 벽화에 그려진 인물들의 복식을 탐구한다.<br>(ㄴ) 용두산 고분군을 찾아 벽돌무덤의 특징을 탐구한다.<br>(ㄷ) 오봉루 성문터를 찾아 성의 구조를 당의 장안성과 비교해 본다.<br>(ㄹ) 정혜공주 무덤을 찾아 고구려 무덤과의 계승성을 탐구한다. |

① (ㄱ), (ㄴ) ② (ㄱ), (ㄹ)
③ (ㄴ), (ㄷ) ④ (ㄷ), (ㄹ)

## 10

2015년 국가직 7급

**발해와 관련된 다음의 역사적 사실들을 시기 순으로 바르게 나열한 것은?**

(ㄱ) 당으로부터 해동성국이라고 불리었다.
(ㄴ) 야율아보기에 의해 홀한성이 포위되었다.
(ㄷ) 중경 현덕부에서 상경 용천부로 도읍을 옮겨 발전의 기틀을 마련하였다.
(ㄹ) 당과 신라를 견제하기 위해 일본에 사신을 파견하여 처음 통교하였다.

① (ㄷ) - (ㄴ) - (ㄹ) - (ㄱ) ② (ㄷ) - (ㄹ) - (ㄱ) - (ㄴ)
③ (ㄹ) - (ㄷ) - (ㄱ) - (ㄴ) ④ (ㄹ) - (ㄷ) - (ㄴ) - (ㄱ)

## 11

2012년 국가직 9급

**발해의 대외 관계에 대한 설명으로 옳지 않은 것은?**

① 당과 신라를 견제하기 위해 돌궐과 외교 관계를 맺기도 하였다.
② 일본과는 서경 압록부를 통해 여러 차례 사신이 왕래하였다.
③ 당에 유학생을 보냈는데 빈공과에 급제한 사람이 여러 명 나왔다.
④ 일본은 발해에 보낸 국서에서 발해왕을 '고려왕'으로 표현하기도 하였다.

## 12

2019년 서울시 9급(6월)

**발해의 사회 모습에 대한 설명으로 가장 옳지 않은 것은?**

① 주민은 고구려 유민과 말갈인으로 구성되었다.
② 중앙 문화는 고구려 문화를 바탕으로 당의 문화가 가미된 형태를 보였다.
③ 당, 신라, 거란, 일본 등과 무역하였는데, 대신라 무역의 비중이 가장 컸다.
④ 유학 교육기관인 주자감을 설치하여 귀족 자제에게 유교 경전을 가르쳤다.

## 문제 풀이

### 09

정답 ③

제시된 자료의 (ㄱ)은 돈화(동모산), (ㄴ)은 화룡(중경), (ㄷ)은 영안(상경), (ㄹ)은 훈춘(동경)이다.

**(ㄴ) O: 용두산 고분군은 (ㄴ)의 중경 인근으로, 이 지역에 당의 영향을 받은 벽돌무덤인 정효공주묘가 있다.**

**(ㄷ) O: (ㄷ)의 영안은 상경으로, 상경성은 당의 장안성을 본떠서 만들어진 것으로 주작대로가 있다.**

**오답 분석**

(ㄱ) X: (ㄱ)의 돈화(동모산)가 아니라 (ㄴ)의 중경 인근 용두산 고분에서 정효공주 무덤이 발견되었다.

(ㄹ) X: (ㄹ)의 훈춘(동경) 지방이 아니라 (ㄱ)의 동모산 인근의 육정산 고분군에서 정혜공주 무덤이 발견되었다.

**½한국사 고득점 TIP** 발해의 천도

- 문왕: 중경 현덕부(화룡) → 상경 용천부(영안) → 동경 용원부(훈춘)
- 성왕: 동경 용원부(훈춘) → 상경 용천부(영안)

### 10

정답 ③

| (ㄹ) | 무왕 때 일본과 수교 |
|---|---|
| ↓ | |
| (ㄷ) | 문왕 때 중경에서 상경으로 천도(755) |
| ↓ | |
| (ㄱ) | 선왕 때 당으로부터 해동성국이라 불림 |
| ↓ | |
| (ㄴ) | 대인선 때 거란족의 침입으로 멸망 |

### 11

정답 ②

**② X: 일본과는 서경 압록부가 아니라 동경 용원부를 통해 여러 차례 사신이 왕래하였다.**

**오답 분석**

① O: 발해는 돌궐, 일본과 외교 관계를 맺어 당과 신라를 견제하였다.

③ O: 9세기 이후 당은 외국인을 대상으로 빈공과를 실시하였고, 발해의 오소도와 오광찬 등이 이 시험에 합격하였다.

④ O: 일본은 발해에 보낸 국서에서 발해왕을 '고려왕'으로 표현하기도 하였다. → 문왕은 자신을 고려국왕 대흠무로 표현하였다.

**½한국사 고득점 TIP** 빈공과

- 당에서 9세기 이후 외국인들을 대상으로 실시한 시험
- 신라: 김운경이 최초로 합격, 최치원, 최언위, 최승우 등이 합격
- 발해: 오소도와 오광찬 등
- 주의: 신라가 발해보다 더 많은 합격생을 배출하였다.
- 등제 서열 사건: 906년 발해 오광찬과 신라 최언위의 빈공과 순위 경쟁

### 12

정답 ③

**③ X: 당, 신라, 거란, 일본 등과 무역하였는데, 대신라 무역이 아니라 당과의 무역 비중이 가장 컸다.**

**오답 분석**

① O: 발해의 지배층은 고구려가 다수였지만 걸사비우 등의 말갈족이 일부 포함되었고, 주민은 고구려 유민과 말갈인으로 구성되었지만 말갈족이 더 다수였다.

② O: 중앙 문화는 고구려 문화를 바탕으로 당의 문화가 가미된 형태를 보였다.

④ O: 문왕 시절 유학 교육기관인 주자감을 설치하여 귀족 자제에게 유교 경전을 가르쳤다.

**½한국사 고득점 TIP** 발해의 문화

| 고구려 | 당 |
|---|---|
| • 이불병좌상, 온돌 장치<br>• 정혜공주묘의 굴식돌방무덤<br>• 정혜공주묘의 모줄임 천장 구조<br>• 정효공주묘의 평행 고임 구조<br>• 와당의 무늬, 발해금 등 | • 정효공주묘: 벽돌무덤, 벽화, 탑 등<br>• 상경: 당의 장안성 모방, 주작대로<br>• 3성 6부의 중앙 제도<br>• 지방 제도와 군사 제도 등<br>• 영광탑 : 무덤 위 탑, 당적<br>• 잠자는 미녀상 등 |

## 13

2013년 서울시 9급

**다음 밑줄 친 '이 나라'에 대한 설명으로 옳지 않은 것은?**

> 이 나라에서 만들어진 두 분의 부처가 나란히 앉아 있는 이불병좌상은 고구려 양식을 계승한 것으로 현재 일본에 있으며, 수도인 상경에는 당의 장안의 도로망을 본뜬 주작대로가 있다.

① 말(馬)이 주요한 수출품이었다.
② 거란의 침략을 받아 멸망하였다.
③ 당과 교류하면서 빈공과의 합격자를 배출하였다.
④ 동해를 통해 일본과 무역을 활발하게 전개하였다.
⑤ 9세기에 들어서 비로소 신라와 상설 교통로를 개설하였다.

## 14

2015년 지방직 9급

**밑줄 친 '북국(北國)'에 대한 설명으로 옳지 않은 것은?**

> 원성왕 6년 3월 북국(北國)에 사신을 보내 빙문(聘問)하였다. …(중략)… 요동 땅에서 일어나 고구려의 북쪽 땅을 병합하고 신라와 서로 경계를 맞대었지만, 교빙한 일이 역사에 전하는 것이 없었다. 이때 와서 일길찬 백어(伯魚)를 보내 교빙하였다.

① 감찰 기관으로 중정대가 있었다.
② 최고 교육 기관으로 태학감을 두었다.
③ 중앙의 정치 조직으로 3성 6부를 두었다.
④ 지방의 행정 조직으로 5경 15부 62주가 있었다.

## 15

2024년 법원직 9급

**(가)와 (나)에 대한 설명으로 옳은 것만으로 연결된 것은?**

> (가) 은/는 본래 고구려의 별종이다. …… 무리를 이끌고 동쪽으로 가서 계루부의 옛 땅을 차지하고 동모산에 성을 쌓고 살았다. 부여씨가 망하고 고씨가 망하게 되니 김씨가 그 남쪽 땅을 차지하고 대씨가 그 북쪽 땅을 차지하여 (나) 라 하였다. 이것을 남북국이라 한다.

**보기**
(ㄱ) (가)은/는 고구려의 왕족 출신이다.
(ㄴ) (가)은/는 당의 산둥 반도를 공격하였다.
(ㄷ) (나)은/는 거란의 침략으로 멸망하였다.
(ㄹ) (나)의 군사제도로 9서당과 10정이 있었다.

① (ㄱ)　② (ㄷ)
③ (ㄱ), (ㄷ)　④ (ㄴ), (ㄹ)

# 문제 풀이

## 13

정답 ⑤

제시된 사료에 밑줄 친 '이 나라'는 발해이다. 이불병좌상은 발해의 불상으로 고구려의 영향을 받았고, 발해의 수도 상경에 당의 장안성을 모방한 주작대로가 있다.

**⑤ X: 발해는 9세기가 아니라 8세기 문왕 시절 신라와 상설 교통로(신라도)를 개설하였다.**

**오답 분석**

① O: 발해는 농업보다 목축이 중요한 사회였고, 특히 솔빈부의 말(馬)이 주요한 수출품이었다.

② O: 발해는 925년 거란의 침략을 받아 926년 멸망하였다.

③ O: 발해는 당과 교류하면서 빈공과에 응시하여 오소도와 오광찬 등의 합격자를 배출하였다.

④ O: 발해는 무왕 시절 일본과 수교를 맺고, 특히 동경 용원부(일본도)를 중심으로 동해를 통해 일본과 무역을 활발하게 전개하였다.

## 14

정답 ②

제시된 사료는 『동사강목』 제5상 중 일부로 밑줄 친 '북국'은 발해이다. 원성왕은 당시 일길찬 백어를 발해(북국) 문왕 시절에 사신으로 파견하였다.

**② X: 신라는 신문왕 시절 국학을 설치하였고, 이후 경덕왕 시절 명칭이 태학감으로 개칭되었고, 혜공왕 때 다시 국학으로 개칭하였다. 발해의 최고 국립대학은 문왕 때 설치된 주자감이었다.**

**오답 분석**

① O: 발해는 감찰 기관으로 중정대를 두었고, 문적원이라는 도서관과 주자감이라는 국립대학을 설치하였다.

③ O: 발해는 문왕 시절 당의 3성 6부를 모방하여 3성 6부를 두었지만 명칭과 운영은 달랐다.

④ O: 선왕 시절 지방의 행정 조직으로 5경 15부 62주를 정비하였고, 15부에는 도독, 62주에는 자사 등을 파견하였다.

**½한국사 고득점 TIP 발해의 3성 6부**

- 당의 영향 → 명칭과 운영이 독자적
- 3성: 정당성 (집행, 대내상이 수상), 선조성(심의) , 중대성(결정)
- 6부: 정당성 소속으로 충·인·의·지·예·신부로 구성, 이원적 운영
  - 좌사정: 충·인·의부를 운영
  - 우사정: 지·예·신부를 운영

## 15

정답 ②

제시된 사료의 (가)는 대조영이고, (나)는 발해이다.

**(ㄷ) O: 발해는 926년 거란의 침략으로 멸망하였다.**

**오답 분석**

(ㄱ) X: (가)의 대조영은 고구려의 왕족 출신이 아니라 장수 출신이다. 고구려 왕족은 고씨이다.

(ㄴ) X: (가) 대조영이 아니라 무왕(대무예) 시절 장문휴의 수군을 보내 당의 산둥 반도를 공격하였다.

(ㄹ) X: 발해가 아니라 통일 신라의 군사제도로 9서당과 10정이 있었고, 발해는 10위의 중앙군이 있었다.

**중요 사료 장문휴의 등주 공격(무왕)**

무예가 대장 장문휴를 파견하여 해적을 거느리고 등주를 치니, 당 현종은 급히 문예를 파견하여 유주의 군사를 동원시켜 이를 공격하는 한편, 태복경 김사란을 사신으로 신라에 보내어 군사를 독촉하여 발해의 남부를 치게 하였다. 마침 날씨가 매우 추운 데다 눈이 한 길이나 쌓여서 군사 들이 태반이나 얼어 죽으니, 공을 거두지 못하고 돌아 왔다.

# THEME 019 삼국의 통치 조직

## 01

2018년 지방직 9급

**삼국 시대의 정치 제도에 대한 설명으로 옳은 것만을 모두 고르면?**

(ㄱ) 삼국의 관등제와 관직 제도 운영은 신분제에 의하여 제약을 받았다.
(ㄴ) 고구려는 대성(大城)에는 처려근지, 그 다음 규모의 성에는 욕살을 파견하였다.
(ㄷ) 백제는 도성에 5부, 지방에 방(方) - 군(郡) 행정 제도를 시행하였다.
(ㄹ) 신라는 10정 군단을 바탕으로 영역을 확장하고 삼국 통일을 이룩하였다.

① (ㄱ), (ㄴ)
② (ㄱ), (ㄷ)
③ (ㄴ), (ㄹ)
④ (ㄷ), (ㄹ)

## 02

2013년 하반기 해양경찰 공무원(경찰), 2008년 법원직 9급

**다음은 고대 국가의 통치 조직을 정리한 것이다. (ㄱ)~(ㄹ)에 대한 설명으로 옳은 것은?**

| 구분 | 고구려 | 백제 | 신라 | 통일 신라 |
|---|---|---|---|---|
| 최고 관직 | (ㄱ) | 상좌평 | 상대등 | 시중 |
| 지방 행정 조직 | 5부 | 5방 | (ㄴ) | 9주 |
| 특수 행정 구역 | 3경 | (ㄷ) | 2소경 | 5소경 |
| 최고 회의 기구 | 제가 회의 | 정사암 회의 | (ㄹ) | |

① (ㄱ) - 정당성의 장관으로 국정을 총괄하였다.
② (ㄴ) - 지방 행정 조직은 군사 조직을 겸하였다.
③ (ㄷ) - 풍수지리설의 영향으로 지방 거점에 설치하였다.
④ (ㄹ) - 임시 기구로 법 제정이나 시행 규정을 다루었다.

## 03

2017년 지방직 9급

**다음 (가)에서 이루어진 합의 제도를 시행한 국가의 통치 체제로 옳은 것은?**

> 호암사에는 (가) (이)라는 바위가 있다. 나라에서 장차 재상을 뽑을 때에 후보 3, 4명의 이름을 써서 상자에 넣고 봉해 바위 위에 두었다가 얼마 후에 가지고 와서 열어 보고 그 이름 위에 도장이 찍혀 있는 사람을 재상으로 삼았다.
> -『삼국유사』

(ㄱ) 중앙정치는 대대로를 비롯하여 10여 등급의 관리들이 나누어 맡았다.
(ㄴ) 중앙관청을 22개로 확대하고 수도는 5부, 지방은 5방으로 정비하였다.
(ㄷ) 16품의 관등제를 시행하고, 품계에 따라 옷의 색을 구별하여 입도록 하였다.
(ㄹ) 지방 행정 조직을 9주 5소경 체제로 정비하였다.
(ㅁ) 중앙에 3성 6부를 두고, 정당성을 관장하는 대내상이 국정을 총괄하도록 하였다.

① (ㄱ), (ㄴ)
② (ㄴ), (ㄷ)
③ (ㄷ), (ㄹ)
④ (ㄹ), (ㅁ)

## 문제 풀이

### 01
정답 ②

(ㄱ) O: 삼국의 관등제와 관직 제도 운영은 신분제에 의하여 제약을 받았다. 특히 신라는 골품제라는 신분제가 관등 승진의 상한선에 영향을 주었고, 長(장)은 진골에게만 기회가 주어졌다.

(ㄷ) O: 백제는 성왕 시절 중앙 5부, 지방 5방의 지방제도가 정비되었고, 각 방에는 방령을 파견하였고, 방 아래 군을 두어 군장이 관리하게 하였다.

**오답 분석**

(ㄴ) X: 고구려는 지방을 5부로 정비하고 욕살을 파견하였고, 5부 아래 176성이 있었고 대성에는 처려근지를 파견하여 관리하였다.

(ㄹ) X: 신라는 중앙군 서당과 지방군 정이 있었다. 특히 통일 전에는 6정의 군대가 있었고, 통일 이후 신문왕 시절 중앙군 9서당과 지방군 10정이 정비되었기 때문에 10정을 이끌고 삼국통일을 했다는 것은 시기적으로 맞지 않는다.

**½한국사 고득점 TIP** 신라의 군사 조직

신라에는 대당, 서당, 시위대, 위병 등의 중앙군이 있었고, 지방군으로는 6정이 있었다. 통일 이후 신문왕 때는 중앙군의 9서당과 지방군의 10정이 정비되었다. 중앙군의 9서당은 직업군인으로 민족 융합과 통제의 기능을 하였고, 10정은 농민병의 지방군으로 한산주에 2개의 정이 설치되어 국방과 경찰 임무를 담당하였다.

### 02
정답 ②

제시된 자료의 (ㄱ)은 대대로, (ㄴ)은 5주, (ㄷ)은 22담로, (ㄹ)은 화백 회의이다.

② O: (ㄴ)의 5주는 신라의 지방 조직으로 군주가 파견되었으며, 군주는 지방관이며 군사 지휘관으로 각 주의 정을 지휘하였다.

**오답 분석**

① X: (ㄱ)의 대대로는 고구려의 수상이며 1관등이었다. 정당성의 장관으로 국정을 총괄하였던 것은 발해의 대내상이다.

③ X: (ㄷ)의 22담로는 무령왕 때 정비되어 왕족을 파견하여 중앙집권을 강화하였다. 하지만 풍수지리설은 신라 말 도선이 전래한 것에서 알 수 있듯이 무령왕 시절에는 풍수지리가 아직 전래된 것은 아니니 풍수지리의 영향을 받았다고 할 수 없다.

④ X: (ㄹ)의 화백 회의는 신라의 귀족 회의 제도로 진골 대등들이 참여하여 국가의 중대사를 결정하거나 왕을 교체하기도 하였다. 하지만 임시 기구로 법 제정이나 시행 규정을 다루었던 것은 고려의 재추들이 모이는 식목도감이다.

**½한국사 고득점 TIP** 고려의 재추회의

- 재추: 중서문하성의 재신 + 중추원의 추밀
- 도병마사: 재추가 모여 임시로 국방문제를 논의
- 식목도감: 재추가 모여 임시로 법과 시행규칙을 다루었다.

### 03
정답 ②

제시된 사료의 (가)는 정사암으로 백제의 귀족 회의이다. 백제에는 호암사에 정사암이라는 바위가 있다. 국가에서 재상을 뽑을 때 후보자 3, 4명의 이름을 써서 상자에 넣고 봉해 바위 위에 두었다가 얼마 후에 가지고 와서 열어 보고 그 이름 위에 도장이 찍혀 있는 사람을 재상으로 삼았다.

(ㄴ) O: 백제는 고이왕 시절 6좌평을 정비하였고, 이후 성왕 때 중앙 관청 22부를 설치하였다. 또한 성왕은 지방을 5부와 5방으로 정비하였다.

(ㄷ) O: 백제는 고이왕 시절 16품의 관등제를 시행하고, 품계에 따라 옷의 색을 자색과 비색, 청색으로 구별하여 입도록 하였다.

**오답 분석**

(ㄱ) X: 백제가 아니라 고구려의 중앙정치는 대대로를 비롯하여 10여 등급의 관리들이 나누어 맡았다. 백제는 고이왕 시절 16관등으로 정비되었고, 솔 계열과 덕 계열로 구분되었다.

(ㄹ) X: 백제가 아니라 통일신라가 신문왕 시절 지방 행정 조직을 9주 5소경 체제로 정비하였다.

(ㅁ) X: 백제가 아니라 발해가 중앙에 3성 6부를 두고, 정당성을 관장하는 대내상이 국정을 총괄하도록 하였다.

**½한국사 고득점 TIP** 백제의 6좌평

- 고이왕 때 정비되었고, 각 좌평은 모두 1관등이며, 상좌평이 수상
- 내신좌평: 문관의 인사와 왕명 출납
- 내두좌평: 조세 수납과 재정 관리
- 병관좌평과 위사좌평: 국방과 군사, 우역을 담당
- 조정좌평: 형옥을 담당

# THEME 020 남북국의 통치 조직

## 01

2015년 국가직 9급

통일 신라의 지방 행정 조직에 대한 설명으로 옳지 않은 것은?

① 신문왕 대에 9주 5소경 체제로 정비하였다.

② 주(州)에는 지방 감찰관으로 보이는 외사정이 배치되었다.

③ 5소경을 전략적 요충지에 두고, 도독이 행정을 관할토록 하였다.

④ 촌주가 관할하는 촌 이외에, 향·부곡이라는 행정 구역도 있었다.

## 02

2018년 지방직 9급

성격이 유사한 것끼리 옳게 짝지은 것은?

① 대대로 - 대내상　② 중정대 - 승정원

③ 2성 6부 - 5경 15부　④ 기인 제도 - 녹읍 제도

## 03

2017년 하반기 지방직 9급

발해의 통치 체제에 대한 설명으로 옳은 것은?

① 사정부를 두어 관리를 감찰하였다.

② 중앙의 핵심 군단으로 9서당이 있었다.

③ 정당성 아래에 있는 6부가 정책을 집행하였다.

④ 중앙과 지방에 각각 6부와 9주를 두어 다스렸다.

## 04

2018년 교육행정직

다음 국가의 지방 제도에 대한 설명으로 옳은 것은?

> • 곳곳에 촌리(村里)가 있는데 모두 말갈 부락이다.
> • 거란도, 영주도, 조공도, 신라도, 일본도가 있어서 주변 세력과 외교 교섭 또는 교역을 벌이는 간선 교통로로 이용된다.

① 22개의 담로에 왕족을 파견하였다.

② 경 - 부 - 주의 체계를 갖추어 다스렸다.

③ 5도에 안찰사를, 양계에 병마사를 파견하였다.

④ 수도의 치우침을 보완하기 위해 5소경을 두었다.

## 05

2011년 법원직 9급

9세기 전반의 형세도이다. (가), (나) 국가에 대한 설명으로 옳은 것은?

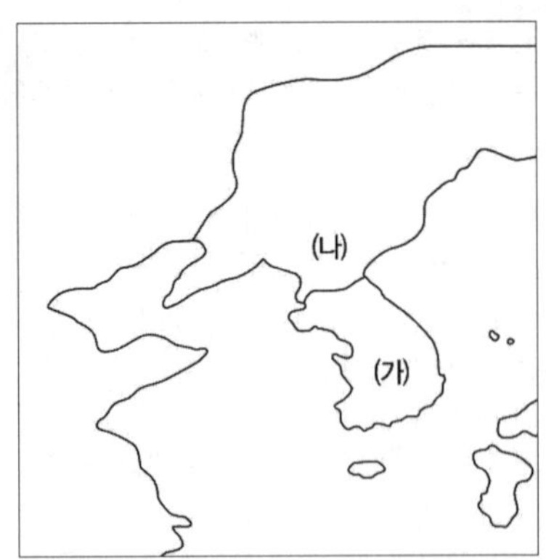


① (가): 당의 영향을 받아 3성 6부의 정치 제도를 갖추었다.

② (가): 지방군으로 10정을 두었는데, 한주(한산주)에는 2정을 두었다.

③ (나): 지방 세력을 통제하기 위하여 상수리 제도를 실시하였다.

④ (나): 군사·행정상의 요지에는 5소경을 설치하고 장관으로 사신을 두었다.

# 문제 풀이

## 01

정답 ③

**③ X: 5소경을 전략적 요충지에 두고, 도독이 아니라 사신이 행정을 관할토록 하였다.**

**오답 분석**

① O: 신문왕 대에 9주 5소경 체제로 정비하였다.

② O: 신라는 무열왕 때 사정부를 두어 관리 감찰을 하도록 하였고, 문무왕 때는 지방에 파견된 관리를 감찰하기 위해서 외사정을 설치하였다.

④ O: 촌주가 관할하는 촌 이외에, 향·부곡이라는 행정 구역도 있었다. 촌주는 지방관이 아니고 토착세력 중에 임명되었고, 향과 부곡은 특수 행정 구역이었다.

**½한국사 고득점 TIP 통일 신라 지방제도**

- 신문왕 때 9주 5소경 정비
- 9주: 신라, 고구려, 백제 영토에 각 3주씩 설치, 민족 융합
  - 군주(지증왕) → 총관(문무왕) → 도독(원성왕)
- 5소경: 지방 통제, 수도의 편재성 보완 목적, 사신 파견
  - 북원경(원주), 중원경(충주), 서원경(청주), 남원경(남원), 금관경(김해)

## 02

정답 ①

**① O: 대대로는 고구려의 수상이고, 대내상은 발해의 수상이다.**

**오답 분석**

② X: 중정대는 발해의 감찰 기구이고, 승정원은 조선의 왕명 출납 기구이다.

③ X: 2성 6부는 고려의 중앙 조직이고, 5경 15부는 발해의 지방 제도이다.

④ X: 기인 제도는 고려의 호족 통제 정책이고, 녹읍 제도는 신라의 토지 제도이다.

**½한국사 고득점 TIP 각 국의 수상 비교**

- 고구려: 국상, 대대로, 막리지, 대막리지
- 백제: 상좌평
- 신라: 상대등
- 발해: 대내상(정당성의 장)
- 고려: 문하시중(중서문하성의 장)
- 조선: 영의정 (의정부의 장)

## 03

정답 ③

**③ O: 발해는 정당성 아래에 있는 충·인·의·지·예·신부의 6부가 정책을 집행하였다.**

**오답 분석**

① X: 발해가 아니라 신라가 사정부를 두어 관리를 감찰하였고 발해는 중정대가 관리를 감찰하였다.

② X: 발해가 아니라 통일신라가 중앙의 핵심 군단으로 9서당이 있었고, 발해는 10위의 중앙군이 있었다.

④ X: 발해가 아니라 통일신라가 중앙과 지방에 각각 6부와 9주를 두어 다스렸다. 발해는 선왕 시절 5경 15부 62주의 지방제도를 정비하였다.

**½한국사 고득점 TIP 발해의 5경 15부 62주**

- 5경: 상경(장안성 모방, 주작대로), 동경, 중경, 서경, 남경
- 15부: 도독 파견
- 62주: 자사 파견 – 현(현승)
- 촌락: 촌장 (지방관이 아님, 토착세력 중 임명)

## 04

정답 ②

제시된 자료의 국가는 발해이다. '말갈족이 많고 토인은 적다.', '거란도, 영주도, 조공도, 신라도, 일본도' 등을 통해 주어진 자료의 국가가 발해임을 알 수 있다.

**② O: 발해는 선왕 때 (5)경 – (15)부 – (62)주의 지방 체계를 갖추어 다스렸다.**

**오답 분석**

① X: 백제 무령왕이 22개의 담로에 왕족을 파견하였다.

③ X: 고려가 5도에 안찰사, 양계에 병마사를 파견하였다.

④ X: 통일 신라가 수도의 치우침을 보완하기 위해 5소경을 두었다.

**½한국사 고득점 TIP 소경 (사신 파견)**

- 지증왕: 최초로 소경 설치 → 아시촌 소경
- 진흥왕: 충주에 소경을 설치
- 신문왕: 5소경 완성, 지방 통제 강화, 수도의 편재성 보완

## 05

정답 ②

제시된 자료의 (가)는 통일 신라, (나)는 발해이다.

**② O: (가)의 통일 신라는 지방군으로 10정을 두었는데, 한주(한산주)에는 2정을 두었다.**

**오답 분석**

① X: (가) 통일 신라가 아니라 (나) 발해가 당의 영향을 받아 3성 6부의 정치 제도를 갖추었다.

③ X: (나) 발해가 아니라 (가) 통일 신라가 지방 세력을 통제하기 위하여 상수리 제도를 실시하였다.

④ X: (나) 발해가 아니라 (가) 통일 신라가 군사·행정상의 요지에 5소경을 설치하고 장관으로 사신을 두었다.

**½한국사 고득점 TIP 지방 세력 통제**

- 통일 신라: 상수리 제도
- 고려 시대: 기인 제도
- 조선 시대: 경저리 제도(경주인 제도)

# THEME 021 고대 경제

## 01

2014년 지방직 7급

**다음은 삼국 시대 어느 나라 수취 제도에 대한 설명이다. 이 나라와 관련된 내용으로 옳은 것은?**

> • 세(稅)는 포목, 명주실과 삼, 쌀을 내었는데, 풍흉에 따라 차등을 두어 받았다. -『주서』
> • 한수(漢水) 동북 여러 부락인 가운데 15세 이상 된 자를 징발하여 위례성을 수리하였다. -『삼국사기』

① 남중국 및 왜와 무역을 활발하게 전개하였다.
② 한강 유역을 차지한 뒤에야 당항성을 통하여 중국과 직접 교역할 수 있게 되었다.
③ 승려 혜자는 쇼토쿠 태자의 스승이 되었다.
④ 관료전과 정전을 지급하여 토지 개혁을 시도하였다.

## 02

2017년 하반기 지방직 9급

**'신라 촌락(민정) 문서'를 통해서 알 수 있는 내용으로 옳지 않은 것은?**

① 인구를 중시하여 소아의 수까지 파악했다.
② 내시령과 같은 관료에게 토지가 지급되었다.
③ 촌락의 경제력을 파악할 때 유실수의 상황을 반영했다.
④ 촌락을 통제하기 위해서 지방관으로 촌주가 파견되었다.

## 03

2014년 국가직 9급

**통일 신라 시대 귀족 경제의 변화를 말해주고 있는 밑줄 친 '이것'에 대한 설명으로 옳은 것은?**

> 전제 왕권이 강화되면서 신문왕 9년(689)에 이것을 폐지하였다. 이를 대신하여 조(租)의 수취만을 허락하는 관료전이 주어졌고, 한편 일정한 양의 곡식이 세조(歲租)로서 또한 주어졌다. 그러나 경덕왕 16년(757)에 이르러 다시 이것이 부활되는 변화 과정을 겪었다.

① 이것이 폐지되자 전국의 모든 국토는 '왕토(王土)'라는 사상이 새롭게 나오게 되었다.
② 수급자가 토지로부터 조(租)를 받을 뿐 아니라, 그 지역의 주민을 노역(勞役)에 동원할 수 있었다.
③ 삼국 통일 이후 국가에 큰 공을 세운 육두품 신분의 사람들에게 특별히 지급하였다.
④ 촌락에 거주하는 양인 농민인 백정이 공동으로 경작하였다.

## 04

2018년 서울시 9급

**<보기>의 통일 신라 시대의 경제 제도를 시간순으로 바르게 나열한 것은?**

> (ㄱ) 중앙과 지방의 여러 관리에게 매달 주던 녹봉을 없애고 다시 녹읍을 주었다.
> (ㄴ) 중앙과 지방 관리들의 녹읍을 폐지하고 해마다 조(租)를 차등 있게 주었으며 이를 일정한 법으로 삼았다.
> (ㄷ) 처음으로 백성들에게 정전(丁田)을 지급하였다.
> (ㄹ) 교서를 내려 문무 관료들에게 토지를 차등 있게 주었다.

① (ㄴ) - (ㄱ) - (ㄹ) - (ㄷ)　② (ㄴ) - (ㄹ) - (ㄱ) - (ㄷ)
③ (ㄹ) - (ㄷ) - (ㄴ) - (ㄱ)　④ (ㄹ) - (ㄴ) - (ㄷ) - (ㄱ)

# 문제 풀이

## 01

정답 ①

제시된 자료의 국가는 백제이다. 하남의 위례성은 한성 시대 백제의 도성이다.

① O: **백제는 남중국 및 왜와 무역을 활발하게 전개하였다. 특히 근초고왕 때는 전남 해안 지역을 정복하고 동진 - 백제 - 임나가야 - 왜로 이어지는 교역로를 장악하였다.**

**오답 분석**

② X: 백제가 아니라 신라가 6세기 한강 유역을 차지한 뒤에야 당항성을 통하여 중국과 직접 교역할 수 있게 되었다.

③ X: 승려 혜자는 고구려의 승려로, 일본의 쇼토쿠 태자의 스승이 되었다.

④ X: 신라 신문왕이 관료전을 지급하였고, 성덕왕이 정전을 지급하여 토지 개혁을 시도하였다.

**½한국사 고득점 TIP** 신라의 토지 제도

- 법흥왕: 금관가야 김구해에게 본국을 식읍으로 지급
- 문무왕: 김유신과 김인문에게 식읍을 지급
- 신문왕: 687년 관료전 지급 → 689년 녹읍 폐지
- 성덕왕: 정전 지급(농민들에게 지급)
- 경덕왕: 월봉을 폐지하고 녹읍 부활
- 소성왕: 신라 하대 국학의 경비로 거로현을 녹읍으로 지급

## 02

정답 ④

④ X: **신라는 말단 촌락에 지방관을 파견하지 않고 토착세력을 촌주로 임명하여 촌락을 관리하게 하였다.**

**오답 분석**

① O: 민정 문서에 따르면 통일 신라 시대에 연령별로 전체 인구를 6개 등급으로 나누었다. 소(소아) → 추 → 조 → 정(16~60세 정도) → 제 → 노로 구분하였다.

② O: 중앙 관청의 장인 내시령에게 내시령답이 지급되었다.

③ O: 민정 문서는 촌락의 경제력을 파악하기 위해서 작성되었고, 촌락의 가축과 나무(유실수)를 조사하였다. 가축과 나무 등은 3년마다의 증감상태가 기록되어 변동 사항을 파악할 수 있었다.

**중요 사료** 신라 촌락 문서(민정 문서)

토지는 논, 밭, 촌주위답, 내시령답 등 토지의 종류와 면적을 기록하고, 사람들은 인구, 가호, 노비의 수와 3년 동안의 사망, 이동 등 변동 내용을 기록하였다. 그 밖에, 소와 말의 수, 뽕나무, 잣나무, 호두나무의 수까지 기록하였다. 특히, 사람은 남녀별로 구분하고, 16세에서 60세의 남자의 연령을 기준으로 나이에 따라 6등급으로 구분하여 기록하였다. 호(가구)는 사람의 많고 적음에 따라 상상호(上上戶)에서 하하호 (下下戶)까지 9등급으로 나누어 파악하였다. 기록된 4개 촌은 호구 43개에 총인구는 노비 25명을 포함하여 442명(남 194, 여248)이며, 소 53마리, 말 61마리, 뽕나무 4,249그루 등의 재산을 소유하고 있었다.

## 03

정답 ②

제시된 사료의 밑줄 친 '이것'은 녹읍이다. 신문왕 시절 폐지되었고, 경덕왕 때 부활된 것에서 이것은 신라 시대의 녹읍이라는 것을 알 수 있다.

② O: **녹읍은 수급자가 토지로부터 조(租)를 받을 뿐 아니라, 그 지역의 주민을 노역(勞役, 노동력)에 동원할 수 있었다.**

**오답 분석**

① X: 이것(녹읍)이 폐지되자 전국의 모든 국토는 '왕토(王土)'라는 사상이 새롭게 나온 것이 아니라 왕토 사상은 원래 있던 개념이다.

③ X: 삼국통일 등의 공이 있는 공신에게 지급된 것은 녹읍이 아니라 식읍이다.

④ X: 촌락에 거주하는 양인 농민인 백정이 공동으로 경작하였다. → 녹읍도 농민들이 경작하였지만 농민들을 백정으로 불렀던 것은 고려시대이다.

**½한국사 고득점 TIP** 녹읍과 식읍

- 녹읍: 관료 귀족에게 지급, 17관등이 기준, 조·용·조를 모두 수취
- 식읍: 왕족과 공신에게 지급, 조·용·조를 모두 수취(고려 시대에 존재 → 조선 초기 폐지)
  - 신라 법흥왕: 금관가야 김구해에게 본국을 식읍으로 지급
  - 신라 문무왕: 김유신과 김인문에게 식읍 지급
  - 고구려: 동천왕 시절 밀우와 유유에게 식읍 지급
  - 고려 시대: 경순왕은 경주, 견훤은 양주, 최충헌은 진주 지방을 받음

## 04

정답 ④

| (ㄹ) | 관료전 | 687년 신문왕 |
|---|---|---|
| ↓ | | |
| (ㄴ) | 녹읍 폐지 | 689년 신문왕 |
| ↓ | | |
| (ㄷ) | 정전 | 722년 성덕왕 |
| ↓ | | |
| (ㄱ) | 녹읍 부활 | 757년 경덕왕 |

**½한국사 고득점 TIP** 녹봉

- 연봉이나 월봉으로 받는 미곡·포 등 현물로 지급되던 급료 제도
- 통일 신라: 신문왕 때 녹봉으로 보이는 조를 해마다 지급
- 고려 시대: 건국 초부터 비슷한 제도 시행, 문종 때 녹봉제도 정비
- 조선 시대: 국초부터 녹봉 지급

## 05

2019년 국가직 9급

(가) 시기의 경제 상황에 대한 설명으로 옳은 것은?

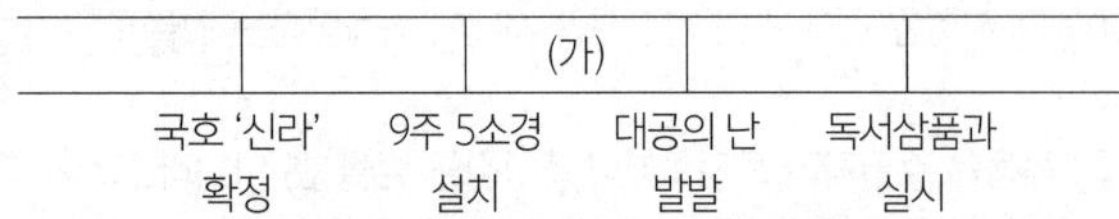


① 백성에게 정전을 처음으로 지급하였다.
② 시장을 감독하는 관청인 동시전을 신설하였다.
③ 백성의 구휼을 위하여 진대법을 제정하였다.
④ 청주(菁州)의 거로현을 국학생의 녹읍으로 삼았다.

## 06

2019년 지방직 9급

통일 신라의 경제 상황에 대한 설명으로 옳지 않은 것은?

① 왕경에 서시전과 남시전이 설치되었다.
② 어아주, 조하주 등 고급비단을 생산하여 당나라에 보냈다.
③ 촌락의 토지 결수, 인구 수, 소와 말의 수 등을 파악하였다.
④ 시비법과 이앙법 등의 발달로 농민층에서 광작이 성행하였다.

## 07

2016년 사회복지직

밑줄 친 '그'가 활동한 시기의 상황에 대한 설명으로 옳은 것은?

> 그가 돌아와 흥덕왕을 찾아보고 말하기를 "중국에서는 널리 우리나라 사람을 노비로 삼으니, 청해진을 만들어 적으로 하여금 사람들을 약탈하지 못하도록 하기를 원하나이다."라고 하였다. …(중략)… 대왕은 그에게 군사 만 명을 거느리고 해상을 방비하게 하니, 그 후로는 해상으로 나간 사람들이 잡혀가는 일이 없었다.
>
> -『삼국사기』

① 산둥 반도와 양쯔 강 하류에 신라방과 신라소가 있었다.
② 삼한통보, 해동통보, 해동중보 등의 화폐가 주조되었다.
③ 시전을 설치하고, 개경·서경 등 대도시에 주점, 다점 등 관영 상점을 두었다.
④『농상집요』를 통해 이앙법이 남부 지방에 보급될 정도로 논농사가 발전하였다.

## 08

2016년 국가직 7급

시기별 대외 교역에 대한 설명으로 옳지 않은 것은?

① 고조선 - 위만 정권은 진국과 한 사이의 교역을 중계하였다.
② 통일 신라 - 교통로인 신라도를 통하여 당과 직접 교역하였다.
③ 고려 - 송에 종이와 인삼을 수출하고 서적과 약재를 수입했다.
④ 조선 - 류큐 및 동남아시아에서 물소뿔, 침향을 들여왔다.

# 문제 풀이

## 05

정답 ①

③ 194년: 고국천왕 때 을파소의 건의로 진대법 제정

| 국호 신라 | 503년 | 지증왕 |
|---|---|---|

② 509년: 지증왕 때 동시전 설치

| 9주 5소경 | 685년 | 신문왕 |
|---|---|---|

↓(가) ① 722년: 성덕왕 때 정전을 지급하였다.

| 대공의 난 | 768년 | 혜공왕 |
|---|---|---|

| 독서삼품과 | 788년 | 원성왕 |
|---|---|---|

④ 799년: 소성왕 때 거로현을 국학에 녹읍으로 지급

## 06

정답 ④

④ X: 통일 신라가 아니라 조선 후기에 시비법과 이앙법 등의 발달로 농민층에서 광작이 성행하였다.

**오답 분석**

① O: 통일 신라 효소왕 시절 왕경에 서시전과 남시전이 설치되었다.

② O: 어아주, 조하주 등 고급 비단을 생산하여 당나라에 보냈다.

③ O: 통일 신라는 촌락의 토지 결 수, 인구 수, 소와 말의 수 등을 파악하기 위해서 민정 문서를 만들었다.

**½한국사 고득점 TIP 신라와 당의 무역**

- 울산항, 경기도 남양만, 전남 영암을 통해 중국과 무역
- 수출: 금과 은 세공품, 인삼, 견직물(어아주, 조하주 등)
- 수입: 서적, 비단, 차, 나전칠기 등
- 산둥 반도와 양쯔강: 신라방(마을), 신라원(절), 신라관(여관), 신라소 등

## 07

정답 ①

제시된 사료의 밑줄 친 '그'는 장보고이다. 장보고는 신라 하대 흥덕왕 시절 청해진을 설치하였다.

① O: 통일 신라 시대 당과 무역이 활발하여 산둥 반도와 양쯔강 하류에 신라방과 신라소가 있었다.

**오답 분석**

② X: 고려시대부터 화폐를 제작하기 시작하여 삼한통보, 해동통보, 해동중보 등의 화폐가 주조되었다.

③ X: 고려 시대 때 개경·서경 등 대도시에 주점, 다점 등 관영 상점을 두었다.

④ X: 고려 후기에 원에서 이암이 『농상집요』를 전래하였고, 이앙법이 남부 지방에 보급될 정도로 논농사가 발전하였다.

**½한국사 고득점 TIP 당나라 내 신라인 거주지**

신라방은 중국 산동 반도 등에 있었던 신라인들의 집단 거주지로 이 지역의 책임자는 신라인이었다. 신라소는 당나라에서 거주하는 신라 거류관의 자치적 행정 기구였다. 신라관은 신라인들이 머무는 유숙소였고, 신라원은 절이었다. 장보고가 산둥반도 적산에 세운 법화원이 대표적이다.

## 08

정답 ②

② X: 통일 신라는 교통로인 신라도를 통하여 당이 아니라 발해와 직접 교역하였다. 신라도는 발해 문왕 때 신라와의 무역을 위해 설치된 것으로, 남경 남해부가 중심이었지만 신라와의 무역이 활발하지는 않았다.

**오답 분석**

① O: 위만 조선은 지리적인 이점을 이용하여 압록강 중류의 예나 남방의 진이 직접 중국의 한과 교역하는 것을 막아 중계 무역의 이득을 독점하였다.

③ O: 고려 시대 송에 종이와 인삼을 수출하고 서적과 약재를 수입하였다.

④ O: 조선은 류큐 및 동남아시아에서 물소뿔, 침향을 들여왔다.

**½한국사 고득점 TIP 고려 시대 송과 무역**

- 벽란도: 예성강 유역의 벽란도가 국제 무역항
- 수출: 금과 은, 나전칠기, 화문석, 인삼, 먹과 종이 등
- 수입: 비단, 약재, 서적, 차, 향료, 자기 등

**½한국사 고득점 TIP 조선 시대 동남아시아와 무역**

조선 전기에는 동남아시아와 무역을 하였으며, 특히 류큐(타이완)와도 조공의 형태로 무역을 하였다. 조선은 류큐에 불경, 유교 경전, 범종 등을 전해주어 류큐의 불교 문화 발전에 큰 기여를 하였으며 물소뿔, 침향 등을 들여오기도 하였다.

# THEME 022 고대 사회 모습

## 01
2018년 지역 인재 9급

**삼국 시대 화랑도에 대한 설명으로 옳은 것은?**

① 만장일치제로 국가의 중요 정책을 결정하였다.
② 군장과 제사장의 기능이 분리되면서 등장하였다.
③ 불교 신앙에 바탕을 둔 농민 공동체 조직이었다.
④ 계층 간의 대립과 갈등을 완화하는 기능도 하였다.

## 02
2014년 국가직 9급

**다음과 같은 풍속이 행해진 국가의 사회 모습에 대한 설명으로 옳지 않은 것은?**

> 그 풍속에 혼인을 할 때 구두로 이미 정해지면 여자의 집에는 대옥(大屋) 뒤에 소옥(小屋)을 만드는데, 이를 서옥(婿屋)이라고 한다. 저녁에 사위가 여자의 집에 이르러 문밖에서 자신의 이름을 말하고 꿇어 앉아 절하면서 여자와 동숙하게 해줄 것을 애걸한다. 이렇게 두세 차례 하면 여자의 부모는 듣고는 소옥에 나아가 자게 한다. 그리고 옆에는 전백(錢帛)을 놓아둔다.
>
> -『삼국지』 동이전

① 고국천왕 사후, 왕비인 우씨와 왕의 동생인 산상왕과의 결합은 취수혼의 실례를 보여준다.
② 계루부 고씨의 왕위 계승권이 확립된 이후 연나부 명림씨 출신의 왕비를 맞이하는 관례가 있었다.
③ 관나부인(貫那夫人)이 왕비를 모함하여 죽이려다가 도리어 자기가 질투죄로 사형을 받았다.
④ 김흠운의 딸을 왕비로 맞이하는 과정은 국왕이 중국식 혼인 제도를 수용했다는 사실을 알려주고 있다.

## 03
2011년 국가직 9급

**삼국 시대 각국의 역사상에 대한 설명으로 옳은 것만을 모두 고르면?**

> (ㄱ) 고구려의 소노부는 자체의 종묘와 사직에 제사를 지내기도 하였다.
> (ㄴ) 백제 성왕은 중앙 관청을 22부로 확대 정비하고 수도를 5부로, 지방을 5방으로 정비하였다.
> (ㄷ) 영일 냉수리 신라비와 울진 봉평 신라비에 의하면 왕은 소속부의 명칭을 띠고 있었다.

① (ㄱ), (ㄴ) ② (ㄱ), (ㄷ)
③ (ㄴ), (ㄷ) ④ (ㄱ), (ㄴ), (ㄷ)

## 04
2017년 국가직 9급

**(ㄱ)과 (ㄴ) 두 인물의 공통된 신분상의 특징으로 옳은 것은?**

> • (ㄱ)은(는) 신문왕에게 화왕계를 통하여 조언하였다.
> • (ㄴ)은(는) 진성 여왕에게 시무책 10여 조를 올렸다.

① 왕이 될 수 있는 신분이었다.
② 자색(紫色)의 공복을 착용하였다.
③ 중앙 관부의 최고 책임자를 독점하였다.
④ 관등 승진에서 중위제(重位制)를 적용받았다.

## 문제 풀이

### 01

정답 ④

④ O: 화랑도는 계층 간의 대립과 갈등을 완화하였다.

**오답 분석**

① X: 신라의 화백회의가 만장일치제로 중요 정책을 결정하였다.

② X: 삼한의 소도가 군장과 제사장의 기능이 분리되면서 등장하였다.

③ X: 향도가 불교 신앙에 바탕을 둔 농민 공동체 조직이었다.

**½한국사 고득점 TIP 신라의 화랑도**

- 씨족 사회의 전통 → 원화 → 화랑도(진흥왕 시절 국가 조직으로 발전)
- 구성: 화랑(진골) + 낭도(귀족~평민) + 승려
- 별칭: 국선도, 풍월도
- 기능: 교육과 군사단체, 불교단체(미륵신앙), 계급 간의 갈등을 조절
- 규율: 세속오계(원광 / 유교와 불교, 도교)
- 『화랑세기』: 김대문
- 난랑비문: 최치원, "유교와 불교, 도교의 현묘도를 풍류라 한다."

**½한국사 고득점 TIP 향도**

- 기원: 신라 김유신이 조직한 용화향도
- 농민 공동체 조직: 노역과 혼례, 상장례 등에 동원
- 불교 신앙 조직: 매향 활동, 연등회와 팔관회 동원, 석탑과 불상 제작
- 사천 매향비: 우왕, 매향 후 왕의 만수무강, 나라의 부강, 평안 기원
- 변화
  - 고려 후기: 종교적 색채 약화
  - 조선 시대: 향약에 흡수, 상두꾼은 따로 독립

### 02

정답 ④

제시된 사료의 국가는 고구려이다. '그 풍속에 혼인을 할 때 구두로 이미 정해지면 여자의 집에는 대옥(大屋) 뒤에 소옥(小屋)을 만드는데, 이를 서옥(婿屋)이라고 한다.'에서 고구려의 서옥제임을 알 수 있다.

④ X: 통일 신라의 신문왕이 김흠운의 딸을 왕비로 맞이하는 과정은 국왕이 중국식 혼인 제도를 수용했다는 사실을 알려주고 있다.

**오답 분석**

① O: 고구려 형사취수제의 혼인 풍속을 보여준다,

② O: 고구려는 태조왕 때부터 계루부 고씨가 왕족이 되었고, 고국천왕 시절에는 연나부(절노부) 출신이 왕비족이 되었다.

③ O: 고구려는 3세기 중천왕 시절 장발미인으로 유명한 관나부인이 왕비를 모함하다 오히려 질투죄로 사형당하기도 하였다.

### 03

정답 ④

(ㄱ) O: 고구려의 소노부는 자체의 종묘와 사직에 제사를 지내기도 하였다.

(ㄴ) O: 백제 성왕은 5부 5방의 행정 조직 및 22부로 중앙 관청을 확대 정비하였다.

(ㄷ) O: 영일 냉수리 신라비와 울진 봉평 신라비에 의하면 왕은 소속부의 명칭을 띠고 있었다.

**½한국사 고득점 TIP 고구려의 소노부**

고구려는 처음에는 소노부에 왕이 나오다가 태조왕 때부터 계루부에서 왕이 배출되었다. 하지만 전 왕조인 소노부는 계루부 왕족과 대등하게 독자적인 종묘를 유지하고 종묘와 사직을 만들어 제사를 지냈다. 특히 영성(농경을 주관하는 고구려의 토속적인 신)과 사직에 대한 제의도 행하여, 전 왕족으로서의 권위를 공식적으로 과시하였다.

**½한국사 고득점 TIP 영일 냉수리비와 봉평 신라비**

| | 영일 냉수리비 | 울진 봉평 신라비 |
|---|---|---|
| 제작 | 지증왕 | 법흥왕 |
| 내용 | 재산분쟁 판결<br>신라를 사라로 표현 | 동해안 북부 진출, 반란 진압<br>율령 집행, 17관등 정비<br>왕을 매금 표현 |
| 특징 | 왕의 소속부의 명칭이 등장 | |

### 04

정답 ④

제시된 자료에 (ㄱ)은 설총, (ㄴ)은 최치원으로 모두 신라 6두품 출신이다.

④ O: 신라에서 6두품 이하 골품은 관등 승진의 상한선이 결정되어 골품제의 폐쇄성에 불만이 많았다. 그래서 이들의 불만을 해결하기 위해 관등 승진에서 중위제(重位制)를 두었지만 효과를 보지는 못하였다.

**오답 분석**

① X: 왕이 될 수 있는 신분은 성골이었고 성골이 진덕 여왕 대에서 끊기자 무열왕부터 진골이 왕이 되었지만 6두품들은 왕이 될 수 없었다.

② X: 신라에서는 진골만이 자색(紫色)의 공복을 착용하였다. 자색은 5관등 대아찬부터 착용하기 때문에 6관등 아찬까지만 승진할 수 있는 6두품은 입을 수 없었다.

③ X: 진골들만이 중앙 관부의 최고 책임자를 독점하였다.

**½한국사 고득점 TIP 중위제**

6두품 이하의 신분에 속한 사람들을 위해 설정되었던 관등 상의 특진제도이다. 중위가 설정된 관등은 아찬·대나마·나마의 관등이었다. 즉, 아찬에는 중아찬에서 4중아찬까지, 대나마에는 중(대)나마에서 9중(대)나마까지, 나마에는 중나마에서 7중나마까지의 중위가 설정되어 있었다고 한다.

## 05

2017년 하반기 지방직 9급

**밑줄 친 인물들이 속한 신분층에 대한 설명으로 옳은 것은?**

> • 진덕 여왕 2년, 김춘추가 돌아오는 길에 고구려의 순라병을 만났는데, 종자인 온군해가 대신 피살되었고 그는 무사히 신라로 귀국했다.
> • 마침 알천의 물이 불어 김주원이 왕궁으로 건너오지 못하니, 상대등 김경신이 왕위에 올랐다.
>
> -『삼국사기』

① 관등과 상관없이 특정 색깔의 관복을 입었다.
② 골품제의 모순을 비판하며 과거제 도입을 주장하였다.
③ 죄를 지으면 본관지로 귀향시키는 형벌이 적용되었다.
④ 중앙 관부와 지방 행정 조직의 장관직에 오를 수 있었다.

## 06

2016년 국가직 9급

**다음 자료에 나타난 통일 신라 시대의 신분층과 연관된 설명으로 옳은 것은?**

> (그들의) 집에는 녹(祿)이 끊이지 않았다. 노동(奴僮)이 3천 명이며, 비슷한 수의 갑병(甲兵)이 있다. 소, 말, 돼지는 바다 가운데 섬에서 기르다가 필요할 때 활로 쏘아 잡아 먹는다. 곡식을 남에게 빌려 주어 늘리는데, 기간 안에 갚지 못하면 노비로 삼아 부린다.
>
> -『신당서』

① 관등 승진의 상한은 아찬까지였다.
② 도당 유학생의 대부분을 차지하였다.
③ 돌무지덧널무덤을 묘제로 사용하였다.
④ 식읍·전장 등을 경제적 기반으로 하였다.

## 07

2017년 법원직 9급

**다음 자료는 어느 인물의 가상 회고이다. 이 인물이 보았을 사회 모습으로 옳은 것을 <보기>에서 모두 고른 것은?**

> 나는 13세 때 당나라로 유학을 떠났어. 당나라에서 벼슬살이를 하던 중 황소의 난이 일어났어. 그때 황소를 격퇴하자는 글을 써서 꽤 유명해졌지. 이후 벼슬살이를 그만두고 고국으로 돌아와 개혁안 10여 조를 건의하였지만 뜻을 이루지 못했지. 이에 절망하고 속세를 떠나 은둔 생활을 하였어.

> **보기**
> (ㄱ) 홍경래를 중심으로 일어난 농민 봉기
> (ㄴ) 벽란도에서 비단을 파는 중국 상인
> (ㄷ) 산둥 반도의 신라원에 도착한 신라 사신
> (ㄹ) 빈공과 합격을 위해 당에서 공부하는 신라 유학생

① (ㄱ), (ㄷ)
② (ㄱ), (ㄹ)
③ (ㄴ), (ㄷ)
④ (ㄷ), (ㄹ)

# 문제 풀이

## 05

정답 ④

제시된 사료의 밑줄 친 '김춘추', '김주원', '김경신'은 모두 진골 귀족 출신이다.

**④ O: 신라 시대에는 골품제의 제약으로 진골 귀족만이 중앙 관부와 지방 행정 조직의 장관직에 오를 수 있었다.**

**오답 분석**

① X: 진골은 자색과 비색, 청색, 황색의 공복을 다 입을 수 있었지만 관등에 따라 그 색이 결정되었다.

② X: 진골이 아니라 6두품들이 신라 하대 골품제의 모순을 비판하며 과거제 도입을 주장하기도 하였다.

③ X: 귀향의 형벌은 고려 시대에만 존재하므로 신라 진골 귀족과는 관련 없다.

**½한국사 고득점 TIP 신라 골품제**

- 정비: 중앙 집권화 과정에서 정비
- 대상: 왕경과 소경의 귀족들이 대상
- 구분: 골제(성골+진골)과 두품제(6~1두품)로 구분
- 특징: 신라인들의 생활을 골품제가 제한
  - 승진의 상한선: 골품에 따라 결정
  - 장 : 진골만 가능(시중, 령, 장군, 장관 등)

**½한국사 고득점 TIP 신라의 공복**

- 구분: 자색, 비색, 청색, 황색으로 구분
- 기준: 관등에 따라 결정
- 자색: 1관등 이벌찬~5관등 대아찬 → 진골만 가능
- 비색: 6관등 아찬~9관등 급벌찬 → 진골과 6두품 가능
- 청색: 10관등 대나마~11관등 나마 → 진골, 6·5두품 가능
- 황색: 12관등 대사 이하 → 진골, 6·5·4두품 가능

## 06

정답 ④

제시된 사료는 통일 신라 하대 진골 귀족들의 생활 모습과 관련된 내용이다. 중국의 『신당서』에는 신라 재상(진골 귀족)의 생활 모습을 '노동(奴僮)이 3천 명이며, 비슷한 수의 갑병(甲兵)이 있다. 소, 말, 돼지는 바다 가운데 섬에서 기르다가 필요할 때 활로 쏘아 잡아먹는다. 곡식을 남에게 빌려 주어 늘리는데, 기간 안에 갚지 못하면 노비로 삼아 부린다.'라고 기록하였다.

**④ O: 진골 귀족들이 식읍·전장(귀족이 소유한 농장) 등을 경제적 기반으로 하였다.**

**오답 분석**

① X: 진골이 아니라 6두품이 관등 승진의 상한이 6관등 아찬까지였고, 진골은 승진 상한선이 없어서 1관등 이벌찬까지 승진하였다.

② X: 신라 시대 도당 유학생(숙위학생)의 대부분을 차지하였던 것은 6두품이다.

③ X: 돌무지덧널무덤은 신라 통일 전 마립간 시절이며, 통일 이후 신라는 둘레돌을 두르고 12지신상을 조각한 굴식돌방무덤이 유행하였다.

## 07

정답 ④

제시된 자료의 인물은 최치원으로, 최치원이 활동하던 신라 하대의 모습을 찾는 문제이다. 최치원은 6두품 출신으로 12세에 당에 유학 가서 18세에 당의 빈공과에 급제하였다. 이후 당에서 황소의 난이 발생하자 「토황소격문」을 지었고, 귀국 후 진성 여왕에게 '시무 10조'를 올리고, 아찬까지 승진하였다. 하지만 신라 개혁이 좌절되자 관직을 그만두고 말년에 해인사와 해운대에서 유랑생활을 하였다.

**(ㄷ) O: 통일신라 시대 신라인들은 당의 산둥반도와 양쯔강 하류에 진출하여 신라방, 신라원, 신라관, 신라소 설치하였다.**

**(ㄹ) O: 빈공과는 9세기 이후 당에서 외국인들을 대상으로 보던 과거시험이다. 신라인들과 발해인들도 이 시험에 응시하여 많은 합격생을 배출하였다. 단 발해보다 신라가 더 많은 합격생을 배출하였다.**

**오답 분석**

(ㄱ) X: 홍경래는 1811년 조선 후기 순조 시절에 반란을 일으켰다.

(ㄴ) X: 벽란도는 고려시대 예성강 유역의 국제 무역항이다.

**½한국사 고득점 TIP 발해와 신라의 빈공과 응시**

- 통일 신라: 김운경(최초 합격), 최치원, 최언위, 최승우 등
- 발해: 오소도, 오광찬 등
- 등제 서열 사건: 906년 최언위와 오광찬의 순위 경쟁

# THEME 023 유학과 교육

## 01

2017년 지방직 9급

다음 글을 지은 사람들의 공통점으로 옳은 것은?

> (가) 낭혜화상백월보광탑비문(朗慧和尙白月葆光塔碑文)
> (나) 대견훤기고려왕서(代甄萱寄高麗王書)
> (다) 낭원대사오진탑비명(郎圓大師悟眞塔碑銘)

① 당나라에 유학하여 빈공과(賓貢科)에 급제하였다.
② 신라뿐만 아니라 고려왕조에서도 벼슬하였다.
③ 국립 교육기관인 태학(太學)에서 공부하였다.
④ 골품제를 비판하고 호족 억압을 주장하였다.

## 02

2019년 기상직 9급

(가) 교육 기관에 대한 설명으로 옳은 것은?

> 모든 학생은 관등이 대사(大舍) 이하로부터 관등이 없는 자로, 15세에서 30세까지인 사람을 들였다. 재학 연한은 9년이고, 만약 노둔하여 인재가 될 가능성이 없는 자는 그만두게 하였다. 만약 재주와 도량은 이룰 만한데 아직 미숙한 자는 비록 9년을 넘더라도 (가) 에 남아있는 것을 허락하였다. 관등이 대나마(大奈麻)와 나마(奈麻)에 이른 이후에는 (가) 에서 내보낸다.

① 박사와 조교를 두고 유교 경전을 가르쳤다.
② 국자학, 태학, 사문학으로 나누어 교육하였다.
③ 지방에 설치되어 한학과 함께 무술을 가르쳤다.
④ 국왕으로부터 편액과 함께 서적 등을 받기도 하였다.

## 03

2018년 법원직 9급

(가)~(라)를 일어난 순서대로 바르게 나열한 것은?

> (가) 국학을 태학(감)으로 고치고 학문을 장려하였다.
> (나) 원효는 모든 것이 한마음에서 나온다는 일심 사상의 이론적 체계를 마련하였다.
> (다) 유교 경전에 대한 이해 수준에 따라 관리를 채용하는 독서삼품과를 실시하였다.
> (라) 최치원은 빈공과에 합격한 뒤에 황소를 격퇴하는 글을 써서 당에서 명문장가로 유명해졌다.

① (가) - (나) - (다) - (라)　　② (가) - (다) - (나) - (라)
③ (나) - (가) - (다) - (라)　　④ (나) - (가) - (라) - (다)

## 04

2016년 1차 경찰

다음 중 역사 편찬에 관한 설명으로 가장 적절하지 않은 것은?

① 고구려에서는 일찍부터 『유기』가 편찬되었으며, 영양왕 때 이문진이 이를 간추려 『신집』 5권을 편찬하였다.
② 백제에서는 근초고왕 때 고흥이 『서기』를 편찬하였다.
③ 신라에서는 진흥왕 때 거칠부가 『국사』를 편찬하였다.
④ 삼국 통일 이후, 김대문은 『화랑세기』, 『고승전』, 『제왕연대력』을 편찬하였다.

## 05

2016년 국가직 7급

밑줄 친 '그'에 대한 설명으로 옳지 않은 것은?

> 아버지가 말하기를 "십 년 안에 과거에 급제하지 못하면 내 아들이 아니니 힘써 공부하라"라고 하였다. <u>그</u>는 당에서 스승을 좇아 학문을 게을리 하지 않았다. 건부(乾符) 원년 갑오에 예부시랑 배찬이 주관하는 시험에 합격하여 선주(宣州)의 율수현위에 임명되었다.
> -『삼국사기』

① 역사서인 『제왕연대력』을 저술하였다.
② 난랑비 서문에서 삼교 회통의 사상을 보여주였다.
③ 『법장화상전』에서 화엄종 승려의 전기를 적었다.
④ 사산비명의 하나인 고선사 서당화상비문을 지었다.

# 문제 풀이

## 01

정답 ①

제시된 자료를 지은 사람은 (가)는 최치원, (나)는 최승우, (다)는 최언위이다.

① O: **이들은 통일 신라 시대 유학자로 당나라에 유학을 가서 빈공과에 급제한 인물들로 신라 말 '3최'라 불렸다.**

**오답 분석**

② X: 신라뿐만 아니라 고려왕조에서도 벼슬하였던 것은 최언위가 대표적이다. 하지만 최치원은 신라 말 호족과 결탁하지 않고 말년에 해인사와 해운대에서 유랑생활을 하였다.

③ X: 태학은 고구려 소수림왕 때 설치된 국립대학이다.

④ X: 최치원과 최언위, 최승우는 6두품 출신으로 신라 하대 골품제를 비판하고 신라의 개혁을 시도하였지만 실패하자 최치원은 유랑생활을 하였고, 최언위와 최승우 등은 호족의 억압을 주장한 것이 아니라 호족과 결탁하여 새 국가 건설을 시도하였다.

**중요 사료** 최치원의 난랑비문

이 나라에 현묘한 도가 있어 이를 풍류라 하였다. 이 교의 기원은 선사(仙史)에 자세히 실려 있거니와 실로 이는 3교를 포함한 것으로 모든 민중을 교화하였다. 즉 집안에서는 효도하고 밖에서는 나라에 충성을 다하니 이것은 노나라 사구의 취지이다. 모든 일을 거리낌 없이 처리하고 말하지 않고 실행하는 것은 주나라 주사의 종지였으며, 모든 악한 일을 하지 않고 선만 행하는 것은 축건태자의 교화 그대로이다.

## 02

정답 ①

제시된 사료의 (가)는 신라의 국학이다. '관등이 대사(大舍) 이하로부터 관등이 없는 자로', '재학 연한은 9년이고' 등을 통해 (가) 교육기관이 신라의 국학임을 알 수 있다.

① O: **경덕왕이 국학에 박사와 조교를 두고 유학을 가르쳤다.**

**오답 분석**

② X: 고려 시대 국자감이 국자학, 태학, 사문학으로 구분되었다.

③ X: 고려 시대 장수왕 때 설치된 경당이 지방에 설치되어 한학과 함께 무술을 가르쳤다.

④ X: 조선 시대 사액서원이 국왕으로부터 편액과 함께 서적 등을 받기도 하였다.

**½한국사 고득점 TIP** 국학

- 설치: 682년 신문왕
- 입학: 12관등 대사 이하와 관직이 없는 자, 주로 6두품, 15~30세
- 과정: 9년간 『논어』와 『효경』 등을 공부
- 특권: 10관등 대나마와 11관등 나마의 관등에 오르면 졸업
- 정비 과정
  - 성덕왕 : 공자와 제자 등의 화상 안치
  - 경덕왕 : 태학감, 박사와 조교, 전공을 3과로 구분
  - 혜공왕 : 태학감을 다시 국학으로 개칭

## 03

정답 ③

| | |
|---|---|
| (나) | 무열왕과 문무왕: 원효 |
| ↓ | |
| (가) | 태학감: 경덕왕 |
| ↓ | |
| (다) | 독서삼품과: 원성왕 |
| ↓ | |
| (라) | 최치원: 헌강왕 때 「토황소격문」 |

## 04

정답 ④

④ X: **삼국 통일 이후, 김대문은 『화랑세기』, 『고승전』 등을 저술하였지만, 『제왕연대력』은 최치원의 저술이다.**

**오답 분석**

① O: 고구려에서는 일찍이 역사서인 『유기』가 편찬되었고, 영양왕 때 이문진이 『신집』 5권으로 간추려 편찬하였다.

② O: 백제에서는 근초고왕 때 박사 고흥이 역사서인 『서기』를 편찬하였다.

③ O: 신라에서는 진흥왕 때 거칠부가 역사서인 『국사』를 편찬하였다.

## 05

정답 ④

제시된 사료의 밑줄 친 '그'는 최치원이다. 최치원은 12세에 당나라에 유학가서 18세에 빈공과에 급제하여 선주의 율수현위에 임명되었고, 황소의 난 당시 「토황소격문」을 지었다.

④ X: **사산비명은 최치원이 지은 비문 가운데 자료적 가치가 높은 4편을 모아 엮은 금석문집이다. 고선사 서당 화상비문은 최치원의 사산비명에 포함되지 않으며, 원효의 손자 중업이 세운 비로 추정된다.**

**오답 분석**

① O: 『제왕연대력』은 최치원이 저술한 역사서로 연표적 성격이 짙다. 『삼국사기』에 이 책 이름만 전해지고 있다.

② O: 최치원이 난랑비 서문에서 '유교와 불교, 도교의 현묘한 도를 풍류라 한다'라고 한 것에서 알 수 있듯이 삼교(유교와 도교, 불교) 회통의 사상을 보여준다.

③ O: 최치원은 『법장화상전』에서 화엄종 승려의 전기를 적었다.

**½한국사 고득점 TIP** 사산비명(최치원)

사산비명: 숭복사 창건 비문, 쌍계사 진감선사 비문, 봉암사 지증대사 비문, 성주사 낭혜화상 비문

# THEME 024 고대 불교

## 01

2014년 국가직 9급

**신라 하대 불교계의 새로운 경향을 알려주는 다음의 사상에 대한 설명으로 옳은 것은?**

> 불립문자(不立文字)라 하여 문자를 세워 말하지 않는다고 주장하고, 복잡한 교리를 떠나서 심성(心性)을 도야하는 데 치중하였다. 그러므로 이 사상에서 주장하는 바는 인간의 타고난 본성이 곧 불성(佛性)임을 알면 그것이 불교의 도리를 깨닫는 것이라는 견성오도(見性悟道)에 있었다.

① 전제 왕권을 강화해주는 이념적 도구로 크게 작용하였다.
② 지방에서 새로이 대두한 호족들의 사상으로 받아들여졌다.
③ 왕실은 이 사상을 포섭하려는 노력에 관심을 기울이지 않았다.
④ 인도에까지 가서 공부해 온 승려들에 의해 전파되었다.

## 02

2009년 지방직 7급

**다음 글은 특정 시기에 유행했던 불교 종파와 관련된 내용이다. 이 종파가 성립된 시기에 해당하는 사항을 <보기>에서 모두 고른 것은?**

> 일(一) 안에 일체(一切)요, 다(多) 안에 일(一)이다.
> 일(一)이 곧 일체(一切)요, 다(多)가 곧 일(一)이다.
> 한 작은 티끌 속에 시방(十方)을 머금고,
> 일체(一切)의 티끌 속에 또한 이와 같다.
> 무량(無量)한 먼 겁(劫)이 곧 한 찰나(刹那)요,
> 한 찰나(刹那)가 곧 그냥 무량(無量)한 겁(劫)이다.

**보기**
(ㄱ) 황룡사의 건립
(ㄴ) 정토 신앙의 유행
(ㄷ) 강수(强首)의 외교 문서 작성
(ㄹ) 고달사(高達寺) 원종대사(元宗大師) 혜진탑비(慧眞塔碑)의 건립
(ㅁ) 봉평비(鳳坪碑)의 건립

① (ㄷ), (ㄹ)　　② (ㄴ), (ㄷ), (ㄹ)
③ (ㄱ), (ㄹ), (ㅁ)　　④ (ㄴ), (ㄷ)

## 03

2015년 국가직 9급

**신라 승려 (ㄱ)과 (ㄴ)에 대한 설명으로 옳지 않은 것은?**

> (ㄱ) 은(는) 불교 서적을 폭넓게 이해하고, 일심(一心) 사상을 바탕으로 여러 종파들의 사상적 대립을 조화시키며, 분파 의식을 극복하려고 노력하였다. 한편 (ㄴ) 은(는) 모든 존재가 상호 의존적인 관계에 있으면서 서로 조화를 이룬다는 화엄 사상을 정립하고, 교단을 형성하여 많은 제자를 양성하였다.

① (ㄱ)은 미륵 신앙을 전파하며 불교 대중화의 길을 열었다.
② (ㄱ)은 무애가라는 노래를 유포하며 일반 백성을 교화하였다.
③ (ㄴ)은 관음 신앙과 함께 아미타 신앙을 화엄 교단의 주요 신앙으로 삼았다.
④ (ㄴ)은 국왕이 큰 공사를 일으켜 도성을 새로이 정비하려 할 때 백성을 위해 이를 만류하였다.

## 04

2019년 지방직 9급

**밑줄 친 '그'에 대한 설명으로 옳은 것은?**

> 그는 중국 유학을 마치고 귀국한 다음, 국왕에게 황룡사에 9층탑을 세울 것을 건의했다. 그가 9층탑 건립을 건의한 데에는 주변 나라의 침입을 막고자 하는 호국정신이 담겨 있다.

① 화랑이 지켜야 할 세속오계를 지었다.
② 대국통으로 있으면서 계율을 지키는 일에 힘을 보탰다.
③ 통일 이후의 사회갈등을 통합으로 이끄는 화엄사상을 강조하였다.
④ 일심(一心) 사상을 주장하여 불교 교리의 대립을 극복하고자 하였다.

# 문제 풀이

## 01

정답 ②

제시된 사료의 불교 사상은 신라 하대에 유행한 선종이다. '불립문자', '견성오도' 등의 교리를 통해 선종 불교임을 알 수 있다.

**② O: 선종 불교는 신라 하대 지방에서 새로이 대두한 호족들의 사상으로 받아들여졌고, 고려 건국에 큰 역할을 하였다.**

**오답 분석**

① X: 선종이 아니라 교종 중 의상의 화엄종이 전제 왕권을 강화해 주는 이념적 도구로 크게 작용하였다.

③ X: 왕실은 선종 불교를 포섭하려는 노력에 관심을 기울이지 않았던 것이 아니라 선종 불교에 관심을 보이고 포섭하려 하였지만 선종에서 거부하였다.

④ X: 인도에까지 가서 공부해 온 승려들에 의해 전파되던 것이 아니라 당에서 유학했다가 선덕왕·진덕왕 무렵에 귀국했던 법랑에서부터 시작되었고, 이후 도의가 가지산파를 만들면서 9산 선문이 형성되었다.

**½한국사 고득점 TIP** 교종과 선종

| | 교종 | 선종 |
|---|---|---|
| 유행 | 신라 중대 | 신라 하대 |
| 수행 방법 | 경전 공부 | 불립문자: 교종 비판<br>참선, 사색, 수행 강조 |
| 지지 | 진골 귀족 | 호족과 결탁<br>왕실은 선종에 관심보임 |
| 특징 | 권위적, 형식적 | 개인적 정신세계 강조 |
| 조형미술 | 발달 | 침체, 승탑과 탑비에 영향 |
| 종파 | 5교 | 9산선문 |

## 02

정답 ④

제시된 사료는 신라 무열왕~문무왕 시절 활동한 의상의 '일즉다 다즉일'에 대한 내용이다. 의상은 이 사상을 중심으로 해동 화엄종을 창시하였다. 그러므로 의상의 화엄종이 성립된 시기인 무열왕~문무왕 시절의 상황을 찾으면 된다.

**(ㄴ) O: 원효는 무열왕과 문무왕 시절의 승려로 정토 신앙(아미타)을 토대로 불교를 대중화하였다.**

**(ㄷ) O: 강수는 무열왕과 문무왕 시절 통일을 전후로 활동한 6두품으로 외교 문서에 능통하여 「답설인귀서」, 「청방인문표」 등을 작성하였다.**

**오답 분석**

(ㄱ) X: 진흥왕 시절 황룡사가 건립되었다.

(ㄹ) X: 고달사 원종대사 혜진탑비는 고려 시대 팔각원당형의 승탑이다.

(ㅁ) X: 신라 법흥왕 시절 울진 봉평비가 건립되었다.

## 03

정답 ①

제시된 자료의 (ㄱ)은 원효, (ㄴ)은 의상이다.

**① X: (ㄱ) 원효는 미륵 신앙이 아니라 아미타 신앙(정토 신앙)을 전파하며 불교 대중화의 길을 열었다. 미륵 신앙은 진표이다.**

**오답 분석**

② O: (ㄱ) 원효는 소성거사라 불렸고, 무애가라는 노래를 유포하며 일반 백성을 교화하였다.

③ O: (ㄴ) 의상은 관음 신앙과 함께 아미타 신앙을 화엄 교단의 주요 신앙으로 삼았다.

④ O: (ㄴ) 의상은 국왕(문무왕)이 큰 공사를 일으켜 도성을 새로이 정비하려 할 때 백성을 위해 이를 만류하였다.

**½한국사 고득점 TIP** 불교의 대중화

- 원효: 아미타 신앙
- 의상: 아미타 신앙과 관음 신앙
- 진표: 미륵신앙을 토대로 대중화
- 밀교: 신라 하대 샤머니즘과 결합되어 질병 치료 등을 비는 밀교 유행

## 04

정답 ②

제시된 사료의 밑줄 친 '그'는 신라 선덕 여왕 시절 국통인 자장이다. 자장은 선덕여왕 시절 대국통으로 계율종을 열었고, 황룡사 9층 목탑의 건립을 건의하였다.

**② O: 자장은 선덕 여왕 시절 대국통으로 있으면서 계율을 지키는 일에 힘을 보태며 계율종을 창시하였다.**

**오답 분석**

① X: 원광이 화랑이 지켜야 할 세속오계를 지었다.

③ X: 무열왕과 문무왕 시절 의상이 통일 이후의 사회갈등을 통합으로 이끄는 화엄사상을 강조하였다.

④ X: 원효가 일심(一心) 사상을 주장하여 불교 교리의 대립을 극복하고자 하였다.

## 05

2015년 지방직 9급

**다음에서 설명하는 인물의 업적으로 옳은 것은?**

> 성은 김씨이다. 29세에 황복사에서 머리를 깎고 승려가 되었다. 얼마 후 중국으로 가서 부처의 교화를 보고자 하여 원효(元曉)와 함께 구도의 길을 떠났다. …(중략)… 처음 양주에 머무를 때 주장(州將) 유지인이 초청하여 그를 관아에 머물게 하고 성대하게 대접하였다. 얼마 후 종남산 지상사에 가서 지엄(智儼)을 뵈었다.
> -『삼국유사』

① 『화엄일승법계도』를 저술하여 화엄 사상을 정리하였다.
② 중국에서 풍수지리설을 들여와 지세의 중요성을 일깨웠다.
③ 『십문화쟁론』을 지어 종파 간의 대립을 해소하고자 하였다.
④ 인도와 중앙아시아 지역을 여행하고 돌아와 『왕오천축국전』을 저술하였다.

## 06

2017년 법원직 9급

**다음 자료의 인물에 대한 설명으로 가장 옳은 것은?**

> 그는 화엄경의 '일체 무애인은 한 길로 생사를 벗어난다.' 라는 구절을 따다 이름을 무애라 하고 노래를 지어 세상에 퍼뜨렸다. 일찍이 이것을 가지고 많은 촌락에서 노래하고 춤추며 교화하고 읊다가 돌아왔으므로 가난하고 무지몽매한 무리들까지도 모두 부처의 이름을 알게 되었고 나무아미타불을 부르게 되었다.
> -『삼국유사』

① 『화엄일승법계도』를 지었다.
② 『십문화쟁론』을 저술하였다.
③ 수선사 결사를 제창하였다.
④ 교관겸수의 수행 방법을 내세웠다.

## 07

2012년 사회복지직

**밑줄 친 '승려'에 대한 설명으로 옳은 것은?**

> 문무왕이 도읍의 성을 새롭게 하고자 승려에게 문의하였다. 승려는 말하였다. "비록 궁벽한 시골과 띳집(茅屋)이 있다 해도 바른 도(道)만 행하면 복된 일이 영구히 지속될 것이요, 만일 그렇지 못하면 여러 사람이 수고롭게 하여 훌륭한 성을 쌓을지라도 아무 이익이 없을 것입니다." 왕이 곧 공사를 그쳤다. -『삼국사기』

① 김제 금산사를 중심으로 미륵불이 지상에 와서 이상 사회를 건설한다는 믿음을 가르쳤다.
② 『십문화쟁론』 등 수많은 저술을 통하여 화쟁 사상을 주창하면서 불교를 대중화하였다.
③ 삼장법사 현장에게 유식학을 배워 서명학파를 이루었으며, 티벳불교에 큰 영향을 주었다.
④ 『화엄일승법계도』를 지었으며, 부석사, 낙산사 등의 화엄종 사찰을 중심으로 불교의 가르침을 폈다.

## 08

2018년 기상직 9급

**다음 밑줄 친 '이 승려'에 대한 설명으로 옳은 것을 <보기>에서 고른 것은?**

> 이 승려가 입적한 후 100여 년이 지난 애장왕대(800~809)에 후손 중업과 각간 김언승 등이 중심이 되어 그를 추모하는 비(고선사 서당화상비)를 세웠으며, 1101년 8월 고려 숙종이 화쟁국사(和諍國師)라는 시호(諡號)를 추증(追贈)하였다.

**보기**
(ㄱ) 아미타 정토 신앙을 널리 전도하였다.
(ㄴ) 진골 출신으로 화엄종을 개창하여 융성시켰다.
(ㄷ) 진평왕의 명으로 수나라에 군사를 청하는 글을 지어 바쳤다.
(ㄹ) 『대승기신론소』, 『금강삼매경론』 등을 저술하였다.

① (ㄱ), (ㄴ) ② (ㄴ), (ㄷ)
③ (ㄷ), (ㄹ) ④ (ㄱ), (ㄹ)

# 문제 풀이

## 05

정답 ①

제시된 사료는 의상에 대한 내용이다. '원효(元曉)와 함께 구도의 길을 떠났다.' '종남산 지상사에 가서 지엄(智儼)을 뵈었다.'에서 의상임을 알 수 있다. 의상과 원효는 중국에 유학을 가던 중 원효는 해골물을 마시고 깨달음을 얻고 귀국하였고, 의상은 당의 지엄에게 불교를 배웠다.

① O: 의상은 『화엄일승법계도』를 저술하여 화엄 사상을 정리하였다.

**오답 분석**

② X: 신라 말에 도선이 중국에서 풍수지리설을 들여와 지세의 중요성을 일깨웠다.

③ X: 원효가 『십문화쟁론』을 지어 불교 종파간의 대립을 해소하고자 하였다.

④ X: 혜초가 인도와 중앙아시아 지역을 여행하고 돌아와 기행문인 『왕오천축국전』을 저술하였다.

**½한국사 고득점 TIP** 의상

의상은 아미타 신앙과 함께 현세에서 고난을 구제받고자 하는 관음 신앙을 이끌었다. 모든 존재가 상호 의존적인 관계에서 조화를 이루고 있다는 사상을 바탕으로 지배층을 중심으로 사회 통합을 꾀하여 문무왕 시절 전제 왕권을 강화하였으며, 교단을 세우고 제자들을 양성하였다. 의상은 『화엄일승법계도』에서 화엄 사상을 정리하여 전제 정치를 뒷받침하였으며, 낙산사를 창건하고 『백화도량발원문』을 저술하였다. 그 외에도 『법계도』, 『법성게』 등을 저술하였다.

## 06

정답 ②

제시된 사료에서 설명하고 있는 인물은 원효이다. '무애라 하고 노래를 지어 세상에 퍼뜨렸다(무애가)'와 '나무아미타불을 부른다'에서 원효임을 알 수 있다. 원효는 무애가를 부르며 불교를 대중화하여 '나무아미타불'만 읊으면 누구나 극락정토에 갈 수 있다는 것을 가르쳤다.

② O: 원효는 일심 사상을 통해 중관파와 유식파의 통합을 강조하는 화쟁 사상을 강조하였고, 『십문화쟁론』을 저술하였다.

**오답 분석**

① X: 의상이 『화엄일승법계도』를 지어 화엄 사상을 정리하였다.

③ X: 고려 시대의 지눌이 선수행과 노동, 독경을 강조하며 수선사 결사를 제창하였다.

④ X: 고려 시대의 의천이 교관겸수의 수행 방법을 내세우며 천태종을 창시하였다.

**중요 사료** 원효의 일심(一心) 사상

열면 헬 수 없고 가없는 뜻이 대종(大宗)이 되고, 합하면 이문(二門) 일심(一心)의 법이 그 요차가 되어 있다. 그 이문 속에 만 가지 뜻이 다 포용되어 조금도 혼란됨이 없으며 가없는 뜻이 일심과 하나가 되어 혼융된다.

## 07

정답 ④

제시된 사료의 밑줄 친 '승려'는 의상이다. 문무왕 시절 의상은 왕의 자문역할을 하였고, 경주에 도성을 지으려는 문무왕을 만류한 것이 의상이다.

④ O: 의상은 『화엄일승법계도』를 지어 화엄 사상을 정립하였으며, 부석사, 낙산사 등의 화엄종 사찰을 중심으로 불교의 가르침을 펼쳤다.

**오답 분석**

① X: 의상이 아니라 진표가 김제의 금산사를 중심으로 미륵불이 지상에 와서 이상 사회를 건설한다는 미륵 사상을 가르쳤다.

② X: 의상이 아니라 원효가 『십문화쟁론』 등 수많은 저술을 통해 화쟁 사상을 주창하며 불교 종파의 통합을 시도하였고, 불교를 대중화하는데 일조하였다.

③ X: 의상이 아니라 원측이 중국의 삼장법사 현장에게 유식학을 배워 서명학파를 이루었으며, 티벳불교에 큰 영향을 주었다.

## 08

정답 ④

제시된 사료의 밑줄 친 '이 승려'는 원효이다. 고선사 서당 화상비는 원효를 추모하는 비석이며, 고려 숙종 때는 원효에게 화쟁국사라는 시호를 내렸다.

(ㄱ) O: 원효는 '나무아미타불'의 염불을 외울 것을 주장하며 아미타 정토 신앙을 대중들에게 널리 전도하였다.

(ㄹ) O: 원효는 『대승기신론소』와 『금강삼매경론』 등의 많은 불교 서적을 저술하였다.

**오답 분석**

(ㄴ) X: 원효가 아니라 의상이 진골 출신으로 화엄종을 개창하여 널리 융성시켰다.

(ㄷ) X: 원효가 아니라 원광이 진평왕의 명으로 수나라에 군사를 청하는 글인 「걸사표」를 지어바쳤다.

# THEME 025 고분 미술

## 01

2019년 지방직 9급

**삼국 시대 문화에 대한 설명으로 옳지 않은 것은?**

① 선덕 여왕 때에 첨성대를 세웠다.
② 목탑 양식의 미륵사지 석탑이 건립되었다.
③ 가야 출신의 우륵에 의해 가야금이 신라에 전파되었다.
④ 사신도가 그려진 강서 대묘는 돌무지무덤으로 축조되었다.

## 02

2018년 교육행정직

**다음은 어느 유적의 사진과 내부 구조도이다. 이 유적에 대한 설명으로 옳은 것은?**

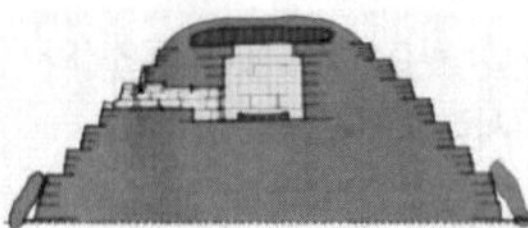

① 널방 벽에서 사신도(四神圖)가 발견되었다.
② 묘지석이 발굴되어 무덤 주인공이 밝혀졌다.
③ 화강암을 다듬어 쌓은 계단식 돌무지무덤이다.
④ 광개토대왕 제사 때 쓰인 호우명 그릇이 출토되었다.

## 03

2019년 법원직 9급

**다음 그림의 무덤양식과 관련된 설명으로 가장 옳은 것은?**

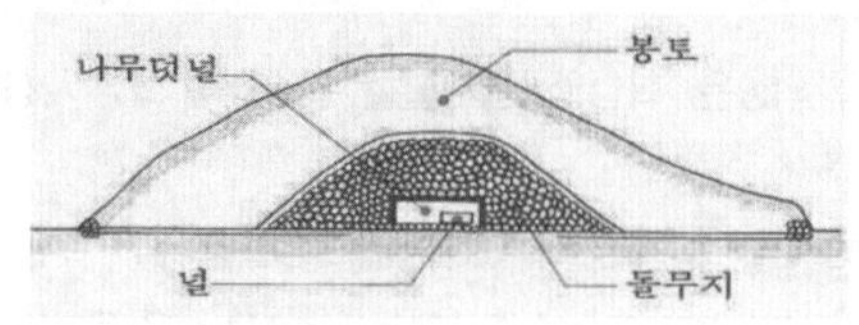


① 중국 남조의 영향을 받았다.
② 고구려의 초기 무덤 형태이다.
③ 천마도가 벽화로 그려져 있다.
④ 도굴이 어려워 많은 양의 부장품이 출토되었다.

## 04

2019년 국가직 7급

**백제 무령왕릉과 발해 정효공주묘의 공통점으로 옳은 것만을 모두 고르면?**

> (ㄱ) 중국 문화의 영향을 받아 만들어진 벽돌무덤이다.
> (ㄴ) 천장은 각을 줄여 쌓는 평행 고임 구조로 되어 있다.
> (ㄷ) 무덤방의 네 벽면에 회가 칠해지고 벽화가 그려져 있다.
> (ㄹ) 무덤에 묻힌 인물에 대해 알려 주는 문자 자료가 발견되었다.

① (ㄱ), (ㄴ)　　② (ㄱ), (ㄹ)
③ (ㄴ), (ㄷ)　　④ (ㄷ), (ㄹ)

## 문제 풀이

### 01

정답 ④

④ X: 사신도가 그려진 강서 대묘는 돌무지무덤이 아니라 고구려 후기의 굴식 돌방무덤이다.

**오답 분석**

① O: 신라는 선덕 여왕 때에 천문관측 기구인 첨성대를 세웠다.

② O: 백제 무왕 시절 목탑 양식의 미륵사지 석탑이 건립되었다.

③ O: 대가야 출신의 우륵에 의해 가야금이 신라에 전파되었다.

**½한국사 고득점 TIP** 강서 대묘

청천강 유역에 있는 강서 대묘는 살수대첩 이후 제작된 고구려의 대표적인 굴식 돌방무덤으로 사신도가 그려져 있다.

### 02

정답 ③

제시된 자료는 고구려의 장군총이다.

③ O: 장군총은 화강암을 다듬어 7층으로 쌓은 계단식 돌무지무덤이다.

**오답 분석**

① X: 장군총은 돌무지무덤으로 벽화가 없으며, 널방 벽에서 사신도(四神圖)가 발견되었던 것은 굴식 돌방무덤인 강서 대묘가 대표적이다.

② X: 장군총은 장수왕의 무덤으로 추정되나 정확히 알 수 없다. 하지만 무령왕릉 등은 묘지석이 발굴되어 무덤 주인공이 밝혀졌다.

④ X: 장군총이 아니라 신라 돌무지덧널무덤인 호우총에서 광개토대왕 제사 때 쓰인 호우명 그릇이 출토되었다.

### 03

정답 ④

제시된 자료의 무덤 양식은 신라 초기의 돌무지덧널무덤이다.

④ O: 신라 초기의 돌무지덧널무덤은 도굴이 어려워 많은 양의 부장품이 출토되었고 추가 매장이 힘들어 주로 단장의 형태를 띠고 있다.

**오답 분석**

① X: 백제의 송산리 6호분과 무령왕릉이 중국 남조의 영향을 받은 벽돌무덤이다.

② X: 고구려는 초기에 장군총과 같은 돌무지무덤을, 후기에 쌍영총, 무용총, 강서대묘 등의 굴식돌방무덤을 주로 만들었다.

③ X: 신라의 천마총은 돌무지덧널무덤으로 천마도가 발견되었지만, 천마도는 벽화가 아닌 말 장니에 그려진 그림이다.

**½한국사 고득점 TIP** 신라 고분의 변화

- 4~5세기 마립간 시절: 돌무지덧널무덤 (천마총, 호우총, 금관총 등)
- 6세기 이후 굴식돌방무덤 유행
  - 통일 전: 어숙묘
  - 통일 이후: 김유신묘, 성덕대왕릉, 원성왕릉, 둘레돌 + 12지신상
  - 통일 이후 화장 유행: 문무왕릉(대왕암)

### 04

정답 ②

(ㄱ) O: 무령왕릉은 중국 남조의 영향을 받은 벽돌무덤이며, 정효공주묘는 중국 당의 영향을 받은 벽돌무덤이다.

(ㄹ) O: 무령왕릉과 정효공주묘에서 무덤에 묻힌 인물에 대해 알려주는 문자 자료인 (묘)지석이 발견되었다.

**오답 분석**

(ㄴ) X: 천장이 각을 줄여 쌓는 평행 고임 구조로 되어 있는 것은 정효공주묘의 특징이다.

(ㄷ) X: 무령왕릉은 벽화가 없지만 정효공주묘는 무덤방의 네 벽면에 회가 칠해지고 벽화가 그려져 있다.

# THEME 026 고대 불교 미술(건축, 불상, 탑 등)

## 01

2019년 국가직 9급

**우리나라 문화유산에 대한 설명으로 옳지 않은 것은?**

① 개성 경천사지 10층 석탑은 원의 석탑을 본떠 만들어졌다.

② 영주 부석사 무량수전은 주심포식 목조 건물이다.

③ 부여 정림사지 5층 석탑에서는 백제 무왕의 왕후가 넣은 사리기가 발견되었다.

④ 김제 금산사 미륵전은 다층 건물이나 내부가 하나로 통한다.

## 02

2018년 지방직 9급

**다음과 같은 불교 사상의 영향을 받아 만들어진 문화재는?**

> 이 불교 사상은 개인적 정신세계를 추구하는 경향이 강하였기 때문에 지방에서 독자적인 세력을 이루어 성주나 장군을 자처하던 자들로부터 큰 호응을 받았다.

① 성덕대왕 신종

② 쌍봉사 철감선사탑

③ 경천사지 10층 석탑

④ 금동 미륵보실 반가사유상

## 03

2017년 하반기 지방직 9급

**밑줄 친 '탑'에 대한 설명으로 옳은 것은?**

> 신인(神人)이 말하기를, "황룡사의 호법룡은 나의 아들로서 범왕(梵王)의 명을 받아 그 절을 보호하고 있으니, 본국에 돌아가 그 절에 <u>탑</u>을 세우시오. 그렇게 하면 이웃 나라가 항복하고 구한(九韓)이 와서 조공하여 왕업이 길이 태평할 것이오."라고 하였다. …… 백제에서 아비지(阿非知)라는 공장을 초빙하여 이 <u>탑</u>을 건축하고 용춘이 이를 감독했다. -『삼국유사』

① 자장 율사가 건의하여 세워졌다.

② 돌을 벽돌 모양으로 다듬어 쌓았다.

③ 목조탑의 양식을 간직하고 있는 석탑이다.

④ 선종이 보급되면서 승려의 사리를 봉안하기 위해 세웠다.

## 04

2018년 기상직 9급

**다음 조사 작업에 해당되는 문화재로 옳지 않은 것은?**

> 2016년 9월 12일 경북 경주시 남남서쪽 8km 지역에서 리히터 규모 5.8의 지진이 발생하였다. …… 문화재청은 경주 지역 문화유적의 정밀 조사를 실시하여 피해 상황을 점검하였다.

①

②

③

④

# 문제 풀이

## 01

정답 ③

③ X: 부여 정림사지 5층 석탑이 아니라 익산 미륵사지 석탑에서 백제 무왕의 왕후가 넣은 사리기가 발견되었다.

**오답 분석**

① O: 고려 시대 개성 경천사지 10층 석탑은 원의 라마 불교의 영향을 받은 대리석의 석탑이며 조선 시대 원각사지 10층 석탑에 영향을 주었다.

② O: 고려의 영주 부석사 무량수전은 주심포식 목조 건물이다.

④ O: 조선 후기 김제 금산사 미륵전은 다층 건물이나 내부가 하나로 통한다.

## 02

정답 ②

제시된 사료는 선종에 대한 내용이다. 개인적인 정신 세계를 추구하고, 호족과 결탁한 것으로 보아 신라 하대 선종 불교이다.

② O: 선종의 영향으로 승탑이 유행하였고, 신라 하대 쌍봉사 철감선사탑이 대표적이다.

**오답 분석**

① X: 성덕대왕 신종(봉덕사종, 에밀레종)은 통일 신라 중대 경덕왕 때 제작이 시작되어 혜공왕 시절에 완성되었다.

③ X: 경천사지 10층 석탑은 고려 후기 원의 라마교의 영향을 받아 제작된 대리석의 탑이다. 이 탑은 조선 시대 세조 시절 원각사지 10층 석탑에 영향을 주었다.

④ X: 삼국 시대에는 불교의 성행으로 금동 미륵보살 반가사유상이 만들어졌으며 일본에 영향을 주었다. 그러나 통일 신라 시대에는 비로자나불과 약사여래상이 유행하였다.

**½한국사 고득점 TIP** 선종

선종은 불립문자를 내세우고 교종의 권위적인 불교를 비판하며 실천수양과 개인적인 정신세계를 강조하였다. 신라 하대에 선종이 널리 퍼지면서 조형 미술이 쇠퇴하였고, 호족들의 지원으로 승탑과 탑비의 유행에 영향을 주었다. 특히, 승탑은 팔각원당형의 기본적 형태로 쌍봉사 철감선사탑이 대표적이다.

## 03

정답 ①

제시된 사료의 밑줄 친 '탑'은 신라 선덕 여왕 시절 만들어진 황룡사 9층 목탑이다. 진흥왕 시절 황룡사가 만들어지고 선덕 여왕 시절 자장의 건의로 백제 아비지가 만든 탑이 황룡사 9층 목탑이다.

① O: 황룡사 9층 목탑이 선덕 여왕 시절 자장 율사가 건의하여 세워졌다.

**오답 분석**

② X: 선덕 여왕 시절 세워진 분황사 모전 석탑이 돌을 벽돌 모양으로 다듬어 쌓았던 신라 현존 최고(最古)의 탑이다.

③ X: 익산 미륵사지 석탑이 현존 최고의 석탑으로 목조탑의 양식을 간직하고 있는 탑이다.

④ X: 선종이 보급되면서 승려의 사리를 봉안하기 위해 승탑이 세워졌다.

## 04

정답 ④

주어진 문제는 경주 지역의 문화를 묻는 문제이다. 그러므로 경주에 위치하고 있지 않은 문화재를 찾으면 된다.

④ X: 미륵사지 석탑은 백제 무왕 시절 건립된 탑으로 경주가 아니라 익산 지역에 있다.

**오답 분석**

① O: 선덕 여왕 시절 건립된 분황사 모전 석탑으로, 경주에 있다.

② O: 선덕 여왕 시절 제작된 첨성대로, 경주에 있다.

③ O: 경덕왕 시절 건립된 석가탑으로, 경주에 있다.

**½한국사 고득점 TIP** 불국사 석가탑과 다보탑

- 석가탑: 불국사 3층 석탑이라 불리며, 불국사 대웅전 앞 서쪽에 세워진 탑으로 아사달과 아사녀의 전설에 의해 무영탑으로 유명하고 이 탑의 복원 공사 중 '무구정광대다라니경'이 발견되었다.
- 다보탑: 화려한 탑으로 신라의 전형적인 탑이 아니다.

## 05

2017년 법원직 9급

(가)~(다)는 백제의 수도들이다. (나)를 수도로 삼았던 시기의 문화재로 가장 적절한 것은?

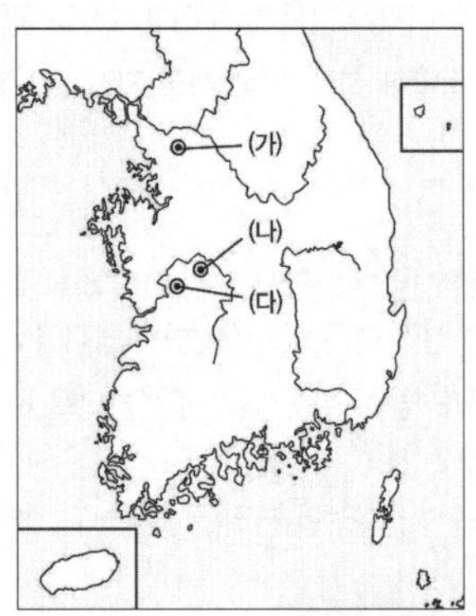


①

②

③

④

## 06

2014년 법원직 9급

다음과 같은 문화재가 만들어진 시기에 있었던 사실로 가장 적절한 것은?

① 녹읍이 폐지되고 관료전이 지급되었다.
② 집사부 장관인 시중의 권한이 강화되었다.
③ 원종과 애노의 난 등 농민 반란이 일어났다.
④ 진골과 6두품 세력 사이에 왕위 쟁탈전이 벌어졌다.

## 07

2024년 국가직 9급

밑줄 친 '가람'에 대한 설명으로 옳은 것은?

> 우리 왕후께서는 좌평 사택적덕의 따님으로 지극히 오랜 세월에 선인(善因)을 심어 이번 생에 뛰어난 과보를 받아 만민을 어루만져 기르시고 삼보(三寶)의 동량(棟梁)이 되셨기에 능히 <u>가람</u>을 세우시고, 기해년 정월 29일에 사리를 받들어 맞이하셨다. 원하옵나니, 영원토록 공양하고 다함이 없이 이 선(善)의 근원을 배양하여, 대왕 폐하의 수명은 산악과 같이 견고하고 치세는 천지와 함께 영구하며, 위로는 정법을 넓히고 아래로는 창생을 교화하게 하소서.

① 목탑의 양식을 간직한 석탑이 있다.
② 대리석으로 만든 10층 석탑이 있다.
③ 성주산문을 개창한 낭혜 화상의 탑비가 있다.
④ 돌을 벽돌 모양으로 만들어 쌓은 모전 석탑이 있다.

# 문제 풀이

## 05

정답 ②

제시된 자료의 (가)는 한성(서울), (나)는 웅진(공주), (다)는 사비(부여)로, 백제의 수도가 (나) 웅진(공주)에 있었을 당시 문화재를 고르는 문제이다.

② O: **백제 무령왕릉은 백제 웅진 시기의 문화재로, 공주 송산리 고분군에 속해있다.**

**오답 분석**

① X: 석촌동 고분군은 백제 한성 시기의 문화재로, 서울에 위치해 있다.

③ X: 미륵사지 석탑은 백제 사비 시기의 문화재로, 익산에 위치해 있다.

④ X: 정림사지 5층 석탑은 백제 사비 시기의 문화재로, 부여에 위치해 있다.

## 06

정답 ③

제시된 자료는 신라 하대 만들어진 쌍봉사 철감선사탑이다. 그러므로 신라 하대의 모습을 고르는 문제이다.

③ O: **신라 하대 진성 여왕 시절 원종과 애노의 난 등 농민 반란이 일어났다.**

**오답 분석**

① X: 신라 중대 신문왕 때 녹읍이 폐지(689)되고 관료전(687)이 지급되었다.

② X: 신라 중대 왕권이 강화되면서 집사부의 시중의 권한이 강화되었다.

④ X: 신라 하대 중앙에서는 왕위 쟁탈전이 발생하였는데 이는 진골 귀족들 사이에서 벌어진 것이다.

**½한국사 고득점 TIP** **신라 시대 반란**

- 선덕 여왕: 비담과 염종의 난
- 신문왕: 김흠돌의 모반사건, 대문의 난(금마저)
- 혜공왕: 대공의 난 → 96각간의 난 → 김지정의 난
- 헌덕왕: 김헌창과 김범문의 난
- 문성왕: 장보고의 난
- 진성 여왕: 원종과 애노의 난, 적고적

## 07

정답 ①

제시된 사료의 밑줄 친 '가람'은 익산 미륵사이다. 사택적덕의 따님(무왕의 왕비)', '가람' 등을 통해 익산 미륵사임을 알 수 있다. 미륵사는 무왕 시절 건립되었고, 현재 미륵사지 석탑(현존 최고 석탑, 목탑 양식)이 남아있다.

① O: **익산 미륵사지에는 목탑의 양식을 간직한 미륵사지 석탑이 있다.**

**오답 분석**

② X: 개성 경천사에는 대리석으로 만든 경천사지 10층 석탑이 있었다. 현재는 국립중앙박물관에 전시되어 있다.

③ X: 보령 성주사지에는 성주산문을 개창한 낭혜 화상의 탑비가 있다.

④ X: 경주 분황사에는 돌을 벽돌 모양으로 만들어 쌓은 모전 석탑이 있다.

# THEME 027 도교

## 01

2012년 지방직 9급

**다음 그림에 대한 설명으로 옳지 않은 것은?**

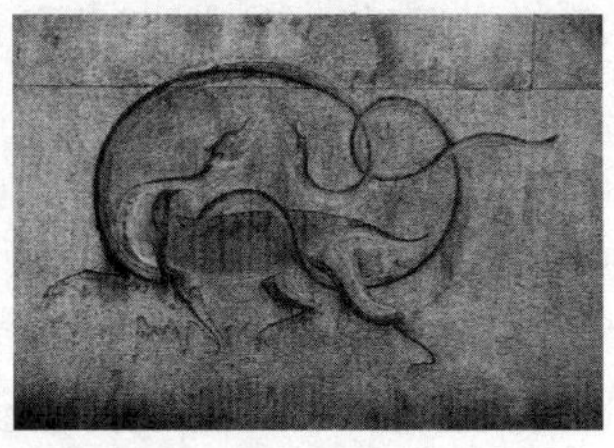

① 사신도의 하나로, 북쪽 방위신이다.
② 돌무지덧널무덤의 벽면에 그려진 것이다.
③ 죽은 자의 사후 세계를 지켜주리라는 믿음을 표현하였다.
④ 고구려 시대의 고분에 그려졌는데 도교의 영향이 나타나 있다.

## 02

2022년 법원직 9급

**(가) 종교가 반영된 문화유산의 사례로 가장 적절한 것은?**

> 불로장생과 신선이 되기를 추구하는 (가) 은/는 삼국에 전래 되어 귀족 사회를 중심으로 유행했으며 예술에도 많은 영향을 주었다. 7세기 고구려의 연개소문은 귀족과 연결된 불교 세력을 억누르기 위해 (가) 을/를 장려하는 정책을 펼쳤다.

①

②

③

④

## 03

2007년 중앙인사위 9급

**다음 밑줄 친 '이 종교'와 관련이 있는 사항을 <보기>에서 모두 고른 것은?**

> 불로장생과 현세의 구복을 추구하는 이 종교는 여러 가지 신을 모시면서 재앙을 물리치고 복을 빌며 나라의 안녕과 왕실의 번영을 기원하였다. 조선 시대에는 성리학의 영향으로 크게 위축되어 행사도 줄어들었다. 그러나 제천 행사가 국가의 권위를 높이는 점이 인정되어 참성단에서 일월성신에게 제사를 지냈다.

**보기**

(ㄱ) 임신서기석　　(ㄴ) 초제
(ㄷ) 백제 금동대향로　　(ㄹ) 팔관회

① (ㄱ), (ㄴ)　　② (ㄴ), (ㄷ)
③ (ㄱ), (ㄴ), (ㄷ)　　④ (ㄴ), (ㄷ), (ㄹ)

## 04

2008년 수능 국사

**다음 글에 나타난 사상과 관련된 설명으로 옳지 않은 것은?**

> 빛나도다. 삼청(三淸)*이시여! 능히 사람이 생존할 때나 죽음에 이르러서도 건져 주십니다. 정성스러운 생각이 마땅히 하늘과 통하니, 이에 작은 정성을 바쳐 감히 상제(上帝)가 들어주시기를 원하나이다. …(중략)… 이에 소격전을 세우고 엄숙한 기도의 의식을 거행합니다.
>
> * 삼청(三淸): 최고신의 명칭으로 상제의 또 다른 이름

① 고구려 고분에 그려진 사신도는 이 사상의 방위신을 그린 것이다.
② 백제의 산수무늬 벽돌과 금동대향로에는 이 사상이 반영되었다.
③ 신라에서는 이 사상이 사람의 행위에 따라 업보를 받는다는 이론으로 널리 퍼졌다.
④ 고려 시대 팔관회는 이 사상과 민간 신앙까지도 어우러진 행사였다.
⑤ 조선 시대에 참성단에서 일월성신에게 지낸 초제는 이 사상이 반영된 것이다.

## 문제 풀이

### 01

정답 ②

제시된 자료는 사신도 중 북쪽의 신인 현무이다.

② X: 돌무지덧널무덤에는 벽이 없어 벽화를 그릴 수 없다. 돌무지덧널무덤은 신라의 대표적인 무덤 양식으로, 지상이나 지하에 나무 널을 만들고 그것보다 큰 나무 덧널을 만든 다음 냇돌을 쌓고 흙으로 덮은 무덤이다. 구조상 벽화는 발견되지 않으나 도굴이 어려워 부장품이 거의 그대로 보존되어 있다.

**오답 분석**

① O: 현무는 사신도의 하나로, 북쪽 방위신이다.

③ O: 사신도는 죽은 자의 사후 세계를 지켜주리라는 믿음을 표현하였다.

④ O: 사신도는 고구려 시대의 고분에 그려졌는데 도교의 영향이 나타나 있다.

**½한국사 고득점 TIP 고분벽화의 사신도**

사신도는 고구려의 강서대묘 등이 고분벽화의 벽면에 그려진 것이 대표적이다. 고구려의 사신도는 백제에도 영향을 미쳐 공주의 송산리 고분, 부여의 능산리 고분의 벽화에서 찾아볼 수 있다.

### 02

정답 ④

제시된 자료의 (가) 종교는 도교이다. '불로장생', '신선', '연개소문의 장려' 등에서 도교임을 알 수 있다.

④ O: 백제 금동대향로는 도교 사상을 반영하여 도교적 이상 세계를 정교하게 묘사하였다.

**오답 분석**

① X: 금동 미륵보살 반가사유상은 불교의 미륵 신앙이 반영되어 있다.

② X: 칠지도는 근초고왕 때 제작된 칼로, 도교와는 관련이 없다.

③ X: 승탑은 신라 하대 선종 불교의 영향을 받아 제작되었다.

**½한국사 고득점 TIP 삼국 도교**

- 고구려: 연개소문이 도교 장려, 불교 사원을 도교 사원으로 이용
- 삼국 도교 관련 사항
  - 고구려: 사신도, 을지문덕의 오언시(지족)
  - 백제: 사택지적비, 금동대향로, 무령왕릉 매지권, 산수무늬벽돌 등
  - 신라: 화랑도(국선도), 세속오계의 임전무퇴
- 통일 신라: 김가기, 최치원 등이 도교에 능통
- 발해: 이광현, 정효공주묘의 묘지석(불로장생 등 도교적 표현)
- 고려: 전성기로 초제를 거행, 일관된 체계 없이 교단 형성X
  - 초제, 구요당(태조), 복원궁(예종), 팔관회 등
- 조선: 소격서에서 초제 거행 → 조광조가 소격서 폐지

### 03

정답 ④

제시된 사료의 밑줄 친 '이 종교'는 도교이다. 불로장생과 일월성신에게 제사를 지냈다는 내용을 통해서 도교임을 알 수 있다. 초제는 제신에게 지내던 제사로 왕이 직접 천지, 산천 등의 제신에게 제사를 지냈는데, 이중에는 도교의 상제나 오방산해신군 및 성신이 모두 포함되었다.

(ㄴ) O: 초제는 도교의 신에게 지내던 제사로 왕이 직접 천지, 산천 등의 신에게 제사를 지냈는데, 이중에는 도교의 상제나 오방산해신군 및 성신이 모두 포함되었다.

(ㄷ) O: 백제 금동대향로는 백제의 뛰어난 금속 공예 기술을 보여주는 유물로, 도교의 이상 세계가 정교하게 묘사되어 있다.

(ㄹ) O: 팔관회는 고려 시대에 행해지던 국가적인 행사로, 불교와 도교 및 전통 신앙이 결합된 형태로 시행되었고, 나라의 평안과 안녕을 기원하였다.

**오답 분석**

(ㄱ) X: 임신서기석은 신라의 두 청년이 나라에 충성하고 유교 경전을 학습하여 익힐 것을 맹세하는 내용이 세겨진 비석으로, 도교와는 관련이 없다.

### 04

정답 ③

제시된 사료와 관련된 사상은 도교이다. 조선 시대 도교의 초제를 거행하기 위해서 소격서를 설치하였는데, 그 전에는 소격전으로 불리다가 조선 시대 세조 때 소격서로 개칭되었다. 또한 삼청은 도교에서 모시는 최고의 신 중의 하나이다. 이를 통해 관련된 사상이 도교임을 알 수 있다.

③ X: 신라에서는 도교가 아니라 불교에서 사람의 행위에 따라 업보를 받는다는 업설이 유행하였고, 귀족의 특권을 강화시켰다.

**오답 분석**

① O: 고구려의 고분에 그려진 사신도는 도교의 방위신인 청룡(동), 백호(서), 주작(남), 현무(북)을 그린 것이다.

② O: 백제의 산수무늬 벽돌과 금동대향로에는 도교적인 이상 세계가 묘사되어 있어, 도교 사상이 반영되었음을 알 수 있다.

④ O: 고려 시대의 팔관회는 불교 및 도교 사상과 민간 신앙까지도 어우러진 국가적인 행사였다.

⑤ O: 조선 시대에 참성단에서 일월성신에게 지낸 초제는 도교 사상이 반영된 것이다.

# THEME 028 고대 문화의 일본 전파

## 01

2017년 하반기 국가직 7급

**백제가 일본에 전파한 문화에 대한 설명으로 옳지 않은 것은?**

① 고안무가 유학을 전해 주었다.

② 노리사치계가 불교를 전해 주었다.

③ 혜관이 일본 삼론종의 시조가 되었다.

④ 아직기가 일본 태자에게 한자를 가르쳤다.

## 02

2018년 서울시 7급

**<보기>는 한국 고대 사회 문화의 일본 전파와 관련된 설명이다. 옳은 것끼리 짝지어진 것은?**

> (ㄱ) 백제의 아직기는 일본에 불교를 전파하였다.
> (ㄴ) 다카마쓰 무덤에서 발견된 벽화를 통해 가야 문화가 일본에 영향을 미쳤음을 알 수 있다.
> (ㄷ) 신라인들은 배를 만드는 조선술과 제방을 만드는 축제술을 일본에 전해주었다.
> (ㄹ) 고구려의 승려 혜자는 쇼토쿠 태자의 스승이 되었다.

① (ㄱ), (ㄴ)　　② (ㄴ), (ㄷ)

③ (ㄴ), (ㄹ)　　④ (ㄷ), (ㄹ)

## 03

2015년 경찰 1차

**우리나라가 일본에 전파한 문화에 대한 설명으로 가장 적절하지 않은 것은?**

① 왕인은 일본에 건너가 천자문과 논어를 전하고 가르쳤다.

② 혜자는 일본 쇼토쿠 태자의 스승이 되었다.

③ 원효, 강수, 설총이 발전시킨 불교와 유교 문화는 일본 아스카 문화의 성립에 기여하였다.

④ 노리사치계는 일본에 불경과 불상을 전하였다.

## 04

2015년 법원직 9급

**다음 지도의 (가)~(라)에 들어갈 내용으로 가장 옳지 않은 것은?**

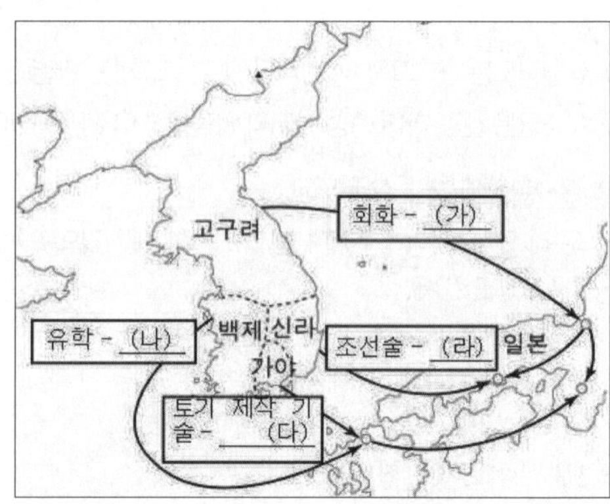


① (가) - 벽화 제작 기법

② (나) - 오경 박사 파견

③ (다) - 스에키 토기에 영향

④ (라) - 왜관을 통해 선파

## 문제 풀이

### 01

정답 ③

③ X: 백제가 아니라 고구려의 혜관이 영류왕 시절 일본 삼론종의 시조가 되었다.

**오답 분석**

① O: 백제 무령왕 시절 고안무가 유학을 전해 주었다.
② O: 백제 성왕 시절 노리사치계가 불교를 전해주었다.
④ O: 백제 근초고왕 시절 아직기가 일본 태자에게 한자를 가르쳤다.

**½한국사 고득점 TIP 백제의 일본 문화 전파**

- 근초고왕: 아직기(일본 태자 스승), 왕인(천자문과 논어), 칠지도
- 무령왕: 단양이와 고안무가 일본에 유학을 전파
- 성왕: 노리사치계가 처음으로 일본에 불교 전파
- 위덕왕: 아좌태자가 일본 쇼토쿠 태자의 초상화를 그림
- 무왕: 관륵이 일본에 지리와 천문 등을 전파

**½한국사 고득점 TIP 고구려 문화의 일본 전파**

- 수산리 고분 벽화: 일본 다카마스 고분벽화에 영향
- 담징: 일본 호류사 금당벽화를 그렸고, 종이와 먹, 맷돌을 전래
- 혜자: 쇼토쿠 태자의 스승
- 혜관과 도징: 일본에 삼론종을 전파
- 가서일: 일본의 천수국수장의 밑그림을 그림
- 도현: 일본에 건너가 『일본세기』 저술

### 02

정답 ④

(ㄷ) O: 신라인들은 배를 만드는 조선술과 제방을 만드는 축제술을 일본에 전해주었다.

(ㄹ) O: 고구려의 승려 혜자는 쇼토쿠 태자의 스승이 되었다.

**오답 분석**

(ㄱ) X: 백제의 아직기가 아니라 노리사치계가 일본에 불교를 처음 전파하였다. 아직기는 일본 태자의 스승이었다.

(ㄴ) X: 다카마쓰 무덤에서 발견된 벽화를 통해 가야 문화가 아니라 고구려 문화가 일본에 영향을 미쳤음을 알 수 있다. 다카마스 고분벽화는 고구려의 수산리 고분벽화의 영향을 받았다.

**½한국사 고득점 TIP 신라의 일본 문화 전파**

- 도자기 제조술, 의약, 불상, 음악 등을 전래
- 조선술과 축제술('한인의 연못' 유행)
- 통일 신라 시대에는 일본의 하쿠호 문화에 영향을 주었다.
- 통일 신라 시대 심상은 일본에 화엄종을 전래하였다.

### 03

정답 ③

③ X: 원효, 강수, 설총이 발전시킨 불교와 유교 문화는 일본 아스카 문화가 아니라 하쿠호(백봉)문화의 성립에 기여하였다.

**오답 분석**

① O: 백제의 왕인은 근초고왕 시절 일본에 건너가 『천자문』과 『논어』를 전하고 가르쳤다.
② O: 고구려의 혜자는 일본 쇼토쿠 태자의 스승이 되었다.
④ O: 백제 성왕 시절 노리사치계는 처음으로 일본에 불경과 불상을 전하였다.

**½한국사 고득점 TIP 일본으로 전파된 우리나라 문화**

| 우리나라 문화 | 일본 문화 |
|---|---|
| 청동기 문화 | 야요이 문화 |
| 가야 토기 | 스에키 토기 |
| 삼국의 문화 | 아스카 문화(7세기 전반) |
| 통일 신라의 문화 | 하쿠오 문화(7세기 후반) |
| 조선 전기의 미술 | 무로마치 시대의 미술 |

### 04

정답 ④

④ X: 왜관을 통해 일본과 교류한 시대는 조선 세종 때의 3포 개항 이후이다. 신라는 일본과의 군사적 대립 등으로 문화 교류는 적었지만 조선술, 축제술(제방을 쌓는 기술) 등을 전달하였다.

**오답 분석**

① O: 고구려의 담징은 호류사의 금당 벽화를 제작하였다.
② O: 백제의 오경 박사였던 단양이, 고안무 등을 일본에 파견되어 유학을 전파하였다.
③ O: 가야의 토기는 일본에 전해져 스에키 토기에 영향을 주었다.

# PART 04

# 고려 시대

# THEME 029 고려 건국과 후삼국 통일

## 01

2021년 법원직 9급

**(가) 시기에 발생한 사건으로 가장 옳지 않은 것은?**

> 태조가 포정전에서 즉위하여 국호를 고려라 하고 연호를 고쳐 천수라 하였다. -『고려사』

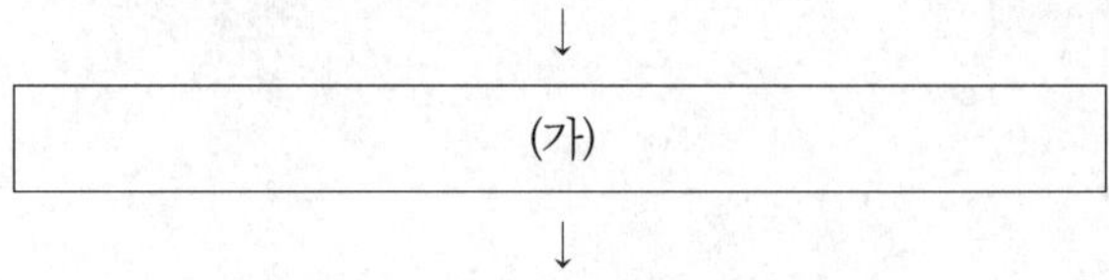


> 고려군의 군세가 크게 성한 것을 보자 갑옷을 벗고 창을 던져 견훤이 탄 말 앞으로 와서 항복하니 이에 적병이 기세를 잃어 감히 움직이지 못하였다. …… 신검이 두 동생 및 문무관료와 함께 항복하였다. -『고려사』

① 고려군이 고창에서 견훤의 후백제군을 패퇴시켰다.
② 신라의 경순왕은 스스로 나라를 고려에 넘겨주었다.
③ 왕건이 이끄는 군대가 후백제의 금성을 함락하였다.
④ 발해국 세자 대광현과 수만 명이 고려에 귀화하였다.

## 02

2020년 경찰 1차

**다음에 제시된 역사적 사건들을 시간 순서대로 바르게 나열한 것은?**

> (ㄱ) 후백제의 견훤이 경주를 침공해 경애왕을 죽였다.
> (ㄴ) 후백제의 신검이 견훤을 금산사에 유폐시켰다.
> (ㄷ) 왕건이 국호를 고려라 정하고 송악으로 천도하였다.
> (ㄹ) 고려가 공산 전투에서 후백제에게 패하였다.

① (ㄱ) - (ㄷ) - (ㄴ) - (ㄹ)　② (ㄱ) - (ㄹ) - (ㄷ) - (ㄴ)
③ (ㄷ) - (ㄱ) - (ㄴ) - (ㄹ)　④ (ㄷ) - (ㄱ) - (ㄹ) - (ㄴ)

## 03

2017년 국회직 9급

**다음 (ㄱ)~(ㄷ)에 대한 설명으로 옳지 않은 것은?**

> "신라는 그 운이 끝나고 도의가 땅에 떨어지자 온갖 도적들이 고슴도치의 털과 같이 일어났다. 가장 심한 자가 (ㄱ) 과 (ㄴ) 두 사람이다. (ㄱ) 은 신라의 왕자이면서 신라를 원수로 여겨 반란을 일으켰다. (ㄴ) 은 신라의 백성으로 신라의 녹을 먹으면서 모반의 마음을 품고 도읍에 쳐들어가 임금과 신하 베기를 짐승 죽이듯, 풀 베듯 하였다. 두 사람은 천하의 극악한 사람이다. (ㄱ) 은 신하에게 버림을 받았고, (ㄴ) 은 아들에게 화를 입었는데, 그것은 스스로 자초한 짓이다. …(중략)… 흉악한 두 사람이 어찌 (ㄷ) 에 항거할 수 있겠는가? 그들은 (ㄷ) 을 위해 백성을 몰아다 준 사람일 뿐이었다."

① (ㄱ) - 국정을 총괄하는 광평성을 비롯한 여러 관서를 설치하고 9관등제를 실시하였다.
② (ㄱ) - 연호를 무태, 수덕만세, 정개, 천수 등으로 바꾸면서 새로운 정치를 추구하였다.
③ (ㄴ) - 지배 세력들 사이에서 분열이 일어나자 (ㄷ)에게 귀부하였다.
④ (ㄴ) - 서남해를 지키는 군인 생활을 하다가 농민을 규합하여 나라를 세우고 완산주를 도읍으로 정하였다.
⑤ (ㄷ) - (ㄱ)의 신하로 있으면서 후백제의 나주를 점령하는 등 많은 전공을 세웠다.

# 문제 풀이

## 01

정답 ③

③ 903년: 금성 전투 (궁예 부하 왕건이 나주 점령)

| 918년 | 고려 건국 | 왕건 |
|---|---|---|

① 930년: 고창 전투
↓ ④ 934년: 대광현의 고려 귀화
② 935년: 신라 항복

| 936년 | 선산 전투, 후백제 정벌 | 후삼국 통일 |
|---|---|---|

**중요 사료** 공산 전투

태조는 정예 기병 5천을 거느리고 공산(公山) 아래에서 견훤을 맞아서 크게 싸웠다. 태조의 장수 김락과 신숭겸은 죽고 모든 군사가 패하였으며, 태조는 겨우 죽음을 면하였다.

**½한국사 고득점 TIP** 후삼국 통일 과정

견훤의 신라 경애왕 살해(927) → 공산 전투(927) → 고창(안동) 전투(930) → 운주(홍성) 전투(934) → 견훤의 금산사 유폐, 신라 경순왕 고려에 항복(935) → 일리천(선산) 전투(936) → 후백제 멸망, 후삼국 통일(936)

## 02

정답 ④

| (ㄷ) | 918년 | 왕건의 고려 건국 → 919년 송악 천도 |
|---|---|---|

↓

| (ㄱ) | 927년 | 견훤의 신라 경주 침입 → 경애왕 죽임 |
|---|---|---|

↓

| (ㄹ) | 927년 | 공산 전투 |
|---|---|---|

※ 공산 전투: 927년 공산 전투는 후백제 견훤과 태조 왕건 사이에 벌어졌던 전투로, 견훤은 신라를 침공하여 경애왕을 스스로 목숨을 끊게 한 뒤 경순왕을 왕위에 올리고, 이때 태조가 신라에 사절을 파견하여 경애왕의 죽음을 조문하고 대구 동남쪽에 위치한 공산에 대기하고 있다가 경주에서 철수하는 후백제와 전투를 벌이게 되었다.

↓

| (ㄴ) | 935년 | 신검이 견훤을 금산사에 유폐 |
|---|---|---|

## 03

정답 ②

제시된 사료에서 (ㄱ)은 '신라 왕자 출신'이라는 것에서 궁예임을 알 수 있다. 궁예는 몰락한 신라 왕족 출신이었다. (ㄴ)은 '신라 백성으로 신라의 녹을 먹는다'에서 신라 관료 출신이며, '아들에게 화를 입었다'에서 견훤임을 알 수 있다. 견훤은 신라군 비장 출신이며, 말년에 신검에게 금산사에 유폐되었다가 왕건에게 귀순하였다. (ㄷ)에게 견훤과 궁예가 졌다는 것에서 왕건임을 알 수 있다.

**② X: (ㄱ) 궁예는 연호를 성책과 무태, 수덕만세, 정개의 연호를 사용하며, 황제국을 과시하였지만, 천수는 왕건의 연호이다.**

**오답 분석**

① O: (ㄱ) 궁예는 국정을 총괄하는 광평성을 비롯한 여러 관서를 설치하고 9관등제를 실시하였다.

③ O: (ㄴ) 견훤은 935년 장남 신검이 금강을 제거하고 자신을 금산사에 유폐하자 금산사를 탈출하여 (ㄷ) 왕건에게 귀부하였다. 이후 왕건에게 상부라 불리며 양주를 식읍으로 받았다.

④ O: (ㄴ) 견훤은 서남해를 지키는 군인생활을 하다가 농민을 규합하여 나라를 세우고 완산주를 도읍으로 정하였다.

⑤ O: (ㄷ) 왕건은 (ㄱ) 궁예의 신하로 있으면서 903년 후백제의 나주를 점령(금성 전투)하는 등 많은 전공을 세웠다.

**중요 사료** 궁예

머리를 깎고 승려가 되어 스스로 선종(善宗)이라고 이름하였다. 신라 말에 정치가 잘못되고 백성이 흩어져 지방의 주현들이 반란 세력에 따라 붙는 자가 거의 반에 이르고 먼 곳과 가까운 곳에서 도적들이 벌떼처럼 일어나 그 아래에 백성이 개미처럼 모여드는 것을 보고 이런 혼란기를 틈타 무리를 모으면 자신의 뜻을 이룰 수 있다고 생각하여 대순 2년 신해년에 죽주의 도적 괴수 기훤에게 의탁하였다. 기훤이 얕보고 거만하게 대하자, 경복 원년 임자년에 북원의 도적 양길에게 의탁하니, 양길이 잘 대우하여 일을 맡기고 드디어 병사를 나누어 주어 동쪽으로 땅을 점령하도록 하였다.

# THEME 030 고려 초기의 정치 상황

## 01

2015년 국가직 9급

**다음 건의를 받아들인 왕이 실시한 정책으로 옳은 것은?**

> 임금이 백성을 다스릴 때 집집마다 가서 날마다 그들을 살펴보는 것이 아닙니다. 그래서 수령을 나누어 파견하여 (현지에) 가서 백성의 이해(利害)를 살피게 하는 것입니다. 우리 태조께서도 통일한 뒤에 외관(外官)을 두고자 하셨으나, 대개 (건국) 초창기였기 때문에 일이 번잡하여 미처 그럴 겨를이 없었습니다. 이제 제가 살펴보건대, 지방 토호들이 늘 공무를 빙자하여 백성들을 침해하며 포악하게 굴어, 백성들이 명령을 견뎌내지 못합니다. 외관을 두시기 바랍니다.

① 서경 천도를 추진하였다.
② 5도 양계의 지방 제도를 확립하였다.
③ 지방 교육을 위해 경학박사를 파견하였다.
④ 유교 이념과는 별도로 연등회, 팔관회 행사를 장려하였다.

## 02

2019년 지방직 9급

**다음과 같은 글을 남긴 국왕의 업적에 해당하는 것은?**

> 우리 동방은 옛날부터 중국의 풍속을 흠모하여 문물과 예악이 모두 그 제도를 따랐으나, 지역이 다르고 인성도 각기 다르므로 꼭 같게 할 필요는 없다. 거란은 짐승과 같은 나라로 풍속이 같지 않고 말도 다르니 의관 제도를 삼가 본받지 말라.
> - 『고려사』

① 물가 조절을 위해 상평창을 설치하였다.
② 기인·사심관제와 함께 과거제를 실시하였다.
③ 혼인 정책과 사성 정책을 통해 호족을 포섭하였다.
④ 광군 30만을 조직하여 거란의 침략에 대비하였다.

## 03

2015년 지방직 9급

**다음 왕의 재위 기간에 있었던 사실로 옳은 것은?**

> 왕은 중국에 36명의 승려를 파견하여 법안종을 배우도록 하였다. 또한 제관과 의통을 파견하여 천태학에 대한 관심을 보였다.

① 승과 제도를 시행하였다.
② 요세가 세운 백련사를 후원하였다.
③ 의천이 국청사를 창건하는 것을 후원하였다.
④ 거란과의 전쟁을 물리치기 위해 초조 대장경을 조성하였다.

## 04

2015년 서울시 9급

**다음 밑줄 친 '왕'에 대한 설명으로 옳은 것은?**

> 왕의 이름은 소(昭)다. 치세 초반에는 신하에게 예를 갖추어 대우하고 송사를 처리하는 데 현명하였다. 빈민을 구휼하고, 유학을 중히 여기며, 노비를 조사하여 풀어 주었다. 밤낮으로 부지런하여 거의 태평의 정치를 이루었다. 중반 이후로는 신하를 많이 죽이고, 불법(佛法)을 지나치게 좋아하며 절도가 없이 사치스러웠다.

① 쌍기의 건의로 과거제를 실시하였다.
② 12목을 설치하고 지방관을 파견하였다.
③ 호족을 견제하기 위해 사심관과 기인 제도를 마련하였다.
④ 승려인 신돈을 등용하여 전민변정도감을 설치하였다.

## 문제 풀이

### 01

정답 ③

제시된 사료는 최승로의 시무 28조의 일부이며, 이를 받아들인 왕은 고려 성종이다. '외관을 두시기 바랍니다.'에서 최승로의 시무 28조임을 알 수 있다. 최승로는 시무 28조에서 지방에 외관의 파견을 건의하였다.

③ O: **고려 성종은 지방 교육을 위해 경학박사를 파견하였다.**

**오답 분석**

① X: 고려 정종 때 왕권 강화를 위해 서경 천도를 계획하였으나 실패하였다.

② X: 고려 현종은 전국을 5도 양계, 4도호부, 8목으로 정비하였으며 호장, 장 등의 향리 명칭을 개정하였다.

④ X: 고려 태조가 유교 이념과는 별도로 연등회, 팔관회 행사를 장려하였다. 고려 성종 때는 최승로 등 유학자들을 등용하여 유교 정책이 시행되면서 불교는 위축되었고, 연등회와 팔관회 등의 불교 행사는 폐지되었다.

### 02

정답 ③

제시된 사료의 글을 남긴 왕은 고려 태조이다. '거란은 짐승과 같은 나라니 본받지 말 것'에서 태조의 훈요 10조임을 알 수 있다.

③ O: **고려 태조는 호족과 공신들을 포섭하기 위해서 혼인 정책과 사성 정책을 실시하였다.**

**오답 분석**

① X: 상평창은 고려 성종 때 개경과 서경, 12목에 설치된 물가 조절 기구였다.

② X: 고려 태조는 기인 제도, 사심관 제도 등의 호족 통제 정책을 실시하여 호족과 향리세력을 견제하였다. 하지만 과거 제도는 광종 때 실시되었다.

④ X: 광군은 고려 정종 시기 조직되었다.

**중요 사료** 훈요10조

- 국가의 대업은 제불의 호위와 지덕에 의지한 것이니 선교 사원을 세우고, 주지를 보내 업을 닦을 것
- 연등회와 팔관회를 소홀히 하지 말 것
- 사원의 창설은 도선의 설을 따르고 함부로 짓지 말 것
- 서경은 수덕이 순조로우니 왕이 100일 이상을 머무를 것
- 왕위 계승은 적자적손을 원칙으로 하되 예외를 인정하였다.
- 차현과 공주강 이남은 인심이 배역하니 등용하지 말 것
- 거란은 금수의 나라니 본받지 말 것
- 간언을 따르고 참언을 멀리할 것
- 널리 경사를 섭렵하여 예를 거울로 삼아 현실을 경계할 것

### 03

정답 ①

제시된 사료의 왕은 광종이다. 광종 시절 불교 통합의 시도가 있었고, 균여가 귀법사에서 교종의 통합, 혜거는 법안종을 도입해 선종의 통합을 시도하였다. 그리고 의통과 제관 등을 중국에 유학 보내 중국 천태학을 도입하기도 하였다.

① O: **광종 시절에 과거를 처음 도입하였으며, 승과 제도를 시행하였다.**

**오답 분석**

② X: 요세는 무신 집권기 만덕사에서 수선사에 대항하기 위해 백련사 결사를 조직하였다.

③ X: 고려 선종은 불교 진흥을 위해 많은 사찰을 건립하였으며 천태종의 중심 사찰인 국청사를 세우기도 하였다.

④ X: 초조 대장경은 1011년 거란의 2차 침입 때 개경이 함락되자 현종이 부처의 힘을 빌려 이를 물리치고자 간행을 시작하였고 이후 1087년 선종 때 완성되었다. 초조 대장경은 이후 1232년 몽골의 2차 침입 때 소실되었다.

**½한국사 고득점 TIP** 광종 시절 승려

- 균여 : 북악의 법손으로 남악의 화엄종을 통합
  - 귀법사에서 화엄종을 중심으로 교종 통합 시도: 성상융회
  - 보현십원가, 보살의 실천행 강조
- 혜거 : 법안종 도입 → 선종 통합 시도, 수륙재 실시
- 의통 : 중국 천태종의 교조
- 제관 : 천태사교의 저술 ( 주의 : 천태사교의주 : 의천)

### 04

정답 ①

제시된 사료의 밑줄 친 '왕'은 고려 광종이다.

① O: **고려 광종은 후주에서 귀화한 쌍기의 건의로 과거제를 실시하였다.**

**오답 분석**

② X: 고려 성종은 지방에 12목을 설치하고 지방관인 목사를 파견하였다.

③ X: 고려 태조는 호족을 견제하기 위해 사심관과 기인 제도를 마련하였다.

④ X: 공민왕은 신돈을 등용하여 개혁 정치를 추진하였고, 1365년에 전민변정도감(전민추정도감)을 설치하여 농장을 혁파하려 하였으나 권문세족의 반발로 실패하였다.

**½한국사 고득점 TIP** 전민변정도감

1269년(원종) 최초로 설치되었는데, 그 뒤 1288~1301년(충렬왕), 1352년(공민왕), 1366~1381년(우왕), 1388년(우왕)에 각각 설치되었다가 소기의 목적을 달성했거나 또는 유명무실화되어 폐지되었다.

## 05

2015년 사회복지직

다음의 시무책이 제안된 국왕 대의 사실로 옳은 것은?

> 불교를 행하는 것은 수신의 도요, 유교를 행하는 것은 치국의 본입니다. 수신은 내생의 자(資)요, 치국은 금일의 요무(要務)로서, 금일은 지극히 가깝고 내생은 지극히 먼 것인데도 가까움을 버리고 지극히 먼 것을 구함은 또한 잘못이 아니겠습니까?

① 12목을 설치하였다.
② 서경에 대화궁을 지었다.
③ 5도 양계의 지방 제도를 확립하였다.
④ 독자적 연호를 처음으로 사용하였다.

## 06

2016년 교육행정직

밑줄 친 '그'의 정책으로 옳은 것은?

> 최근에 발견된 그의 동상은 황제를 상징하는 통천관을 쓰고 있어 그 위용을 느낄 수 있다. 『고려사』에 의하면, 그는 19년 동안 노심초사한 끝에 삼한을 통일하였고, 왕위에 26년간 있었으며, 후손들의 감정과 욕심으로 왕조의 질서가 문란해질 것을 근심하여 훈요를 남겼다고 한다.

① 과거제를 통해 관리를 등용하였다.
② 전시과 제도를 마련하여 시행하였다.
③ 지방 통제를 위하여 사심관 제도를 실시하였다.
④ 12목에 상주하는 지방관을 파견하기 시작하였다.

## 07

2018년 법원직 9급

(가), (나)에 대한 설명으로 옳은 것은?

> (가) 5조 - 나는 삼한 산천 신령의 도움을 받아 왕업을 이루었다. 서경은 수덕이 순조로워 우리나라 지맥의 근본이 되니 만대 왕업의 땅이다. 1년에 100일 이상 머물러 왕실의 안녕을 이루어야할 것이다.
> -『고려사』
>
> (나) 20조 - 불교는 몸을 닦는 근본이며 유교는 나라를 다스리는 근원이니, 몸을 닦는 것은 내생을 위한 것이며, 나라를 다스리는 일은 곧 오늘의 할 일입니다. 오늘은 극히 가깝고 내생은 지극히 먼 것이니, 가까운 것을 버리고 먼 것을 구하는 일이 그릇된 일이 아니겠습니까? -『고려사』

① (나)가 (가)보다 먼저 발표되었다.
② (가)를 발표할 당시 양현고를 설치하였다.
③ (가)를 발표한 왕이 과거 제도를 실시하였다.
④ (나)가 작성될 당시의 왕이 국자감을 설치하였다.

## 08

2017년 법원직 9급

다음 (가) 국왕에 대한 설명으로 가장 옳은 것은?

> 전하는 말에 의하면, (가) 은(는) 나주에 10년간 머무르게 되었는데, 어느 날 진 위쪽 산 아래에 다섯 가지 색의 상서로운 구름이 있어 가보니 샘(나주 완사천)에서 아리따운 여인이 빨래를 하고 있어 그가 물 한 그릇을 청하자, 여인이 버들잎을 띄워 주었는데, 급히 물을 마시지 않게 하기 위함이었다 한다. 여인의 총명함과 미모에 끌려 그녀를 아내로 맞이하였는데 그 분이 장화왕후 오씨 부인이고, 그 분의 몸에서 태어난 아들 무(武)가 혜종이 되었다.

① 훈요 10조를 남겼다.
② 과거 제도를 도입하였다.
③ 향리 제도를 마련하였다.
④ 전시과 제도를 실시하였다.

## 05

정답 ①

제시된 사료는 최승로가 성종에게 올린 시무 28조 중 일부이다. 그러므로 주어진 자료의 시무책이 제안된 시기는 고려 성종 때이다.

**① O: 고려 성종은 전국을 10도로 나누고 12목을 설치하여 지방관을 보냈고, 호족을 향리로 포섭하여 향리 제도를 정비하였다.**

**오답 분석**

② X: 고려 중기 인종은 이자겸의 난 이후 서경 천도론에 호의적이어서 묘청·백수한 등의 요청으로 서경에 자주 행차하였으며, 서경 임원역 부근에 대화궁을 짓고 15항목의 유신지교를 발표하였다.

③ X: 고려 현종은 전국을 5도로 나누고 북쪽의 국경 지대에는 양계를 설치하여 지방 제도를 확립하였다.

④ X: 고구려 광개토대왕이 최초의 연호인 '영락'을 사용하여 중국과 대등한 입장을 과시하였다. 고려 시대에는 태조가 '천수', 광종이 '광덕', '준풍'의 연호를 사용하였다.

**½한국사 고득점 TIP 고려 시대 지방 제도 정비**

- 태조: 평양을 서경으로 승격, 분사제도 실시
- 정종: 서경 천도 시도
- 성종: 10도, 12목 설치, 지방관 파견 → 향리 제도 정비, 3경 정비
- 현종: 5도 양계 4도호부 8목 경기 정비
- 문종: 3경에서 동경 제외, 한양을 남경으로 승격
- 숙종: 남경개창도감 설치
- 예종: 감무 파견, 분사제도 완성
- 인종: 묘청의 난 이후 분사제도 폐지

## 06

정답 ③

제시된 사료의 밑줄 친 '그'는 고려 태조이다.

**③ O: 고려 태조는 지방 호족을 통제하기 위해 사심관 제도를 실시하였다.**

**오답 분석**

① X: 고려 광종은 과거제를 통해 새로운 관리를 등용하였다.

② X: 고려 경종은 관리들에게 전지와 시지의 수조권을 지급하는 전시과 제도를 마련하여 시행하였다.

④ X: 고려 성종은 12목을 설치하여 각 목에 상주하는 지방관인 목사를 파견하기 시작하였다.

**중요 사료 태조 왕건**

짐은 평범한 가문 출신으로 분에 넘치게 사람들의 추대를 받아 왕위에 올랐다. 재위 19년 만에 삼한을 통일하였고, 이제 왕위에 오른 지도 25년이 되었다. 몸이 이미 늙어지니, 후손들이 사사로운 인정과 욕심을 함부로 부려 나라의 기강을 어지럽게 할까 크게 걱정이 된다. 이에 이것을 지어 후대의 왕들에게 전하고자 하니, 바라건대 아침 저녁으로 펼쳐 보아 영원토록 귀감으로 삼을지어다.

## 07

정답 ④

제시된 (가)는 태조의 훈요 10조, (나)는 최승로의 시무 28조의 일부이다.

**④ O: (나)의 최승로의 시무 28조 작성은 고려 성종 시기로, 성종 때 국자감을 설치하였다.**

**오답 분석**

① X: (나) 최승로의 시무 28조는 성종, (가)는 태조의 훈요 10조이므로 (가)가 (나)보다 먼저 발표되었다.

② X: (가)는 고려 태조가 발표한 훈요 10조이고, 양현고는 고려 예종 때 설치되었다.

③ X: (가)는 고려 태조 때 훈요 10조로, 과거 제도는 고려 태조가 아니라 고려 광종 때 후주 귀화인 쌍기의 건의로 실시되었다.

**½한국사 고득점 TIP 고려 시대 교육 제도**

- 태조: 학보, 개경과 서경에 숙(학교)설치
- 성종: 국자감 설치, 12목에 박사 파견, 향교(향학)설치
- 문종: 최충이 9재학당(문헌공도) 설립 → 사학의 발달, 사학12도
- 숙종: 서적포 설치
- 예종: 양현고와 7재, 궁궐에 청연각·보문각 설립
- 인종: 경사 6학
- 충렬왕: 섬학전, 국자감을 국학 → 성균감 개칭, 문묘, 공자 초상화
- 충선왕: 성균관 개칭
- 공민왕: 성균관을 순수한 유학 교육 기구로 개편(이색)

## 08

정답 ①

제시된 사료의 (가) 왕은 태조 왕건이다. 왕건은 궁예의 부하로 활동하던 시기 903년에 후백제의 나주 지방을 점령하였다. 여기서 장화 왕후 오씨를 만나 아들을 낳았다. '아들이 혜종'을 통해 (가)는 태조임을 알 수 있다.

**① O: 태조 왕건은 후대의 왕들이 지켜야 할 지침으로 훈요 10조를 남겼다.**

**오답 분석**

② X: 고려 광종에 대한 설명이다. 광종은 후주 귀화인 쌍기의 건의로 과거 제도를 도입하였다.

③ X: 고려 성종에 대한 설명이다. 성종은 지방에 외관을 파견하여 호족을 약화시켜 향리로 편성하였다. 이 때 호족 출신들은 호장과 부호장으로 활동하면서 중인층의 상층부 역할을 하였다.

④ X: 고려 경종에 대한 설명이다. 경종은 관리들에게 전지와 시지의 수조권을 지급하는 전시과 제도를 실시하였다.

## 09

2014년 국가직 7급

밑줄 친 '이것'의 내용으로 옳지 않은 것은?

> 짐은 평범한 가문 출신으로 분에 넘치게 사람들의 추대를 받아 왕위에 올랐다. 재위 19년 만에 삼한을 통일하였고, 이제 왕위에 오른 지도 25년이 되었다. 몸이 이미 늙어지니, 후손들이 사사로운 인정과 욕심을 함부로 부려 나라의 기강을 어지럽게 할까 크게 걱정이 된다. 이에 이것을 지어 후대의 왕들에게 전하고자 하니, 바라건대 아침 저녁으로 펼쳐 보아 영원토록 귀감으로 삼을지어다.

① 연등회와 팔관회의 행사를 축소할 것
② 풍수지리 사상을 존중하고 서경을 중시할 것
③ 간언을 따르고 참언을 멀리하여 신민의 지지를 얻을 것
④ 농민의 요역과 세금을 가볍게 하여 민심을 얻고 부국안민을 이룰 것

## 10

2019년 서울시 7급

<보기>의 밑줄 친 '내'가 시행한 정책으로 가장 옳지 않은 것은?

> **보기**
> 지난날 신라의 정치가 쇠하여 도적들이 다투어 일어나고 백성들은 난리 통에 그들의 폭골(曝骨)이 들판에 널렸다. 전 임금이 온갖 혼란을 평정하고 국가 기초를 닦았으나 말년에 와서는 무고한 백성들에게 피해를 끼쳤고 국가가 멸망하였다. 내가 그 위기를 이어 새 나라를 창건하였는데 백성들에게 고된 노동을 시켜 힘들게 하는 것이 어찌 원하던 일이겠는가? 다만 모든 일을 시작하는 때라 일이 부득이하여 그런 것이다. …… 관리로서 나라의 녹봉을 먹는 너희들은 마땅히 백성들을 자식과 같이 사랑하는 나의 뜻을 충분히 헤아려 자기의 녹읍(祿邑) 백성들을 사랑해야 할 것이다.

① 대외적으로 남중국의 오월, 일본 등과 활발히 교류하며 국교를 맺었다.
② 발해 왕자 대광현이 망명하자 왕계라는 이름을 내려 주었다.
③ 정계, 계백료서 등을 통해 관리가 지켜야 할 규범을 제시하였다.
④ 평양을 서경으로 승격시키고 중시하였다.

## 11

2024년 법원직 9급

(가) 시기에 해당하는 사실로 가장 옳은 것은?

> 노비를 상세히 조사하고 살펴서 옳고 그름을 따져 밝혀내도록 하였다. 주인을 배반하는 노비들이 이루 다 셀 수가 없을 정도였다. 이로 말미암아 상전을 능멸하는 풍조가 크게 일어나 사람들이 모두 탄식하고 원망하므로 왕비가 간절하게 간언하였으나, 왕이 받아들이지 않았다.

↓

(가)

↓

> 가을 7월 교(敎)하기를, "양민이 된 노비들은 해가 점차 멀어지면 반드시 그 본래의 주인을 가벼이 보고 업신여기게 된다. … 만약 그 주인을 욕하는 자가 있으면, 다시 천민으로 되돌려 부리게 할 것이다."라고 하였다.

① 강조가 정변을 일으켰다.
② 거란이 개경을 점령하였다.
③ 전시과가 처음으로 제정되었다.
④ 공신들에게 역분전이 지급되었다.

## 12

2012년 서울시 9급

다음 글을 올린 인물에 대한 설명으로 옳은 것은?

> 말년에 무고한 사람을 많이 죽이니 우둔한 신의 생각으로는 만약 광종(光宗)이 항상 공검절약(恭儉節約)을 생각하고 정사를 처음같이 부지런히 하였다면 어찌 그 녹과 수명이 길지 못하여 겨우 향년 50에 그쳤겠습니까?

① 최초로 지방관 파견을 건의하였다.
② 전제 왕권의 강화를 주장하였다.
③ 서경으로 천도할 것을 주장하였다.
④ 실천적 기능을 중시하는 신유학을 수용하였다.
⑤ 시무 10조를 통해 사회 개혁을 건의하였다.

# 문제 풀이

## 09

정답 ①

제시된 사료의 왕은 태조 왕건이며, 밑줄 친 '이것'은 왕건이 남긴 훈요 10조이다.

**① X: 태조는 훈요 10조에서 연등회와 팔관회를 성대하게 할 것을 강조하였고, 이후 성종 때 최승로가 시무 28조에서 연등회와 팔관회를 축소할 것을 건의하였다.**

**오답 분석**

② O: 왕건은 훈요 10조에서 풍수지리를 근거로 서경 길지설을 강조하였고, 서경을 부도읍으로 개발하는 분사 제도를 실시하였다.

③ O: 훈요 10조에서는 간언을 따르고 참언을 멀리하여 신민의 지지를 얻을 것을 강조하였다.

④ O: 왕건은 취민유도를 강조하면서 농민의 요역과 세금을 가볍게 하여 민심을 얻고 부국안민을 이룰 것을 강조하였다.

**중요 사료** 최승로의 시무 28조

- 불교는 수신의 도, 유교는 치국의 도
- 연등회와 팔관회를 축소할 것
- 12목에 지방관을 파견할 것
- 삼한 공신 자손을 등용할 것, 노비의 신분을 엄격히 규제할 것
- 중국과 사무역을 금지할 것
- 관복은 중국 제도를 따르되, 민간 의복은 우리 것을 따를 것
- 겸손한 마음을 가지고 항상 조심할 것, 신하를 예로써 대우할 것

## 10

정답 ①

제시된 사료의 밑줄 친 '내'는 고려 태조이다. 고려 태조 왕건이 예산진에 행차하여 민심을 위로하고, 지배층의 도덕적 애민 통치를 권장하는 내용 중 일부이다.

**① X: 태조 왕건이 아니라 후백제의 견훤이 대외적으로 남중국의 오월, 일본 등과 활발히 교류하며 국교를 맺었다.**

**오답 분석**

② O: 고려 태조는 934년 발해 세자 대광현과 발해 유민들이 망명하자 왕씨 성을 주면서 강력한 동족 의식을 보였다.

③ O: 고려 태조는 신하들에게 정계와 계백료서를 통해 신하의 도리를 전하였다.

④ O: 고려 태조는 평양을 서경으로 삼고 북진 정책의 전진 기지로 개발하였다.

## 11

정답 ③

④ 고려 태조: 역분전 지급

| 광종 | 노비안검법 |
|---|---|

↓(가) ③ 고려 경종: 전시과 실시

| 성종 | 노비환천법 |
|---|---|

① 고려 목종: 강조의 정변

② 고려 현종: 거란의 2차 침입 때 개경 함락, 왕의 나주 피난

## 12

정답 ①

제시된 사료의 글을 올린 인물은 고려 성종 때 최승로이다. 주어진 사료는 최승로의 5조 정적평이다. 이 글에서 최승로는 광종의 전제 정치를 비판하였다.

**① O: 최승로는 성종에게 시무 28조를 올렸고, 최초로 지방관 파견을 건의하였다.**

**오답 분석**

② X: 최승로는 전제 왕권의 강화를 주장한 것이 아니라 광종의 전제 정치를 비판하였다.

③ X: 고려 인종 때 묘청이 서경으로 천도할 것을 주장하였다.

④ X: 고려 말 안향이 충렬왕 때 실천적 기능을 중시하는 신유학인 성리학을 전래하였고, 신진사대부가 성리학을 적극적으로 수용하였다.

⑤ X: 신라 말 진성 여왕 시절 최치원이 시무 10조를 통해 사회 개혁을 건의하였다.

**중요 사료** 최승로의 광종 평가

신의 어리석은 생각으로 만약 왕이 처음과 같이 늘 공손하고 아끼며 정사를 부지런히 하였다면, 어찌 타고난 수명이 길지 않고 겨우 향년 50으로 그쳤겠습니까. 마침내 잘하지 못했음은 진실로 안타까운 일이 아닐 수 없습니다. 더욱이 경신년부터 을해년까지 16년은 간사하고 흉악한 자가 다투어 나아가고 참소가 크게 일어나 군자는 용납되지 못하고 소인은 뜻을 얻었습니다. 마침내 아들이 부모를 거역하고, 노비가 주인을 고발하고, 상하가 마음이 다르고, 군신이 서로 갈렸습니다. 옛 신하와 장수들은 잇달아 죽음을 당하였고, 가까운 친척이 다 멸망을 하였습니다. -『고려사』

# THEME 031 고려 중기의 상황

## 01

2019년 국가직 9급

**(가) 왕의 시기에 일어난 사실로 옳은 것은?**

> 이자겸, 척준경이 말하기를 "금이 예전에는 작은 나라여서 요와 우리나라를 섬겼으나, 지금은 갑자기 흥성하여 요와 송을 멸망시켰다. …(중략)… 작은 나라로서 큰 나라를 섬기는 것은 선왕의 도이니, 마땅히 우선 사절을 보내야 합니다."라고 하니 (가) 이/가 그 의견을 따랐다.
> -『고려사』

① 도평의사사를 중심으로 정치를 주도하였다.
② 성리학을 수용하면서 주자가례를 보급하였다.
③ 서경에 대화궁을 짓게 하고 칭제건원을 주장하였다.
④ 몽골의 침략에 대응하기 위해 강화도로 도읍을 옮겼다.

## 02

2017년 하반기 국가직 9급

**밑줄 친 '왕'의 정책으로 옳지 않은 것은?**

> 대관(大觀) 경인년에 천자께서 저 먼 변방에서 신묘한 도(道)를 듣고자 함을 돌보시어 신사(信使)를 보내시고 우류(羽流) 2인을 딸려 보내어 교법에 통달한 자를 골라 훈도하게 하였다. 왕은 신앙이 돈독하여 정화(政和) 연간에 비로소 복원관(福源觀)을 세워 도가 높은 참된 도사 10여 인을 받들었다. 그러나 그 도사들은 낮에는 재궁(齋宮)에 있다가 밤에는 집으로 돌아가고는 하였다. 그래서 후에 간관이 지적, 비판하여 다소간 법으로 금하는 조치를 취하게 되었다. 간혹 듣기로는, 왕이 나라를 다스렸을 때는 늘 도가의 도록을 보급하는 데 뜻을 두어 기어코 도교로 호교(胡教)를 바꿔 버릴 생각을 하고 있었으나 그 뜻을 이루지 못해 무엇인가를 기다리는 것이 있는 듯하였다고 한다.
> -『고려도경』

① 우봉·파평 등의 지역에 감무관을 파견하였다.
② 국학 7재를 설치하여 관학을 진흥하였다.
③ 김위제의 건의로 남경 건설을 추진하였다.
④ 윤관을 원수로 하여 여진 정벌을 단행하였다.

## 03

2017년 하반기 지방직 9급

**다음 사건으로 즉위한 왕의 재위 기간에 있었던 사실로 옳지 않은 것은?**

> 목종의 모후(母后)인 천추태후와 김치양이 불륜 관계를 맺고 왕위를 엿보자, 서북면도순검사 강조가 군사를 일으켜 김치양 일파를 제거하고 목종을 폐위시켰다.

① 대장경 조판 사업을 시작하였다.
② 지방관이 없는 속군에 감무를 파견하였다.
③ 부모의 명복을 빌고자 현화사를 창건하였다.
④ 개성부를 경중(京中) 5부와 경기로 구획하였다.

## 04

2016년 지방직 9급

**밑줄 친 '왕'의 재위 기간에 있었던 사실로 옳은 것은?**

> 주전도감에서 왕에게 아뢰기를 "백성들이 화폐를 사용하는 유익함을 이해하고 그것을 편리하게 생각하고 있으니 이 사실을 종묘에 알리십시오."라고 하였다. 이해에 또 은병을 만들어 화폐로 사용하였는데, 은 한 근으로 우리나라의 지형을 본떠서 만들었고 민간에서는 활구라고 불렀다.

① 주요 지역에 12목을 설치하고 목사를 파견하였다.
② 여진 정벌을 위해 윤관이 건의한 별무반을 설치하였다.
③ 지방 호족을 견제하기 위해 사심관과 기인 제도를 도입하였다.
④ 왕권을 강화하기 위해 과거 제도를 시행하고 독자적인 연호를 사용하였다.

## 01

정답 ③

제시된 사료의 (가) 왕은 고려 인종이다. 고려 중기 인종 때 이자겸이 정권 안정을 위해 금의 사대 요구를 수용하는 내용으로 (가)는 고려 인종이다.

**③ O: 고려 중기 인종 때 묘청이 서경 천도론을 주장하며 서경에 대화궁을 짓게 하고 칭제건원을 주장하였다.**

**오답 분석**

① X: 원 간섭기 충렬왕 시절 도병마사가 도평의사사로 개편되어 최고 권력기구로 강화되었다. 이 시기에는 도평의사사를 중심으로 정치를 주도하였다.

② X: 충렬왕 때 안향이 성리학을 전래하였고, 신진사대부가 성리학을 적극적으로 수용하면서 주자가례를 보급하였다.

④ X: 무신 집권기 고종 때 최우가 몽골의 침략에 대응하기 위해 강화도로 도읍을 옮겼다.

**½한국사 고득점 TIP 고려 중기 여진과의 대외 관계**

- 숙종: 여진족의 침략 → 정주성에서 패배, 윤관의 건의로 별무반 조직
- 예종
  - 여진 정벌 → 동북 9성 축조 → 1년 만에 돌려줌, 여진의 금 건국
  - 금이 고려에 형제 관계 요구 → 고려에서 거부
- 인종: 금이 고려에 사대 요구 → 이자겸이 수용

## 02

정답 ③

제시된 사료의 밑줄 친 '왕'은 고려 예종이다. '왕은 신앙이 돈독하여 정화(政和) 연간에 비로소 복원관(복원궁)을 세워 도가 높은 참된 도사 10여 인을 받들었다.'가 힌트가 된다. 고려 예종 때 복원궁을 세워 도교 행사를 거행하였다.

**③ X: 고려 예종이 아니라 숙종 때 김위제의 건의로 남경개창도감이 설치되어 남경을 본격적으로 개발하였고, 궁궐을 지어 왕이 머무르게 하였다.**

**오답 분석**

① O: 고려 예종은 지방관이 파견되지 않는 속현과 속군 등에 감무를 파견하였다.

② O: 고려 예종 때 관학 진흥책으로 국학(국자감) 7재를 설치하여 관학을 진흥하였다.

④ O: 고려 예종 때는 윤관이 별무반을 이끌고 여진족의 동북 지방을 정벌하고 9성을 설치하였다.

**½한국사 고득점 TIP 고려 시대 3경**

- 태조: 평양을 서경으로 승격시켜 개발
- 성종: 중경(개경), 서경(평양), 동경(경주)의 3경 정비, 풍수지리의 영향
- 문종: 3경에서 동경을 제외하고 한양(목멱양)을 남경으로 승격
- 숙종: 김위제의 건의로 남경개창도감을 설치하여 남경 개발

## 03

정답 ②

제시된 사료는 1009년 발생한 강조의 정변에 대한 내용이다. 강조의 정변으로 목종이 폐위되고, 현종이 왕으로 옹립되었다.

**② X: 현종이 아니라 예종 때 지방관이 없는 속군에 감무를 파견하였다.**

**오답 분석**

① O: 현종 때 거란족의 침략을 격퇴하기 위해서 초조 대장경 조판 사업을 시작하였다.

③ O: 현종 때 부모의 명복을 빌고자 현화사를 창건하였다.

④ O: 현종 때 지방제도를 정비하여 개성부를 경중(京中) 5부와 경기로 구획하였다. 또한 전국을 5도 양계로 구분하였다.

**½한국사 고득점 TIP 강조의 정변**

강조가 목종을 폐위시킨 뒤 살해하고 현종을 옹립한 사건이다. 목종의 어머니인 천추태후와 김치양 사이에 아들이 생기자 천추태후는 김치양과 더불어 목종에게 아들이 없음을 기회로 삼고 김치양의 아들을 왕에 올리려고 하였다. 이에 반발하여 강조가 군대를 이끌고 대궐에 진입하여 천추태후와 김치양을 제거하고 목종을 죽이고 현종을 옹립하였다.

## 04

정답 ②

제시된 사료의 밑줄 친 '왕'은 고려 숙종이다. 숙종 때 의천의 건의로 주전도감을 설치하고 활구(은병), 해동통보, 해동중보, 삼한통보, 삼한중보, 동국통보, 동국중보 등의 화폐를 만들었다.

**② O: 고려 숙종 때 여진 정벌을 위해 윤관이 건의한 별무반을 설치하였다.**

**오답 분석**

① X: 고려 숙종이 아니라 성종 때 주요 지역에 12목을 설치하고 목사를 파견하였다.

③ X: 고려 숙종이 아니라 태조가 지방 호족을 견제하기 위해 사심관과 기인 제도를 도입하였다.

④ X: 고려 숙종이 아니라 광종이 왕권을 강화하기 위해 과거 제도를 시행하고 독자적인 연호를 사용하였다.

**½한국사 고득점 TIP 별무반**

- 설치: 숙종 때 윤관의 건의로 설치
- 편성: 전직 관리부터 노비로 구성된 부대(신기군, 신보군, 항마군)
- 역할: 예종 때 여진족을 정벌하고 해체

## 05

2016년 지방직 7급

**다음 글을 쓴 인물이 만난 국왕에 대한 설명으로 옳은 것은?**

> 도기의 빛깔이 푸른 것을 고려인은 비색(翡色)이라고 한다. 근래에 만드는 솜씨와 빛깔이 더욱 좋아졌다. 술그릇의 형상은 참외 같은데, 위에 작은 뚜껑이 있고 그 위에 연꽃에 엎드린 오리 모양이 있다.

① 관학 진흥을 위해 국자감에 7재를 처음 설치하여 양현고를 두었다.
② 평양에 기자를 숭배하는 기자 사당을 세워 국가에서 제사하기 시작했다.
③ 경사 6학을 정비하고 지방의 주현에 향학을 증설하여 유교 교육을 확산시켰다.
④ 전국을 5도 양계로 나누고 그 안에 3경 5도호부 8목을 두어 지방 제도를 완비하였다.

## 06

2022년 법원직 9급

**밑줄 친 '왕'의 재위 기간에 있었던 사실로 가장 옳은 것은?**

> 왕은 윤관이 이끄는 별무반을 파견하여 여진을 정벌한 후 동북쪽에 9개의 성을 쌓아 방어하도록 하였다.

① 광덕, 준풍이라는 연호를 사용하였다.
② 최승로가 시무 28조의 개혁안을 제시하였다.
③ 양현고를 설치하여 관학을 진흥시키고자 하였다.
④ 의천 등의 건의를 받아들여 주전도감을 설치하였다.

## 07

2022년 지방직 9급

**(가) 인물에 대한 설명으로 옳은 것은?**

> 군대를 이끌고 통주성 남쪽으로 나가 진을 친 (가) 은/는 거란군에게 여러 번 승리를 거두었다. 하지만 자만하게 된 그는 결국 패해 거란군의 포로가 되었다. 거란의 임금이 그의 결박을 풀어 주며 "내 신하가 되겠느냐?"라고 물으니, (가) 은/는 "나는 고려 사람인데 어찌 너의 신하가 되겠느냐?"라고 대답하였다. 재차 물었으나 같은 대답이었으며, 칼로 살을 도려내며 물어도 대답은 같았다. 거란은 마침내 그를 처형하였다.

① 묘청의 난을 진압하였다.
② 별무반의 편성을 건의하였다.
③ 목종을 폐위하고 현종을 옹립하였다.
④ 거란과 협상하여 강동 6주 지역을 고려 영토로 확보하였다.

## 08

2024년 국가직 9급

**(가)의 재위 기간에 있었던 사실로 옳은 것은?**

> 강조의 군사들이 궁문으로 마구 들어오자, 목종이 모면할 수 없음을 깨닫고 태후와 함께 목 놓아 울며 법왕사로 옮겼다. 잠시 후 황보유의 등이 (가) 을/를 받들어 왕위에 올렸다. 강조가 목종을 폐위하여 양국공으로 삼고, 군사를 보내 김치양 부자와 유행간 등 7인을 죽였다.

① 윤관이 별무반 편성을 건의하였다.
② 외적이 침입하여 국왕이 복주(안동)로 피난하였다.
③ 서희의 외교 담판으로 강동 6주 지역을 획득하였다.
④ 불교 경전을 집대성한 초조대장경 조판이 시작되었다.

## 문제 풀이

### 05

정답 ③

제시된 사료는 고려 인종 때 송나라 사신 서긍이 고려에 다녀간 뒤 쓴 『고려도경』이다. 서긍은 1123년 인종 재위 시기에 송나라의 사신인 노윤적과 함께 고려에 와서 개성에 1개월간 머물렀다.

**③ O: 고려 인종은 경사 6학을 정비하고 지방의 주현에 향약을 증설하여 유교 교육을 확산시켰다.**

**오답 분석**

① X: 고려 예종 때 관학 진흥을 위해 국자감에 7재를 처음 설치하였고, 장학 재단인 양현고를 두었다.

② X: 고려 숙종 때 평양에 기자 사당을 설치하였다. 고려 숙종 때 동명왕과 함께 제사하게 했으며, 1325년 충숙왕 때 사당을 짓고 기자사라고 불렀다. 조선 시대 임진왜란 이후 1612년에 건물을 개수하면서 이름을 숭인전으로 바꿨다.

④ X: 고려 현종 때 전국을 5도 양계로 나누고 그 안에 3경 5도호부 8목을 두어 지방 제도를 완비하였다.

### 06

정답 ③

제시된 사료의 밑줄 친 '왕'은 고려 예종이다. 고려 중기 숙종 때 여진족의 침입에 패한 윤관이 숙종에게 건의해서 별무반을 조직하였고, 이후 예종 때 여진족을 정벌하고 동북 9성을 쌓았다.

**③ O: 고려 예종 시절에는 장학 재단의 일종인 양현고를 설치하여 관학을 진흥시키고자 하였다.**

**오답 분석**

① X: 고려 광종 시절에 광덕, 준풍이라는 독자적인 연호를 사용하였다.

② X: 고려 성종 시절에 최승로가 시무 28조의 개혁안을 제시하였다.

④ X: 고려 숙종 시절에 의천 등의 건의를 받아들여 주전도감을 설치하였다.

### 07

정답 ③

제시된 사료의 (가) 인물은 강조이다. 강조는 목종을 폐하고 현종을 옹립한 뒤 거란족의 2차 침입 때 통주에서 패배하였다. 이후 거란의 귀화 요구를 거부하다 처형당하였다.

**③ O: 강조는 난을 일으켜 김치양 등을 제거한 뒤 목종을 폐위시키고, 현종을 옹립하였다.**

**오답 분석**

① X: 고려 인종 때 김부식이 묘청의 난을 진압하였다.

② X: 고려 숙종 때 윤관이 여진 정벌을 위해 별무반의 편성을 건의하였다.

④ X: 고려 성종 때 서희가 거란의 소손녕과 협상하여 강동 6주 지역을 고려 영토로 확보하였다.

### 08

정답 ④

제시된 사료의 (가)는 고려 현종이다. 강조가 목종을 폐하고 새로 옹립한 것에서 고려 현종임을 알 수 있다.

**④ O: 고려 현종 시절에 거란의 침입을 막기 위해 불교 경전을 집대성한 초조대장경 조판이 시작되었다.**

**오답 분석**

① X: 고려 숙종 때 윤관이 여진 정벌을 위해 별무반 편성을 건의하였다.

② X: 고려 공민왕 때 홍건적이 침입하여 국왕이 복주(안동)로 피난하였다.

③ X: 고려 성종 때 서희의 외교 담판으로 강동 6주 지역을 획득하였다.

**½한국사 고득점 TIP 고려 시대 거란과의 관계**

- 태조: 북진 정책을 추진하며 거란과 적대, 만부교 사건, 금수의 나라
- 정종: 광군 조직(거란 침입 대비, 청천강)
- 성종: 거란의 1차 침입(소손녕), 서희의 안융진 담판 → 강동6주
- 현종: 거란의 2차 침입(양규의 선전, 초조대장경 조판, 나주 피난)
- 현종: 3차 침입(강감찬: 귀주대첩)
- 덕종~정종: 천리장성 축조(압록강~도련포)
- 예종: 금과 송에게 협공을 당한 거란이 고려에 도움 요청 → 거부
- 최충헌: 몽골에 쫓긴 거란족의 침입 → 김취려가 몽골과 함께 격퇴

# THEME 032 이자겸의 난과 묘청의 난

## 01

2017년 국가직 7급

**밑줄 친 '그'에 대한 설명으로 옳은 것은?**

> 그는 스스로 국공(國公)에 올라 왕태자와 동등한 예우를 받았으며 자신의 생일을 인수절(仁壽節)이라 칭하였다. 그는 남의 토지를 빼앗고 공공연히 뇌물을 받아 집에는 썩는 고기가 항상 수만 근이나 되었다.

① 그가 일으킨 난을 경계(庚癸)의 난이라고도 한다.
② 아들을 출가시켜 현화사 불교 세력과 강력한 유대 관계를 맺고 있었다.
③ 금의 군신 관계 요구에 반대하며 금 정벌론을 주장하였다.
④ 문벌 귀족들의 세력을 억누르기 위해 지덕쇠왕설을 내세워 서경 천도를 주장하였다.

## 02

2020년 법원직 9급

**(가), (나)에 대한 다음 설명으로 가장 옳은 것은?**

> 이 싸움은 낭가 및 불교 대 유교의 싸움이며, 국풍파 대 한학파의 싸움이다. 또 독립당 대 사대당의 싸움이고, 진취 사상 대 보수 사상의 싸움이다. (가) 은/는 전자의 대표요, (나) 은/는 후자의 대표였다. 이 싸움에서 (가) 이/가 패하고 (나) 이/가 승리하였으므로, 조선의 역사가 사대적이고 보수적인 유교에 정복되고 말았다.

① (가)는 금을 정벌할 것을 주장하였다.
② (가)는 전민변정도감 설치를 건의하였다.
③ (나)는 당시 대표적인 성리학자였다.
④ (나)는 『삼국유사』를 편찬하였다.

## 03

2017년 법원직 9급

**다음 밑줄 친 '병란'을 일으킨 세력에 대한 설명으로 가장 옳은 것은?**

> 임술일에 왕이 다음과 같은 조서를 내렸다. "…… 나에게 불평을 품은 나머지 당돌하게 병란을 일으켜 관원들을 잡아 가두었으며 천개(天開)라는 연호를 표방하고 군호(軍號)를 충의(忠義)라고 하였으며 공공연히 병졸들을 규합하여 서울을 침범하려 한다. 사변이 뜻밖에 발생하여 그 세력을 막을 도리가 없다." -『고려사』

① 중방을 중심으로 권력을 행사하였다.
② 웅천주를 기반으로 반란을 일으켰다.
③ 칭제건원과 금국 정벌을 주장하였다.
④ 왕의 측근 세력을 제거하고 인종을 감금하였다.

## 04

2017년 서울시 9급

**다음은 『고려사』에 나타난 고려 중기 두 세력의 대표적 인물의 주장이다. 이들에 대한 설명으로 옳은 것을 <보기>에서 고르면?**

> (가) 제가 보건대 서경 임원역의 땅은 풍수지리를 하는 사람들이 말하는 아주 좋은 땅입니다. 만약 이곳에 궁궐을 짓고 전하께서 옮겨 앉으시면 천하를 다스릴 수 있습니다. 또한 금나라가 선물을 바치고 스스로 항복할 것이고 주변의 36나라가 모두 머리를 조아릴 것입니다.
>
> (나) 금년 여름 서경 대화궁에 30여 개소나 벼락이 떨어졌습니다. 서경이 만일 좋은 땅이라면 하늘이 이렇게 하였을 리 없습니다. 또 서경은 아직 추수가 끝나지 않았습니다. 지금 거동하시면 농작물을 짓밟을 것이니 이는 백성을 사랑하고 물건을 아끼는 뜻과 어긋납니다.

> **보기**
> ㉠ (가) 국호를 대위, 연호를 천개로 정하고 반란을 일으켰다.
> ㉡ (가) 칭제 건원과 요나라 정벌을 주장하였다.
> ㉢ (나) 개경 중심의 문벌 귀족 세력의 대표였다.
> ㉣ (나) 편년체 역사서인 『삼국사기』를 편찬하였다.

① ㉠, ㉢　　② ㉠, ㉡, ㉢
③ ㉠, ㉢, ㉣　　④ ㉠, ㉡, ㉢, ㉣

# 문제 풀이

## 01

정답 ②

제시된 사료의 밑줄 친 '그'는 고려 중기 이자겸이다. '국공, 인수절, 뇌물을 받아 썩는 고기가 수만 근이 되었다'에서 고려 중기 문벌 귀족 이자겸의 내용임을 파악할 수 있다.

② O: 이자겸은 자신의 아들의 출가를 통해 현화사 불교 세력과 강력한 유대 관계를 맺고 있었다. 그래서 이자겸의 난에 현화사 승려들이 참여하였다.

**오답 분석**

① X: 정중부가 일으킨 무신정변과 김보당이 일으킨 난을 합쳐 경계(庚癸)의 난이라고도 한다. 정중부가 일으킨 무신정변은 경인년(1170)에 일어났으며, 김보당이 일으킨 난은 계사년(1173)에 일어났다. 때문에 이를 합쳐 경계의 난이라고 불렀다.

③ X: 인종 때 묘청 등의 서경파가 금의 군신 관계 요구에 반대하며 금 정벌론을 주장하였다. 반면 이자겸은 금에 대한 사대를 주장하고 이를 수용하였다.

④ X: 인종 때 묘청 등의 서경파가 문벌 족들의 세력을 억누르기 위해 지덕쇠왕설을 내세워 서경 천도를 주장하였다.

**½한국사 고득점 TIP** 경계의 난

- 의미: 경인난(1170년 무신정변) + 계사난(1173년 김보당의 난)
- 경인난: 무신정변, 이고·이의방·정중부가 의종을 폐하고 명종 옹립
- 계사난: 김보당의 난(동북면 병마사, 최초의 반무신난, 문신관료 중심)
- 두 난의 결과 문신관료들의 많은 희생

## 02

정답 ①

제시된 사료는 신채호의 『조선사연구초』의 일부로, (가)는 묘청을 중심으로 하는 서경파, (나)는 김부식을 중심으로 하는 개경파이다. 신채호는 『조선사연구초』에서 묘청의 난을 강조하며 묘청의 서경파를 독립당, 국풍파 등으로 강조하였고, 김부식의 개경파를 사대당, 한학파로 비판하였다.

① O: (가) 서경파 묘청 등은 칭제건원을 주장하고, 금을 정벌할 것을 주장하였다.

**오답 분석**

② X: (가)의 묘청이 아니라 고려 말 신돈 등이 공민왕 때 전민변정도감 설치를 건의하였다.

③ X: (나)의 개경파의 김부식은 유학사상을 강조하였지만 성리학은 고려 말 충렬왕 때 안향이 전래하였다. 김부식이 활동하던 시기에는 아직 성리학이 전래 되지 않았다.

④ X: (나)의 개경파 김부식은 『삼국유사』가 아니라 『삼국사기』를 편찬하였다. 『삼국유사』는 충렬왕 시절 일연이 편찬하였다.

## 03

정답 ③

제시된 사료의 밑줄 친 '병란'은 고려 중기 인종 시절 1135년 묘청의 난이다. '천개(天開)라는 연호를 표방하고 군호(軍號)를 충의(忠義)라고 하였으며 공공연히 병졸들을 규합하여 서울을 침범하려 한다.'를 통해 묘청의 난임을 알 수 있다.

③ O: 고려 중기 묘청의 서경파는 칭제건원과 금국 정벌을 주장하였다.

**오답 분석**

① X: 묘청이 아니라 무신집권기 무신들이 주로 중방을 중심으로 권력을 행사하였다. 무신 집권기에는 기존의 형식적인 무반의 합의기구였던 중방이 최고 권력기구가 되었다. 상장군, 대장군들은 중방에서 군사, 경찰, 탄핵, 인사 등의 권력을 행사하였다.

② X: 신라 하대 헌덕왕 시절 김헌창이 웅천주(웅주, 공주)를 기반으로 반란을 일으켰다.

④ X: 고려 중기 이자겸이 왕(인종)의 측근 세력을 제거하고 인종을 감금하였다.

**½한국사 고득점 TIP** 묘청의 서경 천도 운동

- 배경: 묘청은 왕권 강화, 칭제건원, 금국 정벌을 주장하며 서경 천도 주장
- 수용: 인종은 서경 천도를 준비하며 서경에 대화궁을 지음
- 반발: 김부식의 개경파의 반대로 서경 천도가 무산됨
- 묘청의 서경 천도 운동
  - 묘청은 1135년 조광, 유참 등과 함께 서경에 대화국 건국
  - 연호는 천개, 천견충의군의 군대 조직
  - 김부식이 이끄는 관군에게 진압되어 실패

## 04

정답 ①

제시된 (가)는 서경 임원역의 땅은 풍수지리를 하는 사람들이 말하는 아주 좋은 땅이라는 내용을 통해 서경 천도를 주장하였던 묘청(서경파)의 주장임을 알 수 있고, (나)는 서경 대화궁에 벼락이 떨어졌다는 것 등을 근거로 서경으로의 거동을 반대하는 내용을 통해 서경 천도를 반대하였던 김부식(개경파)의 주장임을 알 수 있다.

㉠ O: 묘청을 중심으로 한 개혁 세력은 국호를 대위, 연호를 천개, 군대를 천견충의군이라 하여 반란을 일으켰다.

㉢ O: 김부식은 개경 중심의 문벌 귀족 세력을 대표하는 인물이다.

**오답 분석**

㉡ X: 묘청을 중심으로 한 개혁 세력이 칭제 건원(황제를 칭할 것과 연호를 사용할 것)을 주장한 것은 맞으나, 요나라가 아닌 금나라 정벌을 주장하였다.

㉣ X: 김부식이 편찬한 『삼국사기』는 편년체가 아니라 기전체로 서술된 역사서이다. 『삼국사기』는 현존하는 우리나라 최고(最古)의 역사서이다.

# THEME 033 무신 집권기

## 01

2020년 국가직 9급

**(가) 인물에 대한 설명으로 옳은 것은?**

> 신종 원년 사노비 만적 등이 북산에서 땔나무를 하다가 공사의 노비들을 모아 모의하기를, "우리가 성 안에서 봉기하여 먼저 (가) 등을 죽인다. 이어서 각각 자신의 주인을 죽이고 천적(賤籍)을 불태워 삼한에서 천민을 없게 하자. 그러면 공경장상이라도 우리가 모두 할 수 있을 것이다."라고 하였다.

① 정방을 설치하여 인사권을 장악하였다.
② 치안유지를 위해 야별초를 설립하였다.
③ 이의방을 제거하고 권력을 장악하였다.
④ 봉사십조를 올려 사회개혁안을 제시하였다.

## 02

2016년 지방직 9급

**(가)~(라)의 시기에 있었던 사실로 옳은 것은?**

| | (가) | | (나) | | (다) | | (라) | |
|---|---|---|---|---|---|---|---|---|
| 무신정변 발생 | | 최충헌 집권 | | 최우 집권 | | 김준 집권 | | 왕정 복구 |

① (가) - 국정을 총괄하는 교정도감이 처음 설치되었다.
② (나) - 망이·망소이 등 명학소민이 봉기하였다.
③ (다) - 금속 활자로 『상정고금예문』을 인쇄하였다.
④ (라) - 고려대장경을 다시 조판하여 완성하였다.

## 03

2021년 지방직 9급

**다음 사건을 시기순으로 바르게 나열한 것은?**

> (가) 정중부와 이의방이 정변을 일으켰다.
> (나) 최충헌이 이의민을 제거하고 권력을 잡았다.
> (다) 충주성에서 천민들이 몽골군에 맞서 싸웠다.
> (라) 이자겸이 척준경과 더불어 난을 일으켰다.

① (가) - (나) - (라) - (다)　　② (가) - (다) - (나) - (라)
③ (라) - (가) - (나) - (다)　　④ (라) - (가) - (다) - (나)

## 04

2020년 경간부

**밑줄 친 '이 사람'에 대한 설명으로 <보기> 중 옳은 것은 모두 몇 개인가?**

> 사신(史臣)이 말하기를, "신종은 이 사람이 세웠다. 사람을 살리고 죽이고 왕을 폐하고 세우는 것이 다 그의 손에서 나왔다. (신종은) 한 갓 실권이 없는 왕으로서 신민(臣民)의 위에 군림하였지만, 허수아비와 같았으니, 애석한 일이다."라고 하였다. -『고려사』

> **보기**
> (가) 봉사 10조라는 사회개혁안을 제시하였다.
> (나) 강화도로 천도하여 대몽항쟁을 주도하였다.
> (다) 희종 때 진강후로 책봉되고, 흥녕부를 설치하였다.
> (라) 반대 세력을 제거하기 위해 교정도감을 설치하였다.
> (마) 좌·우별초에 신의군을 추가하여 삼별초를 완비하였다.

① 1개　　② 2개
③ 3개　　④ 4개

## 01

정답 ④

제시된 사료의 (가)는 최충헌이다. 만적은 최충헌의 사노비로 1198년 흥국사에서 노비들과 함께 반란을 계획하였지만 사전에 발각되어 실패하였다.

④ O: **최충헌이 명종에게 봉사십조를 올려 사회개혁안을 제시하였다.**

**오답 분석**

① X: 최충헌이 아니라 최우가 정방을 설치하여 인사권을 장악하였다.

② X: 최충헌이 아니라 최우가 치안유지를 위해 야별초를 설립하였다. 이후 야별초가 삼별초로 발전하였다.

③ X: 최충헌이 아니라 정중부가 이의방을 제거하고 권력을 장악하였다.

**중요 사료** 만적의 난

경계(庚癸) 이후 공경대부는 천예 속에서 많이 나왔다. 장군이나 재상이 되는 씨가 어디 따로 있는가. 때가 되면 누구나 할 수 있다. 우리가 어찌 상전의 매질을 받으며 고생만 하고 살아야 하는가. 모두 자신의 주인을 죽이고 천인의 호적을 불살라 버려 삼한 땅에 천인이 없게 하면 공경과 장상을 우리가 모두 할 수 있을 것이다.

-『고려사』

## 02

정답 ③

무신정변 발생(1170) → (가) → 최충헌 집권(1196) → (나) → 최우 집권(1219) → (다) → 김준 집권(1258) → (라) → 왕정 복구(1270)

③ O: **『상정고금예문』은 최우 집권 시절 1234년 강화도에서 금속 활자로 재인쇄되었다.**

**오답 분석**

① X: 교정도감은 (가) 시기가 아닌 최충헌 집권 시기인 (나) 시기인 1209년에 설치되었다.

② X: 망이·망소이는 (나) 시기가 아닌 정중부 시절인 (가) 시기인 1176년 공주 명학소에서 반란을 일으켰고, 이후 충순현으로 승격되면서 향·소·부곡이 소멸되기 시작하였다.

④ X: 고려대장경은 거란 2차 침입 때 초조대장경을 조판하였지만 몽골의 2차 침입 때 소실되었다. 이후 (라) 시기가 아니라 (다) 시기인 최우 시절 몽골의 3차 침입(1236년)때 강화도에 대장도감을 설치하고 고려대장경(팔만대장경)을 다시 조판하여 완성하였다.

## 03

정답 ③

| (라) | 1126년 | 이자겸의 난 |
|---|---|---|
| ↓ | | |
| (가) | 1170년 | 무신정변(정중부의 난) |
| ↓ | | |
| (나) | 1196년 | 최충헌 집권 |
| ↓ | | |
| (다) | 1255년(몽골 6차 침입) | 충주에서 몽골 격파 |

**중요 사료** 최충헌의 이의민 제거

적신 이의민은 성품이 사납고 잔인하여 윗사람을 업신여기고 아랫사람을 능멸하여 주상의 자리를 흔들고자 하니 신(臣) [최충헌] 등이 폐하의 위엄에 힘입어 일거에 소탕하였습니다. 원컨대 폐하께서는 새로운 정치를 도모하시어 태조의 바른 법을 따라 빛나게 중흥을 여소서. 삼가 열 가지 일을 조목으로 나누어 아룁니다.

## 04

정답 ③

제시된 사료의 밑줄 친 '이 사람'은 고려 무신집권기 최충헌이다. 최충헌은 이의민을 제거하고 권력을 장악하면서 신종, 강종, 고종 등을 옹립하였다.

(가) O: **최충헌은 명종에게 사회 개혁안인 봉사 10조를 올렸으나 실질적인 개혁은 이루어지지 않았다.**

(다) O: **최충헌은 진강후에 책봉되었고, 진주 지방을 식읍으로 지급받았다. 또한 최충헌은 사저에 흥녕부를 설치하기도 하였다.**

(라) O: **최충헌은 인사, 조세, 감찰 등을 담당하는 최고 권력 기구인 교정도감을 설치하였다. 교정도감의 장은 교정별감으로 왕이 임명하였지만 형식적이었고, 무신 최고 권력자가 자동으로 겸하였다.**

**오답 분석**

(나) X: 최충헌이 아니라 최우 시절 강화도로 천도하여 대몽항쟁을 주도하였다.

(마) X: 최충헌이 아니라 최우 시절 좌·우별초에 신의군을 추가하여 삼별초를 완비하였다.

# THEME 034 원 간섭기 이후 상황

## 01

2017년 하반기 국가직 9급

**다음은 원의 세조가 고려에 약속한 내용의 일부이다. 이 약속 이후에 일어난 사실로 옳지 않은 것은?**

> • 옷과 머리에 쓰는 관은 고려의 풍속을 유지하고 바꿀 필요가 없다.
> • 압록강 둔전과 군대는 가을에 철수한다.
> • 몽고에 자원해 머문 사람들은 조사하여 모두 돌려보낸다.

① 정동행성을 설치하였다.
② 2차 여몽 연합군은 일본 원정에 실패하였다.
③ 쌍성총관부를 설치하였다.
④ 사림원을 설치하였다.

## 02

2018년 교육행정직

**(가), (나) 사이 시기의 사실로 옳은 것을 <보기>에서 고른 것은?**

> (가) 장군 배중손, 지유 노영희 등이 삼별초를 인솔하고 반역하였는데 승화후 왕온을 겁박하여 왕으로 삼고 관부를 설치하였다.
> (나) 유인우가 쌍성을 함락하였다. 총관 조소생과 천호 탁도경은 도주하였으며, 원에 빼앗겼던 화주, 등주 등 각 주와 선덕, 원흥 등 여러 진을 수복하였다.

> **보기**
> (ㄱ) 첨의부와 4사 체제가 운영되었다.
> (ㄴ) 재정 수입의 확대를 위한 소금 전매제가 시행되었다.
> (ㄷ) 예안 향약이 실시되어 유교 윤리 확산에 기여하였다.
> (ㄹ) 요세가 법화 신앙에 기반하여 백련결사 운동을 전개하였다.

① (ㄱ), (ㄴ)　　② (ㄱ), (ㄹ)
③ (ㄴ), (ㄷ)　　④ (ㄷ), (ㄹ)

## 03

2022년 국가직 9급

**(가) 시기의 사실로 옳지 않은 것은?**

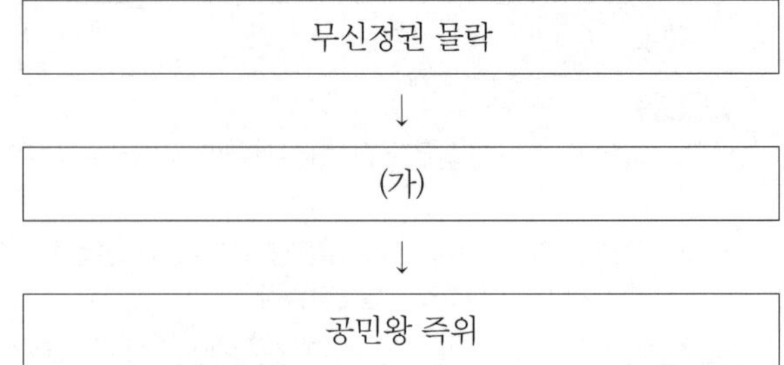


① 만권당이 만들어졌다.
② 정동행성이 설치되었다.
③ 쌍성총관부가 수복되었다.
④ 『제왕운기』가 저술되었다.

## 04

2022년 법원직 9급

**(가) 시기에 있었던 사실로 가장 옳은 것은?**

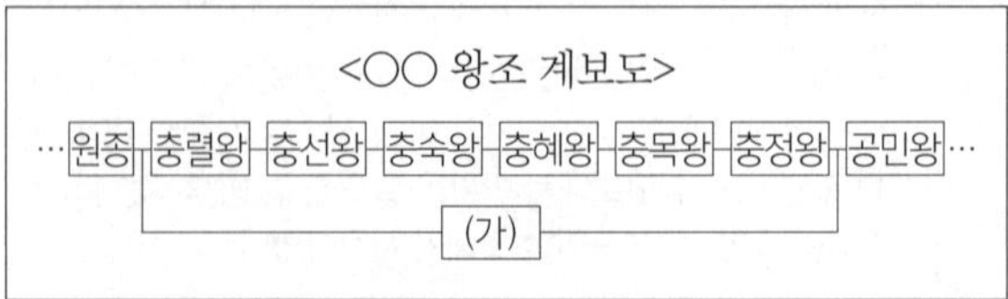


① 서경 유수 조위총이 난을 일으켰다.
② 정동행성 이문소가 내정을 간섭하였다.
③ 홍건적의 침입으로 왕이 복주로 피신하였다.
④ 삼별초가 신도와 제주도에서 항생을 선개하였다.

# 문제 풀이

## 01

정답 ③

제시된 자료는 원의 세조 구제 중 일부로 1259년 고려 원종(태자 시절)과 강화 조약을 체결하면서 약속된 내용이다.

**③ X: 쌍성총관부는 1259년 강화 조약 체결 전 1258년 고종 때 조휘, 탁청의 배신에 의해 화주(영흥, 철령 이북)에 설치되었다.**

**오답 분석**

① O: 정동행성은 1280년 충렬왕 시기 일본의 2차 원정 당시 개경에 설치되었다.

② O: 원은 1274년 충렬왕 시기 1차 일본 원정, 1281년 충렬왕 시기 2차 일본 원정을 시도하였으나 모두 실패하였다.

④ O: 사림원은 충선왕 시기 1298년 설치되었다.

**½한국사 고득점 TIP 원 간섭기 영토 상실**

- 쌍성총관부: 1258년 영흥, 화주, 철령 이북 → 공민왕, 무력으로 수복
- 동녕부: 1270년 서경, 자비령 이북
- 탐라총관부: 1273년 제주, 삼별초 진압 후 설치, 목마장 운영

| | 쌍성총관부 | 동녕부 | 탐라총관부 |
|---|---|---|---|
| 지역 | 화주, 영흥, 철령 이북 | 서경, 자비령 이북 | 제주도 |
| 상실 | 1258년 | 1270년 | 1273년 |
| 반환 | 공민왕 때 무력 수복 | 충렬왕 때 반환 | 충렬왕 때 반환 |

## 02

정답 ①

(ㄹ) 1208년 무신집권기 요세가 백련사 결사 조직

| (가) | 1270년 | 배중손이 개경환도 반발<br>→ 강화도, 무인정권 수립 |
|---|---|---|

↓

(ㄱ) 충렬왕(1274년 즉위) 때 관제 격하

(ㄴ) 충선왕 때 1298년 의렴창 설치

| (나) | 1356년 | 공민왕 때 유인우가 무력으로<br>쌍성총관부 수복 |
|---|---|---|

(ㄷ) 조선 명종 때 이황이 예안 향약 실시

## 03

정답 ③

| 1270년 | 개경 환도, 무신정권 몰락, 왕정 복고 |
|---|---|

↓(가)

① 만권당: 1314년 충숙왕(충선왕이 북경에 설치)

② 정동행성: 1280년 설치 충렬왕 시절

④ 『제왕운기』: 1287년 충렬왕

| 1352년 | 공민왕 즉위 |
|---|---|

③ 쌍성총관부 수복: 1356년 유인우

**½한국사 고득점 TIP 정동행성**

- 설치: 1280년 충렬왕
- 목적: 일본의 2차 원정
- 변화: 1281년 일본 2차 원정 실패 후 존속 → 내정 간섭 기구
- 역할: 관리들이 고려인 → 실질적 내정 간섭 X, 연락 업무
- 정동행성 이문소: 고려인을 불법적 취조, 탄압, 사법 기구 → 공민왕 때 폐지

## 04

정답 ②

제시된 자료는 1274년 충렬왕 시절부터 1351년 공민왕 즉위 전까지의 상황이다.

**② O: 원 간섭기 충렬왕 때 일본원정을 위해서 정동행성 이문소가 설치되었다. 일본원정에 실패한 후에 정동행성은 남아서 고려와 원의 연락업무를 담당하였다. (정동행성 이문소는 내정을 간섭)**

**오답 분석**

① X: 무신집권기 1174년 서경 유수 조위총이 무신정권 타도를 목표로 반란을 일으켰으며 3년 만에 진압되었다.

③ X: 1361년 공민왕 시절 홍건적의 침입으로 왕이 복주로 피신하였다.

④ X: 원종 시절인 1270년부터 1273년까지 삼별초가 진도와 제주도에서 항쟁을 전개하였다.

## 05

2014년 국가직 9급

**다음 괄호 안에 들어갈 국왕과 관련되는 내용은?**

> (　　　　)이 원나라의 제도를 따라 변발(辮髮)을 하고 호복(胡服)을 입고 전상(殿上)에 앉아 있었다. 이 연종이 간하려고 문밖에서 기다리고 있었더니, 왕이 사람을 시켜 물었다. …(중략)… 답하기를 "변발과 호복은 선왕의 제도가 아니오니, 원컨대 전하께서는 본받지 마소서."라고 하니, 왕이 기뻐하면서 즉시 변발을 풀어 버리고 그에게 옷과 요를 하사하였다. -『고려사』

① 노비와 관련된 문제를 처리하는 장례원을 설치하였다.

② 정동행성 이문소를 폐지하고 요동 지방을 공략하였다.

③『동국병감』과 같은 병서를 간행하여 원나라의 침략에 대비하였다.

④ 권문세족의 경제 기반을 무너뜨리기 위해서 과전법을 시행하였다.

## 06

2013년 하반기 해양경찰 공무원(경찰)

**다음은 고려 후기의 사회 변화와 관련된 사료이다. 이와 가장 관계가 깊은 관청에 대한 설명으로 옳은 것은?**

> "요즈음 국가 기강이 크게 무너져 …… 대대로 지어 내려오는 땅을 힘 있는 집이 빼앗고 …… 백성들을 노예로 삼았다. 주·현의 역리, 공노비와 백성으로서 역을 회피하는 자들이 모두 농장에 몸을 숨기니 백성을 병들게 하고 나라를 궁핍하게 하였다. …… 그 잘못을 알고 스스로 고치는 자는 죄를 묻지 않을 것이며, …… 거짓으로 호소한 자는 도리어 죄를 줄 것이다."라고 하였다. 이 명령이 나오자 권세가와 힘 있는 자들이 빼앗은 많은 땅을 그 주인에게 돌려주므로 모든 사람들이 기뻐하였다.

① 공민왕은 인사권을 장악하고 왕권을 제약했던 이 관청을 폐지하였다.

② 공민왕은 이 관청의 수장으로 권문세족과 관계가 없는 신돈을 등용하였다.

③ 공민왕은 정동행성 이문소를 설치하여, 이 관청의 권한을 약화시켰다.

④ 공민왕은 이 관청을 발판으로 하여 쌍성총관부와 탐라총관부를 무력으로 섬령하였다.

## 07

2022년 지방직 9급

**밑줄 친 '왕'의 재위 기간에 있었던 일로 옳은 것은?**

> <u>왕</u>의 어릴 때 이름은 모니노이며, 신돈의 여종 반야의 소생이었다. 어떤 사람은 "반야가 낳은 아이가 죽어서 다른 아이를 훔쳐서 길렀는데, 공민왕이 자신의 아들이라고 칭하였다."라고 하였다. <u>왕</u>은 공민왕이 죽은 뒤 이인임의 추대로 왕위에 올랐다. 이후 이인임, 염흥방, 임견미 등이 권력을 잡아 극심하게 횡포를 부렸다.

① 이종무가 왜구의 소굴인 대마도를 정벌하였다.

② 삼별초가 반란을 일으켜 대몽 항쟁을 계속하였다.

③ 쌍성총관부를 공격해 철령 이북 지역을 수복하였다.

④ 요동 정벌을 위해 출병한 이성계가 위화도에서 회군하였다.

## 08

2017년 국가직 9급

**밑줄 친 '이 기구'가 설치된 왕 대에 있었던 사실로 옳은 것은?**

> 조정은 중국의 화약 제조 기술을 터득하여 <u>이 기구</u>를 두고, 대장군포를 비롯한 20여 종의 화기를 생산하였으며, 화약과 화포를 제작하였다.

① 복원궁을 건립하여 도교를 부흥시켰다.

② 흥덕사에서『직지심체요절』을 간행하였다.

③ 교장도감을 설치하여『속장경』을 간행하였다.

④ 시무 28조를 수용하여 유교정치를 구현하였다.

# 문제 풀이

## 05

정답 ②

제시된 사료의 괄호 안에 들어갈 왕은 고려 후기 공민왕이다. 변발과 호복을 금지하는 것으로 보아 공민왕 시절임을 알 수 있다.

② O: **공민왕은 내정 간섭을 하던 정동행성 이문소를 혁파하고 요동 지방으로 이동한 동녕부를 공격하였다.**

**오답 분석**

① X: 공민왕이 아니라 조선 세조 때 노비와 관련된 업무를 보는 장례원을 설치하였다.

③ X: 『동국병감』은 조선 시대 문종 때 편찬된 고조선부터 고려까지의 전쟁사를 다룬 책이다.

④ X: 과전법은 1391년 공민왕이 아니라 공양왕 시절 도평의사사에서 제정되었다.

**½한국사 고득점 TIP 공민왕**

충숙왕의 둘째 아들로서 원나라 노국대장공주를 아내로 맞이하고 원에서 살다가 원의 후원으로 왕위에 올랐으나 고려인의 정체성을 결코 잃지 않았다.

**½한국사 고득점 TIP 요동 공격**

- 공민왕: 1369~1370년 지용수와 이성계가 요동 공격
- 우왕: 1388년 명의 철령위 통보, 최영, 요동 정벌 주장 → 이성계 반대, 위화도 회군
- 조선 태조: 조선 초 정도전 등이 요동 정벌 주장 → 이방원과 조준의 반대

## 06

정답 ②

제시된 사료는 공민왕 시절 신돈의 개혁에 대한 내용으로 이와 관계 있는 관청은 전민변정도감이다. 공민왕은 신돈을 기용하여 권세가의 농장을 몰수하고 노비들을 양민으로 풀어주려 하였다.

② O: **공민왕은 전민변정도감 수장으로 권문세족과 관계가 없는 신돈을 등용하였다.**

**오답 분석**

① X: 공민왕은 인사권을 장악하고 왕권을 제약했던 정방을 폐지하였다.

③ X: 공민왕은 고려인들을 괴롭히던 정동행성 이문소를 설치한 것이 아니라 폐지하였고, 전민변정도감의 권한을 약화가 아니라 강화시켜 권문세족의 농장을 몰수하려 하였다.

④ X: 공민왕은 전민변정도감을 발판으로 권문세족의 농장을 몰수하여 왕권을 강화하려 하였다. 반면 쌍성총관부는 1356년 이미 유인우가 무력으로 수복하였고, 전민변정도감은 그 뒤인 1366년에 설치되었다. 그리고 탐라총관부는 충렬왕 때 원으로부터 돌려받았다.

## 07

정답 ④

제시된 사료의 밑줄 친 '왕'은 고려 우왕이다. 공민왕의 아들~공민왕이 죽은 뒤 이인임의 추대로 왕위에 올랐다'에서 고려 후기 우왕임을 알 수 있다.

④ O: **고려 우왕 시절에 요동 정벌을 위해 출병한 이성계가 위화도에서 회군하였다.**

**오답 분석**

① X: 조선 세종 시절에 이종무가 왜구의 소굴인 대마도를 정벌하였다.

② X: 고려 원종 시절에 삼별초가 반란을 일으켰다.

③ X: 고려 공민왕 시절에 쌍성총관부를 공격해 철령 이북 지역을 수복하였다.

**½한국사 고득점 TIP 우왕(1374~1388)**

- 즉위: 공민왕이 죽고 즉위(신돈 첩 반야의 아들)
- 정치
  - 이인임 등의 권문세족이 권력 장악
  - 1388년 최영과 이성계가 이인임 제거
- 명과 관계
  - 명 사신 채빈 살해 → 명과 관계 악화
  - 1388년 명의 철령위 통보 → 최영이 요동 정벌 추진
  - 1388년 이성계의 위화도 회군으로 우왕 폐위, 창왕 옹립
- 왜구 토벌
  - 1376년 홍산 전투: 최영
  - 1380년 진포 전투(최무선), 황산 전투(이성계)
  - 1383년 관음포 전투(정지, 남해)
- 기타: 화통도감(1377) 설치, 『직지심체요절』(1377), 사천매향비 등

## 08

정답 ②

제시된 사료의 밑줄 친 '이 기구'는 1377년 고려 말 우왕 시절에 만들어진 화통도감으로 화약과 화포 제작을 담당하는 관청이다.

② O: **우왕 시절 흥덕사에서 1377년 『직지심체요절』을 간행하였다.**

**오답 분석**

① X: 우왕이 아니라 고려 중기 예종 때 복원궁을 건립하여 도교를 부흥시켰다.

③ X: 고려 중기 선종~숙종 때 의천이 교장도감을 설치하여 『속장경』을 간행하였다.

④ X: 성종 때 최승로의 시무 28조를 수용하여 유교 정치를 구현하였다.

# THEME 035 고려 시대 대외 관계

## 01

2019년 법원직 9급

(가) 지역에 대한 설명으로 가장 옳은 것은?

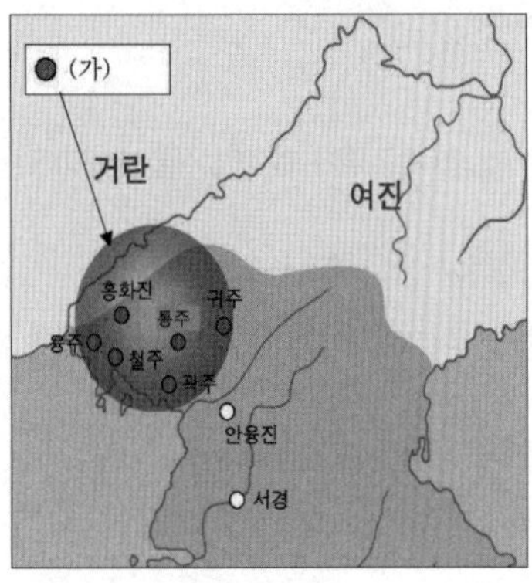


① 김종서가 6진을 설치하였다.
② 공민왕 때 무력으로 수복하였다.
③ 서희가 거란과의 담판으로 획득하였다.
④ 윤관이 별무반을 이끌고 여진족을 몰아내었다.

## 02

2017년 법원직 9급

다음 지도는 10~12세기 동아시아의 정세를 나타낸 것이다. 이에 대한 설명으로 가장 옳은 것은?

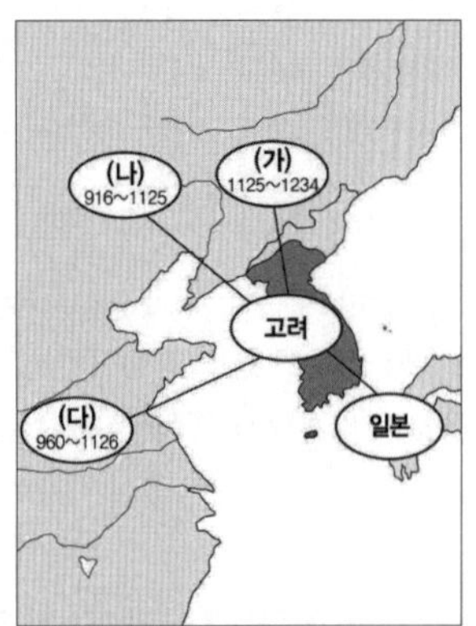


① 윤관은 (가)를 정벌하기 위해 별무반을 편성하였다.
② 최우는 (나)에 대항하여 강화도로 천도하여 항전하였다.
③ 서희는 (다)와 협상하여 강동 6주를 확보하였다.
④ 고려는 (다)의 침략을 물리치는 과정에서 대장경을 제작하였다.

## 03

2014년 지방직 9급

(가)~(다)는 고려 시대 대외 관계와 관련된 자료이다. 이를 시기 순으로 바르게 나열한 것은?

> (가) 윤관이 "신이 여진에게 패한 이유는 여진군은 기병인데 우리는 보병이라 대적할 수 없었기 때문입니다."라고 아뢰었다.
> (나) 서희가 소손녕에게 "우리나라는 고구려의 옛 땅이오. 그러므로 국호를 고려라 하고 평양에 도읍하였으니, 만일 영토의 경계로 따진다면, 그대 나라의 동경이 모두 우리 경내에 있거늘 어찌 침식이라 하리요." 라고 주장하였다.
> (다) 유승단이 "성곽을 버리며 종사를 버리고, 바다 가운데 있는 섬에 숨어 엎드려 구차히 세월을 보내면서, 변두리의 백성으로 하여금 장정은 칼날과 화살 끝에 다 없어지게 하고, 노약자들은 노예가 되게 함은 국가를 위한 좋은 계책이 아닙니다."라고 반대하였다.

① (가) - (나) - (다)
② (나) - (가) - (다)
③ (나) - (다) - (가)
④ (다) - (나) - (가)

## 04

2021년 소방직

(가)와 (나) 사건 사이에 있었던 사실로 옳은 것은?

> (가) 강감찬이 산골짜기 안에 병사를 숨기고 큰 줄로 쇠가죽을 꿰어 성 동쪽의 큰 개천을 막아서 기다리다가, 적이 이르자 물줄기를 터뜨려 크게 이겼다.
> (나) 윤관이 새로운 부대를 창설했는데, 말을 가진 자는 신기군으로 삼았고, 말이 없는 자는 신보군 등에 속하게 하였으며, 승려들을 뽑아 항마군으로 삼았다.

① 여진을 몰아내고 동북 9성을 설치하였다.
② 공을 세운 신하들에게 역분전을 지급하였다.
③ 압록강에서 도련포에 이르는 천리장성을 축조하였다.
④ 친원적 성향이 강한 권문세족이 지배세력으로 등장하였다.

## 01

정답 ③

제시된 자료의 (가) 지역은 압록강 하류의 강동 6주 지역이다.

③ O: 고려 시대 거란의 1차 침략 당시 서희는 안융진 담판에서 거란과 사대 체결을 약속하고, 강동 6주를 획득하였다.

**오답 분석**

① X: 조선 세종 때 김종서가 두만강 유역의 6진 지역을 개척하였다.

② X: 고려 공민왕은 유인우 장군으로 하여금 철령 이북(영흥, 화주) 지역의 쌍성총관부를 무력으로 수복하게 하였다.

④ X: 고려 예종 시기 윤관과 오연총은 별무반을 이끌고 여진족의 동북 지방을 정벌하고 9성을 설치하였다.

**½한국사 고득점 TIP** 강동 6주

- 성종 시절 거란의 1차 침입 때 서희의 안융진 담판으로 획득
- 강동 6주: 흥화진, 용주, 철주, 귀주, 통주, 곽주 등 압록강 유역

## 02

정답 ①

제시된 자료의 (가)는 금(여진), (나)는 요(거란), (다)는 송이다.

① O: 윤관은 (가) 여진족을 정벌하기 위해 숙종 때 별무반을 편성하였고 예종 때 여진족을 정벌하고 동북 9성을 쌓았다.

**오답 분석**

② X: 최우는 (나)의 거란족이 아니라 몽골족에 대항하여 강화도로 천도하여 항전하였다. 몽골은 1206년 최충헌 때 징키스칸이 통일하였다.

③ X: 서희는 성종 시절 (다) 송이 아니라 (나) 거란과 협상하여 압록강 유역의 강동 6주를 확보하였다.

④ X: 고려는 (다) 송이 아니라 (가) 거란과 고려 후기 몽골의 침략을 물리치는 과정에서 대장경을 제작하였다.

**½한국사 고득점 TIP** 고려 후기 몽골과의 관계

- 최충헌
  - 1206년 징키스칸이 몽골제국 건국
  - 1219년 강동성에서 김취려가 몽골과 함께 거란 격퇴 → 형제 관계
- 최우: 저고여 피살사건을 계기로 몽골의 침략 → 강화도 천도
- 김준: 원종이 태자 시절 원에게 항복 → 1259년 강화조약 체결
- 임유무: 1270년 강화도의 주화파가 임유무를 살해하고 개경 천도

## 03

정답 ②

| (나) | 성종 | 993년 서희의 안융진 담판 |
|---|---|---|
| ↓ | | |
| (가) | 숙종 | 윤관의 별무반 조직 건의 |
| ↓ | | |
| (다) | 무신집권기 | 강화천도에 반대하는 유승단 주장 |

**중요 사료** 강화천도

최우가 왕에게 아뢰어 속히 대전(大殿)에서 내려와 서쪽 강화도로 행차할 것을 청하였으나, 왕이 망설이고 결정하지 못하였다. 최우가 녹전거(祿轉車) 100여 대를 빼앗아 집안의 재물을 강화도로 옮기니, 수도가 흉흉하였다. -『고려사절요』

## 04

정답 ③

② 940년: 태조, 역분전 지급

| (가) | 1018년 흥화진 전투(강감찬) | 현종: 거란 3차 침입 |
|---|---|---|
| ↓ | ③ 1033년~1044년: 천리장성, 덕종~정종 | |
| (나) | 1104년 별무반 | 숙종 |

① 1107년 여진 정벌 → 1108년 동북 9성: 예종

④ 1270년: 개경 환도 이후 원 간섭기 권문세족

## 05

2018년 서울시 9급

**<보기>의 빈칸에 공통적으로 해당하는 국가와 관련하여 고려 시대에 발생한 일로 가장 옳은 것은?**

> • 모든 관리들을 소집해 ______을/를 상국으로 대우하는 일의 가부를 의논하게 하자 모두 불가하다고 했으나, 이자겸과 척준경만이 찬성하고 나섰다.
> • ______은/는 전성기를 맞아 우리 조정이 그들의 신하임을 칭하도록 하고자 하였다. 여러 의견들이 뒤섞여 어지러운 가운데, 윤언이가 홀로 간쟁하여 말하기를 …… 여진은 본래 우리 조정 사람들의 자손이기 때문에 신하가 되어 차례로 우리 임금께 조공을 바쳐왔고, 국경 근처에 사는 사람들은 모두 우리 조정의 호적에 올라있는 지 오래 되었습니다. 우리 조정이 어찌 거꾸로 그들의 신하가 될 수 있겠습니까?

① 이 국가의 침입으로 인해 국왕은 나주로 피난하였다.
② 묘청 일파는 이 국가의 정벌을 주장하였다.
③ 이 국가와 함께 강동성에 포위된 거란족을 격파하였다.
④ 이 국가의 침략에 대비하여 광군을 설치하였다.

## 06

2021년 지방직 9급

**(가)에 대한 설명으로 옳은 것은?**

> 건국 초부터 북진 정책을 추진한 고려는 발해를 멸망시킨 (가) 를/을 견제하고 송과 친선 관계를 맺었다. 이에 송과 대립하던 (가) 는/은 고려를 경계하여 여러 차례 고려에 침입하였다.

① 강조의 정변을 구실로 고려를 침략하였다.
② 고려에 동북 9성을 돌려달라고 요구하였다.
③ 다루가치를 배치하여 고려의 내정을 간섭하였다.
④ 쌍성총관부를 두어 철령 이북의 땅을 지배하였다.

## 07

2018년 국가직 9급

**다음 (갑)과 (을)의 담판 이후에 있었던 (을)의 활동으로 옳은 것은?**

> (갑) 그대 나라는 신라 땅에서 일어났고 고구려 땅은 우리의 소유인데 그대들이 침범했다.
> (을) 아니다. 우리야말로 고구려를 이은 나라이다. 그래서 나라 이름도 고려라 했고, 평양에 도읍하였다. 만일 땅의 경계로 논한다면 그대 나라 동경도 모두 우리 강역에 들어 있는 것인데 어찌 침범이라 하겠는가.

① 9성 설치
② 귀주 대첩
③ 홍화진 승리, 강동 6주 경략
④ 천리장성 축조

## 08

2007년 상반기 법원직 9급

**고려 시대 몽고와의 항쟁 과정에서 다음의 사실 이후에 일어난 사건으로 옳은 것은?**

> 소실된 초조대장경을 대신하여 고종 때에는 대장경을 다시 만들었다. 대장도감을 설치하여 16년 만에 이룩한 재조대장경은 목판이 8만 장이 넘어 팔만대장경이라고 부른다.

① 무신 정권은 수도를 강화도로 옮겼다.
② 별무반은 고려 정부의 개경 환도에 반기를 들고 대몽 항쟁을 계속하였다.
③ 두 차례 실시된 원의 일본 원정에 군대와 물자의 제공을 강요받았다.
④ 개경에 나성을 쌓고 북쪽 국경 일대에 천리장성을 쌓아 몽고의 침략에 대비하였다.

# 문제 풀이

## 05

정답 ②

제시된 사료의 빈칸에 공통으로 해당하는 국가는 여진족의 금이다. 이자겸과 척준경이 상국으로 섬기자고 주장하는 것과 두 번째 사료에서 윤언이가 여진족에게 사대할 수 없음을 강조하고 있다. 그러므로 이 자료의 나라는 여진족이 세운 금이다.

**② O: 고려 중기 인종 때 묘청, 백수한 등의 서경 출신의 신진 관료 세력인 서경파는 여진족이 세운 금국 정벌을 주장하였다.**

**오답 분석**

① X: 여진족의 금이 아니라 거란족의 요의 2차 침입(1010)으로 현종이 나주로 피난하였다.

③ X: 최충헌 집권 시기 거란의 2차 침입 때 강동성에서 고려의 김취려 장군과 몽골군이 거란을 격퇴(1219, 강동의 역)하였다.

④ X: 광군은 고려 초 정종 때 거란의 침략에 대비하여 청천강 유역에 배치된 상비군으로, 호족들의 사병을 중심으로 조직되었다.

## 06

정답 ①

제시된 사료의 (가)는 거란이다. 926년 거란족은 발해를 멸망시켰고, 고려는 거란에 대해 북진정책을 펼치며 적대적 관계를 유지하였다. 이에 거란은 고려 초 성종 때 1차, 현종 때 2차와 3차 침입을 시도하였다.

**① O: 거란은 강조의 정변을 구실로 고려를 침략하였다.**

**오답 분석**

② X: 여진은 고려에 동북 9성을 돌려달라고 요구하였다.

③ X: 몽골은 다루가치를 배치하여 고려의 내정을 간섭하였다.

④ X: 몽골은 쌍성총관부를 두어 철령 이북의 땅을 지배하였다.

## 07

정답 ③

제시된 사료는 성종 때 거란의 1차 침입 당시 서희와 소손녕과의 담판으로 (갑)은 거란의 소손녕, (을)은 고려의 서희이다.

**③ O: 거란의 1차 침입 당시 안융진 담판에서 서희는 거란과의 사대 체결을 약속하였고, 강동 6주(흥화진, 용주, 철주, 통주, 곽주, 귀주)를 획득하였다.**

**오답 분석**

① X: 고려 중기 예종 때 윤관은 별무반을 이끌고 여진족의 동북 지방을 정벌하고 9성을 설치하였다(1108).

② X: 거란의 3차 침입 당시 강감찬이 귀주에서 거란족을 격퇴하였다(귀주대첩, 1019).

④ X: 거란의 3차 침입 이후 거란의 재침에 대비하여 덕종 때부터 압록강에서 도련포까지의 천리장성이 축조되기 시작하였다.

**중요 사료** 서희 안융진 담판

> 서희가 말하기를 "그렇지 않다. 우리나라[고려]는 바로 [고구려]의 후계자이다. 그러므로 나라 이름을 고려라고 부르고 [평양]을 국도로 정하였다. 그리고 경계를 가지고 말하면 귀국[거란]의 동경도 우리 국토 안에 들어와야 하는데 당신이 어떻게 침범했다는 말을 할 수 있겠는가? 또 압록강 안팎 역시 우리 경내인데 이제 [여진]이 그 중간을 강점하고 있으면서 완악한 행위와 간사스러운 태도로서 교통을 차단했으므로 바다를 건너기보다도 왕래하기 곤란한 형편이니 국교가 통하지 못함은 [여진]의 탓이다.…(후략)"라고 격앙된 기색으로 당당하게 논박하였다. -『고려사』

**½한국사 고득점 TIP** 흥화진 전투

> 거란은 흥화진을 선점하기 위해 고려 현종 대에 수차례에 걸쳐 침입하였으며, 그 과정에서 1010년(현종 1), 1017년(현종 8), 1018년(현종 9)에 전투가 벌어졌다.

## 08

정답 ③

제시된 자료의 재조대장경(팔만대장경)은 몽골의 3차 침입 때 강화도에 대장도감을 설치하고 진주와 남해 등에서 1236년부터 만들기 시작하여 1251년에 완성하였다.

① 강화도 천도: 1232년

④ 개경에 나성: 현종 / 천리장성: 덕종~정종

| 팔만대장경 | 1236년~1251년 최우 시절 |
|---|---|

② X: 별무반이 아니라 삼별초가 대몽 항쟁

③ 일본 원정: 1274년, 1281년 충렬왕 시절

**중요 사료** 몽골과 항전

> 처음 충주부사 우종주가 매양 장부와 문서로 인하여 판관 유홍익과 틈이 있었는데, [몽골]이 장차 쳐들어 온다는 말을 듣고 성 지킬 일을 의논하였다. 그런데 의견상의 차이가 있어서 우종주는 양반별초를 거느리고, 유홍익은 노군과 잡류별초를 거느리고 서로 시기하였다. [몽골]이 오자, 우종주와 유홍익은 양반 등과 함께 다 성을 버리고 도주하고, 오직 노군과 잡류만이 힘을 합쳐서 이를 쫓았다. -『고려사』

## 09

2014년 국가직 9급

**밑줄 친 '이번 문서'를 보낸 조직에 대한 설명으로 옳은 것은?**

> • 이전 문서에서는 몽고의 연호를 사용하였는데, 이번 문서에서는 연호를 사용하지 않았다.
> • 이전 문서에서는 몽고의 덕에 귀의하여 군신 관계를 맺었다고 하였는데, 이번 문서에서는 강화로 도읍을 옮긴 지 40년에 가깝지만, 오랑캐의 풍습을 미워하여 진도로 도읍을 옮겼다고 한다. - 고려첩장(高麗牒狀)

① 최우가 도적을 막기 위해 만든 조직에서 비롯되었다.
② 최충헌이 신변 보호와 집권 체제 강화를 위해 조직하였다.
③ 거란의 침입에 대비하기 위한 조직으로 편성되었다.
④ 쌍성총관부 탈환에 주도적인 역할을 한 조직이었다.

## 10

2020년 지방직 9급

**다음 사건 이후에 일어난 일로 옳은 것은?**

> 개경을 떠나 피난 중인 왕이 안성현을 안성군으로 승격시켰다. 홍건적이 양광도를 침입하자 수원은 항복하였는데, 작은 고을인 안성만이 홀로 싸워 승리함으로써 홍건적이 남쪽으로 내려오지 못하게 하였기 때문이다.

① 화약 무기를 사용해 진포해전에서 승리하였다.
② 처인성 전투에서 적의 장수 살리타를 사살하였다.
③ 기철 일파를 제거하고 쌍성총관부의 관할 지역을 수복하였다.
④ 적의 침략을 물리치기 위한 염원에서 팔만대장경을 만들었다.

## 11

2017년 서울시 사회복지직

**다음 <보기>의 밑줄 친 주체에 대한 설명으로 가장 옳지 않은 것은?**

> **보기**
> 운봉을 넘어온~중략~이 싸움에서 아군은 1,600여 필의 군마와 여러 병기를 노획하였고, 살아 도망간 자는 70여 명 밖에 없었다고 한다.
> -『고려사』에서 인용·요약

① 그들로부터 개경을 수복한 정세운, 이방실, 김득배는 김용의 주도하에 살해되었다.
② 조운선이 그들의 목표물이 되어 국가 재정이 곤란해졌다.
③ 그들의 소굴인 대마도가 정벌되어 그 기세가 꺾이게 되었다.
④ 그들이 자주 출몰하자 수도를 옮기자는 주장이 제기되었다.

## 12

2011년 서울시 9급

**각 국경선에 대한 설명으로 바른 것은?**

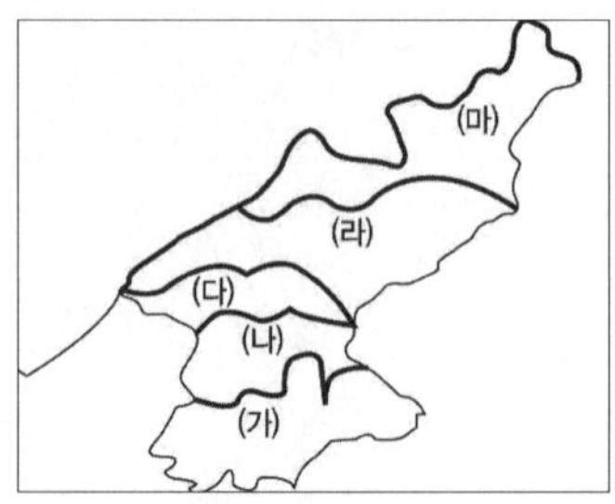


① (가) - 신라의 삼국 통일 이후의 국경선이었다.
② (나) - 공민왕은 쌍성총관부를 수복한 뒤 영토를 확장하였다.
③ (다) - 고려 초기 왕건의 북진 정책으로 영토를 청천강 선으로 확대하였다.
④ (라) - 세종 때 4군 6진을 개척한 뒤 넓힌 영토의 국경선이다.
⑤ (마) - 고려는 거란족의 침입을 무찌르고 천리장성을 축조하였다.

# 문제 풀이

## 09

정답 ①

제시된 사료의 밑줄 친 '이번 문서'는 고려 첩장이며, 이 문서는 삼별초가 진도에서 대몽 항쟁을 전개할 때 일본에 도움을 요청한 것이다.

① O: **삼별초는 최우가 도적을 막기 위해 만든 야별초라는 조직에서 비롯되었다. 야별초가 좌별초와 우별초로 분리되고 이후 신의군이 조직되었다.**

**오답 분석**

② X: 삼별초가 아니라 도방을 최충헌이 신변 보호와 집권 체제 강화를 위해 조직하였다.

③ X: 삼별초가 아니라 정종 시절 광군이 거란의 침입에 대비하기 위한 조직으로 편성되었다.

④ X: 공민왕 시절 유인우가 쌍성 천호 이자춘과 그 아들 이성계의 군대와 함께 쌍성총관부 탈환에 주도적 역할을 하였다.

**½한국사 고득점 TIP 삼별초의 항전**

- 강화도: 1270년, 배중손, 승화후 온을 왕으로 추대, 반몽무인정권
- 진도: 1270년, 배중손, 용장성 축조, 해상왕국, 일본에 도움 요청
- 제주도: 1271년, 김통정, 항파두리성 축조
- 진압: 1273년 제주도에서 진압, 탐라총관부 설치

## 10

정답 ①

제시된 사료는 공민왕 시절 1361년 홍건적의 2차 침입(1361)으로 개경이 함락되어 왕이 복주(안동)까지 피난하는 상황이다.

① O: **우왕 시절 진포 대첩에 대한 내용이다. 우왕 시절인 1380년 최무선, 나세, 심덕부 등이 금강 입구인 진포에서 최초로 화포를 이용하여 왜구를 대파하였다.**

**오답 분석**

② X: 1232년 몽골의 2차 침입 당시 김윤후가 처인성에서 살리타이를 사살하였고, 처인부곡주민들이 항전하였다.

③ X: 공민왕은 1356년 유인우 장군으로 하여금 쌍성총관부를 무력으로 수복하게 하였다.

④ X: 팔만대장경(재조대장경)은 몽골의 3차 침략 때 불력으로 침략 격퇴를 기원하며 조판되었다(1236~1251).

## 11

정답 ①

제시된 사료는 고려 말 황산대첩에 대한 내용으로 밑줄 친 '살아 도망간 자'는 왜구이다. 우왕 시절 황산대첩에 대한 설명으로 운봉으로 넘어온 이성계가 적장(왜구) 아지발도를 사살하고 왜구를 크게 무찔렀다.

① X: **공민왕 시절 홍건적의 침입 당시의 상황으로 홍건적은 공민왕 시절 1359년 서경, 1361년 개경까지 침략하였다. 정세운, 이방실, 김득배 등이 이들을 무찔렀고 개경을 수복하였으나 김용에게 피살되었다.**

**오답 분석**

② O: 고려 말 왜구의 침략으로 조운로가 약탈되어 국가 재정이 곤란해지면서 천도론까지 등장하였다.

③ O: 창왕 시절 박위가 대마도를 정벌하였다.

④ O: 왜구의 침략이 심해지면서 공민왕과 우왕 시절 천도론까지 제기되었다.

**중요 사료 홍건적의 난**

공민왕 10년(1361) 겨울에 홍건적 위평장(僞平章) 반성(潘誠)·사유(沙劉)·관선생(關先生)·주원수(朱元帥)·파두번(破頭潘) 등 20만 군사가 압록강을 건너 서북 변방에 함부로 들어와서 우리에게 글을 보내기를, "군사 110만을 거느리고 동쪽 땅으로 가니 속히 맞아 항복하라"고 하였다. 태조(이성계)가 적의 왕 원수(王元帥) 이하 100여 명의 목을 베고 한 명을 사로잡아서 왕에게 바쳤다. 11월에 공민왕이 남쪽으로 피난하자, 홍건적이 개경을 점령하였다.

## 12

정답 ①

| (가) | 대동강~원산만 | 신라의 삼국통일 |
|---|---|---|
| (나) | 청천강~영흥만 | 태조 왕건의 북진정책 |
| (다) | 압록강~도련포 | 거란과 전투 이후 천리장성 |
| (라) | 철령 이북 확보 | 공민왕, 쌍성총관부 수복 후 |
| (마) | 압록강~두만강 | 세종, 4군(압록강), 6진(두만강) |

① O: **(가)의 대동강~원산만은 신라의 삼국 통일 이후의 국경선이다.**

**오답 분석**

② X: (나)가 아니라 (라)가 공민왕 시절 유인우가 쌍성총관부를 수복한 뒤 영토를 확장하였다.

③ X: (다)가 아니라 (나)가 고려 초기 왕건의 북진 정책으로 영토를 청천강 선으로 확대하였다.

④ X: (라)가 아니라 (마)가 조선 세종 때 4군 6진을 개척한 뒤 넓힌 영토의 국경선이다.

⑤ X: (마)가 아니라 (다)가 고려 초기 거란족의 침입을 무찌르고 세운 천리장성의 국경이다.

# THEME 036 중앙 통치 조직

## 01

2018년 지방직 9급

**고려 전기의 문산계와 무산계에 대한 설명으로 옳지 않은 것은?**

① 중앙 문반에게 문산계를 부여하였다.
② 성종 때에 문산계를 정식으로 채택하였다.
③ 중앙 무반에게 무산계를 제수하였다.
④ 탐라의 지배층과 여진 추장에게 무산계를 주었다.

## 02

2018년 법원직 9급

**(가), (나)에 관한 설명으로 옳은 것은?**

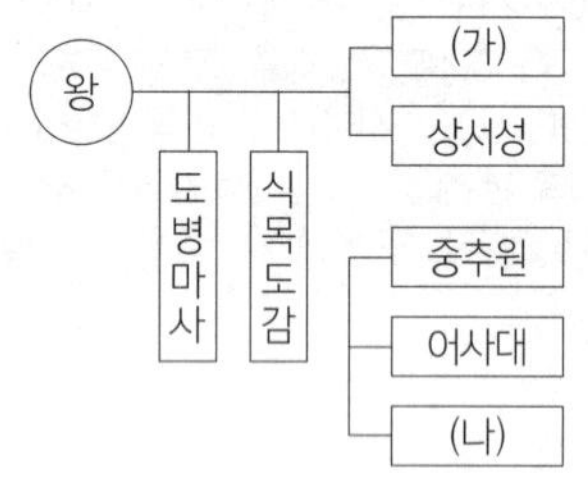


① (가) - 소속 관원인 승선은 대간으로 불렸다.
② (가) - 국정을 총괄하고 정책을 심의, 결정하는 최고 관서이다.
③ (나) - 관리의 비리를 감찰하는 기구이다.
④ (나) - 재신과 추밀이 모여 관리 임용을 결정하였다.

## 03

2013년 지방직 9급

**(ㄱ)의 정치 기구에 대한 설명으로 옳은 것은?**

> 도병마사는 성종 때 처음 설치되어 국방 문제를 담당하였다. …(중략)… 원 간섭기에 (ㄱ)(으)로 개칭되면서 국정 전반에 걸친 중요 사항을 관장하는 최고 기구로 발전하였다.

① 도당으로 불렸으며 조선 건국 초에 폐지되었다.
② 법제의 세칙을 만드는 고려의 독자적인 기구이다.
③ 정책을 집행하는 기능을 담당했으며, 그 밑에 6부를 두었다.
④ 관리의 임명이나 법령의 개폐를 동의하는 서경권을 행사하였다.

## 04

2014년 서울시 7급

**다음 (ㄱ), (ㄴ)의 괄호 안에 공통으로 들어갈 정치 기구에 대한 설명으로 옳지 않은 것은?**

> (ㄱ) (　　　)에서 대부경 왕희걸, 우사낭중 유백인, 예부낭중 최복규, 원외랑 이응년 등이 서경 분사(分司)에서 토지를 겸병하여 재물을 모으고 있음을 탄핵하고 그들을 관직에서 파면할 것을 요청하니 왕이 이 제의를 좇았다. -『고려사』
>
> (ㄴ) 궁녀 김씨는 왕의 총애를 받았으며 요석택(邀石宅) 궁인이라고 불렸다. 경주 사람 융대가 "자기는 신라 원성왕의 먼 후손"이라고 거짓말하고 양민 5백여 명을 노비로 만들어서 김씨에게 주었으며 또 평장 한인경, 시랑 김낙에게 주어서 후원자로 삼았다. (　　　)에서 이것을 알고 심문하여 그 실정을 확인하고 이들을 처벌할 것을 왕에게 고하니 목종은 김씨에게서는 동(銅) 일백 근의 벌금을 받고, 한인경과 김낙은 지방으로 귀양 보내라고 명령하니 듣는 사람들이 모두 다 치하하였다. -『고려사』

① 중서문하성의 낭사와 함께 대간이라고 불렸다.
② 법의 제정이나 각종 시행 규정을 다루었다.
③ 국왕의 잘못에 대해 비판하는 간쟁을 하였다.
④ 관리의 임명이나 법령의 개폐 등에 동의하는 권한이 있었다.
⑤ 왕명을 시행하지 않고 되돌려 보내는 봉박권을 갖고 있었다.

## 05

2009년 법원직 9급

**다음은 통일 신라, 발해, 고려의 관제를 나타낸 표다. 각기 담당했던 기능이 비슷한 것끼리 묶인 것은?**

| | | 통일 신라 | 발해 | 고려 |
|---|---|---|---|---|
| (ㄱ) | 국정 총괄 | 집사부 | 정당성 | 중추원 |
| (ㄴ) | 법률 담당 | 좌·우 이방부 | 예부 | 형부 |
| (ㄷ) | 감찰 담당 | 사정부 | 중대성 | 어사대 |
| (ㄹ) | 국립 대학 | 국학 | 주자감 | 국자감 |

① (ㄱ), (ㄷ)　② (ㄴ), (ㄹ)
③ (ㄱ), (ㄹ)　④ (ㄴ), (ㄷ)

# 문제 풀이

## 01

정답 ③

③ X: 고려는 중앙 무반에게 무산계가 아니라 문산계를 제수하였다. 조선이 문반에게 문산계, 무반에게 무산계를 주었다.

**오답 분석**

① O: 고려는 중앙 문반과 무반에게 문산계를 부여하였다.

② O: 고려는 성종 때에 문산계와 무산계의 관등체계가 정비되었다. 문산계를 정식으로 채택하였다.

④ O: 탐라의 지배층과 여진 추장에게 무산계를 주었다.

## 02

정답 ②

제시된 자료는 고려 시대의 중앙 통치 기구에 대한 것으로, (가)는 중서문하성이고, (나)는 삼사이다.

② O: (가)의 중서문하성은 국정을 총괄하고 정책을 심의, 결정하는 최고 관서이다.

**오답 분석**

① X: (가) 중서문하성의 소속 관원인 승선이 아니라 낭사가 어사대 관원과 함께 대간으로 불렸다. 승선은 중추원의 관원이다.

③ X: (나)의 삼사가 아니라 어사대가 관리의 비리를 감찰하는 기구이다. 삼사는 곡식의 출납과 회계를 담당하였다.

④ X: (나)의 삼사는 곡식의 출납과 회계를 담당하였고, 재신과 추밀이 모인 것은 재추회의로 국방문제를 논의하는 도병마사와 법과 규칙을 제정하는 식목도감이 있었다.

**½한국사 고득점 TIP** 중추원

- 설립: 성종 때 송의 영향
- 구성: 추밀(2품 이상, 군사기밀) + 승선(3품, 왕명 출납)

## 03

정답 ①

제시된 사료의 (ㄱ)은 도평의사사이다. 도평의사사는 고려 전기 국방 문제를 논의하던 임시 기구인 도병마사가 원 간섭기 때 최고 정무 기구로 발전한 것이다.

① O: 도평의사사는 도당으로 불렸으며 조선 건국 초 태종 때에 폐지되었다.

**오답 분석**

② X: 도평의사사가 아니라 식목도감이 법제의 세칙을 만드는 고려의 독자적인 기구이다.

③ X: 상서성이 정책을 집행하는 기능을 담당했으며, 그 밑에 6부를 두었다.

④ X: 대간이 관리의 임명이나 법령의 개폐를 동의하는 서경권을 행사하였다.

**중요 사료** 도병마사

> 국초에 [도병마사]를 설치하여 시중·평장사·참지정사·정당문학·지문하성사로 판사(判事)를 삼고, 판추밀 이하로 사(使)를 삼아 일이 있을 때 모였으므로 합좌(合坐)라는 이름이 붙게 되었다. 그런데 한 해에 한 번 모이기도 하고 여러 해 동안 모이지 않기도 하였다.
>
> - 『역옹패설』

## 04

정답 ②

제시된 사료의 (ㄱ)과 (ㄴ)에 공통으로 들어갈 기구는 고려 시대 어사대이다. 관리들이 서경 분사에 토지를 겸병하여 재물을 모은 것을 탄핵한 것 등에서 어사대임을 알 수 있다.

② X: 식목도감이 법의 제정이나 각종 시행 규정을 다루었다.

**오답 분석**

① O: 어사대는 중서문하성의 낭사와 함께 대간이라고 불렸다.

③ O: 낭사가 국왕의 잘못에 대해 비판하는 간쟁을 하였지만 어사대도 낭사와 대간을 구성하여 간쟁의 기능을 하였다.

④ O: 어사대는 낭사와 대간을 구성하여 관리의 임명이나 법령의 개폐 등에 동의하는 서경의 권한이 있었다.

⑤ O: 어사대는 낭사와 대간을 구성하여 왕명을 시행하지 않고 되돌려 보내는 봉박권을 갖고 있었다.

**½한국사 고득점 TIP** 어사대

어사대는 관리 감찰과 탄핵을 하였고, 중서문하성의 '낭사'와 함께 대간을 구성하여 서경, 간쟁, 봉박의 기능을 하였다.

## 05

정답 ②

(ㄴ) O: 통일 신라의 좌·우 이방부와 발해의 예부, 고려의 형부는 모두 법률을 담당하였다.

(ㄹ) O: 통일 신라의 국학, 발해의 주자감, 고려의 국자감은 모두 유학 교육을 담당하였다.

**오답 분석**

(ㄱ) X: 고려의 국정을 총괄한 최고 관부는 중추원이 아니라 중서문하성으로 재부라고도 하였으며, 태조 때는 내의성, 성종 때는 내사문하성, 문종 때는 중서문하성으로 명칭이 변하였다. 수상은 문하시중이다.

(ㄷ) X: 발해의 감찰 담당 기관은 중대성이 아니라 중정대이다.

# THEME 037 지방 통치 조직

## 01

2023년 법원직 9급

다음 사실이 있었던 시대에 대한 내용으로 옳은 것을 <보기>에서 모두 고른 것은?

> 엄수안은 영월군의 향리로 키가 크고 담력이 있었다. 나라의 법에 향리에게 아들 셋이 있으면 아들 하나는 벼슬하는 것이 허락되어서, 엄수안은 관례에 따라 중방 서리로 보임되었다. 원종 때 과거에 급제하여 도병마녹사에 임명되었다.

**보기**
(ㄱ) 주현이 속현보다 적었다.
(ㄴ) 모든 군현에 수령이 파견되었다.
(ㄷ) 중서문하성의 낭사는 어사대와 함께 대간으로 불렸다.
(ㄹ) 전국을 8도로 나누고 그 아래 부·목·군·현을 두었다.

① (ㄱ), (ㄴ)　② (ㄴ), (ㄹ)
③ (ㄱ), (ㄷ)　④ (ㄷ), (ㄹ)

## 02

2018년 국회직 9급

고려 지방 행정 조직에 대한 설명으로 옳은 것을 <보기>에서 모두 고르면?

**보기**
(ㄱ) 현종 때에 12목을 설치하였다.
(ㄴ) 주현보다 속현의 수가 많았다.
(ㄷ) 북방의 국경 지대에 동계·북계를 설치하고 병마사를 파견하였다.
(ㄹ) 향, 소, 부곡은 모두 농업에 종사하는 천민들이 거주하던 곳이다.

① (ㄱ), (ㄴ)　② (ㄱ), (ㄷ)
③ (ㄴ), (ㄷ)　④ (ㄴ), (ㄹ)
⑤ (ㄷ), (ㄹ)

## 03

2017년 국회직 9급

다음의 사실들을 시기 순으로 바르게 나열한 것은?

> (ㄱ) 당대등을 호장으로 개칭하였다.
> (ㄴ) 과거제를 실시하여 관리를 선발하였다.
> (ㄷ) 지방 호족들에게 성씨를 내려주기 시작하였다.
> (ㄹ) 4도호부, 8목, 56주·군 등에 지방관을 파견하였다.

① (ㄱ) - (ㄷ) - (ㄴ) - (ㄹ)　② (ㄱ) - (ㄹ) - (ㄴ) - (ㄷ)
③ (ㄷ) - (ㄴ) - (ㄱ) - (ㄹ)　④ (ㄷ) - (ㄴ) - (ㄹ) - (ㄱ)
⑤ (ㄹ) - (ㄷ) - (ㄴ) - (ㄱ)

## 04

2021년 국가직 9급

고려시대 향리에 대한 설명으로 옳은 것만을 모두 고르면?

> (ㄱ) 부호장 이하의 향리는 사심관의 감독을 받았다.
> (ㄴ) 상층 향리는 과거로 중앙 관직에 진출할 수 있었다.
> (ㄷ) 일부 향리의 자제들은 기인으로 선발되어 개경으로 보내졌다.
> (ㄹ) 속현의 행정 실무는 향리가 담당하였다.

① (ㄱ)　② (ㄱ), (ㄴ)
③ (ㄴ), (ㄷ), (ㄹ)　④ (ㄱ), (ㄴ), (ㄷ), (ㄹ)

## 문제 풀이

### 01

정답 ③

제시된 사료의 시대는 고려 시대이다. 중방, 도병마녹사 등을 통해 고려 시대임을 알 수 있다.

(ㄱ) O: 고려 시대에는 지방관이 파견된 주현이 속현보다 적었다.

(ㄷ) O: 고려 시대에 중서문하성의 낭사는 어사대와 함께 대간으로 불렸다.

**오답 분석**

(ㄴ) X: 고려 시대에는 수령이 파견된 주현보다 파견되지 못한 속현이 더 많았다.

(ㄹ) X: 조선 시대에 전국을 8도로 나누었고, 고려는 5도 양계로 구분하였다.

### 02

정답 ③

(ㄴ) O: 고려는 수령이 파견된 주현과 주군보다 수령이 파견되지 못한 속현과 속군의 수가 더 많았다.

(ㄷ) O: 북방의 국경 지대에 동계·북계를 설치하고 병마사를 파견하였다.

**오답 분석**

(ㄱ) X: 현종이 아니라 성종 때 전국을 10도로 나누고 12목을 설치하였다. 이후 현종 때 5도 양계 4도호부 8목의 지방제도가 정비되었다.

(ㄹ) X: 향, 소, 부곡은 모두 농업에 종사하는 천민들이 거주하던 곳이 아니고 향과 부곡은 주로 농업, 소는 주로 수공업에 종사하였고, 이들은 차별대우를 받았지만 천민들은 아니었다.

**중요 사료** 향과 부곡

- 이제 살펴보건대, 신라가 주·군을 설치할 때 그 전정(田丁), 호구(戶口)가 현의 규모가 되지 못하는 곳에는 [향]과 [부곡]을 두어 소재지의 읍에 속하게 하였다. -『신증동국여지승람』
- 지난 왕조 때 5도와 양계에 있던 역과 진에서 역을 부담한 사람과 [부곡]의 사람은 모두 고려 태조 때의 명령을 거역한 사람이므로, 고려는 이들에게 천하고 힘든 일을 맡게 했다. -『태조실록』

**½한국사 고득점 TIP** 향·부곡·소

- 향과 부곡: 신라부터 존재, 주로 농업에 종사
- 소: 고려 시대 처음 등장, 주로 수공업이나 광물, 종이, 먹 등을 생산
- 특징: 양인이지만 차별대우를 받음
  - 국자감 입학 금지, 과거 제한, 승려 출가 X, 거주 이전의 자유 X
- 소멸: 공주 명학소(망이와 망소이) 난 소멸 시작 → 조선 초 모두 소멸
- 기타: 향리(부곡리)가 관리, 부곡리도 차별 대우, 감무 파견 등

### 03

정답 ③

| | | |
|---|---|---|
| (ㄷ) | 사성 정책 | 태조 |
| ↓ | | |
| (ㄴ) | 과거제 실시 | 광종 |
| ↓ | | |
| (ㄱ) | 호장 등 향직 개편 | 성종 |
| ↓ | | |
| (ㄹ) | 4도호부 8목 등 설치 | 현종 |

**중요 사료** 향리

- 최사위가 아뢰기를 "향리의 칭호가 복잡하니 지금부터 여러 주·군·현의 이(吏)는 그대로 호장이라 하고 향·부곡·진·역의 이(吏)는 다만 장이라 칭하도록 하십시오."라고 하니 이에 따랐다. -『고려사』
- 신라 말에 모든 읍의 토인(土人)들이 그 읍을 다스리고 호령하였다. 그런데 고려 왕조 통합 이후 토인에게 직호를 내리고 해당 지방의 백성을 다스리게 하였으니 이를 호장이라 하였다. 그 자제는 서울에 머물게 하여 인질로 삼고 수령을 보내 감독하게 하였다. 성종 때에 이르러 수령에게 호장을 통제하도록 하고, 드디어 강등하여 향리로 만들었다. -『연조귀감』

### 04

정답 ④

(ㄱ) O: 고려 시대 부호장 이하의 향리는 사심관의 감독을 받았다.

(ㄴ) O: 고려 시대 호족 출신의 호장 등의 상층 향리는 주현공거법, 향공진사 등의 제도를 통해 과거로 중앙 관직에 진출할 수 있었다.

(ㄷ) O: 고려 시대 태조 때부터 지방의 일부 호족과 향리의 자제들을 기인으로 선발하여 개경에 볼모로 잡아두었다.

(ㄹ) O: 고려 시대에 수령이 파견되지 않은 속현과 속군 등의 행정 실무는 향리가 담당하였다.

**½한국사 고득점 TIP** 향리의 임명

- 호장: 지방관이 추천하여 중앙 상서성에서 임명
- 부호장 이하: 중앙 사심관이 임명하고 통제를 받음

# THEME 038 군사 조직

## 01

2020년 지방직 9급

**밑줄 친 '이 부대'에 대한 설명으로 옳은 것은?**

> 윤관이 아뢰기를, "신이 적의 기세를 보건대 예측하기 어려울 정도로 굳세니, 마땅히 군사를 쉬게 하고 군관을 길러서 후일을 기다려야 할 것입니다. 또 신이 싸움에서 진 것은 적은 기병(騎兵)인데 우리는 보병(步兵)이라 대적할 수가 없었기 때문입니다."라 하였다. 이에 그가 건의하여 처음으로 이 부대를 만들었다.

① 정종 2년에 설치되었다.
② 귀주대첩에서 큰 활약을 하였다.
③ 여진족에 대처하기 위해 조직되었다.
④ 응양군, 용호군, 신호위 등의 2군과 6위로 편성되었다.

## 02

2019년 서울시 9급(6월)

**고려 시대 군사 제도에 대한 설명으로 가장 옳지 않은 것은?**

① 북방의 양계지역에는 주현군을 따로 설치하였다.
② 2군(二軍)인 응양군과 용호군은 왕의 친위부대였다.
③ 6위(六衛) 중의 감문위는 궁성과 성문수비를 맡았다.
④ 직업군인인 경군에게 군인전을 지급하고 그 역을 자손에게 세습시켰다.

## 03

2023년 지방직 서울시

**(가) 군사 조직에 대한 설명으로 옳은 것은?**

> 고려 정부는 몽골과 강화를 맺고 개경으로 환도하였다. 대몽 항전에 적극적이었던 (가) 은/는 개경 환도를 반대하고 반란을 일으켰다. 이어 진도로 근거지를 옮기면서 항쟁을 전개하였다.

① 포수, 사수, 살수의 삼수병으로 편제되었다.
② 윤관의 건의로 편성된 기병 중심의 부대였다.
③ 도적을 잡기 위해 설치한 야별초에서 시작되었다.
④ 양계 지방에서 국경 지역 방어를 맡았던 상비적인 전투 부대였다.

## 04

2016년 서울시 7급

**다음과 같은 군사 제도를 두었던 나라에 대한 설명으로 옳은 것은?**

> 중앙에는 응양군과 용호군, 그리고 좌우위, 신호위, 흥위위, 금오위, 천우위, 감문위 등을 두어 국왕 호위, 수도 경비, 국경 방어, 경찰, 의장, 궁성과 도성문 수비 등의 역할을 수행하게 하였다.

① 장군들로 구성된 장군방, 상장군·대장군들로 구성된 중방이라는 합좌 기관이 있었다.
② 중앙군으로 10위를 두고 그 밑에 지방군이 있었다.
③ 다섯 군단으로 구성된 중앙군이 있었고 지방의 육군은 진관 체제로 편성하였다.
④ 포수·사수·살수의 삼수로 나누어 훈련시켜 군사의 전문적 기능을 높였다.

## 문제 풀이

### 01

정답 ③

제시된 사료의 밑줄 친 '이 부대'는 고려 시대 숙종 때 조직된 별무반이다. 윤관의 건의로, 적이 기병이어서 보병 중심의 고려 군대가 패배한 것으로 보아 기병을 강화하기 위해 별무반을 만들었다. 그래서 별무반은 기병의 신기군, 보병의 신보군, 승려의 항마군으로 구성되었다.

**③ O: 별무반은 고려 숙종 때 윤관의 건의로 여진 정벌을 목적으로 설치되었고 이후 예종 때 여진족을 정벌한 뒤 해산되었다.**

**오답 분석**

① X: 광군에 대한 설명이다. 광군은 고려 초기 정종 때 거란의 침략에 대비하여 청천강 유역에 배치된 상비군으로 호족들의 사병을 중심으로 조직되었고, 광군사에서 관장하였다.

② X: 귀주대첩은 고려 현종 시기 1018년 거란족의 침입을 1019년 강감찬이 격퇴한 전투이다. 반면 별무반은 고려 숙종 시기 1104년 조직되었다. 귀주대첩 당시 별무반은 아직 조직되지 않았다.

④ X: 고려 중앙군인 2군 6위에 대한 설명이다.

**½한국사 고득점 TIP 별무반**

- 설치: 숙종 때 윤관의 건의로 설치
- 편성: 전직 관리부터 노비로 구성된 부대
- 구성: 신기군, 신보군, 항마군
- 역할: 예종 때 여진족을 정벌하고 해체

### 02

정답 ①

**① X: 북방의 양계지역에는 주현군이 아니고 주진군을 따로 설치하였다.**

**오답 분석**

② O: 2군(二軍)인 응양군과 용호군은 왕의 친위부대였다.

③ O: 6위(六衛) 중의 감문위는 궁성과 성문수비를 맡았다.

④ O: 직업군인인 경군인 중앙군의 직업군인에게 군인전을 지급하고 그 역을 자손에게 세습시켰다.

**½한국사 고득점 TIP 주현군과 주진군**

주진군은 둔전병적 성격의 상비군으로 좌군, 우군, 초군으로 구성되었다. 주현군은 5도에 설치된 병농일치의 부대로, 정용과 보승, 일품군으로 구성되었다.

### 03

정답 ③

제시된 사료에서 대몽 항쟁에 적극적이었고, 개경 환도에 반발하여 강화도와 진도, 제주도에서 항전을 한 (가) 군사 조직은 삼별초이다.

**③ O: 삼별초는 도적을 잡기 위해 설치한 야별초에서 시작되었다.**

**오답 분석**

① X: 조선 시대의 훈련도감은 포수, 사수, 살수의 삼수병으로 편제되었다.

② X: 별무반은 윤관의 건의로 편성된 기병 중심의 부대였다.

④ X: 주진군은 양계 지방에서 국경 지역 방어를 맡았던 상비적인 전투 부대였다.

**½한국사 고득점 TIP 삼별초의 항전**

- 강화도: 1270년, 배중손, 승화후 온을 왕으로 추대, 반몽무인정권
- 진도: 1270년, 배중손, 용장성 축조, 해상왕국, 일본에 도움 요청
- 제주도: 1271년, 김통정, 항파두리성 축조
- 진압: 1273년 제주도에서 진압, 탐라총관부 설치

### 04

정답 ①

제시된 자료는 고려의 중앙군인 2군 6위에 관한 내용이다. 고려의 2군 6위는 국왕의 친위 부대인 응양군, 용호군의 2군과 수도 경비와 국경 방어를 담당하는 6위로 구성되어 있으며, 상장군, 대장군으로 구성된 중방이 있었다.

**① O: 고려에는 장군들로 구성된 장군방, 상장군과 대장군으로 구성된 무신 합좌 기관인 중방이 있었다. 중방은 국방 문제와 군사 문제를 담당하였으며, 가장 지위가 높은 응양군의 상장군이 의장 역할을 수행하였다.**

**오답 분석**

② X: 중앙군으로 10위를 둔 나라는 발해이다. 발해의 중앙군인 10위는 왕궁과 수도 경비를 담당하였으며, 각 위마다 대장군과 장군을 두어 통솔하게 하였다

③ X: 5위제와 진관 체제로 편성된 나라는 조선이다. 조선의 중앙군은 의흥위(중위)·용양위(좌위)·호분위(우위)·충좌위(전위)·충무위(후위)의 5위로 구성되었고, 지방군은 진관 체제로 편성되어 각 도에 병영과 수영을 두고 병마절도사와 수군절도사로 하여금 관할 지역 군대를 장악하게 하였다.

④ X: 포수·사수·살수의 삼수로 편성된 훈련도감은 조선 후기의 군사 제도이다.

**½한국사 고득점 TIP 고려 시대 2군 6위**

- 2군은 응양군과 용호군으로 구성된 중앙군으로 목종 시기 왕의 친위 부대로 설치되었고, 근장이라 불리며 6위보다 우위에 있었다.
- 6위는 성종 때 설치되었고, 개경과 국경을 수비, 경찰 업무 등을 담당하였다. 감문위는 궁성 수비를 담당하였으며, 70세 이상의 노부모 봉양 시 근무하였다

# THEME 039 교육 제도와 관리 선발 제도

## 01

2015년 기상직 9급

**(ㄱ), (ㄴ)에 대한 설명으로 옳지 않은 것은?**

> (ㄱ) 고려는 왕권을 강화할 목적으로 958년에 처음으로 과거를 실시하고 관리를 등용하였다.
> (ㄴ) 고려의 음서는 가문을 기준으로 관리의 후보자를 선발하였는데, 이는 관료 체계의 귀족적 특성을 보여준다.

① (ㄱ)을 통해 지공거와 합격자는 좌주와 문생이 되었다.
② (ㄱ)은 시험 과목에 따라 제술업, 명경업, 잡업 등으로 구분하였다.
③ 왕실 및 공신의 후손, 5품 이상 관원의 자손은 (ㄴ)의 혜택을 받았다.
④ (ㄴ)을 통해 관직에 오른 사람은 제술업을 거쳐야 고관으로 승진할 수 있었다.

## 02

2015년 지방직 9급

**밑줄 친 '그'에 대한 설명으로 옳은 것은?**

> 그는 송악산 아래의 자하동에 학당을 마련하여 낙성(樂聖), 대중(大中), 성명(誠明), 경업(敬業), 조도(造道), 솔성(率性), 진덕(進德), 대화(大和), 대빙(待聘) 등의 9재(齋)로 나누고 각각 전문 강좌를 개설토록 하였다. 그리하여 당시 과거 보려는 자제들은 반드시 먼저 그의 학도로 입학하여 공부하는 것이 상례로 되었다.

① 9경과 3사를 중심으로 교육하였다.
② 유교적 합리주의 사관에 기초하여 『삼국사기』를 편찬하였다.
③ 유교 사상을 치국의 근본으로 삼아 시무 28조의 개혁안을 올렸다.
④ 『소학』과 『주자가례』를 중시하고 권문세족과 불교의 폐단을 비판하였다.

## 03

2020년 법원직 9급

**다음 자료와 관련된 고려 정부의 대응으로 가장 옳은 것은?**

> 최충이 후진들을 모아 열심히 교육하니, 유생과 평민이 그의 집과 마을에 차고 넘치게 되었다. 마침내 9재로 나누었다. …… 이를 시중 최공의 도라고 불렀다. 의관자제로서 과거에 응시하려는 자들은 반드시 먼저 이 도에 속하여 공부하였다. …… 세상에서 12도라고 일컬었는데, 최충의 도가 가장 성하였다.

① 원으로부터 성리학을 수용하였다.
② 주자가례와 소학을 널리 보급하였다.
③ 국학에 처음으로 양현고를 설치하였다.
④ 만권당을 짓고 유명한 학자들을 초청하였다.

# 문제 풀이

## 01

정답 ④

제시된 자료의 (가)는 과거 제도이고, (나)는 음서 제도이다.

**④ X: 고려 시대는 (ㄴ)음서를 통해 관직에 오른 사람은 제술업을 거쳐야 고관으로 승진할 수 있었던 것이 아니고 음서 출신들은 관직 진출에 제약이 없었다.**

**오답 분석**

① O: (ㄱ)의 과거 제도를 통해 지공거와 합격자는 좌주와 문생이 되었다.

② O: (ㄱ)의 과거 제도는 시험 과목에 따라 제술업, 명경업, 잡업 등으로 구분하였다.

③ O: 왕실 및 공신의 후손, 5품 이상 관원의 자손은 (ㄴ) 음서의 혜택을 받았다.

**½한국사 고득점 TIP 고려 시대 과거**

- 실시: 광종 때 쌍기의 건의로 실시
- 정비: 성종 때 정비, 과거출신자 우대
- 응시: 천인과 향·소·부곡민 등을 제외하고 양인이면 응시 가능
- 시행: 3년마다 보는 식년시가 원칙이지만 격년시가 유행
- 절차: 향시 → 국자감시(진사시, 사마시) → 예부시(동당감시)
- 종류: 문과, 잡과, 승과 등으로 구성 ※ 무과는 거의 실시 X
- 특징
  - 제술업(시, 부, 송, 책 등 문장 시험, 사장) > 명경업(경전)
  - 무과는 거의 실시 X → 예종 때 1회 시행, 공양왕 때 제도화

**½한국사 고득점 TIP 음서**

- 종류: 문무 5품 이상의 자손과 공신과 왕족 자손에게 혜택
- 특권: 시험을 거치지 않고 관직 진출
  - 관직 승진에 제약 X, 공신자손에게 주던 음서 혜택이 가장 큼
- 대상: 직계자손 뿐 아니라 사위와 조카 등도 받음
- 원칙: 18세 이상이 되어야 음서로 관직 진출, 예외도 있음

## 02

정답 ①

제시된 사료는 고려 시대 9재 학당에 대한 것으로 밑줄 친 '그'는 최충이다. '그는~9재로 나누고 각각 전문강좌를 개설토록 하였다'에서 최충의 9재 학당임을 알 수 있다.

**① O: 최충은 9재 학당을 세웠고, 여기서 9경과 3사를 중심으로 교육하였다. 이후 9재 학당은 문헌공도라 불렸다.**

**오답 분석**

② X: 최충이 아니라 김부식이 유교적 합리주의 사관에 기초하여 『삼국사기』를 편찬하였다.

③ X: 최충이 아니라 성종 때 최승로가 유교 사상을 치국의 근본으로 삼아 시무 28조의 개혁안을 올렸다.

④ X: 고려 말 신진사대부들이 『소학』과 『주자가례』를 중시하고 권문세족과 불교의 폐단을 비판하였다.

**½한국사 고득점 TIP 최충**

- 목종 때 과거에 급제
- 문종의 스승, 해동공자, 문하시중, 지공거 출신
- 은퇴 후 9재 학당 (문헌공도) 설립: 9경과 3사를 중심으로 제자 양성

## 03

정답 ③

제시된 사료의 '최충', '9재', '12도' 등은 고려 중기 사학의 발달과 관련된 내용으로, 이에 대응한 정부의 관학 진흥책을 찾으면 된다. 고려 중기 문종 시절 지공거 출신의 최충이 9재 학당을 설립하면서 사학 12도가 유행하였다. 귀족 자제들이 과거 준비를 위해서 관학이 아닌 사학으로 몰려가자 고려 정부는 관학 진흥책을 실시하게 되었다.

**③ O: 양현고는 장학 재단으로 예종 때 관학 진흥책의 일환으로 설치되었다.**

**오답 분석**

① X: 성리학은 고려 말 원 간섭기 충렬왕 시절 회헌 안향이 원에서 처음 전래하였지만 관학 진흥책과는 관련이 없다.

② X: 조선 시대 16세기 사림들은 성리학 질서를 강화하기 위해서 주자대전을 간행하고, 특히 조광조는 향촌사회에 소학과 주자가례 보급에 노력하였다.

④ X: 충선왕이 북경(연경)에 만권당이라는 독서당을 설치하였고, 원의 염복, 원명선, 조맹부와 고려의 이제현 등이 상호 교류하였지만 이는 관학 진흥책과는 관련이 없다.

**½한국사 고득점 TIP 고려 전기 관학 진흥책**

- 숙종: 서적포(출판사)
- 예종: 7재(전문강좌)와 양현고(장학 재단) → 충렬왕: 섬학전으로 보충
- 인종: 경사 6학을 정비

# THEME 040 고려 전시과와 경제 활동

## 01

2016년 국가직 9급

**전시과 제도의 변천 과정을 나타낸 것이다. (가) 제도에 대한 <보기>의 설명으로 옳은 것만을 모두 고른 것은?**

> 시정전시과(경종 1년, 976) → 개정전시과(목종 1년, 998) → (가) (문종 30년, 1076)

> **보기**
> (ㄱ) 4색 공복을 기준으로 등급을 나누었다.
> (ㄴ) 산직(散職)이 전시의 지급 대상에서 배제되었다.
> (ㄷ) 등급별 전시의 지급 액수가 전보다 감소하였다.
> (ㄹ) 무반과 일반 군인에 대한 대우가 전반적으로 향상되었다.

① (ㄱ), (ㄴ)
② (ㄷ), (ㄹ)
③ (ㄱ), (ㄴ), (ㄷ)
④ (ㄴ), (ㄷ), (ㄹ)

## 02

2019년 국회직 9급

**(ㄱ), (ㄴ) 시기에 시행된 조치로 옳은 것은?**

> 시정전시과 제정 → (ㄱ) → 개정전시과 시행 → (ㄴ) → 경정전시과 실시

① (ㄱ) - 역분전 지급
② (ㄱ) - 건원중보 발행
③ (ㄱ) - 양반공음전시법 제정
④ (ㄴ) - 해동통보 발행
⑤ (ㄴ) - 녹과전 지급

## 03

2017년 하반기 지방직 9급

**고려 시대 토지 종목 중 ㉠에 해당하는 것은?**

> 원종 12년 2월에 도병마사가 아뢰기를, "근래 병란이 일어남으로 인해 창고가 비어서 백관의 녹봉을 지급하지 못하여 사인(士人)을 권면할 수 없었습니다. 청컨대 경기 8현을 품등에 따라 ( ㉠ )으로 지급하소서."라고 하였다.
> -『고려사』

① 공음전
② 구분전
③ 녹과전
④ 사패전

## 04

2018년 국가직 7급

**(ㄱ)에 해당하는 토지에 대한 설명으로 옳은 것은?**

> 5월 을사에 태조가 예산진에 행차하여 이르기를, "너희 공경장상은 국록을 먹는 사람들이므로 내가 백성을 자식처럼 사랑하는 마음을 헤아려서, 너희들 (ㄱ) 의 백성들을 불쌍히 여겨야 할 것이다. 만약 무지한 가신들을 (ㄱ) 에 보낸다면, 오직 거두어들이는 데만 힘써 마음대로 약탈할 것이니 너희 또한 어찌 알 수 있겠는가?"라고 하였다.
> -『고려사』

① 신라의 토지 제도에서 비롯된 것이다.
② 직역에 대한 대가로 수조권만을 지급한 것이다.
③ 대상 토지에 거주하는 가호의 수를 단위로 지급되었다.
④ 지방 호족들의 경제기반으로 고려 무신 정권기까지 존속했다.

## 01

정답 ④

제시된 자료의 (가) 제도는 경정전시과이다.

(ㄴ) O: **경정전시과 때는 직관(현직관리)에게만 전지와 시지의 수조권이 지급되었기 때문에 산관(전직관리)은 지급대상에서 제외되었다.**

(ㄷ) O: **개정전시과, 경정전시과로 토지 제도가 정비되면서 전지와 시지의 지급량이 감소하였다.**

(ㄹ) O: **경정전시과에서는 문무차별이 완화되어 군인에 대한 대우가 향상되었고, 특히 같은 품계의 무반이 같은 품계의 문반보다 더 많은 토지를 지급받았다.**

**오답 분석**

(ㄱ) X: 경정전시과가 아니라 경종 때 실시된 시정전시과 때 4색 공복을 기준으로 등급을 나누었다.

## 02

정답 ②

② O: **건원중보는 당의 건원중보를 모방하여 (ㄱ) 시기인 고려 성종 때 제작된 최초의 화폐이다.**

**오답 분석**

① X: 역분전은 (ㄱ) 시기가 아니라 그 전에 고려 태조가 개국공신들에게 논공행상(충성도)에 따라 수조권을 지급한 토지 제도이다.

③ X: 양반 공음전시법은 문종 시절 경정전시과 때 실시되었다.

④ X: 해동통보는 (ㄴ) 시기가 아니라 그 뒤인 고려 숙종 때 의천의 건의로 설치된 주전도감에서 주조된 화폐 중 하나이다.

⑤ X: 녹과전은 (ㄴ) 시기가 아닌 고려 원종 때(1271년) 현직 관리들의 등급을 28개로 나누어 수조권을 지급한 제도로, 경기 8현의 토지를 녹봉 대신 지급한 제도이다.

**½한국사 고득점 TIP** 양반 공음 전시법

시기에 따라 훈전·공음전 등으로 불렸다. 공음전은 문종 때 경정전시과 때 지급되었으나 그 기원은 경종 때 지급된 훈전으로 볼 수 있다.

※ 훈전: 시정전시과 때 개국공신과 귀순한 호족의 후예에게 지급

## 03

정답 ③

제시된 사료의 ㉠은 고려 후기의 녹과전이다. '원종', '병란이 일어남', '경기 8현을 품등에 따라 지급' 등을 통해 ㉠이 녹과전임을 알 수 있다.

③ O: **녹과전은 원종 때 현직 관리의 등급을 28개로 나누어 녹봉 대신 경기 8현의 토지에 대한 수조권을 지급한 것이다.**

**오답 분석**

① X: 공음전은 고려 시대 5품 이상의 관리에게 신분상의 특권으로 지급되었던 토지이다.

② X: 구분전은 고려 시대 하급 관리와 군인의 유가족에게 지급되었던 토지로 수급자가 사망 시 반납하였다.

④ X: 사패전은 고려 후기와 조선 초기에 사패를 통해 지급한 토지로 공을 세운 신하에게 준 공신사패전과 토지 개간을 목적으로 준 개간사패전이 있다. 공신사패전은 공신전의 일종으로서 개간된 땅을 주었으며, 조선 초기까지도 사패를 통해 공신전을 지급하였다. 개간사패전은 원 간섭기에 특징적으로 나타난 사패전으로, 몽골과 장기간의 전쟁 과정에 황폐해진 토지를 신속하게 개간할 목적으로 지급하였다.

**½한국사 고득점 TIP** 녹과전

- 실시: 고려 후기 무신집권기 원종 때 실시
- 목적: 현직관리들의 생계 유지를 위해서 지급
- 제도: 현직관리에게 관등에 따라 경기 8현의 토지를 지급
- 실패: 권문세족의 농장 확대로 실패

## 04

정답 ①

주어진 자료는 태조 왕건이 예산진에 행차하면서 내린 조서 중의 일부로 (ㄱ)은 녹읍이다.

① O: **녹읍은 신라 시대 관료 귀족에게 17관등의 경위에 따라 지급하는 것이 원칙이었다.**

**오답 분석**

② X: 녹읍은 관료전(田)과 달리 토지의 지배권만이 아닌 토지와 그 경작지의 노동력과 공물까지 지배할 수 있었다.

③ X: 녹읍의 지급 방식에 대해서 고관들은 현이나 촌을 단위로 지급받으면서 여러 촌이나 현에 걸친 녹읍을 지급 받는 경우도 있었던 것으로 보인다. 그에 비해 하위 관료는 하나의 촌이나 현을 여러 명의 관료가 공동으로 지배하는 형식으로 지급 받았던 것으로 보인다.

④ X: 녹읍은 고려 초기에 기록이 사라지는 것으로 보아 고려 초기 폐지된 것으로 추정된다. 반면 식읍은 고려시대에도 존재하였고, 최충헌이 진주 지방을 식읍으로 받은 기록도 보이지만 조선 초기에 모두 폐지되었다.

**½한국사 고득점 TIP** 녹읍

녹읍은 신라가 주변 지역을 복속시키고 귀족층으로 편입된 각 세력들을 관료로 편제하는 과정에서, 그들을 귀족관료로서 보수·대우하려는 제도에서 마련되었던 것으로 보인다.

## 05

2015년 법원직 9급

**다음 자료를 통해 수행할 수 있는 탐구 주제로 가장 옳은 것은?**

> • 원종 10년에 설치하였는데 사, 부사가 있었다.
> • 충렬왕 14년에 설치하였고, 27년에도 설치하였다.
> • 공민왕 원년에 다시 설치하였다.
> • 우왕 7년에 또 한 번 설치하였고, 14년에도 두었다.

① 정방의 설치와 폐지 과정
② 전민변정사업의 실시와 반발
③ 정동행성 이문소의 횡포와 폐지
④ 관제 격하와 문종 대 관제로의 복구

## 06

2022년 국가직 9급

**밑줄 친 '이 나라'의 경제 상황에 대한 설명으로 옳지 않은 것은?**

> 이 나라에는 관리에게 정해진 면적의 토지에서 조세를 거둘 수 있는 권리를 나누어주는 전시과라는 제도가 있었다. 농민은 소를 이용해 깊이갈이를 하기도 했으며, 시비법의 발달로 휴경지가 점차 줄어들었다. 밭농사는 2년 3작의 윤작법이 점차 보급되었다. 이 나라의 말기에는 직파법 대신 이앙법이 남부 지방 일부에 보급될 정도로 논농사에 변화가 나타났다. 또한 이암에 의해 중국 농서인 『농상집요』도 소개되었다.

① 재정을 운영하는 관청으로 삼사를 두었다.
② 공물 부과 기준이 가호에서 토지로 바뀌었다.
③ 생산량의 10분의 1에 해당하는 조세를 거두었다.
④ '소'라는 행정구역의 주민이 국가에서 필요로 하는 물품을 생산하였다.

## 07

2017년 국가직 9급

**다음에서 설명하는 화폐가 사용된 시기의 경제 상황으로 옳은 것은?**

> 초기에는 은 1근으로 우리나라 지형을 본떠 만들었는데 그 가치는 포목 100필에 해당하는 고액이었다. 주로 외국과의 교역에 사용되었으며 후에 은의 조달이 힘들어지고 동을 혼합한 위조가 성행하자, 크기를 축소한 소은병을 만들었다.

① 이앙법이 전국적으로 보급되었다.
② 책, 차 등을 파는 관영상점을 두었다.
③ 동시전이 설치되어 시장을 감독하였다.
④ 청해진이 설치되어 무역권을 장악하였다.

## 08

2015년 기상직 7급

**고려 시대에 다음 밑줄 친 문제를 해결하기 위해 정부가 시행한 대책을 <보기>에서 고르면?**

> 권세가들은 산천을 경계로 하는 대토지를 차지하고 사람들을 끌어들여 농장을 경영하였다. 이 과정에서 힘없는 농민들의 토지를 탈점하거나 국가의 토지를 몰래 차지하기도 하였다. 토지를 경작할 노동력을 확보하기 위해 양인들을 억압하여 노비로 삼는 경우도 많았다. 그 결과 국가는 조세 수입이 줄어들어 재정이 위기에 처하였다.

**보기**

(ㄱ) 조세, 공물, 요역 등을 감면하여 농민들의 부담을 덜어 주었다.
(ㄴ) 권세가의 토지를 몰수하여 신진 관료들에게 녹과전으로 지급하였다.
(ㄷ) 신돈을 등용하여 전민변정도감을 설치하였다.
(ㄹ) 소금의 판매 및 생산권리를 독점하는 소금의 전매제를 실시하였다.

① (ㄱ), (ㄴ)　　② (ㄱ), (ㄹ)
③ (ㄴ), (ㄷ)　　④ (ㄷ), (ㄹ)

## 05

정답 ②

제시된 자료는 전민변정도감에 대한 설명이다. 전민변정도감은 고려 후기 권세가들이 탈점한 토지나 노비를 추쇄(推刷)·환본(還本)하기 위하여 설치된 임시 관청이다.

② O: **원종과 충렬왕, 공민왕, 우왕 시절 권문세족의 대농장을 혁파하기 위해서 전민변정사업을 실시했지만 권문세족이 반발하였다.**

**오답 분석**

① X: 정방은 최우가 설치한 인사 기구로 충선왕과 공민왕 때 왕권 강화 과정에서 폐지되었다.

③ X: 정동행성 이문소는 본래 범죄를 단속하는 사법 기관이었으나, 반원 세력을 억압하고 부원 세력을 대변하는 기구로 변질되었고, 공민왕 때 반원 자주 정책의 일환으로 폐지되었다.

④ X: 충렬왕 때 원의 압력으로 관제가 격하되었지만 공민왕 때 반원 정책을 추진하면서 문종 때 관제로 복구되었다(조조입법).

## 06

정답 ②

제시된 사료의 밑줄 친 '이 나라'는 고려이다. 전시과 제도, 2년 3작의 윤작법이 보급, 『농상집요』 소개 등을 통해 고려 시대임을 알 수 있다.

② X: **조선은 대동법을 시행하여 공물 부과 기준이 가호에서 토지로 바뀌었다.**

**오답 분석**

① O: 고려 시대에는 재정을 운영하는 관청으로 삼사를 두었다.

③ O: 고려 시대에는 생산량의 10분의 1에 해당하는 조세를 거두었다.

④ O: 고려 시대에는 '소'라는 행정 구역의 주민이 국가에서 필요로 하는 물품을 생산하였다.

## 07

정답 ②

제시된 사료의 소은병은 고려 말 충혜왕 때 주조된 화폐이다.

② O: **고려 시대에는 개경과 서경 등의 대도시에 책, 차 등을 파는 관영상점을 두었다.**

**오답 분석**

① X: 조선 후기에 이앙법이 전국적으로 보급되었다.

③ X: 신라 지증왕 때 동시전이 설치되어 시장을 감독하였다.

④ X: 신라 시대 흥덕왕 시절 장보고가 완도에 청해진을 설치하고 무역권을 장악하였다.

**½한국사 고득점 TIP** **고려 시대 화폐**

- 고려 성종: 건원중보(최초, 철전과 동전)
- 고려 숙종: 주전도감, 활구(은병) 해동·동국·삼한통보(중보)
- 고려 충혜왕: 소은병
- 고려 공양왕: 저화(자섬저화고)

## 08

정답 ④

고려 후기 권문세족이 대농장을 소유하면서 자신의 토지를 면제전으로 지정하여 정부의 조세 수입이 감소하였다. 또한 농민들을 자신의 농장의 노비로 만들면서 정부의 재정수입이 더 감소하였다. 이를 해결하기 위해서 정부는 사전 개혁(전민변정도감 등)을 시도하였고, 충선왕은 의렴창을 설치하여 소금을 전매하였으며, 농장에 징세를 하기도 하였다.

(ㄷ) O: **공민왕은 신돈을 등용하여 전민변정도감(전민추정도감)을 설치하여 농장을 혁파하고 토지 개혁을 시도하였으나 실패하였다.**

(ㄹ) O: **충선왕은 각염법을 제정하고 의렴창을 설치하여 소금과 철을 전매하게 함으로써 국고 수익을 늘리기도 하였다.**

**오답 분석**

(ㄱ) X: 고려 시대에는 흉작이나 재해 시 조세 등을 감면하여 농민들의 부담을 덜어주었으나 이것이 권문세족의 농장 확대로 인한 국가 재정의 위기를 해결하기 위한 대책은 아니다.

(ㄴ) X: 녹과전은 현직 관리들에게 생계유지를 위해서 경기 8현의 토지의 수조권을 녹봉 대신 지급한 것으로 이것도 정부의 지출에 해당하므로 정부의 수입을 증가시키기 위한 것이 아니다.

## 09

2014년 기상직 9급

**다음 지도의 (가)~(라)에 대한 설명으로 옳은 것은?**

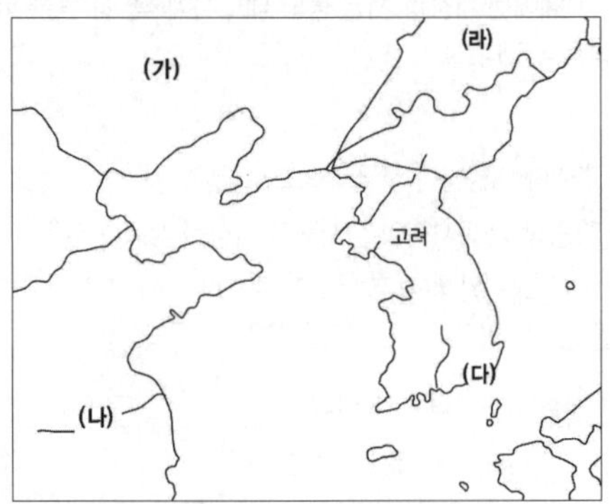


① (가) 국가와는 수출입을 통해 활발하게 교역하는 한편 침공에 대비해 별무반을 만들었다.

② (나) 국가와는 지속적인 친선 관계를 유지하며 비단, 서적, 자기 등을 주로 수출하였다.

③ (다)는 국제 무역항으로 아랍 상인이 일본을 거쳐 왕래하며 고려를 서방에 알렸다.

④ (라) 국가와는 한때 군신 관계를 맺기도 하였으며 농기구, 곡식, 포목 등을 수출하였다.

## 10

2022년 법원직 9급

**밑줄 친 '왕'의 재위 시기에 있었던 사실로 옳은 것을 <보기>에서 모두 고른 것은?**

> 주전도감에서 <u>왕</u>에게 아뢰기를 "나라의 백성이 돈을 사용하는 것의 유리함을 이해하고 그것을 편리하다고 생각하게 되었으니 이 사실을 종묘에 고하십시오."라고 하였다. 이 해에 또 은병도 만들어 화폐로 사용하였는데, 그 제도는 은 한 근으로 만들되 우리나라의 지형을 따서 만들었고, 민간에서는 활구라고 불렀다.

**보기**

(ㄱ) 해동통보가 발행되었다.
(ㄴ) 의천이 화폐 주조를 건의하였다.
(ㄷ) 원의 화폐인 지원보초가 유통되었다.
(ㄹ) 저화라고 불린 지폐가 제작되어 사용되었다.

① (ㄱ), (ㄴ) ② (ㄱ), (ㄷ)
③ (ㄴ), (ㄹ) ④ (ㄷ), (ㄹ)

## 11

2017년 지방직 9급

**다음 상황이 나타난 시기에 볼 수 있는 모습으로 옳은 것은?**

> 대외 무역이 발전하면서 예성강 어귀의 벽란도가 국제 무역항으로 번성했으며, 대식국(大食國)으로 불리던 아라비아 상인들도 들어와 수은·향료·산호 등을 팔았다.

① 해동통보와 은병(銀甁) 같은 화폐를 만들어 사용하였다.

② 인구·토지면적 등을 기록한 장적(帳籍, 촌락문서)이 작성되었다.

③ 개성의 송상은 전국에 송방(松房)이라는 지점을 개설해서 활동하였다.

④ 지방 장시의 객주와 여각은 상품의 매매뿐 아니라 숙박·창고·운송 업무까지 운영하였다.

# 문제 풀이

## 09

정답 ④

제시된 자료의 (가)는 거란, (나)는 송, (다)는 울산항, (라)는 여진이다.

④ O: **(라)의 여진과는 고려 중기 여진족이 세운 금에게 한때 군신 관계를 맺기도 하였으며 농기구, 곡식, 포목 등을 수출하였고, 은과 말, 모피 등을 여진으로부터 수입하였다.**

**오답 분석**

① X: 고려는 (가)의 거란과 수출입을 통해 활발하게 교역하였지만, 침공에 대비해 별무반이 아니라 광군을 정종 시절 만들었다.

② X: (나)의 송과는 지속적인 친선 관계를 유지하며 비단, 서적, 자기 등을 주로 수출이 아니라 수입하였다.

③ X: (다)의 울산항은 통일 신라의 국제 무역항이었고, 고려는 개경 부근 예성강의 벽란도를 통해 아랍 상인이 일본이 아닌 중국을 거쳐 왕래하며 고려를 서방에 알렸다.

**½한국사 고득점 TIP 고려 시대 송과 무역**

- 벽란도: 예성강 유역의 벽란도가 국제 무역항
- 수출: 금과 은, 나전칠기, 화문석, 인삼, 먹과 종이 등
- 수입: 비단, 약재, 서적, 차, 향료, 자기 등

## 10

정답 ①

제시된 사료의 밑줄 친 '왕'은 고려 숙종이다. 숙종 때 의천이 왕에게 주전도감의 설치를 건의하였다. 이로 인해 숙종 때 활구(은병), 해동통보(중보), 동국통보(중보), 삼한통보(중보) 등이 발행되었다.

(ㄱ) O: **고려 숙종 시절에 해동통보가 발행되었다.**

(ㄴ) O: **고려 숙종 시절에 의천이 화폐 주조를 건의하였다.**

**오답 분석**

(ㄷ) X: 고려 말 원 간섭기에 원의 화폐인 지원보초가 유통되었다.

(ㄹ) X: 고려 공양왕 시절에 저화하고 불린 지폐가 제작되었다.

**중요 사료 고려 숙종 때 주전도감**

주전도감에서 아뢰기를, "나라 사람들이 비로소 전폐(錢幣) 사용의 이로움을 알아 편리하게 되었으니 바라건대 종묘에 고하소서."라고 하였다. 이 해에 또한 은병을 사용하여 화폐로 삼았는데, 그 제도는 은 1근으로 만들고, 형상은 우리나라 지형으로 하였으며, 속칭 활구라고 하였다.

## 11

정답 ①

제시된 사료의 시기는 고려 시대이다. 고려 시대에는 아라비아 상인들도 중국을 거쳐 고려에 와서 수은과 향료, 산호 등을 수출하였다.

① O: **해동통보와 은병(銀甁) 같은 화폐를 만들어 사용하였다.**

**오답 분석**

② X: 통일 신라 시대에 인구·토지면적 등을 기록한 장적(帳籍, 촌락문서)이 작성되었다.

③ X: 고려 시대가 아니라 조선 후기 개성의 송상은 전국에 송방(松房)이라는 지점을 개설해서 활동하였다.

④ X: 고려 시대가 아니라 조선 후기 지방 장시와 포구의 객주와 여각은 상품의 매매뿐 아니라 숙박·창고·운송 업무까지 운영하였다.

**½한국사 고득점 TIP 조선 후기 주요 상인**

- 공인: 대동법 시행 이후 등장, 관허 상인, 도고로 성장
- 보부상: 장시를 중심으로 활동, 장돌뱅이
- 시전상인: 후기에 금난전권을 가지고 난전 통제, 독점 상인, 관허 상인
- 만상: 의주, 청과 무역, 임상옥, 팔포무역
- 유상: 평양을 근거지로 활동
- 송상: 개성, 송방이라는 지점, 중계무역, 인삼재배업
- 내상: 동래, 일본과 무역
- 경강상인: 한강과 서해안을 근거지, 정부 미곡 운반 담당, 조선업
- 객주와 여각: 포구에서 활동, 위탁, 도매업, 숙박업, 운송업, 금융업

# THEME 041 고려 시대 신분 제도

## 01
2021년 법원직 9급

(가) 세력에 대한 설명으로 가장 옳은 것은?

> ▶ 고려 지배층의 변화 ◀
> 호족 → 문벌귀족 → 무신 → 권문세족 → (가)

① 성리학을 통해 불교의 폐단을 지적하였다.
② 주로 음서를 통하여 관직에 진출하였다.
③ 권력을 앞세워 대규모 농장을 소유하였다.
④ 친원적 성향의 이들은 도평의사사를 장악하였다.

## 02
2017년 서울시 사회복지직

고려 시대 귀족의 특징에 대한 설명으로 옳은 것은?

① 귀족 세력은 왕족을 비롯하여 7품 이상의 고위 관료가 주류를 형성하였다.
② 귀족은 대대로 고위 관직을 차지하여 사림 세력을 형성하였다.
③ 귀족의 자제는 음서를 통해 관직에 진출할 수 있었다.
④ 향리의 자제는 과거를 통하여 귀족의 대열에 들 수 없었다.

## 03
2022년 법원직 9급

밑줄 친 '이들'에 대한 설명으로 가장 옳은 것은?

> 이들의 첫 벼슬은 후단사이며, 두 번째 오르면 병사(兵史)·창사(倉史)가 되고, 세 번째 오르면 주·부·군·현의 사(史)가 되며, 네 번째 오르면 부병정(副兵正)·부창정(副倉正)이 되며, 다섯 번째 오르면 부호정(副戶正)이 되고, 여섯 번째 오르면 호정이 되며, 일곱 번째 오르면 병정·창정이 되고, 여덟 번째 오르면 부호장이 되고, 아홉 번째 오르면 호장(戶長)이 된다. -『고려사』

① 자손이 음서의 혜택을 받았다.
② 속현의 조세와 공물의 징수, 노역 징발 등을 담당하였다.
③ 수군, 조례, 역졸, 조졸 등으로 칠반천역이라고도 불렸다.
④ 수령의 행정 실무를 보좌하는 세습적인 아전으로 활동하였다.

## 04
2017년 서울시 사회복지직

다음 <보기>의 (　　)에 들어갈 낱말을 바르게 나열한 것은?

> **보기**
> 고려의 지배층과 피지배층 사이에는 중류층이 자리잡고 있었다. 중앙 관청의 말단 서리인 ( ㉠ ), 궁중 실무 관리인 ( ㉡ ), 직업 군인으로 하급 장교인 ( ㉢ ) 등이 있었다.

| | ㉠ | ㉡ | ㉢ |
|---|---|---|---|
| ① | 잡류 | 역리 | 군반 |
| ② | 남반 | 군반 | 역리 |
| ③ | 잡류 | 남반 | 군반 |
| ④ | 남반 | 군반 | 잡류 |

## 05
2016년 지방직 9급

다음 (ㄱ)의 주민에 대한 설명으로 옳은 것은?

> 고려 시기에 (ㄱ) 은(는) 금, 은, 구리, 쇠 등 광산물을 채취하거나 도자기, 종이, 차, 등 특정한 물품을 생산하여 국가에 공물로 바쳤다.

① 군현민과 같은 양인이지만 사회적 차별을 받았다.
② 죄를 지으면 형벌로 귀향을 시키는 처벌을 받았다.
③ 지방 호족 출신으로 지방 행정의 실무를 담당하였다.
④ 재산으로 간주되어 매매·상속·증여의 대상이 되었다.

## 문제 풀이

### 01

정답 ①

(가)의 지배층은 고려 말 등장한 신진 사대부이다.

① O: **신진 사대부는 성리학을 통해 불교의 폐단을 지적하였다.**

**오답 분석**

② X: 문벌귀족과 권문세족은 주로 음서를 통하여 관직에 진출하였다.

③ X: 권문세족은 권력을 앞세워 대규모 농장을 소유하였다.

④ X: 친원적 성향의 권문세족들은 도평의사사를 장악하였다.

### 02

정답 ③

③ O: **귀족의 자제는 음서를 통해 관직에 진출할 수 있었다.**

**오답 분석**

① X: 귀족 세력은 왕족을 비롯하여 7품이 아니라 5품 이상의 고위 관료가 주류를 형성하였다.

② X: 귀족은 대대로 고위 관직을 차지하여 사림 세력이 아니라 문벌귀족을 형성하였다. 사림세력은 조선 중기 사회를 이끌어간 주도세력이다.

④ X: 향리의 자제는 과거를 통하여 귀족의 대열에 들 수 없었던 것이 아니라 주현공거법이나 향공진사의 제도를 통해 품관직에 진출하여 귀족으로 진출하는 경우도 있었다.

### 03

정답 ②

제시된 사료의 밑줄 친 '이들'은 고려 시대의 향리이다. 향리의 우두머리를 호장이라 불렀고, 과거와 혼인에 있어서 특혜를 받았다.

② O: **고려 시대의 향리는 지방관이 파견되지 않은 속현의 조세와 공물의 징수, 노역 징발 등을 담당하였다.**

**오답 분석**

① X: 5품 이상의 관료 및 왕족 등의 자손이 음서의 혜택을 받았다.

③ X: 신량역천은 수군, 조례, 역졸, 조졸 등으로 칠반천역이라고도 불렸다.

④ X: 조선 시대의 향리는 수령의 행정 실무를 보좌하는 아전으로 활동하였다.

**½한국사 고득점 TIP** 신량역천

신분은 양인이나 천한 직역을 담당하였고, 15세기 말 대부분이 양인으로 승격되었다. 신량역천의 종류는 조군, 봉화군, 수릉군, 생선간, 목자간, 염간, 화척, 재인, 나장, 조례, 일수, 역졸 등이다.

### 04

정답 ③

③ O: **㉠은 잡류, 궁중 실무 관리인 ㉡은 남반, 직업 군인으로 하급 장교인 ㉢은 군반이다. 고려 시대의 잡류는 중앙 관청의 말단 서리로 행정 실무에 종사하였다. 남반은 궁중의 당직이나 국왕의 시종·호종(임금의 행차 때 어가 주위에서 임금을 모시는 행위)·경비, 간단한 왕명 전달 등의 궁중 실무를 담당한 내료직이었다. 군반은 중앙의 직업 군인으로 군역을 세습적으로 담당하였다. 군반은 후삼국 시대의 왕건에게 협력한 호족들의 사병에 대하여 고려 건국 때 이들을 특정한 군역 담당자로 규정한 데에서 유래하였다.**

**오답 분석**

- X: 역리는 지방의 역(驛)을 관리하였으며, 군사 정보 및 왕명을 전달하거나 사신의 영송과 접대를 주요 업무로 하였다.

**½한국사 고득점 TIP** 고려 시대 중류층

- 하급 관리: 서리(중앙 관청 실무 담당), 역리(지방의 역 관리), 잡류(중앙 관청의 말단 서리)
- 실무 관리: 남반(궁중 실무 담당), 향리(지방 행정 실무 담당)
- 기술 관리: 역관, 의관 등의 잡과 출신
- 직업 군인: 군반(하급 장교의 경우 군공을 세우면 무반으로 신분 상승 가능)

### 05

정답 ①

제시된 자료의 (ㄱ)은 고려 시대에 등장한 소이다. 금과 은, 구리, 쇠 등의 광산물과 도자기, 종이, 차 등의 특정한 물품을 생산하여 정부에 공물로 바쳤다는 것을 통해 '소'임을 알 수 있다.

① O: **고려 시대 소의 주민은 군현민과 같은 양인이지만 사회적 차별을 받았다.**

**오답 분석**

② X: 소의 주민들은 거주 이전의 자유가 없었기 때문에 귀향죄가 별다른 의미를 갖지 못하였다. 고려 시대 귀향죄는 특별한 신분 이상에게 적용되었고, 특히 문벌 귀족에게 귀향죄는 중형이었다.

③ X: 소의 주민이 아니라 향리의 우두머리인 호장층이 지방 호족 출신으로 지방 행정의 실무를 담당하였다.

④ X: 소의 주민이 아니라 노비가 재산으로 간주되어 매매·상속·증여의 대상이 되었다.

**½한국사 고득점 TIP** 유형

- 귀양: 멀리 외딴 곳으로 보내는 형벌
- 귀향: 본관 지역으로 보내지는 형벌, 고려만 존재, 일정한 신분 이상

## 06

2012년 국가직 7급

고려 시대의 신분 제도에 대한 설명으로 옳지 않은 것은?

① 화척, 재인, 양수척을 호적에 올려 그들에게 역을 부담시켰다.

② 죄를 지어 관직에 나갈 수 없는 자들을 귀향시키는 형벌이 있었다.

③ 본관제가 사회적 의미를 가지게 되는 시기이다.

④ 군반, 남반 등과 같이 일정한 정치적 기능을 나타내는 몇 개의 반(班)이 설정되었다.

## 07

2020년 법원직

다음과 같은 상황이 나타난 시기에 볼 수 있는 모습으로 가장 옳은 것은?

> 옹주는 지극히 예뻐하던 딸이 공녀로 가게 되자 근심하고 번민하다가 병이 생겼다. 결국 지난 9월에 세상을 떠나니 나이가 55세였다. 우리나라의 자녀들이 서쪽 원나라로 끌려가기를 거른 해가 없다. 비록 왕실의 친족과 같이 귀한 집안이라도 숨기지 못하였으며 어미와 자식이 한 번 이별하면 만날 기약이 없다.
>
> \- 수령옹주 묘지명

① 몽골군을 물리치는 김윤후와 처인부곡민

② 농민의 토지를 빼앗아 농장을 확대하는 권문세족

③ 왕명을 받아 『삼국사기』를 편찬하는 김부식

④ 별무반과 함께 여진 정벌에 나서는 윤관

## 08

2017년 하반기 국가직 9급

다음은 『고려사』의 일부 내용이다. 이 시기에 대한 설명으로 옳지 않은 것은?

> • 명학소를 충순현으로 승격시켰다. 수령까지 두어 위무하더니 태도를 바꿔 군대를 보내와서 토벌하니 어찌된 까닭인가?
> • 순비 허씨는 평양공 왕현에게 시집가서 3남 4녀를 낳았는데, 왕현이 죽은 후 충선왕의 비가 되었다.
> • 은수는 매와 사냥개를 잘 다루어 응방 관리가 되었으며, 그의 가문은 권세가가 되었다.

① 향·소·부곡 등 특수 행정 구역이 주현으로 승격되기도 하였다.

② 여성의 재혼을 규제하려는 움직임이 나타났다.

③ 향리 이하의 층도 문·무반으로 신분 상승을 할 수 있었다.

④ 충선왕대 이후에도 왕실 족내혼이 널리 행해졌다.

## 09

2017년 국회직 9급

다음 사료와 관련 있는 사건에 대한 설명으로 옳은 것은?

> 내가 봉기하자 나의 고향을 현(縣)으로 승격시키고 수령을 두어 편안하게 살게 해주겠다고 회유하더니, 오래지 않아 다시 군사를 보내 토벌하고 나의 어머니와 아내를 옥에 가둔 것은 무슨 뜻인가? 차라리 칼날 아래서 죽을지언정 끝내 항복하지 않을 것이며 반드시 왕경에 이르고야 말겠다.

① 최충헌의 집권기에 일어났다.

② 개경의 노비 세력을 규합하여 봉기하였다.

③ 신라의 부흥을 외치며 고려 정부에 저항하였다.

④ 서북 지역의 조위총과 공동전선을 펴기도 하였다.

⑤ 남적이라고도 불렸으며, 아주(충남 아산) 지역까지 세력을 확장하였다.

## 문제 풀이

### 06
정답 ①

① X: 고려 시대에는 화척, 재인, 양수척을 호적에 기록하지 않았다.

**오답 분석**

② O: 고려 시대에는 귀향죄가 있었는데 이러한 귀향죄는 자신의 본관 지역으로 보내는 것이었고, 특히 문벌귀족에게 가장 중한 형벌이었다.

③ O: 고려 시대는 성씨가 보편화되었고, 본관제가 실시되었다.

④ O: 고려 시대는 문반, 무반, 남반, 군반 등으로 정치적 기능을 구분하여 여러 개의 반을 설치하였다.

**½한국사 고득점 TIP 화척, 양수척, 기생, 재인**

화척은 도축업, 양수척은 버들고리를 만들어 팔거나 수렵에 종사, 재인은 광대였다. 이들 화척, 양수척, 재인, 기생 등은 신량역천으로 보기도 하나 현 고등교과서에는 천민으로 서술되어 있다. 그리고 이들은 노비와 달리 호적에 기록되지 않아 국가의 관리 대상이 아니었다.

### 07
정답 ②

제시된 사료는 원 간섭기의 상황이다. '공녀', '원나라' 등을 통해 고려 말 원 간섭기의 상황임을 알 수 있다. 원 간섭기 공녀 착출은 왕족도 예외가 아니었다.

② O: 원 간섭기에는 전기 문벌귀족, 무신 가문, 원의 부원 세력 등이 권문세족으로 성장하여 도평의사사와 정방을 통해 권력을 장악하였다. 이들은 사패전과 토지 등을 약탈하여 산천위표의 대농장을 소유하였다.

**오답 분석**

① X: 원 간섭기가 아니라 무신집권기 몽골의 2차 침입 당시 김윤후가 처인성에서 살리타이를 사살하였고, 처인부곡의 주민들이 몽골군에 항전하였다.

③ X: 김부식은 고려 중기 인종 시절 보수적, 사대적 유교 사관에 입각하여 묘청의 난 이후인 1145년 삼국사기를 편찬하였다.

④ X: 별무반은 고려 숙종 시절 1104년 윤관의 건의로 기병 중심의 거국적 부대로 조직되었고, 1107년 예종 시절 여진족의 동북 지방을 정벌하였다.

### 08
정답 ④

제시된 자료는 고려 후기의 모습이다.

④ X: 충선왕이 재상지종을 발표하여 이후에는 왕실 족내혼이 전보다 감소하였다.

**오답 분석**

① O: 고려 후기에는 향·소·부곡 등 특수 행정 구역이 주현으로 승격되기도 하였다.

② O: 고려 말 공양왕 시절에는 재혼 금지 주장이 제기되었는데 재혼 금지보다는 수절에 중점을 둔 것이다.

③ O: 고려 시대 향리 자제들은 과거에 합격하여 벼슬에 나가 귀족의 대열에 들 수 있었고, 일반 양인들도 과거 응시로 신분 상승이 가능하였지만 쉽지 않았다.

**½한국사 고득점 TIP 고려 시대 혼인**

- 원칙: 일부일처제, 왕실과 귀족 사회에는 일부다처제가 시행되기도 함
- 방식: 서류부가혼(처가살이, 남귀여가혼, 솔서혼)이 일반적
- 이혼과 재혼: 자유로움
- 동성혼과 근친혼 등 족내혼이 유행
- 조혼: 원 간섭기 공녀 문제로 조혼 유행, 왕족도 포함

### 09
정답 ⑤

제시된 사료는 정중부 집권 시절 1176년 발생한 망이와 망소이의 난이다.

⑤ O: 망이와 망소이의 난은 남적이라고도 불렸으며, 아주(충남 아산) 지역까지 세력을 확장하였다.

**오답 분석**

① X: 망이와 망소이의 난은 최충헌 집권기가 아니라 1176년 정중부 시절에 일어났다.

② X: 최충헌 때 만적이 개경의 노비 세력을 규합하여 봉기를 계획하였지만 사전에 발각되었다.

③ X: 이의민 때 김사미와 효심, 최충헌 때 동경에서 이비와 패좌가 신라의 부흥을 외치며 고려 정부에 저항하였다.

④ X: 1172년 발생한 서계민란은 서적이라 불리며 서북 지역의 조위총과 공동전선을 펴기도 하였다.

**½한국사 고득점 TIP 고려 무신 집권기 반란**

- 정중부 시절: 서계민란, 김보당의 난, 조위총의 난, 공주 명학소의 난
- 경대승 시절: 죽동의 난(전주 관노의 난)
- 이의민 시절: 김사미와 효심의 난
- 최충헌 시절: 만적의 난, 동경의 난, 최광수의 난
- 최우 시절: 이연년의 난

# THEME 042 고려 시대 가족 제도와 여성의 지위

## 01
2014년 서울시 9급

**다음 자료에 나타난 시기의 가족 제도의 특징으로 옳은 것을 <보기>에서 모두 고른 것은?**

> 지금은 남자가 장가들면 여자 집에 거주하여, 남자가 필요로 하는 것은 모두 처가에서 해결하고 있습니다. 그리하여 장인과 장모의 은혜가 부모의 은혜와 똑같습니다. 아아, 장인께서 저를 두루 보살펴 주셨는데 돌아가셨으니, 저는 장차 누구를 의지해야 합니까.
> - 『동국이상국집』

**보기**

(ㄱ) 제사는 불교식으로 자녀들이 돌아가면서 지냈다.
(ㄴ) 부계 위주의 족보를 편찬하면서 동성 마을을 이루어 나갔다.
(ㄷ) 태어난 차례대로 호적에 기재하여 남녀 차별을 하지 않았다.
(ㄹ) 아들이 없을 때에는 양자를 들이지 않고 딸이 제사를 지냈다.

① (ㄱ), (ㄴ)
② (ㄴ), (ㄷ)
③ (ㄷ), (ㄹ)
④ (ㄱ), (ㄷ), (ㄹ)
⑤ (ㄴ), (ㄷ), (ㄹ)

## 02
2007년 국가직 7급

**고려 시대 성씨(姓氏)에 대한 설명으로 옳지 않은 것은?**

① 주민 스스로가 중국 성씨를 받아들여 자신의 성으로 하지 못하였다.
② 국가는 특별한 공이 있는 사람에게 성씨를 내려 주기도 하였다.
③ 국가는 오래 전부터 써오던 성씨가 있으면 이를 토성(土姓)으로 인정해 주었다.
④ 성씨가 확산되었다는 것은 그만큼 공민층이 넓어졌다는 의미를 갖는다.

## 03
2009년 국가직 9급

**고려 시대의 여성의 지위에 관한 일반적 사항으로서 적절한 것을 모두 고르면?**

(ㄱ) 부모의 유산은 자녀에게 골고루 분배되었다.
(ㄴ) 태어난 차례대로 호적을 기재하여 남녀 차별을 하지 않았다.
(ㄷ) 아들이 없을 경우 양자를 들이지 않고 딸이 제사를 받들었다.
(ㄹ) 재가한 여성이 낳은 자식의 사회적 진출에 차별을 두지 않았다.
(ㅁ) 사위와 외손자에게까지 음서의 혜택이 있었다.

① (ㄱ), (ㄴ), (ㄷ)
② (ㄱ), (ㄷ), (ㄹ)
③ (ㄱ), (ㄴ), (ㄷ), (ㄹ)
④ (ㄱ), (ㄴ), (ㄷ), (ㄹ), (ㅁ)

## 04
2017년 지방직 7급

**고려 사회에 대한 설명으로 옳은 것만을 모두 고른 것은?**

㉠ 여성은 재혼이 가능하였다.
㉡ 여성은 호주가 될 수 없었다.
㉢ 부모의 재산은 아들과 딸의 구분 없이 고르게 상속되었다.
㉣ 결혼할 때 여성이 데려온 노비에 대한 소유권은 남편에게 귀속되었다.

① ㉠, ㉡
② ㉠, ㉢
③ ㉡, ㉣
④ ㉢, ㉣

# 문제 풀이

## 01

정답 ④

제시된 사료는 고려 시대의 가족 제도이다. '지금은 남자가 장가들면 여자 집에 거주하여'를 통해 처가살이가 일반적인 고려와 조선 전기의 모습으로 추정할 수 있다. 하지만 출처가 고려 시대 이규보의『동국이상국집』임을 통해 고려 시대로 시대를 한정할 수 있다.

(ㄱ) O: 고려 시대는 상장 의식에 있어서 정부는 유교식 의식을 권장하였지만, 일반 백성들 사이에서는 불교와 도교적 의식으로 주로 지냈다.

(ㄷ) O: 고려 시대는 남녀 차별이 없었으며 태어난 순서대로 호적과 족보에 기재하였다. 하지만 조선 후기에는 아들을 먼저 기재하였다.

(ㄹ) O: 고려 시대는 아들이 없는 경우 딸이 제사를 지냈다. 하지만 조선 후기에는 아들이 없으면 양자를 들이는 것이 유행하였다.

**오답 분석**

(ㄴ) X: 고려 시대가 아니라 조선 후기 부계 위주의 족보를 편찬하면서 동성 마을을 이루었다.

**½한국사 고득점 TIP** 고려 시대 가족 제도

고려 시대 상속은 아들, 딸 구분없이 균분 상속되어 부모의 유산은 자녀에게 골고루 분배되었고, 아내의 재산과 남편의 재산이 따로 구별되어 상속 받은 몫에 대한 여성의 재산권 행사가 인정되고 보호되었다. 또한 사위와 외손자까지 음서의 혜택을 적용하였고, 공을 세운 사람의 부모는 물론 장인과 장모도 함께 상을 받았다.
고려 시대 제사는 아들이 없을 경우에는 양자를 들이지 않고 딸과 외손도 제사를 받들게 하는 윤행의 풍속이 있었다. 하지만 조선 후기 딸과 사위가 제사에서 배제되고, 장자와 남자 중심으로 변화되면서 아들이 없을 경우에는 양자를 들였다.

## 02

정답 ①

① X: 고려 시대부터 평민들도 성씨를 사용하였으며, 이때 평민들은 토성과 함께 중국 성씨를 받아들여 자신의 성으로 사용할 수 있게 되었다.

**오답 분석**

② O: 태조는 고려 초기 공신들에게 왕씨 성을 하사하는 사성 정책을 통해 공신들을 회유하였다.

③ O: 고려 시대에는 평민들도 성씨를 쓰게 되면서 국가는 오래전부터 사용하던 성씨를 토성으로 인정해 주었다.

④ O: 고려 시대에는 평민들도 성씨를 사용하게 되면서 정치에 참여할 수 있는 백성층이 넓어졌다.

**½한국사 고득점 TIP** 공민

국가 사회의 일원으로서 그 나라 헌법에서 정하는 모든 권리와 의무를 가지는 독립생활을 하는 자유민을 의미한다.

## 03

정답 ④

(ㄱ) O: 고려시대는 균분상속으로 아들과 딸은 태어난 순서에 관계없이 부모의 유산이 자녀에게 골고루 분배되었다. 하지만 조선 후기에는 아들 중 장남에게 재산을 상속하였다.

(ㄴ) O: 고려 시대에는 태어난 차례대로 호적을 기재하여 남녀 차별을 하지 않았다. 하지만 조선 후기에는 아들을 먼저 기록하였다.

(ㄷ) O: 고려와 조선 전기까지는 아들이 없을 경우 양자를 들이지 않고 딸이 제사를 받들었다. 하지만 조선 후기에는 아들이 없을 경우 양자를 들였다.

(ㄹ) O: 고려 시대에는 이혼도 자유롭고 재혼도 자유로웠다. 그리고 재가한 여성이 낳은 자식의 사회적 진출에 차별을 두지 않았다. 하지만 조선 초기부터 재혼이 금지되었고, 재혼한 여성의 아들과 손자는 문과에 응시할 수 없게 하였다.

(ㅁ) O: 고려 시대에는 아들과 딸의 차별이 없었다. 그래서 음서의 혜택도 딸의 남편인 사위와 자식인 외손자에게까지 주어졌다.

**중요 사료** 고려 시대 여성의 재혼

공은 어려서 아버지를 여의었는데, 학문에 뜻을 둘 나이가 되자 의붓아버지가 집이 가난하다며 공부를 시키려 하지 않고 그 아들과 함께 일하도록 하였다. 하지만 어머니가 이를 반대하면서 "첩이 먹고 사는 것 때문에 수절하지 못했음을 부끄럽게 여겼습니다. 그러나 그 유복자가 다행히 학문에 뜻을 두고 있으니, 반드시 이 아이의 아버지가 본래 속해 있던 무리에 들어가 그 뒤를 따르게 하야 합니다. 만약 그렇게 하지 못한다면 내가 무슨 얼굴로 지하에서 전남편을 다시 보겠습니까?"라고 말하며 마침내 그 뜻대로 용단을 내려 공을 솔성재(率性齋)에 입학시키니, 대개 전남편의 예전에 하던 일을 따르게 한 것이다.

## 04

정답 ②

㉠ O: 고려 시대에는 여성의 재혼이 가능하였으며, 재혼한 경우에도 자식의 사회적 진출에 차별을 두지 않았다.

㉢ O: 고려 시대에는 자녀 균분 상속의 원칙으로 부모의 재산은 아들과 딸의 구분 없이 고르게 상속되었다.

**오답 분석**

㉡ X: 고려 시대에 여성은 호주가 될 수 있었으며, 호적에서도 남녀 간의 차별을 두지 않고 연령순으로 기록하였다.

㉣ X: 고려 시대에는 결혼 시 여성이 데려온 노비에 대한 소유권은 여성의 것이었다. 또한, 친정에서 가져온 재산도 여성이 관리할 수 있었다.

# THEME 043 고려 시대 사회 모습

## 01

2014년 국가직 9급

**고려의 형벌 제도에 대한 설명으로 옳은 것은?**

① 주로 당나라의 것을 끌어다 썼으며, 때에 따라 고려의 실정에 맞는 율문도 만들었다.

② 행정과 사법이 명확하게 분리·독립되어 있었다.

③ 실형주의(實刑主義)보다는 배상제(賠償制)를 우위에 두고 있었다.

④ 기본적으로 태형(笞刑), 장형(杖刑), 도형(徒刑), 유형(流刑)의 4형 체계를 가지고 있었다.

## 02

2020년 국가직 9급

**(가)에 들어갈 기관으로 옳은 것은?**

> 5월에 조서를 내리기를 "개경 내의 사람들이 역질에 걸렸으니 마땅히 (가) 을/를 설치하여 이들을 치료하고, 또한 시신과 유골은 거두어 묻어서 비바람에 드러나지 않게 할 것이며, 신하를 보내어 동북도와 서남도의 굶주린 백성을 진휼하라."라고 하였다. -『고려사』

① 의창 ② 제위보
③ 혜민국 ④ 구제도감

## 03

2014년 지방직 7급

**고려 시대의 사회 정책에 대한 설명으로 옳지 않은 것은?**

① 상평창은 물가 조절 기관으로서 곡식과 포의 가격이 내렸을 때 사들였다가 값이 오르면 싸게 내다 팔았다.

② 의창은 빈민을 도와줌으로써, 유교 정치 이념의 명분을 살림과 동시에 농업 재생산의 활동을 원만하게 하려는 사회 정책의 일환으로 설치되었다.

③ 동·서 활인서는 유랑자의 수용과 구휼을 담당하였다.

④ 혜민국은 백성들의 의료를 맡아 시약(施藥)을 행했던 곳으로 고려 예종 대에 설치되었다.

## 04

2018년 기상직 9급

**다음의 (  ) 안에 들어갈 사회 조직에 대한 설명으로 옳은 것을 <보기>에서 고른 것은?**

> 소승이 (  ) 천명과 더불어 크게 발원(發願)하여 침향(沈香)을 땅에 묻고 미륵보살이 하생(下生)되기를 기다려서 용화회(龍華會) 위에 세 번이나 모셔 이 매향불사(埋香佛事)로 공양을 올려 …… 미륵보살께서 우리의 동맹을 위하여 미리 이 나라에 나시고, …… 모두가 구족(具足)한 깨달음을 이루어 임금님의 만세와 나라의 융성, 그리고 중생의 안녕을 비옵니다.

**보기**

(ㄱ) 초제(醮祭)를 통하여 나라의 안녕과 왕실의 번영을 기원하였다.

(ㄴ) 미래불의 도래를 통한 민중의 구원을 바라는 불교 신앙과 관련이 있었다.

(ㄷ) 국가가 농민의 생활을 안정시켜 국가 재정을 확보하기 위해 조직하였다.

(ㄹ) 마을의 노역, 혼례와 상장례, 마을 제사 등을 주관하는 농민 공동조직의 기능을 수행하였다.

① (ㄱ), (ㄴ) ② (ㄱ), (ㄹ)
③ (ㄴ), (ㄹ) ④ (ㄷ), (ㄹ)

## 문제 풀이

### 01

정답 ①

① O: 고려는 주로 당나라의 것을 끌어다 썼으며, 때에 따라 고려의 실정에 맞는 율문도 만들었다.

**오답 분석**

② X: 고려 시대가 아니라 1895년 2차 갑오개혁 때 행정과 사법이 명확하게 분리·독립되었다.

③ X: 고려는 실형주의(實刑主義)보다는 배상제(賠償制)를 우위에 둔 것이 아닌 태·장·도·유·사의 형벌제도가 우선이었다.

④ X: 기본적으로 태형(笞刑), 장형(杖刑), 도형(徒刑), 유형(流刑)의 4형 체계가 아니라 태·장·도·유·사의 5형 체계를 가지고 있었다.

### 02

정답 ④

제시된 사료의 (가)는 구제도감이다. '역질에 걸렸으니'를 통해 전염병(역병)에 대비하여 설치된 것을 알 수 있다. 이런 전염병 등에 대비하여 설치된 임시 치료 기구는 구제도감이다.

④ O: **구제도감은 예종 때 질병 치료를 위해 설치된 임시 치료소이다.**

**오답 분석**

① X: 의창은 고려 성종 때 태조 때의 흑창을 개편하여 설치되었으며, 평상시에는 곡물을 비치하였다가 흉년에 빈민을 구제하였다. 또한, 의창에서는 무상으로 곡식을 나누어주는 진급을 시행하였으며 의창의 곡식을 확충하기 위해서 공전과 사전에서 의창미를 납부하게 하였다.

② X: 제위보는 고려 광종 때 일정한 기금을 모아 그 이자 수입으로 빈민을 구제하는 제도이다.

③ X: 혜민국은 고려 예종 때 설치되었고, 빈민들에게 의약품을 제공하였다.

**½한국사 고득점 TIP** 구제도감

> 구제도감은 고려 시대 질병 환자의 치료 및 병사자의 매장을 맡았던 임시 관청으로, 1109년(예종 4) 개경의 백성들이 질병에 걸리자 이들을 치료하고 병으로 죽은 사람들의 시체와 뼈를 거두어 드러나지 않게 하기 위하여 설치되었다.

### 03

정답 ③

③ X: 동·서 활인서는 고려 시대가 아니라 조선 시대 여행자와 유랑자의 수용과 구휼을 담당하였다. 고려 시대는 개경에 동·서 대비원이 설치되었다.

**중요 사료** 동·서 대비원

> [동·서 대비원]은 국초에 선왕이 백성들에게 은혜를 베풀기 위해 설치한 것으로 지금에 이르고 있다. 그런데 근년에 이를 주관하는 관리들이 마음을 다하지 않아서 가난하고 병들고 떠도는 사람들이 왕의 은혜를 받지 못하고 있으니 몹시 민망스럽다. 도평의사사는 늘 관찰하여 의약과 음식을 넉넉하게 갖추게 하라.

**½한국사 고득점 TIP** 동·서 활인원

> 일명 동·서 활인서라고도 하며 1392년(태조) 관제를 새로 정할 때 고려 시대의 제도를 본받아 설치한 동·서 대비원을 1414년 태종 때 동 활인서와 서 활인서로 개칭하였다. 이 기구는 도성의 병난 사람을 구료하고, 무의탁 병자를 수용하고, 전염병 발생 때 병막을 가설하여 환자에게 음식과 약·의복 등을 배급하고 간호하는 일을 담당하였고, 환자가 사망시에는 매장의 소임까지 담당하였다.

### 04

정답 ③

제시된 사료의 괄호 안에 들어갈 조직은 향도이다. '향나무를 묻는 매향, 미륵보살의 하생' 등을 통해 향도임을 알 수 있다. 향도는 불교 신항 단체로 미륵 신앙을 강조하며 매향 활동을 하였다.

(ㄴ) O: **향도는 미래불(미륵보살)의 도래를 통한 민중의 구원을 바라는 불교 신앙과 관련이 있었다.**

(ㄹ) O: **향도는 마을의 노역, 혼례와 상장례, 마을 제사 등을 주관하는 농민 공동조직의 기능을 수행하였다.**

**오답 분석**

(ㄱ) X: 불교 신앙 단체 향도가 아니라 도교에서 초제(醮祭)를 통하여 나라의 안녕과 왕실의 번영을 기원하였다.

(ㄷ) X: 향도는 국가가 농민의 생활을 안정시켜 국가 재정을 확보하기 위해 조직하였던 것이 아니라 마을의 장례나 혼례 등에 동원되던 농민 공동체 조직이었다.

**½한국사 고득점 TIP** 향도

> 향도는 신라에서 김유신을 중심으로 조직된 화랑도를 '용화향도'라고 지칭한 것이 최초이다. 향도는 주로 매향 활동을 하면서 구원을 기도하는 종교적인 성격의 단체였으며 농민 공동체 조직으로 공동 노동과 상장 등의 의례를 서로 돕기도 하였다.

# THEME 044 고려 시대 불교 개관

## 01

2018년 국가직 9급

**다음 (가)에 대한 설명으로 옳지 않은 것은?**

> 예전에 성종이 (가) 시행에 따르는 잡기가 정도(正道)에 어긋나는데다가 번거롭고 요란스럽다 하여 이를 모두 폐지하였다. …(중략)… 이것을 폐지한 지가 거의 30년이나 되었는데, 이때에 와서 정당문학 최항이 청하여 이를 부활시켰다.

① 국제 교류의 장이었다.
② 정월 보름에 개최되었다.
③ 토속 신에게 제사를 지냈다.
④ 「훈요 10조」에서 시행할 것을 강조하였다.

## 02

2011년 법원직 9급

**우리나라 불교 문화와 관련된 내용을 시대 순으로 옳게 나열한 것은?**

> (가) 그는 유불일치설을 주장하며 심성의 도야를 강조하여 장차 성리학을 수용할 수 있는 사상적 토대를 마련하기도 하였다.
> (나) 그는 '내가 곧 부처'라는 깨달음을 위한 노력과 함께, 꾸준한 수행으로 깨달음의 확인을 아울러 강조한 돈오점수를 주장하였다.
> (다) 그는 화엄 사상을 바탕으로 교단을 형성하여 많은 제자를 양성하고, 부석사를 비롯한 여러 사원을 건립하여 불교 문화의 폭을 확대하였다.
> (라) 그는 흥왕사를 근거지로 삼아 화엄종을 중심으로 교종을 통합하려 하였으며, 또 선종을 통합하기 위하여 국청사를 창건하여 천태종을 창시하였다.

① (다) - (라) - (가) - (나)　② (다) - (라) - (나) - (가)
③ (라) - (다) - (나) - (가)　④ (라) - (다) - (가) - (나)

## 03

2016년 지방직 9급

**다음 내용을 주장한 인물에 대한 설명으로 옳은 것은?**

> • 한 마음(一心)을 깨닫지 못하고 한없는 번뇌를 일으키는 것이 중생인데, 부처는 이 한 마음을 깨달았다. 깨닫는 것과 깨닫지 못하는 것은 오직 한 마음에 달려 있으니 이 마음을 떠나서 따로 부처를 찾을 수 없다.
> • 먼저 깨치고 나서 후에 수행한다는 뜻은 못의 얼음이 전부 물인 줄은 알지만 그것이 태양의 열을 받아 녹게 되는 것처럼 범부가 곧 부처임을 깨달았으나 불법의 힘으로 부처의 길을 닦게 되는 것과 같다.

① 국청사를 창건하고 천태종을 창시하였다.
② 부석사를 창건하고 화엄 사상을 선양하였다.
③ 불교계를 개혁하기 위해 수선사 결사를 주도하였다.
④ 『십문화쟁론』을 저술하여 종파 간의 사상적 대립을 조화시키고자 하였다.

## 01

정답 ②

제시된 사료의 (가)는 팔관회이다.

② X: 팔관회가 아니라 연등회가 정월 보름에 개최되었다.

**오답 분석**

① O: 팔관회 행사 기간 송, 여진 등 주변 상인들이 조공을 바치고 국제 교역이 이루어졌다.

③ O: 팔관회에서는 불교 행사에 도교와 전통 신앙이 결합된 행사로 천신, 오악, 명산에 제사를 지냈다.

④ O: 태조는 「훈요 10조」에서 연등회와 팔관회를 성대하게 시행할 것을 강조하였다.

**중요 사료** 연등회와 팔관회

- [연등]은 부처를 섬기는 것이고, [팔관]은 하늘의 신령과 5악, 명산, 대천, 용신을 섬기는 것이다. 후세에 간신이 가감을 건의하는 자가 있으면, 마땅히 이를 금지시키도록 하라. - 훈요 10조
- 우리나라는 봄에 [연등]을 베풀고, 겨울에는 [팔관]을 열어 널리 사람을 동원하고 노역이 매우 번다하오니 원컨대 이를 감하여 백성들이 힘을 펴게 하소서. - 시무 28조

**½한국사 고득점 TIP** 연등회

- 실시: 전국적으로 매년 1월 15일, 2월 15일, 4월 8일에 거행
- 의미: 군신이 함께 즐기는 행사로서 태조 숭상과 부처 공양의 정치적 의미를 띤 불교 행사
- 『삼국사기』의 신라본기(新羅本紀)에는 관등행사가 매년 정월 15일에 있었다고 되어 있는데, 연례적으로 이 행사가 행해졌을 것으로 보인다.

## 02

정답 ②

| (다) | 의상 | 무열왕~문무왕, 화엄 사상을 통해 제자 양성 |
|---|---|---|

↓

| (라) | 의천 | 고려 중기, 국청사에서 천태종 창시 |
|---|---|---|

↓

| (나) | 지눌 | 무신 집권기, 돈오점수 강조 |
|---|---|---|

↓

| (가) | 혜심 | 무신 집권기 지눌의 제자, 유불일치설 |
|---|---|---|

## 03

정답 ③

제시된 사료는 무신집권기 지눌의 「권수정혜결사문」과 돈오점수에 대한 내용이다.

③ O: 지눌은 전라도 순천 송광사에서 불교계를 개혁하기 위해 수선사 결사를 주도하였다.

**오답 분석**

① X: 지눌이 아니라 의천이 국청사를 창건하고 천태종을 창시하였다.

② X: 지눌이 아니라 신라 의상이 부석사를 창건하고 화엄 사상을 선양하였다.

④ X: 지눌이 아니라 신라의 원효가 『십문화쟁론』을 저술하여 종파 간의 사상적 대립을 조화시키고자 하였다.

**중요 사료** 「권수정혜결사문」

하루는 같이 공부하는 사람 10여 인과 약속하였다. 마땅히 명예와 이익을 버리고 산림에 은둔하여 같은 모임을 맺자. 항상 선을 익히고 지혜를 고르는 데 힘쓰고, 예불하고 경전을 읽으며 힘들여 일하는 것에 이르기까지 각자 맡은 바 임무에 따라 경영한다.

**½한국사 고득점 TIP** 수선사 결사와 백련사 결사

| | 수선사 결사 | 백련사 결사 |
|---|---|---|
| 창시 | 지눌 | 요세 |
| 사찰 | 순천 송광사 | 강진 만덕사 |
| 이론 | 선수행, 노동, 독경 | 참회, 법화신앙<br>미타정토신앙, 보현도량 |
| 지지 | 최씨 정권과 결탁<br>개혁적 승려, 지식인 | 최씨 정권이 지지<br>하층민이 지지, 더 대중적 |
| 계통 | 조계종 계열 | 천태종 계열 |
| 변화 | 정혜결사 → 수선사 | 백련사 → 묘련사로 변질 |

# THEME 045 고려 시대 승려

## 01

2019년 지방직 9급

**다음 (ㄱ)~(ㄹ)에 들어갈 인물을 바르게 연결한 것은?**

- (ㄱ)는/은 신편제종교장총록을 편찬하였다.
- (ㄴ)는/은 원의 불교인 임제종을 들여와서 전파시켰다.
- (ㄷ)는/은 강진에 백련사를 결사하여 법화신앙을 내세웠다.
- (ㄹ)는/은 목우자수심결을 지어 마음을 닦고자 하였다.

| | (ㄱ) | (ㄴ) | (ㄷ) | (ㄹ) |
|---|---|---|---|---|
| ① | 수기 | 보우 | 요세 | 지눌 |
| ② | 의천 | 각훈 | 요세 | 수기 |
| ③ | 의천 | 보우 | 요세 | 지눌 |
| ④ | 의천 | 요세 | 각훈 | 수기 |

## 02

2017년 서울시 9급

**밑줄 친 '그'에 대한 설명으로 옳은 것은?**

그는 묘종초를 설법하기 좋아하여 언변과 지혜가 막힘이 없었고, 대중에게 참회를 닦기를 권하였다. …(중략)… 대중의 청을 받아 교화시키고 인연을 맺은 지 30년이며, 결사에 들어온 자들이 3백여 명이 되었다.

① 강진의 토호세력의 도움을 받아 백련사를 결성하였다.
② 불교계 폐단을 개혁하기 위해 9산 선문의 통합을 주장하였다.
③ 이론의 연마와 실천을 아울러 강조하는 교관겸수를 제창하였다.
④ 깨달은 후에도 꾸준한 실천이 필요하다는 돈오점수를 중시하였다.

## 03

2018년 법원직 9급

**(가), (나)를 주장한 승려들에 관한 설명으로 옳은 것은?**

(가) 교(敎)를 배우는 이는 대개 안의 마음을 버리고 외면에서 구하고, 선(禪)을 익히는 이는 인연을 잊고 안의 마음을 밝히기를 좋아하니, 모두 한쪽에 치우친 것으로 두 극단에 모두 막힌 것이다.
(나) 지금의 불교계를 보면, 아침저녁으로 하는 일들이 비록 부처의 법에 의지하였다고 하나, 자신을 내세우고 이익을 구하는 데 열중하여 세속의 일에 골몰한다. 도덕을 닦지 않고 옷과 밥만 허비하니, 비록 출가하였다고 하나 무슨 덕이 있겠는가?

① (가) - 천태종의 신앙 결사체인 백련사를 조직하였다.
② (가) - 중국에서 도입한 법안종을 중심으로 선종을 정리하였다.
③ (나) - 선을 중심으로 교학을 포용하고자 하였다.
④ (나) - 유교와 불교의 통합을 시도하며 유불일치설을 주장하였다.

## 04

2024년 법원직 9급

**밑줄 친 '후'에 대한 설명으로 가장 옳은 것은?**

후는 문종의 넷째 아들로서 송나라 황제와 이름이 같으므로 그럿을 피하여 자(子)로 행세하였다. 문종이 여러 아들에게 "누가 승려가 되어 복전의 이익을 짓겠느냐?"라고 물으니 후가, "상의 명령대로 하겠다."하고, 출가하여 영통사에 거처하였다. 그는 송나라에 들어가 법을 구하려 했으나 문종이 허락하지 않았다. 하지만 후는 송나라로 들어가 황제를 만나 여러 절을 다니며 법을 묻겠다고 하였다.

① 교관겸수를 제창하였다.
② 왕오천축국전을 남겼다.
③ 유불 일치설을 주장하였다.
④ 수선사 결사를 조직하였다.

## 문제 풀이

### 01

정답 ③

제시된 자료의 (ㄱ)은 의천, (ㄴ)은 보우, (ㄷ)은 요세, (ㄹ)은 지눌이다.

(ㄱ) O: 의천에 대한 설명이다. 의천은 교장(속장경) 조판 시 고려와 송, 요의 대장경의 주석서인 논, 소, 초를 모아 불서 목록인 신편제종교장총록을 작성하였다.

(ㄴ) O: 보우에 대한 설명이다. 보우는 공민왕의 왕사로 원에서 임제종을 전래하였고, 선종 교단 정비를 시도하였다.

(ㄷ) O: 요세에 대한 설명이다. 천태종 계열의 요세는 수선사 결사에 대항하기 위해 강진 만덕사에서 백련사 결사를 조직하였다. 참회의 법화 신앙을 강조하였고, 미타정토 신앙을 실천 방향으로 강조하였다.

(ㄹ) O: 지눌에 대한 설명이다. 목우자수심결은 고려 시대 보조국사 지눌이 선문에 입문한 초학자에게 선 수행의 요체가 될 핵심 내용을 저술한 지침서이자 마음 닦는 비결을 제시한 선 이론서이다. 주요 내용은 정혜쌍수, 돈오점수의 주장이다.

**오답 분석**

- X: 수기는 고려 고종 때의 승려로, 개태사의 주지였으며 재조대장경의 편집과 교정을 주도하였다.
- X: 각훈은 고려 무신 집권기에 활동한 승려로, 고려 고종의 명에 따라 삼국 시대 이래의 승려들의 전기를 기록한 『해동고승전』을 편찬하였다.

### 02

정답 ①

제시된 사료의 밑줄 친 '그'는 무신집권기 백련사 결사를 조직한 요세이다. 요세는 만덕사에서 참회의 법화 신앙을 강조하며 백련사 결사를 조직하였다.

① O: 요세는 강진의 토호세력의 도움을 받아 백련사를 결성하였다.

**오답 분석**

② X: 보우는 불교계 폐단을 개혁하기 위해 9산 선문의 통합을 주장하였다.

③ X: 의천은 이론과 실천을 아울러 강조하는 교관겸수를 제창하였다.

④ X: 지눌은 깨달은 뒤에도 실천이 필요하다는 돈오점수를 중시하였다.

**½한국사 고득점 TIP** 요세

천태종 계열의 승려로 1208년 강진 지방의 토호 세력의 지원으로 수선사에 대항하기 위해서 만덕사에서 백련사를 조직하였다. 백련사는 수선사보다 더 대중적이었으며, 참회의 법화 신앙을 강조하였고, 미타정토신앙을 실천 방향으로 삼았다. 그리고 요세는 정토왕생을 중시하면서 보현도량을 개설하였다. 백련사는 원 간섭기에 개경의 묘련사로 변질되었다.

### 03

정답 ③

제시된 사료의 (가)는 의천, (나)는 지눌이 주장한 내용이다.

③ O: (나) 지눌은 선을 중심으로 교학을 포용하여 조계종을 창시하였다.

**오답 분석**

① X: (가) 의천이 아니라 요세가 천태종의 신앙 결사체인 백련사를 조직하였다. 요세는 참회의 법화 신앙을 강조하였고, 정토왕생을 중시하고 보현도량을 개설하였다.

② X: (가) 의천이 아니라 고려 초기 광종 시절 혜거가 중국에서 도입한 법안종을 중심으로 선종을 정리하였다.

④ X: (나) 지눌이 아니라 지눌의 제자 혜심이 유교와 불교의 통합을 시도하며 유불일치설을 주장하였다.

### 04

정답 ①

제시된 사료의 밑줄 친 '후'는 고려 의천이다. 힌트는 문종의 아들이라는 데서 왕족 출신의 승려를 찾으면 된다.

① O: 의천은 교종을 중심으로 선종을 통합하면서 교관겸수와 내외겸전을 제창하였다.

**오답 분석**

② X: 혜초가 인도와 중앙아시아 등을 순례하고 『왕오천축국전』을 남겼다.

③ X: 혜심이 유불 일치설을 주장하였다.

④ X: 지눌이 불교계의 폐단을 비판하며 수선사 결사를 조직하였다.

**½한국사 고득점 TIP** 의천

- 문종의 아들로 승려가 되었고, 송나라 유학을 다녀옴
- 숙종에게 주전도감의 설치 건의
- 국청사에서 교관겸수, 내외겸전을 강조하며 천태종을 창시
- 흥왕사에서 교장도감을 설치하고 교장 간행
- 영통사 대각국사비: 의천을 기념하는 비로 비문을 김부식이 작성
- 저술: 『신편제종교장총록』, 『천태사교의주』, 『석원사림』, 『원종문류』 등

# THEME 046 고려 시대 유학과 기타 사상

## 01

2021년 국가직 9급

**밑줄 친 '유학자'에 대한 설명으로 옳은 것은?**

> 풍기 군수 주세붕은 고려시대 유학자의 고향인 경상도 순흥면 백운동에 회헌사(晦軒祠)를 세우고, 1543년에 교육시설을 더해서 백운동 서원을 건립하였다.

① 해주향약을 보급하였다.
② 원 간섭기에 성리학을 국내로 소개하였다.
③『성학십도』를 저술하여 경연에서 강의하였다.
④ 일본의 동정을 담은『해동제국기』를 저술하였다.

## 02

2018년 지방직 9급

**고려에서 행한 국가 제사에 대한 설명으로 옳지 않은 것은?**

① 태조 때에 환구단(圜丘壇)에서 풍년을 기원하는 제사를 올렸다.
② 성종 때에 사직(社稷)을 세워 지신과 오곡 신에게 제사를 지냈다.
③ 숙종 때에 기자(箕子) 사당을 세워 국가에서 제사하였다.
④ 예종 때에 도관(道觀)인 복원궁을 세워 초제를 올렸다.

## 03

2017년 국가직 9급

**다음에 나타난 사상에 대한 설명으로 옳지 않은 것은?**

> 신(臣)들이 서경의 임원역 지세를 관찰하니, 이곳이 곧 음양가들이 말하는 매우 좋은 터입니다. 만약 궁궐을 지어서 거처하면 천하를 병합할 수 있고, 금나라가 폐백을 가지고 와 스스로 항복할 것이며, 36국이 모두 신하가 될 것입니다.

① 서경 천도 운동의 배경이 되었다.
② 문종 때 남경 설치의 배경이 되었다.
③ 하늘에 제사 지내는 초제의 사상적 근거가 되었다.
④ 공민왕과 우왕 때 한양 천도 주장의 근거가 되었다.

## 03

2016년 국가직 9급

**밑줄 친 '이 사상'에 대한 설명으로 옳지 않은 것은?**

> 신라 말기에 도선과 같은 선종 승려들이 중국에서 유행한 이 사상을 전하였다. 이는 산세와 수세를 살펴 도읍·주택·묘지 등을 선정하는, 경험에 의한 인문 지리적 사상이다. 아울러 지리적 요인을 인간의 길흉 화복과 관련하여 생각하는 자연관 및 세계관을 내포하고 있다.

① 신라 말기에 안정된 사회를 염원하는 일반 백성의 인식이 반영되었다.
② 신라 말기에 호족이 자기 지역의 중요성을 자부하는 근거로 이용하였다.
③ 고려 시대에 묘청이 서경 천도의 필요성을 주장하는 논리로 활용하였다.
④ 고려 시대에 국가와 왕실의 안녕과 번영을 기원하는 초제로 행하여졌다.

## 01

정답 ②

제시된 사료의 밑줄 친 '유학자'는 고려 후기 충렬왕 때 원에서 성리학을 전래한 안향이다. 조선 중종 때 풍기 군수 주세붕은 안향의 옛 집에 최초의 서원인 백운동 서원을 건립하였다. 이후 명종 때 이황이 이 서원을 정부에 건의하여 사액으로 지정하여 '소수서원'이라는 현판을 하사받았다.

② O: 안향은 원 간섭기 충렬왕 때 원에서 성리학을 국내로 소개하였고, 공자와 주자의 초상화를 가져왔고, 『주자전서』를 전래하였다.

**오답 분석**

① X: 안향이 아니라 조선 시대 이이가 해주 향약을 보급하였다.

③ X: 안향이 아니라 조선 시대 이황이 『성학십도』를 저술하여 경연에서 강의하였다.

④ X: 안향이 아니라 조선 성종 때 신숙주가 일본의 동정을 담은 『해동제국기』를 저술하였다.

## 02

정답 ①

① X: 태조가 아니라 성종 때에 환구단(圜丘壇)에서 풍년을 기원하는 제사를 올렸다.

**오답 분석**

② O: 성종 때에 사직(社稷)을 세워 지신과 오곡 신에게 제사를 지냈다.

③ O: 숙종 때에 기자(箕子) 사당을 세워 국가에서 제사하였다.

④ O: 예종 때에 도관(道觀)인 복원궁을 세워 초제를 올렸다.

**½한국사 고득점 TIP 환구제**

환구단에서 황제가 하늘에 제사를 올리는 유교 제천의식이다. 이는 왕권을 신성화하는 의미로, 『고려사』에 성종 때 환구제를 행한 기록이 있다.

## 03

정답 ③

제시된 사료의 사상은 풍수지리이다. 고려 인종 때 묘청이 인종에게 서경 천도를 건의하는 것으로 묘청은 서경길지설을 이용하여 '서경은 음양가들이 말하는 좋은 터이다.'는 것을 강조하였다.

③ X: 풍수지리가 아니라 도교가 하늘에 제사 지내는 초제의 사상적 근거가 되었다.

**오답 분석**

① O: 풍수지리는 인종 시절 묘청의 서경 천도 운동의 배경이 되었다.

② O: 고려 중기 문종 때 한양명당설이 유행하면서 문종은 한양을 남경으로 승격하여 3경에 포함시켰다.

④ O: 풍수지리설은 공민왕과 우왕 때 한양 천도 주장의 근거가 되었다.

**½한국사 고득점 TIP 풍수지리**

- 신라: 신라 말 도선이 전래 → 호족과 결탁, 신라 정부의 권위 약화
- 고려 시대
  - 태조: 훈요 10조에서 서경 길지 강조, 북진정책의 기반, 비보사찰
  - 정종: 서경 천도 계획
  - 성종: 중경(개경), 서경(평양), 동경(경주)의 3경 정비
  - 문종: 한양명당설 → 한양(목멱양)을 남경으로 승격
  - 숙종: 김위제의 건의로 남경 개발 → 남경개창도감
  - 예종: 해동비록(김인존, 풍수지리서적, 현존X)
  - 인종: 묘청이 서경 천도 주장, 대화궁 건립
  - 고려 말: 한양천도론의 근거
- 조선 시대: 한양 천도, 주택과 산송에 영향, 정감록에 영향

## 04

정답 ④

제시된 자료의 밑줄 친 '이 사상'은 풍수지리 사상이다.

④ X: 고려 시대에 국가와 왕실의 안녕과 번영을 기원하며 하늘에 제사를 지내는 초제는 도교와 관련된 국가 행사이다.

**오답 분석**

① O: 풍수지리 사상은 신라 하대 중앙 귀족들의 부패와 무능, 오랜 전란 등에 지친 백성들이 안정된 사회를 염원하는 인식이 반영된 것이다.

② O: 풍수지리 사상은 신라 하대에 경주를 중심으로 한 지리 개념에서 벗어나 호족이 자기 지역의 중요성을 자부하는 근거로 이용되었다.

③ O: 고려 시대에는 풍수지리 사상을 근거로 서경이 명당이라는 설이 유포되면서 묘청의 서경 천도 운동의 이론적 근거가 되었다.

# THEME 047 고려 시대 역사서 개관

## 01
2018년 국가직 9급

다음은 고려 시대 진화의 시이다. 이 시인과 교류를 통해 자부심을 공유한 인물의 작품은?

> 서쪽 송나라는 이미 기울고 북쪽 오랑캐는 아직 잠자고 있네. 앉아서 문명의 아침을 기다려라, 하늘의 동쪽에서 태양이 떠오르네.

① 『삼국사기』　② 『동명왕편』
③ 『제왕운기』　④ 『삼국유사』

## 02
2015년 국회직 9급

다음은 고려 시대의 대표적인 역사서이다. 편찬 시기 순으로 올바르게 배열한 것은?

> (ㄱ) 『해동고승전』　(ㄴ) 『삼국유사』
> (ㄷ) 『7대실록』　(ㄹ) 『삼국사기』

① (ㄱ) - (ㄴ) - (ㄷ) - (ㄹ)　② (ㄱ) - (ㄷ) - (ㄹ) - (ㄴ)
③ (ㄴ) - (ㄷ) - (ㄹ) - (ㄱ)　④ (ㄷ) - (ㄹ) - (ㄱ) - (ㄴ)
⑤ (ㄹ) - (ㄱ) - (ㄴ) - (ㄷ)

## 03
2012년 국가직 9급

다음과 같이 왕명을 받아 편찬한 책에 대한 설명으로 옳지 않은 것은?

> 신 부식은 아뢰옵니다. 옛날에는 여러 나라들도 각각 사관을 두어 일을 기록하였습니다. … 해동의 삼국도 지나온 세월이 장구하니, 마땅히 그 사실이 책으로 기록되어야 하므로 마침내 늙은 신에게 명하여 편집하게 하셨사오나, 아는 바가 부족하여 어찌할 바를 모르겠습니다.

① 현존하는 우리나라의 역사서 가운데 가장 오래된 것이다.
② 기전체로 서술되어 본기, 지, 열전 등으로 나누어 구성되었다.
③ 고구려 계승 의식보다는 신라 계승 의식이 좀 더 많이 반영되었다고 평가된다.
④ 몽골 침략의 위기를 겪으며 우리의 전통문화를 올바르게 이해하려는 움직임에서 편찬되었다.

## 04
2023년 지방직 서울시

다음 글을 쓴 인물에 대한 설명으로 옳은 것은?

> 세상에서 동명왕의 신이(神異)한 일을 많이 말한다. …(중략)… 지난 계축년 4월에 『구삼국사』를 얻어 「동명왕 본기」를 보니 그 신기한 사적이 세상에서 얘기하는 것보다 더하였다. 그러나 처음에는 믿지 못하고 귀신이나 환상이라고만 생각하였는데, 두세 번 반복하여 읽어서 점점 그 근원에 들어가니 환상이 아닌 성스러움이며, 귀신이 아닌 신성한 이야기였다.

① 사실의 기록보다 평가를 강조한 강목체 사서를 편찬하였다.
② 단군부터 고려 충렬왕 때까지의 역사를 서사시로 기록하였다.
③ 단군신화와 전설 등 민간에서 전승되는 자료를 광범위하게 수록하였다.
④ 김부식의 『삼국사기』에 동명왕의 신이한 사적이 생략되어 있다고 평하였다.

## 문제 풀이

### 01

정답 ②

제시된 사료는 고려 시대 무신집권기 진화의 문집 『매호유고』 중 일부로 금에 대한 자신감과 자주적인 의식이 돋보이는 시이다.

**② O: 이규보는 진화와 함께 무신 집권기 민족적이고 자주적인 사관을 바탕으로 『구삼국사』를 토대로 금에 대한 자신감을 표현하고, 유교적 합리주의를 비판하며 『동명왕편』을 저술하였다.**

**오답 분석**

① X: 『삼국사기』는 고려 인종의 명을 받아 김부식이 편찬하였다.

③ X: 『제왕운기』는 고려 충렬왕 때 이승휴가 저술하였다.

④ X: 『삼국유사』는 고려 충렬왕 때 일연이 저술하였다.

### 02

정답 ④

| (ㄷ) | 현종~덕종 | 『7대실록』(현존X) |
|---|---|---|
| ↓ | | |
| (ㄹ) | 인종 1145년 | 『삼국사기』(김부식) |
| ↓ | | |
| (ㄱ) | 무신집권기 1215년 | 『해동고승전』(각훈) |
| ↓ | | |
| (ㄴ) | 원 간섭기 충렬왕 1281년 | 『삼국유사』(일연) |

**½한국사 고득점 TIP 고려 초기의 역사서**

- 『7대실록』: 태조에서 목종까지의 내용 기록(현존 X)
- 『구삼국사』: 고구려 계승 의식, 발해 유민 포섭 등 당시의 분위기 반영한 자주적인 성격의 역사서(현존 X)
- 『고금록』: 문종 때 박인량이 저술(현존 x)
- 『가락국기』: 문종 때 편찬된 가락국(가야)에 대한 역사서(현존 x)

### 03

정답 ④

제시된 사료는 김부식이 1145년 인종에게 『삼국사기』를 올리는 글이다.

**④ X: 김부식의 『삼국사기』가 아니라 일연의 『삼국유사』가 몽골 침략의 위기를 겪으며 우리의 전통문화를 올바르게 이해하려는 움직임에서 편찬되었다.**

**오답 분석**

① O: 『삼국사기』는 현존하는 우리나라의 역사서 가운데 가장 오래되었다.

② O: 『삼국사기』는 기전체로 서술되어 본기, 지, 열전 등으로 나누어 구성되었다.

③ O: 『삼국사기』는 고구려 계승 의식보다는 신라 계승 의식이 좀 더 많이 반영되었다고 평가된다.

**½한국사 고득점 TIP 『삼국사기』**

- 편찬: 1145년 인종의 명으로 김부식 등이 편찬, 50권, 관찬
- 서술: 기전체 (세가X)
- 역사관: 신라 계승 → 신라의 삼국 통일 강조, 신라가 가장 먼저 건국
- 사상: 유교적 합리주의 사상을 강조
- 특징: 신라와 고구려, 백제 정치사 중심, 고조선과 삼한의 기록 X

### 04

정답 ④

제시된 사료는 고려 무신집권기 이규보가 저술한 『동명왕편』이다.

**④ O: 이규보는 김부식의 『삼국사기』에 동명왕의 신이한 사적이 생략되어 있다고 평하였다.**

**오답 분석**

① X: 『동명왕편』은 강목체 사서가 아니라 서사시 형태이다.

② X: 이승휴의 『제왕운기』가 단군부터 고려 충렬왕 때까지의 역사를 서사시로 기록하였다.

③ X: 일연의 『삼국유사』에 단군신화와 전설 등 민간에서 전승되는 자료를 광범위하게 수록하였다.

**½한국사 고득점 TIP 『동명왕편』**

- 1193년 이규보
- 동명왕의 업적을 칭송 영웅 서사시
- 삼국사기의 동명왕의 신비한 내용 삭제 비판

## 05

2019년 국가직 9급

다음 내용이 실린 사서에 대한 설명으로 옳은 것은?

> 제왕이 장차 일어날 때는 하늘의 명령과 상서로운 기운을 받아서 반드시 보통 사람과는 다른 점이 있으니, 그런 뒤에야 능히 큰 변화를 타서 제왕의 지위를 얻고 대업을 이루었다. …(중략)… 삼국의 시조들이 모두 신이(神異)한 일로 탄생했음이 어찌 괴이하겠는가. 이것이 책 첫머리에 기이(紀異) 편이 실린 까닭이며, 그 의도도 여기에 있는 것이다.

① 불교 승려의 전기를 수록한 고승전이다.
② 불교 중심의 고대 민간 설화를 수록하였다.
③ 고조선부터 고려 말까지의 역사를 정리하였다.
④ 유교적 사관에 기초하여 기전체로 서술하였다.

## 06

2022년 법원직 9급

밑줄 친 '이 책'에 대한 설명으로 가장 옳은 것은?

> <u>이 책</u>은 보각국사 일연의 저서로 왕력(王歷)·기이(紀異)·흥법(興法)·탑상(塔像)·의해(義解)·신주(神呪)·감통(感通)·피은(避隱)·효선(孝善) 등 9편목으로 구성되어 있다. 여러 고대 국가의 역사, 불교 수용 과정, 탑과 불상, 고승들의 전기, 효도와 선행 이야기 등 불교사와 관련된 일화를 중심으로 서술한 것이 특징이다.

① 기전체 형식으로 서술되었다.
② 현존하는 가장 오래된 역사서이다.
③ 단군의 건국 이야기가 수록되었다.
④ 대의명분을 중시하는 성리학적 사관을 반영하였다.

## 07

2020년 국가직 9급

밑줄 친 '이 책'에 대한 설명으로 옳은 것은?

> 신(臣)이 <u>이 책</u>을 편수하여 바치는 것은 …(중략)… 중국은 반고부터 금국에 이르기까지, 동국은 단군으로부터 본조(本朝)에 이르기까지 처음 일어나게 된 근원을 간책에서 다 찾아보아 같고 다른 것을 비교하여 요점을 취하고 읊조림에 따라 장을 이루었습니다.

① 성리학적 유교 사관이 반영되어 대의명분을 강조하였다.
② 국왕, 훈신, 사림이 서로 합의하여 통사체계를 구성하였다.
③ 원 간섭기에 중국과 구별되는 우리 역사의 독자성을 강조하였다.
④ 왕명으로 단군조선에서 고려 말까지의 역사를 노래 형식으로 정리하였다.

# 문제 풀이

## 05

정답 ②

제시된 사료의 사서는 원 간섭기 충렬왕 때 일연이 저술한 『삼국유사』이다.

② O: 『삼국유사』는 원 간섭기 충렬왕 시절 일연이 편찬한 역사서로 왕력, 기이편, 효선편 등으로 구성되어 있다. 불교를 중심으로 단군신화와 향가, 민간 설화가 다수 수록되어 있고 여러 설화와 사회 민속, 관습 등의 전통 문화에 대한 내용이 수록되어 있다.

**오답 분석**

① X: 무신 집권기 각훈의 『해동고승전』에 대한 설명이다. 각훈은 『고승전』을 토대로 교종의 입장에서 승려들의 전기를 기록하였고, 우리나라 불교사를 중국과 대등한 입장에서 서술하였다.

③ X: 조선 성종 시절 『동국통감』에 대한 설명이다.

④ X: 김부식이 쓴 『삼국사기』에 대한 설명이다.

**½한국사 고득점 TIP 『삼국유사』**

- 편찬: 원 간섭기 충렬왕 때 일연이 사찬으로 편찬
- 서술: 기사본말체로 사건 중심으로 서술
- 내용: 고조선에서 삼국 시대까지 기록, 단군을 민족의 시조로 강조
- 구성: 왕력과 기이편, 마지막에 효선편으로 구성
- 특징: 민간 설화의 내용이 다수 수록, 불교 중심, 가락국기 수록
- 의의: 민속학적 측면에서 중요한 자료, 단군신화를 수록한 최고 문헌

## 06

정답 ③

제시된 사료의 밑줄 친 '이 책'은 고려 말 충렬왕 시절 일연이 쓴 『삼국유사』이다.

③ O: 『삼국유사』에는 단군의 건국 이야기가 수록되어 있다.

**오답 분석**

① X: 『삼국사기』 등에 대한 설명이다.

② X: 고려 인종 때 김부식이 편찬한 『삼국사기』에 대한 설명이다.

④ X: 『사략』 등에 대한 설명이다.

**½한국사 고득점 TIP 기전체**

- 효시: 사마천의 사기
- 구성: 본기, 세가, 열전, 지, 표
- 삼국사기: 김부식이 인종 때 편찬, 기전체, 세가편이 없음
- 고려사: 문종 때 편찬, 본기편 X, 우왕과 창왕을 열전에 수록
- 기타: 이종휘의 동사, 허목의 동사, 한치윤의 해동역사 등

## 07

정답 ③

제시된 사료의 밑줄 친 '이 책'은 고려 원 간섭기 충렬왕 시절 이승휴가 편찬한 『제왕운기』이다.

③ O: 이승휴의 제왕운기는 상권(중국)과 하권(우리나라의 역사)으로 구성되어 중국과의 대등함을 강조하였는데, '요동에 별천지가 있으니, 중국과 뚜렷이 구분된다.'고 강조하였다.

**오답 분석**

① X: 이승휴의 『제왕운기』는 유교와 불교, 도교의 삼교합일의 사상을 보여준다. 성리학적 유교 사관이 반영되어 대의명분을 강조하였던 대표적 사서는 고려 후기 공민왕 때 이제현의 『사략』이다.

② X: 이승휴의 『제왕운기』가 아니라 조선 성종 때 완성된 『동국통감』이 국왕, 훈신, 사림이 서로 합의하여 통사체계를 구성한 저서이다.

④ X: 조선 시대 세종 때 『동국세년가』가 왕명으로 단군조선에서 고려 말까지의 역사를 노래 형식으로 정리하였다.

**½한국사 고득점 TIP 제왕운기**

- 저술: 이승휴가 서사시의 형태로 저술
- 사상: 유교와 불교, 도교의 삼교합일 강조
- 상권과 하권에서 중국과 우리 역사를 대등하게 비교
  - 상권: 중국의 역사 / 하권: 고조선~고려 말까지 역사 서술
- 요동의 동쪽에 별천지가 있으니 중국과 구별된다: 중국과 대등함 과시
- 단군신화 수록: 3조선설 강조
- 대조영을 고구려 장수로 인식

# THEME 048 고려 시대 건축

## 01

2016년 국가직 7급

(ㄱ)과 (ㄴ)에 해당하는 건축물에 대한 설명으로 옳은 것은?

> 공포를 기둥 위에만 배치하는 (ㄱ) 양식은 고려 시대의 일반적 건축 양식이었다. 공포를 기둥과 기둥 사이에도 배치하는 (ㄴ) 양식 건물은 고려 후기에 등장하지만 조선 시대에 널리 유행하였다.

① (ㄱ) - 부석사 무량수전은 간결한 맞배 지붕 형태이다.
② (ㄱ) - 팔작 지붕인 봉정사 극락전은 장엄하고 화려하다.
③ (ㄴ) - 수덕사 대웅전은 백제계 사찰의 전통을 이었다.
④ (ㄴ) - 맞배 지붕의 성불사 응진전이 이에 해당한다.

## 02

2008년 법원직 9급

다음 중 주심포 양식의 목조 건물을 모두 고른 것은?

> (ㄱ) 안동 봉정사 극락전 (ㄴ) 영주 부석사 무량수전
> (ㄷ) 예산 수덕사 대웅전 (ㄹ) 사리원 성불사 응진전

① (ㄱ) ② (ㄱ), (ㄴ)
③ (ㄱ), (ㄴ), (ㄷ) ④ (ㄱ), (ㄴ), (ㄷ), (ㄹ)

## 03

2018년 지역 인재 9급

다음 고려 시대 사원에 대한 설명으로 옳지 않은 것은?

① 청주 흥덕사 - 『상정고금예문』이 간행되었다.
② 순천 송광사 - 수선사 결사의 중심 사찰이다.
③ 개성 경천사 - 원의 석탑을 본뜬 10층 석탑이 세워졌다.
④ 안동 봉정사 - 가장 오래된 주심포 양식의 건물이 남아 있다.

## 04

2014년 법원직 9급

다음 답사계획 중 답사 장소와 답사의 주안점이 옳게 연결된 것은?

| 고려 문화의 향기를 찾아서 | | | | |
|---|---|---|---|---|
| | 주 제 | 소주제 | 답사지 | 답사 주안점 |
| (가) | 불교 | 결사 운동 | 강진 만덕사 | 조계종 발달 |
| (나) | 공예 | 자기 기술 | 부안·강진 도요지 | 상감청자 제작법 |
| (다) | 건축 | 목조 건축 | 안동 봉정사 | 다포 양식 건물 |
| (라) | 인쇄술 | 금속 활자 | 청주 흥덕사 | 상정고금예문 인쇄 |

① (가) ② (나)
③ (다) ④ (라)

## 문제 풀이

### 01

정답 ④

제시된 자료의 (ㄱ)은 주심포 양식, (ㄴ)은 다포 양식이다.

④ O: (ㄴ) 다포 양식은 맞배 지붕인 성불사 응진전이 대표적이다.

**오답 분석**

① X: (ㄱ)의 주심포 건물인 부석사 무량수전은 간결한 맞배 지붕이 아니라 팔작 지붕의 형태이다.

② X: (ㄱ) 주심포 건물의 팔작 지붕이 아니라 맞배 지붕의 봉정사 극락전은 장엄하고 화려한 현존 최고의 목조 건축물이다.

③ X: (ㄴ) 다포 양식이 아니라 (ㄱ) 주심포 양식인 수덕사 대웅전은 백제계 사찰의 전통을 이었다.

**½한국사 고득점 TIP 고려 후기 주심포 건축**

- 안동 봉정사 극락전: 현존 최고 목조 건축, 맞배 지붕
- 영주 부석사 무량수전: 팔작 지붕의 주심포 건축
- 예산 수덕사 대웅전: 백제식 건축, 맞배 지붕. 모란과 들국화 벽화

### 02

정답 ③

(ㄱ) O: 안동 봉정사 극락전은 고려 시대에 주심포 양식과 맞배 지붕, 배흘림 기둥 양식으로 지어진 목조 건축물로, 우리나라에서 현존하는 가장 오래된 목조 건물이다.

(ㄴ) O: 영주 부석사 무량수전은 주심포 양식과 팔작 지붕, 배흘림 기둥 양식으로 지어진 고려 시대의 목조 건축물이다.

(ㄷ) O: 예산 수덕사 대웅전은 주심포 양식과 맞배 지붕, 배흘림 기둥 양식으로 지어진 고려 시대의 목조 건축물이다.

**오답 분석**

(ㄹ) X: 사리원 성불사 응진전은 주심포 양식이 아니라 다포 양식으로 지어진 고려 시대의 대표적인 건축물이다.

**½한국사 고득점 TIP 주심포 양식과 다포 양식**

| | 주심포 양식 | 다포 양식 |
|---|---|---|
| 유행 | 고려 전기~후기 | 고려 후기~조선 시대 |
| 공포 | 기둥 위에만 공포 양식 | 기둥과 기둥 사이에 공포 양식 |
| 주요 건물 | • 안동 봉정사 극락전<br>• 영주 부석사 무량수전<br>• 영주 부석사 조사당<br>• 예산 수덕사 대웅전 | • 석왕사 응진전<br>• 성불사 응진전<br>• 심원사 보광전 |

### 03

정답 ①

① X: 청주 흥덕사에서는 『상정고금예문』이 아니라 현존 최고의 금속활자본인 『직지심체요절』이 간행되었다.

**오답 분석**

② O: 순천 송광사는 지눌이 조직한 수선사 결사의 중심 사찰이다.

③ O: 개성 경천사에는 원의 석탑을 본뜬 대리석의 경천사 10층 석탑이 세워졌고 이후 조선 세조 때 원각사지 10층 석탑에 영향을 주었다.

④ O: 안동 봉정사에 있는 극락전은 가장 오래된 주심포 양식의 건물이다.

### 04

정답 ②

(나) O: 고려 시대 상감청자 등의 도자기를 주로 생산한 곳은 전라도 강진과 부안이다.

**오답 분석**

(가) X: 강진 만덕사는 요세가 조계종이 아니라 천태종 중심의 백련사 결사를 조직한 곳이며, 조계종은 순천 송광사가 중심 사찰이다.

(다) X: 안동 봉정사 극락전은 현존 최고의 목조 건축물로서 다포가 아니라 주심포 양식의 건축물이다.

(라) X: 청주 흥덕사는 고려 후기 1377년 우왕 시절에 『상정고금예문』이 아니라 『직지심체요절』이 제작된 곳이다.

**½한국사 고득점 TIP 『상정고금예문』**

- 편찬: 의종 때 김관의가 쓴 예법서적
- 재인쇄: 1234년 최우 시절 강화도에서 28부를 금속활자로 재인쇄
- 의의: 문헌상 최초의 금속활자로 서양 금속활자보다 200여년 앞섬 – 이규보의 『동국이상국집』에 기록

## 05

2016년 기상직 9급

(가)~(라) 불상에 대한 설명으로 옳은 것은?

(가)

(나)

(다)

(라)

① (가) - 고구려에서 제작된 불상이다.

② (나) - 백제 불상 양식을 계승한 철불이다.

③ (다) - 고려 시대의 석불로 은진미륵이라 불린다.

④ (라) - 석굴암 본존불상의 양식을 계승하였다.

## 06

2014년 기상직 9급

아래 각 석탑의 특징에 대한 설명으로 가장 적절한 것은?

① (가) - 석재를 벽돌 모양으로 만들어 쌓은 신라 시대의 대표적인 탑이다.

② (나) - 신라 말 선종이 유입되면서 나타난 양식으로 팔각원당형의 승탑이다.

③ (다) - 3층 석탑의 기단과 탑신에 부조로 불상을 새겨 장식성이 강하다.

④ (라) - 원의 석탑을 본 뜬 것으로 원각사지 10층 석탑에 영향을 주었다.

## 07

2016년 서울시 7급

우리나라의 국보와 그 제작 시대를 연결한 것으로 옳지 않은 것은?

① 조선 - 『징비록』, 『비변사등록』, 송시열 초상

② 고려 - 영주 부석사 무량수전, 안향 초상, 상원사 동종

③ 통일 신라 - 충주 탑평리 칠층 석탑, 성덕대왕 신종, 보은 법주사 석련지

④ 백제 - 부여 정림사지 오층 석탑, 익산 미륵사지 석탑, 서산 용현리 마애여래삼존상

# 문제 풀이

## 05

정답 ③

제시된 자료의 (가)는 광주 춘궁리 철불, (나)는 부석사 소조 아미타 여래 좌상, (다)는 논산 관촉사 석조 미륵보살 입상, (라)는 파주 용미리 석불 입상이다.

③ O: (다) 논산 관촉사 석조 미륵보살 입상은 광종 때 완성된 고려 최대 불상으로 은진미륵불이라 불린다.

**오답 분석**

① X: (가) 광주 춘궁리 철불은 고구려가 아니라 고려 시대에 제작된 불상이다. 연가 7년명 금동여래 입상이 고구려의 대표적인 불상이다.

② X: (나) 영주 부석사 소조 아미타 여래 좌상은 백제가 아니라 신라 불상 양식을 계승한 고려 최고의 걸작품이다.

④ X: (라) 파주 용미리 석불 입상이 신라 석굴암 본존불상의 양식을 계승한 것이 아니라 암벽이나 구릉에 세운 불상으로 종래의 불당 내 소규모 불상이 고려 시대에 대규모 불상으로 변하고 있음을 알 수 있는 불상이다.

**½한국사 고득점 TIP** 논산 관촉사 석조 미륵보살 입상

논산 관촉사 석조 미륵보살 입상은 고려 초기 광종 시절 왕실의 권위를 과시하기 위해 만들어진 것으로 인체 비례가 불균형한 모습으로 당시 지방 세력의 독특한 개성과 미의식을 보여주고 있으며 '은진미륵'이라고 불리기도 한다.

## 06

정답 ④

제시된 자료의 (가)는 익산 미륵사지 석탑, (나)는 다보탑, (다)는 쌍봉사 철감선사탑, (라)는 경천사 10층 석탑이다.

④ O: (라) 경천사 10층 석탑은 원의 석탑을 본 뜬 대리석의 석탑으로 조선 시대 세조 때 제작된 원각사지 10층 석탑에 영향을 주었다.

**오답 분석**

① X: (가) 익산 미륵사지 석탑이 아니라 신라의 분황사 모전 석탑이 석재를 벽돌 모양으로 만들어 쌓은 신라 시대의 대표적인 탑이다.

② X: (나) 다보탑이 아니라 (다) 쌍봉사 철감선사탑이 신라 말 선종이 유입되면서 나타난 양식으로 팔각원당형의 승탑이다.

③ X: (다) 쌍봉사 철감선사탑이 아니라 신라 하대 양양 진전사지 3층 석탑이 3층 석탑의 기단과 탑신에 부조로 불상을 새겨 장식성이 강하다.

**½한국사 고득점 TIP** 통일 신라 석탑

- 신라 중대: 감은사지 3층 석탑(신문왕), 석가탑과 다보탑(경덕왕)
- 신라 하대: 양양 진전사지 3층 석탑(불상 조각), 쌍봉사 철감선사탑(승탑)

## 07

정답 ②

② X: 고려 - 영주 부석사 무량수전과 안향의 초상은 고려 시대 문화이다. 하지만 상원사 동종은 강원도 평창군 상원사에 있는 통일 신라 시대의 종으로 725년 성덕왕 시절에 만들어졌다. 삼국 시대 범종이 단 한 점도 남아 있지 않은 현재로서 우리나라 범종 가운데 가장 오래된 종이다.

**오답 분석**

① O: 조선 - 『징비록』(유성룡, 임진왜란의 기록), 『비변사등록』, 송시열 초상

③ O: 통일 신라 - 충주 탑평리 칠층 석탑은 통일 신라 시대 8세기경에 제작되었던 탑이다. 성덕대왕 신종은 혜공왕 때 완성된 종이다. 보은 법주사 석련지는 충청북도 보은군 속리산면 법주사에 있는 통일 신라 시대 석련지(돌 수조)이다.

④ O: 부여 정림사지 오층 석탑(평제탑), 익산 미륵사지 석탑(현존 최고의 석탑), 서산 용현리 마애여래삼존상(백제의 미소)

**½한국사 고득점 TIP** 상원사 동종과 성덕대왕 신종

| | 상원사 동종 | 성덕대왕 신종 |
|---|---|---|
| 제작 | 성덕왕 | 경덕왕~혜공왕 |
| 특징 | 현존 최고(最古)의 종 | 최대 종으로 봉덕사종, 에밀레종 등으로 불림 |

# THEME 049 고려 시대 과학 기술

## 01
2016년 교육행정직

**밑줄 친 (ㄱ), (ㄴ)에 대한 설명으로 옳은 것은?**

> 고려 시대에는 불교 사상에 대한 이해가 깊어지면서 불교 관련 저술을 모아 체계적으로 정치한 대장경이 만들어졌다. (ㄱ) 현종 때의 경판이 임진년 몽골의 침입으로 불타 버렸고, 이에 왕이 신하들과 더불어 다시 발원하여 도감을 세우고 16년 만에 (ㄴ) 새 경판을 완성하였다.

① (ㄱ) - 합천 해인사에 소장되었다.
② (ㄱ) - 교장도감에서 제작한 경판이다.
③ (ㄴ) - 유네스코 세계 기록유산으로 등재되었다.
④ (ㄴ) - 불교 경전 주석서를 수집하여 간행한 속장경이다.

## 02
2016년 법원직 9급

**(가), (나) 사이의 시기에 볼 수 있던 문화 동향으로 가장 적절한 것은?**

> (가) 사신으로 온 저고여는 수달피 1만 령, 가는 명주 3천 필, 가는 모시 2천 필 등을 요구하였다. 저고여가 돌아가는 길에 압록강 부근에서 피살되는 사건이 일어나자 살리타가 대군을 이끌고 침입하였다.
> -『고려사절요』
>
> (나) 왜구가 500여 척의 함선을 이끌고 진포로 쳐들어와 충청·전라·경상 3도 연해의 주군을 돌며 약탈과 살육을 일삼았다. 고려 조정에서는 최무선이 만든 화포로 왜선을 모두 불태워버렸다. -『고려사』

① 유교 사관에 입각한 『삼국사기』가 편찬되었다.
② 종교적 염원이 담긴 팔만대장경이 조판되었다.
③ 의천이 교종과 선종의 통합을 위해 노력하였다.
④ 관학의 재정 기반을 마련하고자 양현고를 설치하였다.

## 03
2018년 서울시 9급

**고려의 문화에 대한 설명 중 가장 옳은 것은?**

① 고려의 귀족문화를 대표하는 백자는 상감기법을 이용한 것이다.
② 고려는 세계 최초로 금속활자를 발명하였다.
③ 팔만대장경판은 거란의 침입을 물리치기 위한 염원을 담아 만든 것이다.
④ 고려는 불교국가여서 유교문화가 발전하지 못하였다.

## 04
2012년 3차 경찰

**고려 시대 과학 기술에 대한 다음 설명 중 가장 적절하지 않은 것은?**

① 고려 초에는 당의 선명력을 사용하였으나, 충선왕 때에는 원의 수시력을 받아들였다.
② 토지 측량 기구인 인지의와 규형을 제작하여 토지 측량과 지도 제작에 활용하였다.
③ 최무선은 중국인 이원에게서 염초 만드는 기술을 배워 화약 제조법을 터득하였다.
④ 태의감에 의학박사를 두어 의학을 가르치고, 의원을 뽑는 의과를 시행하였다.

# 문제 풀이

## 01

정답 ③

제시된 사료의 (ㄱ)은 초조대장경, (ㄴ)은 팔만대장경(재조대장경)이다.

③ O: (ㄴ) 팔만대장경은 유네스코 세계 기록유산으로 등재되었다.

**오답 분석**

① X: (ㄱ) 초조대장경이 아니라 (ㄴ) 팔만대장경이 현재 합천 해인사에 소장되었다.

② X: (ㄱ) 초조대장경이 아니라 의천이 만든 교장이 흥왕사 교장도감에서 제작한 경판이다.

④ X: (ㄴ) 팔만대장경이 아니라 의천의 속장경(교장)이 불교 경전 주석서를 수집하여 간행된 것이다.

½한국사 고득점 TIP **고려의 대장경**

| | 초조대장경 | 팔만대장경(재조대장경) |
|---|---|---|
| 배경 | 거란 2차 침입 | 몽골의 3차 침입 |
| 시기 | 현종~선종 | 최우, 1236년~1251년 |
| 장소 | 흥국사와 귀법사 등 | 강화도 대장도감,<br>진주, 남해 등 |
| 보관 | 흥왕사 → 대구 부인사 | • 고려: 강화도 선원사 보관<br>• 조선 초: 해인사 장경판전 |
| 현존 | 현존 X<br>(몽골 2차 침입 때 소실) | • 현존 O(유네스코 기록유산) |

## 02

정답 ②

① 『삼국사기』: 인종 1145년 김부식이 편찬

③ 의천의 불교 통합: 고려 중기

④ 양현고: 고려 중기 예종 때 설치

| (가) | 몽골의 1차 침입 | 최우 1231년 |
|---|---|---|
| ↓ | ② 팔만대장경: 1236년~1251년 완성 | |
| (나) | 진포 대첩 | 우왕 1380년 |

## 03

정답 ②

② O: 고려는 세계 최초로 금속활자를 발명하여 1234년 『상정고금예문』과 1377년 『직지심체요절』이 대표적인 금속활자 기록물이다.

**오답 분석**

① X: 고려의 귀족문화를 대표하는 백자가 아니라 상감 청자가 상감기법을 이용한 것이다.

③ X: 팔만대장경판은 거란이 아니라 몽골의 침입을 물리치기 위한 염원을 담아 만든 것이다.

④ X: 고려는 불교국가였지만 유교문화도 발달하였다. 특히 최승로는 시무 28조에서 유교는 치국의 도, 불교는 수신의 도로 강조하였다.

½한국사 고득점 TIP **우리나라의 도자기**

| | 고려 시대 | 고려 말~15세기 | 조선 중기 이후 |
|---|---|---|---|
| 공예 기술 | 청자 | 분청사기 | 백자 |
| 특징 | 초기: 비취 청자<br>중기: 상감 청자 | 소박함<br>왕실과 관공서 | 16세기: 순 백자<br>후기: 청화 백자 |

## 04

정답 ②

② X: 고려 시대가 아니라 조선 전기 세조 때 토지 측량 기구인 인지의와 규형을 제작하여 토지 측량과 지도 제작에 활용하였다.

**오답 분석**

① O: 고려 초에는 당의 선명력을 사용하였으나, 충선왕 때에는 원의 수시력을 받아들였다.

③ O: 최무선은 중국인 이원에게서 염초 만드는 기술을 배워 화약 제조법을 터득하였고 1377년 우왕 때 화통도감이 제작되었다. 그리고 진포 대첩(1380)에서 처음으로 자체 제작한 화포를 사용하여 왜구를 무찔렀다.

④ O: 태의감에 의학박사를 두어 의학을 가르치고, 의원을 뽑는 의과를 시행하였다

½한국사 고득점 TIP **역법**

- 통일 신라: 당의 선명력 사용
- 고려 시대: 중국의 역법 채택
  - 당의 선명력 사용 → 원의 수시력(충선왕) → 명의 대통력(공민왕)
- 조선 시대: 『칠정산』(세종, 한양 기준) → 시헌력(효종, 김육, 서양 음력)
- 근대 사회: 태양력 채택(을미개혁)

# PART 05

# 조선 시대

# THEME 050 조선 건국 과정

## 01

2019년 법원직 9급

**(가) 시기에 일어난 사건으로 가장 옳은 것은?**

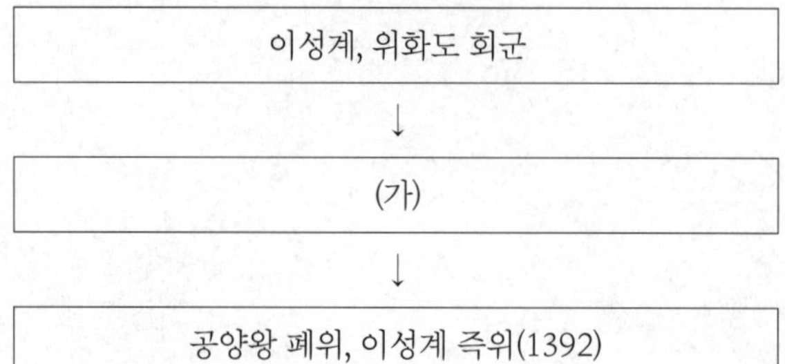


① 과전법 실시
② 전민변정도감 설치
③ 제1차 왕자의 난 발생
④ 정도전의 요동 정벌 추진

## 02

2024년 국가직 9급

**위화도 회군 이후에 있었던 사실로 옳지 않은 것은?**

① 과전법이 실시되었다.
② 정몽주가 살해되었다.
③ 한양으로 도읍을 이전하였다.
④ 황산 대첩에서 왜구를 토벌하였다.

## 03

2019년 지방직 9급

**밑줄 친 '그'에 대한 설명으로 옳지 않은 것은?**

> 그와 남은이 임금을 뵈옵고 요동을 공격하기를 요청하였고, 그리하여 급하게 진도(陣圖)를 익히게 하였다. 이보다 먼저 좌정승 조준이 휴가를 받아 집에 있을 때, 그와 남은이 조준을 방문하여, "요동을 공격하는 일은 지금 이미 결정되었으니 공(公)은 다시 말하지 마십시오."라고 말하였다.

① 만권당에서 원의 학자들과 교류하였다.
② 맹자의 역성혁명론을 조선 건국에 적용하였다.
③ 한양 도성의 성문과 궁궐 등의 이름을 지었다.
④ 『경제문감』을 저술하여 재상 중심의 정치를 주장하였다.

## 04

2006년 선관위 세무직 9급

**태조 이성계의 한양 천도 이유로 거리가 먼 것은?**

① 산하형세(山河形勢)가 좋은 풍수상의 명국이다.
② 국토의 중심부에 있어 사방으로 통하는 도로의 거리가 고르다.
③ 조운(漕運)하는 배가 통하는 등 수륙의 교통이 용이하다.
④ 백제의 옛 도읍지로서의 오랜 역사를 간직하고 있다.

## 05

2006년 인천시 9급

**다음 중 조선을 근세 사회로 보는 이유가 아닌 것은?**

① 과거 제도가 정비되어 능력을 보다 더 중시하였다.
② 왕권과 신권의 조화에 따른 모범적인 유교 정치가 발달하였다.
③ 이전 시대보다 교육의 기회가 확대되었다.
④ 지방 문화가 발달하여 하층민이 문화의 한 주체가 되었다.
⑤ 양인의 수가 증가하고, 양인의 권익이 신장되었다.

# 문제 풀이

## 01

정답 ①

| | ② 전면변정도감: 원종, 충렬왕, 공민왕, 우왕 |
|---|---|
| 1388년 | 위화도 회군: 우왕 |
| ↓(가) | ① 과전법 실시: 1391년 공양왕 |
| 1392년 | 공양왕 폐위 → 이성계 왕 즉위 |
| | ③ 1차 왕자의 난: 1398년 태조 말년, 무인정사 |
| | ④ 정도전의 요동 정벌 추진: 태조 시절 |

**½한국사 고득점 TIP** 과전법

- 제정: 과전법은 1391년 공양왕 시절 도평의사사에서 제정
- 역할: 과전법의 시행은 신진사대부의 경제 기반을 확보
- 의미: 전·현직 관리에게 경기도 토지(전지)의 수조권 지급

## 02

정답 ④

| | ④ 1380년 우왕: 이성계의 황산 전투 |
|---|---|
| 1388년 | 우왕, 위화도 회군 |
| | ① 1391년 공양왕: 과전법 제정 |
| | ② 1392년 공양왕: 방원에게 정몽주가 살해 |
| | ③ 1394년 태조: 한양 천도(풍수지리) |

**½한국사 고득점 TIP** 요동 공격

- 공민왕: 1369~1370년 지용수와 이성계가 요동 공격
- 우왕: 1388년 명의 철령위 통보
  - 최영, 요동 정벌 주장 → 이성계 반대, 위화도 회군
- 태조: 조선 초 정도전 등이 요동 정벌 주장 → 방원과 조준의 반대

## 03

정답 ①

제시된 사료의 밑줄 친 '그'는 '삼봉 정도전'이다. '요동을 공격하기를 요청' 등을 통해 정도전임을 알 수 있다.

**① X: 정도전이 아니라 이제현이 만권당에서 원의 조맹부 등의 학자들과 교류하였다.**

**오답 분석**

② O: 정도전은 맹자의 역성혁명론을 조선 건국에 적용하여 조준, 남은 중심의 혁명파 사대부들과 함께 역성혁명을 주장하며 온건파 사대부를 제거하고 1392년 이성계를 왕으로 추대하였다.

③ O: 정도전은 경복궁 등의 한양의 궁궐 이름과 유교 경전을 참고하여 4대문의 이름을 제정하였다.

④ O: 정도전은 『경제문감』에서 조선 왕조의 정치 조직 및 행정안을 제시하였고, 재상 중심 정치를 주장하였다.

**½한국사 고득점 TIP** 정도전의 저술

- 주례를 참고하여 『조선경국전』, 『경제문감』 등을 편찬
- 『조선경국전』: 1394년 재상 중심의 정치 강조
- 『고려국사』: 1395년 조선 건국의 정당성 강조, 편년체
- 『경제문감』: 1395년 조선의 정치 조직 및 행정안 제시
- 『불씨잡변』: 1398년 성리학적 입장에서 불교 비판
- 『심기리편』: 불교와 도교 비판, 유교 정치 체계화

## 04

정답 ④

**④ X: 한양이 백제의 옛 도읍지로서의 오랜 역사를 간직하고 있는 것은 맞지만 단순히 백제의 수도였기 때문에 한양으로 천도한 것은 아니고 한양은 삼국 모두 점령했던 지역으로 삼국 문화가 고루 수용되었기 때문에 지방색이 적었다.**

**½한국사 고득점 TIP** 한양 천도 이유

- 부근에 있는 강화도에 단군 신앙이 깃들여져 있음
- 한반도 중앙부에 위치하여 수도의 위치로 적합
- 삼국의 문화가 조화를 이루고 있음
- 사방이 험준한 산으로 둘러싸여 있어 요새화하기 좋음
- 넓은 들에서 생산되는 곡식이 왕가 재정으로 충분
- 풍수지리상 명당, 한강이 흘러 교통이 편리

## 05

정답 ④

조선을 근세 사회로 보는 이유를 묻는 문제로, 조선이 고려와 달라진 게 무엇인가를 묻는 문제이다.

**④ X: 지방 문화가 발달한 시기는 고려 시대이다. 고려 개창의 주역인 호족들이 지방에 근거지를 두고 있었기 때문에 지방 문화가 발달하였다.**

**오답 분석**

① O: 조선은 고려보다 능력을 중시하는 사회였다. 음서의 혜택이 줄고, 과거 출신이 아니면 고관으로 오르기 힘들었다.

② O: 조선은 의금부, 승정원 등의 왕권 강화 기구와 3사 등의 왕권 견제 기구를 두어 왕권과 신권의 조화를 강조하였다.

③ O: 조선 시대는 지방의 모든 군현마다 향교를 설치하여 교육 기회가 더욱 확대되었다.

⑤ O: 향과 소, 부곡 등의 특수 행정 구역민들이 정식 양인으로 승격되어 양인 수가 증가하였고, 양인 내의 차별이 완화되어 양인의 권익이 신장되었다.

# THEME 051 15세기 주요 사건의 개관

## 01

2020년 지방직 9급

(가) 시기에 있었던 일로 옳은 것은?

| | (가) | |
|---|---|---|
| 이종무의 대마도 정벌 | | 전분6등법과 연분9등법 시행 |

① 과전법 공포
② 이시애의 반란
③ 『농사직설』 편찬
④ 정도전의 요동정벌 추진

## 02

2019년 법원직 9급

(가), (나) 사이의 시기에 있었던 사실로 가장 옳은 것은?

(가) 의정부의 여러 일을 나누어 6조에 귀속시켰다. …… 처음에 왕은 의정부의 권한이 막중함을 염려하여 이를 없앨 생각이 있었지만, 신중히 여겨 서둘지 않았다가 이때에 이르러 단행하였다. 의정부가 관장한 일은 사대 문서와 중죄수의 심의에 관한 것뿐이었다.

(나) 상왕이 나이가 어려 무릇 조치하는 바는 모두 대신에게 맡겨 논의 시행하였다. 지금 내가 명을 받아 왕통을 물려받아 군국 서무를 아울러 자세히 듣고 헤아려 다 조종의 옛 제도를 되살린다. 지금부터 형조의 사형수를 뺀 모든 서무는 6조가 저마다 직무를 맡아 직계한다.

① 4군 6진을 개척하였다.
② 대립의 만연으로 군포 징수제가 점차 확산되었다.
③ 직전법을 폐지하고 관리들에게 녹봉만 지급하였다.
④ 홍문관을 두어 주요 관리들을 경연에 참여하게 하였다.

## 03

2024년 법원직

(가), (나) 사이 시기에 있었던 사실로 가장 옳은 것은?

(가) 봉화백 정도전, 의성군 남은과 부성군 심효생 등이 여러 왕자들을 해치려 꾀하다가 성공하지 못하고 형벌에 복종하여 참형을 당하였다.

(나) 상왕이 말하기를 "만일 물리치지 못하고 항상 침노만 받는다면, 한나라가 흉노에게 욕을 당한 것과 무엇이 다르겠는가. … 구주에서 온 왜인만은 구류하여 경동하는 일이 없게 하라. 또 우리가 약한 것을 보이는 것은 불가하니, 후일의 환이 어찌 다함이 있으랴." 하고, 곧 이종무를 삼군 도체찰사로 명하여, 중군을 거느리게 하였다.

① 경연이 폐지되었다.
② 홍문관이 설치되었다.
③ 6조직계제가 실시되었다.
④ 위화도 회군이 단행되었다.

## 04

2017년 지방직 9급

다음과 같은 명을 내린 왕에 대한 설명으로 옳은 것은?

삼강은 인도의 근본이니, 군신·부자·부부의 도리를 먼저 알아야 할 것이다. 이제 내가 유신에게 명하여 고금의 사적을 편집하고 아울러 그림을 붙여 만들어 이름을 '삼강행실'이라 하고, 인쇄하게 하여 서울과 외방에 널리 펴고자 한다.

① 압록강과 두만강 지역에 4군 6진을 설치하였다.
② 훈구 세력을 견제하기 위해 사림을 적극 중용하였다.
③ 『국조오례의』를 편찬하여 국가의 예법과 절차를 정하였다.
④ 토지 등급을 대부분 하등으로 정하여 전세를 경감해 주었다.

## 문제 풀이

### 01

정답 ③

① 과전법: 1391년 공양왕, 도평의사사에서 제정

④ 정도전의 요동 정벌: 태조 때 준비

| 1419년 | 대마도 정벌 | 세종, 이종무, 기해동정 |
|---|---|---|

↓(가) ③『농사직설』: 1429년 세종, 정초가 한문으로 작성

| 1444년 | 연분9등법, 전분6등법 | 세종, 공법 제정 |
|---|---|---|

② 이시애의 난: 1467년 세조, 유향소 폐지

**중요 사료** 『농사직설』의 편찬

농사는 천하의 대본이다. 예로부터 성왕(聖王)이 이를 힘쓰지 아니한 사람이 없었다. …(중략)… 왕께서는 정사에 힘을 써 더욱 백성 일에 마음을 두셨다. 지방마다 풍토가 같지 아니하여 곡식을 심고 가꾸는 법이 각기 맞는게 있어, 옛글과 다 같을 수 없다. 하여, 여러 도의 감사에게 명하여 고을의 늙은 농부들에게 물어 이미 그 효과가 입증된 것을 아뢰게 하시고 …(하략)…

**½한국사 고득점 TIP** 『농사직설』(세종, 정초, 한문)

- 현존 최고의 농서, 실제 농민들의 경험담을 토대로 작성
- 이앙법을 소개하지만 직파법을 권장

### 02

정답 ①

| (가) 태종 | 6조 직계제 실시 |
|---|---|

↓ ① 세종: 4군(압록강, 최윤덕) 6진(두만강, 김종서)

| (나) 세조 | 6조 직계제 실시 |
|---|---|

② 군포징수제: 16세기 중종

③ 직전법 폐지: 16세기 명종

④ 홍문관 설치: 성종 시절

**½한국사 고득점 TIP** 군포징수제(중종)

군포징수제는 16세기 중종 시기 시행되었다. 16세기에는 군역 제도가 문란해지면서 돈을 내고 군역을 대신 할 사람(노비나 유랑민)을 샀던 제도인 대립제, 관리들이 대립가를 받고 불법적으로 농민들의 군역을 빼주었던 방군수포제가 성행하였다. 중종은 농민에게 1년(16개월)에 군포 2필 정도를 납부하고 중앙군의 군역을 면제해주는 군포징수제를 실시하였다.

**½한국사 고득점 TIP** 직전법 폐지(명종)

직전법은 16세기 명종 때 폐지되었고, 관리들에게 녹봉을 지급하였다. 직전법이 폐지되면서 사전의 개념이 소멸되었고, 전주전객제가 소멸되었다. 또한, 양반 관료들의 토지에 대한 사적 소유욕이 증가하면서 지주전호제가 확대되었다.

### 03

정답 ③

④ 고려 말 우왕: 1388년 위화도 회군

| (가) | 태조 | 1차 왕자의 난(1398년 무인정사) |
|---|---|---|

③ 태종: 6조 직계제(이후 세조도 6조 직계제)

| (나) | 세종 | 대마도 정벌(1419년 기해동정) |
|---|---|---|

① 세조와 연산군: 경연 폐지

② 성종: 홍문관 설치

**½한국사 고득점 TIP** 홍문관

홍문관은 집현전의 후신으로 성종 때 설치되었다. 옥당이라 불리며 관원 모두가 경연관을 겸임하였고, 자문 및 간쟁의 역할을 하기도 하였다.

### 04

정답 ①

제시된 사료에서 군신·부자·부부의 도리(삼강)를 강조하고, 사적에 그림을 붙여 이름을 '삼강행실'이라 한다는 내용을 통해 『삼강행실도』의 편찬에 대한 내용임을 알 수 있다. 『삼강행실도』를 편찬하도록 명을 내린 왕은 조선 세종이다.

**① O: 세종은 1433년에 최윤덕을 압록강 지역에, 김종서를 두만강 지역에 파견하여 여진족을 몰아내고, 4군 6진을 설치하여 압록강에서 두만강을 경계로 하는 오늘날의 국경선을 확보하였다.**

**오답 분석**

② X: 세종이 아니라 성종이 훈구 세력을 견제하기 위해 사림을 적극 중용하였다. 성종은 김종직과 그의 문하의 사림파를 3사 언관직에 적극 등용하여 훈구 세력을 견제하였다.

③ X: 세종이 아니라 성종이 『국조오례의』를 편찬하여 국가의 예법과 절차를 정하였다. 성종은 『국조오례의』를 통해 국가의 여러 행사에 필요한 길례·가례·빈례·군례·흉례의 예법과 절차 등을 정하였다.

④ X: 세종이 아니라 인조가 토지 등급을 대부분 하등으로 정하여 전세를 경감해 주었다. 인조는 영정법을 실시하여 전세를 풍흉에 관계 없이 최저율의 세액인 토지 1결당 4~6두로 고정하여 전세를 경감해 주었다.

# THEME 052 15세기의 국왕들

## 01
2021년 국가직 9급

**밑줄 친 '왕'에 대한 설명으로 옳은 것은?**

> 1919년 3월 1일 탑골 공원에서 민족대표 33인이 서명한 독립선언서가 낭독되었다. 이 공원에 있는 탑은 왕이 세운 것으로 경천사 10층 석탑의 영향을 받았다.

① 우리나라 전쟁사를 정리한 『동국병감』을 편찬하였다.
② 우리나라 역대 문장의 정수를 모은 『동문선』을 편찬하였다.
③ 6조 직계제를 실시하여 국왕 중심의 정치체제를 구축하였다.
④ 한양으로 다시 천도하면서 이궁인 창덕궁을 창건하였다.

## 02
2019년 지방직 9급

**다음 정책을 추진한 국왕 대에 있었던 사실로 옳은 것은?**

> 옛적에 관가의 노비는 아이를 낳은 지 7일 후에 입역(立役)하였는데, 아이를 두고 입역하면 어린 아이에게 해로울 것이라 걱정하여 100일간의 휴가를 더 주게 하였다. 그러나 출산에 임박하여 일하다가 몸이 지치면 미처 집에 도착하기 전에 아이를 낳는 경우가 있다. 만일 산기에 임하여 1개월간의 일을 면제하여 주면 어떻겠는가. 가령 저들이 속인다할지라도 1개월까지야 넘길 수 있겠는가. 상정소(詳定所)로 하여금 이에 대한 법을 제정하게 하라.

① 사형의 판결에는 삼복법을 적용하였다.
② 주자소를 설치하여 계미자를 주조하였다.
③ 국방력 강화를 위해 진관체제를 실시하였다.
④ 도평의사사를 개편하여 의정부를 설치하였다.

## 03
2012년 지방직 9급

**다음은 조선 시대에 편찬된 어떤 책의 서문이다. 이 책이 편찬된 국왕 때에 일어난 일이 아닌 것은?**

> 전하께서는 …(중략)… 신 서거정 등에게 명해 제가(諸家)의 작품을 뽑아 한 질을 만들게 하셨습니다. 저희들은 전하의 위촉을 받아 삼국 시대로부터 지금에 이르기까지 사(辭), 부(賦), 시(詩), 문(文) 등 여러 문체를 수집하여 이중 문장과 이치가 순정하여 교화에 도움이 되는 것을 취하고 분류하여 130권을 편찬해 올립니다.

① 유향소를 다시 설치하고, 사창제를 도입하였다.
② 서울의 원각사 안에 대리석 10층 탑을 건립하였다.
③ 재가녀 자손의 관리 등용을 제한하는 법을 공포하였다.
④ 정읍사, 처용가 등이 한글로 수록된 『악학궤범』이 편찬되었다.

## 04
2017년 서울시 9급

**밑줄 친 '왕'에 대한 설명으로 옳은 것은?**

> 왕은 왕권 강화를 위해 중앙집권체제를 강화하고, 변방 중심에서 전국적인 지역 중심 방어체제로 바꾸는 등 국방을 강화하였다. 또 국가재정을 안정시키기 위해 과전을 현직 관료에게만 지급하기 시작하였다.

① 『경국대전』의 편찬을 마무리하여 반포하였다.
② 간경도감을 두어 『월인석보』를 언해하여 간행하였다.
③ 6조 직계제를 채택하고 사간원을 독립시켜 대신을 견제하였다.
④ 대마도주와 계해약조를 맺어 무역선을 1년에 50척으로 제한하였다.

# 문제 풀이

## 01

정답 ③

제시된 사료의 밑줄 친 '왕'은 조선 시대 세조이다. 탑골 공원은 조선 세조 때 만든 원각사의 절터에 세워진 근대 공원이다.

③ O: **세조는 6조 직계제를 실시하여 국왕 중심의 정치체제를 구축하였다.**

**오답 분석**

① X: 문종은 우리나라 전쟁사를 정리한 『동국병감』을 편찬하였다.

② X: 성종은 우리나라 역대 문장의 정수를 모은 『동문선』을 편찬하였다.

④ X: 태종은 한양으로 다시 천도하면서 이궁인 창덕궁을 창건하였다.

**중요 사료** 6조 직계제(세조)

상왕이 나이가 어려 무릇 조치하는 바는 모두 대신에게 맡겨 논의 시행하였다. 지금 내가 명을 받아 왕통을 물려받아 군국 서무를 아울러 자세히 듣고 헤아려 다 조종의 옛 제도를 되살린다. 지금부터 형조의 사형수를 뺀 모든 서무는 6조가 저마다 직무를 맡아 직계한다.

## 02

정답 ①

제시된 사료는 조선 세종 시기 관비와 남편에게 출산 휴가를 제공하는 내용이다.

① O: **세종은 사형의 판결에는 삼복법(삼심제)을 적용하였고 태형 및 노비의 사형 금지, 감옥 시설 개선 등 사법 제도를 정비하였다.**

**오답 분석**

② X: 세종이 아니라 태종 때 주자소를 설치하여 계미자를 주조하였다.

③ X: 세종이 아니라 세조 때 국방력 강화를 위해 진관체제를 실시하였다.

④ X: 1400년 태종이 2차 왕자의 난 이후 개국공신들의 권력을 약화시키기 위해 도평의사사를 개편하여 의정부를 설치하였고 군사업무는 삼군부로 이관하였다.

**½한국사 고득점 TIP** 조선 시대 활자

- 태종: 주자소 설치, 계미자
- 세종: 갑인자, 식자판 조립 개발로 인쇄능률 향상
- 정조: 정리자, 생생자, 한구자

## 03

정답 ①, ②

제시된 사료는 서거정이 쓴 『동문선』으로 성종 때 편찬되었다. 성종 시절 편찬된 서거정의 『동문선』은 삼국 시대부터 조선 초기까지의 글을 모아놓은 책이다.

① X: **성종 시절에 세조 때 폐지되었던 유향소를 다시 설치하였지만, 사창제는 도입한 것이 아니라 폐지하였다.**

② X: **성종이 아니라 세조 때 서울의 원각사 안에 대리석 10층 탑을 건립하였다.**

**오답 분석**

③ O: 성종 때 『경국대전』을 반포하면서 재가녀 자손의 관리 등용을 제한하는 법을 공포하였다.

④ O: 성종 때 정읍사, 처용가 등이 한글로 수록된 『악학궤범』이 편찬되었다.

**½한국사 고득점 TIP** 사창제

- 목적: 지방에 사창을 설치하여 백성들에게 곡물을 대여하게 한 제도
- 실시: 세종 때 대구에서 실시 → 문종 때 경상도 공식 시행
- 폐지: 성종 때 폐지
- 부활: 흥선대원군 때 환곡의 문란을 시정하기 위해서 부활

## 04

정답 ②

제시된 사료의 밑줄 친 '왕'은 조선 세조이다. '지역 중심 방어체제와 과전을 현직 관료에게만 지급하기 시작하였다.'에서 조선 세조임을 알 수 있다,

② O: **세조 때 간경도감을 두어 『월인석보』를 언해하여 간행하였다.**

**오답 분석**

① X: 세조가 아니라 성종 때 『경국대전』의 편찬을 마무리하여 반포하였다. 세조 때는 『경국대전』의 편찬이 시작되었지만 완성은 성종 때 이루어졌다.

③ X: 세조와 태종 때 6조 직계제를 채택하였지만, 태종 때 중서문하성을 폐지하면서 낭사를 사간원을 독립시켜 대신을 견제하였다.

④ X: 세조가 아니라 세종 때 대마도주와 계해약조를 맺어 무역선을 1년에 50척으로 제한하였다.

**½한국사 고득점 TIP** 조선 시대 불교

- 태조: 도첩제 실시
- 태종: 도첩제 강화, 사원전과 노비 몰수, 5교 양종으로 정리
- 세종: 선교 양종으로 정리, 36개 사찰 인정, 『월인천강지곡』, 『석보상절』
- 세조: 간경도감 설치, 원각사, 원각사지 10층 석탑, 『월인석보』
- 성종: 도첩제 폐지
- 중종: 승과 폐지
- 명종: 승과 부활(문정왕후가 불교 숭상, 보우 활동) → 폐지

## 05

2014년 사회복지직 9급

**다음은 조선 건국 후 법령을 집대성한 『경국대전』 서문의 일부이다. 이를 반포한 국왕에 대한 설명으로 옳지 않은 것은?**

> 천지가 광대하여 만물이 덮여있고 실려 있지 않은 것이 없으며, 사시의 운행으로 만물이 생육되지 않은 것이 없으며, 성인이 제도를 만드심에 만물이 기쁘게 보이지 않은 것이 없으니, 진실로 성인이 제도를 만드심은 천지·사시와 같은 것이다.

① 직전제 실시 이후 심해진 관리들의 수탈을 방지하기 위하여 관수관급제를 시행하였다.
② 법전 편찬에 심혈을 기울여 『조선경국전』, 『경제육전』 등도 간행하였다.
③ 왕권을 안정시키고 사림 정치의 기반을 조성하였다.
④ 성균관에 존경각을 짓고 서적을 소장하게 하였다.

## 06

2022년 법원직 9급

**밑줄 친 '그'의 대한 설명으로 옳은 것을 <보기>에서 모두 고른 것은?**

> 참찬문하부사 하륜 등이 청하였다. "정몽주의 난에 만일 <u>그</u>가 없었다면, 큰일이 거의 이루어지지 못하였을 것이고, 정도전의 난에 만일 <u>그</u>가 없었다면, 또한 어찌 오늘이 있었겠습니까? …… 청하건대, <u>그</u>를 세워 세자를 삼으소서." 임금이 말하기를, "경 등의 말이 옳다." 하고, 드디어 도승지에게 명하여 도당에 전지하였다. "…… 나의 동복(同腹) 아우인 <u>그</u>는 개국하는 초에 큰 공로가 있었고, 또 우리 형제 4, 5인이 성명(性命)을 보전한 것이 모두 <u>그</u>의 공이었다. 이제 명하여 세자를 삼고, 또 내외의 여러 군사를 도독하게 한다."

**보기**
(ㄱ) 영정법을 도입하였다.
(ㄴ) 호패법을 시행하였다.
(ㄷ) 『경국대전』을 편찬하였다.
(ㄹ) 6조 직계제를 실시하였다.

① (ㄱ), (ㄴ) ② (ㄱ), (ㄷ)
③ (ㄴ), (ㄹ) ④ (ㄷ), (ㄹ)

## 07

2018년 교육행정직 9급

**(가) 인물의 업적으로 옳은 것은?**

> 왕세자를 세우는 것은 나라의 근본을 정하는 일이다. (가) 은/는 문무의 자질을 겸비하고 뛰어난 덕을 갖추었으며, 상왕께서 개국(開國)하던 때에 대의를 주장하였다. 또한 형인 과인을 호위하여 큰 공을 세웠으므로 이에 (가) 을/를 왕세자로 삼는다.

① 사간원을 독립시켜 대신을 견제하였다.
② 사림을 등용하여 훈구의 독주를 막았다.
③ 『경국대전』을 편찬하여 통치 체제를 정비하였다.
④ 이조 전랑의 3사 관리 추천 관행을 폐지하였다.

## 08

2017년 법원직 9급

**다음 주장을 한 국왕이 추진한 정책으로 가장 옳은 것은?**

> 내가 일찍이 송도에 있을 때 의정부를 없애자는 의논이 있었으나, 지금까지 겨를이 없었다. 지난 겨울에 대간에서 작은 허물로 인하여 의정부를 없앨 것을 청하였으나 윤허하지 않았었다. 지난번에 좌정승이 말하기를 "중국에도 승상부가 없으니 의정부를 폐지해야 한다."라고 하였다. 내가 골똘히 생각해보니 모든 일이 내 한 몸에 모이면 결재하기가 힘은 들겠지만, 임금인 내가 어찌 고생스러움을 피하겠는가.

① 경연을 폐지하였다.
② 집현전을 설치하였다.
③ 호패법을 실시하였다.
④ 경국대전을 편찬하였다.

## 09

2022년 법원직 9급

**(가) 인물에 대한 설명으로 가장 옳은 것은?**

> • 황보인, 김종서 등이 역모를 품고 몰래 안평 대군과 연결하고, 환관들과 은밀히 내통하여 날짜를 정하여 반란을 꾀하고자 하였다. 이에 (가) 와 정인지, 한확, 박종우, 한명회 등이 그 기미를 밝혀 그들을 제거하였다.
> • (가) 이/가 명하기를, "집현전을 없애고, 경연을 정지하며, 거기에 소장하였던 서책은 모두 예문관에서 관장하게 하라."라고 하였다.

① 전민변정도감을 설치하였다.
② 『석보상절』을 한글로 번역하여 편찬하였다.
③ 불교 종파를 선·교 양종으로 병합하였다.
④ 정여립 모반 사건을 계기로 기축옥사를 일으켰다.

# 문제 풀이

## 05

정답 ②

『경국대전』을 반포한 국왕은 조선 시대 성종이다.

**② X: 성종이 아니라 태조 때 법전 편찬에 심혈을 기울여 정도전이 『조선경국전』, 조준이 『경제육전』 등도 간행하였다.**

**오답 분석**

① O: 성종 때 직전제 실시 이후 심해진 관리들의 수탈을 방지하기 위하여 관수관급제를 시행하였다.

③ O: 성종은 왕권을 안정시키고 훈구파를 견제하기 위해서 김종직 등의 사림을 기용하여 사림 정치의 기반을 조성하였다.

④ O: 성종은 성균관에 존경각을 짓고 서적을 소장하게 하였다.

**1/2한국사 고득점 TIP** 조선 시대 토지 제도

- 과전법: 1391년 공양왕, 전현직 관리에게 전지의 수조권 지급
- 직전법: 1466년 세조, 현직 관리에게만 전지의 수조권 지급
- 관수관급제: 1470년 성종, 관청에서 조를 수취, 관리에게 지급
- 직전법 폐지: 16세기 명종 때 폐지

## 06

정답 ③

제시된 사료의 밑줄 친 '그'는 태종이다.

**(ㄴ) O: 태종은 농민의 이탈을 방지하고, 안정적인 조세 징수와 군역 부과를 위해 16세 이상의 남자에게 호패(일종의 신분증)를 가지고 다니게 하는 호패법을 시행하였다.**

**(ㄹ) O: 태종은 6조의 업무를 의정부를 거치지 않고 직접 왕에게 재가를 받도록 하는 6조 직계제를 실시하여 국왕 중심의 통치 체제를 강화하였다.**

**오답 분석**

(ㄱ) X: 전세를 풍흉에 관계없이 토지 1결당 미곡 4~6두로 고정한 영정법을 도입한 왕은 인조이다.

(ㄷ) X: 『경국대전』은 세조 때부터 편찬되기 시작하여 성종 때 완성·반포되었다. 『경국대전』은 「이전」, 「호전」, 「예전」, 「병전」, 「형전」,「공전」의 6전으로 구성된 조선의 기본 법전이다.

## 07

정답 ①

제시된 사료의 (가)는 조선 시대 태종이다. '상왕께서 개국(開國)하던 때에 대의를 주장하였다.'를 통해 태종(이방원)임을 알 수 있다.

**① O: 태종은 낭사를 사간원을 독립시켜 간쟁의 역할을 약화시킴으로 신권을 제약하고 왕권을 강화하였다.**

**오답 분석**

② X: 태종이 아니라 성종이 사림을 등용하여 훈구의 독주를 막았다.

③ X: 태종이 아니라 성종 때 『경국대전』을 편찬하여 통치 체제를 정비하였다.

④ X: 태종이 아니라 조선 후기 영조가 강력한 탕평책을 추진하면서 이조 전랑의 3사 관리 추천 관행을 폐지하였다.

## 08

정답 ③

제시된 사료의 내용을 주장한 왕은 조선 태종이다. 태종은 2차 왕자의 난 이후 송도에서 왕에 즉위하였고, 이후 1405년 한양으로 재천도하였다.

**③ O: 태종은 농민의 농촌 이탈을 방지하고, 안정적인 조세 징수와 군역 부과를 위해 16세 이상의 모든 남자에게 호패(일종의 신분증)를 가지고 다니게 하는 호패법을 실시하였다.**

**오답 분석**

① X: 경연을 폐지한 왕은 세조이다. 경연은 임금에게 유학의 경서를 강론하는 일로, 임금에게 경사(經史)를 가르쳐 유교의 이상 정치를 실현하려는 것이 목적이었으나, 실제로는 왕권의 행사를 규제하는 중요한 기능을 수행하였다. 이에 세조는 왕권 강화를 위해 경연을 폐지하였다.

② X: 집현전은 고려 시대에서 조선 초기에 걸쳐 설치되었던 학문 연구 기관으로, 고려 인종 때 연영전을 집현전으로 개칭한 이후 존속되다가 조선 세종 때 그 규모와 기능이 확대되었다. 세종 때 집현전의 학사들은 학문 연구와 아울러 경연에도 참여하여 국왕의 통치에 대해 자문하였다.

④ X: 『경국대전』은 세조 때부터 편찬되기 시작하여 성종 때 반포되었다. 『경국대전』은 「이전」, 「호전」, 「예전」, 「병전」, 「형전」, 「공전」의 6전으로 구성된 조선의 기본 법전으로, 조선 후기까지 조선의 법률 체계의 골격을 형성하였다.

## 09

정답 ②

제시된 사료의 (가)는 세조(수양대군)이다. '집현전을 없애고, 경연을 정지하였다'에서 조선 세조임을 알 수 있다.

**② O: 세종의 명으로 수양대군(세조)이 석가모니의 일대기와 주요 설법을 한글로 번역하여 『석보상절』을 편찬하였다.**

**오답 분석**

① X: 권세가에게 빼앗긴 토지나 농민을 되찾아 바로잡기 위해 전민변정도감이 처음 설치된 것은 고려 시대이다. 전민변정도감은 권문세족의 반대로 설치와 폐지가 반복되었는데, 충렬왕, 공민왕, 우왕 때 설치되었다.

③ X: 불교 종파를 선·교 양종으로 병합한 인물은 세종이다. 세종은 불교 종파를 선·교 양종으로 정리하고, 전국의 사원 수를 36개만 허용하는 선·교종 36본산제를 실시하였다.

④ X: 정여립 모반 사건을 계기로 기축옥사를 일으킨 인물은 정철이다. 서인인 정철은 정여립 모반 사건을 의도적으로 확대하여 반대파인 동인을 제거하는 기축옥사를 일으켰다.

# THEME 053 사림과 훈구

## 01
2014년 법원직 9급

다음 주장을 한 정치 세력에 대한 옳은 설명을 <보기>에서 고른 것은?

- 소격서는 본래 이단이며 예(禮)에도 어긋나는 것이니 비록 수명을 빌고자 해도 복을 얻을 수 없습니다. 소비가 많고 민폐도 커서 나라의 근본을 손상시키니 어찌 애석하지 않겠습니까.
- 지방에서는 감사와 수령이 서울에서는 홍문관과 육경(六卿), 대간이 등용할 만한 사람을 천거하여, 대궐에 모아놓고 친히 대책으로 시험한다면 인물을 많이 얻을 수 있을 것입니다. 이는 이전에 우리나라에서 하지 않았던 일이요, 한(漢)나라 현량과의 뜻을 이은 것입니다.

보기

(ㄱ) 3사에서 언론과 문한을 담당하였다.
(ㄴ) 왕도 정치와 향촌 자치를 주장하였다.
(ㄷ) 세조 이후 공신 세력으로서 정권을 장악하였다.
(ㄹ) 성리학 이외의 학문과 사상에 대해 관용적이었다.

① (ㄱ), (ㄴ)　② (ㄱ), (ㄹ)
③ (ㄴ), (ㄷ)　④ (ㄷ), (ㄹ)

## 02
2013년 법원직 9급

다음 글을 쓴 인물에 대한 설명으로 옳은 것은?

꿈속에 신선이 나타나서 "나는 초나라 회왕 손심인데 서초패왕에게 살해되어 빈강에 버려졌다"고 말하고 사라졌다. 잠에서 깨어나 생각해보니 회왕은 중국 초나라 사람이고, 나는 동이 사람으로 거리가 만리(萬里)나 떨어져 있는데 꿈에 나타난 징조는 무엇일까? 역사를 살펴보면 시신을 강물에 버렸다는 기록이 없으니 아마 항우가 사람을 시켜서 회왕을 죽이고 시체를 강물에 버린 것인지 알 수 없는 일이다. 이제야 글을 지어 의제를 조문한다.

① 최초의 서원인 백운동 서원을 세웠다.
② 길재의 학통을 이어받고 김굉필 등 제자들을 길렀다.
③ 『소학』 보급을 통해 유교 윤리를 확산시키려 하였다.
④ 유교 경전의 독자적 해석을 시노하여 사문난적으로 몰렸다.

## 03
2022년 법원직 9급

밑줄 친 '개혁'의 사례로 가장 옳은 것은?

사진 속 건물은 조광조의 학문과 덕행을 추모하기 위해 설립된 심곡서원이다. 그는 사림의 여론을 바탕으로 왕도 정치를 실현하기 위한 <u>개혁</u>을 추진하였으나 훈구 대신들의 반발로 사사되었다. 그러나 선조 때 사림이 정치 주도권을 장악하면서 신원되었고, 그를 추모하는 서원이 여러 곳에 설립되었다.

① 현량과 실시
② 비변사 폐지
③ 9재 학당 설립
④ 삼정이정청 설치

## 04
2019년 소방직

(가) 정치 세력에 대한 설명으로 옳은 것은?

조광조를 비롯한 (가) 은/는 왕도 정치를 실현하기 위해 급진적 개혁을 단행하였다, 현량과를 통해 (가) 을/를 등용하고, 중종반정의 공신을 조사하여 부적격한 사람의 공훈을 삭제하였다. 또한 불교 및 도교와 관련된 종교 행사를 폐지하고, 소학을 널리 보급하여 유교적 가치관을 사회에 정착시키려 하였다.

① 화백회의에 참여하였다.
② 조선 건국을 주도하였다.
③ 스스로 성주 또는 장군이라 칭하였다.
④ 서원과 향약을 기반으로 세력을 확대하였다.

## 01

정답 ①

제시된 사료의 정치 세력은 조선 시대 사림이다.

(ㄱ) O: 사림은 조선 시대 3사에서 언론을 담당하였다.

(ㄴ) O: 사림은 성리학을 절대시하며 왕도 정치를 주장하였고, 서원과 향약을 기반으로 한 향촌 자치를 주장하였다.

**오답 분석**

(ㄷ) X: 사림이 아니라 훈구 세력이 세조 이후 공신 세력으로서 정권을 장악하였다.

(ㄹ) X: 사림이 아니라 훈구파가 성리학 이외의 학문과 사상에 대해 관용적이었고 사림은 성리학을 절대시하며 타 사상에 배타적이었다.

**$\frac{1}{2}$한국사 고득점 TIP** 사림

- 기원: 고려 말 온건파 사대부가 사림파 형성
- 경제적 기반: 영남·기호 지방의 중소 지주
- 정치적 성향: 향촌 자치를 내세우며 도덕과 의리를 바탕으로 하는 왕도 정치 강조
- 학풍: 경학 중시, 성리학 이외의 사상 배척

## 02

정답 ②

제시된 사료는 김종직의 「조의제문」의 일부이다.

② O: 김종직은 고려 말 온건파 사대부인 길재의 학통을 이어받고 김굉필 등 제자들을 길렀다.

**오답 분석**

① X: 김종직이 아니라 중종 때 주세붕이 최초의 서원인 백운동 서원을 세웠다.

③ X: 중종 때 조광조가 『소학』 보급을 통해 유교 윤리를 확산시키려 하였다.

④ X: 조선 후기 윤휴와 박세당은 유교 경전의 독자적 해석을 시도하여 사문난적으로 몰렸다.

**중요 사료** 김종직

김종직은 초야의 미천한 선비로 세조대에 과거에 급제하였다. 성종대에 발탁되어 경연에 두어 오랫동안 시종의 자리에 있었다. 병으로 물러나게 되자 성종은 소재지 관리를 통해 특별히 미곡을 내려 주었다. 지금 그의 제자 김일손이 사초에 부도덕한 말로써 선왕의 일을 거짓으로 기록하고 스승인 김종직의 「조의제문」을 실었다.

## 03

정답 ①

제시된 자료의 밑줄 친 '개혁'은 조광조가 시행한 개혁이다. 조광조는 조선 중종 때 현량과 시행, 소격서 폐지, 위훈 삭제 등의 개혁을 추진하였다.

① O: 조선 중종 때 조광조가 현량과라는 천거 제도를 실시하여 사림들을 등용하였다.

**오답 분석**

② X: 흥선대원군이 세도가문을 약화시키기 위해서 비변사를 폐지하였다.

③ X: 고려 문종 때 최충이 9재 학당(문헌공도)이라는 사학을 설립하였다.

④ X: 삼정이정청은 1862년 임술농민봉기 때 박규수의 건의로 설치되었지만 정책이 시행되지는 못하였다.

**중요 사료** 조광조

정암은 타고난 자질이 참으로 아름다웠으나 학문이 충실하지 못하여 시행한 것에 지나침이 있었기 때문에 결국 실패하고 말았다. …(중략)… 요순 시대의 임금과 백성같이 되게 하는 것이 아무리 군자의 뜻이라 하더라도 때와 역량을 헤아리지 못한다면 안 되는 것이다. 기묘(己卯)의 실패는 여기에 있었다.

## 04

정답 ④

제시된 사료의 (가)는 사림이다. '조광조', '현량과를 통해 등용' 등을 통해 (가) 정치 세력이 사림임을 알 수 있다.

④ O: 조선 시대 사림은 향촌 자치를 주장하며 서원과 향약을 기반으로 세력을 확대하였다.

**오답 분석**

① X: 화백회의는 신라의 진골 대등들이 참여하여 국가 중대사를 만장일치로 결정하였고, 수상은 상대등이었다.

② X: 고려 말 혁명파 사대부에 대한 설명이다. 혁명파 사대부들은 조선 시대 훈구파로 계승되어 15세기 조선 사회를 주도하였다. 사림들은 고려 말 온건파 사대부들을 계승하였다.

③ X: 사림이 아니라 신라 하대 호족들이 스스로 성주 또는 장군이라 칭하였다.

# THEME 054 사화의 순서

## 01

2019년 기상직 9급

(가)~(다) 자료에 나타난 사건을 발생 순서대로 옳게 나열한 것은?

(가) 임금께서 전지(傳旨)를 내리기를, "…… 지금 그 제자 김일손이 찬수한 사초 내에 부도(不道)한말로 선왕조의 일을 터무니없이 기록하고, 또 그 스승 김종직의 조의제문을 실었다."
(나) 기축년 10월 2일 황해감사 한준의 비밀 장계가 들어왔다. ……그 내용은, 수찬을 지낸 전주에 사는 정여립이 모반하여 괴수가 되었는데, 그 일당인 안악에 사는 조구가 밀고한 것이었다.
(다) 윤임은 화심(禍心)을 품고 오래도록 흉계를 쌓아왔다. 처음에는 동궁(東宮)이 외롭다는 말을 주창하여 사림들 사이에 의심을 일으켰고, 중간에는 정유삼흉(丁酉三兇)의 무리와 결탁하여 국모를 해치려고 꾀하였고, …… 이에 윤임·유관·유인숙 세 사람에게는 사사(賜死)만 명한다.

① (가) - (나) - (다)
② (가) - (다) - (나)
③ (나) - (가) - (다)
④ (다) - (나) - (가)

## 02

2023년 법원직 9급

다음 사건과 관련 있는 내용으로 가장 옳은 것은?

왕이 어머니 윤씨가 왕비자리에서 쫓겨나고 죽은 것이 성종의 후궁인 엄씨와 정씨의 참소 때문이라 여기고, 밤에 그들을 궁정에 결박해 놓고 손으로 함부로 치고 짓밟았다.

『조선왕조실록』

① 수양대군이 단종을 내쫓고 왕위에 올랐다.
② 조광조를 비롯한 많은 사림이 피해를 입었다.
③ 연산군이 훈구파들을 제거하고 권력을 강화하였다.
④ 이조 전랑의 임명 문제를 둘러싸고 사림간 대립이 일어났다.

## 03

2016년 국회직 9급

다음 내용을 통해 알 수 있는 사화에 대한 설명으로 옳은 것은?

김종직의 「조의제문」이 문제가 되어 그를 대역죄로 다스려 부관참시하고 그 무리들을 능지처참하였다.

① 김일손의 사초가 발단이 되었다.
② 대윤과 소윤의 권력 다툼이 계기가 되었다.
③ 도학 정치를 주장한 조광조 등이 제거되었다.
④ 위훈 삭제에 대한 훈구 세력의 반발이 원인이 되었다.
⑤ 동인이 남인과 북인으로 분열되는 결과를 가져왔다.

## 04

2018년 경찰 2차

다음 사실들을 일어난 순서대로 바르게 나열한 것은?

(ㄱ) 훈구 세력은 김일손 등의 사림학자를 죽이거나 귀양 보내었다.
(ㄴ) 연산군은 생모인 윤씨의 폐출사사 사건에 관여한 사림을 몰아냈다.
(ㄷ) 소윤이 대윤에 대한 보복으로 옥사를 일으켰다.
(ㄹ) 훈구 세력의 모략으로 조광조 일파가 제거되었다.

① (ㄱ) - (ㄴ) - (ㄷ) - (ㄹ)
② (ㄱ) - (ㄴ) - (ㄹ) - (ㄷ)
③ (ㄴ) - (ㄱ) - (ㄷ) - (ㄹ)
④ (ㄴ) - (ㄱ) - (ㄹ) - (ㄷ)

## 문제 풀이

### 01

정답 ②

| (가) | 1498년 연산군 | 무오사화 |
|---|---|---|
| ↓ | | |
| (다) | 1545년 명종 | 을사사화 |
| ↓ | | |
| (나) | 1589년 선조 | 정여립 모반사건(기축옥사) |

**½한국사 고득점 TIP** 조선 시대의 사화

| 사화 | 시기 | 원인 |
|---|---|---|
| 무오사화 | 1498(연산군) | 김종직의 「조의제문」 |
| 갑자사화 | 1504(연산군) | 궁중파와 부중파의 대립<br>윤씨 폐비 사건 |
| 기묘사화 | 1519(중종) | 조광조의 위훈 삭제 |
| 을사사화 | 1545(명종) | 대윤(윤임)과 소윤(윤원형)의 대립<br>왕위 계승 문제 |

### 02

정답 ③

제시된 자료는 연산군 때 발생한 갑자사화에 대한 설명이다. '윤씨가 왕비자리에서 쫓겨나고~'에서 연산군 때 발생한 갑자사화임을 알 수 있다.

**③ O: 갑자사화 때는 연산군이 훈구파들을 제거하고 권력을 강화하였다.**

**오답 분석**

① X: 수양 대군(세조)이 조카인 단종을 내쫓고 왕위에 오른 것은 갑자사화와 관련이 없다. 수양 대군은 계유정난을 일으켜 김종서, 황보인, 안평 대군 등을 제거하고 권력을 장악하였다.

② X: 조광조를 비롯한 많은 사림이 피해를 입은 것은 기묘사화이다. 기묘사화는 중종 때 조광조가 위훈 삭제 등 급진적인 개혁 정책을 추진하자, 이에 반발한 훈구가 조광조가 반역을 모의했다는 '주초위왕' 사건을 꾸며 일으킨 사건이다.

④ X: 이조 전랑의 임명 문제를 둘러싸고 사림 간 대립이 일어난 것은 선조 때 일어난 사실로, 갑자사화와는 관련이 없다. 선조 때 이조 전랑의 임명 문제와 공론을 둘러싸고 사림 간의 대립이 심화되었고, 이후 사림은 심의겸을 중심으로 한 서인과 김효원을 중심으로 한 동인으로 분화되었다.

**중요 사료** 갑자사화

항과 봉은 정씨의 소생이다. 왕은 어머니 윤씨가 폐위되고 죽은 것이 엄씨와 정씨의 참소 때문이라 여기고, 밤에 엄씨와 정씨를 대궐 뜰에 결박하여 놓고 손수 마구 치고 짓밟다가 항과 봉을 불러 엄씨와 정씨를 가리키며 "이 죄인을 치라."라고 하였다. …(중략)… 왕은 대비에게 "어찌하여 내 어머니를 죽였습니까?"라고 하며 불손한 말을 많이 하였다.

### 03

정답 ①

제시된 자료의 사화는 연산군 때 일어난 무오사화이다. 김종직의 「조의제문」이 발단이 되었다에서 연산군 때 발생한 무오사화임을 알 수 있다.

**① O: 연산군 때 무오사화는 『성종실록』의 사관인 김일손이 스승 김종직의 「조의제문」을 사초에 실은 것을 빌미로 발생하였다. 이극돈과 유자광 등의 훈구파들은 연산군을 꾀어 김일손 등 그 일파를 죽이거나 귀양 보내고 김종직을 부관참시하였다.**

**오답 분석**

② X: 명종 때 을사사화가 대윤과 소윤의 권력 다툼이 계기가 되었다.

③ X: 중종 때 기묘사화 당시 도학 정치를 주장한 조광조 등이 제거되었다.

④ X: 중종 때 기묘사화가 위훈 삭제에 대한 훈구 세력의 반발이 원인이 되었다.

⑤ X: 선조 때 정여립 모반 사건(기축옥사)와 정철의 건저의 문제로 동인이 남인과 북인으로 분열되었다.

**½한국사 고득점 TIP** 을사사화

을사사화는 명종의 외척인 대윤(윤임) 세력과 인종의 외척인 소윤(윤원형)의 대립을 계기로 발생하였고, 소윤 세력의 대윤 세력 공격으로 이언적 등 사림들이 많은 화를 당하였다.

**½한국사 고득점 TIP** 붕당의 배경

- 동인과 서인: 선조, 이조전랑직이 배경, 동인(김효원), 서인(심의겸)
- 북인과 남인: 선조, 정여립 모반 사건과 정철의 건저의 문제로 분열
- 노론과 소론: 숙종, 경신환국, 남인에 대한 강경파 노론, 온건파 소론
- 벽파와 시파: 영조, 임오화변을 계기로 벽파와 시파로 분열

### 04

정답 ②

| (ㄱ) | 무오사화 | 1498년 연산군 |
|---|---|---|
| ↓ | | |
| (ㄴ) | 갑자사화 | 1504년 연산군 |
| ↓ | | |
| (ㄹ) | 기묘사화 | 1519년 중종 |
| ↓ | | |
| (ㄷ) | 을사사화 | 1545년 명종 |

# THEME 055 16세기의 국왕들

## 01

2023년 국가직 9급

**(나) 시기에 일어난 사실로 옳은 것은?**

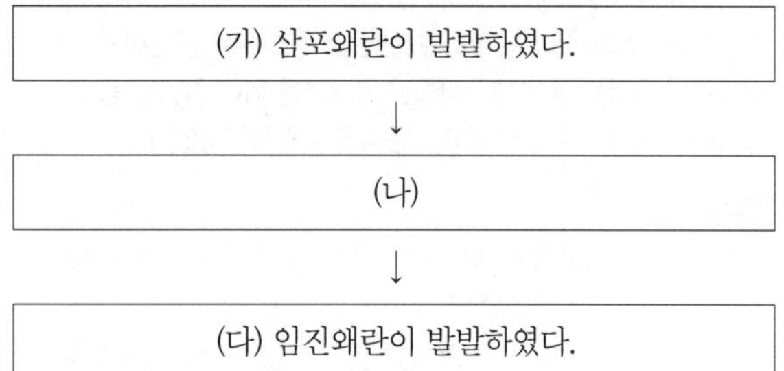


① 을사사화가 일어났다.
② 『경국대전』이 반포되었다.
③ 『향약집성방』이 편찬되었다.
④ 금속활자인 갑인자가 주조되었다.

## 02

2018년 국가직 9급

**밑줄 친 '국왕'의 재위 기간에 있었던 일로 옳은 것은?**

> 지금 국왕께서 풍속을 바꾸려는 데에 뜻이 있으므로 신은 지극하신 뜻을 받들어 완악한 풍속을 고치고자 합니다. …(중략)… 이륜행실(二倫行實)로 말하면 신이 전에 승지가 되었을 때에 간행할 것을 청했습니다. 삼강이 중한 것은 아무리 어리석은 부부라도 모두 알고 있으나, 붕우·형제의 이륜에 이르러서는 평범한 사람들이 제대로 모르는 경우가 있습니다.

① 주세붕이 백운동 서원을 세웠다.
② 김시습이 『금오신화』를 저술하였다.
③ 『국조오례의』가 편찬되고 『동국여지승람』이 만들어졌다.
④ 문화와 제도를 유교식으로 갖추기 위해 집현전을 창설하였다.

## 03

2020년 지방직 9급

**다음 사건이 일어난 왕의 재위 기간에 대한 설명으로 옳은 것은?**

> 임꺽정은 양주 백정으로, 성품이 교활하고 날래고 용맹스러웠다. 그 무리 수십 명이 함께 다 날래고 빨랐는데, 도적이 되어 민가를 불사르고 소와 말을 빼앗고, 만약 항거하면 몹시 잔혹하게 사람을 죽였다. 경기도와 황해도의 아전과 백성들이 임꺽정 무리와 은밀히 결탁하여, 관에서 잡으려 하면 번번이 먼저 알려주었다.

① 동인과 서인의 붕당이 형성되었다.
② 문정왕후가 수렴청정하며 불교를 옹호하였다.
③ 삼포에서 4~5천 명의 일본인이 난을 일으켰다.
④ 조광조가 내수사 장리의 폐지, 소격서 폐지 등을 주장하였다.

## 04

2019년 법원직 9급

**자료의 'ㅇㅇ왕'의 재위 시기에 있었던 일로 가장 옳은 것은?**

> 사신은 논한다. …… 저들 도적이 생겨나는 것은 도적질하기를 좋아해서가 아니다. 굶주림과 추위에 몹시 시달리다가 부득이 하루라도 더 먹고 살기 위해 도적이 되는 자가 많기 때문이다. 그렇다면 백성을 도적으로 만든 자가 과연 누구인가? 권세가의 집은 공공연히 벼슬을 사려는 자들로 시장을 이루고 무뢰배들이 백성을 약탈한다. 백성이 어찌 도적이 되지 않겠는가?
>
> -『ㅇㅇ실록』

① 위훈 삭제를 감행한 사림 세력들이 제거되었다.
② 대비의 복상 문제로 두 차례 예송이 전개되었다.
③ 외척 간의 세력 다툼으로 을사사화가 발생하였다.
④ 정여립 모반 사건을 계기로 동인은 남인과 북인으로 나뉘었다.

# 문제 풀이

## 01

정답 ①

|  | ② 성종: 『경국대전』 반포 |  |
|---|---|---|
|  | ③ 세종: 『향약집성방』 편찬 |  |
|  | ④ 세종: 갑인자 주조 |  |
| (가) | 중종 | 삼포왜란 |
| (나) | ① 명종: 을사사화 |  |
| (다) | 선조 | 임진왜란 |

**중요 사료** 을사사화

윤임은 화심(禍心)을 품고 오래도록 흉계를 쌓아 왔다. 처음에는 동궁(東宮)이 외롭다는 말을 주창하여 사림들 사이에 의심을 일으켰고, 중간에는 정유삼흉(丁酉三兇)의 무리와 결탁하여 국모를 해치려고 꾀하였고, …(중략)… 이에 윤임·유관·유인숙 세 사람에게는 사사(賜死)만 명한다.

## 02

정답 ①

제시된 사료의 밑줄 친 '국왕'은 조선 중기 16세기 중종이다. 중종 때는 연장자와 연소자(장유), 친구 사이(붕우)의 윤리를 강조하며 『이륜행실도』를 편찬하였다.

**① O: 중종 때 주세붕은 안향을 제사 지내기 위해 최초의 서원인 백운동 서원을 세웠다. 이후 명종 때 이황의 노력으로 백운동 서원이 사액 서원(소수 서원)으로 지정되었다.**

**오답 분석**

② X: 『금오신화』는 조선 초기 세조 때 김시습이 저술한 최초의 한문 소설이다.

③ X: 중종이 아니라 성종 때 『국조오례의』가 편찬되고 『동국여지승람』이 만들어졌다.

④ X: 중종이 아니라 세종 때 학술 기관으로 집현전을 설치하여 경연과 서연을 담당하게 하였다.

**중요 사료** 소수 서원

풍기 군수 이황은 삼가 목욕재계하고 백번 절하며 관찰사 상공합하께 글을 올립니다. …(중략)… 문성공 안유가 살던 이 고을에는 백운동 서원이 있는데, 전 군수 주세붕이 창건하였습니다. …(중략)… 서적을 내려 주시고 편액을 내려 주시며 겸하여 토지와 노비를 지급하여 재력을 넉넉하게 해 주실 것을 청하고자 합니다.

## 03

정답 ②

제시된 사료의 왕은 조선 16세기 명종이다. 백정 임꺽정은 조선 중기 명종 시절 황해도에서 난을 일으켰다.

**② O: 명종 시절에는 문정왕후의 불교 숭상으로 선교 양종이 다시 설치되었고, 승과 제도가 잠시 부활하였다.**

**오답 분석**

① X: 명종이 아니라 선조 시절에 사림이 이조전랑직을 두고 김효원을 중심으로 동인, 심의겸을 중심으로 서인으로 분열되었다(을해당론, 1575)

③ X: 명종이 아니라 중종 시절인 1510년에 삼포왜란으로 3포가 폐쇄되었고, 비변사가 임시 기구로 설치되었다.

④ X: 명종이 아니라 중종 시절에 조광조가 불교와 도교를 배격하면서 소격서를 폐지하였고, 훈구파의 비리를 공격하며 내수사 장리 폐지를 주장하였다.

**½한국사 고득점 TIP** 조선 시대 일본과 관계

- 태조: 김사형이 대마도 정벌
- 세종: 이종무가 대마도 정벌 → 3포 개항 → 계해약조
- 중종: 삼포왜란 → 임신약조(계해약조 절반) → 사량진왜변
- 명종: 정미약조 → 을묘왜변
- 선조: 임진왜란과 정유재란 → 1607년 국교 재개
- 광해군: 부산포 개항, 기유약조

## 04

정답 ③

제시된 사료에서 OO왕은 조선 명종이다. '부득이하게 먹고 살기 위해 도적이 되는 자가 많으며, 권세가의 집에 벼슬을 사려는 자들로 시장을 이룬다는 것'을 통해 명종 때 일어난 임꺽정의 난과 관련된 내용임을 알 수 있다.

**③ O: 명종 때 명종의 외척인 소윤(윤원형 일파) 세력과 인종의 외척인 대윤(윤임 일파) 세력 간에 다툼으로 소윤에 의해 대윤 세력이 숙청되고, 이에 연루된 사림 세력까지 피해를 입은 을사사화가 발생하였다.**

**오답 분석**

① X: 중종 시절에 위훈 삭제를 감행한 조광조 등의 사림 세력들이 훈구 세력에 의해 제거된 기묘사화가 일어났다.

② X: 현종 시절에 자의 대비가 효종과 효종 비의 죽음에 대해 몇년간 상복을 입을 지에 대해 서인과 남인이 두 차례의 예송 논쟁이 전개되었다.

④ X: 선조 시절에 정여립 모반 사건을 계기로 동인이 온건파인 남인과 강경파인 북인으로 나뉘었다.

# THEME 056 붕당 정치의 전개

## 01

2021년 법원직 9급

**(가), (나) 사이의 시기에 있었던 사실로 가장 옳은 것은?**

> (가) 기묘사화가 일어나 사림이 피해를 입었다.
> (나) 서인이 반정을 일으켜 정권을 장악하였다.

① 동인이 남인과 북인으로 분화하였다.
② 환국을 거치며 노론과 소론이 갈라섰다.
③ 1차 예송에서 승리한 서인이 집권하였다.
④ 조광조가 훈구 세력의 위훈 삭제를 주장하였다.

## 02

2017년 경찰 1차

**조선 시대 사림 세력의 분화 과정에 대한 설명이다. ㉠부터 ㉣까지의 설명 중 가장 적절하지 않은 것은?**

> 선조가 즉위하면서 사림 세력이 대거 중앙 정계로 진출하여 정국을 주도하게 되었다. 사림 세력은 척신 정치의 잔재를 어떻게 청산할 것인가를 둘러싸고 갈등을 겪다가 김효원을 지지하는 ( ㉠ ) 세력과 심의겸을 지지하는 ( ㉡ ) 세력으로 나뉘었다. 이후 ( ㉠ ) 세력은 정여립 모반 사건 등을 계기로 온건파인 ( ㉢ ) 세력과 급진파인 ( ㉣ ) 세력으로 나뉘었다.

① ㉠과 ㉡은 이조 전랑 자리를 놓고 서로 경쟁하였다.
② ㉢이 ㉡을 역모로 몰아 정권을 독점한 경신환국 이후 ㉢은 ㉡에 대한 처벌 등의 문제로 분열되었다.
③ 현종 때 두 차례의 예송이 발생하면서 ㉡과 ㉢사이에 대립이 격화되었고, 이때 ㉡은 상대적으로 신권을 강조하였다.
④ 임진왜란이 끝난 뒤 ㉣이 집권하여 광해군 때까지 정국을 주도하였다.

## 03

2023년 지방직 9급

**(가) 시기에 있었던 사실로 옳지 않은 것은?**

| 임진왜란 | (가) | 병자호란 |
|---|---|---|

① 인조반정이 발생하였다.
② 영창 대군이 사망하였다.
③ 강홍립이 후금에 항복하였다.
④ 청에 인질로 끌려갔던 봉림 대군이 귀국하였다.

## 04

2011년 지방직 9급

**다음 (가), (나)의 주장이 정치적 대립으로 이어진 배경에 대한 설명으로 옳지 않은 것은?**

> (가) 효종은 임금이셨으니 새 어머니인 인조 임금의 계비는 돌아가신 효종에 대해 3년 상복을 입어야 합니다. 임금의 예는 보통 사람과 다릅니다.
> (나) 효종은 형제 서열상 차남이셨으니 새 어머니인 인조 임금의 계비는 돌아가신 효종에 대해 1년복만 입어야 합니다. 천하의 예는 모두 같은 원칙에 따라야 합니다.

① 왕이 직접 나서서 환국을 주도하였다.
② 서인이 우세한 가운데 남인의 세력이 성장하였다.
③ 왕권 강화와 신권 강화에 대한 입장 차이가 있었다.
④ 효종의 왕위 계승의 정통성 문제와 관련이 있었다.

## 문제 풀이

### 01
정답 ①

④ 중종: 조광조의 위훈삭제 주장

| (가) | 1519년 기묘사화 | 중종, 조광조 일파 몰락 |
|---|---|---|

↓ ① 선조: 동인의 북인과 남인 분열(정여립 모반 사건)

| (나) | 1623년 인조반정 | 광해군 때 서인이 주도 |
|---|---|---|

③ 현종: 1차(기해) 예송, 서인의 승리

② 숙종: 환국(경신환국 → 기사환국 → 갑술환국)

**중요 사료** **정여립 모반 사건**

기축년 10월 2일 황해 감사 한준의 비밀 장계가 들어왔다. …(중략)… 그 내용은, 수찬을 지낸 전주에 사는 정여립이 모반하여 괴수가 되었는데, 그 일당인 안악에 사는 조구가 밀고한 것이었다.

### 02
정답 ②

제시된 자료에서 김효원을 지지했던 ㉠은 동인, 심의겸을 지지했던 ㉡은 서인이다. 이후 동인 세력은 정여립 모반 사건 등을 계기로 온건파인 ㉢ 남인과 급진파(강경파)인 ㉣ 북인으로 분화되었다.

**② X: 경신환국은 ㉡서인이 ㉢남인을 역모로 몰아 정권을 독점한 사건이며, 이후 ㉡서인은 ㉢남인에 대한 처벌 등의 문제로 온건파인 소론과 강경파인 노론으로 분열되었다.**

**오답 분석**

① O: ㉠동인과 ㉡서인은 3사 관리의 인사권과 후임자 추천권 등의 권한을 가지고 있었던 이조 전랑의 자리를 두고 서로 경쟁하였다.

③ O: 현종 때 두 차례 예송이 발생하면서 ㉡서인과 ㉢남인 사이에 대립이 격화되었고, 이때 ㉡서인은 상대적으로 신권을, ㉢남인은 왕권을 강조하였다.

④ O: 임진왜란이 끝난 뒤 임진왜란 시기에 의병 활동을 주도했던 ㉣ 북인이 집권하여 광해군 때까지 정국을 주도하였다.

**½한국사 고득점 TIP** **서인과 동인**

| 구분 | 서인 | 동인 |
|---|---|---|
| 출신 | 기성 사림(심의겸 지지) | 신진 사림(김효원 지지) |
| 정치 개혁 | 척신 정치 개혁에 소극적 | 척신 정치 개혁에 적극적 |
| 학문 계승 | 이이, 성혼 | 이황, 조식, 서경덕 |
| 학파 | 기호 학파 | 영남 학파 |

### 03
정답 ④

| 1592년 선조 | 임진왜란 발발 |
|---|---|

② 1613년~1614년 광해군: 영창대군을 강화도 유배 후 살해

③ 1619년 광해군: 부차전투, 강홍립이 후금에 항복

① 1623년 광해군: 서인들의 주도로 인조반정 발생

| 1636년 인조 | 병자호란 발발 |
|---|---|

④ X: 1636년 병자호란 이후 소현세자와 봉림대군이 청에 인질로 끌려감 → 1645년 귀국

### 04
정답 ①

제시된 사료는 효종 승하 후 자의 대비의 복상 문제를 둘러싼 기해 예송 때의 (가) 남인과 (나) 서인과의 갈등이다.

**① X: 예송 논쟁은 현종 때 서인과 남인 사이의 갈등이었다. 반면 왕이 직접 나서 환국을 주도한 것은 숙종이다. 그러므로 시기적으로 환국은 예송의 배경이 될 수 없다.**

**오답 분석**

② O: 인조반정 이후 정국은 서인이 우세한 가운데 남인이 성장하고 있었다. 대표적으로 1차 예송 논쟁에서는 서인이 승리하였으나 2차 예송 논쟁에서는 남인이 승리하였다.

③ O: 서인은 왕실과 사대부가 같은 예를 따라야 한다고 주장하며 신권 강화의 입장에 있었고, 남인은 왕실의 예와 사대부의 예가 다르다고 주장하는 왕권 강화의 입장에 있었다.

④ O: 예송 논쟁은 차남으로서 왕위를 계승한 효종의 왕위 계승의 정통성과 관련하여 나타난 것이다.

**½한국사 고득점 TIP** **예송 논쟁의 배경**

- 효종의 정통성 문제: 서인은 효종이 차남으로 즉위, 정통으로 인정 X
- 남인의 성장: 서인이 주도하는 가운데 효종과 현종 때 남인이 성장
- 정치 철학의 갈등: 서인(신권강화) vs 남인(왕권강화)
- 예학의 차이: 주자가례(서인) vs 국조오례의(남인)

# THEME 057 각 붕당의 특징 비교

## 01

2022년 법원직 9급

(가) 붕당에 대한 설명으로 옳은 것만을 <보기>에서 모두 고른 것은?

> (가) 은/는 반정을 주도하여 정권을 잡은 이후 훈련도감을 비롯하여 새로 설치된 어영청, 총융청, 수어청의 병권을 장악하여 권력 유지의 기반으로 삼았다.

**보기**
(ㄱ) 북벌론을 주장하였다.
(ㄴ) 인목대비의 폐위를 주장하였다.
(ㄷ) 조식 학파를 중심으로 형성되었다.
(ㄹ) 예송 논쟁으로 남인과 대립하였다.

① (ㄱ), (ㄴ)
② (ㄱ), (ㄹ)
③ (ㄴ), (ㄷ)
④ (ㄷ), (ㄹ)

## 02

2023년 국가직 9급

다음과 같이 상소한 인물이 속한 붕당에 대한 설명으로 옳은 것만을 모두 고르면?

> 상소하여 아뢰기를, "신이 좌참찬 송준길이 올린 차자를 보았는데, 상복(喪服) 절차에 대하여 논한 것이 신과는 큰 차이가 있었습니다. 장자를 위하여 3년을 입는 까닭은 위로 '정체(正體)'가 되기 때문이고 또 전중(傳重: 조상의 제사나 가문의 법통을 전함)하기 때문입니다. …(중략)… 무엇보다 중요한 것은 할아버지와 아버지의 뒤를 이은 '정체'이지, 꼭 첫째이기 때문에 참최 3년복을 입는 것은 아닙니다."라고 하였다. -『현종실록』

**보기**
ㄱ. 기사환국으로 정권을 장악하였다.
ㄴ. 인조반정을 주도하여 집권세력이 되었다.
ㄷ. 정조 시기에 탕평정치의 한 축을 이루었다.
ㄹ. 이이와 성혼의 문인을 중심으로 형성되었다.

① ㄱ, ㄴ
② ㄱ, ㄷ
③ ㄴ, ㄹ
④ ㄷ, ㄹ

## 03

2023년 법원직 9급

밑줄 친 '신'이 속한 붕당에 대한 설명으로 가장 옳은 것은?

> 소현 세자가 일찍 세상을 뜨고 효종이 인조의 제2 장자로서 종묘를 이었으니, 대왕대비께서 효종을 위하여 3년의 상복을 입어야 할 것은 예제로 보아 의심할 것이 없는데, 지금 그 기간을 줄여 1년으로 했습니다. 대체로 3년의 상복은 장자를 위하여 입는데 그가 할아버지, 아버지의 정통을 이을 사람이기 때문입니다. 지금 효종으로 말하면 대왕대비에게는 이미 적자이고, 또 왕위에 올라 존엄한 몸인데, 그의 복제에서는 3년 상복을 입을 수 없는 자와 동등하게 되었으니, 어디에 근거를 둔 것인지 신(臣)은 모르겠습니다.

① 노론과 소론으로 분열되었다.
② 기사환국을 통해 재집권하였다.
③ 인목대비의 폐위를 주장하였다.
④ 성혼의 학파를 중심으로 형성되었다.

## 04

2024년 법원직 9급

(가), (나) 집단에 대한 설명으로 가장 옳은 것은?

> 효종의 사망과 관련하여 인조의 계비 자의대비의 복제가 쟁점이 되었다. (가) 은/는 효종이 적장자가 아니라는 근거를 들어 왕과 사대부에게 같은 예가 적용되어야 한다는 입장을 내세웠다. 반면 (나) 은/는 왕에게는 일반 사대부와 다른 예가 적용되어야 한다고 주장하였다.

① (가): 인조반정으로 몰락하였다.
② (가): 경신환국으로 정권을 장악하였다.
③ (나): 노론과 소론으로 분화되었다.
④ (나): 송시열을 중심으로 세력을 확대하였다.

## 문제 풀이

### 01

정답 ②

제시된 자료의 (가) 붕당은 서인이다. 서인은 남인들과 함께 인조반정을 일으켜 북인을 몰아냈다. 이후 어영청, 총융청, 수어청 등의 군영을 장악하여 권력을 강화하였다.

(ㄱ) O: **서인은 효종 시절에 북벌론을 주장하였다.**

(ㄹ) O: **서인은 현종 시절에 예송 논쟁으로 남인과 대립하였다.**

**오답 분석**

(ㄴ) X: 서인이 아니라 광해군 시절 북인이 영창대군을 죽이고, 인목대비의 폐위를 주장하여 계축옥사가 일어났다.

(ㄷ) X: 서인이 아니라 북인이 조식 학파를 중심으로 형성되었다.

**½한국사 고득점 TIP** 예송 논쟁

| | 서인 | 남인 |
|---|---|---|
| 기해예송 | 1년(기년설) → 채택 | 3년(참최설) |
| 갑인예송 | 9개월(대공설) | 1년(기년설) → 채택 |
| 근거 | 『주자가례』 | 『국조오례의』 |
| 입장 | 왕사동례 | 왕사부동례 |

### 02

정답 ②

제시된 사료는 조선 후기 현종 시절 서인과 남인의 예송 논쟁(1차 기해예송) 때 남인의 주장이다. 남인은 효종이 차남이었지만 "중요한 것은 할아버지와 아버지의 뒤를 이은 '정체'이지, 꼭 첫째이기 때문에 참최 3년복을 입는 것은 아닙니다."에서 3년상을 주장한 남인의 주장임을 알 수 있다.

(ㄱ) O: **남인들은 갑인예송과 기사환국으로 정권을 잡았다.**

(ㄷ) O: **갑술환국으로 몰락한 남인들이 정조 시절 탕평정치를 거치면서 정약용 등의 일부 남인이 정계에 다시 진출하였다.**

**오답 분석**

(ㄴ) X: 남인이 아니라 서인이 인조반정을 주도하여 북인을 몰아내고 집권세력이 되었다.

(ㄹ) X: 남인이 아니라 서인이 이이와 성혼의 문인을 중심으로 형성되었다.

### 03

정답 ②

제시된 사료의 밑줄 친 '신'이 속한 붕당은 남인이다. 기해예송 때 서인은 1년(기년설)을 주장하였고, 남인은 3년(참최설)을 주장하였다.

② O: **남인은 숙종 때 기사환국을 통해 재집권하였다.**

**오답 분석**

① X: 남인이 아니라 서인이 노론과 소론으로 분열되었다.

③ X: 남인이 아니라 북인이 광해군 때 인목대비의 폐위를 주장하였다.

④ X: 남인이 아니라 소론이 성혼의 학파를 중심으로 형성되었다.

**중요 사료** 기해 예송

> 예조가 아뢰기를, "자의 왕대비께서 선왕의 상에 입어야 할 복제를 결정해야 하는데, 어떤 사람은 삼년복을 입어야 한다고 하고 어떤 사람은 기년복(期年服)을 입어야 한다고 하니 어떻게 결정해야 할지 모르겠습니다."라고 하였다. 이에 국왕은 여러 대신에게 의견을 물은 다음 기년복으로 결정하였다. -『조선왕조실록』

### 04

정답 ②

제시된 자료의 (가)는 서인, (나)는 남인이다. 예송 논쟁은 현종 시절 서인과 남인 간의 논쟁이다. 여기서 (가) 서인은 『주자가례』를 근거로 왕사동례를 주장하였고, (나) 남인은 『국조오례의』를 근거로 왕사부동례를 주장하였다.

② O: **서인은 숙종 시절에 일어난 경신환국으로 정권을 장악하였다.**

**오답 분석**

① X: (가)의 서인이 아니라 북인이 1623년 서인이 주도한 인조반정으로 몰락하였다.

③ X: (나)의 남인이 아니라 서인이 노론과 소론으로 분화되었다.

④ X: (나)의 남인이 아니라 서인 중 노론이 송시열을 중심으로 세력을 확대하였다.

# THEME 058 16세기 말~17세기의 국왕들

## 01

2017년 국가직 9급

(가)~(라) 시기에 있었던 사실로 옳은 것은?

| | (가) | (나) | (다) | (라) | |
|---|---|---|---|---|---|
| 연산군 즉위 | | 중종 즉위 | 효종 즉위 | 영조 즉위 | 정조 즉위 |

① (가) - 현량과를 실시하였다.
② (나) - 무오사화와 갑자사화가 일어났다.
③ (다) - 두 차례에 걸친 예송이 일어났다.
④ (라) - 신해통공으로 금난전권을 폐지하였다.

## 02

2017년 국가직 9급 지역 인재 수습

다음 조선 시대 정치적 사건을 시기 순으로 바르게 나열한 것은?

(ㄱ) 전주 출신 정여립이 대동계를 조직하고 반란을 모의하였다.
(ㄴ) 김일손이 지은 사초가 문제 되어 김종직의 문인들이 처형당했다.
(ㄷ) 강홍립이 1만여 명의 군대를 이끌고 명의 후금 공격을 지원하였다.
(ㄹ) 위훈삭제를 주장하는 조광조의 급진적인 개혁에 반정공신들이 반발하였다.

① (ㄱ) - (ㄴ) - (ㄹ) - (ㄷ)　② (ㄴ) - (ㄹ) - (ㄱ) - (ㄷ)
③ (ㄷ) - (ㄴ) - (ㄹ) - (ㄱ)　④ (ㄹ) - (ㄴ) - (ㄷ) - (ㄱ)

## 03

2012년 법원직 9급

(가) 인물에 대한 옳은 설명을 <보기>에서 고른 것은?

내가 비록 부덕하더라도 일국의 국모 노릇을 한 지 여러 해가 되었다. (가) 은(는) 선왕(先王)의 아들이다. 나를 어미로 여기지 않을 수 없는데도 내 부모를 죽이고 품속의 어린 자식을 빼앗아 죽였으며, 나를 유폐하여 곤욕을 치르게 했다. 어디 그뿐인가, 중국이 우리나라를 다시 일으켜 준 은혜를 저버리고, 속으로 다른 뜻을 품고 오랑캐에게 성의를 베풀었다. -『계축일기』

**보기**
(ㄱ) 북벌 운동을 전개하였다.
(ㄴ) 이괄의 난을 진압하였다.
(ㄷ) 동의보감을 편찬하게 하였다.
(ㄹ) 경기도에 대동법을 시행하였다.

① (ㄱ), (ㄴ)　② (ㄱ), (ㄷ)
③ (ㄴ), (ㄹ)　④ (ㄷ), (ㄹ)

## 04

2024년 지방직 9급

밑줄 친 '왕'의 재위 기간에 있었던 사실로 옳은 것은?

당초에 강홍립 등이 압록강을 건너게 된 것은 왕이 명 조정의 지원군 요청을 거부하기 어려워 출사시킨 것이었다. 우리나라는 애초부터 그들을 원수로 대하지 않아 싸울 뜻이 없었다. 그래서 왕이 강홍립에게 비밀리에 명령을 내려 오랑캐와 몰래 통하게 하였던 것이다.

① 전국에 대동법을 실시하였다.
② 허준이 『동의보감』을 편찬하였다.
③ 자의 대비의 복상 문제로 예송이 일어났다.
④ 청과 국경을 정하기 위해 백두산정계비를 세웠다.

## 01

정답 ③

| 1494년 | 연산군 즉위 |
|---|---|
| ↓ (가) | ② 무오사화와 갑자사화: 연산군 시절 |
| 1506년 | 중종 즉위 |
| ↓ (나) | ① 현량과: 종종, 조광조가 실시 |
| 1649년 | 효종 즉위 |
| ↓ (다) | ③ 예송 논쟁: 현종 시절, 기해예송과 갑인예송 |
| 1724년 | 영조 즉위 |
| ↓ (라) | |
| 1776년 | 정조 즉위 |
| | ④ 신해통공: 정조, 시전상인들의 특권 폐지 |

**③ O: 예송 논쟁은 현종 때 두 차례에 걸쳐 서인과 남인 사이에 발생하였다.**

**오답 분석**

① X: 현량과는 천거제로 조광조가 사림을 등용하기 위해 실시한 제도로 중종 시기인 (나) 시기의 상황이다.

② X: 무오사화와 갑자사화는 연산군 때의 상황으로 (가) 시기이다.

④ X: 신해통공은 정조 즉위 이후의 상황으로 (라) 이후이다.

## 02

정답 ②

| (ㄴ) | 무오사화 | 연산군, 1498 |
|---|---|---|
| ↓ | | |
| (ㄹ) | 기묘사화 | 중종, 1519 |
| ↓ | | |
| (ㄱ) | 정여립 모반사건 | 선조, 1589 |
| ↓ | | |
| (ㄷ) | 명과 후금 중립외교 | 광해군, 1619년 |

## 03

정답 ④

제시된 사료의 (가)는 광해군이다. '나를 어미로 여기지 않을 수 없는데도 내 부모를 죽이고 품속의 어린 자식을 빼앗아 죽였으며'에서 광해군이 영창대군을 죽인 계축옥사(폐모살제)임을 알 수 있다.

**(ㄷ) O: 『동의보감』은 1613년 광해군 때 왕명으로 편찬되었던 것으로 유네스코 세계 기록유산으로 등재되었다.**

**(ㄹ) O: 방납의 폐단을 시정하고자 광해군 때 경기도를 시작으로 대동법이 시행되었다.**

**오답 분석**

(ㄱ) X: 북벌은 호란 이후 효종 때 가장 강력하게 주장되었다.

(ㄴ) X: 이괄의 난은 1624년 인조 때 일어났다.

**½한국사 고득점 TIP** 이괄의 난

이괄이 인조반정 공신책정에서 2등 공신으로 책봉되고 더구나 평안병사 겸 부원수로 임명되어 외지에 부임하게 되자 부하들과 함께 한양까지 쳐들어온 반란이다. 이때 인조는 공주로 피난가기도 하였고, 이후 이괄이 죽고 부하들이 후금에 건너가 조선 정벌을 요청하여 1627년 정묘호란이 발생하였다.

## 04

정답 ②

제시된 사료의 밑줄 친 '왕'은 중립외교를 전개한 광해군이다.

**② O: 광해군 시절에 허준이 의서인 『동의보감』을 편찬하였다.**

**오답 분석**

① X: 광해군이 아니라 숙종 시절에 전국에 대동법을 실시하였다.

③ X: 광해군이 아니라 현종 시절에 자의 대비의 복상 문제로 서인과 남인 간에 예송이 일어났다.

④ X: 광해군이 아니라 숙종 시절에 청과 국경을 정하기 위해 백두산정계비를 세웠다.

**½한국사 고득점 TIP** 대동법

- 광해군: 경기도에 실시
- 인조: 강원도에 실시
- 효종: 충청도와 전라도(양호지방, 김육의 건의)에 실시
- 숙종: 경상도와 황해도에 실시 → 전국 실시

# THEME 059 붕당 정치의 변질과 일당전제화

## 01

2020년 지방직 9급

**(가)와 (나) 사이의 시기에 있었던 일로 옳은 것은?**

> (가) 남인들이 대거 관직에서 쫓겨나고 허적과 윤휴 등이 처형되었다.
> (나) 인현왕후가 복위되고 노론과 소론이 정계에 복귀하였다.

① 송시열과 김수항 등이 처형당하였다.
② 서인과 남인이 두 차례에 걸쳐 예송을 전개하였다.
③ 서인 정치에 한계를 느낀 정여립이 모반을 일으켰다.
④ 청의 요구에 따라 조총부대를 영고탑으로 파견하였다.

## 02

2021년 법원직 9급

**(가), (나)에 대한 설명으로 옳은 것을 <보기>에서 모두 고른 것은?**

> 숙종 때에 이르러 여러 차례 (가) 이/가 발생하면서 붕당 간의 대립은 더욱 격화되었다. 숙종은 집권 붕당이 바뀔 때마다 상대 당의 인사들을 정계에서 축출하였다. 숙종 말년에 노론과 소론은 왕위 계승을 놓고 대립하였을 뿐만 아니라 왕권을 위협하기까지 하였다. 이후 연이어 즉위한 영조와 정조는 붕당 정치의 폐해를 줄이기 위해 (나) 을/를 시행하였다.

**보기**
(ㄱ) (가)에 들어갈 용어는 예송이다.
(ㄴ) (나)에 들어갈 용어는 탕평책이다.
(ㄷ) (가)의 과정에서 송시열이 죽임을 당하였다.
(ㄹ) (나)의 정책을 펴기 위해 5군영을 설치하였다.

① (ㄱ), (ㄴ)　② (ㄱ), (ㄷ)
③ (ㄴ), (ㄷ)　④ (ㄴ), (ㄹ)

## 03

2019년 법원직 9급

**(가)~(라)를 일어난 순서대로 바르게 나열한 것은?**

> (가) 정여립 모반 사건을 계기로 사림 세력이 갈라졌다.
> (나) 공신들을 견제하기 위해 지방의 사림을 대거 등용하였다.
> (다) 언론을 장악하고 왕권을 견제하던 사림 세력을 탄압하였다.
> (라) 일당 전제화에 따라 공론보다 개인이나 가문의 이익을 우선시하였다.

① (가) - (다) - (라) - (나)　② (나) - (다) - (가) - (라)
③ (다) - (가) - (나) - (라)　④ (라) - (가) - (나) - (다)

## 04

2012년 수능 국사

**밑줄 친 '그'에 대한 설명으로 옳은 것은?**

> 그는 본래 당색이 분명하지 않았으나 예송에 참여하면서 한쪽 붕당에서 활약하게 되었으며, 『중용』을 독자적으로 해석하는 등 주자의 학문 체계와 다른 모습을 보여 사문난적으로 몰렸다. 그는 북벌을 주장하면서 한때 정국을 주도했지만, 군사 지휘권의 통합을 시도하다가 반대파의 반발을 초래하였다. 이는 결국 경신환국으로 이어졌고, 그도 역적으로 몰려 사사(賜死)되었다.

① 성혼의 사상을 계승하고 노장 사상을 수용한 붕당에서 활동하였다.
② 효종에게 등용되어 이완 등과 함께 군비를 확충하면서 북벌을 준비하였다.
③ 백성의 생활을 안정시키는 데 주목하여 농업 기술서인 『색경』을 저술하였다.
④ 인간과 사물의 본성을 어떻게 볼 것인가에 대한 호락논쟁에 참여하였다.
⑤ 사회 모순 해결의 사상적 기반을 6경과 제자백가 등에서 찾으려고 하였다.

## 문제 풀이

### 01

정답 ①

제시된 자료는 숙종 때 발생한 (가) 경신환국(1680), (나) 갑술환국(1694)에 대한 설명이다.

**① O: 1689년 기사환국에 대한 설명이다. 장희빈 소생 균의 원자 책봉 문제로 남인이 재집권하였고, 서인들이 몰락하고, 인현왕후가 폐위되었으며 송시열, 김수항 등이 사형당하였다.**

**오답 분석**

② X: 현종 시절 서인과 남인의 예학적 전통의 차이로 인해 예송 논쟁이 발생하였다.

③ X: 정여립의 모반 사건(1589, 기축옥사)은 선조 시절 발생하였다.

④ X: 효종 시절에 대한 설명이다. 효종 때는 청의 요구로 두 차례 나선 정벌에 동원되어 지린성(영고탑)에 파견되었다.

**½한국사 고득점 TIP 환국**

- 주도: 숙종이 주도
- 목적: 붕당 간의 균형을 유지 → 탕평
- 방법: 붕당을 자주 교체하는 방식, 편당적 인사 조치
- 결과: 붕당 간의 자율적인 균형 붕괴 → 붕당정치가 변질, 일당전제화
- 환국의 종류
  - 경신환국: 서인 정권, 허적의 아들 허견의 역모사건이 발단, 서인이 노론과 소론으로 분열, 허적과 윤휴 처형
  - 기사환국: 남인 정권, 장희빈 소생의 세자 문제, 송시열과 김수항 등을 처형
  - 갑술환국: 서인 정권 인현왕후(폐비 민씨) 복위 문제, 남인들이 재기불능 상태

### 02

정답 ③

제시된 사료의 (가)는 환국, (나)는 탕평책이다.

**(ㄴ) O: (나)에 들어갈 용어는 탕평책이다. 숙종 이후 환국으로 인한 붕당간의 폐단을 없애기 위해서 영조와 정조는 적극적인 탕평책을 추진하였다.**

**(ㄷ) O: (가) 환국의 과정에서 특히 기사환국 당시 장희빈 아들의 세자 책봉을 반대한 송시열과 김수항 등의 서인이 죽임을 당하였다.**

**오답 분석**

(ㄱ) X: (가)에 들어갈 용어는 예송이 아니라 환국이다. 숙종은 그 동안의 당파 연립 방식을 바꿔 붕당을 자주 교체하는 방식(환국)을 통해 붕당간의 균형을 유지하려 하였다.

(ㄹ) X: (나)의 탕평책의 정책을 펴기 위해 5군영이 아니라 정조는 장용영을 설치하였다.

### 03

정답 ②

| (나) | 성종 | 김종직 등의 사림 기용 |
|---|---|---|
| ↓ | | |
| (다) | 연산군~명종 | 사화: 무오 → 갑자 → 기묘 → 을사 사화 |
| ↓ | | |
| (가) | 선조 | 정여립 모반 사건 → 동인이 북인과 남인 분열 |
| ↓ | | |
| (라) | 숙종 이후 | 환국 이후 일당전제화의 추세 → 붕당 변질 |

### 04

정답 ⑤

제시된 사료의 밑줄 친 '그'는 남인 윤휴이다.

**⑤ O: 윤휴는 주자 중심의 성리학을 비판하였고, 사회 모순 해결의 사상적 기반을 6경과 제자백가 등에서 찾으려고 하였다.**

**오답 분석**

① X: 성혼의 사상을 계승하고 노장 사상을 수용한 붕당에서 활동하였던 것은 윤휴가 아니라 윤증이다.

② X: 효종에게 등용되어 이완 등과 함께 군비를 확충하면서 북벌을 준비하였던 것은 윤휴가 아니라 송시열이다.

③ X: 윤휴가 아니라 박세당이 백성의 생활을 안정시키는 데 주목하여 농업 기술서인 『색경』을 저술하였다.

④ X: 18세기 후반 영조 시절 노론들 사이에서 인간과 사물의 본성을 어떻게 볼 것인가에 대한 호락논쟁이 발생하였고, 윤휴는 남인 계열로 호락논쟁과 관련이 없다.

**½한국사 고득점 TIP 윤휴**

- 본래 당색에 구애됨이 적었음
- 예송 이후 남인으로 활약 → 허목과 함께 청남으로 활동
- 기해예송: 송시열의 주장의 오류를 지적
- 갑인예송: 서인 측 견해의 지적
- 북벌 주장: 청의 오삼계의 난을 계기로 북벌 주장 → 도체찰사부의 설치, 만과 실시 주장
- 경신환국 때 처형
- 송시열이 "30년 간의 나의 독서가 참으로 가소롭다."고 칭찬
- 『중용주해』: 주자의 성리학 비판, 독자적으로 경전 해석 → '자사의 뜻을 주자만 어찌 알고 나는 모르겠는가?'

# THEME 060 18세기 이후 정치 상황: 영조와 정조

## 01

2018년 국가직 9급

**다음과 같이 주장한 인물에 대한 설명으로 옳은 것은?**

> 달은 하나이나 냇물의 갈래는 만 개가 된다. …(중략)… 나는 그 냇물이 세상 사람들이라는 것을 안다. 빛을 받아 비추어서 드러나는 것은 사람들의 상이다. 달이라는 것은 태극이요, 태극은 나이다.

① 『해동농서』를 편찬하도록 하였다.
② 갑인예송에서 왕권을 강조하며 기년복을 주장하였다.
③ 이순신에게 현충이라는 시호를 내리고 강감찬 사당을 건립하였다.
④ 민간의 광산개발 참여를 허용하는 설점수세제를 처음 실시하였다.

## 02

2015년 국가직 9급

**다음의 기록이 보이는 왕대의 정치 변화를 바르게 설명한 것은?**

> (왕이) 양역을 절반으로 줄이라고 명하셨다. 왕이 말하였다. "호포나 결포는 모두 문제점이 있다. 이제는 1필로 줄이는 것으로 온전히 돌아갈 것이니 경들은 대책을 강구하라."

① 특정 붕당이 정권을 독점하는 일당 전제화의 추세가 대두되었다.
② 왕위 계승에 대한 정통성과 관련하여 두 차례의 예송이 발생하였다.
③ 정치 집단은 소수의 가문 출신으로 좁아지면서 그 기반이 축소되었다.
④ 붕당을 없애자는 논리에 동의하는 관료들을 중심으로 탕평 정국을 운영하였다.

## 03

2014년 지방직 9급

**(가) 시기에 볼 수 있는 장면으로 적절한 것은?**

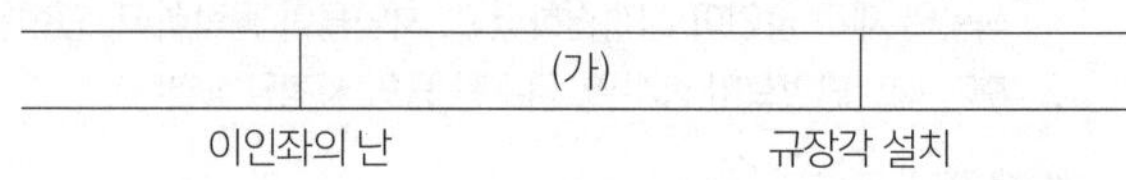


① 당백전으로 물건을 사는 농민
② 금난전권 폐지를 반기는 상인
③ 전(錢)으로 결작을 납부하는 지주
④ 경기도에 대동법 실시를 명하는 국왕

## 04

2019년 서울시 9급(2월)

**다음 자료의 교서를 내린 왕의 정책에 대한 서술로 옳은 것을 <보기>에서 모두 고르면?**

> 붕당의 폐단이 요즈음보다 심한 적이 없었다. … 다른 붕당의 사람들을 모조리 역당으로 몰고 있다. … 사람을 임용하는 것은 모두 같은 붕당의 인사들만이니 이렇게 하고도 천리의 공(公)에 부합하고 온 세상의 마음을 복종시킬 수 있겠는가 … 귀양 간 사람들은 그 경중을 참작하여 풀어주고 관리의 임용을 담당하는 관서에서는 탕평(蕩平)하게 거두어 쓰도록 하라.

**보기**
(ㄱ) 형벌 제도를 개선해 가혹한 악형을 없앴다.
(ㄴ) 서얼 출신의 학자를 검서관에 기용하고 공노비의 해방을 추진하는 등 서얼과 노비에 대한 차별을 개선하기 위해 노력하였다.
(ㄷ) 균역법을 시행하여 양반과 상민이 똑같이 군포를 부담하게 하였다.
(ㄹ) 청계천 준설 사업으로 일자리를 만들어주고 홍수에 대비하게 하였다.

① (ㄱ), (ㄹ)　② (ㄴ), (ㄷ)
③ (ㄱ), (ㄴ), (ㄷ)　④ (ㄱ), (ㄷ), (ㄹ)

# 문제 풀이

## 01

정답 ①

제시된 사료는 정조의 「만천명월주인옹자서」의 내용 중 일부이다.

**① O: 정조는 서호수에게 『해동농서』를 편찬하도록 하였다.**

**오답 분석**

② X: 현종 시절 남인이 갑인예송에서 왕권을 강조하며 기년복을 주장하였다.

③ X: 숙종 시절 이순신에게 현충이라는 시호를 내리고 의주에 강감찬 사당을 건립하였다.

④ X: 효종 시절 민간의 광산개발 참여를 허용하는 설점수세제를 처음 실시하였다.

**½한국사 고득점 TIP** 설점수세제

- 실시: 효종 때
- 목적: 중국과의 무역 활성화와 국가 재정 확보를 목적으로 실시
- 관설점: 호조에서 광산 개발 시설 설치
- 민경영: 민간에 광산 경영을 맡기고 별장이 세금 수취
- 문제점: 별장의 과도한 수취, 수령의 잡세 부과 → 광산 개발 위축, 잠채 성행

## 02

정답 ④

제시된 사료는 영조 때의 균역법 시행에 관한 것이다. 영조는 중종 때부터 실시되었던 2필의 군포를 걷는 군포징수제를 개편하여 1필로 군포를 줄이는 균역법을 실시하였다.

**④ O: 영조는 완론탕평을 실시하면서 붕당을 없애자는 논리에 동의하는 관료들을 중심으로 탕평 정국을 운영하였다.**

**오답 분석**

① X: 영조가 아니라 숙종 때 환국 이후 특정 붕당이 정권을 독점하는 일당 전제화의 추세가 대두되었다.

② X: 영조가 아니라 현종 때 효종의 왕위 계승에 대한 정통성과 관련하여 두 차례의 예송이 발생하였다.

③ X: 영조가 아니라 19세기 순조, 헌종, 철종 때인 세도정치 시기에 정치 집단이 소수의 가문 출신으로 좁아지면서 그 기반이 축소되었다.

**중요 사료** 영조의 탕평교서

> 우리나라는 원래 땅이 협소하여 인재 등용의 문도 넓지 못하였다. 그런데 근래에 와서 인재 임용이 당에 들어 있는 사람만으로 이루어지고, 조정의 대신들이 서로 공격하여 공론이 막히고 서로를 반역자라 지목하니 선악을 분별할 수 없게 되었다. 지금 새로 일으켜야 할 시기를 맞아 과거의 허물을 고치고 새로운 정치를 펴려 하니, 유배된 사람은 경중을 헤아려 다시 등용하되 탕평의 정신으로 하라. 지금 나의 이 말은 위로는 종사를 위하고 아래로 조정을 진정하려는 것이니, 이를 어기면 종신토록 가두어 내가 그들과는 나라를 함께 할 뜻이 없음을 보이겠다.

## 03

정답 ③

④ 경기도 대동법 실시: 광해군 시절

| 1728년 | 이인좌의 난 | 영조 |
|---|---|---|
| ↓ | ③ 결작의 부과: 영조 1750년 균역법 실시 | |
| 1776년 | 규장각 설치 | 정조 |

② 금난전권 폐지: 정조 1791년 신해통공

① 당백전 발행: 흥선대원군 시절 발행

**중요 사료** 영조의 균역법

> 적전(籍田)을 가는 쟁기를 잡으시니 근본을 중시하는 거동이 아름답고, 혹독한 형벌을 없애라는 명을 내리시니 살리기를 좋아하는 덕이 성대하였다. …(중략)… 정포(丁布)를 고루 줄이신 은혜로 말하면 천명을 받아 백성을 보전할 기회에 크게 부합되었거니와 위를 덜어 아래를 더하며 어염세(魚鹽稅)도 아울러 감면되고, 여자·남자가 기뻐하여 양잠·농경이 각각 제자리를 얻었습니다.

**½한국사 고득점 TIP** 균역법

- 실시: 영조, 1750년
- 목적: 양인의 군포 부담 경감(2필 → 1필)
- 보충: 결작(2두), 선무군관포(일부 상류층, 1필), 어세와 염세, 선세

## 04

정답 ①

제시된 사료는 영조가 발표한 탕평교서의 일부이다.

**(ㄱ) O: 영조는 『경국대전』을 보완하여 『속대전』을 편찬하면서 형전을 많이 보완하여 낙형, 압슬형, 자자형 등의 악형을 폐지하였다.**

**(ㄹ) O: 영조는 청계천 준설 사업으로 일자리를 만들어주고 홍수에 대비하게 하였다.**

**오답 분석**

(ㄴ) X: 영조가 아니라 정조가 이덕무, 유득공, 박제가 등의 서얼 출신의 학자를 검서관에 기용하고 공노비의 해방을 추진하는 등 서얼과 노비에 대한 차별을 개선하기 위해 노력하였다.

(ㄷ) X: 영조는 양인의 군포를 1필로 줄이는 균역법을 제정하여 상민들의 군포 부담을 1필로 감해주었지만 양반과 상민에게 똑같이 군포를 부담하게 한 것은 아니다. 흥선대원군은 호포제를 실시하여 양반에게도 군포를 부과하였다.

## 05

2020년 법원직 9급

밑줄 친 '그'에 대한 설명으로 옳은 것을 <보기>에서 모두 고른 것은?

> 그는 균역법을 시행하여 백성들에게 큰 부담이 되었던 군역 부담을 줄여주었고, 형벌 제도를 개선하여 가혹한 형벌을 금지하였다.

> 보기
> (ㄱ) 청계천 정비　(ㄴ) 『속대전』 편찬
> (ㄷ) 『탁지지』 편찬　(ㄹ) 초계문신제 실시

① (ㄱ), (ㄴ)　② (ㄱ), (ㄷ)
③ (ㄴ), (ㄷ)　④ (ㄴ), (ㄹ)

## 06

2019년 법원직 9급

밑줄 친 '왕'의 재위 시기에 있었던 사실로 가장 옳은 것은?

> 왕은 서얼과 노비에 대한 차별을 완화하였으며, 민생의 안정과 문화 부흥에도 힘썼다. 또, 전통 문화를 계승하면서 중국과 서양의 과학 기술을 받아들였다. 그 밖에, 외교문서를 정리한 『동문휘고』, 병법서인 『무예도보통지』 등을 편찬하여 문물 제도를 재정비하였다.

① 북벌운동이 전개되었다.
② 산림의 존재를 부정했다.
③ 3사의 관리 추천권을 없앴다.
④ 수령이 향약을 주관하여 권한이 강화되었다.

## 07

2024년 법원직 9급

밑줄 친 '국왕'에 대한 설명으로 가장 옳지 않은 것은?

> 국왕은 현륭원을 수원에 봉안하고 1년에 한 번씩 참배할 준비를 하였다. 옛 규례에는 한강을 건널 때 용배를 사용하였으나, 그 방법이 불편한 점이 많다 하여 배다리의 제도로 개정하고 묘당으로 하여금 그 세목을 만들어 올리게 하였다. 그러나 뜻에 맞지 않았기에 국왕은 『주교지남』을 편찬하였다.

① 탕평비를 세웠다.
② 장용영을 설치하였다.
③ 『무예도보통지』를 간행하였다.
④ 초계문신 제도를 시행하였다.

## 08

2016년 사회복지직 9급

다음 연표에서 (가)~(라) 시기의 정치적 상황으로 옳은 것은?

| 1776 | | 1800 | | 1834 | | 1849 | | 1863 |
|---|---|---|---|---|---|---|---|---|
| | (가) | | (나) | | (다) | | (라) | |
| 정조 즉위 | | 순조 즉위 | | 헌종 즉위 | | 철종 즉위 | | 고종 즉위 |

① (가) - 홍경래의 난이 일어나 평안도 청천강 이북 지역을 장악하였다.
② (나) - 이인좌는 소론·남인 세력을 규합하여 난을 일으켰다.
③ (다) - 천주교 신자를 박해하는 과정에서 '황사영 백서사건'이 일어났다.
④ (라) - 농민들의 불만을 무마하기 위해 삼정이정청을 설치하였다.

# 문제 풀이

## 05

정답 ①

제시된 사료의 밑줄 친 '그'는 조선 후기 영조이다. '균역법 시행', '형벌 제도 개선, '가혹한 형벌 금지' 등을 통해 영조임을 알 수 있다.

**(ㄱ) O: 영조는 청계천을 준설하고, 준천사를 설치하여 도시를 재정비하였다.**

**(ㄴ) O: 영조 때는 『속대전』을 편찬하여 비변사 규정과 5군영을 법제화하였고, 호전과 형전을 보완하였다.**

**오답 분석**

(ㄷ) X: 『탁지지』는 영조가 아니라 정조 시절 호조와 관련된 사례를 모아 편찬된 서적이다.

(ㄹ) X: 초계문신제는 영조가 아니라 정조 시절 젊은 관리를 재교육하여 정조의 개혁 정치를 뒷받침하게 한 제도이다.

**½한국사 고득점 TIP 초계문신제**

초계문신제도는 37세 이하의 참상·참하의 당하관 중 젊고 재능 있는 문신들을 의정부에서 초선하여 규장각에 위탁 교육을 시키고, 40세가 되면 졸업시키는 인재 양성의 장치를 강구한 것으로 정조의 정치 철학을 주입시켜 정조의 개혁 정치를 뒷받침하게 하였다(문신을 대상으로 하는 초계문신 문강, 무신을 대상으로 하는 선전관 무강이 있었다.)

## 06

정답 ④

제시된 사료의 밑줄 친 '왕'은 조선 후기 정조이다. '서얼과 노비에 대한 차별 완화', 『동문휘고』, 『무예도보통지』 등을 통해 정조임을 알 수 있다.

**④ O: 정조 때 수령이 향약을 주관하여 권한이 강화되었다.**

**오답 분석**

① X: 정조가 아니라 효종 때 북벌운동이 전개되었다.

② X: 정조가 아니라 영조가 산림의 존재를 부정했다.

③ X: 정조가 아니라 영조가 3사의 관리 추천권을 없앴다.

**½한국사 고득점 TIP 산림**

산림은 조선 시대 지방에서 학문을 연구하는 산림처사를 줄여서 산림이라 하였다. 하지만 산림은 조선 후기 붕당 정치가 전개되면서 등장하여 붕당의 우두머리 역할을 하였고, 지방에서 서원을 중심으로 공론을 형성하는 데 중요한 역할을 하였다. 조선 후기 산림천거제를 통해 많은 산림들이 정계에 진출하였으나 영조는 이를 막기 위해 산림의 존재를 부정하였다.

## 07

정답 ①

제시된 사료의 밑줄 친 '국왕'은 조선 후기 정조이다. '현륭원을 수원에 봉안했다.'에서 정조임을 알 수 있다.

**① X: 정조가 아니라 영조가 탕평비를 성균관 입구에 세웠다.**

**오답 분석**

② O: 정조는 왕권 강화를 위해 친위 부대인 장용영을 설치하였다.

③ O: 정조는 이덕무, 박제가 등에게 명하여 종합 무예서인 『무예도보통지』를 간행하였다.

④ O: 정조는 젊은 관리를 재교육시키는 초계문신 제도를 시행하였다.

**중요 사료 탕평비**

원만하여 편벽되지 않음은 곧 군자의 공정한 마음이고,
편벽되어 원만하지 않음은 바로 소인의 사사로운 마음이다.

## 08

정답 ④

| | ② 이인좌의 난: 1728년 영조 |
|---|---|
| 1776년 | 정조 즉위 |
| ↓(가) | |
| 1800년 | 순조 즉위 |
| ↓(나) | ③ 황사영 백서 사건: 1801년 순조, 신유박해<br>① 홍경래의 난: 1811년 순조 |
| 1834년 | 헌종 즉위 |
| ↓(다) | |
| 1849년 | 철종 즉위 |
| ↓(라) | ④ 삼정이정청: 1862년 철종, 임술농민봉기 당시 설치 |
| 1863년 | 고종 즉위 |

# THEME 061 조선 전기 대외 관계

## 01

2019년 서울시 9급(2월)

조선 초기의 대외 관계에 대한 설명 중 가장 옳은 것은?

① 화이관(華夷觀)이라는 세계관에 바탕을 두고 사대교린(事大交隣)을 기본정책으로 삼았다.

② 북진정책 하에 고구려 고토의 회복을 도모하였다.

③ 일본과 여진에 대해서는 무력진압을 위주로 하였다.

④ 동남아시아국가와는 교류가 없었다.

## 02

2012년 지방직 9급

밑줄 친 '갈등'에 대한 설명으로 옳지 않은 것은?

> 이성계는 즉위 직후 명에 사신을 보내어 조선의 건국을 알리고, 자신의 즉위를 승인해줄 것과 국호의 제정을 명에 요청하였다. 명으로부터 승인을 받아 국내의 정치 상황을 안정시키기 위함이었다. 그러나 이후 조선은 명과 외교적 갈등을 빚었다.

① 조선으로 넘어온 여진인의 송환을 명이 요구함으로써 생긴 갈등

② 조선이 명에 보낸 외교 문서에 무례한 표현이 있다는 명의 주장에 따른 갈등

③ 이성계가 이인임의 아들이었다는 중국 측 기록을 둘러싼 갈등

④ 조선의 조공에 대해 명 황제가 내린 회사품의 양과 가치가 시나치게 적은 데 따른 갈등

## 03

2016년 서울시 9급

조선 전기 일본과 관계된 주요 사건이다. (가)~(라) 각 시기에 있었던 사건으로 옳지 않은 것은?

| 1392 | 1419 | 1510 | 1592 |
|---|---|---|---|
| (가) | (나) | (다) | (라) |
| 조선 건국 | 쓰시마 토벌 | 3포왜란 | 임진왜란 |

① (가): 부산포, 제포, 염포 등 3포를 개항하였다.

② (나): 계해약조를 체결하여 쓰시마 주의 제한적 무역을 허락하였다.

③ (다): 왜선이 침입하여 을묘왜변을 일으켰다.

④ (라): 조선은 포로의 송환 교섭을 위해 일본에 사신을 파견하였다.

## 04

2016년 사회복지직

조선 시대 북방 정책과 관련된 인물에 대한 설명으로 옳은 것은?

① 최명길 - 청나라의 군신 관계 요구에 대해 무력 항쟁을 주장하였다.

② 남이 - 기병을 주축으로 하는 별무반을 조직하여 여진과의 싸움에 대비하였다.

③ 김종서 - 세종의 명으로 두만강 유역의 여진족을 몰아내고 6진을 개척하였다.

④ 임경업 - 효종을 도와 북벌을 계획하고 국방력 강화에 주력하였다.

## 01

정답 ①

**① O: 조선 초기 명과는 사대 외교를, 여진과 일본 등의 국가와는 교린 정책을 전개하였다.**

**오답 분석**

② X: 조선이 아니라 고려 시대에 북진정책 하에 고구려 고토의 회복을 도모하였다.

③ X: 일본과 여진에 대해서는 무력 진압을 위주로 하였던 것이 아니고 교린 정책을 펴면서 강경책과 회유책을 실시하였다.

④ X: 조선 초기에는 류큐, 자바, 시암 등 동남아시아의 여러 나라도 조선과 조공의 형태로 교역하였고, 조선도 불경, 유교 경전, 범종 등을 전해주었다, 특히 류큐의 불교문화 발전에 큰 기여를 하였다.

**½한국사 고득점 TIP 사대 외교**

사대는 흔히 소국이 대국에 바치는 조공과 대국이 소국에 베푸는 책봉으로 나타난다. 중국은 천하의 천명을 받은 천자와 그 아래의 군주들이 군신관계의 상하 위계 서열의 관계로 이루어졌으며, 이러한 상하 관계는 중국과 그 주변 국가 간에도 확대 적용되었다. 주변 국가들은 중국에 조공을 바치고, 그 대신 중국은 주변 국가의 왕들을 책봉하였다.

**½한국사 고득점 TIP 교린 정책**

- 여진: 강경책(4군 6진), 회유책(무역소 설치, 귀순 장려 등)
- 일본: 강경책(대마도 정벌), 회유책(3포 개항, 무역 허용 등)

## 02

정답 ④

제시된 자료에서 이성계가 명에 자신의 즉위 승인을 요청했다는 것을 통해 밑줄 친 '갈등'이 조선 건국 초기 명과의 갈등에 대한 내용임을 알 수 있다. 태조 때 여진인의 송환 문제, 종계변무 문제, 표전문제 등으로 인해 명과의 외교적 갈등이 야기되었다.

**④ X: 태조 때 조공 문제로 조선과 명이 갈등하게 된 원인은 명이 보낸 회사품의 양과 가치의 문제가 아닌, 조공의 회수와 관련이 있다. 태조는 명과의 조공 무역을 통해 조선 건국의 정당성을 확보하고 경제적·문화적 이익을 최대한 얻기 위해 1년에 3회 이상 사신을 보냈다. 그러나 명은 몽골·여진과의 갈등으로 인한 정치적 불안과 회사품(답례품)에 따른 부담 때문에 3년에 1회만 사신을 보낼 것을 요구하였다.**

**오답 분석**

① O: 태조 때 명이 조선 사신의 입국을 거절하며 그 이유 중 하나로 조선이 요동에서 조선으로 도망친 여진인을 송환하지 않은 것을 들었다.

② O: 명나라에서는 태조 때 조선이 명에 보낸 외교 문서에 불손한 표현이 있다며 트집을 잡아 조선 사신을 억류시키고, 외교 문서를 작성한 책임자로 정도전을 지목하여 압송할 것을 요구하였다.

③ O: 조선은 이성계가 이인임의 아들로 잘못 기록된 중국 측 기록에 대해 여러 차례 정정을 요구하였으나 받아들여지지 않았다. 이는 선조 때에서야 비로소 수정되었다.

## 03

정답 ①

| 1392년 | 조선 건국 | 태조 |
|---|---|---|
| ↓(가) | | |
| 1419년 | 쓰시마 정벌 | 세종, 이종무, 기해동정 |
| ↓(나) | ① 3포 개항: 1426년 세종<br>② 계해약조: 1443년 세종 | |
| 1510년 | 3포 왜란 | 중종 |
| ↓(다) | ③ 을묘왜변: 1555년 명종 | |
| 1592년 | 임진왜란 | 선조 |
| (라) | ④ 전쟁 후 포로 송환 위해 유정 등의 사신 파견 | |

**① X: (가) 시기가 아니라 (나) 시기인 1426년 세종 때 부산포(동래), 염포(울산), 제포(진해)의 3포를 개항하였다.**

## 04

정답 ③

**③ O: 김종서는 세종의 명으로 두만강 유역의 여진족을 몰아내고 6진을 개척하였다.**

**오답 분석**

① X: 최명길이 아니라 윤집, 오달제, 홍익한 등의 삼학사가 청나라의 군신 관계 요구에 대해 무력 항쟁을 주장하였고 최명길은 이를 수용하자는 주화파였다.

② X: 남이가 아니라 고려 시대 윤관이 숙종 때 기병을 주축으로 하는 별무반을 조직하여 여진과의 싸움에 대비하였다. 남이는 조선 세조 때 서북면의 야인들을 정벌하였다.

④ X: 임경업이 아니라 송시열 등이 효종을 도와 북벌을 계획하고 국방력 강화에 주력하였다. 임경업은 조선 인조 시절 병자호란 당시 백마산성에서 활약하였다.

# THEME 062 임진왜란

## 01

2016년 국가직 9급

**임진왜란 때의 주요 전투를 벌어진 순서대로 바르게 나열한 것은?**

(ㄱ) 권율 장군이 행주산성에서 왜군을 크게 무찔렀다.
(ㄴ) 조선과 명나라 군대가 합세하여 평양성을 탈환하였다.
(ㄷ) 진주목사 김시민이 왜의 대군을 맞아 격전 끝에 진주성을 지켜냈다.
(ㄹ) 이순신 장군이 한산도 앞바다에서 왜의 수군을 격퇴하고 제해권을 장악하였다.

① (ㄱ) - (ㄴ) - (ㄷ) - (ㄹ)  ② (ㄱ) - (ㄷ) - (ㄴ) - (ㄹ)
③ (ㄹ) - (ㄴ) - (ㄷ) - (ㄱ)  ④ (ㄹ) - (ㄷ) - (ㄴ) - (ㄱ)

## 02

2022년 법원직 9급

**자료를 통해 알 수 있는 전쟁의 영향으로 가장 옳은 것은?**

건주(建州)의 여진족이 왜적을 무찌르는 데 2만 명의 병력을 지원하겠다고 하자, 명군 장수 형군문이 허락하려 하였다. 그러나 명 사신 양포정은 만약 이를 허락한다면 명과 조선의 병력, 조선의 산천 형세를 여진족이 알게 될 수 있다고 하여 거절하였다.

① 4군 6진이 개척되었다.
② 일본의 도자기 문화가 발달하였다.
③ 부산포, 제포, 염포에 왜관이 설치되었다.
④ 황룡사 9층 목탑 등 문화재가 소실되었다.

## 03

2023년 지방직 서울시

**밑줄 친 '곽재우'에 대한 설명으로 옳지 않은 것은?**

여러 도에서 의병이 일어났다. …(중략)… 도내의 거족(巨族)으로 명망 있는 사람과 유생 등이 조정의 명을 받들어 의(義)를 부르짖고 일어나니 소문을 들은 자들은 격동하여 원근에서 이에 응모하였다. …(중략)… 호남의 고경명·김천일, 영남의 <u>곽재우</u>·정인홍, 호서의 조헌이 가장 먼저 일어났다. -『선조수정실록』

① 홍의장군이라 칭하였다.
② 의령을 거점으로 봉기하였다.
③ 행주산성에서 일본군을 크게 무찔렀다.
④ 익숙한 지리를 활용한 기습 작전으로 일본군에 타격을 주었다.

## 04

2019년 지방직 9급

**다음 자료에 나타난 상황과 관련 있는 사건은?**

경성에는 종묘, 사직, 궁궐과 나머지 관청들이 또한 하나도 남아 있는 것이 없으며, 사대부의 집과 민가들도 종루 이북은 모두 불탔고 이남만 다소 남은 것이 있으며, 백골이 수북이 쌓여서 비록 치우고자 해도 다 치울 수 없다. 경성의 수많은 백성들이 도륙을 당했고 남은 이들도 겨우 목숨만 붙어 있다. 굶어 죽은 시체가 길에 가득하고 진제장(賑濟場)에 나아가 얻어먹는 자가 수천 명이며 매일 죽는 자가 60~70명 이상이다.
- 성혼, 『우계집』에서

① 병자호란
② 임진왜란
③ 삼포왜란
④ 이괄의 난

## 문제 풀이

### 01

정답 ④

| (ㄹ) | 한산도 대첩 | 1592년 7월, 이순신 |
|---|---|---|
| ↓ | | |
| (ㄷ) | 진주 대첩 | 1592년 10월, 김시민 |
| ↓ | | |
| (ㄴ) | 평양성 수복 | 1593년 1월, 조명연합군 |
| ↓ | | |
| (ㄱ) | 행주 대첩 | 1593년 2월, 권율 |

**½한국사 고득점 TIP 임진왜란의 전개**

- 1592년
  - 4월: 임진왜란 발발(부산포) → 충주 탄금대 전투 패배(신립 전사)
  - 5월: 한성 함락, 옥포 해전(이순신의 등장) 승리, 사천 해전(거북선 최초 이용) 승리
  - 6월: 당포·당항포 해전 승리
  - 7월: 한산도 대첩 승리
  - 10월: 진주 대첩 승리(1차, 김시민 전사)
- 1593년
  - 1월: 조·명 연합군의 평양성 수복
  - 2월: 행주 대첩 승리(권율 지휘)

### 02

정답 ②

제시된 사료는 1592년 임진왜란 당시 여진족의 파병을 명이 거부하는 내용의 자료이다. 임진왜란 당시 여진족이 조선에 파병을 제안하였지만 명이 이를 의심하고 거절하였다.

**② O: 임진왜란 당시 일본이 많은 조선의 도자기 기술자들을 잡아갔으며, 전쟁 이후에는 일본의 도자기 문화가 발달하였다.**

**오답 분석**

① X: 세종 때 최윤덕, 김종서에 의해 4군 6진이 개척되었다.

③ X: 세종 때 부산포, 제포, 염포에 왜관이 설치되어 교역이 이루어졌다.

④ X: 고려 몽골 침입 당시에 황룡사 9층 목탑 등의 문화재가 소실되었다.

### 03

정답 ③

**③ X: 곽재우가 아니라 권율이 행주산성에서 일본군을 크게 무찔렀다.**

**오답 분석**

① O: 곽재우는 임진왜란 때 여러 전투에서 붉은 옷을 입고 의병을 지휘하며 스스로 홍의장군이라 칭하였다.

②, ④ O: 곽재우는 임진왜란이 일어나자 경상도 의령을 거점으로 봉기하였으며, 의령, 창녕, 진주 등 주로 낙동강 일대의 지역에서 활동하며 익숙한 지리를 활용한 기습 작전으로 일본군에 타격을 주었다.

**½한국사 고득점 TIP 곽재우**

- 임진왜란 당시 최초의 의병장
- 홍의장군이라 불림
- 경상도 의령을 중심으로 활동
- 김시민과 활동을 하기도 함

**½한국사 고득점 TIP 임진왜란의 주요 의병장**

- 곽재우: 홍의장군, 경상도 의령에서 의병을 일으킴, 1차 진주성 전투 참여
- 김천일: 전라도 나주에서 의병을 일으킴, 제2차 진주성 전투에 참여
- 고경명: 전라도 담양에서 의병을 일으킴
- 정인홍: 경상도 합천에서 의병을 일으킴
- 조헌: 충청도 옥천에서 의병을 일으킴

### 04

정답 ②

제시된 사료에서 경성에 종묘·사직·궁궐이 하나도 남아 있지 않으며, 사대부의 집과 민가들도 모두 불탔다는 내용을 통해 임진왜란 당시의 상황임을 알 수 있다.

**② O: 임진왜란은 1592년부터 1598년까지 2차례에 걸쳐 조선에 침입한 일본과의 전쟁으로, 1차 침입은 임진년에 일어나 임진왜란이라 부르며, 2차 침입은 정유년에 일어나 정유재란이라 부른다. 임진왜란으로 경복궁, 창덕궁, 창경궁과 종묘, 사직과 불국사 등의 문화재가 소실되었고 수많은 인명 피해가 발생하였다.**

**오답 분석**

① X: 병자호란(1636)은 세력을 확대한 후금이 국호를 청으로 바꾸고 조선에 군신 관계를 요구하였으나, 청의 요구에 대해 조선에서는 척화 주전론이 우세해지자 청나라가 조선에 침입한 사건이다.

③ X: 삼포왜란(1510)은 조선 중종 때 3포에서 거주하고 있던 왜인들이 일으킨 난으로, 이 사건을 계기로 비변사가 임시 기구로 설치되었다.

④ X: 이괄의 난(1624)은 인조반정에 공을 세운 이괄이 논공행상에 불만을 품고 일으킨 난이다. 반란이 실패하자 잔당들이 후금과 내통하여 정묘호란이 일어나는 배경이 되었다.

# THEME 063 호란

## 01

2015년 국회직 9급

**다음의 기록과 관련 있는 사건에 대한 설명으로 옳은 것은?**

> 최명길이 마침내 국서를 가지고 비국에 물러가 앉아 수정을 가하였는데, 김상헌이 밖에서 그 글을 보고는 통곡하면서 찢어 버리고 임금을 뵙기를 청하였다.

① 효종이 죽자 인조의 계비의 복상 기간에 대해 서인과 남인 사이에 논쟁이 일어났다.
② 사도세자가 죽임을 당한 이후, 시파와 벽파로 나뉘게 되었다.
③ 선조가 의주로 피난하고 명나라에 구원병을 요청하는 사신을 보냈다.
④ 일반 백성들의 공물 부담을 줄여주기 위해 대동법을 시행하였다.
⑤ 인조가 항복하고 청나라에 사대하게 되었다.

## 02

2018년 경찰 1차

**다음 인조반정 이후 17세기에 발생한 사실을 순서대로 나열한 것은?**

> (ㄱ) 삼학사(三學士)가 심양에 끌려가 죽임을 당하였다.
> (ㄴ) 이괄이 평안북도에서 반란을 일으켜 서울까지 점령하는 사태가 벌어졌다.
> (ㄷ) 후금의 태종은 광해군을 위하여 보복한다는 명분을 내걸고 '정묘호란'을 일으켰다.
> (ㄹ) 후금이 국호를 청(淸)이라 고치고 조선에 대하여 군신(君臣)의 관계를 맺을 것을 요구해 왔다.

① (ㄱ) - (ㄴ) - (ㄷ) - (ㄹ)　② (ㄴ) - (ㄷ) - (ㄹ) - (ㄱ)
③ (ㄷ) - (ㄱ) - (ㄴ) - (ㄹ)　④ (ㄹ) - (ㄷ) - (ㄴ) - (ㄱ)

## 03

2024년 국가직 9급

**다음 사건 이후에 있었던 사실로 옳은 것은?**

> 홍서봉 등이 한(汗)의 글을 받아 되돌아왔는데, 그 글에, "대청국의 황제는 조선의 관리와 백성들에게 알린다. 짐이 이번에 정벌하러 온 것은 원래 죽이기를 좋아하고 얻기를 탐해서가 아니다. 본래는 늘 서로 화친하려고 했는데, 그대 나라의 군신이 먼저 불화의 단서를 야기시켰다."라고 하였다.

① 삼전도비가 세워졌다.
② 이괄이 난을 일으켰다.
③ 인조가 강화도로 피난하였다.
④ 정봉수가 용골산성에서 항전하였다.

## 04

2024년 법원직 9급

**(가)와 (나) 사이에 있었던 사실로 가장 옳은 것은?**

> (가) 명군 도독 이여송이 대병력의 관군을 거느리고 곧바로 평양서 밖에 다다라 제장에게 부서를 나누어 본성을 포위하였습니다. … 조선의 장수들이 군사를 거느리고 가서 매복하고 함께 대로로 나아가니 왜적들은 사방으로 도망가다가 복병의 요격을 입었습니다.
> (나) 화의가 나라를 망친 것은 어제 오늘의 일이 아니고 옛날부터 그리하였으나, 오늘날처럼 심한 적은 없었습니다. 명은 우리나라에는 부모의 나라이고 노적은 우리나라에는 부모의 원수입니다. … 어찌 차마 이런 시기에 다시 화의를 제창할 수 있겠습니까?

① 강홍립이 이끄는 조선군은 후금에 항복하였다.
② 신립 장군은 충주에서 일본군에게 패배하였다.
③ 인조는 삼전도에 나가 굴욕적인 항복을 하였다.
④ 조선은 왜구의 약탈을 근절하고자 대마도를 정벌하였다.

# 문제 풀이

## 01

정답 ⑤

제시된 사료는 1636년 인조 때 벌어진 병자호란 당시의 상황이다. 병자호란 당시 남한산성에 갇혀있던 시기에 최명길은 청에게 항복을 하고 군신관계를 받아들일 것을 주장하였고, 김상헌은 절대 군신관계를 맺을 수 없다 하면서 반대하였다.

⑤ O: **병자호란 당시 인조가 삼전도에서 항복하고 청나라에 사대하게 되었다.**

**오답 분석**

① X: 인조 때가 아니고 현종 때 효종이 죽자 인조의 계비의 복상 기간에 대해 서인과 남인 사이에 논쟁이 일어났다.

② X: 인조가 아니라 영조 시절 임오화변으로 사도세자가 죽임을 당한 이후, 시파와 벽파로 나뉘게 되었다.

③ X: 병자호란이 아니라 임진왜란 때 선조가 의주로 피난하고 명나라에 구원병을 요청하는 사신을 보냈다.

④ X: 임진왜란 이후 광해군 때 일반 백성들의 공물 부담을 줄여주기 위해 대동법을 경기도부터 시행하였다.

**중요 사료** 청과 군신 관계 체결

- 청나라에 군신의 예를 지킬 것
- 명나라의 연호를 폐하고 관계를 끊으며, 명나라에서 받은 고명, 책인을 내놓을 것
- 조선의 큰아들과 둘째 아들 및 여러 대신의 큰아들을 심양에 인질로 보낼 것
- 청 황제의 생일, 황후, 황태자의 생일, 정조, 동지, 경조 등의 사절 파견은 명나라 예에 따를 것
- 명나라를 칠 때 출병을 요구하면 어기지 말 것

## 02

정답 ②

| (ㄴ) | 이괄의 난 | 1624년 인조 |
|---|---|---|

↓

| (ㄷ) | 정묘호란 | 1627년 인조 |
|---|---|---|

↓

| (ㄹ) | 청의 군신 요구 | 1636년 인조가 청의 요구 거부 → 병자호란 |
|---|---|---|

↓

| (ㄱ) | 병자호란 이후 | 1637년, 삼학사가 인질로 끌려감 |
|---|---|---|

**중요 사료** 후금과 형제 관계 체결(정묘호란 1627)

대금국(大金國) 한(汗)은 조선국왕(朝鮮國王) 제(弟)에게 글을 전한다. - 『인조실록』 권17, 인조 5년 8월 14일 정미

## 03

정답 ①

제시된 사료는 1636년 병자호란에 대한 자료이다. '대청국 황제가 ~그대 나라의 군신이 불화의 단서를 야기시켰다'에서 조선이 청의 군신관계 요구를 거부한 것을 짐작할 수 있다.

① O: **병자호란 당시 인조가 삼전도에서 청에게 항복하였고, 이후 삼전도비가 세워졌다.**

**오답 분석**

② X: 이괄의 난은 1623년 인조 반정 이후에 일어난 사건으로, 병자호란과는 관련이 없다.

③ X: 1627년 정묘호란 때 인조가 강화도로 피난하였다.

④ X: 1627년 정묘호란 때 정봉수가 의병을 일으켜 용골산성에서 항전하였다.

**½한국사 고득점 TIP** 정묘호란과 병자호란

| | 정묘호란 | 병자호란 |
|---|---|---|
| 시기 | 1627년 인조 | 1636년 인조 |
| 침략 | 후금 | 청 |
| 배경 | • 이괄의 잔당의 요청<br>• 서인의 친명배금 정책<br>• 가도 사건 | • 청의 군신 관계 요구 거부<br>- 윤집: 척화<br>- 최명길: 주화 |
| 과정 | 인조는 강화도 피신 | 봉림대군과 비, 빈→ 강화도<br>인조 → 남한산성 피난 |
| 인물 | 의병: 정봉수와 이립 | 임경업이 백마산성 항전 |
| 결과 | • 형제 관계 체결<br>• 후금과 개시 무역 허용 | • 군신 관계 체결<br>• 청태종공덕비(삼전도비) 건립<br>• 소현세자, 봉림대군, 삼학사가 인질로 끌려감<br>• 환향녀 문제 발생 |

## 04

정답 ①

④ 1419년: 세종, 이종무 대마도 정벌

② 1592년 4월: 충주 탄금대 패배 (신립)

| (가) | 선조 | 임진왜란 때 평양성 수복 1593년 1월 |
|---|---|---|

① 광해군: 명과 후금 사이 중립외교, 강홍립

| (나) | 인조 | 청의 군신관계 요구: 윤집의 척화론 |
|---|---|---|

③ 1636년 병자호란: 삼전도 굴욕, 군신관계 수용

# THEME 064 조선 후기 대외 관계

## 01

2018년 지방직 9급

**밑줄 친 '대의(大義)'를 이루기 위해 효종이 한 일로 옳은 것은?**

> 병자년 일이 완연히 어제와 같은데, 날은 저물고 갈 길은 멀다고 하셨던 성조의 하교를 생각하니 나도 모르게 눈물이 솟는구나. 사람들은 그것을 점점 당연한 일처럼 잊어가고 있고 대의(大義)에 대한 관심도 점점 희미해져 북녘 오랑캐를 가죽과 비단으로 섬겼던 일을 부끄럽게 생각지 않고 있으니 그것을 생각한다면 그 아니 가슴 아픈 일인가. -『조선왕조실록』

① 남한산성을 복구하고 어영청을 확대하였다.
② 훈련별대를 정초군과 통합하여 금위영을 발족시켰다.
③ 명과 후금 사이에서 실리를 추구하는 중립 외교 정책을 펼쳤다.
④ 호위청, 총융청, 수어청 등의 부대를 창설하여 국방력을 강화하였다

## 02

2016년 지방직 7급

**조선 시대의 사행(使行)에 대한 설명으로 옳지 않은 것은?**

① 조선 전기 명에 파견된 사신은 조천사, 조선 후기 청에 파견된 사신은 연행사로 불렸다.
② 임진왜란 이후 일본으로 통신사를 매년 파견하여 교류하였다.
③ 북경에 사신으로 다녀온 인물들을 중심으로 북학이 전개되었다.
④ 조선 후기 사행에서 역관들은 팔포무역 등을 통해 국제무역의 활성화에 기여하였다.

## 03

2017년 서울시 사회복지직

**다음의 비문에 관한 설명으로 옳지 않은 것은?**

> 오라총관 목극등은 국경을 조사하라는 교지를 받들어 이 곳에 이르러 살펴보고 서쪽은 압록강으로 하고 동쪽은 토문강으로 경계를 정해 강이 갈라지는 고개 위에 비석을 세워 기록하노라.

① 조선과 청의 대표는 현지 답사를 생략한 채 비를 세웠다.
② 토문강의 위치는 간도 귀속 문제와도 관련이 되었다.
③ 국경 지역 조선인의 산삼 채취나 사냥이 비 건립의 한 배경이었다.
④ 조선 숙종 대 세워진 비석의 비문 내용이다.

## 04

2012년 서울시 7급

**다음 글의 내용과 거리가 먼 것은?**

> 묘시에 시도를 떠나 겨우 5리 정도 나아가 전도를 지났다. 여러 배들이 북과 꽹과리를 두드리며 힘써 노 저어 앞으로 나아가니, 소리가 산과 바다를 울렸다. 겨울 날씨가 따뜻하여 노젓는 사공들이 땀을 흘릴 정도였다. 30리쯤 가니 바람이 거슬려서 더 나아가기 힘들므로 다전(일명 충해라 한다)에서 정박했다. 잠시 후 바람이 자고 물살이 순해지며 달빛이 바다 가운데 가득하였다. 이어 그들의 청으로 앞으로 나아가, 고기를 지나 삼경쯤에 겸예에 이르렀다. - 홍우재, 『동사록』

① 일본 막부의 장군이 바뀔 때 축하 사절로 파견되었다.
② 국왕의 외교 문서인 서계를 가지고 갔다.
③ 한 번에 대략 4~5백 명이 파견되었다.
④ 부산에서 오사카까지는 배로, 다음 에도까지는 육로로 갔다.
⑤ 19세기 말까지 12차례 파견되었다.

## 문제 풀이

### 01
정답 ①

제시된 사료의 효종 때의 '대의'는 호란 이후 북벌을 의미한다. '병자년의 일'은 병자호란을 의미한다. 사람들이 그것을 잊어가고 '대의'에 대한 관심이 점점 희미해지며 북녘 오랑캐를 섬기고 있다에서 '대의'는 북벌임을 알 수 있다.

**① O: 효종은 북벌을 위해 송시열, 송준길, 이완 등의 서인 척화파를 기용하였고, 어영청과 내삼청을 기병화하여 강화하고, 화포 제작, 남한산성, 북한산성 등을 수리하면서 군사력을 증강하였다.**

**오답 분석**

② X: 효종이 아니라 숙종 때 경신환국 이후 서인(노론)들이 남인들의 군사권을 약화시키고 자신들의 군권을 강화하기 위해서 정초군과 훈련별대를 합쳐 금위영을 설치하였다.

③ X: 효종이 아니라 광해군 때 후금과 명 사이에서 중립 외교를 하였고, 성리학적 질서를 부정하였다.

④ X: 효종이 아니라 인조 시기에 호위청, 총융청, 수어청의 부대를 창설하였다.

**½한국사 고득점 TIP 효종의 북벌**

- 배경: 호란 이후 청에 대한 자신감과 적개심 강화
- 주도: 서인 송시열, 송준길, 이완 등이 주도
- 과정: 남한산성 복구, 어영청 등의 부대를 강화
- 결과: 시도 X → 서인들의 정권 유지 수단으로 이용

### 02
정답 ②

**② X: 임진왜란 이후 일본으로 통신사를 매년 파견한 것이 아니라 일본이 요청할 때 파견하였다.**

**오답 분석**

① O: 조선 전기 명에 파견된 사신은 조천사, 조선 후기 청에 파견된 사신은 연행사로 불렸다.

③ O: 조선 후기 청의 북경에 사신으로 다녀온 박지원, 박제가 등의 인물들을 중심으로 청의 문화를 배우자는 북학이 전개되었다.

④ O: 조선 후기 사행에서 역관들은 팔포무역 등을 통해 국제 무역의 활성화에 기여하였다.

**½한국사 고득점 TIP 팔포무역**

조선 시대 중국에 파견된 사신이 여비나 무역자금으로 쓰기 위해 인삼을 담은 8개의 꾸러미를 가지고 가서 팔포무역이라 하였다.

### 03
정답 ①

제시된 사료의 비문은 조선 후기 숙종 때 1712년 세워진 백두산 정계비이다.

**① X: 백두산 정계비는 조선 관리와 청의 총관 목극등을 포함한 관리들과 함께 현지답사를 한 후 세워졌다.**

**오답 분석**

② O: 19세기 이후 백두산 정계비의 토문강에 대해 중국은 두만강으로 해석하였으나, 우리나라는 쑹화강의 지류인 토문강으로 해석하여 간도 귀속 문제가 전개되었다.

③ O: 백두산 정계비는 국경 지역의 조선인들이 간도 인근에서 산삼을 채취하거나 사냥을 하는 등 생활 터전으로 삼고있어서 청나라와 국경을 확정하기 위해 세워졌다.

④ O: 백두산 정계비는 숙종 시절인 1712년에 세워졌다.

**½한국사 고득점 TIP 백두산 정계비**

- 건립: 숙종, 1712년, 현재는 돌무덤만 남음
- 배경: 만주 지방의 인삼 채취 사건 → 청의 요청으로 건립
- 과정: 양국 관리의 답사 후 백두산 남동쪽에 분수령에 세움
- 내용: 서위 [압록], 동위[토문]
- 문제: 19세기 [토문]강의 해석으로 간도 귀속 문제 발생

### 04
정답 ⑤

제시된 사료에서 역관인 홍우재가 쓴 『동사록』을 통해 통신사와 관련 있는 내용임을 알 수 있다. 홍우재는 숙종 때 일본 통신사행을 수행하면서 일본 왕래까지의 여정 및 일본에서의 견문을 기록한 『동사록』을 저술하였다.

**⑤ X: 통신사는 17세기인 1607년부터 19세기 초인 1811년까지 총 12회에 걸쳐 파견되었다. 이들은 외교 사절이면서 조선의 선진 문물을 전파하는 역할을 하였다.**

**오답 분석**

① O: 통신사는 일본 막부의 장군이 바뀔 때 정치·외교적인 목적에서 축하 사절로 파견되었다.

② O: 통신사는 국왕의 외교 문서인 서계와 별폭(別幅, 교린 문서로 예물의 종류와 수량을 적은 물품 목록)을 지참하여 갔다.

③ O: 통신사는 적을 때에는 300여 명, 많게는 400~500명이 파견되었다.

④ O: 통신사는 부산에서 오사카까지는 배로 이동하였고, 다음 에도까지는 육로를 이용하여 갔다.

# THEME 065 조선 시대 중앙 통치 제도

## 01

2019년 국가직 9급

**다음은 어떤 인물에 대한 연보이다. 밑줄 친 (ㄱ)~(ㄹ)의 설명으로 옳은 것은?**

> 1566년(31세) (ㄱ) 사간원 정언에 제수되다.
> 1568년(33세) (ㄴ) 이조좌랑이 되었으나 외할머니 이씨의 병환 소식을 듣고 사퇴하다.
> 1569년(34세) 동호독서당에 머물면서 『동호문답』을 찬진하다.
> 1574년(39세) (ㄷ) 승정원 우부승지에 제수되어 만언봉사를 올리다.
> 1575년(40세) (ㄹ) 홍문관 부제학에서 사퇴하고 『성학집요』를 편찬하다.

① (ㄱ) - 왕명을 출납하면서 왕의 비서기관의 업무를 하였다.
② (ㄴ) - 삼사의 관리를 추천하는 권한이 있었다.
③ (ㄷ) - 왕의 정책을 간쟁하고 관원의 비행을 감찰하였다.
④ (ㄹ) - 서적 출판 및 간행의 업무를 전담하였다.

## 02

2019년 서울시 9급(2월)

**조선 시대 중앙 통치 기구에 대한 설명으로 가장 옳지 않은 것은?**

① 예문관 - 궁중 도서를 관리하고 국왕의 자문에 응하는 학문기관
② 사간원 - 국왕에 대한 간쟁과 논박을 담당한 언론기관
③ 승정원 - 국왕의 명령을 신하들에게 전달하는 비서기관
④ 의금부 - 국왕의 명령을 받아 중대한 죄인을 다스리는 사법기관

## 03

2015년 국회직 9급

**현재의 감사원과 유사한 기능을 했던 고려와 조선의 관청으로 옳게 짝지어진 것은?**

| | 고려 | 조선 |
|---|---|---|
| ① | 중추원 | 중추부 |
| ② | 비서성 | 승정원 |
| ③ | 어사대 | 사헌부 |
| ④ | 한림원 | 혜민국 |
| ⑤ | 식목도감 | 선혜청 |

## 04

2016년 기상직 9급

**밑줄 친 '이것'의 역할로 옳은 것은?**

> 이것은 마땅히 명망이 우선되어야 하고 탄핵은 뒤에 해야 한다. … 천하의 득실과 백성을 이해하고 사직의 모든 일을 간섭하고 일정한 직책에 매이지 않는 것은 홀로 재상만이 행할 수 있으며 간관만이 말할 수 있을 뿐이니, 간관의 지위는 비록 낮지만 직무는 재상과 대등하다.
> -『삼봉집』

① 왕명을 출납하였다.
② 국정 운영을 총괄하였다.
③ 관리를 감찰하고 정사를 비판하였다.
④ 유학을 가르치고 역사서를 편찬하였다.

# 문제 풀이

## 01

정답 ②

② O: (ㄴ) 이조좌랑과 이조정랑이 이조 전랑이라 불리며 삼사의 관리를 추천하는 권한이 있었다.

**오답 분석**

① X: (ㄱ) 사간원이 아니라 (ㄷ) 승정원이 왕명을 출납하면서 왕의 비서기관의 업무를 하였다.

③ X: (ㄷ) 승정원이 아니라 (ㄱ) 사간원이 왕의 정책을 간쟁하였고, 사헌부가 관원의 비행을 감찰하였다.

④ X: (ㄹ) 홍문관이 아니라 교서관이 서적 출판 및 간행의 업무를 전담하였다.

**½한국사 고득점 TIP** 이조전랑(이조 정랑 + 이조 좌랑)

- 자대권: 후임자 천거권
- 통청권: 3사 당하관 선발권
- 낭천권: 재야 선비 천거

## 02

정답 ①

① X: 예문관이 아니고 홍문관이 궁중 도서를 관리하고 국왕의 자문에 응하는 학문 기관이며, 예문관은 왕의 교서와 사초를 작성하였다.

**오답 분석**

② O: 사간원은 간관이라 불리며 국왕에 대한 간쟁과 논박을 담당한 언론기관이었다.

③ O: 승정원은 국왕의 명령을 신하들에게 전달하는 비서기관이었고, 승정원일기, 조보 등을 발행하였다.

④ O: 의금부는 국왕의 명령을 받아 중대한 죄인을 다스리는 사법기관으로 왕권을 강화하는 기구였다.

**½한국사 고득점 TIP** 조선 시대의 4관

- 예문관: 임금의 교지(교서) 작성 담당, 「사초」 작성
- 승문원: 외교 문서 작성과 외교 문서에 쓰이는 이문(吏文)의 교육 담당
- 성균관: 조선의 최고 교육 기관으로 유학 교육 담당
- 교서관: 경적의 간행과 제사 때 사용하는 향과 축문 등 관장

## 03

정답 ③

③ O: 감사원은 국가의 세입·세출의 결산, 국가 및 법률(감사원법 등)에 정한 단체의 회계검사와 행정기관 및 공무원의 직무에 관한 감찰을 하기 위한 헌법상의 기관을 말한다. 이러한 기능을 했던 관청은 신라에는 사정부, 발해에는 중정대, 고려 시대에는 어사대, 조선 시대에는 사헌부가 있었다.

**오답 분석**

① X: 고려 중추원은 추밀과 승선이 군사기밀과 왕명 출납을 담당하였지만 조선 시대 중추부는 관장하는 일이 없고, 문무 당상관으로 소임이 없는 자를 대우하는 기관이었다.

② X: 비서성은 고려 시대 성종 때 개경에 설치된 도서관이며, 조선의 승정원은 왕명 출납을 담당하는 비서기관이었다.

④ X: 고려 시대 한림원은 왕의 교서나 외교문서를 작성하였고, 조선 시대 혜민국은 후에 혜민서로 개칭되었으며 의료업무를 담당하였다.

⑤ X: 고려 시대 식목도감은 재신과 추밀이 모여 임시로 법과 시행 규칙을 논의하는 기구였으며, 조선의 선혜청은 대동법 시행 이후 공인을 고용하며 정부의 필요한 물품을 조달하던 기구였다.

## 04

정답 ③

제시된 사료의 밑줄 친 '이것'은 대관(사헌부)이다. 사헌부는 감찰 기구로 대관이라 불리며 사간원의 간관과 함께 대간을 구성하고 서경과 간쟁, 봉박의 역할을 하였다.

③ O: 대관의 사헌부는 관리를 감찰하고 정사를 비판하였다.

**오답 분석**

① X: 대관의 사헌부가 아니라 승정원이 왕명을 출납하였다.

② X: 대관의 사헌부가 아니라 의정부가 국정 운영을 총괄하였다.

④ X: 성균관은 유학을 가르치는 국립대학이며, 춘추관에서 역사서를 편찬하였다.

**중요 사료** 승정원

승정원(承政院)은 임금의 대변인이 되는 곳으로서 그 임무가 매우 중요하고 임금과 가깝기 때문에, 나라에서 이를 중시하여 당상관은 이조(吏曹)나 대사간을 거쳐야 겨우 맡을 수 있었다. …(중략)… 승정원은 왕명(王命)을 출납(出納)하므로 그 책임이 가장 막중하여, 승지에 임명되는 자는 인망(人望)이 마치 신선(神仙)과 같으므로 세속 사람들이 '은대(銀臺) 학사'라고 부른다.

## 05

2015년 법원직 9급

**다음 제도에 대한 설명으로 가장 옳은 것은?**

> 왕에게 유교 경전과 사서를 가르쳐 유교의 이상 정치를 실현하려는 것이 목적이었다. 강의는 매일 아침에 실시하는 것(조강 朝講)이 원칙이었으며, 주강(晝講)과 석강(夕講)을 포함하여 세 번 강의하던 시기도 있었다. 교재는 4서 5경과 역사 및 성리학 서적이었으며, 성종 이후에는 홍문관의 관원이 이를 담당하였다.

① 세조에 의하여 크게 활성화되었다.
② 조선 시대에 들어서 처음 도입되었다.
③ 집현전 학사들이 강의를 맡던 시기도 있었다.
④ 전제 왕권을 강화하기 위하여 도입된 제도였다.

## 06

2015년 법원직 9급

**(가)~(다) 통치 기구에 관한 설명으로 가장 옳지 않은 것은?**

> (가) 시정을 논하여 바르게 이끌고, 모든 관원을 살피며, 풍속을 바로잡고, 원통하고 억울한 일을 밝히며, 건방지고 거짓된 행위를 금하는 등의 일을 맡는다.
> (나) 임금에게 간언하고, 정사의 잘못을 논박하는 직무를 관장한다.
> (다) 궁궐 안에 있는 경적(經籍)을 관리하고, 문서를 처리하며, 왕의 자문에 대비한다. 모두 경연(經筵)을 겸임한다.
> -『경국대전』

① (가)는 발해의 중정대와 비슷한 기능을 수행하였다.
② (나)가 하였던 일을 고려 시대에 담당한 기관은 삼사였다.
③ (다)는 집현전을 계승하여 설치하였으며 옥당으로 일컬어졌다.
④ (가), (나), (다)는 왕권의 독주와 권신의 대두를 막는 역할을 하였다.

## 07

2014년 국가직 7급

**조선 시대 관계(官階)에 대한 설명으로 옳지 않은 것은?**

① 관료의 품계는 정1품에서 종9품까지 18등급으로 하였다.
② 행수 제도를 마련하여 가능한 관직과 관계가 일치되도록 하였다.
③ 정7품 이하는 참하관이라 하며, 목민관인 수령에 임용하였다.
④ 정3품 통정대부 이상은 당상관이라 하며, 국가의 중요한 정책을 논의하였다.

## 08

2018년 서울시 9급

**<보기>에서 설명하고 있는 기구에 대한 설명으로 가장 옳은 것은?**

> 재신(宰臣)으로서 이 일을 맡은 사람을 지변재상(知邊宰相)이라고 불렀습니다. 그러나 이것은 일시적인 전쟁 때문에 설치한 것으로 국가의 중요한 모든 일들을 참으로 다 맡긴 것은 아니었습니다. 오늘에 와서 큰 일이건 작은 일이건 중요한 것으로 취급되지 않는 것이 없는데, 정부는 한갓 헛이름만 지니고 육조는 모두 그 직임을 상실하였습니다. 명칭은 변방의 방비를 담당하는 것이라고 하면서 과거에 대한 판하(判下)나 비빈(妃嬪)을 간택하는 등의 일까지도 모두 여기를 경유하여 나옵니다.
> -『효종실록』

① 대원군에 의해 기능이 강화되었다.
② 의정부의 기능을 약화시켰다.
③ 붕당 정치의 폐단을 막기 위해 설치되었다.
④ 왜구의 침입에 대비하여 16세기 초 상설기구로 설치되었다.

## 문제 풀이

### 05

정답 ③

제시된 사료의 제도는 경연 제도이다. 경연 제도는 경연청 주도로 학식과 덕망이 있는 신하들이 왕에게 경사를 가르쳐 유교적 이념을 가르쳤던 교육 제도이다.

③ O: 세종 시절 집현전 학사들이 강의를 맡던 시기도 있었고 성종 이후 홍문관에서 담당하였다.

**오답 분석**

① X: 경연은 조선 시대 세조와 연산군 시절에 중단된 적이 있다.

② X: 경연은 조선 시대에 들어서 처음 도입되었던 것이 아니라 고려 시대에도 시행되었다.

④ X: 경연은 전제 왕권을 강화하기 위하여 도입된 제도가 아니라 오히려 신하들이 왕을 교육하며 왕권을 견제하는 제도였다.

**½한국사 고득점 TIP** 경연

- 목적: 왕과 신하들이 모여 학문 연구
- 실시: 고려 시대부터 실시 → 조선 시대 활성화
- 중단: 조선 세조, 연산군 시절 중단

### 06

정답 ②

제시된 사료의 (가)는 사헌부, (나)는 사간원, (다)는 홍문관이다.

② X: (나) 사간원이 하였던 간쟁의 역할은 고려 시대에 삼사가 아니라 중서문하성의 낭사가 담당했다. 고려 시대 삼사는 곡식의 출납과 회계를 담당하였고, 조선 시대는 호조에서 관리하였다.

**오답 분석**

① O: (가) 사헌부는 발해의 중정대, 신라의 사정부, 고려의 어사대와 같은 감찰의 역할을 수행하였다.

③ O: (다) 홍문관은 세종 때 설치된 집현전을 계승하여 설치하였으며 옥당으로 일컬어졌고 경연과 도서 관리, 왕 자문에 대응하였다.

④ O: 조선 시대는 (가) 사헌부와 (나) 사간원 (다) 홍문관을 삼사라 불렀고, 이들은 권력의 독점과 집중을 견제하며 왕권의 독주와 권신의 대두를 막는 역할을 하였다.

**½한국사 고득점 TIP** 홍문관

- 궁중의 서적과 문서를 관리하고, 국왕의 자문에 응하며, 경연(經筵)을 주관하였다.
- 매일 아침 신하들이 임금에게 정사를 보고하던 상참(常參) 등에 참여하여 국정에 대한 의견을 제출하였다.

### 07

정답 ③

③ X: 정7품 이하는 참하관이라 하지만, 참하관이 아니라 참상관을 목민관인 수령에 임용하였다.

**오답 분석**

① O: 관료의 품계는 정1품에서 종9품까지 18등급으로 하였다.

② O: 고려와 조선은 행수 제도를 마련하여 가능한 관직과 관계가 일치되도록 하였다.

④ O: 조선 시대는 정3품 통정대부와 무반의 절충장군 이상은 당상관이라 하며, 국가의 중요한 정책을 논의하였고, 중앙 부처의 장에 임명되었다. 또한 당상관 중에 관찰사를 선발하였다.

**½한국사 고득점 TIP** 행수제

- 목적: 관직과 품계의 불일치를 보완
- 종류: 계고직비(행) + 계비직고(수)

### 08

정답 ②

제시된 사료에서 설명하고 있는 기구는 비변사이다. '변방의 방비를 담당하는 것'이라는 것에서 비변사임을 알 수 있다.

② O: 조선 후기 비변사의 기능이 강화되면서 의정부와 6조의 기능을 약화시켰다.

**오답 분석**

① X: 비변사는 세도 가문의 권력 기반이었고, 흥선대원군은 세도 가문을 약화시키기 위해서 비변사를 강화한 것이 아니라 혁파하였고, 의정부와 삼군부를 부활시켰다.

③ X: 비변사는 붕당 정치의 폐단이 아니라 왜구와 여진족의 침략을 대비하기 위해서 임시기구로 설치되었고, 임란 이후 최고 기구로 발전하였다.

④ X: 비변사는 여진족과 왜구의 침입에 대비하여 16세기 초 중종 때 삼포왜란을 계기로 임시기구로 설치되었고, 16세기 후반 명종 대 을묘왜변을 계기로 상설기구로 설치되었다.

**½한국사 고득점 TIP** 비변사

- 중종: 삼포왜란 계기, 왜구와 여진족 침략 대비, 임시기구
- 명종: 을묘왜변을 계기로 상설기구화, 전국의 국방문제 담당
- 선조: 임진왜란 이후 최고 권력기구로 발전, 의정부와 6조 약화
- 세도정치: 세도가문의 권력 기반
- 흥선대원군: 세도가문을 약화시키기 위해 비변사 혁파

# THEME 066 조선 시대 지방 행정 조직의 특징

## 01

2018년 국가직 9급

**시대별 지방 행정 제도에 대한 설명으로 옳은 것은?**

① 통일 신라 - 촌의 행정은 촌주가 담당하였다.
② 발해 - 전국 330여 개의 모든 군현에 수령을 파견하였다.
③ 고려 - 촌락 지배 방식으로 면리제가 확립되었다.
④ 조선 - 향리 통제를 위하여 사심관을 파견하였다.

## 02

2018년 법원직 9급

**(가), (나) 시기의 지방 행정 제도에 대한 설명으로 옳은 것은?**

> (가) 5도 양계를 중심으로 지방 제도가 마련되었다.
> (나) 전국을 8도로 나누고, 그 아래에 부·목·군·현을 설치하였다.

① (가) - 5도에 관찰사가 파견되었다.
② (가) - 모든 군현에 수령이 파견되었다.
③ (나) - 유향소를 설치하여 수령을 보좌하였다.
④ (나) - 향리는 행정·사법·군사권을 행사하는 국왕의 대리인이다.

## 03

2023년 법원직 9급

**(가)에 들어갈 내용으로 옳은 것을 <보기>에서 모두 고른 것은?**

> 평택현감 변징원이 하직하니, 임금이 그를 내전으로 불러 만났다. 임금이 변징원에게 "그대는 이미 수령을 지냈으니, 백성을 다스리는 데 무엇을 먼저 하겠는가?"라고 물었다. 이에 변징원이 "마땅히 칠사(七事)를 먼저 할 것입니다"라고 하였다. 임금이 "칠사라는 것은 무엇인가?"라고 질문하니, 변징원이 대답하기를, [ (가) ].
> - 『성종실록』

> **보기**
> (ㄱ) 호구를 늘리는 것입니다.
> (ㄴ) 농상(農桑)을 성하게 하는 것입니다.
> (ㄷ) 역을 고르게 부과하는 것입니다.
> (ㄹ) 사송(詞訟)을 간략하게 하는 것입니다.

① (ㄱ)　② (ㄴ)
③ (ㄱ), (ㄴ), (ㄷ)　④ (ㄱ), (ㄴ), (ㄷ), (ㄹ)

## 04

2018년 서울시 7급

**조선 지방 제도에 대한 설명으로 옳은 것을 <보기>에서 모두 고른 것은?**

> **보기**
> ㉠ 군현 밑에는 면, 리, 통을 두고 다섯 집을 1통으로 편제하였다.
> ㉡ 수령은 자기 출신 지역에 부임하지 못하며, 각 도에는 관찰사를 파견하여 수령의 업무 성적을 평가하였다.
> ㉢ 향리는 수령의 행정 실무를 보좌하였으며, 아전으로 신분이 격하되었다.
> ㉣ 각 군현에 지방민의 자치를 허용하기 위해 경재소를 설치하였다.

① ㉠　② ㉡, ㉢
③ ㉠, ㉡, ㉢　④ ㉠, ㉡, ㉣

# 문제 풀이

## 01

정답 ①

① O: 통일 신라 시대에는 촌의 행정은 촌주가 담당하였다. 단, 촌주는 지방관은 아니고 매 촌락마다 존재하지 않았으며, 3년마다 민정 문서를 작성하였다.

**오답 분석**

② X: 발해가 아니라 조선이 전국 330여 개의 모든 군현에 수령을 파견하였다.

③ X: 고려가 아니라 조선 시대에 중앙 집권을 강화하기 위해서 촌락 지배 방식으로 면리제가 확립되었다. 특히 조선 시대 수령은 자신의 관할 구역을 면, 리, 통으로 정비하여 중앙 집권을 강화하였다.

④ X: 조선이 아니라 고려 시대에 향리 통제를 위하여 사심관 제도를 실시하였다.

## 02

정답 ③

제시된 (가)의 5도와 양계는 고려 시대의 지방 제도이며, (나)는 조선 시대의 지방 제도이다.

③ O: (나) 조선 시대에는 각 군현에 유향소를 설치하여 수령을 보좌하고 향리를 감독하는 등 풍속을 교화하게 하였다.

**오답 분석**

① X: (가) 고려 시대에는 5도에 관찰사가 아니라 안찰사가 파견되었다.

② X: (가) 고려 시대가 아니라 조선 시대에 모든 군현에 수령이 파견되었고, 고려 시대는 수령이 파견되지 못한 속군과 속현이 다수 존재하였다.

④ X: (나) 조선의 향리가 아니라 수령이 행정·사법·군사권을 행사하는 국왕의 대리인이었다.

**½한국사 고득점 TIP** 고려의 5도 양계

- 현종 시절 5도 양계 4도호부 8목과 경기 정비
- 5도: 행정구역, 서해도, 양광도, 교주도, 경상도, 전라도
  - 안찰사(임기 6개월, 순회) 파견
  - 군과 현 설치: 수령(임기 3년) 파견, 속군과 속현 다수 존재
- 양계: 군사구역, 북계와 동계, 진 설치

## 03

정답 ④

제시된 사료는 조선 시대 수령 7사에 대한 질문이다.

(ㄱ) O: 수령 7사에는 호구를 늘리도록 하는 내용이 있다.

(ㄴ) O: 수령 7사에는 농사철에 맞추어 씨를 뿌리게 하여 농상을 성하게 하도록 하는 내용이 있다.

(ㄷ) O: 수령 7사에는 부역을 공평하고 고르게 부과하도록 하는 내용이 있다.

(ㄹ) O: 수령 7사에는 법을 잘 지켜 백성에게 올바름을 보여주고 사송(詞訟)을 간략하게 하도록 하는 내용이 있다.

**½한국사 고득점 TIP** 수령 7사(조선)

- 농상성: 농사철에 맞추어 씨를 뿌리게 할 것
- 호구증: 호구와 인구를 늘리도록 할 것
- 사송간: 법을 잘 지켜 민에게 올바름을 보여줄 것
- 간활식: 간사스럽고 교활한 사람을 감시하고, 향리를 규제할 것
- 부역균: 부역을 공평하고 균등하게 부과할 것
- 학교흥: 유생을 모아 경전을 가르치고 유학 및 문학에 정진을 도모
- 군정수: 때를 맞추어 군사 훈련을 실시하고 군의 기강을 엄히 할 것

## 04

정답 ③

㉠ O: 조선 시대에는 각 군현 밑에 면, 리, 통을 두고 다섯 집을 1통으로 편제하여 다스리는 오가작통제를 실시하였다. 오가작통제는 5가구를 1통으로 편성하여 통 내의 가호에 대해 연대 책임을 부과하는 제도로 백성들의 거주지 이탈, 절도범 은닉 등을 방지하고, 세금 수취를 원활하게 하기 위해 실시되었다.

㉡ O: 조선 시대에는 관료제를 최대한 공정하고 투명하게 운영하기 위해 수령이 자기 출신 지역에 부임하지 못하게 하는 상피제를 실시하였다. 또한 각 도의 관찰사가 수령의 업무 성적을 평가하고 국왕에게 보고하게 하는 포폄제를 실시하였다.

㉢ O: 지방의 실질적 지배자였던 고려 시대의 향리와는 달리, 조선 시대의 향리는 중앙에서 파견된 수령을 보좌하고 행정 실무를 담당하는 세습적인 아전으로 격하되었다.

**오답 분석**

㉣ X: 조선 시대에 경재소가 아니라 유향소가 각 군현에 지방민의 자치를 허용하기 위해 설치되었다.

# THEME 067 유향소와 향약

## 01

2020년 경간부

**다음 (가)의 조직에 대한 설명으로 가장 옳지 않은 것은?**

> 무릇, 뒤에 (가) 에 가입하기를 원하는 자에게는 반드시 먼저 규약문을 보여 몇 달 동안 시행할 수 있는가를 스스로 헤아려 본 뒤에 가입하기를 청하게 한다. 가입을 청하는 자는 반드시 단자에 참가하기를 원하는 뜻을 자세히 적어서 모임이 있을 때에 진술하고, 사람을 시켜 약정에게 바치면 약정은 여러 사람에게 물어서 좋다고 한 다음에야 글로 답하고, 다음 모임에 참여하게 한다. -『율곡전서』

① 향촌사회의 질서를 유지하고 치안을 담당하는 향촌의 자치 기능을 맡았다.

② 지방 유력자가 주민을 위협, 수탈하는 배경을 제공하는 부작용도 있었다.

③ 조광조 등의 노력으로 중종 때 전국적으로 보급되었다.

④ 덕업상권, 과실상규, 예속상교, 환난상휼 등을 주요 강령으로 하였다.

## 02

2022년 법원직 9급

**밑줄 친 '이 기구'에 대한 설명으로 가장 옳지 않은 것은?**

> • 앞서 이 기구의 사람들이 향중(鄕中)에서 권위를 남용하여 불의한 짓을 행하니, 그 폐단이 많았습니다. 그래서 선왕께서 폐지하였던 것입니다. 간사한 아전을 견제하고 풍속을 바로잡는 것은 수령이 해야 할 일인데, 만약 모두 이 기구에 위임한다면 수령은 할 일이 없지 않겠습니까?
>
> • 전하께서 다시 이 기구를 세우고 좌수와 별감을 두도록 하였는데, 나이가 많고 덕망이 높은 자를 추대하여 좌수로 일컫고, 그 다음으로 별감이라 하여 한 고을을 규찰하고 관리하게 하였다. -『성종실록』

① 경재소를 통해 중앙의 통제를 받았다.

② 향촌 사회의 풍속을 교화하는 데 기여하였다.

③ 수령을 보좌하고 향리를 감찰하는 역할을 하였다.

④ 전통적 공동 조직에 유교 윤리를 가미하여 만들었다.

## 03

2016년 1차 경찰

**다음 중 조선 시대 향촌 사회의 모습에 대한 설명으로 옳은 것은 모두 몇 개인가?**

> (ㄱ) 유향소는 수령을 보좌하고 향리를 감찰하며 향촌 사회의 풍속을 바로잡기 위한 기구였다.
>
> (ㄴ) 경재소는 중앙 정부가 현직 관료로 하여금 연고지의 유향소를 통제하게 하는 제도로서, 중앙과 지방의 연락 업무를 맡았다.
>
> (ㄷ) 향촌 사회에서 지주로 농민을 지배하던 계층은 사족(士族)이었다.
>
> (ㄹ) 향약은 중종 때 조광조가 처음 시행한 이후 전국적으로 확산되었다.

① 1개 ② 2개

③ 3개 ④ 4개

## 04

2015년 국가직 9급

**조선 전기(15~16세기) 사림의 향촌을 주도하기 위한 동향으로 옳지 않은 것은?**

① 도덕과 의례의 기본 서적인 『소학』을 보급하였다.

② 향사례(鄕射禮), 향음주례(鄕飮酒禮)의 실시를 주장하였다.

③ 향회를 통해서 자신들의 결속을 다지고, 향촌을 교화하였다.

④ 촌락 단위의 동약을 실시하고, 문중 중심으로 서원과 사우를 많이 세웠다.

## 문제 풀이

### 01

정답 ③

제시된 사료의 (가)는 향약이다. 약정은 향약의 우두머리로서 (가) 조직은 향약을 의미한다.

③ X: 향약은 16세기 중반 조광조가 처음으로 보급하였지만, 기묘사화로 중단되었고, 이후 선조 때 이황과 이이에 의해 전국적으로 보급되었다.

**오답 분석**

① O: 향약은 향촌사회의 질서를 유지하고 치안을 담당하는 향촌의 자치 기능을 맡았다.

② O: 향약은 지방 유력자가 주민을 위협, 수탈하는 배경을 제공하는 부작용도 있었다.

④ O: 향약은 덕업상권, 과실상규, 예속상교, 환난상휼 등을 주요 강령으로 하였다.

**½한국사 고득점 TIP** 향약

- 조직: 전통적 공동조직에 유교 윤리 가미하여 조직
- 농민 통제: 향약의 규율을 어길 시 추방, 치안과 재판 담당
- 역할: 유교 윤리 보급과 상호 부조, 사림의 세력 기반, 향촌 자치
- 보급
  - 중종: 조광조가 중국의 여씨 향약을 도입
  - 명종: 이황의 예안향약(도덕적 교화 강조)
  - 선조: 이이의 해주향약 등(경제적 안정 강조)
  - 정조: 향약의 통제를 수령에게 맡김

### 02

정답 ④

제시된 사료의 밑줄 친 '이 기구'는 조선 시대 유향소이다. '좌수와 별감을 두도록 하였는데~'에서 조선 시대 유향소임을 알 수 있다.

④ X: 유향소가 아니라 향약이 전통적 공동 조직에 유교 윤리를 가미하여 만들었다.

**오답 분석**

① O: 유향소는 경재소를 통해 중앙의 통제를 받았다.

② O: 유향소는 향촌 사회의 풍속을 교화하는 데 기여하였다.

③ O: 유향소는 수령을 보좌하고 향리를 감찰하는 역할을 하였다.

**½한국사 고득점 TIP** 유향소

조선 시대 각군현에 유향소(향소, 향청)을 설치하여 재지사족 중 좌수와 별감을 두고 수령을 보좌하고, 향리를 감독하는 등 향촌 자치의 역할을 하도록 하였다. 이후 중앙의 경재소의 통제를 받았지만 세조 때 이시애의 난을 계기로 폐지되었고, 성종 때 부활되었다. 하지만 향촌자치의 기능이 약화되어 중종 때 조광조가 폐지를 주장하였지만 폐지되지 않았고, 선조 때 향청으로 개칭되었다.

### 03

정답 ④

(ㄱ) O: 조선 시대 유향소는 향소, 향청으로 불리며 지방의 군현에 설치되었다. 향안에 등록된 지방 양반들이 중심이 되어 수령을 보좌하고 지방 행정의 자문 역할을 하였다. 또한 향리 감시와 풍속 교정의 역할도 하였다.

(ㄴ) O: 중앙(한양)에 설치된 경재소는 각 지방 출신의 중앙 관리로 구성하여 자신의 출신 지역의 유향소를 감독하며, 중앙과 지방의 연락업무를 담당하였다.

(ㄷ) O: 사족은 양반 가문(구향, 재지사족)으로 조선 시대 향촌 사회에서 농민을 지배하던 계층이었다.

(ㄹ) O: 향약은 16세기 중반 조광조에 의해서 처음으로 보급되었으며, 선조 시기 전국적으로 보급되었다.

**½한국사 고득점 TIP** 유향소의 변천

- 설치: 군현에 설치, 향소, 향청으로 불림
- 역할: 좌수와 별감이 수령을 보좌, 향리 감독, 향촌 자치를 시행
- 변화
  - 세조: 이시애의 난으로 폐지
  - 성종: 김종직 등의 건의로 부활
  - 중종: 조광조는 유향소 폐지 주장, 향약 시행 주장
  - 선조: 향청으로 개편
  - 조선 후기: 향전 이후 신향이 장악한 후 부세 자문 기구로 변질

### 04

정답 ④

④ X: 동약을 실시하고, 서원과 사우가 많이 세워진 것은 조선 후기의 일이다. 조선 후기에는 양반들이 군현 단위로 농민을 지배하기 어려워지자 촌락 단위의 동약을 실시하였다. 또한 양반들의 결속력을 다지기 위해 전국에 많은 동족 마을이 만들어졌고, 이에 따라 문중을 중심으로 서원, 사우가 많이 세워졌다.

**오답 분석**

① O: 조선 전기의 사림들은 성리학적 사회 질서를 유지하기 위해 도덕과 의례의 기본 서적인 『소학』을 보급하였다.

② O: 조선 전기의 사림들은 향촌 사회 교화와 결속력 강화를 위해 향음주례(술을 마시는 의식), 향사례(활을 쏘는 행사)의 시행을 주장하였다.

③ O: 조선 전기의 사림은 자신들의 결속을 다지고 지방민을 통제하기 위해 총회인 향회를 운영하였다.

# THEME 068 조선 시대 군사 제도

## 01
2006년 소방직 9급

**조선의 군역 제도와 군사 조직에 대한 설명으로 옳은 것은?**

① 양인개병의 원칙에 따라 모든 남자는 군역을 담당하였다.
② 현직 관료와 학생은 군역이 면제되었다.
③ 중앙군은 갑사와 특수병만으로 구성하였다.
④ 농민 장정들은 수군에 들어가기를 선호하였다.
⑤ 서리, 농민, 신량역천인, 노비 등으로 구성된 잡색군이라는 예비군이 있었다.

## 02
2012년 1차 경간부

**조선 전기의 군대 조직 및 운용에 관한 설명으로 옳은 것은?**

① 군역의 부담이 가중되자 이를 개선하기 위해 균역법을 만들었다.
② 지방군으로 속오군이 편성되어 양인과 함께 일부 노비가 참여하였다.
③ 정규군 이외에 서리, 노비, 잡학인 등으로 구성된 잡색군이 있었다.
④ 훈련도감을 설치하여 포수와 활 그리고 창을 사용하는 삼수병제를 갖추었다.

## 03
2014년 기상직 9급

**조선의 군사 제도의 변천에 대한 설명으로 옳은 것만을 <보기>에서 고른 것은?**

보기
(ㄱ) 지방군을 육군과 수군으로 나누어 군사 요지인 영과 진에 배치하였다.
(ㄴ) 세조 이후에는 지역 단위의 방어 전략인 진관 체제를 실시하였다.
(ㄷ) 임진왜란이 발생하자 진관을 폐지하고 제승방략 체제를 수립하였다.
(ㄹ) 병자호란 이후에는 진관을 복구하고 속오법에 따라 군대를 편제하였다.

① (ㄱ), (ㄴ)　② (ㄱ), (ㄹ)
③ (ㄴ), (ㄷ)　④ (ㄷ), (ㄹ)

## 04
2018년 서울시 9급

**<보기>의 조선 시대의 국방 정책을 시간순으로 바르게 나열한 것은?**

보기
(ㄱ) 서울 주변의 네 유수부가 서울을 엄호하는 체제를 구축하였다.
(ㄴ) 금위영을 발족시켜 5군영 제도가 성립되었다.
(ㄷ) 하멜이 가져온 조총 기술을 도입하여 서양식 무기를 제조 하였다.
(ㄹ) 수도방어체계를 강화하고 『수성윤음』을 반포하였다.

① (ㄱ) - (ㄴ) - (ㄷ) - (ㄹ)　② (ㄴ) - (ㄹ) - (ㄱ) - (ㄷ)
③ (ㄷ) - (ㄴ) - (ㄹ) - (ㄱ)　④ (ㄹ) - (ㄷ) - (ㄱ) - (ㄴ)

## 05
2018년 법원직 9급

**다음 군사 조직에 대한 설명으로 가장 옳은 것은?**

> 국왕의 행차가 서울로 돌아왔으나, …… 이때에 임금께서 도감을 설치하여 군사를 훈련시키라고 명하시고 나를 그 책임자로 삼으시므로, …… 얼마 안 되어 수천 명을 얻어 조총 쏘는 법과 창, 칼 쓰는 기술을 가르치게 하였다. 또 당번을 정하여 궁중을 숙직하게 하고, 국왕의 행차가 있을 때 이들로써 호위하게 하니 민심이 점차 안정되었다.
> -『서애집』

① 갑사와 정군으로 구성되었다.
② 포수, 사수, 살수로 조직되었다.
③ 제승방략 체제에 맞는 군사 조직이었다.
④ 신분 구분 없이 노비에서 양반까지 편성되었다.

# 문제 풀이

## 01

정답 ②

② O: 양인개병제가 원칙이었지만 현직 관료와 학생, 향리 등은 실질적으로 면제여서 주로 농민들이 군역을 담당하여 병농일치의 군역제도였다.

**오답 분석**

① X: 조선 시대는 양인개병의 원칙에 따라 16세에서 60세 미만의 양인 남자는 군역이 있었지만 현직 관리와 학생 등은 면제여서 모든 남자는 군역을 담당하였다는 잘못된 지문이다.

③ X: 조선 전기의 중앙군은 세조 때 정비된 5위였고, 5위는 갑사의 직업군인과 양반고관의 자제 등으로 구성된 특수병만으로 구성된 것이 아니라 지방에서 교대로 서울로 올라와 근무하는 농민 정병이 다수 있었다.

④ X: 농민 장정들은 수군에 들어가기를 선호치 않았다.

⑤ X: 잡색군은 조선 초기 일종의 예비군으로 향리와 서리, 잡학인, 신량역천인, 노비 등으로 구성되었고, 농민들은 참여하지 않았다.

**½한국사 고득점 TIP 조선 시대 군역제도**

- 원칙: 양인개병제(16세~60세 미만의 양인 남자가 군역 부담)
- 면제: 현직관리, 학생, 향리 등이 면제 → 병농일치
- 세조: 보법 실시(정병 ← 보인이 정병의 비용 부담)
- 중종: 군포징수제 실시(농민에게 중앙군 복무대신 2필 군포 부과)
- 영조: 균역법 실시(농민들의 군포를 2필 → 1필로 줄여줌)
  - 보충: 결작 2두, 선무군관포(일부 상류층), 어세와 염세, 선세
- 흥선대원군: 호포제 실시(양반에게도 군포 부담)

## 02

정답 ③

③ O: 조선 초기에는 정규군 이외에 서리, 노비, 잡학인 등으로 구성된 잡색군이 있었다.

**오답 분석**

① X: 조선 전기가 아니라 조선 후기 영조 시절 군역의 부담이 가중되자 이를 개선하기 위해 균역법을 만들었다.

② X: 조선 전기가 아니라 조선 후기 지방군으로 속오군이 편성되어 양인과 함께 일부 노비가 참여하였다.

④ X: 조선 전기가 아니라 임진왜란을 계기로 선조 때 훈련도감을 설치하여 포수와 활 그리고 창을 사용하는 삼수병제를 갖추었다.

## 03

정답 ①

(ㄱ) O: 조선 시대 각 도의 전략 거점에 병영과 수영을 한 곳 이상 두고 병마절도사와 수군절도사가 주둔하여 관내 여러 진관을 통제하였고, 내륙의 군사적 요충지에는 진을 설치하여 영진군을 배치하였다.

(ㄴ) O: 진관 체제는 조선 세조 때 정비된 조선 전기의 지역 단위 방어 체제로 신속한 방어에는 유리하였지만, 대규모의 전투에는 불리하였다.

**오답 분석**

(ㄷ) X: 임진왜란이 발생하자 진관이 아니라 제승방략 체제를 폐지하고 진관을 복구하고 속오군이 지방을 방어하는 속오군 체제로 정비하였다.

(ㄹ) X: 병자호란이 아니라 임진왜란 이후에는 진관을 복구하고 속오법에 따라 군대를 편제하였다.

## 04

정답 ③

| (ㄷ) | 효종 | 하멜이 효종 때 표류, 훈련도감에서 소속 |
|---|---|---|
| ↓ | | ※ 벨테브레: 인조 때 표류 |
| (ㄴ) | 숙종 | 금위영 |
| ↓ | | ※ 선조: 훈련도감<br>※ 인조: 어영청 → 총융청 → 수어청 |
| (ㄹ) | 영조 | 『수성윤음』 반포 |
| ↓ | | |
| (ㄱ) | 정조 | 4유수부 : 개성, 강화, 광주, 수원 |

## 05

정답 ②

제시된 사료의 군사 조직은 선조 때 유성룡의 건의로 설치된 훈련도감에 대한 내용이다. 포수와 사수, 살수의 삼수병으로 구성되었던 것을 통해 이 부대는 조선 후기 선조 때 설치된 훈련도감임을 알 수 있다.

② O: 훈련도감은 선조 시절 임진왜란 때 유성룡의 건의로 『기효신서』의 절강 병법에 영향을 받아 설치되었다. 포수(총병), 사수(궁병), 살수(창검병)의 삼수병의 직업군인으로 구성되었다.

**오답 분석**

① X: 훈련도감이 아니라 조선 전기 중앙군 5위에 대한 설명이다. 5위는 조선 세조 때 정비되어 궁궐과 수도 방어를 담당하였고 직업 군인(갑사), 왕족과 고관 자제, 농민 번상병으로 구성되었다.

③ X: 제승방략 체제는 조선 전기 16세기 명종 때 을묘왜변 이후 정비된 유사시 병력을 집중하여 중앙에서 파견된 지휘관이 연합 부대를 지휘하는 방어 체제로 대규모 전투에 유리하였으나 신속한 방어는 불가능하였다. 제승방략 체제는 임진왜란 당시 충주 탄금대 전투에서 신립 장군이 패배하면서 문제점이 드러났고, 이후 속오군 체제로 정비되었다.

④ X: 조선 후기 지방군인 속오군에 대한 설명이다. 속오군은 임란 이후 『기효신서』의 영향으로 설치된 지방군으로 평시에는 향촌을 방어하고, 유사시에는 전투에 참여하였으며 양천혼성군으로 구성되었다.

# THEME 069 조선 시대 교육과 과거 제도

## 01

2013년 서울시 9급

**다음과 관련이 있는 시험에 대한 설명으로 옳은 것은?**

> 이 시험은 식년시, 증광시, 알성시로 나누어 실시하였으며, 소과를 거쳐 대과에서는 초시, 복시, 전시로 합격자를 선발하였다.

① 식년시는 해마다 실시되었다.
② 초시에서 33명을 선발하였다.
③ 백정 농민이 주로 응시하였다.
④ 재가한 여자의 손자는 응시할 수 없었다.
⑤ 생원시 합격만으로는 관리가 될 수 없었다.

## 02

2023년 지방직 서울시

**(가), (나)에 들어갈 말을 바르게 연결한 것은?**

> 조선 시대 과거 제도에는 문과·무과·잡과가 있었는데, 이 가운데 문과를 가장 중시하였다. 『경국대전』에 따르면 문과 시험 업무는 (가) 에서 주관하고, 정기 시험인 식년시는 (나) 마다 실시하는 것이 원칙이었다.

| | (가) | (나) |
|---|---|---|
| ① | 이조 | 2년 |
| ② | 이조 | 3년 |
| ③ | 예조 | 2년 |
| ④ | 예조 | 3년 |

## 03

2018년 교육행정직 9급

**다음 교육 기관에 대한 설명으로 옳은 것은?**

> 우리 태조께서 즉위하시고 국학(國學)을 동북쪽에 설립하였는데, 그 규모와 제도가 완전하지 않은 것이 없었다. 건물을 지어 스승과 제자가 강학하는 장소로 삼고, 이를 명륜당이라고 하였다. 학관(學官)은 대사성 이하 몇 사람을 두는데, 아침에 북을 울리어 학생을 뜰 아래 도열시키고, 한 번 읍한 다음에 명륜당에 올라 경(經)을 가지고 논쟁하며, 군신, 부자, 장유, 부부, 붕우의 도를 강론하였다.

① 흥선대원군에 의해 철폐되었다.
② 유학부와 기술학부로 구성되었다.
③ 사학 12도의 융성으로 위축되었다.
④ 공자의 위패를 모신 대성전을 두었다.

## 04

2019년 국가직 9급

**(가) 교육기관에 대한 설명으로 옳은 것은?**

> 주세붕이 비로소 (가) 을/를 창건할 적에 세상에서 자못 의심했으나, 그의 뜻은 더욱 독실해져 무리들의 비웃음을 무릅쓰고 비방을 극복하여 전례 없던 장한 일을 이루었습니다. …(중략)… 최충, 우탁, 정몽주, 길재, 김종직, 김굉필 같은 이가 살던 곳에 (가) 을/를 건립하게 될 것입니다.
> - 『퇴계집』

① 지방의 군현에 있던 유일한 관학이다.
② 선비와 평민의 자제에게 천자문 등을 가르쳤다.
③ 성적 우수자는 문과의 초시를 면제해 주었다.
④ 학문 연구와 선현의 제사를 위해 설립된 사설 교육기관이다.

## 01

정답 ④

제시된 사료의 시험은 조선 시대 문과에 대한 설명이다.

④ O: 조선 시대 문과는 서얼과 재가한 여자의 아들과 손자는 응시할 수 없었다.

**오답 분석**

① X: 조선 시대 식년시는 3년마다 실시되었다.

② X: 대과 초시에서 33명이 아니라 240명을 선발하였고, 복시에서 33명을 선발하였다.

③ X: 문과는 양인 이상이면 서얼 등을 제외하고 응시 자격이 있었으나, 주로 양반이 응시하였다. 농민이 백정이라고 칭해졌던 시기는 고려 시대이다.

⑤ X: 생원과와 진사과에 합격한 자에게는 백패가 수여되었고, 생원과 진사의 칭호가 주어졌다. 또한 초급 문관에 임명될 자격이 부여되었고, 면역 특권·대과 응시 자격 및 성균관 입학 자격이 수여되었다.

## 02

정답 ④

④ O: 조선 시대 문과 시험은 (가) 예조에서 주관하였고, (나) 3년마다 실시되는 식년시가 원칙이었다.

**½한국사 고득점 TIP** 조선 시대 과거 제도

- 응시: 양인 이상이면 응시 가능
- 제한: 서얼과 재가녀의 아들과 손자 등은 문과 응시 금지
- 원칙: 식년시(3년마다 실시) 원칙 → 증광시, 별시, 알성시 등이 유행
- 문과: 예조, 소과와 대과로 구분, 서얼과 재가녀 자손 응시 제한
  - 소과: 생원과(경전)와 진사과(사장)로 구분, 초시와 복시
  - 대과: 전공 구분 없이 모두 시험, 초시와 복시, 전시로 구성
  - 선발: 총 33명 선발, 장원은 참상관에 임명
- 무과: 병조. 초시와 복시, 전시로 진행, 총 28명 선발
  - 서얼이 주로 응시, 초시는 인구비례 고려, 무경 시험 진행
- 잡과: 중인들이 주로 응시, 초시와 복시로 진행
  - 교육을 해당관청에서 실시, 시험도 해당관청에서 시행

## 03

정답 ④

제시된 사료의 교육 기관은 조선 시대 성균관이다. '국학'(國學), '명륜당' '학관이 대사성' 등을 통해 설명하고 있는 교육 기관이 성균관임을 알 수 있다.

④ O: 성균관의 대성전은 문묘의 시설 가운데 공자의 위패를 봉안한 전각이다.

**오답 분석**

① X: 흥선대원군에 의해 철폐된 것은 성균관이 아니라 서원이다. 흥선대원군은 왕권 강화와 민생 안정을 목적으로 사액 받지 않은 서원, 화양동 서원과 만동묘 등을 포함한 600여 개의 서원을 철폐하였다.

② X: 조선 시대 성균관이 아니라 고려 시대 국자감에 대한 설명이다.

③ X: 고려 중기 최충의 9재 학당을 시작으로 전직 고관과 지공거 출신들이 개경에 12개의 사학을 설립하면서 관학인 국자감이 쇠퇴하였다.

**½한국사 고득점 TIP** 성균관 구조

명륜당(유학을 강의하던 장소), 문묘(성현을 봉사하는 곳), 양재(유생들의 기숙사), 존경각(도서관), 비천당(과거 시험장)으로 구성되었다.

## 04

정답 ④

제시된 사료의 (가)는 조선 시대 서원이다. '주세붕이 (가)를 창건하였다'에서 (가)가 서원임을 알 수 있다.

④ O: 서원은 학문 연구와 선현의 제사를 위해 설립된 사설 교육 기관이다.

**오답 분석**

① X: 서원이 아니라 향교가 지방의 군현에 있던 유일한 관학이었고, 서원은 사설 교육기관이었다.

② X: 서원이 아니라 서당에서 선비와 평민의 자제에게 천자문 등을 가르쳤다.

③ X: 서원이 아니라 성균관에서 성적 우수자는 문과(대과)의 초시를 면제해 주었고, 향교에서는 성적 우수자에게 소과 초시를 면제해주었다.

**½한국사 고득점 TIP** 조선 시대 서원

- 최초의 서원: 백운동 서원(중종, 주세붕이 안향을 모시기 위해 설립)
- 최초의 사액 서원: 명종, 백운동 서원(→ 이황 건의, 소수 서원)
- 기능: 선현에 대한 제사, 성리학 교육, 공론의 형성
- 정리
  - 영조: 170여개의 서원 정리, 사액 금지
  - 흥선대원군: 47개의 사액 서원을 제외한 600여개 서원 정리

# THEME 070 조선 시대 토지 제도

## 01

2012년 지방직 9급

**다음 조선 전기의 토지 제도에 대한 설명으로 옳지 않은 것은?**

(가) 지방 관청에서 그해의 생산량을 조사하고 조(租)를 거두어 관리에게 나누어 주었다.
(나) 국가 재정과 관직에 진출한 신진사대부의 경제적 기반을 확보하기 위해 만들었다.
(다) 과전의 세습 등으로 관료에게 지급할 토지가 부족해지자 현직 관리에게만 토지를 지급하였다.

① (가)가 실시되어 국가의 토지 지배권이 한층 강화되었다.
② (나)에서 사전은 처음에 경기 지방에 한정하여 지급하였다.
③ (다)가 폐지됨에 따라 지주전호제 관행이 줄어들었다.
④ 시기 순으로 (나), (다), (가)의 순서로 실시되었다.

## 02

2020년 법원직 9급

**(가)~(라)를 실시된 순서대로 바르게 나열한 것은?**

(가) 신문왕 때 녹읍이 폐지되었다.
(나) 신문왕 때 관료전이 지급되었다.
(다) 공양왕 때 과전법이 실시되었다.
(라) 경종 때 시정 전시과를 실시하였다.

① (가) - (나) - (라) - (다)　② (나) - (가) - (라) - (다)
③ (다) - (라) - (나) - (가)　④ (라) - (가) - (나) - (다)

## 03

2019년 서울시 9급(2월)

**조선 초기의 과전(科田)에 대한 설명 중 가장 옳은 것은?**

① 과전은 성종 대까지 경기도에 한정되었다.
② 현직 관리에게 소유권과 수조권(收租權)을 부여하였다.
③ 전직 관리와 현직 관리에게 모두 수조권을 지급하였다.
④ 과전에 대해서 상속권을 인정해 주었다.

## 04

2022년 법원직 9급

**(가)~(라) 제도를 시행된 순서대로 바르게 나열한 것은?**

(가) 그 사람의 성품과 행동의 선악, 공로의 크고 작음을 참작하여 역분전을 차등 있게 주었다.
(나) 문무의 백관으로부터 부병(府兵)과 한인(閑人)에 이르기까지 과(科)에 따라 받지 않은 자가 없었으며, 또한 과에 따라 땔나무를 베어낼 땅도 지급하였다.
(다) 경기는 사방의 근본이니 마땅히 과전을 설치하여 사대부를 우대한다. 무릇 경성에 거주하여 왕실을 시위(侍衛)하는 자는 직위의 고하에 따라 과전을 받는다.
(라) 경상도·전라도·충청도는 상등, 경기도·강원도·황해도 3도는 중등, 함길도·평안도는 하등으로 삼으며…… 각 도의 등급과 토지 품질의 등급으로써 수세하는 수량을 정한다.

① (가) - (나) - (다) - (라)　② (가) - (나) - (라) - (다)
③ (나) - (가) - (다) - (라)　④ (나) - (다) - (라) - (가)

# 문제 풀이

## 01

정답 ③

제시된 자료의 (가)는 관수관급제, (나)는 과전법, (다)는 직전법이다.

**③ X: (다) 직전법은 명종 때 폐지되었고, 양반관료들의 토지에 대한 사적인 소유욕을 자극하여 지주전호제가 줄어든 것이 아니라 오히려 확대되었다, 이 결과 양반들은 대토지를 소유한 지주가 되어갔고, 농민들은 소작농(전호)으로 전락하였다.**

**오답 분석**

① O: (가) 관수관급제는 성종 때 실시되었고, 직전법의 문제점인 수조권자의 횡포를 막기위해 실시되었다. 이 제도는 관청에서 농민에게 조를 수취하고, 관청에서 관리(수조권자)에게 지급하는 방식으로 국가의 토지 지배권이 한층 강화되었다.

② O: (나) 과전법에서 사전(관리에게 수조권을 지급한 토지)은 처음에 경기 지방에 한정하여 지급하였다. 단 태종 때는 경기 외의 토지를 잠시 지급한 적이 있으나 세종 때 다시 회수하였다.

④ O: (나) 과전법은 공양왕 때 제정 → (다) 직전법은 세조 때 → (가) 관수관급제는 성종 때 실시되었다.

## 02

정답 ②

| (나) | 관료전 지급 | 687년 신문왕 |
|---|---|---|
| ↓ | | |
| (가) | 녹읍 폐지 | 689년 신문왕 |
| ↓ | | |
| (라) | 시정 전시과 | 976년 경종 |
| ↓ | | |
| (다) | 과전법 | 1391년 공양왕 |

**½한국사 고득점 TIP 전시과와 과전법**

| 구분 | 전시과 | 과전법 |
|---|---|---|
| 의미 | 관리를 등급에 따라 구분하여 직역의 대가로 수조권 지급 | |
| 지급 | • 전국의 토지를 대상으로 분급<br>• 전지(농경지)와 시지(임야·땔감)지급 | • 경기 지역에 한해 분급<br>• 전·현직 관리에게 전지만 지급 |
| 특징 | 원칙적으로 세습 불가이나, 점차 직역이 세습되면서 수조권도 함께 세습됨. | 원칙적으로 세습 불가이나, 수신전·휼양전 등의 명목으로 세습됨. |

## 03

정답 ③

**③ O: 과전법은 전직 관리(산관)와 현직 관리(직관)에게 모두 수조권을 지급하였다.**

**오답 분석**

① X: 과전법에서 과전은 경기도의 토지의 수조권을 지급하는 것이지만 태종 때 경기 외의 토지를 지급한 적이 있으며, 외교적 공헌자에게 지급하는 별사전은 경기 외의 토지를 지급하기도 하였다. 그러므로 성종 대까지 경기도에 한정되었다는 잘못된 지문이다.

② X: 과전법은 현직 관리가 아니라 전·현직 관리에게 소유권과 수조권을 부여한 것이 아니라 수조권만을 지급한 것이다.

④ X: 과전법에서 과전은 관등에 따라 18개 등급에 따라 수조권을 지급한 것이고, 1대에 한하여 지급되는 것으로 세습이 불허되어 사망 시 반납하는 것이 원칙이었다. 단, 공신전은 세습이 허용되었고 별사전은 3대까지만 세습되었다.

**½한국사 고득점 TIP 조선 시대 토지 제도**

- 과전법: 1391년 공양왕, 전·현직 관리에게 전지의 수조권 지급
- 직전법: 1466년 세조, 현직 관리에게만 전지의 수조권 지급
- 관수관급제: 1470년 성종, 관청에서 조를 수취, 관리에게 지급
- 직전법 폐지: 16세기 명종 때 폐지

## 04

정답 ①

| (가) | 역분전 | 고려 태조 |
|---|---|---|
| ↓ | | |
| (나) | 전시과 | 고려 경종~ 문종 대 완성 |
| ↓ | | |
| (다) | 과전법 | 고려 말 1391년 공양왕 |
| ↓ | | |
| (라) | 공법 | 조선 세종 |

# THEME 071 조선 전기 수취 제도

## 01

2012년 국가직 9급

**다음과 같은 상황을 극복하기 위해 조선 정부가 시행한 정책으로 가장 적절한 것은?**

> 임진왜란과 병자호란을 거치면서 농촌 사회는 심각하게 파괴되었다. 수많은 농민이 전란 중에 사망하거나 피난을 가고 경작지는 황폐화되었다. 그러나 농민의 조세 부담은 줄어들지 않았다. 양난 이후 조선 정부의 가장 큰 어려움은 농경지의 황폐와 전세 제도의 문란이었다.

① 양전 사업 실시　② 군적수포제 실시
③ 연분 9등법 실시　④ 오가작통제 실시

## 02

2023년 법원직 9급

**다음 사건이 일어난 시기에 볼 수 있는 모습으로 가장 옳은 것은?**

> 전제상정소에서 다음과 같이 논의하였다. "우리나라는 지질의 고척(膏瘠)이 남쪽과 북쪽이 같지 아니합니다. 하지만 그 전품(田品)의 분등(分等)을 8도를 통한 표준으로 계산하지 않고 있습니다. 다만 1도(道)로써 나누었기 때문에 납세의 경중(輕重)이 다릅니다. 부익부 빈익빈이 심해지니 옳지 못한 일입니다. 여러 도의 전품을 통고(通考)하여 6등급으로 나눈다면 전품이 바로잡힐 것이며 조세도 고르게 될 것입니다." 임금은 이를 그대로 따랐다.

① 3포 왜란으로 입은 피해를 걱정하는 어부
② 벽란도에서 송나라 선원과 흥정하는 상인
③ 『농가집성』의 내용을 읽으며 공부하는 농부
④ 불법적인 상행위를 감시하는 경시서 관리

## 03

2015년 기상직 9급

**(가)~(라)의 제도가 시행된 순서대로 바르게 정리한 것은?**

> (가) 경기 지방의 토지를 관리에게 지급하였다.
> (나) 국가가 농민에게 조세를 수취하여 관리에게 지급하였다.
> (다) 풍흉에 관계없이 전세를 토지 1결당 미곡 4두로 고정시켰다.
> (라) 농민은 1년에 군포 1필을 부담하고 지주는 결작을 부담하였다.

① (가) - (나) - (다) - (라)　② (가) - (나) - (라) - (다)
③ (나) - (가) - (다) - (라)　④ (나) - (라) - (다) - (가)

## 04

2018년 경찰 2차

**조선 시대 수취 체제에 대한 설명으로 가장 적절하지 않은 것은?**

① 공법은 토지 결수에 따라 지방의 토산물을 거두는 수취 제도였다.
② 전세는 과전법에 있어서 수확량의 10분의 1로 되어 있었으나, 세종 때에는 토지 비옥도와 풍흉의 정도에 따라 전분 6등법과 연분 9등법을 실시하여 차등 있게 부과하였다.
③ 국가는 재정의 토대가 되는 수취 체제를 운영하기 위해 토지 대장인 양안과 인구 대장인 호적을 작성하였다. 이는 전세, 역 등을 백성에게 부과하는 근거가 되었다.
④ 역에는 교대로 번상해야 하는 군역과 1년에 일정한 기간 노동에 종사해야 하는 요역이 있었다.

## 01

정답 ①

제시된 사료에서 '양난 이후 조선 정부의 가장 큰 어려움은 농경지의 황폐와 전세 제도의 문란이었다.'에서 알 수 있듯이 농토의 황폐화와 전세 제도의 문란을 해결하기 위해 실시한 정책을 찾는 문제이다.

**① O: 조선 후기 양난을 겪으면서 농토가 황폐해지고 양안이 소실되어 정부 수입이 감소하였다. 이에 정부는 양전 사업을 새롭게 실시하여 양안을 작성하였다.**

**오답 분석**

② X: 군적수포제(군포징수제)는 전쟁 전인 16세기 중종 때 이미 실시되었다.

③ X: 연분 9등법의 실시는 조선 전기 세종 때 실시되었다.

④ X: 오가작통제는 조선 초기에 이미 실시되었다.

**½한국사 고득점 TIP** 오가작통제

오가작통제는 성종 때 한명회의 건의로 저수관개를 감독하기 위해 제정하였으며, 연산군 때는 변방 지방의 세금 징수·탈주자 방지를 위해 이용되었다. 오가작통제는 이후 숙종 때 전국적으로 시행되었고, 19세기에는 천주교 박해에 이용되기도 하였다. 이처럼 오가작통제는 조선 시대 국가가 향촌과 농민을 통제하고 중앙 집권 체제를 강화하기 위해 시행한 것이다.

## 02

정답 ④

제시된 사료는 조선 초기 세종 때 경제 상황이다. '여러 도의 전품을 통고(通考)하여 6등급으로 나눈다면 전품이 바로잡힐 것이며 조세도 고르게 될 것입니다.'에서 세종 때 실시된 전분 6등법임을 알 수 있다.

④ O: 불법적인 상행위를 감시하는 경시서는 고려 시대 설치되었고, 조선 초기 세조 때 평시서로 개칭되었다.

**오답 분석**

① X: 중종 때 3포 왜란이 일어났다. 중종 때 부산포, 제포(내이포), 염포의 3포에 거주하던 왜인들이 조선 정부의 무역 통제에 반발하여 3포 왜란을 일으켰다.

② X: 고려 시대에 예성강 하류의 무역항인 벽란도에서 송나라 선원과 교역을 하였다.

③ X: 효종 때 『농가집성』이 편찬되었다. 한편, 세종 시절에는 우리나라 풍토에 맞는 농법을 정리한 『농사직설』이 편찬되었다.

**중요 사료** 세종의 공법 제정

국왕이 말했다. "나는 일찍부터 이 제도를 시행해 여러 해의 평균을 파악하고 답험(踏驗)의 폐단을 영원히 없애려고 해왔다. 신하들부터 백성까지 두루 물어보니 반대하는 사람은 적고 찬성하는 사람이 많았으므로 백성의 뜻도 알 수 있다."

## 03

정답 ①

| (가) | 과전법 | 1391년 공양왕 |
|---|---|---|
| ↓ | | |
| (나) | 관수관급제 | 조선 성종 |
| ↓ | | |
| (다) | 영정법 | 조선 인조 |
| ↓ | | |
| (라) | 균역법 | 조선 영조 |

## 04

정답 ①

**① X: 공법은 조선 세종 때 실시된 전세 제도로 토지의 비옥도(전분 6등법)와 풍흉(연분 9등법)에 따라 전세를 거두는 수취 제도이다. 한편 지방의 토산물을 거두는 수취 제도는 공납으로, 대동법 시행 이전에는 가호를 기준으로 토산품을 수취하였다. 이후 대동법의 시행으로 토지를 기준으로 토산품 대신 쌀, 동전, 베 등으로 수취하였다.**

**오답 분석**

② O: 과전법에서는 토지 1결의 수확량을 300두로 정하고, 수확량의 1/10인 30두를 조세로 수취하였다. 이후 세종 때에는 토지 비옥도를 기준으로하는 전분 6등법과 풍흉의 정도를 기준으로 하는 연분 9등법의 공법을 제정하여 조세 액수를 1결당 최고 20두에서 최하 4두까지 차등 징수하였다.

③ O: 조선 시대에는 전세 및 공납, 역을 부과하는 근거로 활용하기 위해 토지 대장인 양안과 인구 대장인 호적이 작성되었다. 양안은 20년마다, 호적은 3년마다 작성하는 것이 원칙이었다.

④ O: 조선 시대의 역은 16세 이상의 정남에게 부과한 것으로, 병역에 복무하거나 정군의 복무 비용을 부담하는 군역과, 성곽 축조 등의 노동에 동원되는 요역이 있었다.

**½한국사 고득점 TIP** 군역과 요역

- 군역
  - 정군: 일정 기간 교대로 군사 복무
  - 보인: 정군의 비용 부담
- 요역
  - 초기: 가호를 기준으로 정남의 수를 고려해 선발하였고, 성, 왕릉, 저수지 등의 공사에 동원
  - 성종 대: 경작하는 토지 8결당 1인을 선발하였고, 1년에 6일 이내로 동원을 제한하였으나 실제로는 임의로 징발

# THEME 072 조선 후기 수취 제도

## 01

2023년 국가직 9급

(가)에 대한 설명으로 옳지 않은 것은?

> 임진왜란 이후에 우의정 유성룡도 역시 미곡을 거두는 것이 편리하다고 주장하였으나, 일이 성취되지 못하였다. 1608년에 이르러 좌의정 이원익의 건의로 (가) 을/를 비로소 시행하여, 민결(民結)에서 미곡을 거두어 서울로 옮기게 하였다. -『만기요람』

① 장시의 확대에 기여하였다.
② 지주에게 결작을 부과하였다.
③ 공납의 폐단을 막기 위해 실시하였다.
④ 공인에게 비용을 지급하고 필요 물품을 조달하였다.

## 02

2017년 지방직 9급

다음 지시에 따라 실시된 제도로 옳은 것은?

> 왕이 양역을 절반으로 줄이라고 명령했다. "…… 호포(戶布)나 결포(結布) 모두 문제가 있다. 이제 1필을 줄이는 것으로 온전히 돌아갈 것이니 경들은 1필을 줄였을 때 생기는 세입 감소분을 보충할 방법을 강구하라."

① 지조법을 시행하고 호조로 재정을 일원화하였다.
② 토산물로 징수하던 공물을 쌀이나 무명, 동전 등으로 통일하였다.
③ 황폐해진 농지를 개간하도록 권장하고 전국적인 양전 사업을 시행하였다.
④ 일부 상류층에게 선무군관이라는 칭호를 주고 군포 1필을 납부하게 하였다.

## 03

2019년 법원직 9급

밑줄 친 (ㄱ)의 폐단을 시정하고자 실시한 제도와 관련된 설명으로 가장 옳은 것은?

> 정인홍이 아뢰기를 "민생이 곤궁한 것은 공상할 물건은 얼마 되지도 않는데 (ㄱ) 방납으로 모리하는 무리에게 들어가는 양이 거의 3분의 2가 넘고, 게다가 수령이 욕심을 부리고 아전이 애를 먹여서 그 형세가 마치 삼분오열로 할거하듯 하니 민생이 어찌 곤궁하지 않겠습니까." -『선조실록』

① 공납의 호세화가 촉진되었다.
② 상품 화폐 경제의 발달에 영향을 주었다.
③ 영조 대에 토지 1결당 쌀 4두를 징수하였다.
④ 농민들의 군포부담이 2필에서 1필로 줄어들었다.

## 04

2016년 법원직 9급

(가), (나)와 관련하여 새로이 시행된 수취 제도에 대한 설명으로 가장 옳은 것은?

> (가) 지금 호조에서 한 나라의 살림을 맡아 보면서도 어느 지방의 어떤 물건의 대납인지, 또 대납의 이익이 얼마나 되는지도 살피지 않은 채 모두 부상들에게 허가하여 이 일을 맡기고 있습니다. 세금도 정해진 것보다 지나치게 많이 거두는 경우가 많습니다.
> (나) 마침내 연분 9등법을 파하였다. 삼남 지방은 각 등급으로 결수를 정해 조안에 기록하였다. 영남은 상지하(上之下)까지만 있게 하고, 호남과 호서 지방은 중지중(中之中)까지만 있게 하였다.

① (가) - 담당 기관으로 사창을 설치하였다.
② (가) - 가구에 부과하던 공납을 전세화하였다.
③ (나) - 결작으로 부족한 세수를 보충하였다.
④ (나) - 광해군 때 경기도에서 처음 실시되었다.

## 문제 풀이

### 01
정답 ②

제시된 사료는 조선 후기 광해군 때 실시된 대동법이다.

② X: 결작은 대동법이 아니라 영조 때 균역법이 실시되면서 부족한 군포를 보충하기 위해서 지주에게 1결당 2두씩을 거둔 것이다.

**오답 분석**

①, ④ O: 대동법의 시행 이후 국가가 특허 상인인 공인에게 비용을 지급하고 관청에 필요한 물품을 대신 구매하여 조달하게 하였으며, 이러한 공인의 활동은 지방 장시의 확대와 상품 화폐 경제의 발달에 기여하였다.

③ O: 대동법은 공납의 폐단을 막기 위해 실시되었다. 중앙 관청의 서리나 상인들이 공물을 대신 납부하고 그 대가를 많이 챙기는 방납의 폐단이 나타나자, 이를 해결하기 위해 실시되었다.

**½한국사 고득점 TIP** 대동법

- 실시: 광해군 때 경기도~숙종 때 전국 시행
  - 광해군(경기도), 인조(강원도), 효종(충청도와 전라도), 숙종(전국 실시)
- 배경: 방납의 폐단
- 개혁: 호에 현물로 부과하던 상공을 토지에 쌀, 베, 돈으로 부과
- 세율: 1결당 12두로 부과 (처음은 16두)
- 반응: 무전농민들은 환영, 지주의 반대로 전국 시행에 100년 걸림
- 결과
  - 선혜청 설치: 공인 고용 → 상품 화폐 경제 발달
  - 대동세: 상납미(선혜청), 유치미(수령), 상납미 증가로 유치미 감소 → 수령 수탈 증가
  - 상공만 폐지 → 별공과 진상은 유지

### 02
정답 ④

제시된 사료는 군역 제도의 문란을 시정하기 위한 지시에 관한 내용으로, 이후 영조 때 균역법이 실시되었다.

④ O: 균역법이 실시되면서 부족한 군포를 보충하기 위해서 일부 상류층에게 선무군관이라는 칭호를 주고 군포 1필을 납부하게 하였다.

**오답 분석**

① X: 지조법을 시행하고 호조로 재정을 일원화하는 것은 균역법이 아니라 1884년 갑신정변 당시 개화당이 주장한 신정부 강령의 내용이다.

② X: 균역법이 아니라 대동법이 토산물로 징수하던 공물을 쌀이나 무명, 동전 등으로 통일하였다.

③ X: 균역법과 양전 사업의 실시는 관련이 없다. 영조는 균역법을 실시하기 위해 양역사정청을 설치하고, 양인의 종류와 양인 수를 조사하여 『양역실총』을 간행, 균역청을 설치하고 균역법을 실시하였다.

### 03
정답 ②

제시된 사료의 밑줄 친 '방납'의 폐단을 시정하기 위해 광해군 때 이원익과 한백겸의 주장으로 대동법이 시행되었다.

② O: 대동법의 실시로 공인이 정부의 관수품을 조달하면서 상업이 발달하고, 상품 화폐가 발달하였다. 또한 농민도 대동세를 납부하기 위해 토산물을 시장에 내다 팔며 상품 화폐 경제 발달에 기여하였다.

**오답 분석**

① X: 조선 전기에는 공납이 본래 호세여서 집집마다 현물로 거뒀고, 후에 대동법이 실시되면서 호에 부과하던 공납이 토지에 부과되어 공납의 전세화가 이루어졌다.

③ X: 영조 대에는 군역의 문란을 시정하기 위해서 균역법을 실시하였고, 이를 보충하기 위해서 결작이라 하여 토지 1결당 쌀 2두를 징수하였다.

④ X: 대동법이 아니라 영조 때 균역법이 실시되면서 농민들의 군포부담이 2필에서 1필로 줄어들었다.

### 04
정답 ②

제시된 사료의 (가)는 대납(방납)의 폐단으로 대동법에 대한 내용이며, (나)는 연분 9등법의 문제로 영정법에 대한 내용이다.

② O: (가)의 대동법은 가구(호, 집집)에 부과하던 공납을 토지에 부과하여 공납을 전세화하였다.

**오답 분석**

① X: (가) 대동법을 실시하면서 담당 기관으로 사창이 아니라 선혜청을 설치하였다.

③ X: (나)의 영정법이 아니라 영조 때 균역법의 실시로 지주에게 1결당 2두씩의 결작을 부과하여 부족한 세수를 보충하였다.

④ X: (나)의 영정법이 아니라 (가)의 대동법이 광해군 때 경기도에서 처음 실시되었다. 영정법은 인조 때 실시되었다.

## 05

2024년 법원직 9급

**밑줄 친 방법에 대한 설명으로 가장 옳은 것은?**

남편은 세상을 떠났으나 뱃속에 아기가 있었지요. …… 포대기에 쌓인 갓난아기 장정으로 군적에 올려서 문이 닳도록 찾아와 군포를 바치라고 독촉하고 어제는 아기를 업고 관가에 점호를 받으러 갔다오. …… 점호라고 받고 돌아오니 아기는 이미 죽어 있었지요.
이 시에서 나타낸 조세제도를 감면한 뒤 발생한 재정 부족 문제를 해결한 방법은 무엇일까요?


① 관료전을 지급하고 녹읍을 폐지하였다.
② 풍흉에 관계 없이 일정하게 조세를 거두었다.
③ 부유한 양민에게 선무군관포를 내게 하였다.
④ 토지 소유자에게 공납을 쌀과 동전 등으로 내게 하였다.

## 06

2016년 국가직 9급

**밑줄 친 '이 법'에 대한 설명으로 옳지 않은 것은?**

> 현물로 바칠 벌꿀 한 말의 값은 본래 목면 3필이지만, 모리배들은 이를 먼저 대납하고 4필 이상을 거두어 갑니다. 이런 폐단을 없애기 위해 이 법을 시행하면 부유한 양반지주가 원망하고 시행하지 않으면 가난한 농민이 원망한다는데, 농민의 원망이 훨씬 더 큽니다. 경기와 강원에서 이미 시행하고 있으니 충청과 호남 지역에도 하루빨리 시행해야 합니다.

① 토지 결수를 과세 기준으로 삼았다.
② 인조 때 처음으로 경기도에서 시행하였다.
③ 이 법이 시행된 후에도 왕실에 대한 진상은 계속되었다.
④ 이 법을 시행하면서 관할 관청으로 선혜청을 설치하였다.

## 07

2010년 국가직 9급

**다음 토지 및 조세 제도에 관한 내용을 시기 순으로 바르게 나열한 것은?**

> (ㄱ) 풍흉에 관계없이 전세를 토지 1결당 미곡 4두로 고정시켰다.
> (ㄴ) 토지 비옥도와 풍흉의 정도에 따라 조세 액수를 1결당 최고 20두에서 최하 4두로 하였다.
> (ㄷ) 토지의 지급 대상을 현직 관리로 한정하였다.
> (ㄹ) 관료들을 18과로 나누어 최고 150결에서 최하 10결의 과전을 지급하였다.

① (ㄴ) → (ㄷ) → (ㄹ) → (ㄱ)
② (ㄴ) → (ㄹ) → (ㄱ) → (ㄷ)
③ (ㄹ) → (ㄱ) → (ㄴ) → (ㄷ)
④ (ㄹ) → (ㄴ) → (ㄷ) → (ㄱ)

## 08

2015년 국회직 9급

**다음의 자료를 통해 알 수 있는 조세 제도에 대한 설명으로 옳지 않은 것은?**

> 갈밭마을 여인 울음도 서러워라. 현문(懸門) 향해 울부짖다 하늘보고 호소하네. 군인 남편 못 돌아옴은 있을 법도 한 일이나, 예부터 남절양(男絶陽)은 들어보지 못했노라. 시아버지 죽어서 이미 상복 입었고, 갓난아인 배냇물도 안 말랐는데, 3대의 이름이 군적에 실리다니. 달려가서 억울함을 호소하려 해도 범 같은 문지기 버티어 있고, 이정(里正)이 호통하여 단벌 소만 끌려가네. 남편 문득 칼을 갈아 방안으로 뛰어들자, 붉은 피 자리에 낭자하구나. 스스로 한탄하네. '아이 낳은 죄로구나.'
>
> -『목민심서』, 「애절양(哀絶陽)」

① 족징(族徵), 인징(隣徵), 백골징포(白骨徵布), 황구첨정(黃口簽丁) 등의 폐단이 있었다.
② 폐단을 시정하기 위해 숙종~영조 대에 걸쳐 다양한 양역변통론이 제기되었다.
③ 상층 양인 일부에게 선무군관(選武軍官)이라는 칭호를 주는 대신 군포를 부과하였다.
④ 토지 1결당 미곡 12두를 거두어 세입의 결손을 보완하고자 하였다.
⑤ 균역청에서 어세, 염세, 선세를 관할하게 하였다.

# 문제 풀이

## 05

정답 ③

제시된 자료의 갓난아기가 장정으로 군정에 올라 군포를 바치라는 부분에서 조선 후기 군정의 문란임을 알 수 있다. 이 문제를 해결하기 위해서 영조가 균역법을 실시하였다.

**③ O: 균역법의 시행으로 부족한 재정을 보충하기 위해, 부유한 양민에게 선무군관포를 내게 하였다.**

**오답 분석**

① X: 통일 신라 신문왕 시절에 왕권 강화를 위해 관료전을 지급하고 녹읍을 폐지하였다.

② X: 인조 시절에 영정법을 시행하여 풍흉에 관계 없이 일정하게 조세를 거두었다.

④ X: 대동법을 시행하여 토지 소유자에게 공납을 쌀과 동전 등으로 내게 하였다.

## 06

정답 ②

제시된 사료의 밑줄 친 '이 법'은 대동법이다. 대납(방납)의 폐단을 없애기 위해 시행한다는 부분에서 대동법임을 알 수 있다.

**② X: 인조가 아니라 광해군 때 처음으로 경기도에서 시행하였다.**

**오답 분석**

① O: 대동법은 호에 부과하던 공납을 토지 결수에 쌀과 베, 돈으로 부과하였다.

③ O: 대동법은 상공 대신 쌀과 베, 돈을 부과한 것이며, 별공과 진상은 그대로 유지되었다.

④ O: 정부는 대동법을 시행하면서 관할 관청으로 선혜청을 설치하였다.

**½한국사 고득점 TIP 대동법의 문제점**

대동법 시행 이후 쌀과 포, 돈으로 현물 납부 시 발생하는 방납의 폐단이 어느 정도 시정되었으나 별공과 진상 등 현물 징수의 세금 제도는 소멸되지 않아 농민들의 부담은 여전히 존재하였다.

**½한국사 고득점 TIP 선혜청**

대동법이 실시되면서 중앙에는 선혜청, 지방에는 대동청이 설치되었다. 선혜청은 수납한 대동세로 공인을 고용하여 국가에 필요한 물품을 조달하였다. 이후 대동법이 확대 실시되면서 선혜청은 진휼청, 균역청 등을 통합하여 호조를 능가하는 최대의 재정 기관이 되었다.

## 07

정답 ④

| (ㄹ) | 과전법 | 1391년 고려 공양왕 |
|---|---|---|
| ↓ | | |
| (ㄴ) | 공법 | 조선 세종 |
| ↓ | | |
| (ㄷ) | 직전법 | 조선 세조 |
| ↓ | | |
| (ㄱ) | 영정법 | 조선 인조 |

## 08

정답 ④

제시된 「애절양」은 조선 후기 정약용이 군정의 문란을 비판한 것이다.

**④ X: 영조는 균역법을 실시하여 군정의 문란을 시정하고자 하였고, 부족한 재정을 보충하기 위해서 토지 1결당 미곡 12두가 아니라 2두의 결작을 거뒀다. 1결당 12두를 거둔 것은 공납제도의 개혁인 대동법이다.**

**오답 분석**

① O: 17세기 5군영, 감영, 병영에서 독자적으로 군포를 징수하여 중복 징수가 많아졌고, 족징, 인징, 동징, 황구첨정, 백골징포 등 군정의 문란이 심각해졌다. 이에 군포 부담에서 벗어나기 위해 농민들의 유망이 급증하였고 납속, 모칭 등을 통해 양반 신분을 획득하였다.

② O: 조선 후기 군정이 문란해지자 유형원 등은 농민에게 토지를 분배하는 균전제를 실시한 후 4가구당 1명을 군역으로 징발하는 농병일치론을 주장하였고, 영조는 인두세로 부과하던 군포를 호세로 전환하여 모든 양반들에게 군포를 부과하고자 하였으나 양반들의 반대로 실패하였다.

③ O: 영조는 군정의 문란을 시정하기 위해서 균역법을 실시하였고, 부족한 재정을 보충하기 위해서 상층 양인 일부에게 선무군관이라는 칭호를 주는 대신 1필씩의 군포를 부과하였다.

⑤ O: 영조는 균역법을 실시하면서 어세, 염세, 선세 등을 균역청에서 관할하게 함으로써 부족분을 보충하였다.

THEME

# 073 조선 시대 경제 활동

## 01

2021년 국가직 9급

**밑줄 친 '이 농법'에 대한 설명으로 옳은 것만을 모두 고르면?**

> 대개 이 농법을 귀중하게 여기는 이유는 다음과 같다. 두 땅의 힘으로 하나의 모를 서로 기르는 것이고, …(중략)… 옛 흙을 떠나 새 흙으로 가서 고갱이를 씻어 내어 더러운 것을 제거하는 것이다. 무릇 벼를 심는 논에는 물을 끌어들일 수 있는 하천이나 물을 댈 수 있는 저수지가 꼭 필요하다. 이러한 것이 없다면 볏논이 아니다.
> -『임원경제지』

(ㄱ) 세종 때 편찬된 『농사직설』에도 등장한다.
(ㄴ) 고랑에 작물을 심도록 하였다.
(ㄷ) 『경국대전』의 수령칠사 항목에서도 강조되었다.
(ㄹ) 직파법보다 풀 뽑는 노동력을 절약할 수 있었다.

① (ㄱ), (ㄴ)　② (ㄱ), (ㄹ)
③ (ㄴ), (ㄷ)　④ (ㄷ), (ㄹ)

## 02

2019년 법원직 9급

**다음 시기의 경제 상황으로 옳은 것을 <보기>에서 고른 것은?**

> 나라 제도로서 인정(人丁)에 대한 세를 신포(身布)라 하였는데 충신과 공신의 자손에게는 모두 신포가 면제되어 있었다. 이 법이 시행된 지도 이미 오래됨에 턱없이 면제된 자가 많았다. 그 모자라는 액수는 반드시 평민에게 덧붙여 징수하여 보충하고 있었다. 대원군은 이를 수정하고자 동포(洞布)라는 법을 제정하였다.

**보기**
(ㄱ) 도조법의 유행
(ㄴ) 견종법의 확산
(ㄷ) 삼한통보의 유통
(ㄹ) 관영 수공업의 발달

① (ㄱ), (ㄴ)　② (ㄱ), (ㄷ)
③ (ㄴ), (ㄷ)　④ (ㄷ), (ㄹ)

## 03

2022년 법원직 9급

**다음 사실을 시기 순으로 바르게 나열한 것은?**

> (가) 강희맹이 경기 지역의 농사 경험을 토대로 『금양잡록』을 편찬하였다.
> (나) 신속이 벼농사 중심의 수전 농법을 소개한 『농가집성』을 편찬하였다.
> (다) 이암이 중국 화북 지역의 농사법을 반영한 『농상집요』를 도입하였다.
> (라) 정초, 변효문 등이 왕명에 의해 우리나라 풍토에 맞는 농법을 정리한 『농사직설』을 편찬하였다.

① (가) - (다) - (나) - (라)　② (나) - (다) - (라) - (가)
③ (다) - (라) - (가) - (나)　④ (다) - (라) - (나) - (가)

## 04

2019년 국가직 9급

**밑줄 친 (ㄱ)~(ㄹ)과 관련된 임란 이후 경제에 대한 설명으로 옳지 않은 것은?**

> • (ㄱ) 서울 안팎과 번화한 큰 도시에 파·마늘·배추·오이밭 따위는 10묘의 땅에서 얻은 수확이 돈 수만을 헤아리게 된다. 서도 지방의 (ㄴ) 담배 밭, 북도 지방의 삼밭, 한산의 모시밭, 전주의 생강 밭, 강진의 (ㄷ) 고구마 밭, 황주의 지황 밭에서의 수확은 모두 상상등전(上上等田)의 논에서 나는 수확보다 그 이익이 10배에 이른다.
> • 작은 보습으로 이랑에다 고랑을 내는데, 너비 1척, 깊이 1척이다. 이렇게 한 이랑, 즉 1묘 마다 고랑 3개와 두둑 3개를 만들면, 두둑의 높이와 너비는 고랑의 깊이와 너비와 같아진다. 그 뒤 (ㄹ) 고랑에 거름 재를 두껍게 펴고, 구멍뚫린 박에 조를 담고서 파종한다.

① (ㄱ) - 신해통공을 반포하여 육의전의 금난전권을 폐지하였다.
② (ㄴ) - 인삼과 더불어 대표적인 상업작물로 재배되었다.
③ (ㄷ) - 『감저보』, 『감저신보』에서 재배법을 기술하였다.
④ (ㄹ) - 밭농사에서 농업 생산력의 발전을 가져온 농법이었다.

# 문제 풀이

## 01

정답 ②

제시된 사료의 밑줄 친 '이 농법'은 이앙법이다. '무릇 벼를 심는 논에서 씨를 직접 뿌리는 것이 아니라 벼를 옮겨 심는다'에서 이앙법임을 알 수 있다.

(ㄱ) O: 조선 초기 세종 때 편찬된 『농사직설』에서 이앙법을 소개하지만 직파법을 권장하였다.

(ㄹ) O: 이앙법은 직파법보다 풀 뽑는 노동력을 절약할 수 있었기 때문에 노동량이 적게 들어 광작이 가능하게 되었다.

**오답 분석**

(ㄴ) X: 이앙법이 아니라 조선 후기 밭농사에서 유행한 견종법이 고랑에 작물을 심는 농법이다.

(ㄷ) X: 조선 시대 『경국대전』의 수령칠사 항목의 '농상성'에서 수령은 때를 맞춰 씨를 뿌리게 하는 등 관할 구역의 농업을 관리하였다. 하지만 조선 전기에 정부는 직파법을 권장하였고, 이앙법을 금지하였기 때문에 수령이 이앙법을 권장할 수 없었다.

**½한국사 고득점 TIP** 조선 후기의 농업 변화

- 광작 실시: 이앙법의 확대(노동력 절감)로 광작이 성행함
- 견종법 보급: 밭 고랑에 씨를 뿌리는 견종법이 보급
- 작물의 다양화
  - 상품 작물 재배: 면화, 채소, 담배, 인삼 등
  - 구황 작물 재배: 고구마, 감자
- 지대 납부 방식 변화: 정률 지대인 타조법 대신 정액 지대인 도조법이 확대

## 02

정답 ①

제시된 사료는 조선 후기 흥선대원군의 호포제 시행과 관련된 내용이다.

(ㄱ) O: 조선 후기에는 기존의 정률 지대인 타조법 대신 정액 지대인 도조법이 등장·유행하였다.

(ㄴ) O: 조선 후기에는 고랑에 씨앗을 파종하는 견종법이 유행하였다.

**오답 분석**

(ㄷ) X: 조선 후기가 아니라 고려 시대 숙종 때 삼한통보가 주조되었고, 조선 후기에는 상평통보가 전국 유통되었다.

(ㄹ) X: 조선 후기가 아니라 조선 전기에 관영 수공업이 발달하였다. 조선 후기에는 선대제 수공업이나 독립 수공업 같은 민영 수공업이 발달하였다.

## 03

정답 ③

| (다) | 『농상집요』 | 고려 말 이암이 전래 |
|---|---|---|
| ↓ | | |
| (라) | 『농사직설』 | 조선 세종 |
| ↓ | | |
| (가) | 『금양잡록』 | 조선 성종 |
| ↓ | | |
| (나) | 『농가집성』 | 조선 후기 효종 |

**½한국사 고득점 TIP** 조선의 농서

| 구분 | 내용 |
|---|---|
| 조선 전기 | • 『농서집요』(태종·중종 때 편찬)<br>• 『농사직설』(세종 때 정초·변효문 등이 편찬)<br>• 『금양잡록』(성종 때 강희맹이 편찬) |
| 조선 후기 | • 『농가집성』(효종 때 신속이 편찬, 벼농사 중심의 농법 소개)<br>• 『색경』(숙종 때 박세당이 편찬)<br>• 『산림경제』(숙종 때 홍만선이 편찬)<br>• 『해동농서』(서호수가 편찬)<br>• 『임원경제지』(서유구가 편찬, 농촌 생활 백과사전) |

## 04

정답 ①

주어진 문제는 임란 이후의 경제이니 조선 후기의 경제 상황으로 바르지 못한 것을 고르면 되는 문제이다.

① X: 정조 시절 1791년 신해통공은 육의전의 금난전권을 폐지한 것이 아니라 육의전을 제외한 시전상인의 금난전권을 폐지한 것이다.

**오답 분석**

② O: 담배는 남초라 불렸고, 조선 후기(17세기)에 일본에서 전래되어 인삼, 목면 등과 함께 3대 상업 작물로 활발히 재배되었다.

③ O: 고구마는 조선 후기 영조 시절 조엄이 일본에서 전래하였다. 『감저보』는 영조 시절 강필리가 고구마의 재배 및 이용법에 관하여 우리나라 최초로 고구마의 재배·이용법을 기술한 책이다. 『감저신보』는 순조 시절 김장순이 편찬한 고구마의 재배 및 이용법에 관한 책이다.

④ O: 조선 후기 밭농사에서 유행한 견종법으로 이 농법은 고랑(움푹 들어간 곳)에 씨를 뿌려 바람과 가뭄에 영향을 덜 받는 장점이 있다.

**½한국사 고득점 TIP** 신해통공(1791년, 정조)

정조는 조선 후기 시전상인들의 난전 통제권인 금난전권을 폐지하여 시전상인들의 특권을 폐지하였다. 그리고 난전들의 활동을 합법화하였다. 단 시전상인들 중 육의전의 금난전권은 보호해주었다.

## 05

2018년 교육행정직

**다음 상황이 전개되던 시기에 볼 수 있는 모습으로 옳은 것은?**

> 사행이 책문을 출입할 때 의주 상인과 개성 상인 등이 은(銀), 삼(蔘)을 몰래 가지고 인부나 마필 속에 섞여 들어 물종을 팔아 이익을 꾀하였다. 되돌아올 때는 걸음을 일부러 늦추어 사신을 먼저 책문으로 나가게 하여 거리낄 것이 없게 한 뒤에 저희 마음대로 매매하고 돌아오는데 이것을 책문 후시라고 한다. -『만기요람』

① 직전법 실시에 반발하는 관리
② 주자소에서 계미자를 주조하는 장인
③ 전민변정도감 설치 소식에 기뻐하는 노비
④ 공가를 받아 물품을 구입해 관청에 납부하는 공인

## 06

2017년 법원직 9급

**다음 지도와 같은 상권이 형성되었던 당시에 볼 수 있는 모습으로 가장 적절하지 않은 것은?**

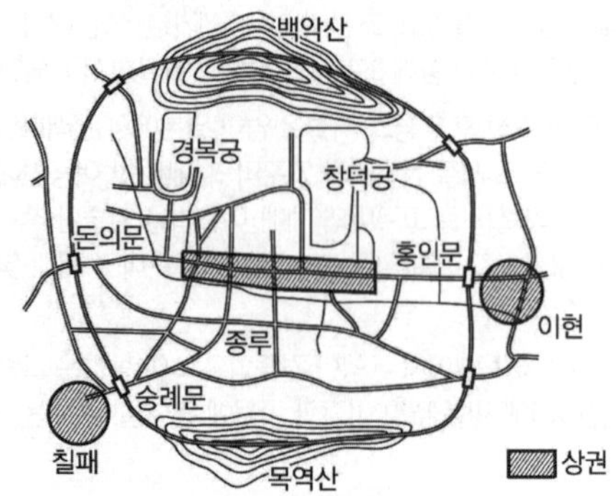


① 그릇을 팔고 건원중보를 받는 보부상
② 쌀의 상품화로 밭을 논으로 만드는 농부
③ 지주의 결작을 대신 내야 한다며 한숨 쉬는 소작농
④ 객주의 물긴 독점으로 제시 물품 준비에 한숨 쉬는 이낙네

## 07

2008년 선관위 9급

**다음은 수공업자들의 경제생활을 나타낸 것이다. 시대 순으로 바르게 나열한 것은?**

> (ㄱ) 관영 수공업이 발달하여 관청에 등록된 장인들은 의류, 활자, 화약, 무기 등을 제조하여 납품하였다.
> (ㄴ) '소'에서는 금, 은, 철, 구리, 실, 각종 옷감, 종이, 먹 등을 생산하여 공물로 납부하였다.
> (ㄷ) 상품 화폐 경제가 진전되면서 시장 판매를 위한 수공업 제품의 생산이 활발해졌다.

① (ㄱ) - (ㄴ) - (ㄷ)
② (ㄴ) - (ㄱ) - (ㄷ)
③ (ㄷ) - (ㄴ) - (ㄱ)
④ (ㄴ) - (ㄷ) - (ㄱ)

## 08

2021년 법원직 9급

**자료에 해당하는 시기의 경제 상황에 대한 설명으로 가장 옳은 것은?**

> "내 조금 시험해 볼 일이 있어 그대에게 만 금(萬金)을 빌리러 왔소." 하였다. 변씨는 "그러시오."하고 곧 만 금을 내주었다. …… 대추, 밤, 감, 배, 석류, 귤, 유자 등의 과실을 모두 두 배 값으로 사서 저장하였다. 허생이 과실을 몽땅 사들이자 온 나라가 잔치나 제사를 치르지 못하게 되었다. 그런지 얼마 아니 되어서 두 배 값을 받은 장사꾼들이 도리어 열 배의 값을 치렀다.

① 지대 납부 방식이 타조법으로 바뀌었다.
② 상품 작물 재배가 늘면서 쌀에 대한 수요가 줄었다.
③ 상인 자본이 장인에게 돈을 대는 선대제가 성행하였다.
④ 정부에서 덕대를 직접 고용해 광산 개발을 주도하였다.

## 09

2013년 지방직 9급

**조선 후기의 동전 유통 실태에 대한 설명으로 옳지 않은 것은?**

① 숙종 때, 동전이 전국적으로 유통되었다.
② 18세기 전반, 동전 공급 부족으로 전황이 발생하였다.
③ 18세기 후반, 동전으로 세금이나 소작료를 납부하는 비중이 증가하였다.
④ 19세기 전반, 군사비 지출을 보완하기 위하여 당백전을 주조하였다.

# 문제 풀이

## 05

정답 ④

제시된 사료는 조선 후기 책문 후시에 대한 내용이다.

**④ O: 조선 후기 대동법의 시행으로 정부는 선혜청에서 거둔 대동세를 통해 공인을 고용하여 시장에서 물품을 구입하였고 공인은 정부의 관수품을 조달하면서 상업 자본가로 성장하였다.**

**오답 분석**

① X: 조선 전기 세조 시기의 상황이다. 세조 때는 과전법에서 세습되는 토지가 증가하면서 지급할 과전이 부족해지자 현직 관리(직관)에게만 수조권을 지급하는 직전법을 시행하였다.

② X: 조선 태종 시기에 주자소를 설치하고 계미자를 주조하였다.

③ X: 전민변정도감은 고려 후기 권세가들이 탈점한 토지나 노비를 변정하기 위하여 설치된 임시 관청으로 고려 원종 때 처음 설치되었으며, 충렬왕, 공민왕, 우왕 때도 설치되었다.

**중요 사료** 조선 후기 포구의 발달

> 배에 물건을 싣고 오가면서 장사하는 장사꾼은 반드시 강과 바다가 이어지는 곳에서 이득을 얻는다. 전라도 나주의 영산포, 영광의 법성포, 흥덕의 사진포, 전주의 사탄은 비록 작은 강이나 모두 바닷물이 통하므로 장삿배가 모인다. …… 그리하여 큰 배와 작은 배가 밤낮으로 포구에 줄을 서고 있다. -『비변사등록』

## 06

정답 ①

제시된 자료는 조선 후기의 상황이다. 지도에 종루, 이현, 칠패가 보이는데 이는 조선 후기 난전들이다.

**① X: 건원중보는 고려 시대 성종 때 주조된 최초의 화폐이다.**

**오답 분석**

② O: 조선 후기 대동법 등의 시행으로 쌀의 수요가 증가하여 쌀의 상품화가 이루어졌다. 이로 인해 밭을 논으로 바꾸는 번답이 유행하였고, 정조 시절 논이 밭의 비율을 앞섰다.

③ O: 영조 시절 균역법이 실시되어 지주에게 1결당 2두의 결작이 부과되었지만 지주가 이를 소작농에게 전가하기도 하였다.

④ O: 조선 후기 상업의 발달로 포구가 큰 시장이 되었고, 객주와 여각, 선상 등이 활동하였다. 특히 객주는 막대한 자본을 가지고 매점매석의 도고 활동으로 물가를 폭등시키기도 하였다.

## 07

정답 ②

| (ㄴ) | 소 수공업 | 고려 전기 |
|---|---|---|
| ↓ | | |
| (ㄱ) | 관영 수공업 | 조선 전기 |
| ↓ | | |
| (ㄷ) | 상품 화폐 경제 발달 | 조선 후기 |

**½한국사 고득점 TIP** 우리나라 수공업의 발달

- 통일 신라: 공장부와 예작부 등에서 관장
- 고려 시대
  - 전기: 관청 수공업과 소 수공업이 중심
  - 후기: 사원 수공업과 민간 수공업이 중심
- 조선 시대
  - 전기: 관영 수공업
  - 후기: 민영 수공업 → 선대제 수공업과 독립 수공업 발달

## 08

정답 ③

제시된 사료는 조선 후기의 경제 상황을 보여주는 박지원의 '허생전'이다.

**③ O: 조선 후기 민영 수공업이 발달하면서 상인 자본이 장인에게 돈을 대는 선대제가 성행하였고, 이후 수공업자들은 자기 자본으로 물건을 만드는 독립 수공업으로 발전하였다.**

**오답 분석**

① X: 조선 후기에는 지대 납부 방식이 정률지대 타조법에서 정액지대 도조법으로 바뀌었다.

② X: 조선 후기에는 인삼과 담배 등의 상품 작물 재배가 늘었다. 하지만 상공업자, 임노동자, 도시인구의 증가로 쌀에 대한 수요가 증가하여 밭을 논으로 바꾸는 현상이 증가하였다.

④ X: 조선 후기에는 정부가 아니라 물주가 덕대를 직접 고용해 광산 개발을 주도하였다.

## 09

정답 ④

**④ X: 19세기 전반이 아니라 후반에, 군사비 지출이 아니라 경복궁 중건을 위해서 흥선대원군이 당백전을 주조하여 발행하게 하였다.**

**½한국사 고득점 TIP** 전황

> 조선 후기 특히 18세기 초에서 19세기 전반에 이르는 시기에 일반 유통계에 거의 만성적으로 나타났던 동전 유통량 부족현상을 전황이라 한다. 이 전황현상으로 화폐가치가 올라가고 물가가 하락하였다, 결국 농민들의소득이 감소하였고 세금과 지대의 금납화로 농민들이 몰락하였다. 이익은 이러한 문제를 비판하며 「폐전론」을 제시하였다.

# THEME 074 조선 전기 신분 제도의 개관

## 01

2017년 기상직 9급

다음 직업을 가진 사람들에 대한 설명으로 옳은 것을 <보기>에서 고른 것은?

| 수군, 조례, 나장, 일수, 봉수군, 역졸, 조졸 |
|---|

보기
(ㄱ) 사람들이 기피하는 천한 역을 담당하였다.
(ㄴ) 법제상 양인에 속해 있었다.
(ㄷ) 매매·상속·증여의 대상이 되는 비자유민이었다.
(ㄹ) 수령의 행정 실무를 보좌하는 역할을 담당하였다.

① (ㄱ), (ㄴ)
② (ㄱ), (ㄷ)
③ (ㄴ), (ㄷ)
④ (ㄴ), (ㄹ)

## 02

2007년 하반기 법원직

다음은 조선 시대의 신분을 간단히 나타낸 표이다. 이에 대한 설명으로 옳지 않은 것은?

| (가) | (나) |
|---|---|
| 양인 | 양반 |
| | 중인 |
| | 상민 |
| 천민 | 천민 |

① (나)는 조선 시대 법제적 신분 제도에 따른 구분이다.
② 양인은 과거에 응시할 수 있는 자유민이다.
③ 양반의 신분적 특권은 제도화되어 있었다.
④ 천민의 대부분은 재산으로 취급되던 노비였다.

## 03

2018년 서울시 9급

조선 시대 신분제에 대한 설명으로 가장 옳지 않은 것은?

① 중앙 관직에 진출할 수 있던 고려 시대의 향리와 달리 조선의 향리는 수령을 보좌하는 아전으로 격하되었다.
② 유교의 적서구분에 의해 서얼에 대한 차별이 심했기 때문에 서얼은 관직에 진출하지 못하였다.
③ 뱃사공, 백정 등은 법적으로는 양인으로 취급되기도 했으나 노비처럼 천대받으며 특수 직업에 종사하였다.
④ 순조는 공노비 중 일부를 양인으로 해방시켜 주었다.

## 04

2013년 국가직 7급

조선 전기의 신분 제도에 대한 설명으로 옳지 않은 것은?

① 공노비는 유외(流外)잡직으로 불리는 하급 기술관직을 가질 수 있었다.
② 서얼은 『경국대전』에 의해 문과 응시가 가능했지만 실제로는 제약을 받았다.
③ 지위가 높은 문무 관원의 자손에게는 음서와 대가(代加) 등의 혜택이 주어졌다.
④ 국역 노동이 끝난 공장(工匠)들은 시장을 상대로 필요한 물품을 만들어 판매하여 이득을 취하였다.

# 문제 풀이

## 01

정답 ①

제시된 자료의 직업을 가진 사람들은 신량역천인들이다.

(ㄱ) O: 신량역천인은 사람들이 기피하는 천한 역을 담당하였다.

(ㄴ) O: 신량역천인은 법제상 양인에 속해 있었지만 천한 역을 담당하였다.

**오답 분석**

(ㄷ) X: 신량역천인의 신분은 양인이었다. 매매·상속·증여의 대상이 되는 비자유민은 노비이다.

(ㄹ) X: 신량역천인이 아니라 향리가 수령의 행정 실무를 보좌하는 역할을 담당하였다.

**½한국사 고득점 TIP 신량역천**

고려 시대 이래 봉수간·염간·진척·화척·양수척 등을 신량역천이라 하였다. 이들의 신분은 양인이었지만 누구나 기피하는 고된 역에 종사하였다. 그러나 조선왕조에 들어 이들을 특수한 직임에 충당시키고 일정 기간 복무를 마친 자에 대해 양인으로 승격시켰다. 이들은 15세기 말 대부분 양인으로 승격되었다.

- 수군: 치안과 국방을 위하여 수상에서 전투를 담당하던 군대
- 조례: 하급 군관에 해당되는 것으로 경호·경비·사령 등 잡역에 종사
- 나장: 나졸, 죄인을 문초할 때 매를 때리거나 귀양가는 죄인을 압송
- 일수: 주 임무는 지방 관청의 음식물과 일용품을 공급
- 봉수군: 봉수대 관리
- 역졸: 역에 소속되어 자질구레한 일을 담당
- 조졸: 조운선을 타고 물건을 나르던 일을 담당

## 02

정답 ①

제시된 자료의 (가)는 양천제, (나)는 반상제이다.

① X: (나)의 반상제가 아니라 (가)의 양천제가 조선 시대 법제적 신분 제도에 따른 구분이다.

**오답 분석**

② O: 천인을 제외하고 양인은 과거에 응시할 수 있는 자유민이다.

③ O: 조선 시대의 양반은 군역 면제 등의 신분적 특권이 제도화되어 있었다.

④ O: 천민의 대부분은 재산으로 취급되던 노비였다.

**½한국사 고득점 TIP 양반의 신분적 특권**

양반의 신분적 특권은 제도화되어 있었다. 정치적으로는 과거와 음서, 천거 등으로 국가의 고위 관직을 독점하였고, 경제적으로는 과전, 녹봉, 자신 소유의 토지와 노비 등이 있었던 대지주였다.

## 03

정답 ②

② X: 유교의 적서구분에 의해 서얼에 대한 차별이 심했기 때문에 서얼은 관직에 진출하지 못하였던 것은 아니고 문과 응시가 금지되었다. 그래서 서얼들은 주로 무과에 응시하여 무반으로 진출하였다.

**오답 분석**

① O: 중앙 관직에 진출할 수 있던 고려 시대의 향리와 달리 조선의 향리는 수령을 보좌하는 아전으로 격하되어 지위가 하락하였다.

③ O: 뱃사공(진척), 백정(도축업자) 등은 법적으로는 양인으로 취급되기도 했으나 노비처럼 천대받으며 특수 직업에 종사하였다.

④ O: 순조는 1801년 공노비 중 6만 6천명을 양인으로 해방시켜 주었다.

**½한국사 고득점 TIP 고려와 조선의 중간 계층**

| 구분 | 고려 시대 | 조선 시대 |
|---|---|---|
| 신분 | 중류층 | 중인(넓은 의미) |
| 보수 | 외역전 | 무보수 |
| 군대 | 일품군 지휘 | 조선 초 잡색군 편성 |
| 문과 | 응시 가능 | 응시 가능(허가 필요) |

## 04

정답 ②

② X: 서얼은 『경국대전』에 의거해 법적으로 문과 응시가 불가능하였다. 15세기 초까지 서얼은 과거 응시에 큰 제약이 없었으나 『경국대전』에서 차별을 법제화한 이후 문과에 응시하는 것이 금지되었고, 간혹 무반직에 급제하여도 한품서용이라 하여 승진이 제한되었다.

**오답 분석**

① O: 조선 전기에 공노비는 관품이 없는 관직을 뜻하는 유외잡직이라는 하급 기술관으로 진출할 수 있었다. 유외잡직에는 공노비뿐만 아니라 상인이나 수공업자도 임명될 수 있었다.

③ O: 조선 전기에 고위 관리의 자손들은 음서와 대가의 혜택을 받았다. 여기서 대가란 관원인 자신에게 가산된 품계(산계)를 아들, 사위, 동생, 조카 등 친척 가운데 한 사람에게 더해줄 수 있는 것이었다.

④ O: 조선 전기의 공장(관장)들은 자신의 책임량을 초과한 수공업품에 대해서 일정한 공장세를 납부하면 민간에 팔 수 있었다.

# THEME 075 각 신분의 특징

## 01

2005년 경북기술직 9급

**조선 시대의 양반 신분에 대한 설명으로 거리가 먼 것은?**

① 각종 국역을 면제받을 수 있었다.

② 양반의 호칭은 조선 초기에 처음 등장하였다.

③ 과거제를 통하여 국가의 고위 관직을 독점하였다.

④ 대부분 현직 또는 예비 관료로 생활하였다.

## 02

2009년 지방직 9급

**다음 밑줄 친 계층에 대한 설명으로 옳은 것은?**

> 조선 시대의 혼인 형태는 일부일처를 기본으로 하였지만 남자들은 첩을 들일 수 있었다. 양반들의 처와 첩 사이에는 엄격한 구분이 있었고, 첩의 자식은 처가 낳은 자식에 비해 차별을 받았다.

① 법적으로 모든 관직에 나아갈 길이 금지되어 있었다.

② 재산으로 취급되어 매매, 상속, 증여의 대상이 되었다.

③ 풍헌이라고 불렸으며 조세·공물의 징수를 담당했다.

④ 18·19세기에 수차례 집단 상소를 하여 허통이 이루어졌다.

## 03

2015년 국가직 9급

**밑줄 친 '우리'에 해당하는 계층의 활동으로 옳은 것은?**

> 아! 우리는 본시 모두 사대부였는데 혹은 의(醫)에 들어가고 혹은 역(譯)에 들어가 7, 8대 또는 10여 대를 대대로 전하니 …(중략)… 문장과 덕(德)은 비록 사대부에 비길 수 없으나, 명공(名公) 거실(巨室) 외에 우리보다 나은 자는 없다.

① 집단으로 상소하여 청요직(淸要職) 허통(許通)을 요구하였다.

② 형평사를 창립하고, 평등한 대우를 요구하는 형평 운동을 펼쳤다.

③ 관권과 결탁하고 향회를 장악하여, 향촌 사회에서 영향력을 키우려 하였다.

④ 유향소를 복립하여 향리를 감찰하고 향촌 사회의 풍속을 바로 잡으려 하였다.

## 04

2019년 국회직 9급

**노비 제도에 대한 설명으로 옳지 않은 것은?**

① 1731년(영조 7) 양인 인구를 확보하기 위해 노비종모법을 시행하였다.

② 1778년(정조 2) 노비 추쇄를 금지하기 위해 노비추쇄관을 혁파하였다.

③ 1801년(순조 1) 공노비의 노비안을 불태우고, 6만 6천여 명의 내시노비(內寺奴婢)를 양인으로 해방시켰다.

④ 1886년(고종 23) '사가노비절목(私家奴婢節目)'을 제정하여 노비세습제를 폐지하였다.

⑤ 1899년(고종 36) 대한국 국제를 제정하면서 신분제를 철폐함에 따라 노비제가 사라지게 되었다.

## 문제 풀이

### 01

정답 ②

② X: 양반의 호칭은 조선 초기가 아니라 고려 시대에도 사용되었다. 고려 시대 문반과 무반을 합쳐 양반이라고 하였고 이때는 양반이 직역의 의미였지만 조선 시대 성리학 질서의 강화로 신분적 의미로 변화되었다.

**오답 분석**

① O: 조선 시대의 양반은 각종 국역을 면제받을 수 있었다.

③ O: 조선 시대의 양반은 과거제를 통하여 국가의 고위 관직을 독점하였다.

④ O: 조선 시대의 양반은 대부분 현직 또는 예비 관료로 생활하였다.

### 02

정답 ④

제시문의 밑줄 친 계층은 '서얼'이다.

④ O: 서얼들은 조선 후기 18·19세기에 수 차례 집단 상소를 하여 철종 때 신해허통을 통해 신분상승에 성공하였다.

**오답 분석**

① X: 서얼들은 조선 시대 '서얼차대법'이 제정되어 문과 응시가 금지되었지만 무과는 볼 수 있었고, 무반으로 진출이 가능하였다. 그래서 법적으로 모든 관직에 나아갈 길이 금지되어 있었다는 잘못된 지문이다.

② X: 서얼이 아니라 노비가 재산으로 취급되어 매매, 상속, 증여의 대상이 되었다.

③ X: 조선 시대 면리제에서 면의 책임자를 면장, 풍헌이라고 불렸으며 조세·공물의 징수를 담당했다.

**½한국사 고득점 TIP 서얼 (서자와 얼자)**

- 조선 초기: 개국공신들이 서얼 출신들이 많아 별다른 차별 X
- 태종: 서얼차대법 제정
- 성종: 『경국대전』에서 서얼차대가 법제화 → 문과 금지, 3품으로 제한
- 16세기: 적서차별 심화 → 어숙권이 『패관잡기』에서 적서차별 비판
- 임란 이후: 납속과 공명첩으로 서얼들이 신분 상승 시도
- 영조: 서얼들의 청요직 진출을 부분적으로 허용
- 정조: 이덕무, 유득공, 박제가 등의 서얼들을 규장각 검서관으로 기용
- 순조: 서얼의 한품을 2품으로 올려줌
- 철종: 신해허통으로 서얼들의 승진 제약 X → 신분상승 성공
- 고종: 1차 갑오개혁 때 적서차별이 법으로 금지

### 03

정답 ①

제시된 사료는 중인들의 소청 운동이 담겨 있는 『상원과방』의 일부로 밑줄 친 '우리'는 중인이다. 조선 시대 중인들은 주로 의과나 역과 등의 잡과에 응시하여 기술관으로 활동하였다.

① O: 조선 시대 중인들은 철종 때 집단으로 상소하여 청요직 허통을 요구하였지만 실패하였다.

**오답 분석**

② X: 중인이 아니라 백정이었던 이학찬이 1923년 진주에서 형평사를 창립하고, 백정에 대한 평등한 대우를 요구하는 형평 운동을 펼쳤다.

③ X: 조선 후기 중인이 아니라 신향들이 관권과 결탁하고 향회를 장악하여, 향촌 사회에서 영향력을 키우려 하였다.

④ X: 조선 시대 중인이 아니라 사림들이 유향소를 복립하여 향리를 감찰하고 향촌 사회의 풍속을 바로 잡으려 하였다.

### 04

정답 ⑤

⑤ X: 1899년(고종 36) 대한국 국제를 제정하면서 신분제를 철폐함에 따라 노비제가 사라지게 되었던 것이 아니고, 1894년 1차 갑오개혁 때 공·사 노비 제도가 폐지되어 법적으로 양천제가 무너졌다.

**오답 분석**

① O: 영조는 양인의 수를 확보하기 위해 아버지가 노비이더라도 어머니가 양인일 경우 그 자식의 신분을 어머니를 따라 양인으로 하는 노비종모법을 시행하였다(1731).

② O: 정조는 노비 추쇄를 금지하기 위해 도망간 노비를 잡아들이는 노비추쇄관 제도를 혁파하였다(1778).

③ O: 순조는 공노비의 도망과 노비의 합법적인 신분 상승으로 신공을 받아낼 수 없게 되자 공노비의 노비안을 불태우고, 6만 6천여 명의 내노비(내수사 및 각 궁 소속의 노비)와 시노비(각 관서 소속의 노비)를 양인으로 해방시켰다(1801).

④ O: 고종은 사가노비절목을 제정하여 노비 소생의 신분 세습을 법적으로 금지하여 노비 세습제를 폐지하였다(1886).

**½한국사 고득점 TIP 조선 시대 노비 해방**

- 영조: 노비종모법 실시(처음 실시는 현종)
- 정조: 공노비 해방 계획, 노비추쇄제도 폐지
- 순조: 1801년 공노비 6만 6천명 해방
- 고종: 1886년 노비세습제 폐지
- 고종: 1894년 1차 갑오개혁 때 공사노비제도 혁파

# THEME 076 조선 후기 신분 제도의 변동

## 01
2020년 국가직 9급

**(가), (나) 신분층에 대한 설명으로 옳지 않은 것은?**

> 오래도록 막혀 있으면 반드시 터놓아야 하고, 원한은 쌓이면 반드시 풀어야 하는 것이 하늘의 이치다. (가) 와/과 (나) 에게 벼슬길이 막히게 된 것은 우리나라의 편벽된 일로 이제 몇백 년이 되었다. (가) 은/는 다행히 조정의 큰 성덕을 입어 문관은 승문원, 무관은 선전관에 임명되고 있다. 그런데도 우리들 (나) 은/는 홀로 이 은혜를 함께 입지 못하니 어찌 탄식조차 없겠는가?

① (가)의 신분 상승 운동은 (나)에게 자극을 주었다.
② (가)는 수차례에 걸친 집단 상소를 통해 관직 진출의 제한을 없애 줄 것을 요구하였다.
③ (나)에 해당하는 인물로는 정조 때 규장각 검서관으로 등용된 유득공, 박제가, 이덕무 등이 있다.
④ (나)는 주로 기술직에 종사하며 축적한 재산과 탄탄한 실무 경력을 바탕으로 신분 상승을 추구하였다.

## 02
2016년 지방직 9급

**다음 자료에 나타난 시기의 사회 모습에 대한 설명으로 옳은 것은?**

> 옷차림은 신분의 귀천을 나타내는 것이다. 그런데 어찌된 까닭인지 근래 이것이 문란해져 상민·천민들이 갓을 쓰고 도포를 입는 것을 마치 조정의 관리나 선비와 같이 한다. 진실로 한심스럽기 짝이 없다. 심지어 시전 상인들이나 군역을 지는 상민들까지도 서로 양반이라 부른다.

① 불교의 신앙 조직인 향도가 널리 확산되었다.
② 서얼의 청요직 진출이 부분적으로 허용되었다.
③ 양민의 대다수를 차지한 농민을 백정(白丁)이라고 하였다.
④ 선현 봉사(奉祀)와 교육을 위한 서원이 설립되기 시작하였다.

## 03
2018년 교육행정직

**(가)에 대한 설명으로 옳은 것은?**

> 진휼청에서 아뢰기를, "관직을 주는 일과 관직을 높여 주는 일 등의 문서를 올봄 각 도에 보내 1만여 석의 곡식을 모아 흉년이 든 백성들을 도와주는 데 보탰습니다. 금년 충청, 경상, 전라도의 흉년은 작년보다 심하니 관직에 임명하는 값을 낮추지 않으면 응할 사람이 줄어들 것입니다. 신 등이 여러 번 상의하여 각 항목별로 (가) 의 가격을 줄였습니다."라고 하였다.
> -『비변사등록』

① 지계아문에서 발급하였다.
② 대간의 서경을 받아 작성되었다.
③ 승려의 수를 제한하는 데 활용되었다.
④ 부유한 상민의 신분 상승에 이용되었다.

## 04
2020년 법원직 9급

**<표>와 같은 변화가 나타나게 된 원인에 대한 탐구활동으로 옳은 것을 <보기>에서 모두 고른 것은?**

**표**

(단위: %)

| 시기 | 양반 호 | 상민 호 | 노비 호 | 합계 |
|---|---|---|---|---|
| 1729년 | 26.29 | 59.78 | 13.93 | 100 |
| 1765년 | 40.98 | 57.01 | 2.01 | 100 |
| 1804년 | 53.47 | 45.61 | 0.92 | 100 |
| 1867년 | 65.48 | 33.96 | 0.56 | 100 |

**보기**
(ㄱ) 납속의 혜택에 대하여 조사해본다.
(ㄴ) 공명첩을 구입한 사람들의 신분을 조사해본다.
(ㄷ) 선무군관포의 부과 대상에 대하여 조사해본다.
(ㄹ) 서원 숫자의 변화를 조사해본다.

① (ㄱ), (ㄴ)　② (ㄱ), (ㄷ)
③ (ㄴ), (ㄷ)　④ (ㄴ), (ㄹ)

## 문제 풀이

### 01

정답 ③

제시된 사료의 (가)는 서얼, (나)는 중인이다.

**③ X : (나) 중인이 아니라 (가) 서얼 출신의 인물로, 정조 때 규장각 검서관으로 등용된 유득공, 박제가, 이덕무 등이 있다.**

**오답 분석**

① O : 서얼들의 신분 상승은 기술직 중인들에게도 자극을 주었고, 중인들도 기술직에 종사하며 축적한 재산과 실무 경력을 토대로 신분 상승을 추구하며 철종 때 대규모의 소청 운동을 일으켰으나 실패하였다.

② O : 조선 후기 서얼들은 수차례 상소를 통해 청요직 진출, 관직 진출의 제한을 없앨 것 등을 요구하였다.

④ O : 중인들은 주로 기술직에 종사하며 축적한 재산과 실무 경력을 토대로 신분 상승을 추구하였다.

**½한국사 고득점 TIP 서얼들의 신분 상승**

- 영조: 서얼들의 청요직 진출을 부분적 허용
- 정조: 이덕무, 유득공, 박제가 등이 규장각 검서관 진출
- 순조: 서얼의 한품이 정3품에서 종2품으로 상승
- 철종: 신해허통을 통해 서얼들의 정치적 제약이 폐지

### 02

정답 ②

제시된 사료는 조선 후기의 사회 모습이다. '옷차림은 신분의 귀천을 나타내는 것이다. 그런데 어찌된 까닭인지 근래 이것이 문란해져 상민·천민들이 갓을 쓰고 도포를 입는 것을 마치 조정의 관리나 선비와 같이 한다'에서 신분제도가 문란해지고 있음을 알 수 있다.

**② O: 조선 후기 18세기 후반 영조 시절 서얼의 청요직 진출이 부분적으로 허용되었다.**

**오답 분석**

① X: 조선 후기가 아니라 고려 시대에 불교의 신앙 조직인 향도가 널리 확산되었다.

③ X: 조선 후기가 아니라 고려 시대에 양민의 대다수를 차지한 농민을 백정(白丁)이라고 하였다. 반면 조선 시대 백정은 도축업에 종사하였다.

④ X: 조선 후기가 아니라 조선 전기인 16세기 중종 때 주세붕이 안향을 제사 지내고 교육을 하는 백운동 서원을 세우면서 서원이 설립되기 시작하였다.

### 03

정답 ④

제시된 사료의 (가)는 공명첩이다.

**④ O: 조선 후기 부를 축적한 농민들은 재력을 이용하여 합법적인 방법인 납속책과 공명첩 등을 이용하여 신분을 상승시켰다.**

**오답 분석**

① X: 대한 제국 시기 양전 지계 사업 당시 지계아문에서 지계를 발급하였다.

② X: 조선 시대 대간은 사헌부와 사간원의 관리들로 구성되어 서경과 간쟁, 봉박의 역할을 하였다. 특히 왕이 관리들을 임명할 때 대간의 동의를 거쳐서 임명되었는데, 이 관리 임명장을 고신이라 하였다.

③ X: 승려의 수를 제한하는 데 활용되었던 것은 도첩제이다. 조선 시대 도첩제는 억불 숭유 정책을 그 배경으로 자유로운 출가를 제한하고 불교를 국가적인 통치하에 예속시키기 위해서 승려가 될 때 정부의 허가를 받아야 하는 제도였다.

**½한국사 고득점 TIP 공명첩**

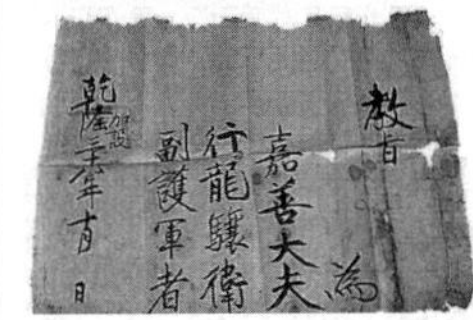

조선 시대 수취자의 이름을 기재하지 않고 관직을 제수하거나, 면역·면천 등을 허가한 문서이다. 이러한 공명첩은 임진왜란 중에 나타난 것으로, 군공을 세운 사람 또는 납속(흉년이나 전란 때에 국가에 곡식을 바침)을 한 사람들에게 그 대가로서 주어졌다. 그러나 그 뒤 국가의 재정이나 군량이 부족할 때, 또는 진휼(흉년으로 곤궁에 처한 백성을 도와 는 일)이나 사찰을 중수하는 비용을 얻기 위해 남발하였다.

### 04

정답 ①

제시된 자료는 조선 후기 인구 비율과 관련된 표이다. 조선 후기에는 양반 호는 증가하고, 상민 호와 노비 호는 감소하였다.

**(ㄱ), (ㄴ) O: 조선 후기 상민들은 군포 부담 등에서 벗어나기 위해 납속, 공명첩 매매, 족보 매입, 홍패 위조 등을 통해 양반으로 신분을 상승하였고, 조선 후기 정부는 국가 재정 수입의 확보를 위해 노비를 해방하고, 입역 노비를 납공노비로 전환하기도 하였다.**

**오답 분석**

(ㄷ) X: 선무군관포는 영조 시절 시행된 균역법에서 군포 감면으로 인해 발생한 부족한 수세를 보충하기 위해 일부 상류층에게 1필씩을 부과한 것이다.

(ㄹ) X: 서원 숫자의 변화는 양반 호의 증가와는 관련이 없다.

# THEME 077 조선 시대 향촌의 변화

## 01
2012년 기상직 9급

**조선 시대에 다음 정책들이 추구한 목적에 대한 설명으로 옳지 않은 것은?**

(ㄱ) 풍흉에 따라 세액을 정하였다.
(ㄴ) 사창 제도를 실시하였다.
(ㄷ) 오가작통법을 실시하였다.
(ㄹ) 통공 정책을 실시하였다.

① (ㄱ)은 공평한 조세 수취를 위한 것이다.
② (ㄴ)은 양반 중심의 향촌 질서를 유지하기 위한 것이다.
③ (ㄷ)은 이웃 간의 상부상조를 위한 것이다.
④ (ㄹ)은 국가의 재정 확보를 위한 것이다.

## 02
2020년 국가직 9급

**다음 사실이 있었던 시기의 향촌사회에 대한 설명으로 옳지 않은 것은?**

황해도 봉산 사람 이극천이 향전(鄕戰) 때문에 투서하여 그와 알력이 있는 사람들을 무고하였는데, 내용이 감히 말할 수 없는 문제에 저촉되었다.

① 향전의 전개 속에서 수령의 권한이 강화되었다.
② 신향층은 수령과 그를 보좌하는 향리층과 결탁하였다.
③ 수령은 경재소와 유향소를 연결하여 지방 통치를 강화하였다.
④ 재지 사족은 동계와 동약을 통해 향촌 사회에 대한 영향력을 유지하려 하였다.

## 03
2018년 법원직 9급

**다음 사회 현상에 대한 설명으로 옳지 않은 것은?**

영덕의 오래된 가문은 모두 남인이며, 이른바 신향(新鄕)은 모두 서리와 품관의 자손으로 자칭 서인이라고 하는 자들이다. 근래 신향이 향교를 주관하면서 구향(舊鄕)과 마찰을 빚었다. -『승정원일기』

① 부농층은 수령과 결탁하여 향안에 이름을 올렸다.
② 수령과 결탁한 부농층은 향촌 사회를 완전히 장악하였다.
③ 향전은 수령과 향리의 권한이 강해지는 결과를 가져왔다.
④ 세도 정치 아래에서 농민 수탈이 극심해지는 배경이 되었다.

## 04
2014년 국가직 9급

**다음 글을 남긴 국왕의 재위 기간에 일어난 사실로 옳은 것은?**

보잘 것 없는 나, 소자가 어린 나이로 어렵고 큰 유업을 계승하여 지금 12년이나 되었다. 그러나 나는 덕이 부족하여 위로는 천명(天命)을 두려워하지 못하고 아래로는 민심에 답하지 못하였으므로, 밤낮으로 잊지 못하고 근심하며 두렵게 여기면서 혹시라도 선대왕께서 물려주신 소중한 유업이 잘못되지 않을까 걱정하였다. 그런데 지난번 가산(嘉山)의 토적(土賊)이 변란을 일으켜 청천강 이북의 수많은 생령이 도탄에 빠지고 어육(魚肉)이 되었으니 나의 죄이다. -『비변사등록』

① 최제우가 동학을 창도하였다.
② 공노비 6만 6천여 명을 양인으로 해방시켰다.
③ 미국 상선 제너럴셔먼호가 격침되었다.
④ 삼정 문제를 해결하기 위해 삼정이정청을 설치하였다.

## 05
2016년 법원직 9급

**(가)에 들어갈 내용으로 가장 적절한 것은?**

백낙신의 폭정을 견디다 못한 진주 백성 수만 명이 무리를 지어 서리들의 가옥 수십 호를 불사르고 부수며, 아전들을 둘러싸고 백성의 재물을 횡령한 일, 환곡을 포탈하거나 강제로 징수한 일들을 면전에서 문책하였다.

↓

(가)

↓

철종이 후사 없이 사망하면서 고종이 어린 나이에 즉위하였다. 그러자 대원군의 아버지인 흥선대원군이 실권을 잡았다. 대원군은 삼정의 문란을 진정시키기 위한 각종 정책을 폈다.

① 삼정이정청을 설치하고 수취 제도 개혁을 강구하였다.
② 군정의 문란을 해결하기 위하여 호포제가 실시되었다.
③ 농민들이 집강소를 설치하고 폐정 개혁을 추진하였다.
④ 홍경래를 중심으로 한 세력이 청천강 이북을 점령하였다.

## 01

정답 ③

③ X: 오가작통제가 아니라 향약이 이웃 간의 상부상조를 위한 것이었다. 반면 오가작통제는 중앙 정부가 농민을 통제하기 위한 것으로 중앙집권을 강화하는 제도였다.

**오답 분석**

① O: 세종 때 실시된 연분 9등법은 공평한 조세 수취를 위해 풍흉을 고려하여 20두에서 4두로 조세액을 조정하였다.

② O: 사창 제도는 향촌의 양반들이 주도하여 곡물을 백성들에게 대여하는 제도로 양반 중심의 향촌 자치를 위해 실시되었다.

④ O: 정조 때 신해통공을 통해 금난전권을 폐지하면서 난전들이 합법적으로 상행위를 할 수 있게 되었다. 이를 통해 난전들에게 세금을 거두어들여 국가 재정을 확보하려는 목적도 있었다.

## 02

정답 ③

제시된 사료는 조선 후기의 향촌 사회의 모습이다. '향전' 등을 통해 조선 후기의 내용임을 알 수 있다.

③ X: 조선 후기가 아니라 초기에 수령은 경재소와 유향소를 연결하여 지방 통치를 강화하였다.

**오답 분석**

① O: 조선 후기 신향과 구향 간에 향회의 주도권을 놓고 향전이 발생하였다. 수령은 신향을 지원하면서 사족(구향)을 견제하고, 관 주도의 향촌 질서를 강화하였다.

② O: 향촌 사회에서 사족 세력(구향, 약파)의 약화는 수령의 관권의 강화를 초래하였고, 수령들은 사족 대신 향리와 요호부민(신향)과 협력하여 향촌 지배력을 강화해 나갔다.

④ O: 조선 후기 향촌 사회에서 영향력이 약화된 재지 사족은 촌락 단위의 동계와 동약, 족적 결합을 통한 동족마을의 형성, 사우와 서원 남설 등을 통해 향촌 사회에 대한 영향력을 유지하려 하였다.

## 03

정답 ②

제시된 사료는 조선 후기의 사회 상황이다. '신향들이 구향과 마찰을 빚었다'에서 조선 후기 향전에 대한 설명임을 알 수 있다.

② X: 조선 후기 수령과 결탁한 부농층은 향전을 통해 향회를 장악하고 향촌 사회 주도권을 장악하여 갔지만 신향들이 향촌 사회를 완전히 장악하였던 것은 아니다.

**오답 분석**

① O: 조선 후기 부농층(신향)은 수령과 결탁하여 양반들의 명단인 향안에 이름을 올리기도 하였다.

③ O: 향전을 통해 신향이 이기고 수령을 견제하던 양반 사족의 힘이 약화 되면서 수령권이 강화되었고, 향리도 수령과 결탁하여 농민들을 수탈하는데 앞장섰다.

④ O: 조선 후기 수령이 향촌 사회를 주도하게 되었는데, 세도 정치 시기 매관매직이 유행하면서 탐관오리의 수령이 늘어나게 되었다. 이는 결국 농민 수탈로 이어지면서 조선 후기 민란 발생의 원인이 되었다.

## 04

정답 ②

제시된 사료의 글을 남긴 국왕은 조선 후기 순조이다. '가산(嘉山)의 토적(土賊)'을 통해 1811년 순조 때 발생한 '홍경래의 난'이란 것을 알 수 있다.

② O: 조선 후기 순조 때는 공노비 6만 6천여 명을 양인으로 해방시켰다.

**오답 분석**

① X: 철종 때인 1860년에는 최제우가 동학을 창도하였다.

③ X: 고종 때인 1866년에는 미국 상선 제너럴셔먼호가 격침되었다.

④ X: 철종 때인 1862년에는 삼정 문제를 해결하기 위해 삼정이정청을 설치하였다.

**중요 사료** 홍경래의 난

어른과 아이(父老子弟)와 공사천민(公私賤民)은 모두 이 격문을 들어라. 무릇 관서는 기자와 단군 시조의 옛터로, 훌륭한 인물이 넘친다. …(중략)… 그러나 조정에서 서토(西土)를 버림이 분토(糞土)나 다름없이 한다.

## 05

정답 ①

④ 1811년 순조 때 홍경래의 난 발생

| 1862년 | 진주 민란 | 철종 |
|---|---|---|
| ↓ | ① 1862년 진주 민란과 임술 농민 봉기 → 삼정이정청 설치 | |
| 1863년 | 철종의 사망, 고종 즉위 | 흥선대원군이 집권 |

② 1871년 호포제 실시: 양반에게 군포 부과

③ 1894년 동학 농민 운동 당시 집강소 설치, 폐정 개혁 추진

**중요 사료** 진주 민란

금번 난민이 소동을 일으킨 것은 오로지 전 우병사 백낙신이 탐욕을 부려서 수탈하였기 때문입니다. 병영에서 포탈한 환곡과 전세 6만 냥을 집집마다 배정하여 억지로 받으려 하였습니다.

**½한국사 고득점 TIP** 삼정이정청

안핵사 박규수의 시정책의 상소 건의로 1862년 5월 26일 삼정이정청을 설치할 것을 결정하고, 정원용·김흥근·김좌근·조두순 등 원로 중신급을 총재관으로, 김병기·김병국 등 판서급을 당상관으로 임명하여 그 대책을 강구하게 한 결과, 전정·군정은 민의에 따라 현황을 시정하고 환정은 파환귀결에 따르기로 하였다.

# THEME 078 조선 시대 사회 모습

## 01

2020년 경찰 1차

다음에서 설명하고 있는 조선 시대 호적에 대한 내용으로 적절한 것을 <보기>에서 모두 고른 것은?

> 국가는 재정의 토대가 되는 수취 체제를 운영하기 위해 토지 대장인 양안과 인구 대장인 호적을 작성하였다. 이를 근거로 전세, 공납, 역을 백성에게 부과하였다.

**보기**

(ㄱ) 호적은 3년에 한 번씩 관청에서 호주의 신고를 받아 작성하였다.

(ㄴ) 호적에 관료였던 양반은 관직과 품계를 기록하고 관직에 몸담지 않은 양반은 유학이라고 기록하였다.

(ㄷ) 호적에는 호의 소재지, 호주의 직역과 성명, 호주와 처의 연령, 본관과 4조(부, 조부, 증조부, 외조부) 등을 적었다.

(ㄹ) 호적에 평민은 보병이나 기병 등 군역을 기록하였으며, 노비는 이름을 기록하였다.

① (ㄱ)
② (ㄱ), (ㄴ)
③ (ㄱ), (ㄴ), (ㄷ)
④ (ㄱ), (ㄴ), (ㄷ), (ㄹ)

## 02

2017년 하반기 국가직 9급

다음 족보가 편찬된 시기의 사회상으로 가장 적절한 것은?

> 우리나라는 자고로 종법이 없고 보첩(譜牒)도 없어서 비록 거가대족(巨家大族)이라도 가승(家乘)이 전혀 없어서 겨우 몇 대를 전할 뿐이므로 고조나 증조의 이름도 호(號)도 기억하지 못하는 이가 있다.
>
> -『안동권씨 성화보』 서문

① 윤회봉사·외손봉사 등이 행해졌다.
② 아들을 먼저 기록하고 딸을 그 다음에 기록하였다.
③ 자손이 없으면 무후(無後)라 하고 양자를 널리 맞아들였다.
④ 남자는 대개 결혼 후에 바로 친가에서 거주하였다.

## 03

2019년 서울시 9급(2월)

밑줄 친 '이것'에 대한 설명으로 옳지 않은 것은?

> <u>이것</u>은 조선 시대 법령의 기본이 된 법전이다. 조선 건국 초의 법전인 경제육전의 원전과 속전, 그리고 그 뒤의 법령을 종합하여 만든 통치의 기본이 되는 통일 법전이다. …… 편제와 내용은『경제육전』과 같이 6분 방식에 따랐고, 각 전마다 필요한 항목으로 분류하여 균정하였다.

① 성종 때 완성되었다.
② 조준이 편찬을 주도하였다.
③ 이·호·예·병·형·공전으로 나뉘어 정리되었다.
④ 세조 때 만세불변의 법전을 만들기 위해 편찬을 시작하였다.

## 문제 풀이

### 01
정답 ④

(ㄱ) O: 조선 시대에 호적은 3년에 한 번씩 관청에서 호주의 신고를 받아 작성하였다.

(ㄴ) O: 조선 시대에는 호적에 관료였던 양반은 관직과 품계를 기록하고 관직에 몸담지 않은 양반은 유학이라고 기록하였다.

(ㄷ) O: 조선 시대에 호적에는 호의 소재지, 호주의 직역과 성명, 호주와 처의 연령, 본관과 4조(부, 조부, 증조부, 외조부) 등을 적었다.

(ㄹ) O: 조선 시대에는 호적에 평민은 보병이나 기병 등 군역을 기록하였으며, 노비는 이름을 기록하였다.

**½한국사 고득점 TIP** 호적

- 작성: 3년마다 호주의 신고로 관청에서 작성
- 내용
  - 호의 소재지, 호주 직역, 성명, 처의 성명
  - 본관과 4조부: 호주의 부친, 조부, 증조부, 외조부를 기재
  - 함께 사는 노비와 가족 등을 기록
- 기록
  - 양반은 관직과 품계 기록, 무관직자는 유학으로 기재
  - 평민은 군역으로 기록, 노비는 이름으로 기재
- 준호구: 개인의 호적 사항을 읍의 수령이 확인해 준 문서

### 02
정답 ①

제시된 사료의 『안동권씨 성화보』는 문중에서 발행한 현존 최고의 족보로 15세기 성종 때에 편찬되었다.

① O: 조선 전기에는 아들이 없을 경우 양자를 들이지 않고 딸과 외손이 제사를 받들게 하는 윤회봉사 및 외손봉사가 행해졌다.

**오답 분석**

② X: 조선 전기가 아니라 후기에 족보나 호적에 아들을 먼저 기록하고 딸을 그 다음에 기록하였다.

③ X: 조선 전기가 아니라 후기에 자손이 없으면 무후(無後)라 하고 양자를 널리 맞아들였다.

④ X: 조선 전기가 아니라 후기에 남자는 대개 결혼 후에 바로 친가에서 거주하는 친영제도가 일반적이었고, 전기에는 사위가 처가의 호적에 입적하여 처가에서 생활하는 경우도 흔하였다(솔서혼, 서류부가혼, 남귀여가혼).

### 03
정답 ②

제시된 사료의 밑줄 친 '이것'은 조선 시대 『경국대전』이다.

② X: 『경국대전』이 아니라 태조 때 편찬된 『경제육전』이 조준 등이 편찬한 최초의 통일 법전으로 이두와 방언으로 기록되어 있다.

**오답 분석**

①, ④ O: 『경국대전』의 편찬 사업은 세조 때 만세 불변의 법전을 만들기 위한 목적으로 시작되어, 이후 성종 때 완성·반포되었다.

③ O: 『경국대전』은 「이전」·「호전」·「예전」·「병전」·「형전」·「공전」의 6전 체제로 구성되었다.

**중요 사료** 경국대전

세조께서 일찍이 말씀하였다. "우리 조종의 심후하신 인덕과 크고 아름다운 규범이 훌륭한 전장(典章)에 퍼졌으니 …(중략)… 또 여러 번 내린 교지가 있어 법이 아름답지 않은 것은 아니지만, 관리들이 재주가 없고 어리석어 제대로 받들어 행하지 못한다. …(중략)… 이제 손익을 헤아리고 회통할 것을 산정하여 만대 성법을 만들고자 한다."

**½한국사 고득점 TIP** 조선 시대 법전

- 태조: 『경제육전』, 조준이 편찬
- 세조: 『경국대전』 편찬 시작, 「호전」과 「형전」 완성
- 성종: 『경국대전』 완성
- 영조: 『속대전』 편찬
- 정조: 『대전통편』 편찬
- 고종: 『대전회통』, 흥선대원군

# THEME 079 조선 성리학의 변화

## 01

2008년 국가직 9급

**다음의 사상적 태도를 취하는 학파에 대한 설명으로 가장 적절한 것은?**

> 이(理)와 기(氣)는 논리적으로 구분할 수 있지만 현실적으로 분리시킬 수 있는 것은 아니며, 모든 사물에 있어 이는 기의 주재 역할을 하고 기는 이의 재료가 된다는 점에서 양자는 불리(不離)의 관계에 있다. …(중략)… 일물(一物)이 아닌 까닭에 일이면서 이요, 이물(二物)이 아닌 까닭에 이이면서 일이다.

① 도덕적 신념과 그것의 실천을 강조한 동인(東人)들이 주도하였다.

② 임진왜란 이후 일본에 전해져 근세 일본 유학 형성에 영향을 끼쳤다.

③ 앎이 있으면 행함이 있다는 지행합일(知行合一)의 실천성을 중시하였다.

④ 관념적 도덕 세계와 경험적 현실 세계를 함께 존중하는 철학 체계를 수립하였다.

## 02

2016년 국가직 9급

**밑줄 친 '이 사람'에 대한 설명으로 옳은 것은?**

> 이 사람은 34세에 문과에 급제하여 관직 생활을 시작하였지만 곧 모친상을 당하여 3년간 상복을 입었다. 삼년상이 끝나고 관직에 복귀하였으나 을사사화 등으로 조정이 어지러워지자 이내 관직 생활의 뜻을 접고, 1546년 40대 중반의 나이에 향리로 퇴거하여 학문 연구에 전념하였다. 이후 경상도 풍기군수로 있으면서 주세붕이 창설한 백운동 서원에 대한 사액을 청원하여 실현을 보게 되었으니, 이것이 조선 왕조 최초의 사액 서원인 '소수 서원'이다.

① 서리망국론을 부르짖으며 당시 서리의 폐단을 강력하게 비판하였다.

② 아홉 차례의 과거 시험에 모두 장원하여 '구도장원공'이라는 별칭을 얻었다.

③ 주희의 성리설을 받아들였으며, 이기철학에서 이(理)의 절대성을 주장하였다.

④ 우주자연은 기(氣)로 구성되어 있으며, 기는 영원불멸하면서 생명을 낳는다고 보았다.

## 03

2013년 지방직 9급

**(가)와 (나)의 인물에 대한 설명으로 옳은 것은?**

> (가) 주자의 이론에 조선의 현실을 반영하여 나름대로의 체계를 세우고자 하였다. 그의 사상은 도덕적 행위의 근거로서 인간 심성을 중시하고, 근본적이며 이상주의적인 성격이 강하였다. 대표적인 저서로 『성학십도』가 있다.
>
> (나) 현실적이며 개혁적인 성격을 가지고 있었다. 그는 『성학집요』 등을 저술하여 16세기 조선 사회의 모순을 극복하는 방안으로 통치 체제의 정비와 수취 제도의 개혁 등 다양한 개혁 방안을 제시하였다.

① (가)의 사상은 일본 성리학 발전에 영향을 끼쳤다.

② (가)는 도학의 입문서인 『격몽요결』을 저술하였다.

③ (나)는 왕에게 주청하여 소수 서원이라는 편액을 하사받았다.

④ (나)는 향촌 사회의 도덕적 질서를 안정시키기 위해 예안향약을 만들었다.

## 04

2020년 법원직 9급

**밑줄 친 '그'에 대한 설명으로 가장 옳은 것은?**

> 그의 사상은 사림이 구체제를 비판하고 훈척과 투쟁하던 시기를 바탕으로 하고 있다. 또한 왕 스스로가 인격과 학식을 수양하기 위해 부단히 노력해야 한다는 점을 강조하였다. 그의 사상이 일본에 전파되면서 일본에서는 그를 '동방의 주자'라고 부르기도 하였다.

① 기호학파를 형성하였다.

② 강화학파를 형성하였다.

③ 『성학집요』를 저술하였다.

④ 『성학십도』를 저술하였다.

## 문제 풀이

### 01

정답 ④

제시된 사료의 사상적 태도를 취하는 학파는 주기론의 기호학파이다.

**④ O: 이이의 주기론은 관념적 도덕 세계인 '리'와 경험적 현실 세계인 '기'를 함께 존중하는 철학 체계를 수립하였다.**

**오답 분석**

① X: 도덕적 신념과 그것의 실천을 강조한 동인(東人)들이 주도한 것이 주리론이며, 서인이 주기론을 토대로 경제안정과 제도개혁을 주도하였다.

② X: 이이의 주기론이 아니라 이황의 주리론이 임진왜란 이후 일본에 전해져 근세 일본 유학 형성에 영향을 끼쳤다.

③ X: 주기론의 성리학이 아니라 양명학이 앎이 있으면 행함이 있다는 지행합일(知行合一)의 실천성을 중시하였다.

### 02

정답 ③

제시된 사료의 밑줄 친 '이 사람'은 퇴계 이황이다. '주세붕이 창설한 백운동 서원에 대한 사액을 청원하여'에서 이황임을 알 수 있다.

**③ O: 이황은 주희(주자)의 성리설을 받아들였으며, 주리론을 강조하며 이기철학에서 이(理)의 절대성을 주장하였다.**

**오답 분석**

① X: 이황이 아니라 조식이 서리망국론을 부르짖으며 당시 서리의 폐단을 강력하게 비판하였다.

② X: 이황이 아니라 이이가 아홉 차례의 과거 시험에 모두 장원하여 '구도장원공'이라는 별칭을 얻었다.

④ X: 이황이 아니라 서경덕이 우주자연은 기(氣)로 구성되어 있으며, 기는 영원불멸하면서 생명을 낳는다고 보았다.

**중요 사료** 조식

이 사람(조식)은 1501년에 출생하여 1572년에 타계한 경상우도를 대표하는 유학자이다. 그의 학문사상 지표는 경(敬)과 의(義)이다. 마음이 밝은 것을 경(敬)이라 하고 밖으로 과단성 있는 것을 의(義)라고 하였다. 이러한 그의 주장은 바로 경으로써 마음을 곧게 하여 수양하는 기본으로 삼고 의로써 외부 생활을 처리하여 나간다는 생활 철학을 표방한 것이었다.

### 03

정답 ①

제시된 사료의 (가) 인물은 『성학십도』를 저술한 이황이고, (나) 인물은 『성학집요』를 저술한 이이이다.

**① O: (가) 이황의 성리학은 임란 이후 일본에 전해져 일본 성리학 발전에 영향을 끼쳤다.**

**오답 분석**

② X: (가) 이황이 아니라 (나) 이이가 선조 시절 도학의 입문서인 『격몽요결』을 저술하였다.

③ X: (나) 이이가 아니라 (가) 이황이 명종에게 주청하여 백운동 서원에 소수 서원이라는 편액을 하사받았다.

④ X: (나) 이이가 아니라 (가) 이황이 향촌 사회의 도덕적 질서를 안정시키기 위해 예안향약을 만들었다. (가) 이이는 해주향약과 서원향약을 만들었다.

**½한국사 고득점 TIP** 이황과 이이

| | 이황 | 이이 |
|---|---|---|
| 학파 | 주리론의 영남학파 | 주기론의 기호학파 |
| 학설 | 이기이원론 | 일원론적 이기이원론 |
| 수양법 | '경' 강조 | '성' 강조 |
| 이과 기 | '리'는 존귀 '기'는 비천<br>'리'의 절대성 강조 | • '리'와 '기'<br>- 논리적 구분, 현실적 구분 X<br>- '리'와 '기'의 조화 강조<br>• 이통기국: 이는 보편성, 기는 차별성 |
| '리' | '리'의 절대성과 능동성<br>이기호발설 | '리'의 능동성 부정, 기발일도설 강조 |
| '기' | '기': 선과 악이 혼재<br>'기'는 비천한 존재 | '기'의 능동성 강조(상대적으로 '기' 강조) |

### 04

정답 ④

제시된 사료의 밑줄 친 '그'는 이황이다. '일본에 전파되어 그를 동방의 주자라 불렀다'에서 그가 이황임을 알 수 있다.

**④ O: 이황은 『성학십도』를 저술하였다.**

**오답 분석**

① X: 이이는 기호학파를 형성하였다.

② X: 정제두는 양명학을 연구하여 강화학파를 형성하였다.

③ X: 이이는 『성학집요』를 저술하였다.

**½한국사 고득점 TIP** 강화학파

강화학파는 18세기 초 소론 정제두가 강화도 하곡에서 조직한 양명학 학파이다. 정제두는 『존언』, 『변퇴계전습록변』 등을 저술하여 양명학의 학문적 체계를 수립하였다.

## 05

2020년 소방직

**다음 건축물과 관련 있는 학자에 대한 설명으로 옳은 것은?**

<오죽헌>

<자운서원>

① 『주자서절요』를 저술하였다.
② 양명학을 수용하여 강화학파를 형성하였다.
③ 주자의 학설을 비판하여 사문난적으로 몰렸다.
④ 이(理)는 두루 통하고 기(氣)는 국한된다고 하였다.

## 06

2017년 하반기 지방직 9급

**조선 후기의 사상 동향에 대한 설명으로 옳은 것만을 모두 고른 것은?**

(ㄱ) 서울 부근의 일부 남인 학자는 천주교를 수용하였다.
(ㄴ) 정조는 기존의 문체에 얽매이지 않는 신문체를 장려하였다.
(ㄷ) 복상 기간에 대한 견해차로 인해 예송(禮訟)이 전개되었다.
(ㄹ) 노론과 남인 간에 인성(人性)·물성(物性) 논쟁이 전개되었다.

① (ㄱ), (ㄴ)　② (ㄱ), (ㄷ)
③ (ㄴ), (ㄹ)　④ (ㄷ), (ㄹ)

## 07

2008년 법원직 9급

**다음은 조선 후기 호락논쟁에 관련한 글이다. (ㄱ) 사상과 (ㄴ) 사상에 대한 설명으로 옳은 것을 <보기>에서 고르면?**

호락논쟁(湖洛論爭)은 인간과 사물의 본성이 다르다는 인물성이론(人物性異論)을 주장한 충청도 지역의 호론과 인간과 사물의 본성이 같다는 인물성동론(人物性同論)을 주장한 서울·경기 지역의 낙론 사이의 논쟁이다. 뒤에 호론은 (ㄱ) 으로 연결되었으며, 낙론은 (ㄴ) 으로 연결되었다.

**보기**

(가) - (ㄱ) 흥선대원군의 대외 정책을 지지하였다.
(나) - (ㄴ) 의병 항쟁의 사상적 바탕이 되었다.
(다) - (ㄱ) 박규수, 오경석 등에게 영향을 주었다.
(라) - (ㄴ) 청의 문물을 수용하자고 주장하였다.

① (가), (나)　② (가), (라)
③ (나), (다)　④ (다), (라)

## 문제 풀이

### 05

정답 ④

주어진 자료와 관련된 인물은 조선 시대 율곡 '이이'이다. 오죽헌은 율곡 이이가 태어난 곳이며, 자운서원은 경기도 파주에 있는 서원으로 이이를 기리는 곳이다.

④ O: 이이의 '이통기국'에 대한 설명이다. 이이는 '이는 보편성, 기는 차별성'을 의미한다고 하며 '이통기국'이라는 학설을 주장하였다.

**오답 분석**

① X: 이황은 『주자서절요』를 저술하였다.

② X: 정제두는 양명학을 수용하여 연구하였으며, 강화학파를 형성하였다.

③ X: 17세기 후반 윤휴와 박세당 등에 대한 설명이다. 윤휴는 『중용주해』를, 박세당은 『사변록』을 저술하여 주자의 학설을 비판하다 사문난적으로 몰렸다.

**½한국사 고득점 TIP 윤휴와 박세당**

- 윤휴
  - 남인 계열
  - 유교 경전에 대하여 독자적인 해석을 시도
- 박세당
  - 양명학과 노장 사상의 영향을 받아 주자의 학설 비판, 『사변록』 저술
  - 개방성과 포용성을 강조하였고, 실학 사상을 체계화하는데 기여

### 06

정답 ②

(ㄱ) O: 서울 부근의 일부 남인 학자는 천주교를 수용하였다.

(ㄷ) O: 현종 시절 서인과 남인 사이에 복상 기간에 대한 견해차로 인해 예송(禮訟)이 전개되었다.

**오답 분석**

(ㄴ) X: 정조는 기존의 문체에 얽매이지 않는 신문체를 장려한 것이 아니라 탄압하여 문체 반정 운동이 발생하였다.

(ㄹ) X: 18세기 후반 영조 시절 노론과 남인 간이 아니라 노론 사이에 인성(人性)·물성(物性) 논쟁(호락논쟁)이 전개되었다.

**½한국사 고득점 TIP 서학(천주교)**

천주교는 17세기 초 선교사의 입국 없이 중국을 다녀오던 사신들에 의해 서학으로 수용되었고, 이후 18세기 후반 남인 학자들에 의해서 신앙으로 발전하였다.

### 07

정답 ②

제시된 사료의 (ㄱ)은 호론이 주장한 '인물성이론'이고, (ㄴ)은 낙론이 주장한 '인물성동론'이다.

(가) O: (ㄱ)의 인물성이론의 호론은 성리학 질서를 강조하면서 위정척사로 계승되었고, 이들은 흥선대원군의 대외 정책을 지지하였다.

(라) O: (ㄴ)의 낙론은 성리학 세계를 부정하면서 오랑캐 문화인 청의 문물을 수용하자는 북학에 영향을 주었다.

**오답 분석**

(나) X: (ㄴ)의 낙론이 아니라 (ㄱ)의 호론이 위정척사로 계승되었고, 이후 의병 항쟁의 사상적 바탕이 되었다.

(다) X: (ㄱ)의 호론이 아니라 (ㄴ)의 낙론이 북학과 박규수, 오경석 등의 개화 사상가에게 영향을 주었다.

**½한국사 고득점 TIP 호락 논쟁**

| | 호론 | 낙론 |
|---|---|---|
| 주도 | 충청도(호서) 노론 | 서울(낙하) 노론 |
| 대표 | 윤봉구, 한원진, 권상하 | 이간, 이제. 김창협, 김원행 |
| 사상 | 인물성이론: 인성과 물성은 서로 다름 | 인물성동론: 인성과 물성은 서로 같음 |
| 특징 | 성리학 질서 강조 | 성리학 질서 부정 |
| 이와 기 | 이와 기의 차별성 | 이와 기의 보편성 |
| 근거 | 기의 차별성 강조(기국) | 이의 보편성 강조(이통) |
| 영향 | • 북벌 지지<br>• 위정척사<br>- 흥선대원군 지지<br>- 의병에 영향 | • 영조의 정책 지지<br>• 북학과 개화 사상에 영향 |

# THEME 080 조선 시대 기타 사상

## 01
2019년 지방직 9급

**조선 후기 서학과 관련한 설명으로 옳지 않은 것은?**

① 이승훈이 북경에서 영세를 받았다.
② 윤지충 사건을 계기로 하여 기해박해가 일어났다.
③ 안정복이 천주교를 비판하는 『천학문답』을 저술하였다.
④ 최초의 한국인 신부 김대건이 귀국하여 포교 중 순교하였다.

## 02
2015년 서울시 9급

**밑줄 친 (ㄱ)과 직접 관련된 천주교 박해에 대한 설명으로 옳은 것은?**

> 프란치스코 교황은 16일 오전 순교자 124위 시복 미사에 앞서 한국 최대 순교 성지이자 이번에 시복될 124위 복자 중 가장 많은 27위가 순교한 서소문 성지를 참배했다. 이곳은 본래 서문 밖 순교지로 불리는 천주교 성지였다. 한국에 천주교가 들어온 후 박해를 당할 때마다 이곳에서 많은 사람들이 처형당했으니 …… 「황사영 백서」로 알려진 <u>(ㄱ) 황사영도 이곳에서 처형되었다</u>.
>
> - 한국일보, 2014년 8월 16일

① 모친상을 당해 신주를 불태운 것이 알려지면서 박해가 일어났다.
② 함께 붙잡혀 박해를 받은 정하상은 「상재상서」를 통해 포교의 정당함을 주장하였다.
③ 순조 즉위 후 정권을 장악한 노론 벽파가 반대파를 정계에서 제거하려고 박해를 일으켰다.
④ 대원군 집권기에 발생한 대규모 박해로, 프랑스 선교사를 비롯한 수천 명의 희생자를 낳았다.

## 03
2024년 법원직 9급

**(가)~(다) 사건을 일어난 순서대로 옳게 나열한 것은?**

> (가) 황사영 백서 사건이 일어났다.
> (나) 이승훈이 최창현, 홍낙민 등과 함께 서소문 밖에서 참수되었다.
> (다) 윤지충과 권상연을 사형에 처하고, 진산군은 현으로 강등하는 명이 내려졌다.

① (가) - (나) - (다)
② (나) - (가) - (다)
③ (다) - (가) - (나)
④ (다) - (나) - (가)

## 04
2014년 국가직 9급

**조선 후기 천주교와 관련된 설명으로 옳지 않은 것은?**

① 기해사옥 때 흑산도로 유배를 간 정약전은 그 지역의 어류를 조사한 『자산어보』를 저술하였다.
② 안정복은 성리학의 입장에서 천주교를 비판하는 『천학문답』을 저술하였다.
③ 1791년 윤지충은 어머니 상(喪)에 유교 의식을 거부하여 신주를 없애고 제사를 지내 권상연과 함께 처형을 당하였다.
④ 신유사옥 때 황사영은 군대를 동원하여 조선에서 신앙의 자유를 보장받게 해달라는 서신을 북경에 있는 주교에게 보내려다 발각되었다.

# 문제 풀이 

## 01

정답 ②

② X: 윤지충 사건을 계기로 하여 기해박해가 아니라 신해박해가 일어났다. 신해박해는 윤지충이 자신의 어머니상을 천주교식으로 지내다 발각되어 발생하였고, 이때 윤지충은 권상연과 함께 사형되었다(최초 순교자 윤지충). 기해박해는 헌종 때 풍양 조씨가 안동 김씨 가문을 공격하기 위해 일으킨 탄압이다.

**오답 분석**

① O: 이승훈은 최초의 영세자로, 동지사 겸 사은정사로 중국에 가는 아버지를 따라 가기로 결심하였고 떠나기 전에 이벽의 부탁으로 중국의 남천주당에서 필담으로 교리를 배운 후, 영세를 받았다.

③ O: 안정복은 『천학문답』에서 천주교를 비판하였지만 서양의 기술은 수용할 것을 주장하였다.

④ O: 김대건은 최초의 한국인 신부로, 충청도 당진(솔뫼)을 근거로 포교하다 헌종 시절 병오박해 때 처형되었다.

**중요 사료** 정하상의 『상재상서』

> 우리나라에서 천주교를 금하시는 것은 그 뜻이 정녕 어디에 있습니까? 먼저 그 뜻과 이치가 어떠한지 물어보지도 않고 지극히 죄악이라는 말로 사교(邪敎)라 하여 반역의 법률로 다스려 신유년 앞뒤로 인명이 크게 손상하였으나 한 사람도 그 원인을 알아보지 않았습니다. …… 이 도는 천자로부터 서민에 이르기까지 날마다 사용하고 늘 실행해야 할 도리이니 가히 해가 되고 난(亂)으로 된다고 할 수 없습니다.

## 02

정답 ③

제시된 사료의 밑줄 친 (ㄱ)은 황사영 백서 사건으로 순조 때 신유박해와 관련이 있다.

③ O: 신유박해는 순조 즉위 후 정권을 장악한 노론 벽파가 반대파를 정계에서 제거하려고 박해를 일으켰다.

**오답 분석**

① X: 신유박해가 아니라 신해박해 때 윤지충이 모친상을 당해 신주를 불태운 것이 알려지면서 박해가 일어났다.

② X: 신유박해가 아니라 기해박해 때 붙잡혀 박해를 받은 정하상은 「상재상서」를 통해 포교의 정당함을 주장하였다.

④ X: 신유박해가 아니라 병인박해가 흥선 대원군 집권기에 발생한 대규모 박해로, 프랑스 선교사를 비롯한 수천 명의 희생자를 낳았다.

**중요 사료** 척사윤음(기해박해)

> "잘못된 집안 자손이나 벼슬길이 막힌 첩 자손이나 뜻을 잃고 나라를 원망하는 무리들, 아래로는 어리석은 백성, 그릇된 행위를 하는 무리들이 서로 교우라 부르며, 사실을 두루 숨기고 한편이 되었다."

## 03

정답 ④

| (다) | 신해박해 | 정조, 1791년 진산사건, 윤지충 사형 |
|---|---|---|
| ↓ | | |
| (나) | 신유박해 | 순조, 1801년, 정약용·정약전 유배, 이승훈 사형 |
| ↓ | | |
| (가) | 신유박해 | 순조, 1801년 순조 때 천주교에 대한 대대적인 박해를 피해 황사영이 충청도 제천 배론 마을로 피신 → 베이징 주교에게 도움을 요청 시도 → 사전 발각 되어 실패 |

**1/2한국사 고득점 TIP** 신유박해

신유박해는 1801년 순조 때 정순왕후를 중심으로 하는 노론 벽파가 남인 시파를 제거하기 위해서 일으킨 사건으로 이 당시 정약용은 강진으로 유배 보내졌고, 정약전도 흑산도로 유배되었다. 또한 주문모와 이승훈 등이 사형당하였다.

## 04

정답 ①

① X: 정약전은 기해박해(1839, 헌종) 때가 아니라 신유박해(1801, 순조) 때 흑산도로 유배를 갔고 여기서 『자산어보』를 지었다.

**오답 분석**

② O: 18세기 후반 남인학자들이 천주교를 신앙으로 발전시켰지만 남인 안정복은 『천학문답』을 통해 천주교를 비판하였다.

③ O: 정조 때 1791년 윤지충은 어머니 상(喪)에 유교 의식을 거부하여 신주를 없애고 제사를 지낸 것이 발단이 되어 신해박해가 발생하였고, 윤지충은 권상연과 함께 처형을 당하였다.

④ O: 순조 때 신유박해 때 정약용과 정약전은 유배되었고, 이승훈은 사형당하였다. 특히 황사영 백서 사건으로 인해 천주교가 대대적으로 탄압받았다.

**중요 사료** 황사영 백서 사건

> "전선 수백 척과 정예 병사 5, 6만을 얻어서 대포 등 예리한 무기를 많이 싣고 우리나라 해변에 와서 국왕에게 글을 보내기를 '우리는 전교를 목적으로 온 것이지 재물을 탐하여 온 것이 아니므로 선교사를 용납하여 받아들여 달라.'라고 해 주소서."

## 05

2016년 서울시 9급

다음 (가)~(다)의 설명에 해당하는 인물을 바르게 연결한 것은?

> (가) 스승 이벽의 권유로 북경에 갔다가 서양인 신부의 세례를 받고 귀국하였다.
> (나) 성리학의 입장에서 천주교를 비판하는 『천학문답』을 저술하였다.
> (다) 신부가 되어 충청도 당진(솔뫼)을 근거로 포교하다가 붙잡혀 처형되었다.

| | (가) | (나) | (다) |
|---|---|---|---|
| ① | 이가환 | 안정복 | 황사영 |
| ② | 이승훈 | 이기경 | 황사영 |
| ③ | 이승훈 | 안정복 | 김대건 |
| ④ | 이가환 | 이기경 | 김대건 |

## 06

2017년 경간부

아래의 지문과 관계있는 것으로 가장 옳지 않은 것은?

> 본래 사람의 생리 속에는 밝게 깨닫는 능력이 있기 때문에 스스로 두루 잘 통해서 어둡지 않게 된다. 따라서, 불쌍히 여길 줄 알고 부끄러워하거나 미워할 줄 알며 사양할 줄 알고 옳고 그름을 가릴 줄 아는 것 가운데, 어느 한 가지도 못하는 것이 없다. 이것이 본래 가지고 있는 덕이며 이른바 양지(良知)라고 하는 것이니, 또한 인(仁)이라고도 한다.

① 위의 글을 지은 인물은 집권 노론의 자제로 한양을 중심으로 하는 학파를 형성하였다.
② 왕수인의 친민설(親民說)을 적극 지지하였다.
③ 위의 글을 지은 인물을 하곡(霞谷)을 호로 하고 있다.
④ 위의 글을 지은 인물은 일반민을 도덕 실천의 주체로 인정하였다.

## 07

2020년 국가직 9급

다음 자료에 나타난 사상에 대한 설명으로 옳은 것은?

> 사람이 곧 하늘이라. 그러므로 사람은 평등하며 차별이 없나니, 사람이 마음대로 귀천을 나눔은 하늘을 거스르는 것이다. 우리 도인은 차별을 없애고 선사의 뜻을 받들어 생활하기를 바라노라.

① 이 사상에 대해 순조 즉위 이후 대탄압이 가해졌다.
② 이 사상을 바탕으로 『동경대전』과 『용담유사』가 편찬되었다.
③ 이 사상을 근거로 몰락한 양반의 지휘 아래 평안도에서 난이 일어났다.
④ 이 사상을 근거로 단성에서 시작된 농민봉기는 진주로 이어졌다.

## 08

2017년 국회직 9급

다음 왕의 재위 시기에 활동했던 승려에 대한 설명으로 옳은 것은?

> 왕이 즉위하면서 외척끼리의 권력 다툼에 휩쓸려 사림 세력은 또다시 정계에서 밀려났다. 이에 따라 이 왕 때에는 윤원형을 비롯한 왕실 외척인 척신들이 정국을 주도하였고, 사림의 세력은 크게 꺾였다.

① 왕실의 지원을 받아 승과를 부활시키는 등 불교 중흥 정책을 펼쳤다.
② 다른 종파들과 사상적 대립을 조화시키고 분파 의식을 극복하려는 『십문화쟁론』을 지었다.
③ 『화엄일승법계도』를 저술하여 모든 존재는 상호 의존적인 관계에 있으면서 서로 조화를 이루고 있다고 주장하였다.
④ 승려 본연의 자세로 돌아가 독경과 선 수행, 노동에 두루 힘쓰자며 '정혜쌍수', '돈오점수'를 주장하였다.
⑤ 막대한 토지를 소유하고 상업에도 관여하는 불교계의 폐난을 바로잡기 위해 교단의 통합 정리에 노력하였다.

# 문제 풀이

## 05

정답 ③

(가) O: 이승훈은 중국에서 처음으로 영세를 받았고, 이후 1784년 천주 교회를 창설하였다. 신유박해 당시 주문모 등과 함께 사형당하였다.

(나) O: 안정복은 『천학문답』에서 성리학의 입장으로 천주교를 비판하였다, 하지만 서양의 기술학은 받아들여야 한다고 주장하였다.

(다) O: 김대건은 조선 최초의 신부로 당진을 근거로 포교하다 붙잡혀 병오박해(1846, 헌종) 때 순교하였다.

**오답 분석**

- X: 이가환은 남인 계열의 인물로, 신유박해 때 처형당하였다.
- X: 이기경은 조선 후기의 문신이다.
- X: 황사영은 신유박해 당시 베이징 주재 프랑스 주교에게 도움을 요청하려던 일이 발각되었다.

## 06

정답 ①

제시된 사료는 정제두의 지행합일론 중 일부이며 이 사상은 양명학이다. '양지'라는 단어를 통해 이 사상이 양명학임을 알 수 있다.

① X: 위의 글을 지은 인물은 정제두로서 집권 노론이 아니라 소론 출신으로 강화도 하곡을 중심으로 강화학파를 조직하였다.

**오답 분석**

② O: 정제두는 왕수인의 친민설을 적극 지지하여 일반 백성들이 도덕적 실천의 주체임을 강조하였다.

③ O: 정제두는 소론 출신으로 하곡을 호로 하고 있다.

④ O: 정제두는 평등사상을 강조하며 일반민을 도덕 실천의 주체로 인정하였다.

**½한국사 고득점 TIP 양명학**

- 명의 왕수인이 『전습록』을 저술하며 양명학을 수립하였다.
- 특징: 양지, 치양지, 심즉리, 지행합일 강조 → 성리학 비판
- 수용: 조선 16세기 중종 때 서경덕 학파가 종교로 처음 수용
- 비판: 이황은 『전습록변』을 통해 양명학 비판, 유성룡도 비판
- 발전
  - 17세기 북인학자들이 양명학에 관심
  - 18세기 소론과 불우한 종친들을 중심으로 발전 → 강화학파
  - 19세기 이후: 박은식, 정인보 등의 학자들이 연구
- 학파: 18세기 소론 정제두가 강화학파를 형성하여 학문적으로 발전
- 정제두: 『존언』, 『하곡문집』, 『만물일체설』, 『변퇴계전습록변』
  - 일반 백성들을 도덕 실천의 주체로 인식하며 평등 강조

## 07

정답 ②

제시된 사료의 사상은 동학이다. '사람이 곧 하늘이다'에서 인내천을 알 수 있다. 인내천을 강조한 사상은 최제우가 1860년 철종 때 경주에서 창시한 동학이다.

② O: 동학의 2대 교주 최시형이 『동경대전』과 『용담유사』를 편찬하였다.

**오답 분석**

① X: 동학이 아니라 천주교가 순조 즉위 이후 신유박해 등을 통해 대탄압을 받았다.

③ X: 동학이 아니라 『정감록』의 영향을 받은 홍경래가 조선왕조를 부정하며 평안도 가산 다복동에서 난을 일으켰다.

④ X: 단성에서 시작된 농민봉기는 진주로 이어졌고 이후 전국적으로 확산되어 임술농민봉기로 발전하였는데 이는 동학과는 관련이 없고 삼정의 문란 시정을 요구한 민란이었다.

**½한국사 고득점 TIP 『동경대전』과 『용담유사』**

『동경대전』은 한문체로 포덕문, 논학문, 수덕문을 실었고, 『용담유사』는 한글로 되어 있으며 용담가와 안심가를 실었다.

## 08

정답 ①

제시된 사료는 조선 중기 명종 시절의 상황이다. '외척끼리의 다툼은 을사사화를 말하는 것이고, 윤원형이 정국을 주도하였다.'에서 명종 시절임을 알 수 있다.

① O: 조선 중기 명종 시절 문정왕후의 지원을 받은 보우가 승과를 부활시키는 등 불교 중흥 정책을 펼쳤다.

**오답 분석**

② X: 신라 무열왕과 문무왕 시절 원효가 다른 종파들과 사상적 대립을 조화시키고 분파 의식을 극복하려는 『십문화쟁론』을 지었다.

③ X: 신라 무열왕과 문무왕 시절 의상이 『화엄일승법계도』를 저술하여 모든 존재는 상호 의존적인 관계에 있으면서 서로 조화를 이루고 있다고 주장하였다.

④ X: 고려 무신집권기 지눌이 승려 본연의 자세로 돌아가 독경과 선 수행, 노동에 두루 힘쓰자며 '정혜쌍수', '돈오점수'를 주장하였다.

⑤ X: 고려 후기 원에서 임제종을 도입한 보우가 선종 9산 선문의 통합을 시도하였고, 막대한 토지를 소유하고 상업에도 관여하는 불교계의 폐단을 바로잡기 위해 노력하였다.

# THEME 081 실학

## 01

2022년 국가직 9급

**다음 주장을 한 실학자가 쓴 책은?**

> 토지를 겸병하는 자라고 해서 어찌 진정으로 빈민을 못살게 굴고 나라의 정치를 해치려고 했겠습니까? 근본을 다스리고자 하는 자라면 역시 부호를 심하게 책망할 것이 아니라 관련 법제가 세워지지 않은 것을 걱정해야 할 것입니다. …(중략)… 진실로 토지의 소유를 제한하는 법령을 세워, "어느 해 어느 달 이후로는 제한된 면적을 초과해 소유한 자는 더는 토지를 점하지 못한다. 이 법령이 시행되기 이전부터 소유한 것에 대해서는 아무리 광대한 면적이라 해도 불문에 부친다. 자손에게 분급해 주는 것은 허락한다. 만약에 사실대로 고하지 않고 숨기거나 법령을 공포한 이후에 제한을 넘어 더 점한 자는 백성이 적발하면 백성에게 주고, 관(官)에서 적발하면 몰수한다."라고 하면, 수십 년이 못 가서 전국의 토지 소유는 균등하게 될 것입니다.

① 『반계수록』 ② 『성호사설』
③ 『열하일기』 ④ 『목민심서』

## 02

2018년 지역 인재 9급

**다음과 같이 주장한 실학자의 저술로 옳은 것은?**

> 무엇을 여전(閭田)이라 하는가, 산골짜기와 하천의 형세를 가지고 경계를 그어 만들고는 그 경계의 안을 '여(閭)'라 이름하고 …(중략)… 여에는 여장(閭長)을 두고, 무릇 여의 전지(田地)는 여의 사람들로 하여금 다 함께 그 전지의 일을 다스리되, 피차의 경계가 없이 하고 오직 여장의 명령만을 따르도록 한다.

① 『경세유표』 ② 『반계수록』
③ 『동사상목』 ④ 『의산문납』

## 03

2014년 국가직 9급

**다음과 같은 내용을 주장한 실학자에 대한 설명으로 옳은 것은?**

> 중국은 서양과 180도 정도 차이가 난다. 중국인은 중국을 중심으로 삼고 서양을 변두리로 삼으며, 서양인은 서양을 중심으로 삼고 중국을 변두리로 삼는다. 그러나 실제는 하늘을 이고 땅을 밟는 사람은 땅에 따라서 모두 그러한 것이니 중심도 변두리도 없이 모두가 중심이다.

① 『동국지리지』를 저술하여 역사 지리 연구의 단서를 열어 놓았다.
② 『임하경륜』을 통해서 성인 남자들에게 2결의 토지를 나누어 줄 것을 주장하였다.
③ 『동사』에서 조선의 자연환경과 풍속, 인성의 독자성을 강조하였다.
④ 동국지도를 만들어 지도 제작의 과학화에 기여하였다.

## 04

2017년 지방직 9급

**다음 글을 쓴 사람에 대한 설명으로 옳은 것은?**

> 오늘날 백성을 다스리는 자는 백성에게서 걷어 들이는 데만 급급하고 백성을 부양하는 방법은 알지 못한다. …… '심서(心書)'라고 이름 붙인 까닭은 무엇인가? 백성을 다스릴 마음은 있지만 몸소 실행할 수 없기 때문에 그렇게 이름 붙인 것이다.

① 조선 시대의 역사를 서술한 『열조통기』를 편찬하였다.
② 홍역 관련 의서를 종합해 『마과회통』을 저술하였다.
③ 『농가집성』을 펴내 이앙법 보급에 공헌하였다.
④ 우리나라에서 처음으로 지전설을 주장하였다.

## 문제 풀이

### 01
정답 ③

제시된 사료의 실학자는 조선 후기 박지원이다. 박지원은 『과농소초』의 한민명전의에서 토지 소유의 상한선을 제한하는 한전론을 주장하였다.

③ O: 『열하일기』는 박지원이 청나라를 다녀온 뒤 저술한 기행문이다.

**오답 분석**

① X: 『반계수록』을 저술한 인물은 유형원이다. 유형원은 『반계수록』에서 토지 국유를 전제로 관리, 선비, 농민 등에게 신분에 따라 차등 있게 토지를 지급하는 균전론을 내세워 자영농 육성을 주장하였다.

② X: 『성호사설』을 저술한 인물은 이익이다. 이익은 『성호사설』에서 화폐 사용을 중지할 것을 주장하였다. 한편, 이익은 한전론을 주장하여 한 가정의 생활 유지에 필요한 최소한의 토지를 영업전으로 설정하고 매매를 금지하여, 점진적으로 토지 소유의 평등을 이루고자 하였다.

④ X: 『목민심서』를 저술한 인물은 정약용이다. 정약용은 『목민심서』에서 지방 행정의 개혁 및 수령이 지켜야 할 규범을 제시하였다.

**중요 사료** 유형원의 『반계수록』

> 오늘날에 부족한 것은 강론이 충분하지 못한 데 있지 않고, 오직 강론만 하고 시행하지 않는 것에 있습니다. …… 최근 호남의 선비 유형원은 바로 그것을 잘 강구하였습니다. …… 삼가 바라건대, 특별히 그 고을의 수령에게 명하여 그 책(반계수록)을 가져다 바치게 하여 전하께서 볼 수 있도록 준비시키고, 곧 전국에 나누어 반포해서 시행하게 하소서.

### 02
정답 ①

제시된 사료는 정약용의 여전제에 대한 내용이다. 정약용은 「전론」에서 30호를 묶어 1여로 만든 뒤 여 단위로 토지를 공동소유하고, 공동으로 경작한 후 노동량에 따라 차등적으로 생산물을 분배할 것을 주장하는 여전제를 주장하였다.

① O: 정약용은 『경세유표』에서 중앙 정부의 행정 개혁안과 정전제를 제시하였다.

**오답 분석**

② X: 『반계수록』은 유형원이 조선 후기 사회, 경제, 토지 제도 등을 연구하고 저술한 서적이다.

③ X: 『동사강목』은 정조 시절 안정복이 편찬한 역사서이다.

④ X: 『의산문답』은 홍대용의 저서이다.

**중요 사료** 정약용의 『경세유표』

> 『주례』에 나타난 주나라 제도를 모범으로 하여 중앙과 지방의 정치 제도를 개혁해야 한다. 정치적 실권을 군주에게 몰아주고, 군주가 수령을 매개로 민을 직접 다스리도록 하되, 민의 자주권을 최대로 보장하여 아랫사람이 통치자를 추대하는 형식에 의하여 권력이 짜여져야 한다.

### 03
정답 ②

제시된 사료는 홍대용의 『의산문답』의 내용이다. 홍대용은 『의산문답』에서 지전설과 무한우주론을 주장하였고, 역외춘추론을 주장하여 중국이 세상의 중심이 아님을 강조하였다.

② O: 홍대용은 『임하경륜』을 통해서 성인 남자들에게 2결의 토지를 나누어 줄 것을 주장하였다.

**오답 분석**

① X: 홍대용이 아니라 광해군 때 한백겸이 최초의 역사지리지인 『동국지리지』를 저술하여 역사 지리 연구의 단서를 열어 놓았다.

③ X: 홍대용이 아니라 허목이 『동사』에서 조선의 자연환경과 풍속, 인성의 독자성을 강조하였다.

④ X: 홍대용이 아니라 영조 시절 정상기가 최초로 100리 척을 이용한 동국지도를 만들어 지도 제작의 과학화에 기여하였다.

### 04
정답 ②

제시된 사료는 정약용의 『목민심서』 중 일부이다.

② O: 정약용은 박제가와 함께 종두법을 연구하였고, 홍역 관련 의서를 종합해 『마과회통』을 저술하였다.

**오답 분석**

① X: 정약용이 아니라 안정복이 조선 시대의 역사를 서술한 『열조통기』를 편찬하였다.

③ X: 정약용이 아니라 효종 때 신속이 『농가집성』을 펴내 이앙법 보급에 공헌하였다.

④ X: 정약용이 아니라 조선 후기 김석문이 우리나라에서 처음으로 지전설을 주장하였다.

**½한국사 고득점 TIP** 정약용

- 홍석주, 신작 등과 교류하며 유교 경전 연구
- 순조 때 신유박해로 전라도 강진 유배, 18년간 유배 생활
- 토지 개혁: 여전제(「전론」) → 정전제(『경세유표』)
- 마과회통: 종두법 소개, 박제가와 함께 종두법 연구
- 이용감, 거중기와 배다리, 「기예론」
- 저술: 『경세유표』(중앙 행정), 『목민심서』(수령 지침), 『흠흠신서』(형옥 관리), 「탕론」, 「전론」, 「원목」, 『아방강역고』, 『아언각비』, 『아학편』, 『대동수경』

## 05

2018년 서울시 9급

<보기>의 내용을 주장한 인물에 대한 설명으로 가장 옳은 것은?

> 국가는 마땅히 한 집의 생활에 맞추어 재산을 계산해서 토지 몇 부(負)를 한 호의 영업전으로 한다. 그러나 땅이 많은 자는 빼앗아 줄이지 않고 미치지 못하는 자도 더 주지 않으며, 돈이 있어 사고자 하는 자는 비록 천백 결이라도 허락해 주고, 땅이 많아서 팔고자 하는 자는 다만 영업전 몇 부 이외에는 허락한다.

① 『목민심서』를 저술하는 등 실학을 집대성하였다.
② 발해사를 우리나라 역사로 체계화할 목적으로 『발해고』를 저술하였다.
③ 전국의 자연환경과 인물, 풍속 등을 정리한 『택리지』를 저술하였다.
④ 천지·인사·만물·경사·시문 등 5개 부문으로 나누어 우리나라와 중국의 문화를 백과사전식으로 소개·비판한 『성호사설』을 저술하였다.

## 06

2019년 기상직 9급

다음 자료의 주장을 전개한 인물의 활동으로 옳은 것은?

> 아홉 도의 전답(田畓)을 고루 나누어 3분의 1을 취해서 아내가 있는 남자에 한해서는 각각 2결(結)을 받도록 한다. (그 자신에 한하며 죽으면 8년 후에 다른 사람에게 옮겨 준다.) 전원(田園) 울타리 밑에 뽕나무와 삼[麻]을 심도록 하며, 심지 않는 자에게는 벌로 베[布]를 받는데 부인이 3명이면 베[布] 1필, 부인이 5명이면 명주[帛] 1필을 상례(常例)로 정한다.

① 『역학도해』에서 지전설을 주장하였다.
② 동·서양 수학을 정리하여 『주해수용』을 저술하였다.
③ 우주현상과 지리, 문화현상을 상술한 『지구전요』를 편찬하였다.
④ 『곽우록』을 저술하여 국가적 문제의 해결책을 제시하고자 하였다.

## 07

2020년 법원직 9급

다음과 관련된 인물의 주장으로 옳은 것을 <보기>에서 모두 고른 것은?

> 비유컨대, 재물은 대체로 우물과 같은 것이다. 퍼내면 차고, 버려두면 말라 버린다. 그러므로 비단옷을 입지 않아서 나라에 비단을 짜는 사람이 없게 되면 여공이 쇠퇴하고, 찌그러진 그릇을 싫어하지 않고 기교를 숭상하지 않아서 장인이 작업하는 일이 없게 되면 기예가 망하게 된다.

> **보기**
> (ㄱ) 수레와 선박의 이용을 확대해야 한다.
> (ㄴ) 사농공상은 직업적으로 평등해야 한다.
> (ㄷ) 청에서 행해지는 국제 무역에 참여해야 한다.
> (ㄹ) 자영농을 중심으로 군사와 교육 제도를 재정비해야 한다.

① (ㄱ), (ㄴ)　② (ㄱ), (ㄷ)
③ (ㄴ), (ㄷ)　④ (ㄷ), (ㄹ)

## 문제 풀이

### 05

정답 ④

제시된 사료는 이익이 『성호사설』의 곽우록에서 주장한 한전론에 관한 내용 중 일부이다.

④ O: 이익은 천지·인사·만물·경사·시문 등 5개 부문으로 나누어 우리나라와 중국의 문화를 백과사전식으로 소개·비판한 『성호사설』을 저술하였다.

**오답 분석**

① X: 이익이 아니라 정약용이 『목민심서』를 저술하는 등 실학을 집대성하였다.

② X: 이익이 아니라 유득공이 발해사를 우리나라 역사로 체계화할 목적으로 『발해고』를 저술하였다.

③ X: 이익이 아니라 영조 시절 이중환이 전국의 자연환경과 인물, 풍속 등을 정리한 『택리지』를 저술하였다.

**중요 사료** 이익의 6좀론

농사를 힘쓰지 않는 자 중에 그 좀(蠹)이 여섯 종류가 있는데, 장사꾼은 그 중에 들어가지 않는다. 첫째가 노비요, 둘째가 과거요, 셋째가 벌열이요, 넷째가 기교요, 다섯째가 승니요, 여섯째가 게으름뱅이들이다. 저 장사꾼은 본래 사민(四民)의 하나로서 그래도 통화의 이익을 가져온다. 소금·철물·포백같은 종류는 장사가 아니면 운반할 수 없지만, 여섯 종류의 해로움은 도둑보다도 더하다.

**½한국사 고득점 TIP** 『택리지』

- 편찬: 영조 때 이중환
- 내용
  - 전국의 자연 환경과 인물, 풍속 등을 정리
  - 남인 학자의 인문지리를 계승, 노론 집권층에 대해 비판적
  - 붕당의 원인이 이조전랑에 있다고 강조

### 06

정답 ②

제시된 사료의 실학자는 홍대용이다. '남자에 한해서는 각각 2결(結)을 받도록 한다.' 등을 통해 홍대용의 균전론임을 알 수 있다.

② O: 홍대용은 동·서양 수학을 정리하여 『주해수용』을 저술하였다.

**오답 분석**

① X: 홍대용이 아니라 김석문이 『역학도해』에서 최초로 지전설을 주장하였다.

③ X: 홍대용이 아니라 최한기가 우주 현상과 지리, 문화현상을 상술한 『지구전요』를 편찬하였다.

④ X: 홍대용이 아니라 이익이 『곽우록』을 저술하여 국가적 문제의 해결책을 제시하고자 하였다.

**중요 사료** 홍대용의 지전설과 무한우주론

천체가 운행하는 것이나 지구가 자전하는 것은 그 세가 동일하니, 분리해서 설명할 필요가 없다. 생각건대 9만 리의 둘레를 한 바퀴 도는 데 이처럼 빠르며, 저 별들과 지구와의 거리는 겨우 반경(半徑) 밖에 되지 않는데도 오히려 몇 천만 억의 별들이 있는지 알 수가 없다. 하물며 은하계 밖에도 또 다른 별들이 있지 않겠는가!

### 07

정답 ②

제시된 사료는 중상학파 실학자인 박제가의 주장이다. 박제가는 재물을 우물에 비유하고 소비를 강조하였다.

(ㄱ) O : 박제가는 『북학의』에서 수레와 선박의 이용을 확대할 것을 주장하였다.

(ㄷ) O : 박제가는 청에 연행사로 다녀오기도 하였고, 특히 청에서 행해지는 국제 무역에 참여할 것을 주장하였다.

**오답 분석**

(ㄴ) X : 박제가가 아니라 유수원이 『우서』에서 사농공상은 직업적으로 평등함을 강조하였다.

(ㄹ) X : 박제가가 아니라 유형원이 균전론에서 관리, 선비, 농민 등 신분에 따른 토지의 차등 분배를 강조하였고, 병농일치, 사농일치를 주장하며 자영농을 중심으로 군사와 교육 제도를 재정비할 것을 강조하였다.

**중요 사료** 박제가의 소비 강조

검소하다는 것은 물건이 있어도 남용하지 않는 것을 말하는 것이지 자신에게 물건이 없다 하여 스스로 단념하는 것을 말하는 것이 아니다. 지금 우리나라 안에는 구슬을 캐는 집이 없고 시장에 산호 따위의 보배가 없다. 또 금과 은을 가지고 가게에 들어가도 떡을 살 수 없는 형편이다. …… 이것은 물건을 이용하는 방법을 모르기 때문이다. 이용할 줄 모르니 생산할 줄 모르고, 생산할 줄 모르니 백성은 나날이 궁핍해지는 것이다.

**½한국사 고득점 TIP** 박제가

- 상공업 중시
  - 수레, 선박의 이용 주장
  - 절약보다 소비 중시, 생산과 소비의 관계를 우물에 비유
- 대표 저서
  - 『북학의』: 청의 문물 수용 주장, 신분 차별 타파, 소비 권장
  - 『종두방서』: 정약용과 함께 종두법 연구

# THEME 082 조선 시대 역사서

## 01

2017년 하반기 국가직 7급

**(ㄱ)~(ㄹ)에 대한 설명으로 가장 적절한 것은?**

> (ㄱ) 에 소속된 주서는 왕과 신하 간에 오고 간 문서와 국왕의 일과를 매일 기록하여 (ㄴ) 을/를 작성하였다. 왕이 바뀌면 전왕의 통치기록인 사초, 시정기, 조보 등을 합하여 (ㄷ) 을/를 편찬하여 4부를 만들고 한성에는 (ㄹ) 에 보관하였다.

① (ㄱ) - 의정의 합좌 기관으로 백관과 서무를 총괄하였다.
② (ㄴ) - 실록 편찬의 기본 자료였으며, 세계 기록유산이다.
③ (ㄷ) - 임진왜란 이후 전주, 성주, 충주에 지은 사고에 각기 보관하였다.
④ (ㄹ) - 국왕의 교서를 제찬하고 외교사무를 관장하였다.

## 02

2018년 지방직 9급

**다음과 같은 특징을 가진 조선 후기 역사서는?**

> • 단군으로부터 고려에 이르기까지의 우리 역사를 치밀한 고증에 입각하여 엮은 통사이다.
> • 마한을 중시하고 삼국을 무통(無統)으로 보는 입장에서 우리 역사를 체계화하였다.

① 허목의 『동사』 ② 유계의 『여사제강』
③ 한치윤의 『해동역사』 ④ 안정복의 『동사강목』

## 03

2015년 지방직 9급

**다음은 조선 후기 집필된 역사서의 일부이다. 이 책에 대한 설명으로 옳은 것은?**

> 삼국사에서 신라를 으뜸으로 한 것은 신라가 가장 먼저 건국했고, 뒤에 고구려와 백제를 통합하였으며, 또 고려는 신라를 계승하였으므로 편찬한 것이 모두 신라의 남은 문적(文籍)을 근거로 했기 때문이다. …(중략)… 고구려의 강대하고 현저함은 백제에 비할 바가 아니며, 신라가 차지한 땅은 남쪽의 일부에 불과할 뿐이다. 그러므로 김씨는 신라사에 쓰여진 고구려 땅을 근거로 했을 뿐이다.

① 우리 역사의 독자적 정통론을 세워 이를 체계화하였다.
② 단군 - 부여 - 고구려의 흐름에 중점을 두어 만주 수복을 희구하였다.
③ 중국 및 일본의 자료를 망라한 기전체 사서로 민족사 의식의 폭을 넓혔다.
④ 여러 영역을 항목별로 나눈 백과사전적 서술로 문화 인식의 폭을 확대하였다.

## 04

2020년 경찰 1차

**(ㄱ)과 (ㄴ) 사이의 시기에 있었던 사실로 가장 적절하지 않은 것은?**

> (ㄱ) 지리서의 편찬이 추진되어 『신찬팔도지리지』를 편찬하였다.
> (ㄴ) 조선 전기를 대표하는 동국지도를 완성하였다.

① 고조선부터 고려 말까지 역사를 정리한 『동국통감』을 간행하였다.
② 고려의 역사를 자주적 입장에서 정리한 『고려사절요』를 편찬하였다.
③ 역대의 전쟁을 체계적으로 정리한 『동국병감』을 편찬하였다.
④ 우리 풍토에 알맞은 약재와 치료 방법을 개발하여 정리한 『향약집성방』을 편찬하였다.

# 문제 풀이

## 01

정답 ②

제시된 자료의 (ㄱ)은 승정원, (ㄴ)은 『승정원일기』, (ㄷ)은 실록, (ㄹ)은 춘추관이다.

**② O: (ㄴ) 『승정원일기』는 실록 편찬의 기본 자료였으며, 세계 유네스코 기록유산이다.**

**오답 분석**

① X: (ㄱ) 승정원이 아니라 의정부가 의정의 합좌 기관으로 백관과 서무를 총괄하였다.

③ X: (ㄷ) 실록은 임진왜란 이후가 아니라 이전에 한양의 춘추관, 전주, 성주, 충주에 지은 4대 사고에 각기 보관하였다.

④ X: (ㄹ) 춘추관이 아니라 예문관이 국왕의 교서를 제찬하였고, 승문원이 외교사무를 관장하였다. 춘추관은 실록과 시정기를 작성하였다.

**½한국사 고득점 TIP** 사고

- 전기: 4대 사고(춘추관, 성주, 충주, 전주) → 임란: 전주본만 유지
- 광해군: 5대 사고(춘추관, 오대산, 태백산, 정족산, 적상산)
- 인조: 이괄의 난으로 춘추관 사고 소실 → 4대 사고

## 02

정답 ④

**④ O: 단군부터 고려까지 우리역사를 치밀하게 고증한 것은 안정복의 『동사강목』으로 고증 사학의 토대를 이룩하였다는 평가를 받는다. 또한 안정복은 단군 - 기자 - 삼한(마한) - 삼국은 무통 - 통일 신라 -고려로 이어지는 독자적인 정통 체계를 확립하였다.**

**오답 분석**

① X: 허목의 『동사』는 단군 조선에서 삼국 시대까지 서술한 조선 후기의 기전체 역사서이다. 허목은 『동사』에서 단군을 중심으로 한 조선의 유구한 역사를 강조하여 우리 역사의 독자성을 강조하였다.

② X: 유계의 『여사제강』은 강목체 형식의 편년체로 고려사를 정리한 조선 후기의 역사서이다. 유계는 『여사제강』에서 고려가 북방 민족에게 강력히 항전한 것을 강조하여 병자호란 이후 대두된 북벌 운동을 고취시켰다.

③ X: 한치윤의 『해동역사』는 고증학적인 방법으로 고조선부터 고려 시대까지의 역사를 다룬 조선 후기의 역사서이다. 한치윤은 국내와 중국의 서적 500여 종과 일본의 서적 20여 종 등 다양한 외국 자료를 참고하여 『해동역사』를 집필하였으며 민족사 인식의 폭을 넓히는 데 기여하였다.

## 03

정답 ①

제시된 사료는 안정복의 『동사강목』의 내용 중 일부이다.

**① O: 안정복은 『동사강목』에서 우리 역사의 독자적 정통론을 세워 이를 체계화하였다.**

**오답 분석**

② X: 안정복이 아니라 이종휘가 『동사』에서 단군 - 부여 - 고구려의 흐름에 중점을 두어 만주 수복을 희구하였다.

③ X: 안정복이 아니라 한치윤의 『해동역사』가 중국 및 일본의 자료를 망라한 기전체 사서로 민족사 의식의 폭을 넓혔다.

④ X: 안정복이 아니라 이긍익이 『연려실기술』에서 여러 영역을 항목별로 나누고 백과사전적 서술로 문화 인식의 폭을 확대하였다.

**½한국사 고득점 TIP** 『연려실기술』

- 영조 때 이긍익이 편찬 → 정조와 순조 때 내용 추가
- 기사본말체로 백과사전식으로 실증적으로 기록
- 400여종의 야사를 참고
- 조선 시대 정치와 문화사만을 다룸
- 사건을 빼고 객관적 서술, 인용한 서적의 출처를 기록

## 04

정답 ①

| (ㄱ) | 『신찬팔도지리지』 | 세종 1432년 |
|---|---|---|

↓

② 『고려사절요』: 문종, 『고려사』 보완, 편년체

③ 『동국병감』: 문종, 김종서, 전쟁의 역사 정리

④ 『향약집성방』: 세종 1433년 편찬

| (ㄴ) | 동국지도 | 세조 1463년 |
|---|---|---|

① 『동국통감』: 1485년 성종 때 완성, 최초의 통사

**중요 사료** 『동국통감』

일찍이 세조께서, "우리 동방에는 비록 여러 역사서가 있으나 장편으로 되어 귀감으로 삼을 만한 것이 없다."라고 말씀하시고, 관리들에게 명하여 편찬하게 하셨지만 제대로 이루어지지 못하였습니다. 주상께서 그 뜻을 이어받아 서거정 등에게 편찬을 명하였습니다. … (중략)… 이 책을 지음에 명분과 인륜을 중시하고 절의를 숭상하여, 난신을 성토하고 간사한 자를 비난하는 것을 더욱 엄격히 하였습니다.

# THEME 083 지도와 지리서

## 01

2018년 국가직 9급

**밑줄 친 '이 지도'에 대한 설명으로 옳지 않은 것은?**

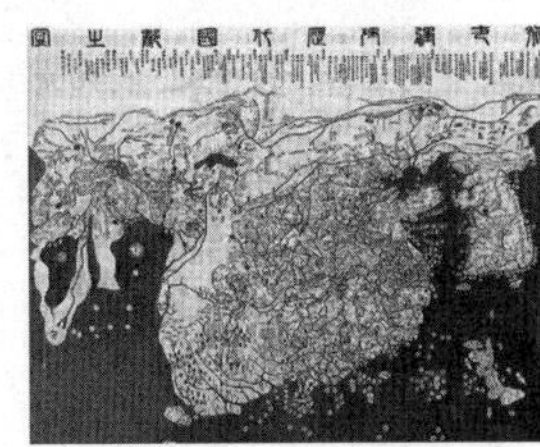

1402년 제작된 이 지도는 조선 학자들에 의해 제작된 세계 지도이다. 권근의 글에 의하면 중국에서 수입한 '성교광피도'와 '혼일강리도'를 기초로 하고, 우리나라와 일본의 지도를 합해서 제작하였다고 한다.

① 유럽과 아프리카 대륙까지 묘사하였다.
② 중국이 세계의 중심이라는 중화사상이 반영되었다.
③ 이 지도의 작성에는 이슬람 지도학의 영향이 있었다.
④ 우리나라에 해당하는 부분은 백리척을 사용하여 과학화에 기여하였다.

## 02

2005년 충청북도 9급

**다음은 조선 시대 지리서의 내용이다. 이 내용에 비추어 추론할 때 알맞은 사서는?**

지역의 연혁·풍속·학교·인물·고사·효자·열녀·산천·명현(名賢)의 사적 등을 실었다. 역대 지리지 중 가장 종합적인 내용을 담은 것으로서 정치사·제도사의 연구는 물론, 특히 향토사 연구에도 필수불가결한 자료로 높이 평가되고 있다.

① 『팔도지리지』 ② 『신증동국여지승람』
③ 『산경표』 ④ 『아방강역고』

## 03

2023년 국가직 9급

**조선 시대 지도와 천문도에 대한 설명으로 옳지 않은 것은?**

① 대동여지도는 거리를 알 수 있도록 10리마다 눈금을 표시하였다.
② 혼일강리역대국도지도는 중국에서 들여온 곤여만국전도를 참고하였다.
③ 천상열차분야지도는 하늘을 여러 구역으로 나누고 별자리를 표시한 그림이다.
④ 동국지도는 정상기가 실제 거리 100리를 1척으로 줄인 백리척을 적용하여 제작하였다.

## 문제 풀이

### 01
정답 ④

제시된 자료의 밑줄 친 '이 지도'는 혼일강리역대국도지도이다.

④ X: 100리척의 축척을 이용한 지도는 영조 시기 정상기가 제작한 동국지도이다.

**오답 분석**

① O: 혼일강리역대국도지도는 중국, 한반도, 일본과 함께 유럽과 아프리카 대륙까지 묘사되어 있다.

② O: 혼일강리역대국도지도는 중국이 중앙에 위치해 있으며 실제 크기보다 크게 그려져 있어 중국이 세계의 중심이라는 중화 사상이 반영되어 있음을 알 수 있다.

③ O: 혼일강리역대국도지도는 이슬람 지도학의 영향을 받아 제작된 원나라의 세계 지도에 우리나라와 일본의 지도를 더해 제작되었다.

**½한국사 고득점 TIP** 혼일강리역대국도지도

- 제작: 태종 때 김사형, 이회 등이 제작, 권근이 발문을 지음
- 특징
  - 중국의 혼일강리도 + 조선의 팔도도 + 일본도 등을 참고
  - 한·중·일 삼국 이외에 유럽과 아프리카도 그려져 있다.
  - 아라비아 지도학의 영향을 받은 중국의 세계 지도를 참고
  - 동양 최고의 세계지도. 아메리카 대륙 X
  - 일본의 류코큐 대학에 필사본이 전해짐

### 02
정답 ②

제시된 자료는 『신증동국여지승람』에 대한 내용이다.

② O: 『신증동국여지승람』(중종)은 『동국여지승람』을 수정·보완한 것으로 정치·제도·향토의 모든 내용이 포함되어 있다.

**오답 분석**

① X: 『팔도지리지』(성종)는 『신찬팔도지리지』를 보충해 제작한 것으로 현존하지 않는다. 다만 『경상도지리지』를 통해 내용을 추측하고 있다. 각 지역의 봉화·역참의 서울과의 거리, 광산의 종류, 도서의 위치, 수로의 거리 등을 조사하였다.

③ X: 『산경표』(영조)는 우리나라 산과 강 그리고 도로 등을 정리한 것으로 국방과 경제, 행정상 큰 도움이 되었다.

④ X: 『아방강역고』(순조, 정약용)는 발해의 중심지가 백두산 동쪽이었다는 것을 입증하였고, 백제의 첫 도읍지가 서울 지역임을 밝혔다. 백제의 벼농사, 가야의 철기, 해로를 통한 수출 등을 입증하였다.

### 03
정답 ②

② X: 혼일강리역대국도지도는 원의 혼일강리도와 조선의 팔도도 등을 더해 만든 동양 최고 세계지도이다. 곤여만국전도는 선조 때 이광정이 전래한 지도이다.

**오답 분석**

① O: 대동여지도는 철종 때 김정호가 제작한 전국 지도로 산맥, 하천, 포구 등을 정밀하게 표시하였으며, 거리를 알 수 있도록 10리마다 눈금을 표시하였다.

③ O: 천상열차분야지도는 고구려의 천문도를 바탕으로 태조 때 제작된 천문도로, 하늘을 여러 개의 구역으로 나누고 별자리를 표시하였다.

④ O: 동국지도는 영조 때 정상기가 제작한 지도로, 우리나라에서 처음으로 실제 거리 100리를 1척으로 줄인 백리척을 적용하여 제작하였다.

**중요 사료** 천상열차분야지도

우리 전하(태조)께서 천명을 받은 처음에, 어떤 이가 한 권을 올리는 자가 있거늘, 전하께서 보배로 귀중하게 여겨서, 서운관(書雲觀)에 명하여 분명하게 돌에 새기게 하니, 서운관이 아뢰기를, "이 그림은 세월이 오래되어, 별의 도수(度數)가 차이가 나니, 마땅히 다시 도수를 측량하여 사시 중월(四仲)의 초저녁과 새벽 적당한 시간을 정하여서, 새 그림을 만들어 후인에게 보이게 하소서"

**½한국사 고득점 TIP** 조선 시대 지도

- 태종: 혼일강리역대국도지도(세계지도, 일본에 필사본 전해짐)
- 세종: 팔도도(태종 때 최초로 팔도도 제작)
- 세조: 동국지도(정척, 양성지 등이 제작, 최초의 실측지도)
- 명종: 조선방역지도
- 선조: 곤여만국전도(이광정이 전래, 서양식 세계지도)
- 숙종: 요계관방도(이이명, 비변사에서 제작, 청의 군사 기지 기록)
- 영조: 동국지도(정상기, 최초의 축척, 100리척)
- 철종: 대동여지도(김정호, 10리마다 방점, 분첩절첩식, 기호체계)

# THEME 084 과학 기술

## 01

2019년 지방직 9급

**다음 서적을 편찬된 시기순으로 바르게 나열한 것은?**

| (ㄱ)『의방유취』 | (ㄴ)『동의보감』 |
|---|---|
| (ㄷ)『향약구급방』 | (ㄹ)『향약집성방』 |

① (ㄱ) - (ㄴ) - (ㄷ) - (ㄹ)　② (ㄱ) - (ㄷ) - (ㄴ) - (ㄹ)
③ (ㄷ) - (ㄱ) - (ㄹ) - (ㄴ)　④ (ㄷ) - (ㄹ) - (ㄱ) - (ㄴ)

## 02

2018년 서울시 9급

**조선 시대에 편찬된 서적과 관련된 설명으로 옳은 것을 <보기>에서 모두 고른 것은?**

(ㄱ)『경국대전』: 조선의 통치 규범과 법을 정리하였다.
(ㄴ)『동문선』: 우리 풍토에 맞는 약재와 치료법을 정리하였다.
(ㄷ)『동의수세보원』: 중국과 일본의 자료를 참고하여 민족사 인식을 확대하였다.
(ㄹ)『금석과안록』: 북한산비가 진흥왕 순수비임을 밝혔다.

① (ㄱ), (ㄴ)　② (ㄴ), (ㄷ)
③ (ㄱ), (ㄹ)　④ (ㄴ), (ㄹ)

## 03

2019년 기상직 9급

**다음 작품의 소재가 된 기기가 처음 만들어진 시기의 사실로 옳은 것은?**

무엇을 하든 간에 / 때를 아는 것보다 중한 것이 없겠거늘
밤에는 경루가 있지만 / 낮에는 알 길이 없더니
구리를 부어 기구를 만드니 / 형체는 가마솥과 같고
반경에 원거를 설치하여 / 남과 북이 마주하게 하였다
구멍이 꺾임을 따라 도는 것은 / 점을 찍어서 그러하다
내면에는 도수를 그어 / 주천의 반이 되고
귀신의 몸을 그리기는 / 어리석은 백성 때문이요
각과 분이 또렷한 것은 / 햇볕이 통하기 때문이요
길가에 두는 것은 / 구경꾼이 모이는 때문이니
이로 비롯하여 / 백성이 작흥할 것을 알게 되리라

① 폭탄의 일종인 비격진천뢰가 만들어졌다.
② 개량된 금속활자인 갑인자가 주조되었다.
③ 100리 척을 사용한 동국지도가 제작되었다.
④ 민간에 떠도는 한담을 모은『필원잡기』가 편찬되었다.

## 04

2017년 법원직 9급

**다음은 시기별 국경선을 표시한 지도이다. (가)에서 (나)로 변화되어 가는 과정에서 만들어졌던 문화재로 가장 적절한 것은?**

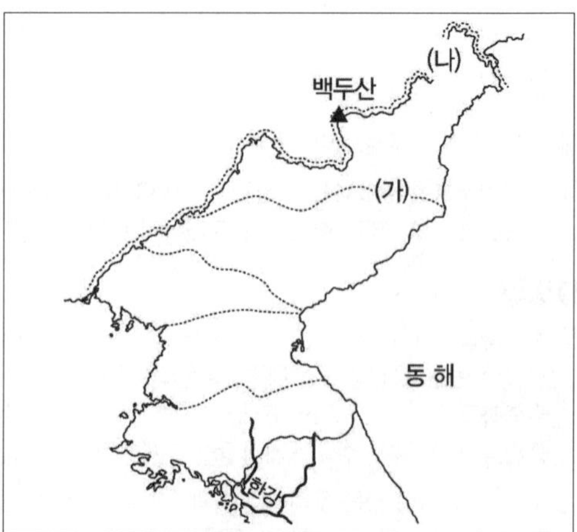


① 서양 문물의 수용, 곤여만국전도
② 중국 중심 세계관의 극복, 지전설
③ 한양 기준 역법서의 편찬,『칠정산』
④ 외적을 물리치기 위해 만들어진, 팔만대장경

# 문제 풀이

## 01

정답 ④

| (ㄷ) | 『향약구급방』 | • 고려 후기 1236년 강화도 대장도감에서 편찬<br>• 현존 최고 자주적 의학 서적 |
|---|---|---|

↓

| (ㄹ) | 『향약집성방』 | • 1433년 세종, 유효통<br>• 자주적 의학 기술과 약재, 치료법 소개 |
|---|---|---|

↓

| (ㄱ) | 『의방유취』 | • 1445년 세종, 전순의<br>• 중국의 의학 서적을 토대<br>• 동양 최대 의학 백과 사전 |
|---|---|---|

↓

| (ㄴ) | 『동의보감』 | • 광해군, 허준<br>• 모든 향약명을 한글로 표기<br>• 유네스코 기록유산 |
|---|---|---|

**½한국사 고득점 TIP 『동의보감』(유네스코 기록유산)**

- 조선 광해군, 허준이 왕명으로 편찬
- 동양 의학 백과사전, 일본과 중국에서도 간행
- 치료보다는 예방 의학에 중점
- 수백종의 향약명을 한글로 표기 → 의료 지식의 민간 보급

## 02

정답 ③

**(ㄱ) O: 『경국대전』은 세조 때 편찬되기 시작하였고, 성종 때 완성된 법전으로 조선의 통치 규범과 법을 정리하였다.**

**(ㄹ) O: 『금석과안록』은 김정희가 저술한 것으로 북한산비가 진흥왕 순수비임을 밝혔다.**

**오답 분석**

(ㄴ) X: 『동문선』은 우리 풍토에 맞는 약재와 치료법을 정리한 서적이 아니라 성종 때 서거정이 삼국 시대에서 조선 초기의 시문을 정리한 서적이다. 우리 풍토의 약재와 치료법을 정리한 서적은 세종 때 『향약집성방』이다.

(ㄷ) X: 『동의수세보원』은 고종 때 이제마가 사상의학을 정리한 의서이며, 중국과 일본의 자료를 참고하여 민족사 인식을 확대하였던 것은 한치윤의 『해동역사』이다.

**중요 사료 『동문선』**

우리 동방의 문(文)은 송(宋)과 원(元)의 문도 아니고 한(漢)과 당(唐)의 문도 아니며 바로 우리나라의 문입니다. 마땅히 중국 역대의 문과 나란히 천지의 사이에 행하게 하여야 합니다. …(중략)… 우리 동방의 문은 삼국 시대에서 비롯하여 고려에서 번성하였고 아조(我朝)에 와서 극(極)에 이르렀습니다. 천지 기운의 성쇠와 관계된 것을 또한 알 수 있습니다.

**½한국사 고득점 TIP 『동문선』**

- 성종 때 서거정이 편찬
- 우리나라 삼국 시대부터 조선 초기까지 역대 시문 중 우수한 것을 모아 편찬한 서적이다.
- 서문에서 '우리나라의 글은 송이나 원의 글도 아니요, 한·당의 글도 아닌 곧 우리나라의 글이다.'라고 밝혀 자주적 모습을 보여주고 있다.

## 03

정답 ②

제시된 사료는 1434년 조선 세종 때 앙부일구가 제작된 후 김돈이 쓴 앙부일구명 중 일부이다. '때를 아는 것이 중요하다'와 '낮에는 알 길이 없어서 이 기구를 만들었다'는 내용과, 특히 '햇볕이 통한다'에서 세종 때 만들어진 해시계인 앙부일구임을 알 수 있다.

**② O: 조선 세종 때는 갑인자라는 활자가 제작되었고, 밀랍 대신 식자판 조립 방식이 개발되었다.**

**오답 분석**

① X: 비격진천뢰는 조선 세종이 아니라 선조 시기 이장손이 제작한 포탄이다.

③ X: 세종이 아니라 영조 시절 정상기가 최초로 축척을 이용하여 100리 척을 사용한 동국지도를 제작하였다.

④ X: 『필원잡기』는 조선 세종이 아니라 성종 때 서거정이 편찬한 서적으로 국왕과 관료들의 언행, 민간 풍습 등을 소개하고 있다.

**½한국사 고득점 TIP 조선 시대 활자**

- 태종: 주자소 설치, 계미자
- 세종: 갑인자, 식자판 조립 개발로 인쇄능률 향상
- 정조: 정리자, 생생자, 한구자

## 04

정답 ③

제시된 지도에서 (가)는 공민왕 시기 쌍성총관부를 수복하고 철령 이북을 확보한 후의 국경선이고, (나)는 세종 시기 4군(압록강 최윤덕)과 6진(두만강, 김종서)을 설치한 후의 국경선이다.

**③ O: 『칠정산』은 조선 세종 때 중국의 역법과 아라비아의 회회력을 토대로 제작된 독자적 역법이다.**

**오답 분석**

① X: 곤여만국전도는 조선 후기 선조 때 이광정이 전래한 서양식 지도로 마테오 리치가 제작하였다.

② X: 지전설은 조선 후기 김석문이 최초로 주장하였고, 이후 홍대용과 최한기 등도 주장하였다.

④ X: 팔만대장경은 무신 집권기 최우 시절 몽골의 침략 때 조판되었다.

**½한국사 고득점 TIP 조선 후기 지전설**

- 김석문: 최초, 『역학도해』
- 홍대용: 『의산문답』
- 최한기: 『지구전요』, 『인정』, 『명남루총서』

# THEME 085 기타 기록물

## 01

2018년 국가직 9급

다음 해외 견문 기록을 시기순으로 바르게 나열한 것은?

| | |
|---|---|
| (ㄱ)『표해록』 | (ㄴ)『열하일기』 |
| (ㄷ)『서유견문』 | (ㄹ)『해동제국기』 |

① (ㄱ) - (ㄴ) - (ㄹ) - (ㄷ) ② (ㄱ) - (ㄹ) - (ㄷ) - (ㄴ)
③ (ㄹ) - (ㄱ) - (ㄴ) - (ㄷ) ④ (ㄹ) - (ㄷ) - (ㄱ) - (ㄴ)

## 02

2017년 하반기 지방직 9급

조선 시대 의궤에 대한 설명으로 옳지 않은 것은?

①『가례도감의궤』는 임진왜란 이후부터 편찬되기 시작하였다.

②『조선왕조의궤』는 유네스코 세계 기록유산으로 등재되었다.

③ 정조 때 화성 행차 일정, 참가자 명단, 행차 그림 등을 수록한 의궤가 편찬되었다.

④『가례도감의궤』의 말미에 그려진 반차도에는 당시 왕실 혼례의 행렬 모습이 남겨 있다.

## 03

2019년 국가직 9급

밑줄 친 '성상(聖上)'대에 편찬된 서적에 대한 설명으로 옳은 것은?

> 세조가 신하들에게 말씀하시기를, "법의 과목(科目)이 너무 번잡하고 앞뒤가 맞지 않았기 때문에 상세히 살펴 다듬어 자손만대의 성법(成法)을 만들고자 한다."라고 하셨다. 형전(刑典)과 호전(戶典)은 이미 반포되어 시행하고 있으나 나머지 네 법전은 미처 교정을 마치지 못했다. 이에 <u>성상(聖上)</u>께서 세조의 뜻을 받들어 여섯 권의 법전을 완성하게 하여 중외에 반포하셨다.

①『동국병감』은 고조선에서 고려 말까지의 전쟁을 정리한 병서이다.

②『동몽선습』은 중국과 우리나라의 역사를 담은 아동교육서이다.

③『삼강행실도』는 모범적인 효자·충신·열녀를 다룬 윤리서이다.

④『국조오례의』는 국가의 여러 행사에 필요한 의례를 정비한 의례서이다.

## 문제 풀이

### 01

정답 ③

| (ㄹ) | 『해동제국기』 | 성종 1471년, 신숙주 |
|---|---|---|
| ↓ | | |
| (ㄱ) | 『표해록』 | 성종 1488년, 최부 |
| ↓ | | |
| (ㄴ) | 『열하일기』 | 정조, 박지원 |
| ↓ | | |
| (ㄷ) | 『서유견문』 | 1889년 탈고, 1895년 출판 유길준 |

**½한국사 고득점 TIP 『해동제국기』(성종, 신숙주)**

세종이 계해약조를 체결할 때 신숙주가 일본에 건너가서 본 일본의 모습을 성종 때 일종의 여행기(기행문) 형태로 기록하였다. 통신사로 파견되었던 자신의 견문을 토대로 작성되었고, 조선 전기 한·일 관계사 연구에 중요한 사료이며 현재 일본에 보관 중이다.

### 02

정답 ①

① X: 『의궤』는 조선 전기부터 왕실의 중요 행사 시 임시 기구인 도감에서 반복되는 중요한 행사의 시행착오를 방지하기 위해 편찬되었다. 현재 임진왜란 이후의 것만 현존하고 있다.

**오답 분석**

② O: 『조선왕조의궤』는 2007년에 유네스코 세계 기록유산으로 등재되었다.

③ O: 정조 시절에 어머니인 혜경궁 홍씨를 모시고 사도 세자의 무덤이 있는 화성으로의 행차 일정과 참가자 명단, 행차 모습의 그림 등이 수록된 『원행을묘정리의궤』가 편찬되었다.

④ O: 반차도는 의례나 의례 행렬을 글자나 그림으로 묘사한 것으로, 『가례도감의궤』의 반차도에는 왕실 혼례 행렬이 그려져 있다.

**½한국사 고득점 TIP 『의궤』**

- 반복되는 중요한 행사의 시행착오 방지를 위해서 편찬
- 편찬
  - 조선 전기부터 임시 관청인 도감에서 편찬
  - 행사 과정과 참가자, 비용 등을 자세히 기록
  - 보관: 1부는 어람용, 나머지는 사고에 보관
- 현존: 임란 이전의 것은 소실 → 임란 이후 선조 때 의궤부터 현존
  - 현존 최고: 선조, 의인왕후의 장례 과정의 의궤가 현존 최고
- 병인양요 때 강화도 외규장각의 의궤를 프랑스군이 약탈
  - 김영삼 정부 때 1부 반환
  - 2011년 임대의 형식으로 반환
- 의의: 유네스코 기록유산
  - 이두와 차자 및 우리의 고유한 한자어 연구에도 귀중한 자료

### 03

정답 ④

제시된 사료에서 밑줄 친 '성상'은 조선 시대 성종이다. '성상(聖上)께서 세조의 뜻을 받들어 여섯 권의 법전을 완성하게 하여 중외에 반포하셨다.'에서 『경국대전』 편찬과 관련된 내용으로, 『경국대전』은 조선 세조 때 편찬을 시작하여 조선 성종 때 완성되었다.

④ O: 『국조오례의』는 조선 성종 때 신숙주가 국가나 왕실의 각종 행사에 필요한 의례를 정비, 제정하여 편찬한 의례서이다.

**오답 분석**

① X: 『동국병감』은 조선 성종이 아니라 문종 때 김종서의 주도로 고조선부터 고려 말까지의 전쟁 역사를 정리한 서적이다.

② X: 『동몽선습』은 조선 성종이 아니라 중종 때 박세무가 편찬한 어린이 학습서이다.

③ X: 『삼강행실도』는 조선 성종이 아니라 세종 시절 설순이 중국과 한국의 역사 중에서 충신, 효녀, 열녀를 골라 삼강의 모범을 도해한 책이다.

**중요 사료 『국조오례의』**

신이 가만히 살펴보건대, 예를 기술한 것이 3300가지의 글이 있기는 하나 그 요점은 길·흉·군·빈·가(吉凶軍賓嘉)라고 말하는 5가지에 불과할 뿐이다. 제사로 말미암아 길례가 있고, 사상(死喪)으로 말미암아 흉례가 있으며, 대비와 방어로 말미암아 군례가 있고, 교제와 관혼의 중요함으로 말미암아 빈례와 가례가 있다. 예는 이 5가지만 갖추면 사람 도리의 처음과 끝이 구비되는 것이니, 천하 국가를 다스리고자 하는 자는 이를 버리면 할 수가 없다.

**½한국사 고득점 TIP 『국조오례의』**

- 편찬: 세종 때 편찬 → 성종 때 완성
- 제사 의식인 길례, 관례와 혼례 등의 가례, 사신 접대 의례인 빈례, 군사 의식에 해당하는 군례, 상례의식인 흉례의 오례를 정리한 책이다.

THEME

# 086 조선 시대 기타 예술

## 01

2020년 법원직 9급

(가)~(라)를 제작된 시기의 순서대로 바르게 나열한 것은?

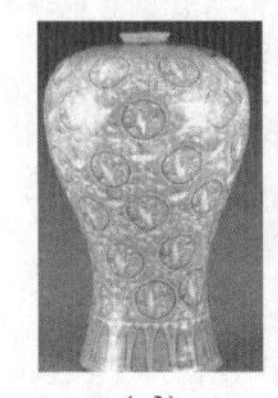
(가)

(나)

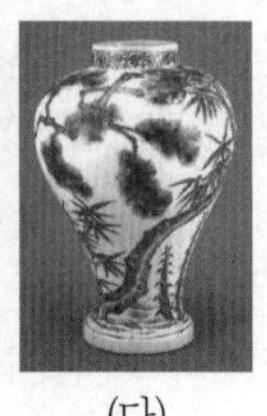
(다)

(라)

① (라) - (가) - (다) - (나)　② (라) - (나) - (다) - (가)
③ (라) - (다) - (가) - (나)　④ (라) - (가) - (나) - (다)

## 02

2020년 국가직 9급

조선 전기 문화에 대한 설명으로 옳은 것은?

① 『어우야담』을 비롯한 야담·잡기류가 성행하였다.
② 유서(類書)로 불리는 백과사전이 널리 편찬되었다.
③ 『동문선』이 편찬되어 우리 문학의 독자성을 강조하였다.
④ 중인층을 중심으로 시사가 결성되어 문학 활동을 벌였다.

## 03

2015년 기상직 9급

(가) 그림과 (나) 그림이 그려진 시기의 문화에 대한 설명으로 옳지 않은 것은?

(가)

(나)

① (가) - 무위사 극락전, 화엄사 각황전, 법주사 팔상전 등의 건축물이 만들어졌다.
② (가) - 소박한 무늬와 자유로운 양식의 분청사기가 유행하였다.
③ (나) - 평민의 감정을 솔직하게 표현한 사설시조가 유행하였다.
④ (나) - 양반의 위선을 풍자한 탈춤이 유행하였다.

## 04

2019년 법원직 9급

밑줄 친 '이 시기'에 관한 다음 설명 중 가장 옳지 않은 것은?

이 시기에는 형태가 단순하고 꾸밈이 거의 없는 것이 특색인 백자가 유행하였고, 흰 바탕에 푸른 색깔로 그림을 그린 청화백자도 많이 만들어졌다. 특히, 청화백자는 문방구, 생활용품 등의 용도로 많이 제작되었다.

① 판소리, 잡가, 가면극이 유행하였다.
② 위선적인 양반의 생활을 풍자하는 '양반전', '허생전' 등의 한문 소설이 유행하였다.
③ 서얼이나 노비 출신의 문인들이 등장하였고, 황진이와 같은 여류 작가들도 활동하였다.
④ 김제 금산사 미륵전, 보은 법주사 팔상전, 논산 쌍계사 등이 이 시기를 대표하는 불교 건축물이다.

# 문제 풀이

## 01

정답 ④

| (라) | 빗살무늬 토기 | 신석기 시대 |
|---|---|---|
| ↓ | | |
| (가) | 상감청자 | 고려 중기 12세기 경 |
| ↓ | | |
| (나) | 분청사기 | 고려 말~조선 15세기 |
| ↓ | | |
| (다) | 청화백자 | 조선 후기 |

## 02

정답 ③

③ O: 『동문선』은 조선 전기 성종 때 서거정이 중심이 되어 우리나라 삼국 시대부터 조선 초기까지 역대 시문 중 우수한 것을 모아 편찬한 서적이다. 『동문선』의 서문에서는 '우리나라의 글은 송이나 원의 글도 아니요, 한·당의 글도 아닌 곧 우리나라의 글이다.'라고 밝혀 우리 문학의 독자성을 강조하고 있다.

**오답 분석**

① X: 조선 전기가 아니라 조선 후기 17세기에 유몽인은 『어우야담』이라는 설화집을 편찬하였다.

② X: 조선 전기가 아니라 후기에 유서(類書)로 불리는 백과사전이 널리 편찬되었다.

④ X: 조선 전기가 아니라 조선 후기에는 중인과 서민들이 시사를 조직하여 창작 활동을 전개하였다. 중인층의 시인들은 서울 주변 지역에서 시사를 조직하여 문학 활동을 전개하면서 자신들의 사회적 지위를 높였다. 특히, 옥계시사는 중인들이 조직하였고, 양반 사족들도 참여하여 어울렸다. 또한, 역관과 서리 등 중인들의 문학인 위항 문학(이항 문학)이 발달하였다.

**½한국사 고득점 TIP 백과사전**

- 『대동운부군옥』: 선조, 권문해, 어휘 백과 사전
- 『지봉유설』: 광해군, 이수광, 백과사전의 효시
- 『성호사설』: 영조, 이익, 천지와 만물, 인사,경사, 시문으로 구성
- 『동국문헌비고』: 영조, 홍봉한, 영조의 왕명으로 편찬, 한국학 정리
- 『증정문헌비고』: 정조, 동국문헌비고 보완(증보동국문헌비고)
- 『청장관전서』: 정조, 이덕무
- 『동문휘고』: 정조, 정창순, 소중화 사상 강조
- 『만기요람』: 순조, 심상규, 조선 후기 세금과 군사 제도 정리
- 『오주연문장전산고』: 헌종, 이규경

## 03

정답 ①

제시된 자료 (가)는 강희안의 '고사관수도'이고, (나)는 정선의 '인왕제색도'이다.

**① X: (가) 강희안의 '고사관수도'는 15세기 작품이고, 무위사 극락전도 조선 초기의 불교 건축이지만 화엄사 각황전, 법주사 팔상전, 금산사 미륵전 등의 건축은 조선 후기의 불교 건축물이다.**

**오답 분석**

② O: (가) '고사관수도'는 조선 15세기 작품이며 이 시기에는 소박한 무늬와 자유로운 양식의 분청사기가 관공서를 중심으로 유행하였다.

③ O: (나) 정선의 '인왕제색도'는 조선 후기 진경산수화이며 이 시기에는 서민 문화가 유행하여 평민의 감정을 솔직하게 표현한 사설시조가 유행하였다.

④ O: (나) '인왕제색도'는 조선 후기의 작품으로 이 시기에는 양반의 위선을 풍자한 탈춤이 유행하였다.

**½한국사 고득점 TIP 조선 후기 서민 문화**

- 한글소설, 사설시조, 판소리, 민화, 풍속화, 탈놀이, 산대놀이 등

## 04

정답 ③

제시된 자료의 밑줄 친 '이 시기'는 조선 후기이다. 청화백자는 조선 후기에 유행하였다.

**③ X: 조선 후기 서얼이나 노비 출신의 문인들이 등장하였지만 황진이와 같은 여류 작가들은 주로 16세기에 활동하였다.**

**오답 분석**

① O: 조선 후기에는 서민들 사이에서 판소리, 잡가, 가면극이 유행하였다.

② O: 조선 후기 박지원은 위선적인 양반의 생활을 풍자하는 '양반전', '허생전' 등의 한문 소설을 저술하였다.

④ O: 조선 후기 양반 지주의 지원으로 김제 금산사 미륵전, 보은 법주사 팔상전, 화엄사 각황전 등이 만들어졌고, 부농과 상인들이 지원으로 논산 쌍계사 등의 불교 건축물이 만들어졌다.

**½한국사 고득점 TIP 여류 문학**

16세기에는 신사임당, 허난설헌, 이매창, 황진이와 같은 여류 작가가 등장하였다. 특히 황진이는 남녀 간의 애정, 이별의 정한, 인간의 순수한 감정들을 표현한 작품들을 남겼다.

## 05

2019년 서울시 7급(2월)

**<보기>의 그림들의 제작시기를 시간순으로 바르게 나열한 것은?**

> **보기**
> (ㄱ) 고려대학교 박물관에 소장된 동궐도
> (ㄴ) 안견의 몽유도원도
> (ㄷ) 장승업의 삼인문년도
> (ㄹ) 정선의 금강전도

① (ㄱ) - (ㄴ) - (ㄹ) - (ㄷ)　② (ㄴ) - (ㄷ) - (ㄹ) - (ㄱ)
③ (ㄴ) - (ㄹ) - (ㄱ) - (ㄷ)　④ (ㄹ) - (ㄴ) - (ㄱ) - (ㄷ)

## 06

2010년 국가직 9급

**조선 시대의 미술 작품에 대한 설명이다. 바르게 연결한 것은?**

- 창덕궁과 창경궁의 전모를 그려낸 ___(ㄱ)___ 는 기록화로서의 정확성과 정밀성이 뛰어날 뿐 아니라 배경산수의 묘사가 극히 예술적이다.
- 강희안의 ___(ㄴ)___ 는 무념무상에 빠진 선비의 모습을 그린 작품으로 간결하고 과감한 필치로 인물의 내면 세계를 느낄 수 있게 표현하였다.
- 노비 출신으로 화원에 발탁된 이상좌의 ___(ㄷ)___ 는 바위틈에 뿌리를 박고 모진 비바람을 이겨내고 있는 나무를 통하여 강인한 정신과 굳센 기개를 표현하였다.

| | (ㄱ) | (ㄴ) | (ㄷ) |
|---|---|---|---|
| ① | 동궐도 | 송하보월도 | 금강전도 |
| ② | 동궐도 | 고사관수도 | 송하보월도 |
| ③ | 서궐도 | 송하보월도 | 금강전도 |
| ④ | 서궐도 | 고사관수도 | 송하보월도 |

## 07

2018년 기상직 9급

**다음 그림에 대한 설명으로 옳은 것은?**

① 일본의 덴리(天理)대학에 소장되어 있다.
② 비슷한 시기의 작품으로 정선의 금강전도와 압구정도가 있다.
③ 우리나라 고유의 정서와 자연을 표현하였다.
④ 문인 화가의 그림으로 시적인 낭만적 정서가 반영되었다.

## 08

2023년 법원직 9급

**다음 주장이 제기된 시기의 문화적 특징으로 옳은 것을 <보기>에서 모두 고른 것은?**

> 폐를 끼치는 것으로는 담배만한 것이 없습니다. 추위를 막지도 못하고 요깃거리도 못 되면서 심는 땅은 반드시 기름져야 하고 흙을 덮고 김매는 수고는 대단히 많이 드니 어찌 낭비가 아니겠습니까? 그리고 장사치들이 왕래하며 팔고 있어 이에 쓰는 돈이 적지 않습니다. 조정에서 전황(錢荒)에 대해 걱정하고 있는데, 그 근원을 따져 보면 여기에서 비롯된 것이 아니라고는 장담할 수 없습니다. 만약 담배 재배를 철저히 금한다면 곡물을 산출하는 땅이 더욱 늘어나고 농사에 힘쓰는 백성들이 더욱 많아질 것입니다.

> **보기**
> (ㄱ) 문화 인식의 폭이 확대되어 백과사전류의 저서가 편찬되었다.
> (ㄴ) 격식에 구애받지 않고 감정을 표현하는 사설시조가 유행하였다.
> (ㄷ) 주자소가 설치되어 계미자를 비롯한 다양한 활자를 주조하였다.

① (ㄱ)　② (ㄱ), (ㄴ)
③ (ㄴ)　④ (ㄴ), (ㄷ)

## 05

정답 ③

| (ㄴ) | 몽유도원도 | 세종, 안견 |
|---|---|---|
| ↓ | | |
| (ㄹ) | 금강전도 | 18세기, 정선 |
| ↓ | | |
| (ㄱ) | 동궐도 | 19세기, 순조 |
| ↓ | | |
| (ㄷ) | 삼인문년도 | 19세기 후반, 장승업 |

**½한국사 고득점 TIP 동궐도**

순조 때 창덕궁과 창경궁의 전경을 화원들이 평행사선, 부감법 등을 이용하여 정밀하고 정확하게 그렸다.

## 06

정답 ②

(ㄱ) 동궐도는 동궐인 창덕궁과 창경궁의 전각과 궁궐 전경을 조감도식으로 그린 궁궐 그림이다. 서궐도는 경희궁의 모습을 그려 낸 것이다.

(ㄴ) 15세기 무념무상에 빠진 선비의 모습을 그린 것으로 간결하고 과감한 필치로 인물의 내면세계를 느낄 수 있는 작품은 강희안의 고사관수도이다.

(ㄷ) 16세기 노비 출신으로 화원에 발탁된 이상좌는 송하보월도를 그렸다. 금강전도는 정선의 진경산수화 작품이다.

**½한국사 고득점 TIP 조선 시대 회화**

- 15세기: 안견의 몽유도원도, 강희안의 고사관수도 , 이수문과 문청
- 16세기: 이상좌의 송하보월도
- 조선 후기: 진경산수화, 풍속화, 민화 등의 다양한 화풍 등장
  - 진경산수화: 정선의 금강전도, 인왕제색도
  - 풍속화: 김홍도, 신윤복, 김득신과 김석신 등
  - 서양 수채화 기법 도입: 강세황 영통골입구
  - 민화: 서민 문화
  - 순조 때 동궐도(창덕궁, 창경궁)
  - 헌종 때 김정희 세한도
  - 장승업 군마도 등

## 07

정답 ①

제시된 자료는 몽유도원도이며, 세종 때 안견이 안평대군의 꿈을 그린 그림이다.

① O: 안견이 그린 몽유도원도는 임진왜란 때 약탈되어 현재 일본의 덴리 대학에 보관되고 있다.

**오답 분석**

② X: 안견은 조선 초기 세종 때 몽유도원도를 그렸고, 정선은 18세기 조선 후기에 진경산수화가로 금강전도와 압구정도, 인왕제색도 등을 그렸다.

③ X: 우리나라 고유의 정서와 자연을 표현하였던 것은 조선 후기 정선의 진경산수화이다.

④ X: 안견은 문인 화가가 아니라 전문적인 도화원 출신이었다. 15세기 대표적인 문인 화가는 강희안으로 고사관수도를 그렸다.

**½한국사 고득점 TIP 15~16세기 회화의 특징**

| | 15세기 | 16세기 |
|---|---|---|
| 특징 | • 중국의 화풍을 선택적으로 수용하여 우리의 독자적인 화풍을 형성<br>• 일본 무로마치 시대의 미술에 영향을 줌 | • 강한 필치의 산수화를 그려냄<br>• 선비의 정신 세계를 사군자로 표현 |
| 대표 화가 | • 안견: 화원 출신, 몽유도원도<br>• 강희안: 문인 화가, 고사관수도 | • 이상좌: 노비 출신 화원, 송하보월도<br>• 3절: 이정(대나무), 황집중(포도), 어몽룡(매화) |

## 08

정답 ②

제시된 사료는 조선 후기의 모습이다. 담배, 전황 등을 통해 조선 후기 모습임을 알 수 있다.

(ㄱ) O: 조선 후기 광해군 때 이수광의 『지봉유설』, 영조 시절 이익의 『성호사설』, 『동국문헌비고』, 정조 시절 『증정문헌비고』, 『동문휘고』, 순조 때 『만기요람』 등 많은 백과사전이 편찬되었다.

(ㄴ) O: 조선 후기 서민문화의 유행으로 한글소설, 판소리, 사설시조, 풍속화, 민화, 탈놀이 등이 유행하였다.

**오답 분석**

(ㄷ) X: 주자소가 설치되어 계미자를 비롯한 다양한 활자를 주조한 것은 조선 초기 태종 때이다.

# THEME 087 건축물

## 01

2020년 지방직 9급

**다음 글에서 설명하고 있는 문화유산은?**

> 이곳은 원래 성종의 형인 월산대군(月山大君)의 집이 있던 곳으로, 선조가 임진왜란 뒤 임시거처로 사용하면서 정릉동 행궁으로 불리었고, 광해군 때는 경운궁이라 하였다. 아관파천 후 고종이 이곳에 머물렀다. 주요 건물로는 중화전, 함녕전, 석조전 등이 있다.

① 경복궁 ② 경희궁
③ 창덕궁 ④ 덕수궁

## 02

2017년 지방직 9급

**조선 시대 도성 한양에 대한 설명으로 옳지 않은 것은?**

① 경복궁 근정전의 이름은 정도전이 지었다.
② 경복궁의 동쪽에 사직이, 서쪽에 종묘가 각각 배치되었다.
③ 유교사상인 인·의·예·지 덕목을 담아 도성 4대문의 이름을 지었다.
④ 도성 밖 10리 안에는 개인의 무덤을 쓰거나 벌채를 하지 못하도록 규제하였다.

## 03

2018년 서울시 9급

**<보기>에서 조선 전기 건축물을 모두 고른 것은?**

> **보기**
> (ㄱ) 무위사 극락전 (ㄴ) 법주사 팔상전
> (ㄷ) 금산사 미륵전 (ㄹ) 해인사 장경판전

① (ㄱ), (ㄹ) ② (ㄴ), (ㄹ)
③ (ㄷ), (ㄹ) ④ (ㄱ), (ㄷ)

## 04

2024년 지방직 9급

**(가), (나)에 해당하는 건축물을 옳게 짝지은 것은?**

> (가) 은 고려 시대 건축물이며 배흘림 기둥과 주심포 양식으로 단아하면서도 세련된 아름다움을 담고 있다.
> (나) 은 우리나라에 남아 있는 조선 시대 건축물 중 유일한 5층 목탑이다.

| | (가) | (나) |
|---|---|---|
| ① | 영주 부석사 무량수전 | 김제 금산사 미륵전 |
| ② | 영주 부석사 무량수전 | 보은 법주사 팔상전 |
| ③ | 합천 해인사 장경판전 | 김제 금산사 미륵전 |
| ④ | 합천 해인사 장경판전 | 보은 법주사 팔상전 |

## 문제 풀이

### 01

정답 ④

④ O: 경운궁(덕수궁)은 임진왜란 이후 선조가 잠시 거처하였고, 개인 저택이던 곳이 광해군 때 궁으로 승격되었다. 아관파천 이후 고종이 이곳으로 환궁을 하였고, 후에 1907년 덕수궁으로 개칭되었고 특히 을사늑약이 덕수궁 중명전에서 체결되었다.

**오답 분석**

① X: 경복궁(북궐)은 태조 시절 건립되었고 정문은 광화문이며 임진왜란 때 소실되었지만 19세기 흥선대원군 시절 경회루와 근정전 등이 중건되었다.

② X: 경희궁(서궐)은 광해군 시절 건립되었고 원래 명칭은 경덕궁이었고 이후 경희궁으로 개칭되었다.

③ X: 창덕궁(동궐)은 태종 시절 건립되었고, 정문은 다포 양식의 돈화문이며, 유네스코 문화유산으로 등재되었다.

**½한국사 고득점 TIP** 창덕궁

- 건립: 태종, 동궐, 유네스코 문화유산
- 정문: 다포 양식의 돈화문
- 부속 건물
  - 선원전: 역대 임금의 초상을 봉안
  - 대보단: 숙종 시절 명의 신종 제사를 지냄
  - 규장각: 정조 시절 설치

### 02

정답 ②

② X: 조선 시대에는 경복궁의 동쪽에 사직이 아니라 종묘, 서쪽에 종묘가 아니라 사직이 각각 배치되었다.

**오답 분석**

① O: 경복궁은 태조 시절 건축되었고, 경복궁과 근정전의 이름은 정도전이 지었다.

③ O: 조선 초기 정도전이 유교사상인 인·의·예·지 덕목을 담아 도성 4대문의 이름을 지었다.

④ O: 조선 시대에는 도성 밖 10리 안에 개인의 무덤을 쓰거나 벌채를 하지 못하도록 규제하였다.

**½한국사 고득점 TIP** 4대문

흥인지문(동대문), 돈의문(서대문), 숭례문(남대문), 숙정문(북대문)

### 03

정답 ①

(ㄱ) O: 무위사 극락전은 조선 초기의 건축으로 강진에 위치하고 있다.

(ㄹ) O: 합천의 해인사 장경판전은 조선 초기의 건축물로 팔만대장경을 조선 시대부터 보관하고 있으며 유네스코 문화유산에 등재되었다

**오답 분석**

(ㄴ) X: 법주사 팔상전은 조선 후기 양반 지주의 지원으로 만들어졌고, 현존 최고의 목탑으로 불린다.

(ㄷ) X: 금산사 미륵전은 조선 후기 양반 지주의 지원으로 만들어진 불교 건축물이다.

**½한국사 고득점 TIP** 법주사 팔상전

조선 후기 양반 지주의 지원으로 제작된 법주사 팔상전은 현존하는 우리나라 유일의 조선 시대 목조탑으로 상륜부를 갖춘 다층의 높은 건물로 내부는 하나로 통하는 구조이다. 정유재란 때 소실된 것을 사명당(유정)이 복원하였다.

### 04

정답 ②

② (가)에 해당하는 건축물은 영주 부석사 무량수전이고, (나)에 해당하는 건축물은 보은 법주사 팔상전이다.

**½한국사 고득점 TIP** 주심포 건축물

- 안동 봉정사 극락전: 주심포, 현존 최고의 목조 건축물, 맞배 지붕, 배흘림 기둥이 특징
- 영주 부석사 무량수전: 주심포 양식의 건물, 팔작 지붕과 배흘림 기둥
- 예산 수덕사 대웅전: 주심포 양식, 백제식 곡선, 모란과 들국화 벽화, 맞배 지붕과 배흘림 기둥이 특징

**½한국사 고득점 TIP** 조선 시대 불교 건축

- 조선 전기: 해인사 장경판전, 무위사 극락전(강진), 원각사와 10층 석탑
- 조선 후기
  - 양반 지원: 금산사 미륵전, 화엄사 각황전, 법주사 팔상전
  - 부농과 상인: 쌍계사, 개암사, 석남사 등
- 금산사 미륵전, 화엄사 각황전, 법주사 팔상전 등은 외부는 다층이나 내부는 하나로 통하는 구조
- 법주사 팔상전: 현존 최고 목탑

PART

06

# 근대 사회의 전개

# THEME 088 흥선대원군

## 01

2020년 국가직 9급

**다음 사건이 일어난 왕의 재위 기간에 있었던 사실로 옳은 것은?**

> 그들 조선군은 비상한 용기를 가지고 응전하면서 성벽에 올라 미군에게 돌을 던졌다. 창칼로 상대하는데 창칼이 없는 병사들은 맨손으로 흙을 쥐어 적군 눈에 뿌렸다. 모든 것을 각오하고 한 걸음 한 걸음 다가드는 적군에게 죽기로 싸우다 마침내 총에 맞아 죽거나 물에 빠져 죽었다.

① 군포에 대한 양반들의 면세특권이 폐지되었다.
② 금난전권을 제한하려는 통공정책이 시작되었다.
③ 결작세가 신설되면서 지주들의 부담이 증가하였다.
④ 영정법이 제정되어 복잡한 전세 방식이 일원화되었다.

## 02

2019년 지방직 9급

**밑줄 친 '이때' 재위한 국왕 대에 있었던 사실로 옳은 것은?**

> 이때 거두어들인 돈을 '스스로 내는 돈'이라는 뜻에서 원납전이라 하였다. 그런데 백성들은 입을 삐쭉거리면서 '원납전 즉 원망하며 바친 돈이다.' 라고 하였다.
> - 매천야록에서

① 세한도가 제작되었다.
② 삼정이정청이 설치되었다.
③ 삼군부가 부활되고 삼수병이 강화되었다.
④ 비변사 당상들이 중요한 권력을 장악하였다.

## 03

2015년 지방직 9급

**다음 설명과 관련된 사건으로 옳은 것은?**

> 1975년 서지학자 박병선 박사는 이곳 도서관에서 조선 시대 도서가 보관되어 있음을 발견하고 목록을 정리하여 그 존재를 알렸다. 그 후 1990년대 초 한국 정부가 반환을 공식 요청하기에 이르렀다. 그 결과 2011년에 '5년마다 갱신이 가능한 대여 방식'으로 반환되었다.

① 어재연이 광성보에서 결사 항전하였다.
② 제너럴셔먼호 사건을 빌미로 일어났다.
③ 프랑스가 강화도 외규장각 도서를 약탈하였다.
④ 조신이 처음으로 서양 국가와 외교 관계를 맺었다.

## 04

2016년 사회복지직

**(가)와 (나) 시기 사이에 있었던 역사적 사건으로 옳은 것은?**

> (가) 병인년에 프랑스인이 강화도를 점령하자 양헌수가 정족산성에 들어가 그들과 맞서 싸웠다.
> (나) 신미년에 미국인이 강화도를 침범하자 어재연이 광성보에서 그들과 맞서 싸웠다.

① 운요호가 강화도 초지진을 공격하였다.
② 영남 지역의 유생들이 만인소를 올렸다.
③ 미국과 조·미 수호 통상 조약이 체결되었다.
④ 오페르트가 남연군의 무덤을 도굴하려 하였다.

## 05

2018년 법원직 9급

**(가) 시기에 발생한 사건으로 옳은 것은?**

> 너희 나라와 우리나라의 사이에는 애당초 소통이 없었고, 또 서로 은혜를 입거나 원수진 일도 없었다. 그런데 이번 덕산묘소에서 저지른 변고야말로 어찌 인간의 도리상 차마 할 수 있는 일이겠는가?

↓

> (가)

↓

> 조약 체결 이후 조선국 항구에 거주하는 일본인은 쌀과 잡곡을 수출, 수입할 수 있게 되었으며, 일본국 소속의 선박은 항세를 납부하지 않게 되었다.

① 영남 유생들은 『조선책략』의 내용을 비판하였다.
② 원산과 인천이 개항되어 일본과의 무역이 시작되었다.
③ 정부는 통리기무아문을 새로 설치하여 정국을 운영하였다.
④ 어재연이 이끄는 부대가 전력의 열세로 결국 함락 당하였다.

# 문제 풀이

## 01

정답 ①

제시된 자료의 왕은 고종(1863년~1907년)이다. '그들 조선군은 비상한 용기를 가지고 응전하면서 성벽에 올라 미군에게 돌을 던졌다.'에서 1871년 고종(흥선대원군 집권 시기)때 발생한 신미양요임을 알 수 있다.

**① O: 고종 시기 흥선대원군은 호포제(동포제)를 실시하여 양반에게도 군포를 부과하였다. 결국 이 호포제로 군포에 대한 양반들의 면세특권이 폐지되었다.**

**오답 분석**

② X: 고종이 아니라 정조 시절 신해통공으로 육의전을 제외한 시전상인들의 금난전권을 폐지하였다.

③ X: 고종이 아니라 영조 때 균역법이 실시되어 결작세가 신설되면서 1결당 2두의 결작을 부과하여 지주들의 부담이 증가하였다.

④ X: 고종이 아니라 인조 시절 영정법이 제정되어 풍흉에 관계없이 1결당 4두~6두로 조세를 고정시켜 복잡한 전세 방식이 일원화되었다.

## 02

정답 ③

제시된 사료 밑줄 친 '이때'는 경복궁 중건 시기이며'재위한 국왕은 고종이며 실질적으로 흥선대원군이 섭정을 실시하던 시기의 정책이다. '이때 거두어들인 돈을 '스스로 내는 돈'이라는 뜻에서 원납전이라 하였다.'에서 흥선대원군이 경복궁을 중건하던 시기의 모습임을 알 수 있다.

**③ O: 고종 시기 흥선대원군이 섭정을 하면서 왕권 강화의 일환으로 비변사를 혁파하여 의정부와 삼군부를 부활시켜 정치와 군사를 분리시켰다. 또한, 국방을 강화하기 위해 해안 방위를 위한 포군 양성 목적으로 1결당 1두의 심도포량미를 징수하였고, 훈련도감의 삼수병을 강화하였다.**

**오답 분석**

① X: 세한도는 김정희가 고종이 아니라 헌종 때 그린 그림이다.

② X: 삼정이정청은 고종이 아니라 1862년 철종 때 임술농민봉기 당시 정부가 삼정의 문란을 시정하기 위해서 설치한 기구이다.

④ X: 비변사는 임란 이후 최고 정무 기구가 되었고, 세도 정치 시기에는 세도 가문이 요직을 장악하면서 기능은 더욱 강화되었다. 오히려 고종 시기 흥선대원군이 섭정을 하면서 비변사는 혁파되었다.

**½한국사 고득점 TIP 비변사**

- 중종: 삼포왜란 계기, 왜구와 여진족 침략 대비, 임시기구
- 명종: 을묘왜변을 계기로 상설기구화, 전국의 국방문제 담당
- 선조: 임진왜란 이후 최고 권력기구로 발전, 의정부와 6조 약화
- 세도정치: 세도가문의 권력 기반
- 흥선대원군: 세도가문을 약화시키기 위해 비변사 혁파

## 03

정답 ③

제시된 자료는 1866년 병인양요 당시 약탈당한 외규장각 도서에 대한 설명이다.

**③ O: 1866년 병인양요 당시 프랑스가 강화도 외규장각 도서를 약탈하였다.**

**오답 분석**

① X: 병인양요가 아니라 1871년 신미양요 당시 어재연이 광성보에서 결사 항전하였다.

② X: 병인양요가 아니라 1871년 신미양요가 제너럴셔먼호 사건을 빌미로 일어났다.

④ X: 조선이 처음으로 서양 국가와 외교 관계를 맺었던 것은 1882년 미국이다.

**½한국사 고득점 TIP 각국과의 수교 과정**

- 1876년: 일본(강화도 조약)
- 1882년: 미국(조·미 수호 통상 조약) → 청(조·청 상민 수륙 무역 장정)
- 1883년: 영국과 독일
- 1884년: 러시아(직접 수교, 청을 견제)
- 1886년: 프랑스(직접 수교, 천주교 인정)

## 04

정답 ④

| (가) | 1866년 | 병인양요 |
|---|---|---|

↓ ④ 1868년 오페르트 도굴사건

| (나) | 1871년 | 신미양요 |
|---|---|---|

① 1875년 운요호 사건

② 1881년 영남 만인소(이만손)

③ 1882년 조·미 수호 통상 조약

**½한국사 고득점 TIP 운요호 사건(1875)**

강화 수비대의 포격을 받은 운요호는 조선 수비대가 일본 국기를 모독했다는 억지를 부리며, 군대를 영종도에 상륙시켜 약탈과 살인을 저질렀다. 그 후 대규모의 군함과 병력을 보내 조선에 문호 개방을 강요하였다

## 05

정답 ④

| 1868년 | 오페르트 도굴 사건 |
|---|---|

↓ ④ 1871년 신미양요

| 1876년 | 강화도 조약 |
|---|---|

① 1881년 영남 만인소(이만손)

② 1880년 원산, 1883년 인천 개항

③ 1880년(1881년) 통리기무아문 설치

# THEME 089 강화도 조약

## 01

2019년 서울시 9급(2월)

**1876년 체결된 조·일 수호 조규에 들어있지 않은 조항은?**

① 조선은 자주국으로 일본과 동등권을 갖는다.
② 인천과 부산에 일본공관을 둔다.
③ 일본인 거주 지역 내에서의 치외법권을 인정한다.
④ 일본 선박의 조선 연해 측량을 인정한다.

## 02

2016년 국가직 7급

**(ㄱ)~(ㄷ)에 대한 설명으로 옳은 것은?**

> 운요호 사건으로 조선은 일본과 (ㄱ) 조·일 수호 조규를 체결하였고, 몇 달 후에는 부속으로 (ㄴ) 조·일 수호 조규 부록과 (ㄷ) 조·일 무역 규칙을 약정하였다.

① (ㄱ) - 개항장에서 일본 화폐의 유통을 허용하였다.
② (ㄴ) - 일본국 항해자가 조선의 연해를 자유롭게 측량하도록 허가하였다.
③ (ㄷ) - 일본 정부 소속의 선박에는 항세를 면제하였다.
④ (ㄱ), (ㄴ), (ㄷ) - 일본인 범죄자에 대한 영사 재판을 허용하는 조항이 모두 들어 있다.

## 03

2015년 사회복지직

**다음 사건으로 맺은 조약에 대한 설명으로 옳은 것은?**

> 1875년 9월 일본 군함의 불법 침입으로 조선군과 일본군이 포격전을 벌였다. 조선이 문호 개방에 미온적인 태도를 보인다는 이유였다. 이에 일본은 포격전의 책임을 조선 측에 씌워 전권 대사를 파견하고 무력으로 개항을 강요하였다.

① 일본의 자유로운 연해 측정을 허용하였다.
② 청은 랴오둥 반도와 타이완 등을 일본에 할양하였다.
③ 청과 일본은 조선에 대한 파병권을 동등하게 가졌다.
④ 공사관 경비를 구실로 일본 군대가 주둔하게 되었다.

## 04

2013년 지방직 9급

**다음 조약과 관련한 설명으로 가장 적절한 것은?**

> • 양국 관리는 양국 인민의 자유로운 무역 활동에 일체 간섭하지 않는다. - ○○ 수호 조규
> • 개항장 부산에서 일본인 간행이정(間行里程)은 10리로 한정한다. - ○○ 조규 부록
> • 조선국 여러 항구에 거주하는 일본인은 쌀과 잡곡을 수출입할 수 있다. - ○○무역 규칙

① 쌀 유출이 허용되면서 쌀값이 폭등하고 쌀의 상품화가 촉진되었다.
② 개항지 지정이 약정되면서 군산항, 목포항, 양화진이 차례로 개항되었다.
③ 은행권의 발행이 용인되면서 제일은행권이 조선의 본위 화폐가 되었다.
④ 최혜국 대우와 무관세 조항이 함께 명문화되면서 불평등 무역이 조장되었다.

# 문제 풀이

## 01

정답 ②

② X: 조·일 수호 조규에 인천과 부산에 공사관을 둔다는 것은 명문화되지 않았다.

**오답 분석**

① O: 조·일 수호 조규 제1관에는 '조선국은 자주국이며 일본국과 평등한 권리를 가진다'는 내용이 있다.

③ O: 조·일 수호 조규 제10관에는 '일본국 인민이 조선국이 지정한 각 항구에 머무르는 동안 죄를 범한 것이 조선국 국민에게 관계되는 사건일 때는 모두 일본 관원이 심판한다'는 치외 법권을 인정하는 내용이 포함되어 있다.

④ O: 조·일 수호 조규 제7관에는 '조선국 연해의 섬과 암초는 극히 위험하므로 일본국의 항해자가 해안을 자유롭게 측량하도록 허가한다'는 연해 측량권에 대한 내용이 있다.

**중요 사료** 강화도 조약 이후 수신사 파견

저번에 사절선이 온 것은 오로지 수호(修好) 때문이니 우리가 선린(善隣)하는 뜻에서도 이번에는 사신을 전위(專委)하여 수신(修身)해야겠습니다. 사신의 호칭은 수신사라 하고 김기수를 특별히 차출하고 따라가는 인원은 일을 아는 자로 적당히 가려서 보내십시오. 이는 수호 조약을 체결한 뒤에 처음 있는 일이니, 이번에는 특별히 당상관을 시켜 서계(書契)를 가지고 들어가게 하고, 이 뒤로는 서계를 옛날처럼 동래부에 내려 보내어 에도로 옮겨 보내는 것이 어떠하겠습니까.

## 02

정답 ③

③ O: (ㄷ) 조·일 무역 규칙(통상 장정)에서 일본 정부 소속의 선박에는 항세를 면제하였고, 일본 상품의 무관세를 규정하였다. 또한 양곡의 무제한 유출을 허용하도록 하였다.

**오답 분석**

① X: (ㄱ) 조·일 수호 조규가 아니라 (ㄴ) 조·일 수호 조규 부록에 개항장에서의 일본 화폐 유통을 허용하였다.

② X: (ㄴ) 조·일 수호 조규 부록이 아니라 (ㄱ) 조·일 수호 조규에서 일본국 항해자가 조선의 연해를 자유롭게 측량하도록 허가하였다.

④ X: (ㄱ) 조·일 수호 조규와 (ㄴ) 조·일 수호 조규 부록 (ㄷ) 조·일 무역 규칙이 아니라 (ㄱ) 조·일 수호 조규에만 일본인 범죄자에 대한 영사 재판을 허용하는 조항이 들어 있다.

**½한국사 고득점 TIP** 조·일 수호 조규 부록(1876년)

- 일본 외교관의 여행의 자유 보장
- 개항장: 활동 범위(간이행정)를 10리로 규정, 일본 화폐 사용

## 03

정답 ①

제시된 자료는 1875년의 운요호 사건에 대한 내용이다. 이 사건을 계기로 맺은 조약은 1876년 일본과 체결한 강화도 조약이다. 1875년 조선과 일본의 포격전, 개항을 요구 등을 통해 이 사건이 1875년 운요호 사건임을 알 수 있다.

① O: 강화도 조약에서 일본의 자유로운 연해 측정을 허용하였다.

**오답 분석**

② X: 청·일 전쟁 이후 1895년 청과 일본 사이에 체결된 시모노세키 조약에서 청은 랴오둥 반도와 타이완 등을 일본에 할양하였다.

③ X: 1884년 갑신정변 이후 1885년 청과 일본 사이에 체결된 톈진 조약에서 청과 일본은 조선에 대한 파병권을 동등하게 가졌다.

④ X: 강화도 조약이 아니라 1882년 임오군란 이후 조선과 일본이 맺은 제물포 조약으로 공사관 경비를 구실로 일본 군대가 주둔하게 되었다.

**½한국사 고득점 TIP** 제물포 조약

- 체결: 1882년 임오군란 이후 조선과 일본이 체결
- 내용: 배상금 지불, 일본 공사관에 일본군 주둔 허용, 사죄사 파견

## 04

정답 ①

제시된 자료는 1876년 일본과 맺은 강화도 조약(조·일 수호 조규와 부록, 무역 규칙)에 대한 자료이다.

① O: 조·일 무역 규칙(통상 장정)에서 양곡의 무제한 유출이 허용되면서 일본으로 쌀 유출이 증가하여 쌀값이 폭등하고 쌀의 상품화가 촉진되었다.

**오답 분석**

② X: 조·일 수호 조규에서 개항지 지정이 약정되면서 군산항, 목포항, 양화진이 아니라 부산(1876년, 경제)과 원산(1880년, 군사), 인천(1883년, 정치)이 차례로 개항되었다.

③ X: 강화도 조약이 아니라 1905년 재정 고문 메가다가 주도한 화폐 정리 사업 때 은행권의 발행이 용인되면서 일본 제일은행권이 조선의 본위 화폐가 되었다.

④ X: 강화도 조약 당시 일본과 조약에는 최혜국 대우가 없었고, 1883년 무역 규칙을 개정하면서 일본이 최혜국 대우를 처음 획득하였다.

**½한국사 고득점 TIP** 조·일 무역 규칙

- 일본 상품의 무관세, 선박의 무항세, 양곡의 무제한 유출 허용
- 개정: 1883년 개정: 저관세 부과, 방곡령(1개월 전 통보), 최혜국 대우

# THEME 090 각국과의 조약 체결

## 01

2019년 국가직 9급

**(가), (나)가 설명하는 조약을 옳게 짝지은 것은?**

> (가) 강화도 조약에 이어 몇 달 뒤 체결되었다. 양곡의 무제한 유출을 가능하게 한 규정과 일본 정부에 소속된 선박은 항세를 납부하지 않는다는 규정이 들어 있었다.
> (나) 김홍집이 일본에서 황준헌의 조선책략을 가져 오면서 그 내용의 영향으로 체결되었으며, 청의 적극적인 알선이 있었다. 거중조정 조항과 최혜국 대우의 규정이 포함되어 있었다.

| | (가) | (나) |
|---|---|---|
| ① | 조·일 무역 규칙 | 조·미 수호 통상 조약 |
| ② | 조·일 무역 규칙 | 조·러 수호 통상 조약 |
| ③ | 조·일 수호 조규 부록 | 조·미 수호 통상 조약 |
| ④ | 조·일 수호 조규 부록 | 조·러 수호 통상 조약 |

## 02

2010년 국가직 9급

**다음은 1876년 개항 이후 우리나라가 외국과 맺은 조약의 내용이다. 시기 순으로 바르게 나열한 것은?**

> (ㄱ) 조선과 미국 두 나라 중 한 나라가 다른 나라의 핍박을 받을 경우 분쟁을 해결하도록 주선한다.
> (ㄴ) 일본국 국민은 본국에서 사용되는 화폐로 조선국 국민의 물자와 마음대로 교환할 수 있다.
> (ㄷ) 영국 군함은 개항장 이외에 조선 국내 어디서나 정박할 수 있고 선원을 상륙할 수 있게 한다.
> (ㄹ) 일본 공사관에 군인 약간을 두어 경비하게 하고 그 비용은 조선국이 부담한다.

① (ㄴ) → (ㄹ) → (ㄷ) → (ㄱ)
② (ㄴ) → (ㄱ) → (ㄷ) → (ㄹ)
③ (ㄴ) → (ㄹ) → (ㄱ) → (ㄷ)
④ (ㄴ) → (ㄱ) → (ㄹ) → (ㄷ)

## 03

2019년 지방직 9급

**조약 (가), (나) 사이 시기의 경제 상황으로 옳은 것은?**

| (가) | (나) |
|---|---|
| • 조선국 항구에 머무르는 일본은 쌀과 잡곡을 수출·수입할 수 있다.<br>• 일본국 정부에 소속된 모든 선박은 항세(港稅)를 납부하지 않는다. | • 입항하거나 출항하는 각 화물이 세관을 통과할 때에는 세칙에 따라 관세를 납부해야 한다.<br>• 조선 정부가 쌀 수출을 금지하고자 할 때에는 반드시 먼저 1개월 전에 지방관이 일본 영사관에게 통고해야 한다. |

① 메가타 재정고문이 화폐정리사업을 시도하였다.
② 혜상공국의 폐지 등을 주장한 정변이 발생하였다.
③ 양화진에 청국인 상점을 허용하는 조약이 체결되었다.
④ 함경도 방곡령 사건으로 일본과 외교적 마찰이 일어났다.

## 04

2020년 법원직 9급

**(가)에 대한 다음 설명 중 가장 옳은 것은?**

> 조선 땅은 실로 아시아의 요충을 차지하고 있어 열강들이 서로 차지하려고 할 것이다. 조선이 위태로우면 중국도 위급해진다. (가) 이/가 영토를 넓히고자 한다면 반드시 조선이 첫 번째 대상이 될 것이다. …… 그렇다면 오늘날 조선이 세워야 할 책략으로 (가) 을/를 막는 것보다 더 급한 일이 없다. (가) 을/를 막는 책략은 무엇인가? 중국과 친하고, 일본과 맺고, 미국과 이어짐으로서 자강을 도모할 뿐이다.

① (가)는 남해의 전략적 요충지인 거문도를 불법 점령하였다.
② (가)는 자국인 신부의 처형을 구실로 강화도를 침략하였다.
③ (가)의 공사관으로 을미사변 이후 신변의 위협을 느낀 고종이 피신하였다.
④ (가)와 조선은 서양 국가 중에 최초로 조약을 체결하였다.

# 문제 풀이

## 01

정답 ①

(가) O: 1876년에 체결된 조·일 무역 규칙이다. 이 조약은 일본의 수출입 상품의 무관세와 일본 선박에 대한 무항세를 규정하였고, 양곡의 무제한 유출을 허용하였다.

(나) O: 1882년에 체결된 조·미 수호 통상 조약이다. 이 조약은 최초로 관세 규정과 최혜국 대우 조항을 명시하였으며, 거중조정과 치외법권 등을 규정하였다.

**오답 분석**

- X: 조·일 수호 조규 부록(1876. 7.)은 강화도 조약(조·일 수호 조규)의 부속 조약으로, 이 조약을 통해 일본 외교관의 내지 여행과 일본 화폐의 유통이 허용되었고, 일본 상인의 활동 범위(거류지, 간행이정)가 설정되었다.
- X: 조·러 수호 통상 조약(1884)은 청의 알선으로 체결된 미국, 영국, 독일 등과의 통상 조약과는 달리, 조선 정부가 청의 내정 간섭에서 벗어나고자 독자적으로 교섭을 전개하여 체결한 조약이다. 당시 외교 고문이던 독일인 묄렌도르프가 양국의 교섭을 주선하였으며, 최혜국 대우와 치외 법권 등이 규정되었다.

**중요 사료** 조·미 수호 통상 조약

1905년 8월 4일 오후 3시, 우리가 앉아있는 곳은 새거모어 힐의 대기실. 루스벨트의 저택이다. 새거모어 힐은 루스벨트의 여름용 대통령 관저로 3층짜리 저택이다. …(중략)… 대통령과 마주하자 나는 말했다. "감사합니다. 각하. 저는 대한 제국 황제의 친필 밀서를 품고 지난 2월에 헤이 장관을 만난 사람입니다. 그 밀서에서 우리 황제는 1882년에 맺은 조약(조·미 수호 통상 조약)의 거중조정 조항에 따른 귀국의 지원을 간곡히 부탁했습니다."

## 02

정답 ④

| (ㄴ) | 1876년 | 조·일 수호 조규 부록 |
|---|---|---|
| ↓ | | |
| (ㄱ) | 1882년 4월 | 조·미 수호 통상 조약 |
| ↓ | | |
| (ㄹ) | 1882년 7월 | 제물포 조약 |
| ↓ | | |
| (ㄷ) | 1883년 | 조·영 통상 조약 |

## 03

정답 ③

제시된 자료 (가)는 조·일 통상 장정(1876), (나)는 개정된 조·일 통상 장정(1883)이다.

| (가) | 1876년 | 조·일 통상 장정 |
|---|---|---|
| ↓ | ③ 1882년: 조·청 상민 수륙 무역 장정 | |
| (나) | 1883년 | 개정된 조·일 통상 장정 |
| | ② 1884년: 갑신정변 때 혜상공국 폐지 주장 | |
| | ④ 1889년: 함경도 관찰사 조병식의 방곡령 | |
| | ① 1905년: 메가타의 화폐정리사업 | |

**½한국사 고득점 TIP** 방곡령

- 의미: 지방관이 관할구역의 식량을 보호하기 위해 타 지역 유출 금지
- 개항 이후
  - 1876년 조·일 무역 규칙에서 양곡의 무제한 유출 허용 → 방곡령 X
  - 1883년 개정된 무역 규칙: 방곡령 허용(1개월전 통보)
- 방곡령 사건
  - 1889년과 1890년 함경도와 황해도(조병식과 한장석)
  - 일본과 외교 분쟁 → 배상금 지불
- 주의: 방곡령은 개항 이후 100여 차례 반포

## 04

정답 ③

제시된 사료는 1880년 2차 수신사로 파견되었던 김홍집이 일본에서 전래한 『조선책략』의 일부이며, 자료의 (가)는 러시아이다.

③ O: (가) 러시아의 공사관으로 신변의 위협을 느낀 고종이 피신하였다(아관파천, 1896년).

**오답 분석**

① X: (가) 러시아가 아니라 영국이 1885년부터 1887년 러시아의 남하를 견제하기 위해서 남해의 전략적 요충지인 거문도를 불법 점령하였다.

② X: (가) 러시아가 아니라 프랑스가 1866년 병인박해 당시 자국인 신부가 처형된 것을 구실로 강화도를 침략하여 병인양요를 일으켰다.

④ X: (가) 러시아가 아니라 미국이 1882년 조선과 최초의 서양 국가로 조약을 체결하였다.

**½한국사 고득점 TIP** 『조선책략』

- 저술: 청의 황쭌셴이 저술
- 전래: 1880년 2차 수신사 김홍집이 전래
- 내용: 방러책, 친중국, 결일본, 연미국 → 미국과의 수교 강조
- 반응: 고종이 보급 → 미국과 수교의 필요성을 주장하는 여론 조성
- 반발: 이만손 '영남 만인소', 홍재학 '만언척사소'를 통해 반발

# THEME 091 정부의 개화 정책

## 01

2020년 지방직 9급

**(가) 시기에 있었던 일로 옳은 것은?**

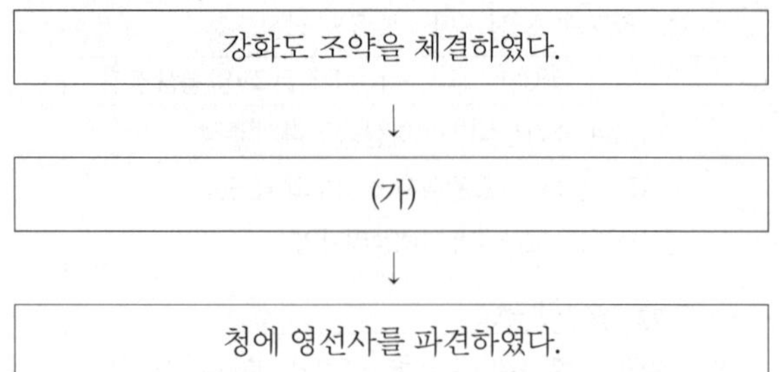


① 군국기무처를 두고 여러 건의 개혁안을 처리하였다.
② 개화 정책을 추진할 기구로 통리기무아문을 설치하였다.
③ 국정 개혁의 기본 방향을 담은 홍범 14조를 공포하였다.
④ 구본신참의 개혁 원칙을 정하고 대한국국제를 선포하였다.

## 02

2012년 사회복지직

**밑줄 친 '이들'에 대한 설명으로 옳은 것은?**

> <u>이들</u>이 받은 교육 내용은 주로 서양의 말과 문장, 탄약 제조, 화약 제조, 제도, 전기, 소총 수리 등이었다. 그러나 <u>이들</u> 가운데에는 자질이 부족하여 교육에 어려움을 느끼다가 자퇴하는 사람들도 있었다.

① 갑신정변을 주도하였다.
② 일본에 파견되어 활동하였다.
③ 정부의 재정 지원으로 외국에서 3년간 교육을 받았다.
④ 이들의 활동을 계기로 근대적 병기공장인 기기창이 설치되었다.

## 03

2022년 법원직 9급

**다음 군대가 창설된 시기를 연표에서 옳게 고른 것은?**

> 개항 후 국방을 강화하고 근대화하기 위하여 윤웅렬이 중심이 되어 5군영으로부터 80명을 선발하여 별기군을 창설하였다. 또한 서울의 일본 공사관에 근무하는 공병소위 호리모토를 교관으로 초빙하였다.

| | (가) | | (나) | | (다) | | (라) | |
|---|---|---|---|---|---|---|---|---|
| 통리기무아문 설치 | | 기기창 설치 | | 군국기무처 설치 | | 원수부 설치 | | 통감부 설치 |

① (가)　　② (나)
③ (다)　　④ (라)

## 04

2024년 법원직 9급

**(가)~(다) 국가에 대한 설명으로 가장 옳은 것은?**

> 조선은 김기수와 김홍집을 수신사로 (가) 에 파견하였다. (나) 에는 김윤식을 영선사로 삼아 무기 제조 기술 등을 배우는 유학생을 보냈다. 또한 조선은 민영익 등을 보빙사로 (다) 에 파견하였다.

① (가): 흥선대원군을 자국으로 납치하였다.
② (나): 조선과 강화도 조약을 맺었다.
③ (다): 거문도를 불법으로 점령하였다.
④ (가)와 (나): 톈진조약을 체결하였다.

# 문제 풀이

## 01

정답 ②

| 1876년 | 강화도 조약 체결 |
|---|---|

② 1880년(1881년 양력) 통리기무아문 설치
↓
- 1881년 조사시찰단 파견
- 1881년 영선사 파견
- 2영과 별기군 설치

| 1881년 | 영선사 파견 |
|---|---|

① 1894년 군국기무처 설치: 1차 갑오개혁 추진
③ 1894년 12월 2차 갑오개혁 때 홍범 14조 반포
④ 1899년 대한국 국제 선포

**½한국사 고득점 TIP 대한 제국의 광무 개혁**

대한 제국은 옛 것을 본체로 새 것(서양 문화)을 참조(동도서기의 일종)한다는 복고적 경향으로 왕실(내장원)이 주체적인 개혁을 추구하는 구본신참의 개혁을 전개하였다. 또한, 1899년 교정소에서 만국공법에 기초하여 대한 제국의 헌법인 대한국국제를 제정하였다.

## 02

정답 ④

제시된 자료의 밑줄 친 '이들'은 청나라에 무기 제조법 등 선진문물을 배우기 위해 파견된 영선사이다. 이들이 교육받은 내용이 탄약 제조, 화약 제조, 소총 수리 등 무기를 만들거나 다루는 것이었다'에서 청에 파견되었던 영선사임을 알 수 있다.

**④ O: 영선사의 활동을 계기로 1883년 근대적 병기공장인 기기창이 설치되었다.**

**오답 분석**

① X: 영선사 아니라 개화당이었던 김옥균, 박영효, 서광범, 홍영식 등이 1884년 갑신정변을 주도하였다.
② X: 영선사는 일본이 아니라 청에 파견되어 교육을 받았다.
③ X: 영선사는 정부의 재정 지원으로 외국에서 3년간 교육을 받는 것이 계획이었지만 재정 부족으로 1년 만에 귀국하였다.

**중요 사료 영선사**

통리기무아문에서 아뢰기를, "무기 제조법을 배워 오는 일과 관련하여 …(중략)… 사신의 호칭은 영선사라 부르고, 무기 제조는 먼저 공도(工徒)들을 파견하여 만드는 법을 배우고, 기술은 교사를 초청해서 연습하며, 군사들을 정해서 보내기로 한 일은 당분간 보류한다는 내용으로 상세히 말을 구성해서 보내도록 하는 것이 어떻겠습니까?"라고 하니, 모두 윤허하였다. -『고종실록』

## 03

정답 ①

제시된 자료는 1881년 설치된 신식군대 별기군이다.

| 1881년(1880) | 통리기무아문 | 개화 업무 총괄 |
|---|---|---|
| ↓ | (가) 별기군: 1881년 설치 (신식군대) | |
| 1883년 | 기기창 | 무기 제조 |
| ↓ | (나) | |
| 1894년 | 군국기무처 | 1차 갑오개혁 추진 |
| ↓ | (다) | |
| 1899년 | 원수부 | 대한 제국, (~1904) |
| ↓ | (라) | |
| 1906년 | 통감부 설치 | 을사늑약 이후 일본이 설치 |

**½한국사 고득점 TIP 조선 정부의 개화 정책**

- 관제 개혁: 통리기무아문 설치(1880) → 하부에 12사를 둠
- 군제 개혁
  - 5군영을 2영(무위영, 장어영)으로 축소
  - 별기군 창설(1881)
- 사절단 파견: 수신사[1차(1876), 2차(1880), 3차(1882)], 조사시찰단(1881), 영선사(1881), 보빙사(1883)

## 04

정답 ④

제시된 자료의 (가)는 일본이고 (나)는 청, (다)는 미국이다.

**④ O: 갑신정변 이후 (가) 일본과 (나) 청은 텐진조약을 체결하였다.**

**오답 분석**

① X: 흥선 대원군을 자국으로 납치한 국가는 (나) 청이다. 청은 민씨 정권의 요청을 받아 군대를 파견하여 임오군란을 진압한 이후, 흥선 대원군을 임오군란의 책임자로 지목하여 청으로 납치하였다.
② X: 조선과 강화도 조약을 맺은 국가는 (가) 일본이다. 일본은 조선의 문호를 개방하기 위해 군함 운요호를 조선 연해에 보냈다. 이에 조선의 수비대가 경고 사격을 하자 운요호는 강화도 초지진에 함포 공격을 가하였다(운요호 사건). 이 사건을 계기로 조선은 일본과 강화도 조약(조·일 수호 조규)을 맺었다.
③ X: 거문도를 불법 점령한 국가는 영국이다. 영국은 러시아의 남하 정책을 저지하기 위해 거문도를 약 2년간(1885~1887) 불법 점령하였다.

**½한국사 고득점 TIP 영선사**

- 1881년 청에 파견, 김윤식 외 학생과 기술자를 파견
- 무기 제조법, 군사 훈련법 교육
- 3년간 수학하는 것이 계획 → 재정 부족으로 1년 만에 귀국
- 1883년 기기창 설립에 영향

# THEME 092 임오군란

## 01

2018년 교육행정직

**다음 사건의 결과로 옳은 것은?**

> 대원군에게 군국사무를 처리하라는 명이 내려지자 대원군은 궐내에서 거처하며 기무아문과 무위·장어 2영을 폐지하고 5영의 군제를 복구하라는 명령을 내려 군량을 지급하도록 하였다. 그리고 난병(亂兵)은 물러가라는 명을 내렸다. …(중략)… 이때 별안간 마건충 등은 호통을 치면서 대원군을 포박하여 교자(轎子) 안으로 밀어 넣어 그 교자를 들고 후문으로 나가 마산포로 가서 배를 타고 훌쩍 떠나버렸다. -『매천야록』

① 청에 영선사가 파견되었다.

② 외규장각의 도서가 약탈당하였다.

③ 스티븐스가 외교 고문에 임명되었다.

④ 조·청 상민 수륙 무역 장정이 체결되었다.

## 02

2016년 법원직 9급

**빈칸에 들어갈 내용으로 옳은 것을 <보기>에서 고른 것은?**

> 1. 배경
>    - 민씨 정부의 개화 정책에 대한 반발
>    - 별기군에 대한 우대 정책
> 2. 경과
>    - 무기고 파괴, 민씨 정권 고관 살해
>    - 흥선대원군 재집권
>    - 청군 개입해 난 진압
> 3. 결과: ______________________

> **보기**
>
> (ㄱ) 일본이 공사관에 경비병을 주둔시켰다.
>
> (ㄴ) 김홍집이 수신사로 일본에 파견되었다.
>
> (ㄷ) 조·청 상민 수륙 무역 장정이 체결되었다.
>
> (ㄹ) 5군영이 2영으로 통합되고 통리기무아문이 신설되었다.

① (ㄱ), (ㄷ) ② (ㄱ), (ㄹ)

③ (ㄴ), (ㄷ) ④ (ㄴ), (ㄹ)

## 03

2018년 지역 인재 9급

**밑줄 친 '이 사건'의 결과로 옳은 것은?**

> 선혜청 당상관 민겸호의 하인이 선혜청 창고지기가 되어 급료를 지급하는 일을 했다. 그는 쌀을 빼돌리고, 빈 껍질과 모래를 뒤섞어 넣은 것을 지급하였다. 분노한 구식 군인들은 마침내 폭동을 일으켰고 이 과정에서 하층민들까지 합세하였다. <u>이 사건</u>으로 왕후가 피신하는 일까지 벌어졌다.

① 통리기무아문이 설치되었다.

② 일본과 제물포 조약을 체결하였다.

③ 이항로를 중심으로 척화주전론이 일어났다.

④ 일본은 묄렌도르프를 내정 고문으로 파견하였다.

## 04

2008년 국가직 9급

**다음 자료와 가장 밀접한 역사적 사건은?**

> 새로 만든 국기를 묵고 있는 누각에 달았다. 기는 흰 바탕으로 네모졌는데 세로는 가로의 5분의 2에 미치지 못하였다. 중앙에는 태극을 그려 청색과 홍색으로 색칠을 하고 네모서리에는 건(乾)·곤(坤)·감(坎)·이(離)의 4괘(四掛)를 그렸다.

① 김윤식 등이 근대식 무기 제조 기술과 군사 훈련법을 배웠다.

② 김홍집 등이 『조선책략』을 가져와 국제 정세의 이해에 기여하였다.

③ 김옥균 등이 일본에서 차관 교섭을 벌이고 구미 외교 사절과 접촉하였다.

④ 박정양 등이 일본 정부 기관의 사무와 시설을 조사하고 시찰 보고서를 올렸다.

# 문제 풀이

## 01

정답 ④

제시된 사료는 1882년 임오군란 당시의 상황이다.

④ O: 임오군란 이후 청의 간섭이 심화되면서 청과 조·청 상민 수륙 무역 장정이 체결되었다.

**오답 분석**

① X: 임오군란은 1882년 발생하였고, 영선사는 그 전인 1881년 청에 파견되었다.

② X: 임오군란이 아니라 1866년 병인양요 때 프랑스군에게 외규장각의 도서가 약탈당하였다.

③ X: 1904년 8월 1차 한일협약으로 일본이 외교 고문에 스티븐스를 임명하였다.

**중요 사료** 조·청 상민 수륙 무역 장정

제2조 중국 상인이 조선 항구에서 만일 개별적으로 신소(伸訴)를 제기하였을 경우에는 중국 상무위원에 넘겨 심의·처리한다.

제4조 …(전략)… 조선 상인이 북경(北京)에서 규정에 따라 물건을 팔고 사도록 하며 중국 상인이 조선의 양화진과 서울에 들어가서 영업소를 차려놓을 수 있도록 허락하는 외에 각종 화물을 내륙 지방으로 운반하여 상점을 차려놓고 파는 것은 승인하지 않는다.

## 02

정답 ①

제시된 자료는 1882년 임오군란에 관한 내용이다.

(ㄱ) O: 임오군란 이후 조선과 일본은 제물포 조약을 체결하여 조선은 일본에 배상금을 지급하였고, 서울의 공사관 보호 명목으로 일본군이 조선에 주둔하게 되었다.

(ㄷ) O: 임오군란 이후 조·청 상민 수륙 무역 장정이 체결되어 청 상인의 내지 통상권을 인정하면서 청 상인의 조선 상권 침탈이 본격화되었다.

**오답 분석**

(ㄴ) X: 김홍집은 1880년 2차 수신사로 파견되었다. 이후 김홍집은 청의 주일 참사관 황준헌이 지은 『조선책략』과 청의 정관응이 쓴 『이언』을 가지고 들어왔다.

(ㄹ) X: 1881년 조선 정부는 통리기무아문을 설치하여 신문명을 수용하였고 5군영을 2영(무위영과 장어영)으로 개편하고 별기군을 설치하였다.

**중요 사료** 제물포 조약

1조. 지금부터 20일을 기한으로 하여 조선국은 흉도들을 잡아 그 수괴를 엄격히 심문하여 엄하게 징벌한다.

4조. 흉도들의 포악한 행동으로 인하여 일본국이 입은 손해와 공사를 호위한 해군과 육군의 군비 중에서 50만 원을 조선국에서 보충한다.

5조. 일본 공사관에 군사 약간을 두어 경비를 서게 한다. 병영을 설치하거나 수선하는 일은 조선국이 맡는다.

6조. 조선국은 사신을 특파하여 국서를 가지고 일본국에 사과한다.

## 03

정답 ②

제시된 사료의 밑줄 친 '이 사건'은 1882년 발생한 임오군란이다. '선혜청 관리가 쌀을 빼돌리고'와 '구식 군인들의 폭동'을 통해 1882년 발생한 임오군란임을 알 수 있다.

② O: 임오군란 이후 조선은 일본과 제물포 조약을 체결하였다.

**오답 분석**

① X: 통리기무아문은 1881년 설치되었고, 임오군란은 1882년에 발생하였다.

③ X: 임오군란 이후가 아니라 1860년대 이항로를 중심으로 척화주전론이 일어났다.

④ X: 임오군란 이후 일본이 아니라 청이 묄렌도르프를 내정 고문으로 파견하였다.

**½한국사 고득점 TIP** 통리기무아문

- 설치: 1880년 (양력 1881년)
- 목적: 정부의 개화 정책 추진, 부속 기구로 12사 설치
- 구성: 의정부 6조와 별도로 설치, 영의정이 총리대신 겸직
- 활동
  - 사절단 파견: 1881년 조사시찰단(일) → 1881년 영선사(청)
  - 군제 개편: 2영과 별기군 설치

## 04

정답 ③

제시된 사료는 '태극기'에 대한 설명이다. 이 문제는 태극기와 관련된 임오군란을 찾으면 정답이 보이지 않는다. 이 문제는 1882년 사죄사가 태극기를 처음 고안했으므로 그 이후의 사건에는 태극기가 등장할 수 있지만 그 전의 사건에는 태극가가 등장할 수 없다는 시기로 접근하면 쉬울 것이다.

② 『조선책략』 전래: 1880년 2차 수신사 김홍집이 전래

④ 조사시찰단: 1881년 일본에 파견, 시찰보고서

① 영선사: 1881년 김윤식 등이 청에 파견

| 1882년 | 임오군란 이후 일본에 파견된 사죄사가 태극기 고안 |
|---|---|

③ 임오군란 이후 김옥균이 일본에 가 차관 교섭을 벌임

**½한국사 고득점 TIP** 태극기

1882년 임오군란 직후 제물포 조약에 따라 박영효가 사죄사로 일본에 갔을 때 태극기를 처음 사용하였는데, 이때 박영효와 함께 김옥균이 태극기를 고안했다고 한다.

# THEME 093 갑신정변

## 01
2017년 국가직 9급

**갑신정변 이후 국내외 정세로 옳지 않은 것은?**

① 독일 부영사 부들러는 조선의 영세 중립국화를 건의하였다.
② 러시아의 남하 정책에 대응하여 영국 함대가 거문도를 불법 점령하였다.
③ 조·청 상민 수륙 무역 장정을 체결하여 청나라 상인에게 통상 특혜를 허용하였다.
④ 청·일 양국 군대가 조선에서 철수하는 것 등을 내용으로 하는 톈진조약이 체결되었다.

## 02
2016년 국가직 9급

**밑줄 친 '사건'에 대한 설명으로 옳은 것은?**

> 4~5명의 개화당이 사건을 일으켜서 나라를 위태롭게 한 다음 청나라 사람의 억압과 능멸이 대단하였다. …(중략)… 종전에는 개화가 이롭다고 말하면 그다지 싫어하지 않았으나 이 사건 이후 조야(朝野) 모두 '개화당은 충의를 모르고 외인과 연결하여 매국배종(賣國背宗)하였다'고 하였다. - 윤치호일기

① 정동구락부 세력이 주도하였다.
② 일본군과 함께 경복궁을 침범하였다.
③ 차관 도입을 위한 수신사 파견의 계기가 되었다.
④ 일본 공사관이 불타고 일본군이 청군에 패퇴하였다.

## 03
2020년 국가직 9급

**다음 자료에 나타난 사상에 대한 설명으로 옳은 것은?**

> 군신, 부자, 부부, 붕우, 장유의 윤리는 인간의 본성에 부여된 것으로서 천지를 통하는 만고불변의 이치이고, 위에 존재하는 것으로서 도(道)가 됩니다. 이에 대해 배, 수레, 군사, 농사, 기계가 국민에게 편리하고 나라에 이롭게 하는 것은 외형적인 것으로서 기(器)가 됩니다. 신이 변혁을 꾀하고자 하는 것은 기(器)이지 도(道)가 아닙니다.

① 왜양일체론(倭洋一體論)을 주장하였다.
② 근대 문물 수용의 사상적 기반이 되다.
③ 갑신정변 주도 세력의 견해를 대변하였다.
④ 우등한 사회가 열등한 사회를 지배하는 것이 당연하다고 보았다.

## 04
2015년 서울시 9급

**밑줄 친 '그들'이 추진했던 정책에 대한 설명으로 옳은 것을 <보기>에서 모두 고른 것은?**

> 그들의 실패는 우리에게 무척 애석한 일이다. 내 친구 중에 이 사건을 잘 아는 이가 있는데, 그는 어쩌다 조선의 최고 수재들이 일본인에게 이용당해서 그처럼 큰 잘못을 저질렀는지 참으로 애석하다고 했다. 진실로 일본인이 조선의 운명과 그들의 성공을 위해 노력을 다 했겠는가? 우리가 만약 국가적 발전의 기미를 보였다면 일본인들은 백방으로 방해할 것이 자명한데 어찌 그들을 원조했겠는가? -『한국통사』

**보기**
(ㄱ) 토지의 평균 분작을 실현한다.
(ㄴ) 러시아와 비밀 협약을 추진한다.
(ㄷ) 보부상 단체인 혜상공국을 혁파한다.
(ㄹ) 의정부, 6조 외의 불필요한 관청은 없앤다.

① (ㄱ), (ㄴ)　② (ㄱ), (ㄷ)
③ (ㄴ), (ㄹ)　④ (ㄷ), (ㄹ)

## 문제 풀이

### 01

정답 ③

③ X: 갑신정변이 아니라 1882년 임오군란 이후 조선은 조·청 상민 수륙 무역 장정을 체결하여 청나라 상인에게 내지통상권 등의 통상 특혜를 허용하였다.

**오답 분석**

① O: 갑신정변 이후 독일 부영사 부들러는 조선의 영세 중립국화를 건의하였다.

② O: 러시아의 남하 정책에 대응하여 영국 함대가 거문도를 불법 점령하였다.

④ O: 갑신정변 이후 1885년 청과 일본은 청·일 양국 군대가 조선에서 철수하는 것 등을 내용으로 하는 톈진조약을 체결하였다.

**중요 사료** 거문도 사건

1885년 3월 1일, 영국 동양함대 사령관 윌리엄 도웰 제독이 이끄는 영국 군함 세 척이 거문도를 불법 점령했다. 거문도에 상륙한 영국군은 섬 안에 포대를 구축하고 병영을 건설한 후 영국 국기를 게양하고 자기 마음대로 포트해밀턴이라고 불렀다. 거문도는 영국 동양함대의 전진기지 역할을 톡톡히 해냈다.

**½한국사 고득점 TIP** 조·청 상민 수륙 무역 장정

- 1882년 임오군란 이후 체결
- 내용
  - 조선은 청의 속국 → 1899년 한·청 통상 조약(대등한 조약)
  - 내지통상권, 한성과 양화진에 청 상인 개점 허용
  - 치외법권

### 02

정답 ④

제시된 사료의 밑줄 친 '사건'은 1884년 발생한 갑신정변이다. '개화당이 사건을 일으켰다'에서 1884년 급진개화파가 일으킨 갑신정변임을 알 수 있다.

④ O: 1884년 갑신정변 당시 민중들이 일본 공사관을 공격하여 불태웠고, 창덕궁에서 일본군이 청군에 패퇴하면서 갑신정변은 3일 만에 실패하였다.

**오답 분석**

① X: 갑신정변이 아니라 1896년 조직된 독립 협회를 정동구락부 세력이 주도하였다.

② X: 일본군과 함께 경복궁을 침범한 것이 아니라 개화당 세력이 사대당 요인을 암살하고 창덕궁에 침범하였고, 고종의 거처를 경우궁으로 옮긴 뒤 신정부를 수립하였다.

③ X: 갑신정변이 아니라 임오군란 이후 고종은 차관 도입을 위해 김옥균 등을 일본에 파견하였다. 차관 도입에 실패하자 개화당의 정치적 입지가 좁아지게 되었고, 이는 갑신정변의 배경이 되었다.

### 03

정답 ②

제시된 자료에 나타난 사상은 동도서기로 온건개화파의 주장이다. '신이 변혁을 꾀하고자 하는 것은 기(器)이지 도(道)가 아닙니다.'에서 동도서기임을 알 수 있다.

② O: 온건개화파는 동도서기를 주장하며 근대 문물 수용의 사상적 기반이 되었다.

**오답 분석**

① X: 온건개화파가 아니라 위정 척사 사상의 최익현이 1876년 강화도 조약 당시 이를 반대하며 왜양일체론을 주장하였다.

③ X: 온건개화파의 동도서기가 아니라 급진개화파가 변법개화를 주장하며 갑신정변을 주도하고 근대국가 수립을 목표로 하였다.

④ X: 동도서기가 아니라 사회 진화론이 우등한 사회가 열등한 사회를 지배하는 것이 당연하다고 보는 것이었다.

**½한국사 고득점 TIP** 사회 진화론

사회진화론은 개화인사 유길준이 처음으로 소개하였고, 을사늑약 당시 애국 계몽 운동의 사상적 기반이 되었다. 사회진화론의 핵심은 약육강식으로 강한 사회(제국주의)의 침략을 정당화하는 이론으로 주로 급진개화파 개화 인사들이 수용하여 실력을 키울 것을 주장하는 데 이용되었고, 일제 강점기 민족주의 계열이 사회진화론을 바탕으로 실력양성운동을 전개하였다.

### 04

정답 ④

제시된 사료의 밑줄 친 '그들'은 급진개화파인 개화당이다. '조선의 최고 수재들이 일본인에게 이용당해서 그처럼 큰 잘못을 저질렀는지~'에서 1884년 일본 공사의 지원 약속으로 박영효, 김옥균 등이 일으킨 갑신정변임을 알 수 있다.

(ㄷ) O: 갑신정변 당시 신정부 강령에서 개화당은 보부상 단체인 혜상공국을 혁파할 것을 제시하였다.

(ㄹ) O: 갑신정변 당시 개화당은 신정부 강령에서 의정부, 6조 외의 불필요한 관청은 없앨 것을 제시하였다.

**오답 분석**

(ㄱ) X: 갑신정변이 아니라 동학농민운동 당시 농민군이 토지의 평균 분작을 실현할 것을 요구하였다.

(ㄴ) X: 개화당이 아니라 갑신정변 이후 조선 정부는 청을 견제하기 위해서 러시아와 비밀 협약을 추진하였다.

# THEME 094 동학 농민 운동

## 01
2019년 국가직 9급

**(가)의 체결 이후에 일어난 사실로 옳은 것은?**

> 청군과 일본군의 개입으로 사태가 악화되자 농민군은 폐정개혁을 제시하며 정부와 (가) 을/를 맺었다. 이에 따라 농민군은 해산하였다.

① 농민군이 황토현에서 감영군을 격파하였다.
② 고부군수 조병갑이 만석보를 쌓아 수세를 강제로 거두었다.
③ 안핵사 이용태가 농민을 동학도로 몰아 처벌하였다.
④ 남접군과 북접군이 논산에서 합류하여 연합군을 형성하였다.

## 02
2022년 법원직 9급

**(가), (나) 격문이 발표된 사이의 시기에 있었던 사실로 옳은 것을 <보기>에서 모두 고른 것은?**

> (가) 우리가 의로운 깃발을 들어 이곳에 이름은 그 뜻이 결코 다른 데 있지 아니하고 창생을 도탄 속에서 건지고 국가를 반석 위에 두고자 함이다. 안으로는 양반과 탐학한 관리의 목을 베고 밖으로 횡포한 강적의 무리를 내몰고자 함이다.
> (나) 일본 오랑캐가 분란을 야기하고 군대를 출동하여 우리 임금님을 핍박하고 우리 백성들을 뒤흔들어 놓았으니 어찌 차마 말할 수 있겠습니까. …… 지금 조정의 대신들은 망령되이 자신의 몸만 보전하고자 위로는 임금님을 협박하고 아래로는 백성들을 속이며 일본 오랑캐와 내통하여 삼남 백성들의 원망을 샀습니다.

**보기**
(ㄱ) 조선 정부가 개혁 기구인 교정청을 설치하였다.
(ㄴ) 동학 농민군과 관군이 전주 화약을 체결하였다.
(ㄷ) 조선 정부가 조병갑을 파면하고 박원명을 고부 군수로 임명하였다.
(ㄹ) 동학교도들이 전라도 삼례에서 교조 신원을 요구하는 집회를 벌였다.

① (ㄱ), (ㄴ) ② (ㄱ), (ㄹ)
③ (ㄴ), (ㄷ) ④ (ㄷ), (ㄹ)

## 03
2024년 지방직 9급

**(가), (나) 사이에 있었던 사실로 옳지 않은 것은?**

> (가) 조선은 오랫동안 제후국으로서 중국에 대해 정해진 전례가 있다는 것은 다시 의논할 여지가 없다. …(중략)… 이번에 제정한 수륙 무역 장정은 중국이 속방을 우대하는 뜻이니만큼, 다른 조약 체결국들이 모두 똑같은 이익을 균점하도록 하는 데 있지 않다.
> (나) 제1조 청국은 조선국이 완전무결한 독립 자주국임을 확인한다. 아울러 조선의 청에 대한 공물 헌납 등은 장래에 완전히 폐지한다.
> 제4조 청국은 군비 배상금으로 은 2억 냥을 일본국에 지불할 것을 약정한다.

① 영국이 거문도를 점령하였다.
② 한·청 통상 조약이 체결되었다.
③ 김옥균 등이 갑신정변을 일으켰다.
④ 청과 일본 사이에 전쟁이 발발하였다.

## 04
2015년 서울시 7급

**밑줄 친 '적'이 요구한 내용으로 옳은 것을 <보기>에서 모두 고른 것은?**

> <u>적</u>은 모두 천민 노예이므로 양반, 사족을 가장 증오하였다. 길에서 갓을 쓴 자를 만나면 곧바로 꾸짖으며 말하였다. "너도 양반인가?" 갓을 빼앗아 찢어 버리거나 자기가 쓰고 거리를 돌아다니면서 양반을 욕 주었다. 무릇 집안 노비로서 <u>적</u>을 따르는 자는 물론이요, 비록 <u>적</u>을 따르지 않는 자라 할지라도 모두 <u>적</u>을 끌어다 대며 주인을 협박하여 노비 문서를 불사르고 면천해 줄 것을 강요하였다. …(중략)… 때로 양반 가운데 주인과 노비가 함께 <u>적</u>을 따른 경우도 있었다. 이들은 서로를 '접장'이라 부르면서 <u>적</u>의 법도를 따랐다. 백정이나 재인들도 평민이나 양반과 평등한 예를 하였으므로 사람들은 더욱 치를 떨었다.
> -『오하기문』

**보기**
(ㄱ) 무명잡세를 폐지할 것
(ㄴ) 조혼(早婚)을 금지할 것
(ㄷ) 각 도의 환곡을 영구히 폐지할 것
(ㄹ) 관리 채용에는 지벌을 타파하고, 인재를 등용할 것

① (ㄱ), (ㄴ) ② (ㄱ), (ㄹ)
③ (ㄴ), (ㄷ) ④ (ㄷ), (ㄹ)

# 문제 풀이

## 01

정답 ④

제시된 자료의 (가)는 1894년 5월 8일 체결된 전주화약이다.

② 1894년 1월 고부군수 조병갑의 횡포: 고부 민란

③ 1894년 2월 안핵사 이용태가 동학 탄압

① 1894년 4월 황토현 전투: 전라도 감영군 격파

| 1894년 5월 8일 | 전주화약 | 정부와 농민군 화약 체결 |
|---|---|---|

④ 1894년 11월 남북접의 농민군 논산 집결

**½한국사 고득점 TIP** 동학 농민 운동의 전개 과정

고부 농민 봉기 → 안핵사 이용태 파견, 고부 봉기 관련자 탄압 → 무장 봉기 → 백산 집결, 창의문 및 4대 강령 발표 → 황토현 전투 → 황룡촌 전투 → 전주성 점령 → 청·일군 파병 → 전주 화약, 폐정 개혁안 12개조 건의, 집강소 설치 → 일본군 경복궁 점령, 청·일 전쟁 발발 → 동학 농민군의 재봉기 → 우금치 전투 → 농민군 패배, 전봉준 체포

## 02

정답 ①

(ㄹ) 1892년 11월 삼례 집회(교조신원운동)

(ㄷ) 1894년 2월 고부민란 이후 박원명 파견, 농민 회유

| (가) | 1894년 3월 | 백산 집결 (창의문 발표) |
|---|---|---|

(ㄴ) 1894년 5월: 전주화약

(ㄱ) 1894년 6월: 교정청 설치

| (나) | 1894년 | 2차 봉기 |
|---|---|---|

**중요 사료** 녹두 장군 전봉준

새야 새야 녹두 새야 / 웃녘 새야 아랫녁 새야
전주 고부 녹두 새야 / 함박 쪽박 열 나무 딱딱 후여
새야 새야 팔왕(八王)새야 / 네 무엇하러 나왔느냐
솔잎 댓잎이 푸릇푸릇 / 하절인가 하였더니
새야 새야 녹두 새야 / 녹두 밭에 앉지마라
녹두 꽃이 떨어지면 / 청포 장수 울고 간다
백설이 펄펄 흩날리니 / 저 강 건너 청송 녹죽이 날 속인다

## 03

정답 ②

(가) 1882년 조·청 상민 수륙 무역 장정 → (나) 1895년 시모노세키 조약

| (가) | 1882년 조·청 상민 수륙 무역 장정 |
|---|---|

① 거문도 사건: 1885년~1887년

③ 갑신정변: 1884년

④ 청·일 전쟁: 1894년

| (나) | 1895년 시모노세키 조약 |
|---|---|

② 한·청 통상 조약: 1899년

**중요 사료** 한·청 통상 조약

"대한국(大韓國)과 대청국(大淸國)은 우호를 돈독히 하고 피차 인민을 돌보려고 절실히 원한다. 이러므로 대한국 대황제의 특파 전권대신 종2품 의정부찬정 외부대신 박제순(朴齊純)과 대청국 대황제의 특파 전권대신 2품함 태복시 경 서수붕(徐壽朋)은 각각 받들고 온 전권 위임의 증빙 문건을 상호 교열하니 모두 타당하므로 통상약관을 다음과 같이 맺는다.

## 04

정답 ②

제시된 사료는 조선 말기 황현의 야사인 『오하기문』의 내용 중 일부로, 집강소 시기에 동학 농민군들의 행동을 보여주고 있다. 밑줄 친 '적'은 동학 농민군이다. '노비 문서를 불사르고 면천해 줄 것을 강요하였다'에서 동학 농민군이 폐정개혁에서 요구한 내용임을 알 수 있고, 특히 '접장'에서 이들이 바로 동학 농민군임을 알 수 있다. 접장은 동학의 포접제 조직의 우두머리를 의미한다.

**(ㄱ) O: 동학 농민군은 무명잡세의 폐지를 주장하였다.**

**(ㄹ) O: 동학 농민군은 관리 채용에는 지벌을 타파하고, 인재를 등용할 것을 주장하였다.**

**오답 분석**

(ㄴ) X: 조혼을 금지한 것은 1차 갑오개혁이다.

(ㄷ) X: 각 도의 환곡을 영구히 폐지할 것을 주장한 것은 갑신정변 신정부 강령이다.

**½한국사 고득점 TIP** 폐정 개혁안의 주요 내용

- 반봉건
  - 탐관오리 처벌, 횡포한 부호 엄징, 불량한 유림과 양반 징벌
  - 노비 문서 소각, 7종 천인의 대우 개선, 청상 과부의 재가 허용
  - 토지 균등 분배, 잡세 폐지, 공·사채 폐지
- 반외세
  - 왜와 내통하는 자 엄징

# THEME 095 갑오개혁

## 01

2016년 지방직 9급

**다음 내용이 포함된 개혁에 대한 설명으로 옳지 않은 것은?**

> • 공·사 노비 제도를 모두 폐지하고, 인신매매를 금지한다.
> • 연좌법을 폐지하여 죄인 자신 외에는 처벌하지 않는다.
> • 과부의 재혼은 귀천을 막론하고 그 자유에 맡긴다.

① 중국 연호의 사용을 폐지하였다.
② 독립 협회 활동의 영향을 받았다.
③ 군국기무처의 주도하에 추진되었다.
④ 동학 농민 운동의 요구를 일부 수용하였다.

## 02

2018년 서울시 9급

**<보기>의 사건을 시간순으로 바르게 나열한 것은?**

> **보기**
> (ㄱ) 아관파천　(ㄴ) 전주 화약 체결
> (ㄷ) 홍범 14조 발표　(ㄹ) 군국기무처 설치

① (ㄱ) - (ㄷ) - (ㄴ) - (ㄹ)　② (ㄴ) - (ㄹ) - (ㄷ) - (ㄱ)
③ (ㄴ) - (ㄱ) - (ㄹ) - (ㄷ)　④ (ㄹ) - (ㄴ) - (ㄱ) - (ㄷ)

## 03

2019년 법원직 9급

**다음 밑줄 친 '개혁'의 내용으로 옳은 것을 <보기>에서 고른 것은?**

> 청·일 전쟁에서 승기를 잡은 일본은 조선의 내정에 적극 간섭하기 시작하였다. 흥선대원군을 물러나게 하고 군국기무처를 폐지하였으며, 김홍집·박영효 연립 내각을 구성하고 개혁을 단행하였다.

> **보기**
> (ㄱ) 과거제를 폐지하였다.
> (ㄴ) 재판소를 설치하였다.
> (ㄷ) 8도를 23부로 개편하였다.
> (ㄹ) 친위대, 진위대를 설치하였다.

① (ㄱ), (ㄴ)　② (ㄱ), (ㄹ)
③ (ㄴ), (ㄷ)　④ (ㄷ), (ㄹ)

## 04

2018년 법원직 9급

**다음 자료가 반포되기 이전에 실시된 정책으로 옳은 것은?**

> 1. 청에 의존하는 생각을 버리고 자주독립의 기초를 세운다.
> 2. 왕위 계승의 법칙과 종친·외척과의 구별을 명확히 한다.
> 3. 임금은 각 대신과 의논하여 정사를 행하고, 종실, 외척의 내정 간섭을 용납하지 않는다.
> 6. 납세는 법으로 정하고 함부로 세금을 거두지 않는다.
> 7. 조세의 징수와 경비 지출은 모두 탁지아문의 관할에 속한다.
> 9. 왕실과 관청의 1년 회계를 계획한다.
> 12. 군 장교를 교육하고 징병법을 실시하여 군제의 기초를 확립한다.
> 14. 인물을 쓰는데 문벌 및 지벌에 구애되지 말고, 선비를 두루 구하여 널리 인재를 등용한다.

① 한성 사범 학교가 설립되었다.
② 중앙에 친위대, 지방에 진위대를 설치하였다.
③ 지방 행정 체제를 23부에서 13도로 개편하였다.
④ 청의 연호를 쓰지 않고 개국 기년을 사용하였다.

## 문제 풀이

### 01

정답 ②

제시된 사료의 개혁은 1894년 군국기무처에서 이루어진 1차 갑오개혁이다. 공·사 노비 제도 폐지와 인신매매 금지, 연좌제 폐지 등을 통해 1차 갑오개혁임을 알 수 있다.

**② X: 갑오개혁은 1894년에 이루어졌고, 독립 협회는 1896년에 창립되어 독립 협회의 영향을 받을 수 없다.**

**오답 분석**

① O: 1차 갑오개혁 때 '개국' 기원의 사용으로 중국 연호를 폐지하였다.

③ O: 1차 갑오개혁은 군국기무처의 주도하에 추진되었다.

④ O: 1차 갑오개혁 때 동학 농민 운동의 요구를 일부 수용하였다.

**½한국사 고득점 TIP** 1차 갑오개혁

- 실시: 1894년 군국기무처, 김홍집과 대원군의 연립내각
- 연호: '개국' 기원 사용
- 정치 개혁
  - 의정부와 궁내부 개편, 6조 8아문 개편, 과거제 폐지, 경무청 설치
  - 11관품으로 축소, 대간제도 폐지
- 경제 개혁
  - 탁지아문에서 재정 관리, 은본위 화폐제도, 조세 금납화
  - 도량형 통일, 방곡령 반포 금지, 육의전 도고 권한 폐지 등
- 사회 개혁
  - 공·사 노비 제도 폐지, 적서차별 금지, 연좌제 폐지, 조혼 금지
  - 고문제도 폐지, 과부의 재혼 허가, 인신매매 금지 등

### 02

정답 ②

| (ㄴ) | 전주화약 | 1894년 5월 |
|---|---|---|
| ↓ | | |
| (ㄹ) | 군국기무처 설치 | 1894년 6월 |
| ↓ | | |
| (ㄷ) | 홍범14조 반포 | 1894년 12월 (2차 갑오개혁) |
| ↓ | | |
| (ㄱ) | 아관파천 | 1896년 2월 |

**½한국사 고득점 TIP** 군국기무처

- 1894년 설치 → 1차 갑오개혁 주도, 과도적 입법기구
- 구성
  - 총재1명, 부총재 1명, 회의원 등으로 구성(총재에는 김홍집, 부총재에는 박정양)
  - 김윤식, 어윤중, 유길준 등의 개화파와 대원군 계열의 인사 참여

### 03

정답 ③

제시된 자료의 개혁은 1894년 12월 시작된 2차 갑오개혁이다. '군국기무처 폐지', '김홍집과 박영효의 연립 내각' 등을 통해 밑줄 친 '개혁'이 2차 갑오개혁임을 알 수 있다.

**(ㄴ) O: 2차 갑오개혁 때 재판소를 설치하여 사법부를 독립시켰다.**

**(ㄷ) O: 2차 갑오개혁 때 8도를 23부로 개편하였다.**

**오답 분석**

(ㄱ) X: 1차 갑오개혁 때 과거제를 폐지하였다.

(ㄹ) X: 을미개혁 때 친위대, 진위대를 설치하였다.

**중요 사료** 2차 갑오개혁

> 제2차 개혁 시기에는 내각제를 도입하면서 고종의 권력이 극도로 제한되었다. 이로 인해 고종은 크게 분노하여 "대신들이 원하는 대로 국체를 바꾸어 새로 공화 정치를 만들든지, 또는 대통령을 선출하든지, 너희들 마음 내키는 대로 하는 것이 좋을 것이다."라고 토로하였다. - 주한 일본 공사관 기록

### 04

정답 ④

제시된 사료는 2차 갑오개혁 당시 반포된 홍범 14조(1894년 12월 제정, 1895년 1월 선포) 중 일부 내용이다.

④ 1894년 6월 1차 갑오개혁 때 개국 연호 사용

| 1895년 1월 | 홍범 14조 반포 | 2차 갑오개혁 |
|---|---|---|

① 1895년 2월 교육 입국 조서
- 한성 사범 학교, 소학교 등을 설립

② 1895년 을미개혁 때 친위대와 진위대 설립

③ 1896년 아관파천 이후 23부를 13도로 개편

**중요 사료** 독립 서고문

> 개국 503년 12월 12일, 감히 황조(皇祖)와 열성조(列聖祖)의 신령 앞에 고합니다. 저 소자가 10살 어린 나이에 우리 조종(祖宗)의 큰 왕업을 이어 지켜 온 지 오늘까지 31년이 되는 동안 …(중략)… 이제부터는 다른 나라를 의지하지 않으며 융성하도록 나라의 발걸음을 넓히고 백성의 복지를 이루어 자주 독립의 토대를 공고하게 할 것입니다. …(중략)… 이에 저 소자는 14개 조목의 홍범(洪範)을 하늘에 계신 우리 조종의 신령 앞에 서고(誓告)하노니, 우러러 조종이 남긴 업적을 잘 이어서 감히 어기지 않을 것입니다. 밝은 신령께서는 굽어 살피소서.

# THEME 096 갑오개혁과 을미개혁 비교

## 01

2013년 국가직 9급

**다음 기구에서 추진한 개혁 내용으로 옳은 것은?**

> 총재 1명, 부총재 1명, 그리고 16명에서 20명 사이의 회의원으로 구성되었다. 이밖에 2명 정도의 서기관이 있어서 활동을 도왔고, 또 회의원 3명이 기초 위원으로 선정되어 의안의 작성을 책임졌다. 총재는 영의정 김홍집이 겸임하고, 부총재는 내아문독판으로 회의원인 박정양이 겸임하였다.

① 은본위 화폐 제도를 실시하였다.
② 의정부와 삼군부의 기능을 회복하였다.
③ 양전 사업을 실시하여 지계를 발급하였다.
④ 재판소를 설치하여 사법권과 행정권을 분리시켰다.

## 02

2012년 법원직 9급

**다음 칙령에 의해 성립된 내각에서 추진했던 개혁으로 옳은 것은?**

> 제1호 내가 재가한 공문 식제(式制)를 반포하게 하고 종전의 공문 반포 규례는 오늘부터 폐지하며 승선원, 공사청도 아울러 없애도록 한다.
> 제3호 내가 동지날에 백관들을 거느리고 태묘(太廟)에 나아가 우리나라가 독립하고 모든 제도를 이정(釐正)한 사유를 고하고, 다음 날에는 태사(太社)에 나아가겠다.
> 제4호 박영효를 내무대신으로, 서광범을 법무대신으로 …(중략)… 삼도록 하라고 명하였다. - 이상은 총리대신 김홍집, 외무대신 김윤식, 탁지대신 어윤중, 학무대신 박정양이 칙령을 받았다.

① 과거 제도를 폐지하였다.
② 전국을 23부로 재편하였다.
③ 재정을 탁지아문으로 일원화시켰다.
④ 서울에 친위대, 지방에 진위대를 설치하였다.

## 03

2015년 법원직 9급

**(가), (나) 시기에 볼 수 있는 모습으로 가장 적절한 것은?**

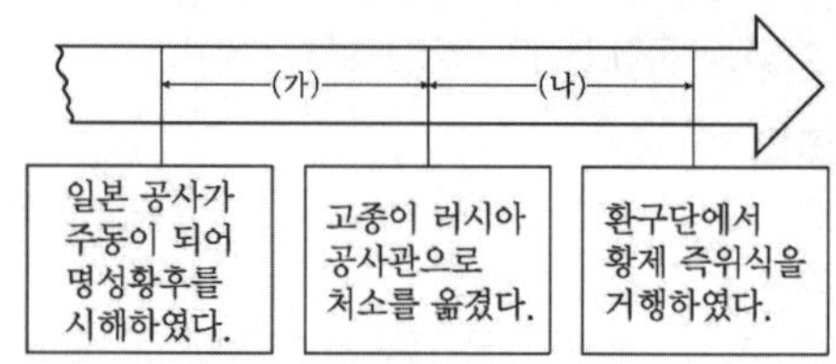
(가)
(나)
일본 공사가 주동이 되어 명성황후를 시해하였다.
고종이 러시아 공사관으로 처소를 옮겼다.
환구단에서 황제 즉위식을 거행하였다.

① (가) - 홍범 14조를 반포하는 임금
② (가) - 전차 안에서 제국신문을 읽고 있는 학생
③ (나) - 단발령 철회를 논의하는 관리들
④ (나) - 만민 공동회에서 상권 수호 구호를 외치는 상인

## 04

2014년 국가직 7급

**다음 법령을 만든 개화파 내각의 개혁으로 옳은 것을 <보기>에서 모두 고르면?**

> 제1조 소학교는 아동의 신체 발달에 맞추어 인민 교육의 기초와 생활상 필요한 보통 지식과 기능을 가르치는 것을 목적으로 한다.
> 제2조 소학교는 관립 소학교·공립 소학교·사립 소학교 등의 3종이며, 관립 소학교는 정부 설립, 공립 소학교는 부(府) 혹은 군(郡) 설립, 사립 소학교는 사립 학교 설립과 관계된 것을 말한다.
>
> \- 소학교령

**보기**
㉠ 건양이라는 연호를 제정하였다.
㉡ 조·일 무역 규칙을 개정하였다.
㉢ 서울에 친위대를, 지방에 진위대를 두었다.
㉣ 단발령을 폐지하고 의정부를 다시 설치하였다.

① ㉠, ㉡ ② ㉠, ㉢
③ ㉡, ㉣ ④ ㉢, ㉣

# 문제 풀이

## 01

정답 ①

제시된 자료는 군국기무처에 대한 설명이다. 1894년 군국기무처에서 1차 갑오개혁이 실시되었다.

① O: **1차 갑오개혁 당시 은본위 화폐 제도를 실시하였다.**

**오답 분석**

② X: 1차 갑오개혁이 아니라 흥선대원군이 비변사를 혁파하고 의정부와 삼군부의 기능을 회복하였다.

③ X: 1차 갑오개혁이 아니라 대한 제국 시절 광무개혁 당시 양전 사업을 실시하여 지계를 발급하였다.

④ X: 1차 갑오개혁이 아니라 2차 갑오개혁 당시 재판소를 설치하여 사법권과 행정권을 분리시켰다.

## 02

정답 ②

제시된 사료는 김홍집과 박영효의 연립내각으로 이 내각에서 2차 갑오개혁이 이루어졌다. 내무대신에 박영효가 임명된 것으로 보아 김홍집, 박영효 연립의 2차 갑오개혁 내각임을 알 수 있다.

② O: **2차 갑오개혁 때 전국을 23부로 재편하였다.**

**오답 분석**

① X: 과거 제도를 폐지한 것은 1차 갑오개혁이다.

③ X: 재정을 탁지아문으로 일원화시킨 것은 1차 갑오개혁이다.

④ X: 서울에 친위대, 지방에 진위대를 설치한 것은 을미개혁이다.

**½한국사 고득점 TIP** 을미개혁

- 건양 연호 사용
- 군제 개편: 중앙군은 친위대, 지방군은 진위대로 편성
- 단발령 시행, 종두법 실시, 태양력 사용
- 소학교령을 공포 → 소학교 설치
- 우체사 설치: 갑신정변으로 중단되었던 우편 사무 재개

## 03

정답 ③

① 1895년 1월 홍범 14조 반포

| 1895년 10월 | 을미사변 | |
|---|---|---|
| ↓ (가) | | |
| 1896년 2월 | 아관파천 | |
| ↓ (나) | ③ 아관파천 이후 단발령 철회 | |
| 1897년 10월 | 황제 즉위식 | 대한 제국 |

④ 1898년 독립 협회가 만민 공동회 개최

② 1899년 전차 개통: 미국, 서대문~청량리

**중요 사료** 단발령

단발령이 내려지자 통곡하는 소리가 하늘을 진동하였다. 사람마다 분노하며 죽으려는 기색을 보이며 곧 무슨 변이라도 일으킬 것 같아 일본인들은 군대를 빈틈없이 하여 대비하였다. 경무사 허진(許璡)은 순검들을 지휘하여 가위를 들고 길을 막고 있다가 사람만 만나면 갑자기 머리를 깎아 버렸다. 그리고 그들은 인가에 들어가 모두 단속해 찾아내므로 깊이 숨어 있는 사람이 아니면 머리를 깎이지 않는 사람이 없었다. 그 중 서울에 온 시골 사람들은 문밖을 나섰다가 상투가 잘리면 대개 그 상투를 주워 주머니에 넣고 통곡을 하며 도성을 빠져 나왔다. 무릇 머리를 깎인 사람들은 모두 깨끗이 깎이지 않았는데, 단 상투가 잘리고 머리카락이 드리워져 그 모습이 긴 머리를 한 중과 같았다. 오직 부녀자들과 아이들만 머리를 깎이지 않았다.

## 04

정답 ②

제시된 사료는 을미개혁을 주도했던 김홍집 내각에서 제정한 소학교령이다. 을미개혁 때는 이 법령을 근거로 전국 각지에 소학교가 설립되었다.

㉠ O: **을미개혁 때에는 갑오개혁 때 사용하던 '개국 기년'을 폐지하고 '건양'이라는 연호를 제정하였다.**

㉢ O: **을미개혁에 따라 서울에 친위대, 지방에 진위대가 설치되었다. 친위대는 왕성 수비를 위해 중앙군으로서 설치한 부대이고, 진위대는 지방군으로서 설치한 부대이다.**

**오답 분석**

㉡ X: 조·일 무역 규칙은 을미개혁 시행 이전인 1883년에 개정되었다(조·일 통상 장정 개정).

㉣ X: 단발령이 폐지되고 의정부가 다시 설치된 것은 아관파천 시기의 사실이다.

# THEME 097 독립 협회와 헌의 6조

## 01

2023년 법원직 9급

**밑줄 친 '이 단체'의 활동으로 옳은 것을 <보기>에서 모두 고른 것은?**

정부의 지원을 받아 설립된 이 단체는 고종에게 아래의 문서를 재가 받았아요.
1. 외국인에게 의지하지 말고 관민이 합심하여 황제권을 공고히 할 것.
2. 외국과의 이권에 관한 계약과 조약은 해당 부처의 대신과 중추원 의장이 함께 날인하여 시행할 것.
......


**보기**
(ㄱ) '구국 운동 상소문'을 지었다.
(ㄴ) 고종 강제 퇴위 반대 운동에 앞장섰다.
(ㄷ) 일제의 황무지 개간권 요구에 반대하였다.
(ㄹ) 러시아의 내정 간섭과 이권요구에 반대하였다.

① (ㄱ), (ㄴ)　② (ㄱ), (ㄹ)
③ (ㄴ), (ㄷ)　④ (ㄷ), (ㄹ)

## 02

2020년 지방직 9급

**다음과 같은 주제로 토론회를 개최한 단체에 대한 설명으로 옳은 것은?**

| 일자 | 주제 |
|---|---|
| 1897. 8. 29. | 조선에 급선무는 인민의 교육 |
| 1897. 9. 5. | 도로 수정하는 것이 위생에 제일 방책 |
| ⋮ | ⋮ |
| 1897. 12. 26. | 인민의 귀로 듣고 눈으로 보는 것을 개명케 하려면 우리나라 신문지며 다른 나라 신문지들을 널리 반포하는 것이 제일 긴요함 |

① 헌정연구회의 활동을 계승하여 월보를 간행하고 지회를 설치하였다.
② 국민 계몽을 위해 회보를 발간하고 만민공동회 등 대규모 집회를 열었다.
③ 보부상 중심의 단체로 황권 강화를 통한 부국강병을 행동지침으로 삼았다.
④ 일본이 황무지 개간을 구실로 토지를 약탈하려 하자 대중적 반대 운동을 벌였다.

## 03

2015년 서울시 9급

**발생 시기 순서로 나열할 때 다음 빈칸에 들어갈 사건으로 옳은 것은?**

> 을미사변 - 아관파천 - (ㄱ) - 대한 제국 수립

① 단발령 공포　② 독립 협회 결성
③ 홍범 14조 반포　④ 춘생문 사건 발발

## 04

2011년 서울시 7급

**1898년 조직된 찬양회에 대한 설명으로 옳지 않은 것은?**

① 서울의 북촌에 사는 양반층 부인들이 중심이 되어 조직하였다.
② 독립신문과 황성신문에 여성의 참정권, 직업권, 교육권을 주장하는 '여성 통문'을 발표하였다.
③ 여성 교육을 위해 여학교 설립을 추진하였으나 재정 부족으로 실패하였다.
④ 여성 계몽을 위한 정기적인 연설회와 토론회를 개최하였다.
⑤ 우리나라 최초의 여권 운동을 전개한 여성 단체이다.

## 05

2019년 법원직 9급

**다음 자료가 발표된 시기를 연표에서 옳게 고른 것은?**

> 1. 외국인에게 의지하지 말고 관민이 한마음으로 힘을 합하여 전제 황권을 견고하게 할 것
> 2. 외국과의 이권에 관한 조약은 각 대신과 중추원 의장이 합동 날인하여 시행할 것
> 3. 국가 재정을 탁지부에서 전관하고 예산과 결산을 국민에게 공포할 것
> 4. 중대 범죄를 공판하되 피고의 인권을 존중할 것
> 5. 칙임관(勅任官)을 임명할 때는 정부의 자문을 받아 다수의 의견에 따를 것
> 6. 정해진 규칙을 실천할 것

| 1863 | 1884 | 1896 | 1905 | 1910 |
|---|---|---|---|---|
| (가) | (나) | (다) | (라) | |

① (가)　② (나)
③ (다)　④ (라)

## 문제 풀이

### 01

정답 ②

제시된 자료의 밑줄 친 '이 단체'는 독립 협회이다. '외국인에게 의지하지 말 것, 외국과 이권에 관한 계약은 대신과 중추원 의장의 날인을 받을 것'에서 독립 협회의 헌의 6조임을 알 수 있다.

**(ㄱ) O: 독립 협회는 1898년에 '구국 운동 상소문'을 지었다.**

**(ㄹ) O: 독립 협회는 러시아의 내정 간섭과 이권요구에 반대하였다.**

**오답 분석**

(ㄴ) X: 고종 강제 퇴위 반대 운동에 앞장선 단체는 대한자강회이다.

(ㄷ) X: 일제의 황무지 개간권 요구에 반대한 단체는 보안회이다.

### 02

정답 ②

제시된 자료의 토론회를 개최한 단체는 독립 협회(1896년~1898년)이다. 1897년 활동한 단체이며, '인민을 개명케한다는 것'은 계몽한다는 것이며, '신문지들을 반포한다' 등에서 독립 협회임을 알 수 있다.

**② O: 독립 협회는 국민 계몽을 위해 대조선독립 협회 회보를 발간하고 1898년 만민공동회 등 대규모 집회를 열었다.**

**오답 분석**

① X: 독립 협회가 아니라 1906년 조직된 대한자강회가 헌정연구회의 활동을 계승하여 월보를 간행하고 지회를 설치하였다.

③ X: 독립 협회가 아니라 황국협회가 보부상 중심의 단체로 황권 강화를 통한 부국강병을 행동지침으로 삼았다.

④ X: 독립 협회가 아니라 보안회가 일본이 황무지 개간을 구실로 토지를 약탈하려 하자 대중적 반대 운동을 벌였다.

**½한국사 고득점 TIP 독립 협회의 활동**

- 독립신문 발행, 고종의 환궁 요구, 독립문과 독립관 설립
- 자유민주주의 사상과 근대 민족주의 사상을 민중에 보급
- 입헌군주제의 자주 독립국가 건설을 목표로 활동
- 1898년 자주 호국 선언(구국 선언 상소), 만민공동회, 관민공동회 개최
- 1898년 관민공동회에서 헌의 6조를 올리고, 의회 설립 요구
- 이권수호운동
  - 러시아의 절영도 조차 요구 저지, 한러은행 폐쇄
  - 러시아의 목포와 증남포의 도서매입요구 저지
- 기관지: 대조선 독립 협회 회보, 독립신문과 황성신문

### 03

정답 ②

| | ③ 1895년 1월 홍범14조 반포(2차 갑오개혁) |
|---|---|
| 1895년 | 을미사변 |
| ↓ | ① 1895년 을미개혁: 단발령 공포<br>④ 1895년 춘생문 사건 (미국 공사관 피신 시도) |
| 1896년 2월 | 아관파천 |
| ↓(ㄱ) | ② 1896년 7월 독립 협회 결성 |
| 1897년 | 대한 제국 수립 |

### 04

정답 ③

**③ X: 찬양회는 1899년 사립 여학교인 순성 여학교를 설립하였다.**

**오답 분석**

①, ⑤ O: 찬양회는 우리나라 최초의 여성 단체로 서울 북촌에 거주하는 양반층 부인들을 중심으로 조직되었다.

② O: 찬양회는 독립신문과 황성신문에 여성의 참정권, 직업권, 교육권 등을 주장하는 여성 통문(여권 통문)을 발표하였다.

④ O: 찬양회는 여성 계몽을 위한 연설회와 토론회를 개최하였다.

**중요 사료 여권통문(1898)**

슬프다! 돌이켜 전일을 생각하면 사나이의 위력으로 여편네를 누르려고 구설을 빙자하여 여자는 안에 있어 밖의 일을 말하지 않으며 오로지 밥하고 옷 짓는 것만 알라 하니 어찌하여 신체 수족이목이 남자와 다름없는 한 가지 사람으로 깊은 방에 처하여 다만 밥과 술이나 지으리오. 도금에 구규를 진폐하고 신학을 시행함이 우리도 옛 것을 버리고 새것을 따라 타국과 같이 여학교를 설시하고 각각 여아들을 보내어 각항 재주와 규칙과 행세하는 도리를 배워 일후에 남녀가 일반 사람이 되게 할 차.

**½한국사 고득점 TIP 찬양회**

- 조직: 1898년 서울 북촌 양반 여성들이 조직, 독립 협회의 자매단체
- 여권통문: 1898년 황성신문과 독립신문에 발표
- 제국신문: 찬양회의 홍보역할 담당
- 정부에 관립여학교 설립 요구 → 정부 거부 → 1899년 순성여학교 설립

### 05

정답 ③

제시된 사료에서 외국과의 이권에 관한 조약은 각 대신과 중추원 의장이 합동 날인하여 시행하고, 국가 재정을 탁지부에서 전관하며, 피고의 인권을 존중하자는 내용을 통해 관민 공동회에서 결의한 헌의 6조임을 알 수 있다.

**③ O: 헌의 6조는 독립 협회가 (다) 시기인 1898년 10월에 개최한 관민 공동회에서 결의한 것이다. 독립 협회는 관민 공동회를 열고 헌의 6조를 결의하여 국왕(고종)의 재가를 받았다.**

PART 06 근대 사회의 전개 해커스공무원 최진우 ½한국사 테마별 기출 700제

# THEME 098 대한 제국과 광무개혁

## 01

2019년 지방직 9급

**대한 제국 시기에 추진된 정책으로 옳지 않은 것은?**

① 시위대와 진위대를 증강하였다.
② 독립신문의 창간을 지원하였다.
③ 화폐제도의 개혁과 중앙은행의 창립을 추진하였다.
④ 황실 재정을 담당하는 내장원의 기능을 확대하였다.

## 02

2015년 사회복지직

**다음의 칙령을 발표한 정부가 추진한 내용으로 옳은 것은?**

> • 울릉도를 울도로 개칭하여 강원도에 부속하고 도감을 군수로 개정하며 군등(郡等)은 5등으로 할 것
> • 군청은 태하동에 두고, 울릉 전도(全島)와 죽도·석도를 관할할 것

① 회사령을 공포하였다.
② 청국과 간도 협약을 체결하였다.
③ 양전 사업을 실시하고 지계를 발급하였다.
④ 독도는 일본과 상관이 없다는 태정관 지령을 내렸다.

## 03

2016년 법원직 9급

**다음 법령을 읽고 대한 제국에 대하여 추론한 내용으로 가장 적절한 것은?**

> 제1조, 대한국은 세계 만국에 공인된 자주독립 제국이니라.
> 제2조, 대한국의 정치는 만세불변할 전제 정치이니라.
> 제3조, 대한국 대황제께서는 무한한 군권을 향유하시느니라.
> 제5조, 대한국 대황제께서는 육·해군을 통솔하시고 계엄·해엄을 명하시느니라.
>
> \- 대한 제국에서 1899년 제정한 대한국국제

① 원수부를 설치하여 황제가 군대를 통솔하였다.
② 양전 사업을 실시해 지주 전호제를 폐지하였다.
③ 헌법을 제정하여 '주권재민'의 원칙을 실현하려 하였다.
④ 입헌 군주세의 도입을 시도하여 민주주의를 발전시켰다.

## 04

2024년 지방직 9급

**다음 법령이 반포된 시기는?**

> 제1조 대한국은 세계 만국에 공인된 자주 독립한 제국이다.
> 제2조 대한 제국의 정치는 이전으로부터 500년이 내려왔고 이후로도 만세에 걸쳐 변치 않을 전제정치이다.
> 제3조 대한국 대황제는 무한한 군권을 향유하니 공법에서 말한바 자립 정체이다.
> 제4조 대한국 신민이 대황제가 향유하는 군권을 침해할 행위가 있으면 신민의 도리를 잃은 자로 인정할 것이다.

| | (가) | (나) | (다) | (라) | |
|---|---|---|---|---|---|
| 갑신정변 발생 | | 갑오개혁 실시 | 독립 협회 해산 | 러·일 전쟁 발발 | 을사늑약 체결 |

① (가)　　② (나)
③ (다)　　④ (라)

## 05

2009년 국가직 7급

**이 법령과 관련된 사업에 대한 설명으로 옳은 것은?**

> 제2조 전답·산림·천택·가옥을 매매 양도하는 경우 관계(官契)를 반납한다.
> 제3조 소유주가 관계를 받지 않거나, 저당 잡힐 때 관허가 없으면 모두 몰수한다.
> 제4조 대한 제국 인민 외 소유주가 될 권리가 없고, 외국인에게 명의를 빌려주거나 사사로이 매매·저당·양도할 경우 법에 따라 처벌한다.
>
> \- 순창군훈령총등

① 양지아문에서 지권(地券)을 발급하였다.
② 신고주의에 의한 양전(量田)을 추구하였다.
③ 전국의 군현을 대상으로 양전을 완료하였다.
④ 러·일 전쟁으로 인하여 지권 발급을 중단하였다.

## 문제 풀이

### 01

정답 ②

대한 제국 시기는 1897년부터 1910년 일본의 식민지배를 받기 전까지이다.

② X: **독립신문은 1896년 서재필 등의 자유주의자가 발행하였고, 고종의 지원을 받았다. 하지만 이 시기 정부가 대한 제국은 아니다. 대한 제국은 1897년 수립되었기 때문에 대한 제국이 독립신문의 창간을 지원할 수는 없었다.**

**오답 분석**

① O: 대한 제국은 원수부를 설치하여 황제가 군권을 장악하였고, 시위대(황제 호위), 친위대, 진위대를 증강하였다.

③ O: 대한 제국은 금본위 화폐 제도를 시도하였고, 중앙은행을 설립하려 하였으나 실패하였다.

④ O: 대한 제국은 탁지부에서 관리하던 재정을 내장원으로 이관하여 내장원의 기능을 강화하였다.

### 02

정답 ③

제시된 자료는 대한 제국의 고종 황제가 내린 칙령 제41호의 내용이다.

③ O: **대한 제국 시절 광무개혁을 추진하면서 양전 사업을 실시하고 지계를 발급하였다.**

**오답 분석**

① X: 1910년 일본 총독부가 회사령을 공포하여 회사 설립을 총독의 허가를 받도록 하였다.

② X: 1909년 간도 협약은 대한 제국이 아니라 일본과 청 사이에 체결되었다.

④ X: 대한 제국이 아니라 일본의 메이지 정부가 독도는 일본과 상관이 없다는 태정관 지령을 내렸다.

### 03

정답 ①

주어진 자료는 1899년 대한 제국 시기 발표된 대한국국제의 일부 내용이다.

① O: **대한 제국 시절 고종은 원수부를 설치하여 황제가 군대를 통솔하였다.**

**오답 분석**

② X: 대한 제국 시절 양전 사업을 실시하였지만 이는 재정 수입을 확보하여 근대적 토지 소유 문서인 지계를 발급하기 위한 것이었으며, 지주 전호제를 폐지하는 것은 아니었다.

③ X: 대한 제국은 1899년 대한국국제의 헌법을 제정하였지만 '주권재민'의 원칙을 실현하려 한 것이 아니라 황제권을 강화하려 한 것이다.

④ X: 대한 제국의 고종은 입헌 군주제가 아니라 황제권을 강화하는 전제정치를 추구하였다.

### 04

정답 ③

제시된 사료에서 대한국은 세계 만국에 공인된 자주 독립한 제국이라는 내용과 대한국 대황제는 무한한 군권을 향유한다는 내용을 통해 대한국국제임을 알 수 있다.

③ O: **대한국국제는 (다) 시기인 1899년에 반포되었다. 고종은 대한 제국을 선포한 뒤 1899년에 일종의 헌법인 대한국국제를 반포하여 대한 제국이 전제 정치 국가이며 황제권이 무한함을 강조하고, 통수권·입법권·행정권·사법권·외교권 등을 모두 황제의 대권으로 규정하여 전제 군주 체제를 더욱 강화하였다.**

**½한국사 고득점 TIP 대한국국제**

- 반포: 1898년 황제 직속 입법 기구인 교정소를 설치 → 1899년 교정소에서 제정(만국공법에 기초)
- 내용: 황제가 군대 통수권, 입법권, 행정권, 사법권, 외교권 등을 장악함
- 한계: 국민의 권리 규정 X

### 05

정답 ④

제시된 사료는 대한 제국 시기에 실시된 양전 지계 사업에 대한 글이다.

④ O: **대한 제국의 양전 지계 사업은 러·일 전쟁으로 인하여 지권 발급을 중단하였다.**

**오답 분석**

① X: 1902년 지계아문이 양지아문을 흡수하면서 지계아문에서 지권을 발급하였다.

② X: 신고주의에 의한 양전의 추구는 1910년대 일제의 토지 조사 사업에 대한 설명이다.

③ X: 대한 제국의 양전 사업은 전국 군현의 2/3 정도만 양전이 실시되었고, 이는 1904년 러·일 전쟁으로 중단되면서 완료되지 못하였다.

**½한국사 고득점 TIP 양전 지계 사업**

- 실시: 대한 제국 시기 1898년~1904년
- 과정
  - 1898년 양지아문을 설치 → 1899년 양전 사업을 실시
  - 1901년 지계아문을 설치→ 지계를 발급
  - 1902년 지계아문으로 통합
  - 1904년 러·일전쟁으로 중단
- 의의: 지계의 발급으로 국가가 개인의 토지 소유권을 확인
  - 최초의 근대적 토지 소유권 제도

# THEME 099 근대 개혁안 비교

## 01

2011년 국가직 9급

갑오개혁과 동학 농민 운동에서 공통적으로 제기된 개혁안으로 옳은 것은?

① 과부가 된 여성의 개가를 허용한다.
② 각 도의 각종 세금은 화폐로 내게 한다.
③ 죄인 자신 이외의 모든 연좌율을 폐지한다.
④ 공채이든 사채이든 기왕의 것은 모두 무효로 한다.

## 02

2020년 법원직 9급

(가)~(다)가 반포된 순서대로 바르게 나열한 것은?

> (가)
> 2. 모든 정부와 외국과의 조약에 관한 일은 각부 대신과 중추원 의장이 합동으로 서명, 날인하여 시행할 것.
> 4. 중대 범죄는 공개 재판을 시행하되, 피고가 죄를 자백한 후에 시행할 것.
>
> (나)
> 1. 이후 국내외 공사(公私)문서에 개국 기원을 사용한다.
> 6. 남자 20세, 여자 16세 이하의 조혼을 금지한다.
> 8. 공사 노비법을 혁파하고 인신 매매를 금지한다.
>
> (다)
> 1. 흥선 대원군을 빨리 귀국시키고 종래 청에 행하던 조공의 허례를 폐지한다.
> 9. 혜상공국을 혁파한다.
> 12. 모든 재정은 호조에서 관할한다.

① (가) - (다) - (나)　　② (나) - (다) - (가)
③ (다) - (가) - (나)　　④ (다) - (나) - (가)

## 03

2007년 국가직 7급

다음은 근대 변혁 운동 과정에서 주장된 내용들이다. 시기 순서대로 바르게 배열한 것은?

> (ㄱ) 토지는 평균으로 분작하게 할 것
> (ㄴ) 규장각 및 혜상공국을 폐지할 것
> (ㄷ) 외국과의 이권에 관한 계약과 조약은 각 대신과 중추원 의장이 합동 날인하여 시행할 것
> (ㄹ) 시장에 외국 상인의 출입을 엄금하고, 다른 나라에 철도 부설권을 허용하지 말 것

① (ㄱ) - (ㄴ) - (ㄹ) - (ㄷ)　　② (ㄴ) - (ㄱ) - (ㄷ) - (ㄹ)
③ (ㄷ) - (ㄴ) - (ㄱ) - (ㄹ)　　④ (ㄹ) - (ㄷ) - (ㄴ) - (ㄱ)

## 04

2016년 경찰 1차

다음은 근대 변혁 운동 과정에서 발표된 개혁안 중 일부이다. 이를 시기 순으로 바르게 나열한 것은?

> ㉠ 조세의 징수와 경비 지출은 모두 탁지아문에서 관할한다.
> ㉡ 지조법을 개정하여 관리의 부정을 막고 백성을 구제하며 국가 재정을 충실케 한다.
> ㉢ 국가 재정은 탁지부가 전관하고 예산과 결산을 인민에게 공포할 것.
> ㉣ 무명 잡세는 일체 거두지 않는다.

① ㉠ → ㉢ → ㉡ → ㉣
② ㉠ → ㉢ → ㉣ → ㉡
③ ㉡ → ㉣ → ㉠ → ㉢
④ ㉡ → ㉣ → ㉢ → ㉠

# 문제 풀이

## 01

정답 ①

① O: 동학 농민 운동 때 과부가 된 여성의 개가를 허용할 것을 주장하는 개혁안을 제기하였다.

**오답 분석**

② X: 1차 갑오개혁 때 각 도의 각종 세금을 화폐로 내는 조세의 금납화가 이루어졌다.

③ X: 1차 갑오개혁 때 죄인 자신 이외의 모든 연좌율을 폐지하였다.

④ X: 동학 농민 운동 때 폐정개혁안에서 공채이든 사채이든 기왕의 것은 모두 무효로 할 것을 요구하였다.

**½한국사 고득점 TIP** 동학 농민 운동과 갑오개혁의 공통적 개혁

- 무명잡세 폐지
- 지벌 타파
- 과부의 재가 허용
- 노비문서 소각
- 칠반 천인 대우 개선과 백정의 평량갓 폐지

## 02

정답 ④

| (다) | 1884년 | 갑신정변 신정부 강령 |
|---|---|---|
| ↓ | | |
| (나) | 1894년 | 1차 갑오개혁 |
| ↓ | | |
| (가) | 1898년 | 독립 협회 헌의 6조 |

**중요 사료** 독립 협회

나라라 하는 것은 사람을 두고 이름이니, 만일 빈 강산에 초목금수만 있고 해와 달만 내왕하는 곳이면 어찌 나라라고 칭하리오. 그러므로 사람이 토지에 의거하여 나라를 세울 때 임금과 정부와 백성이 동심 합력하여 나라를 세웠나니, …… 백성의 권리로 나라가 된다고 말하는 것이요. …(중략)… 해외 강국이 와서 나라를 빼앗는데 종묘사직과 임금과 나라 이름을 그대로 두고 사람의 권리와 토지 이익만 가져가고 또 총명 강대한 백성을 옮겨다 가두고 주장을 하나니, …(중략)… 관민이 합심하여 정부와 백성의 권리가 절반씩 함께 한 후에야 대한이 억만 년 무강할 줄로 나는 아노라. - 1898. 12. 15.

## 03

정답 ②

| (ㄴ) | 1884년 | 갑신정변 신정부 강령 |
|---|---|---|
| ↓ | | |
| (ㄱ) | 1894년 | 동학 농민 운동 폐정개혁안 |
| ↓ | | |
| (ㄷ) | 1898년 | 독립 협회 헌의6조 |
| ↓ | | |
| (ㄹ) | 1900년~1905년 | 활빈당 대한사민논설 13조목 |

**중요 사료** 혜상공국(1883년 보부상 보호)

국교 확대 초기에 개항장을 중심으로 펼쳐지던 일본 상인의 활동 반경이 점차 내륙으로까지 넓어지자, 정부와 상인·민인들은 이를 심각히 우려하였다. 또한 국내 교역에서는 관리와 토호의 수탈로 말미암아 행상들이 입는 피해가 극심하였다. 이에 따라 조선 정부는 서구 근대의 회사 조직을 본떠 보부상 조직을 설립하고 이름을 혜상공국(이)라 하였다.

## 04

정답 ③

| ㉡ | 1884 | 갑신정변 신정부 강령 |
|---|---|---|
| ↓ | | |
| ㉣ | 1894 | 동학 농민 운동 폐정개혁안 |
| ↓ | | |
| ㉠ | 1895 | 홍범 14조 |
| ↓ | | |
| ㉢ | 1898 | 독립 협회 헌의 6조 |

# THEME 100 위정척사

## 01

2019년 서울시 9급(6월)

**위정척사 운동에 대한 설명으로 가장 옳지 않은 것은?**

① 최익현은 왜양일체론을 내세우며 개항 반대 운동을 전개하였다.

② 이항로는 척화주전론을 주장하며 통상 반대 운동을 전개하였다.

③ 기정진 등 영남 유생들이 만인소를 올려 『조선책략』을 들여온 김홍집의 처벌을 요구하였다.

④ 홍재학은 주화매국의 신료를 처벌하고 서양물품과 서양 서적을 불태울 것을 주장하였다.

## 02

2015년 법원직 9급

**위정척사 운동을 다음 표와 같이 정리할 때, (가)~(라)에 들어갈 인물과 활동 내용이 맞는 것은?**

| 1860년대 | | 1870년대 | | 1880년대 | | 1890년대 |
|---|---|---|---|---|---|---|
| (가) | → | (나) | → | (다) | → | (라) |
| 통상 반대 운동 | | 개항 반대 운동 | | 개화 반대 운동 | | 항일 의병 운동 |

① (가): 최익현 - 일본의 세력 확대에 맞서 척화주전론을 주장하였다.

② (나): 이항로 - 미국 및 러시아와의 수교를 모두 반대하는 상소를 올렸다.

③ (다): 이만손 - 조선책략의 유포에 반대하고 영남 만인소를 올렸다.

④ (라): 신돌석 - 평민 의병장으로서 일월산을 근거로 유격전을 펼쳤다.

## 03

2024년 국가직 9급

**다음 자료에 대한 설명으로 옳은 것은?**

> 조선이라는 땅덩어리는 실로 아시아의 요충을 차지하고 있어 그 형세가 반드시 다툼을 불러올 것이다. 조선이 위태로우면 중동(中東)의 형세도 위급해진다. 따라서 러시아가 강토를 공략하려 한다면 반드시 조선이 첫 번째 대상이 될 것이다. …(중략)… 러시아를 막을 수 있는 조선의 책략은 무엇인가? 오직 중국과 친하며, 일본과 맺고, 미국과 연합함으로써 자강을 도모하는 길뿐이다.

① 강화도 조약 체결 이전 조선에 널리 퍼졌다.

② 흥선대원군이 척화비를 세우는 계기가 되었다.

③ 이만손 등 영남 유생들의 반발을 불러일으켰다.

④ 청에 영선사로 파견된 김윤식에 의해 소개되었다.

# 문제 풀이

## 01

정답 ③

③ X: 기정진은 1860년대 '양물금단론'을 통해 서양과의 통상을 반대하였다. 1880년대 이만손이 영남 만인소를 통해 『조선책략』의 유포와 정부의 개화 정책의 추진에 반발하였다.

**오답 분석**

① O: 최익현은 1870년대 일본의 강화도 조약 요구에 개항불가론, 왜양일체론, 오불가소 등을 내세우며 이를 반대하였다.

② O: 이항로는 1860년대 서양의 통상 요구에 『화서아언』에서 척화주전론과 내수외양을 강조하였으며, 흥선대원군의 통상 수교 거부 정책을 지지하였다.

④ O: 1880년대 홍재학은 만언척사소에서 정부의 개화 정책 추진을 반대하다가 능지처참 당하였다.

**중요 사료** 오불가소(왜양일체론)

> 일단 강화를 맺고 나면 적들이 욕심 내는 것은 물화(物貨)를 교역하는 데에 있습니다. 저들의 물화는 대부분 지나치게 사치스럽고 기이한 노리개로, 손으로 만든 것이어서 한정이 없습니다. …(중략)… 저들이 비록 왜인이라고 하나 실은 양적(洋賊)이옵니다. …(중략)… 강화가 한번 이루어지면 사학(邪學)의 서책과 천주(天主)의 초상이 교역하는 속에 뒤섞여 들어오게 되고, 조금 지나면 선교사가 전수하여 사학이 온 나라에 퍼지게 될 것입니다. …(중략)… 강화가 이루어진 뒤에는 저들이 육지로 올라와 서로 왕래하고 혹은 집을 짓고 강토에서 살려고 할 것인데, 우리가 이미 강화하였으므로 거절할 말이 없습니다. 거절할 수 없어서 내버려 두면 재물이나 비단과 부녀자들을 힘으로 빼앗거나 겁을 주어 취하는 등의 일을 마음대로 할 것이니, 누가 그것을 막을 수 있겠습니까?

**½한국사 고득점 TIP** 최익현

- 이항로의 제자로 화서학파
- 흥선대원군의 서원 철폐에 반발
- 1873년 대원군 탄핵 상소를 올림
- 1876년 강화도 조약에 반발하여 오불가소, 왜양일체론 주장
- 1895년 을미개혁 때 단발령에도 반발
- 1905년 을사늑약: 제자 임병찬과 태인에서 의병을 일으킴
- 1906년 대마도에서 순국

## 02

정답 ③

③ O: (다) 시기에 이만손이 『조선책략』의 유포에 반대하고 영남 만인소를 올렸다.

**오답 분석**

① X: (가) 시기 최익현이 아니라 이항로가 『화서아언』에서 서양 세력 확대에 맞서 척화주전론을 주장하였다.

② X: (나) 시기에는 최익현이 일본과 강화도 조약을 반대하는 오불가소, 왜양일체론을 올렸고, 이항로는 (가) 시기에 척화주전론을 주장하였다.

④ X: (라) 시기의 의병은 을미의병으로 유인석, 기우만, 이소응 등이 단발령 등에 반발하여 의병을 일으켰다. 반면 신돌석 등의 평민 의병장은 1905년 을사의병부터 등장하였다.

**중요 사료** 이만손의 영남 만인소

> (중국)은(는) 우리가 신하로서 섬기는 나라로, 신의를 지켜 속방이 되어 온 지 2백 년이 되었습니다. 이제 무엇을 더 친할 것이 있겠습니까? …(중략)… (일본)은(는) 우리에게 매여 있던 나라입니다. 3포 왜란이나 임진왜란 때의 숙원이 아직 풀리지 않고 있는데, 만일 그들이 우리가 허술한 것을 알고 공격하면 장차 이를 어떻게 막겠습니까? …(중략)… (미국)은(는) 우리가 본래 모르던 나라입니다. 돌연히 타인의 권유로 불러 들였다가 그들이 우리의 허점을 보고 어려운 청을 강요하면 장차 이에 어떻게 대응할 것입니까? …(중략)… (러시아)은(는) 본래 우리와는 싫어하고 미워할 처지에 있지 않은 나라입니다. 공연히 타인의 말만 믿고 틈이 생기면 우리의 체통이 손상되게 됩니다. 또, 이를 빌미로 저들이 군사로 침략해 온다면 장차 이를 어떻게 막을 것입니까?
>
> – 이만손 외 만인소, 『일성록』, 1881

## 03

정답 ③

제시된 사료에서 러시아를 막을 수 있는 조선의 책략은 중국과 친하며, 일본과 맺고, 미국과 연합함으로써 자강을 도모하는 길뿐이라는 내용을 통해 『조선책략』의 내용임을 알 수 있다. 『조선책략』은 일본 주재 청나라 공사관의 외교관인 황준헌(황쭌셴)이 저술한 것으로, 러시아의 남하정책에 대비하기 위한 조선, 일본, 청 등 동양 3국의 외교 정책에 대한 내용을 담고 있다.

③ O: 『조선책략』이 국내에 소개되자 이만손 등 영남 유생들은 정부의 개화 정책에 반발하고, 김홍집의 처벌을 요구하며 영남 만인소를 올려 개화 반대 운동을 전개하였다.

**오답 분석**

①, ④ X: 『조선책략』은 강화도 조약 체결(1876) 이후인 1880년에 일본에 2차 수신사로 파견되었던 김홍집에 의해 소개되어 조선에 널리 퍼지게 되었다.

② X: 흥선 대원군이 척화비를 세우는 계기가 된 것은 신미양요로, 『조선책략』과는 관련이 없다. 흥선 대원군은 신미양요 직후 서양 세력에 대한 척화 의지를 표명하는 척화비를 전국 여러 곳에 세우도록 하였다.

**½한국사 고득점 TIP** 척화비

- 건립: 1871년 신미양요를 계기로 전국에 건립
- 내용: 양이침범, 비전즉화, 주화매국 ~~ 병인작 신미립

# THEME 101 애국 계몽 운동

## 01
2017년 하반기 지방직 9급

(가), (나) 시기에 있었던 사실에 대한 설명으로 옳은 것은?

> 러·일 전쟁 발발 → (가) → 고종 강제 퇴위 → (나) → 대동 단결 선언 발표

① (가) - 독립 협회가 개최한 관민 공동회에서 헌의 6조가 결의되었다.
② (가) - 독도를 울릉군 관할로 한다는 내용의 대한 제국 칙령 제41호가 공포되었다.
③ (나) - 일제가 '105인 사건'을 일으켜 윤치호 등을 체포하였다.
④ (나) - 일본인 메가타가 재정 고문으로 부임하여 화폐 정리 사업을 시작하였다.

## 02
2010년 법원직 9급

다음 자료의 주장을 뒷받침할 수 있는 내용으로 옳은 것은?

> 오호라, 어떻게 하면 우리 이천만의 귀에 항상 애국이란 한 글자가 울리게 할까. 가로되 오직 역사로써 할지니라. 오호라, 어떻게 하면 우리 이천만의 눈에 항상 나라라는 한 글자가 배회하게 할까. 가로되 오직 역사로써 할지니라.
> - 신채호

> (ㄱ) 이병도, 손진태에 의해 '진단 학회'가 창립되었다.
> (ㄴ) 『월남망국사』와 같은 외국의 망국사를 번역하였다.
> (ㄷ) '조선사 편수회'에서 『조선사』를 편찬하였다.
> (ㄹ) 『을지문덕전』과 같은 영웅들의 전기가 저술되었다.

① (ㄱ), (ㄴ)　② (ㄴ), (ㄷ)
③ (ㄴ), (ㄹ)　④ (ㄷ), (ㄹ)

## 03
2015년 지방직 9급

다음 취지서를 발표한 단체의 활동에 대한 설명으로 옳은 것은?

> 무릇 나라의 독립은 오직 자강(自强)의 여하에 달려 있는 것이다. …(중략)… 그러나 자강의 방도를 강구하려 할 것 같으면 다른 곳에 있지 않고 교육을 진작하고 산업을 일으키는 데 있으니 무릇 교육이 일어나지 않으면 민지(民智)가 열리지 않고 산업이 일어나지 않으면 국부가 증가하지 못하는 것이다. 교육과 산업의 발달이 곧 자강의 방도임을 알 수 있는 것이다.

① 만민 공동회를 개최하여 러시아의 침략 정책을 강력하게 규탄하였다.
② 고종의 강제 퇴위 반대 운동을 전개하다가 일본의 탄압으로 해산되었다.
③ 방직, 고무, 메리야스 공장을 육성하여 경제 자립을 이루자는 운동을 전개하였다.
④ 일본의 황무지 개간에 대한 대중적인 반대 운동을 일으켜 이를 철회시키는 데 성공하였다.

## 04
2011년 법원직 9급

(가), (나)에 대한 설명으로 옳지 않은 것은?

> (가) 헌정 연구회를 모체로 설립된 단체로 독립을 위해 '자강(自强)'을 주장하였다. 자강의 방법으로는 교육을 진작하고 산업을 일으켜 흥하게 하는 것이라 강조하였으며, 전국 각지에 지회를 설치하고 월보의 간행과 강연회를 개최하였다.
> (나) 안창호, 양기탁 등이 중심이 되어 회원 800여 명이 참여하여 결성된 단체로 평양에 대성 학교와 정주에 오산 학교를 세워 민족 교육을 실시하였다. 또한 평양에 자기 회사를 운영하여 민족 자본 육성에도 힘썼다.

① (가): 정미 7조약 체결에 반대하는 투쟁을 전개하였다.
② (가): 일제의 통감부 설치를 반대하기 위해 설립되었다.
③ (나): 공화정체의 근대 국민 국가 건설을 위해 노력하였다.
④ (나): 국내에서 전개된 계몽 운동의 한계를 극복하는 데 기여하였다.

## 문제 풀이

### 01

정답 ③

| | ① 1898년 독립 협회의 관민 공동회: 헌의 6조 결의<br>② 1900년 칙령 41호 반포: 울도군 설치 | |
|---|---|---|
| 1904년 2월 | 러·일 전쟁의 발발 | 일본의 선제공격 |
| ↓(가) | ④ 1905년 화폐 정리 사업: 메가타 주도 | |
| 1907년 7월 | 고종 강제 퇴위 | 순종 즉위, 융희 |
| ↓(나) | ③ 1911년 105인 사건으로 신민회 해산 | |
| 1917년 | 대동 단결 선언 | 임시정부 수립 주장<br>공화주의 |

**½한국사 고득점 TIP 대동 단결 선언**

- 발표: 1917년 상하이에서 신규식 등이 발표
- 목표: 공화주의 임시정부의 수립에 관한 민족 대회의의 소집을 제의

### 02

정답 ③

제시된 사료는 역사 연구를 통해 애국심을 고취하고자 하는 주장을 담고 있다. 을사늑약을 전후로 일본의 침략이 노골적으로 이루어지자 우리 민족과 국가를 지키자는 애국 계몽 운동이 일어났다. 애국 계몽 운동은 국민들의 애국심을 깨우치자는 운동으로 언론, 출판, 단체, 교육, 경제 등 다양한 분야에서 일어났다. 신채호도 계몽사학을 강조하며 역사연구를 통해 국민들에게 애국심을 고취하려 하였다.

**(ㄴ) O: 현채는 역사 교육 교과서인 『유년필독』을 저술하고 『월남망국사』를 번역하였으며, 조선 광문회의 편집원으로 고전을 간행·보급하였다.**

**(ㄹ) O: 민족주의 사학자인 신채호는 『을지문덕전』, 『이순신전』, 『동국거걸최도통전』 등의 영웅 전기를 저술하여 우리 역사에 대한 애국심을 고취시켰다.**

**오답 분석**

(ㄱ) X: 1934년 이병도와 손진태가 조직한 진단 학회는 문헌 고증의 방법을 통해 한국사를 실증적으로 연구한 단체이다. 객관적 연구를 바탕으로 역사학을 발달시켰으나 독립운동에는 소극적이었다.

(ㄷ) X: 1925년 조직된 조선사 편수회는 우리의 역사를 왜곡하기 위해 조직된 일본의 역사 연구 단체이며, 이 단체에서 우리 역사를 왜곡한 『조선사』라는 책을 편찬하였다.

**½한국사 고득점 TIP 진단학회**

- 설립: 1934년 이병도와 손진태 등이 주도
- 목적: 한국 및 인근 지역 문화의 독자적인 연구풍토 구축이 목표
- 활동: 랑케의 실증사학을 토대로 객관적인 역사 연구
- 한계
  - 일부는 일제의 식민사관과 관변적 학풍을 탈피하지 못함
  - 독립운동에 소극적이어서 비판을 받음

### 03

정답 ②

제시된 사료는 1906년 조직된 대한 자강회 월보 중 일부이다.

**② O: 대한 자강회는 고종의 강제 퇴위 반대 운동을 전개하다가 일본의 탄압으로 1907년 해산되었다.**

**오답 분석**

① X: 대한 자강회가 아니라 1898년 독립 협회가 만민 공동회를 개최하여 러시아의 침략 정책을 강력하게 규탄하였다.

③ X: 1920년 평양에서 조만식이 방직, 고무, 메리야스 공장 등의 육성을 통한 경제 자립을 이루자는 물산 장려 운동을 전개하였다.

④ X: 1904년 러·일 전쟁 당시 일본이 황무지 개간권을 요구하자 대한 자강회가 아니라 보안회가 이를 철회시키는 데 성공하였다.

**½한국사 고득점 TIP 대한 자강회**

- 설립: 1906년 4월 헌정 연구회를 계승하여 설립
- 해산: 1907년 8월 일본 통감부에 의해 해산
- 목표: 국권회복과 입헌군주제의 정치 개혁
- 활동
  - 전국에 25개 지회 설립, 대한 자강회 월보 간행
  - 고종의 강제 퇴위 반대 운동 전개
  - 정미 7조약 때 제정된 악법 시행 반대 투쟁 등

### 04

정답 ②

제시된 자료의 (가)는 대한 자강회이고, (나)는 신민회이다.

**② X: (가) 대한 자강회는 일제의 통감부 설치를 반대하기 위해 설립되었던 것이 아니라 대한 자강회 조직 이전에 이미 통감부는 설치되어 있었다. 1906년 2월 통감부가 설치되었고, 1906년 4월 대한 자강회가 설립되었다.**

**오답 분석**

① O: 대한 자강회는 정미 7조약(한·일 신협약)에 반대한 투쟁을 전개하였다.

③ O: 신민회는 공화정체의 근대 국민 국가 건설을 위해 노력하였다.

④ O: 신민회는 국내에서 전개된 계몽 운동의 한계를 극복하는 데 기여하였다.

**½한국사 고득점 TIP 대한 자강회와 신민회 비교**

| 단체 | 대한 자강회 | 신민회 |
|---|---|---|
| 설립 | 1906년 | 1907년 |
| 해산 | 1907년 | 1911년(105인 사건) |
| 목표 | 국권회복 | 국권회복 |
| 정치 | 입헌군주제 | 공화주의 |
| 활동 | • 일진회 비판<br>• 25개 지회 설립, 월보 간행<br>• 고종의 강제 퇴위 반대운동 전개 등 | • 태극서관, 자기회사 설립<br>• 대성학교, 오산학교 설립<br>• 남만주에 경학사 설립 등 |

## 05

2016년 교육행정직

**밑줄 친 '비밀 결사'의 활동으로 옳은 것은?**

> 피고 유동열은 윤치호, 안창호 등과 함께 국권 회복 후 공화 정치를 수립하기로 했다. 그들은 목적을 달성하고자 비밀 결사를 조직하고 그 단체가 뽑은 조선 13도의 대표가 되었다. 피고는 이 단체에 속한 주요 인물과 모의하여 총독이 압록강 철교 개통식에 참석할 때 그를 암살하기로 계획했다. 피고는 이 사실을 극구 부인하고 있지만, 우리는 그가 유죄라고 생각한다.
>
> - 조선 총독부 경무총감부

① 국한문 혼용체의 황성신문을 발행하였다.
② 13도 창의군을 조직해 서울 진공 작전을 펼쳤다.
③ 평양과 대구 등의 지역에 태극 서관을 설립하였다.
④ 일제의 황무지 개척권 요구에 반대하는 운동을 전개하였다.

## 06

2020년 법원직 9급

**(가)에 대한 설명으로 가장 옳은 것은?**

> (가) 의 목적은 한국의 부패한 사상과 습관을 혁신하여 국민을 유신케 하며, 쇠퇴한 발육과 산업을 개량하여 사업을 유신케 하며, 유신한 국민이 통일 연합하여 유신한 자유 문명국을 성립케 한다고 말하는 것으로서, 그 깊은 뜻은 열국 보호 하에 공화정체의 독립국으로 함에 목적이 있다고 함.
>
> - 일본 헌병대 기밀 보고(1908)

① 해외 독립 운동 기지 건설에 앞장섰다.
② 고종이 퇴위 당하자 의병 투쟁에 앞장섰다.
③ 입헌 군주제 수립을 목표로 활동하였다.
④ 5적 암살단을 조직하였다.

## 07

2015년 국회직 9급

**(가) 시기에 일어났던 사건으로 옳은 것은?**

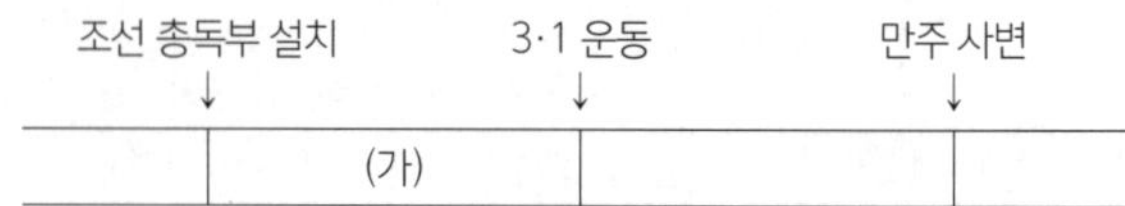


① 105인 사건으로 비밀 결사 단체가 해체되었다.
② 경제적 독립을 이룩하기 위해 국채 보상 운동이 일어났다.
③ 만주 하얼빈 역에서 안중근이 이토 히로부미를 처단하였다.
④ 홍범도가 이끄는 대한 독립군 등이 봉오동에서 승리를 거두었다.
⑤ 내선일체, 황국 신민화 등이 제창되어 우리말과 글을 사용할 수 없게 되었다.

## 08

2011년 서울시 9급

**다음 자료는 어떤 애국 계몽 운동 단체의 취지문이다. 이 단체의 활동으로 가장 옳은 것은?**

> "… 무릇 우리 대한인은 내외를 막론하고 통일연합으로써 그 진로를 정하고 독립자유로써 그 목적을 세움이니, 이것이 원하는 바이며 품어 생각하는 것이다. 간단히 말하면 오직 신정신을 불러 깨우쳐서 신단체를 조직한 후에 신국가를 건설할 뿐이다. …"

① 이 단체는 1904년 농광회사를 설립하여 일제의 황무지 개간 요구를 철회시켰다.
② 고종 강제 퇴위 반대 운동을 전개하고 정미 7조약에 반대하다 통감부에 의해서 강제로 해산되었다
③ 이 단체는 메가다가 주도한 화폐 정리 사업에 반대하는 활동을 하기도 하였다.
④ 사회주의와 연합하여 기회주의, 타협적 민족주의를 비판하였다.
⑤ 국권 회복과 최초로 공화정의 수립을 주장하였다.

# 문제 풀이

## 05

정답 ③

제시된 사료의 밑줄 친 '비밀 결사'는 신민회이다.

**③ O: 신민회는 평양과 대구 등의 지역에 태극 서관을 설립하였다.**

**오답 분석**

① X: 신민회가 아니라 독립 협회의 남궁억이 1898년 국한문 혼용체의 황성신문을 발행하였다. 신민회의 기관지는 대한매일신보였다.

② X: 정미의병 당시 1907년 12월 이인영과 허위 등이 13도 창의군을 조직해 1908년 1월 서울 진공 작전을 펼쳤다.

④ X: 신민회가 아니라 보안회가 일제의 황무지 개척권 요구에 반대하는 운동을 전개하였다.

**½한국사 고득점 TIP 신민회**

- 조직: 1907년 안창호, 양기탁, 신채호 등이 조직
- 목표: 국권회복과 공화정 수립을 목표로 한 비밀조직
- 활동
  - 대성 학교, 오산 학교 등을 설립, 태극 서관과 자기회사 설립
  - 이회영 등이 남만주 삼원보에 경학사 등을 조직
  - 해외 독립군 기지 건설
  - 대한매일신보가 신민회 기관지 역할
- 해산: 1911년 105인 사건을 계기로 해산
- 1913년 안창호는 미국의 샌프란시스코에 흥사단 조직

## 06

정답 ①

제시된 사료의 (가)는 1907년 조직된 신민회이다. '한국의 부패한 사상과 습관을 혁신하여 국민을 유신케 하며' 에서 신민(국민을 새롭게한다)의 의미를 알 수 있고, 마지막 공화정체를 목표로 한다에서 신민회임을 알 수 있다.

**① O: 신민회는 해외 독립 운동 기지 건설에 앞장섰다.**

**오답 분석**

② X: 1907년 고종이 퇴위당하자 정미 의병이 일어났고, 이인영과 허위 등이 중심이 되어 13도 창의군이 결성되었다.

③ X: 신민회는 입헌 군주제가 아니라 최초로 공화정 수립을 목표로 활동하였다.

④ X: 신민회가 아니라 을사늑약 이후 1907년 나철과 오기호가 자신회라는 5적 암살단을 조직하였다.

**½한국사 고득점 TIP 신민회의 해외 독립 운동 기지 건설**

신민회는 독립군 양성을 위해 해외에 많은 독립군 기지를 건설하였다. 남만주 지역에서 이회영 형제와 이상룡 등의 주도로 삼원보에 경학사를 설립하였고, 밀산부 한흥동에 독립군 기지를 건설하였다. 또한, 남만주 삼원보에 신흥 강습소, 신흥 무관 학교 등을 설립하였다.

## 07

정답 ①

| | | |
|---|---|---|
| | ② 1907년 대구에서 국채 보상 운동 시작 | |
| | ③ 1909년 안중근 의사가 하얼빈에서 이토 사살 | |
| 1910년 10월 | 조선 총독부 설치 | |
| ↓ (가) | ① 1911년 105인 사건으로 신민회 해산 | |
| 1919년 3월 1일 | 3·1 운동 | |
| ↓ | ④ 1920년 6월 봉오동 전투 | |
| 1931년 | 만주 사변 | 노구교 사건, 만보산 사건 |
| | ⑤ 1938년 국가 총동원령 발표<br>- 황국신민화 교육: 우리말, 역사 금지<br>- 1938년 3차 조선 교육령<br>- 1943년 4차 조선 교육령 | |

## 08

정답 ⑤

제시된 사료는 1907년 조직된 신민회의 창립 강령이다. '신정신, 신단체, 신국가 건설'을 목표로 한 단체는 신민회임을 알 수 있다.

**⑤ O: 신민회가 국권 회복과 최초로 공화정의 수립을 주장하였다.**

**오답 분석**

① X: 농광회사는 일제의 황무지 개간 요구에 대응하기 위하여 1904년에 설립된 회사로, 신민회와는 관련이 없다.

② X: 신민회가 아니라 대한자강회가 고종 강제 퇴위 반대 운동을 전개하고 정미 7조약에 반대하다 통감부에 의해서 강제로 해산되었다

③ X: 신민회는 1907년 조직되었고, 메가다가 주도한 화폐 정리 사업은 1905년 시작되어 신민회가 반발할 수 없었다.

④ X: 1927년 조직된 신간회가 사회주의와 연합하여 기회주의, 타협적 민족주의를 비판하였다.

**½한국사 고득점 TIP 신민회 4대 강령**

1. 국민에게 민족의식과 독립 사상 고취
2. 동지를 발견하고 단합하여 국민운동 역량 축적
3. 상공업 기관 건설로 국민의 부력(富力) 증진
4. 교육 기관 설립으로 청소년 교육 진흥

# THEME 102 항일 의병 운동

## 01

2017년 국가직 9급

**다음 조칙이 발표된 이후의 상황에 대한 설명으로 옳은 것만을 <보기>에서 모두 고른 것은?**

> ≪관보≫ 호외
> 짐이 생각건대 쓸데없는 비용을 절약하여 이용후생에 응용함이 급무라. 현재 군대는 용병으로서 상하의 일치와 국가 안전을 지키는 방위에 부족한지라. 훗날 징병법을 발표하여 공고한 병력을 구비할 때까지 황실 시위에 필요한 자를 빼고 모두 일시에 해산하노라.

**보기**

(ㄱ) 신돌석과 같은 평민 출신의 의병장이 처음으로 등장하였다.
(ㄴ) 단발령의 실시로 위정척사 사상에 바탕을 둔 의병 운동이 시작되었다.
(ㄷ) 연합 의병 부대인 13도 창의군이 결성되어 서울 진공 작전을 계획하였다.
(ㄹ) 일본군의 '남한 대토벌 작전'으로 의병 부대의 근거지가 초토화되었다.

① (ㄱ), (ㄴ) ② (ㄱ), (ㄹ)
③ (ㄴ), (ㄷ) ④ (ㄷ), (ㄹ)

## 02

2007년 국가직 9급

**다음은 항일 의병 운동의 시기별 특징을 설명한 것이다. (나) 시기에 일어난 역사적 사실이 아닌 것은?**

> (가) 존왕양이를 내세우며 지방 관아를 습격하여 단발을 강요하는 친일 수령들을 처단하였다.
> (나) 일본의 외교권 박탈을 계기로 국권 회복을 위한 무장 항전을 전개하였다.
> (다) 유생과 군인, 농민, 광부 등 각계각층을 포함하여 전력이 향상된 의병은 일본군과 직접 전투를 벌였다.

① 민종식은 1천여 의병을 이끌고 홍주성을 점령하였다.
② 평민 출신 의병장 신돌석이 처음으로 등장하여 강원도와 경상도의 접경지대에서 크게 활약하였다.
③ 의병 지도자들은 서울 진공 작전을 시도하여 경기도 양주에서 13도 창의군을 결성하였다.
④ 최익현은 정부 진위대와의 전투에 임해서 스스로 부대를 해산시키고 체포당하였다.

## 03

2021년 법원직 9급

**자료의 의병에 대한 설명으로 옳은 것을 <보기>에서 모두 고른 것은?**

> 군사장은 미리 군비를 신속히 정돈하여 철통과 같이 함에 한 방울의 물도 샐 틈이 없는지라. 이에 전군에 명령을 전하여 일제히 진군을 재촉하여 동대문 밖으로 진격할 때, 대군은 긴 뱀의 형세로 천천히 전진하게 하고, …… 3백 명을 인솔하고 선두에 서서 동대문 밖 삼십 리 되는 곳에 나아가 전군이 모이기를 기다려 일거에 서울로 공격하여 들어가기로 계획하더니, 전군이 모이는 시기가 어긋나고 일본군이 갑자기 진격해 오는지라. 여러 시간을 격렬히 사격하다가 후원군이 이르지 않아 할 수 없이 퇴진하였다.

**보기**

(ㄱ) 고종이 해산 권고 조칙을 내리자 대부분 해산하였다.
(ㄴ) 13도 창의군을 결성하여 서울 진공 작전을 시도하였다.
(ㄷ) 각국 영사관에 교전 단체로 인정해 줄 것을 요구하였다.
(ㄹ) 의병 잔여 세력이 활빈당 등의 무장 결사를 조직하였다.

① (ㄱ), (ㄴ) ② (ㄱ), (ㄹ)
③ (ㄴ), (ㄷ) ④ (ㄷ), (ㄹ)

## 04

2024년 국가직 9급

**(가)~(라)를 시기순으로 바르게 나열한 것은?**

> (가) 13도 창의군이 결성되었다.
> (나) 지방군은 10정으로 조직하였다.
> (다) 친위 부대인 장용영을 설치하였다.
> (라) 중앙군은 2군 6위제로 운영하였다.

① (나) → (라) → (가) → (다)
② (나) → (라) → (다) → (가)
③ (라) → (나) → (가) → (다)
④ (라) → (나) → (다) → (가)

## 문제 풀이

### 01

정답 ④

제시된 사료는 1907년 대한 제국군 해산 조직의 내용 중 일부이다. '훗날 징병법을 발표하여 공고한 병력을 구비할 때까지 황실시위에 필요한 자를 빼고 모두 일시에 해산하노라.'를 통해 1907년 정미 7조약 때의 군대해산에 대한 설명임을 알 수 있다.

(ㄴ) 1895년 을미개혁: 단발령 실시 → 을미의병
(ㄱ) 1905년 을사의병: 평민의병장 등장, 신돌석 등

| 1907년 7월 | 군대 해산 조직 반포 | |
|---|---|---|

(ㄷ) 1907년 12월 13도 창의군 → 서울 진공 작전
(ㄹ) 1909년 남한 대토벌 작전: 일본의 의병 탄압

**½한국사 고득점 TIP 정미의병**

- 1907년 고종의 강제 퇴위와 군대 해산에 반발
- 의병전쟁화 → 교전 단체로 승인해 줄 것 요청
- 13도 창의군: 1907년 12월, 전국적 의병 연합 조직
  - 13도 창의대진소가 설치
  - 총대장 이인영, 군사장 허위
  - 평민 의병장의 부대인 신돌석과 홍범도의 부대는 참여 X
- 1908년 1월 서울 진공 작전: 총대장 이인영, 군사장 허위
  - 이인영은 부친상을 당해 귀향
  - 허위가 이끄는 선발 부대는 동대문 인근까지 진출
  - 일본군의 공격으로 실패

### 02

정답 ③

(나) 시기의 의병은 1905년의 을사의병에 대한 설명이다.

③ X: 을사의병이 아니라 정미의병 당시 의병 지도자들은 서울 진공 작전을 시도하여 경기도 양주에서 13도 창의군을 결성하였다.

**오답 분석**

① O: 을사의병 때 민종식은 충청도를 중심으로 의병 활동을 전개하였고, 1천여 명의 의병을 이끌고 홍주성을 점령하여 일본군에 대항하였다.

② O: 을사의병 때 평민 의병장 신돌석은 경상도 일월산 등 동해안을 중심으로 3천여 명의 의병을 이끌고 활동하였으며, 정미의병 때도 활동하였다.

④ O: 을사의병 때 최익현은 전라도 태인에서 제자 임병찬과 함께 의병을 일으켰으며, 관군과의 싸움에서 스스로 포로가 되어 쓰시마 섬에서 순국하였다.

**중요 사료 을사의병 당시 최익현의 격문**

오호라. 작년 10월에 저들이 한 행위는 만고에 일찍이 없던 일로서, 한 조각의 종이에 강제로 조인하게 하여 5백 년 전해오던 종묘사직이 마침내 하룻밤 사이에 망했으니 …(중략)… 우리 의병군사의 올바름을 믿고, 적의 강대함을 두려워하지 말자. 이에 격문을 돌리니 다 함께 일어나라.

### 03

정답 ③

제시된 사료의 의병은 1907년 정미의병이다. '서울로 공격하여 들어가기로 계획했다'에서 정미의병 당시 1907년 12월 조직된 13도 창의군의 서울 진공 작전(1908년 1월)임을 알 수 있다.

(ㄴ) O: 정미의병 당시 전국적인 의병 연합조직인 13도 창의군을 결성하여 1908년 1월 서울 진공 작전을 시도하였다.

(ㄷ) O: 정미의병은 해산된 군인들이 참여하면서 각국 영사관에 교전 단체로 인정해 줄 것을 요구하였다.

**오답 분석**

(ㄱ) X: 정미의병이 아니라 1895년 을미의병 당시 고종이 해산 권고 조칙을 내리자 의병부대들이 대부분 해산하였다.

(ㄹ) X: 정미의병이 아니라 1895년 을미의병 이후 의병 잔여 세력이 활빈당(1900년~1905년) 등의 무장 결사를 조직하였다.

**중요 사료 정미의병**

<해외 동포에게 드리는 격문>

동포들이여! 우리는 함께 뭉쳐 우리의 조국을 위해 헌신하여 우리의 독립을 되찾아야 한다. 우리는 야만 일본 제국의 잘못과 광란에 대해서 전 세계에 호소해야 한다. 간교하고 잔인한 일본 제국주의자들은 인류의 적이요, 진보의 적이다. 우리는 모두 일본놈들과 그들의 첩자, 그들의 동맹인과 야만스런 제국주의 군인을 모조리 죽이는 데 힘을 다해야 한다. - 대한 관동 창의 대장 이인영

### 04

정답 ②

| (나) | 통일 신라 신문왕 | 9서당과 10정 정비 |
|---|---|---|
| ↓ | | |
| (라) | 고려 시대 | 2군 6위 중앙군 정비 |
| ↓ | | |
| (다) | 조선 후기 정조 | 장용영 설치 |
| ↓ | | |
| (가) | 1907년 12월 정미의병 | 13도 창의군 결성 |

**중요 사료 13도 창의군(서울 진공 작전)**

양주에 모여서 각 부서(군제)를 정할 때 이인영은 십삼도 의병 총대장이 되고 허위는 군사장이 되어 전투 계획 수립을 맡았으며 …(중략)… 전군에 명령을 내려서 일제히 진군을 재촉해서 동대문 밖으로 접근하자, 대군은 장사진의 형태로 천천히 나아가고 300명의 병사를 인솔해서 선두에 서서 동대문 바깥 30리까지 이르러서는 전군이 모이기를 기다린 후에야 경성으로 쳐들어가기로 계획하였으나 전군이 집합하기로 정한 때가 어긋나고 일본군이 엄습하였다.

# THEME 103 열강의 경제 침탈과 대응

## 01
2023년 국가직 9급

**(가), (나) 조약 사이의 시기에 있었던 사실로 옳은 것은?**

> (가) 제10관 일본국 인민이 조선국 지정의 각 항구에 머무는 동안에 죄를 범한 것이 조선국 인민에 관계되는 사건일 때에는 일본국 관원이 재판한다.
>
> (나) 제4관 중국 상인이 조선의 양화진 및 한성에 영업소를 개설할 경우를 제외하고, 각종 화물을 내륙으로 운반하여 상점을 차리고 파는 것을 허가하지 않는다. 단, 내륙행상이 필요한 경우 지방관의 허가서를 받아야 한다.

① 개항장에서는 일본 화폐가 통용되었다.
② 러시아가 압록강 유역의 산림 채벌권을 획득하였다.
③ 황국 중앙 총상회가 조직되어 상권 수호 운동을 전개하였다.
④ 함경도의 방곡령에 불복하여 일본 상인이 손해 배상을 요구하였다.

## 02
2021년 국가직 9급

**개항기 무역에 대한 설명으로 옳지 않은 것은?**

① 개항장에서 조선인 객주가 중개 활동을 하였다.
② 조·청 무역장정으로 청국에서의 수입액이 일본을 앞질렀다.
③ 일본 상인은 면제품을 팔고, 쇠가죽·쌀·콩 등을 구입하였다.
④ 조·일 통상장정의 개정으로 곡물 수출이 금지되기도 하였다.

## 03
2019년 서울시 9급(6월)

**<보기>의 밑줄 친 (가) 국가에 대한 설명으로 가장 옳은 것은?**

> **보기**
>
> 정부는 (가) 공사의 서울 부임에 답례할 겸 서구의 근대 문물을 시찰하기 위해 1883년 (가)에 보빙사를 파견하였다. 보빙사의 구성원은 민영익, 홍영식, 서광범 등 11명이었다.

① 삼국 간섭에 참여하였다.
② 용암포를 강제 점령하고 조차를 요구하였다.
③ 거문도를 불법으로 점령하였다.
④ 운산 금광 채굴권을 차지하였나.

## 04
2012년 사회복지직

**다음은 1890년 대일 무역 실태를 보여주는 표이다. 당시의 경제 상황으로 옳지 않은 것은?**

<1890년 대일 수출입 상품의 품목별 비율>

| 수출 상품 | | 수입 상품 | |
|---|---|---|---|
| 품목 | 비율 | 품목 | 비율 |
| 쌀 | 57.4% | 면제품 | 55.6% |
| 콩 | 28.3% | | |
| 기타 | 14.3% | 기타 | 44.4% |
| ※ 자료: 「통상휘찬」 | | | |

① 쌀값이 올랐다.
② 면공업 발전에 타격을 주었다.
③ 지주나 부농의 경제적 형편이 어려워졌다.
④ 지방관의 방곡령 발령을 초래하기도 하였다.

## 05
2018년 서울시 7급

**<보기>는 개항 이후 경제 상황이다. 시간순으로 바르게 나열한 것은?**

> **보기**
>
> (ㄱ) 청 상인들이 내지 통상권을 획득하였다.
> (ㄴ) 일본인 재정 고문이 화폐 정리 사업을 추진하였다.
> (ㄷ) 대한천일은행이 고종의 적극적인 지원하에 설립되었다.
> (ㄹ) 일본 상인들이 개항장 중심의 거류지 무역을 시작하였다.

① (ㄱ) - (ㄴ) - (ㄷ) - (ㄹ)　② (ㄱ) - (ㄷ) - (ㄴ) - (ㄹ)
③ (ㄹ) - (ㄱ) - (ㄷ) - (ㄴ)　④ (ㄹ) - (ㄱ) - (ㄴ) - (ㄷ)

# 문제 풀이

## 01

정답 ①

| (가) | 1876년 | 강화도 조약(치외법권) |
|---|---|---|

① 강화도 조약 이후 개항장에서 일본화폐 사용(조·일 수호 조규 부록)

| (나) | 1882년 | 조·청 상민 수륙 무역 장정(내지통상) |
|---|---|---|

② 1896년 아관파천 이후 러시아가 압록강 산림채벌권 획득

③ 1898년 황국 중앙 총상회(시전상인)

④ 1889년 함경도 방곡령: 조병식

## 02

정답 ②

**② X: 청 상인은 1882년 조·청 상민 수륙 무역 장정으로 내지 통상권을 획득하여 활발하게 활동하였고, 상승세는 청 상인이 일본 상인에 비해 빨랐지만 일본 상인을 청 상인이 앞선 적은 없었다.**

**오답 분석**

① O: 1876년 개항 초기 일본 상인들은 거류지 무역을 하며 개항장 10리내에서 활동하였다. 개항장과 내륙시장을 연결하는 객주, 여각, 보부상들이 중개상인으로 활발하게 활동하였다.

③ O: 일본 상인은 영국산 면제품을 조선에 팔고, 쇠가죽·쌀·콩 등을 조선에서 구입하였다.

④ O: 1883년 조·일 통상 장정의 개정으로 조선은 방곡령을 획득하여 일본으로의 곡물 수출을 금지하기도 하였다. 하지만 1889년과 1890년 방곡령이 일본과 외교 분쟁으로 번져 배상금을 지불하게 되었다.

## 03

정답 ④

제시된 자료의 '보빙사' 등을 통해 밑줄 친 '(가)' 국가가 미국임을 알 수 있다.

**④ O: 미국은 최혜국 대우를 근거로 운산 금광 채굴권, 경인선 철도 부설권(→ 1899년 일본이 완공) 등을 차지하였다.**

**오답 분석**

① X: 삼국 간섭은 1895년 러시아, 프랑스, 독일이 주도하여 일본의 요동반도 반환을 요구한 사건이다.

② X: 1903년 미국이 아니라 러시아가 용암포를 강제 점령하고 조차를 요구하였다.

③ X: 1885년 미국이 아니라 영국이 러시아를 견제하기 위해서 거문도를 불법으로 점령하였다.

**½한국사 고득점 TIP 보빙사**

- 파견: 1883년 미국
- 대표: 민영익, 홍영식, 서광범, 유길준 등 파견
- 활동: 미국 대통령 접견, 근대 시설 시찰
- 귀국 후: 1884년 우정국, 1886년 육영공원 설립에 영향
- 유길준: 미국에 남아 유학, 이후 『서유견문』 저술

## 04

정답 ③

**③ X: 일본으로 쌀 수출이 증가하면서 쌀값이 올라 지주나 부농의 수입이 증가하였다.**

**오답 분석**

① O: 일본으로 쌀 수출이 증가하여 조선에서 쌀값이 올랐다.

② O: 일본에서 품질이 좋은 영국산 면제품 등이 조선에 유입되면서 면공업 발전에 타격을 주었다.

④ O: 일본으로 쌀 유출이 증가하면서 지방관의 방곡령 발령을 초래하기도 하였다.

**½한국사 고득점 TIP 개항 이후 일본의 쌀 반출**

개항 이후 일본은 통상장정을 근거로 1870년대 이후 일본 자국의 면제품을 조선에 수출하였고, 쌀을 수입해갔다. 이로 인해 조선의 면산업이 타격을 받았으며, 조선의 쌀이 일본으로 많이 유출되어 쌀값이 올랐고, 식량을 보호하기 위해서 방곡령 등이 반포되었다.

## 05

정답 ③

| (ㄹ) | 조·일 수호 조규 | 1876년 |
|---|---|---|
| ↓ | | |
| (ㄱ) | 조·청 상민 수륙 무역 장정 | 1882년 |
| ↓ | | |
| (ㄷ) | 대한 천일 은행 | 1899년 |
| ↓ | | |
| (ㄴ) | 화폐 정리 사업 | 1905년 |

## 06

2019년 국가직 9급

**(가), (나) 시기에 있었던 사실로 옳은 것은?**

| | (가) | (나) | |
|---|---|---|---|
| 을미사변 발발 | | 을사조약 강제 체결 | 13도 창의군 서울 진공 작전 전개 |

① (가) - 시전상인을 중심으로 황국 중앙 총상회가 조직되었다.

② (가) - 신민회는 일제가 날조한 105인 사건으로 와해되었다.

③ (나) - 함경도 관찰사 조병식이 곡물 수출을 막는 방곡령을 내렸다.

④ (나) - 일제의 황무지 개간권 요구를 반대하기 위해 보안회가 창설되었다.

## 07

2018년 국가직 9급

**다음은 대한 제국 시기에 설립된 어느 회사에 관한 내용이다. 밑줄 친 '이 회사'에 대한 설명으로 옳은 것은?**

- 이 회사의 고금(股金, 주권)은 액면 50원씩이고, 총 1천만 원을 발행하고, 주당 불입금은 5년간 총 10회 5원씩 나눠서 낸다.
- 이 회사는 국내 진황지 개간, 관개 사무와 산림천택(山林川澤), 식양채벌(殖養採伐) 등의 사무 이외에 금·은·동·철·석유 등의 각종 채굴 사무에 종사한다.

① 종로의 백목전 상인이 주도가 된 직조 회사였다.

② 역둔토나 국유 미간지를 약탈하려는 국책 회사였다.

③ 황무지 개간권 요구에 대응하여 설립된 특허 회사였다.

④ 외국 상인과의 상권 경쟁을 위해 시전 상인이 만든 척식 회사였다.

## 08

2016년 사회복지직

**다음의 경제적 구국 운동에 대한 설명으로 옳은 것은?**

> 남자는 담배를 끊고 부녀자들은 비녀·가락지 등을 팔아서 민족 언론 기관에 다양한 액수의 돈을 보내며 호응하였다. 이는 정부가 일본으로부터 빌린 차관 1,300만 원이라는 액수를 상환하여 경제적 독립을 이룩하기 위한 것이었다.

① 보안회가 주도하였다.

② 총독부의 탄압과 방해로 실패하였다.

③ 대구에서 시작되어 전국적으로 확대되었다.

④ '내 살림 내 것으로', '조선 사람 조선 것' 등의 표어를 내걸었다.

## 09

2019년 국가직 7급

**다음의 정부 조치에 대한 설명으로 옳은 것만을 <보기>에서 모두 고르면?**

> 상태가 매우 좋은 갑종 백동화는 개당 2전 5리의 가격으로 새 돈으로 바꾸어 주고, 상태가 좋지 않은 을종 백동화는 개당 1전의 가격으로 정부에서 사들이며, 팔기를 원치 않는 자에 대해서는 정부가 절단하여 돌려준다. 다만 모양과 질이 조잡하여 화폐로 인정하기 어려운 병종 백동화는 사들이지 않는다. - 탁지부령

**보기**

(ㄱ) 한·일 신협약을 계기로 추진되었다.
(ㄴ) 은화를 발행하여 본위화로 삼고자 하였다.
(ㄷ) 제일 은행권을 교환용 화폐로 사용하였다.
(ㄹ) 필요한 자금을 대느라 거액의 국채가 발생하였다.

① (ㄱ), (ㄴ) ② (ㄱ), (ㄹ)
③ (ㄴ), (ㄷ) ④ (ㄷ), (ㄹ)

# 문제 풀이

## 06

정답 ①

③ 1889년 함경도 방곡령: 조병식

| 1895년 | 을미사변 | 명성황후 시해 |
|---|---|---|
| ↓ (가) | ① 1898년 황국 중앙 총상회: 시전상인, 상권 수호 운동<br>④ 1904년 보안회가 일본의 황무지 개간권 요구 저지 | |
| 1905년 | 을사늑약 | 외교권 박탈, 통감정치 |
| ↓ (나) | | |
| 1908년 | 서울 진공 작전 | 이인영, 허위 → 실패 |
| | ② 1911년 105인 사건으로 신민회 해산 | |

**½한국사 고득점 TIP** 황국 중앙 총상회(1898년, 시전상인)

이 단체는 본격적으로 자신을 수호하는 운동을 벌이기에 앞서 정부로부터의 허가 과정에서 유배에 처해진 회장의 유배 해제를 주장하는 강경한 상소를 올렸다. 정부의 반응이 소극적이자 이 단체는 독립 협회의 민권 운동을 적극 지원하는 것이 그들의 운동에 부합하는 것이라고 생각하였다. 그리하여 이 단체는 독립 협회가 사회 운동의 일환으로 전개한 노륙법과 연좌법의 부활 저지 운동에 적극 참가하였다.

## 07

정답 ③

제시된 자료의 밑줄 친 '이 회사'는 1904년 조직된 농광회사이다. '국내 진황지(황무지)를 개간한다'에서 1904년 일본의 황무지 개간권에 반발하여 세워진 농광회사임을 알 수 있다.

**③ O: 1904년 설립된 농광회사가 황무지 개간권 요구에 대응하여 설립된 특허 회사였다.**

**오답 분석**

① X: 1900년 시전 상인과 관료들의 합작으로 설립된 종로 직조사에 대한 설명이다.

② X: 1908년 설립된 일본의 동양 척식 주식회사에 대한 설명이다.

④ X: 1898년 시전 상인들이 조직한 황국 중앙 총상회에 대한 설명이다.

**½한국사 고득점 TIP** 농광회사

- 설립: 1904년 이도재 등이 설립
- 목적: 일본의 토지 침탈 기도에 맞서 개간 사업을 목적으로 설립

## 08

정답 ③

제시된 자료는 1907년 대구에서 시작된 국채 보상 운동에 대한 설명이다. 1,300만 원의 액수를 상환한다'에서 국채 보상 운동임을 알 수 있다.

**③ O: 국채 보상 운동은 1907년 대구에서 김광제와 서상돈의 주장으로 시작되었고, 서울에서 국채 보상 기성회 등이 조직되면서 전국적으로 확산되었다.**

**오답 분석**

① X: 국채 보상 운동이 아니라 1904년 원세성과 송수만이 중심이 되어 조직된 보안회는 일제의 황무지 개간권 요구를 규탄하여 저지하였다.

② X: 국채 보상 운동은 총독부가 아니라 통감부의 탄압과 방해로 실패하였다.

④ X: 국채 보상 운동이 아니라 1920년 평양에서 조만식을 중심으로 시작된 물산 장려 운동이 '내 살림 내 것으로', '조선 사람 조선 것' 등의 표어를 내걸었다.

**중요 사료** 국채 보상 운동

국채 1,300만 원은 우리 대한의 존망에 관계가 있는 것이다. 갚아 버리면 나라가 존재하고 갚지 못하면 나라가 망하는 것은 대세가 반드시 그렇게 이르는 것이다. 현재 국고에서는 이 국채를 갚아 버리기 어려운즉, 장차 삼천리 강토는 우리나라와 백성의 것이 아닌 것으로 될 위험이 있다. 토지를 한번 잃어버리면 다시 회복하기 어려운 것이다. - 대한매일신보, 1907년 2월 22일

## 09

정답 ④

제시된 사료는 1905년 탁지부의 재정고문 메가타의 주도로 실시된 화폐 정리 사업과 관련된 내용이다.

**(ㄷ) O: 화폐 정리 사업 당시 일본은 제일은행권을 한국의 법정 통화로 지정하였고, 제일은행이 중앙은행의 역할을 담당하였다.**

**(ㄹ) O: 대한 제국은 화폐 정리 사업에 필요한 자금을 대느라 거액의 국채를 발행하였고, 일본에서 차관을 도입하였다.**

**오답 분석**

(ㄱ) X: 한·일 신협약은 정미 7조약으로 1907년 7월 체결되었다. 화폐 정리 사업은 1905년 6월에 시작되었기에, 1907년 7월 체결된 한·일 신협약을 계기로 시작되었다는 지문은 잘못된 지문이다.

(ㄴ) X: 화폐 정리 사업은 은화를 발행하는 것이 아니라 은본위 화폐를 금본위 화폐제도로 바꾸려는 사업이었다.

**½한국사 고득점 TIP** 정미 7조약(한·일 신협약)

- 통감의 내정 간섭 권한 강화
- 차관 정치: 통감이 추천하는 일본인을 한국 관리로 임명 등
- 악법 제정: 보안법, 신문지법, 학회령, 사립학교령, 출판법 등
- 군대 해산: 징병 제도 실시 전까지 군대 해산

# THEME 104 개항 이후 문화의 변화: 교육과 언론 등

## 01

2018년 서울시 9급

근대 교육 기관에 대한 설명으로 가장 옳지 않은 것은?

① 배재 학당: 선교사 아펜젤러가 서울에 설립한 사립 학교이다.
② 동문학: 정부가 설립한 외국어 교육 기관으로 통역관을 양성하였다.
③ 경신 학교: 고종의 교육 입국 조서에 따라 설립된 관립 학교이다.
④ 원산학사: 함경도 덕원 주민들이 기금을 조성하여 설립한 학교이다.

## 02

2017년 법원직 9급

다음 자료의 교육 기관에 대한 설명으로 가장 옳은 것은?

> 문·무관, 유생 중에 어리고 총명한 자 40명을 뽑아 입학시키고 벙커와 길모어 등을 교사로 초빙하여 서양 문자를 가르쳤다. 문관으로로는 김승규와 신대균 등 여러 명이 있고, 유사로는 이만재와 서상훈 등 여러 명이 있었다. 사색당파를 골고루 배정하여 당대 명문 집안에서 선발하였다.
> - 『매천야록』

① 관민이 합심하여 설립하였다.
② 경성 제국 대학으로 계승되었다.
③ 좌원과 우원의 두 반으로 편성되었다.
④ 근대식 사관 양성을 목적으로 하였다.

## 03

2013년 1차 경간부

다음 자료에 대한 설명으로 옳지 않은 것은?

> 세계의 형세를 두루 살펴보건대 부강하고 독립하여 웅시(雄視)하는 모든 나라는 모두 다 그 인민의 지식이 개명하였도다. 이 지식의 개명은 곧 교육의 선미(善美)로 이룩된 것이니, 교육은 실로 국가를 보존하는 근본이라 하리로다. 그러므로 짐은 군사(君師)의 자리에 있어서 교육의 책임을 지노라. 또 교육은 그 길이 있는 것이니 헛된 이름과 실제 소용을 먼저 분별하여야 하리"로다.

① 지·덕·체를 아우르는 교육을 내세웠다.
② 근대적 교육 개혁의 의지를 밝힌 고종의 조서이다.
③ 지배층을 대상으로 실용적 교육의 필요성을 강조했다.
④ 위 글의 취지에 따라 소학교, 한성 사범 학교 등이 설립되었다.

## 04

2011년 국가직 9급

밑줄 친 '이 신문'에 대한 설명으로 옳지 않은 것은?

> 신문으로는 여러 가지 신문이 있었으나, 제일 환영을 받기는 영국인 베델이 경영하는 이 신문이었다. 관 쓴 노인도 사랑방에 앉아서 이 신문을 보면서 혀를 툭툭 차고 각 학교 학생들은 주먹을 치고 통론하였다.
> - 유광열, 『별건곤』

① 국민의 힘으로 국채를 갚아야 한다는 운동을 주도하였다.
② 고종은 을사조약의 부당성을 폭로하는 친서를 발표하였다.
③ 양기탁이 신민회를 조직하면서 신민회의 기관지 역할을 하였다.
④ 찬양회의 여권통문을 발표하고, 시일방성대곡을 처음 발표하였다.

# 문제 풀이

## 01

정답 ③

③ X: 경신 학교는 1886년 미국 장로교에서 설립한 선교 목적의 학교이다.

**오답 분석**

① O: 배재 학당은 1885년 선교사가 세운 최초의 선교 학교였다.

② O: 동문학은 1883년 정부가 설립한 외국어 교육 기관으로 통역관을 양성하였다.

④ O: 원산학사는 1883년 설립된 최초의 근대적 사립 학교로 덕원 부사 정현석이 설립하여 근대적 학문과 무술 교육을 실시하였다.

**1/2한국사 고득점 TIP 선교 목적의 학교**

- 배재 학당: 최초의 선교사 학교
- 배화 학당, 보성 여학교, 숭실 학교, 숭의 여학교, 이화 학당, 경신 학교, 정신 여학교

## 02

정답 ③

제시된 사료의 교육 기관은 1886년 설립된 최초의 근대적 관립 학교인 육영 공원이다. '벙커와 길모어 등의 교사를 초빙하였다'에서 1886년 설립된 육영 공원임을 알 수 있다.

③ O: 육영 공원은 좌원과 우원의 두 반으로 편성되었고 현직관리와 양반자제들이 입학하였다.

**오답 분석**

① X: 육영 공원이 아니라 원산학사(1883년)를 관민이 합심하여 설립하였다.

② X: 경성 제국 대학은 1924년 일제가 우리 민족의 민립 대학 설립 운동을 방해할 목적으로 설립한 학교이다.

④ X: 육영 공원이 아니라 1888년 설립된 연무 공원이 근대식 사관 양성을 목적으로 하였다.

**1/2한국사 고득점 TIP 원산학사**

- 설립: 1883년 덕원부사 정현석이 주민들과 함께 설립
- 의의: 최초의 근대적 사립학교
- 교육: 근대학문과 무술교육까지 실시

## 03

정답 ③

제시된 사료는 교육 입국 조서이다.

③ X: 교육 입국 조서는 지배층을 대상으로 한 실용적 교육이 아니라 지·덕·체를 아우르는 근대적 교육을 익힌 인재들을 키워내는 것을 강조하였다.

**중요 사료 교육 입국 조서**

> 교육은 국가를 보존하는 근본이다. 이제 짐은 정부에 명하여 전국에 학교를 세우고 인재를 길러 새로운 국민의 학식으로써 국가 발전을 이루고자 한다. 그대들 국민은 충군하고 애국하는 마음으로 덕(德)·체(體)·지(智)를 기를지어다. …(중략)… 왕실의 안전이 국민의 교육에 달려 있고, 국가의 부강도 국민의 교육에 달려 있다.
>
> \- 교육 입국 조서(1895)

**1/2한국사 고득점 TIP 교육 입국 조서**

- 반포: 1895년 2차 갑오개혁
- 목적: '지와 덕, 체'를 겸비한 인재 양성
- 결과: 정부가 주도하여 관립 학교 설립
  - 1895년 한성 사범 학교, 외국어 학교, 소학교 설립
  - 1900년 한성 중학교

## 04

정답 ④

제시된 사료의 밑줄 친 '이 신문'은 1904년부터 발행된 대한매일신보이다. 영국인 사장 베델이 등장하는 것으로 보아 이 신문은 신민회의 기관지였던 대한매일신보이다.

④ X: 대한매일신보가 아니라 황성신문이 찬양회의 여권통문을 발표하고, 시일야방성대곡을 처음 발표하였다.

**오답 분석**

① O: 대한매일신보는 1907년 진행된 국민의 힘으로 국채를 갚아야 한다는 국채 보상 운동을 주도하였다.

② O: 대한매일신보는 고종의 을사조약의 부당성을 폭로하는 친서(을사늑약부인친서)를 발표하였다.

③ O: 대한매일신보는 양기탁이 신민회를 조직하면서 신민회의 기관지 역할을 하였다.

**1/2한국사 고득점 TIP 대한매일신보**

- 발행: 1904년~1910년 베델과 양기탁
- 형식: 한글판, 영문판, 국한문판의 일간지
- 신민회 기관지, 을사늑약부인친서(고종), 시일야방성대곡(장지연)
- 신채호의 '독사신론'(1908) 연재, 국채 보상 운동 주도 등

## 05

2017년 서울시 사회복지직

다음 지문이 가리키는 신문과 관련된 내용으로 옳은 것은?

> 그러므로 우리 조정에서도 박문국을 설치하고 관리를 두어 외국의 기사를 폭넓게 번역하고 아울러 국내의 일까지 기재하여 국중에 알리는 동시에 열국에까지 널리 알리기로 하고, 이름을 旬報라 하며…

① 우리나라 최초의 신문으로 1883년 창간되었으며, 한문체로 발간된 관보의 성격을 띠었다.

② 최초로 국한문을 혼용하였고, 내용에 따라 한글 혹은 한문만을 쓰기도 하며 독자층을 넓혀 나가고자 하였다.

③ 한글판, 영문판을 따로 출간하여 대중 계몽을 통한 근대화를 촉진하고, 외국인에게 조선의 실정을 제대로 홍보하여 조선이 국제사회에서 완전한 근대적 자주독립국가로 자리 매김하는 것을 목표로 하였다.

④ 국한문 혼용체를 사용한 일간지로 주로 유학자층의 계몽에 앞장섰다.

## 06

2018년 지방직 9급

다음 각 문화재에 대한 설명으로 옳지 않은 것은?

① 화엄사 각황전은 다층식 외형을 지녔다.

② 수덕사 대웅전은 주심포 양식의 건물이다.

③ 부석사 무량수전은 배흘림 기둥을 갖고 있다.

④ 덕수궁 석조전은 서양 고딕 양식의 건물이다.

## 07

2017년 서울시 9급

거문도 사건이 전개된 동안, 당시 사람들이 볼 수 있었던 모습은?

① 당오전을 발행하는 기사

② 한성순보를 배포하는 공무원

③ 서유견문을 출간한 유길준

④ 일본과의 무관세 무역을 항의하는 동래 부민

## 08

2017년 교육행정직

밑줄 친 '그해'에 볼 수 있었던 모습으로 가장 적절한 것은?

> 그는 일본 군대가 대궐에 들어갔다는 말을 듣고, 일본군을 물리치고 그 거류민을 나라 밖으로 몰아낼 마음으로 다시 군사를 일으키고자 하였다. 전주 근처의 삼례역이 땅이 넓고 전라도의 요충지이기에, <u>그해</u> 9월쯤 태인을 출발하여 원평을 지나 삼례역에 이르러 그곳을 기병하는 대도소로 삼았다.

① 전차를 타고 통학하는 학생

② 제중원에서 치료를 받는 환자

③ 독립신문 창간호를 인쇄하는 기사

④ 인천에서 기차를 타고 서울로 가는 상인

# 문제 풀이

## 05

정답 ①

제시된 사료는 1883년부터 발행된 한성순보의 창간사 중 일부이다. 1883년 박문국이 설립되었고, 여기서 한성순보가 발행되었다.

① O: **한성순보는 우리나라 최초의 신문으로 1883년 창간되었으며, 한문체로 발간된 관보의 성격을 띠었다.**

**오답 분석**

② X: 최초로 국한문을 혼용하고, 기사의 내용에 따라 한글 또는 한문만을 사용하여 독자층을 넓혀나가고자 하였던 신문은 한성주보이다.

③ X: 한글판과 영문판을 따로 출간하여 개화 자강의 필요성을 대중에게 계몽하고, 외국인에게 국내 사정을 알리는 역할을 담당하였던 신문은 독립신문이다.

④ X: 국한문 혼용체를 사용한 일간지로 주로 유학자층의 계몽에 앞장섰던 신문은 황성신문이다.

**½한국사 고득점 TIP** 한성순보와 한성주보

| | | |
|---|---|---|
| 한성순보 | 1883~1884 | • 박문국에서 10일에 한 번씩 간행한 우리나라 최초의 근대 신문, 순한문체<br>• 갑신정변으로 박문국이 폐지되면서 폐간 |
| 한성주보 | 1886~1888 | • 1885년에 재설치된 박문국에 의해 창간되었고, 최초로 국·한문 혼용체<br>• 우리나라 신문 역사상 처음으로 사설과 상업 광고 게재 |

## 06

정답 ④

④ X: **1910년 만들어진 덕수궁 석조전은 서양 고딕 양식이 아니라 르네상스 양식의 건물이다. 고딕양식은 1898년 만들어진 명동성당이다.**

**오답 분석**

① O: 조선 후기 양반 지주의 지원으로 만들어진 화엄사 각황전은 다층식 외형을 지녔다.

② O: 고려 시대 수덕사 대웅전은 주심포 양식의 건물이다.

③ O: 고려 시대 주심포 양식의 부석사 무량수전은 배흘림 기둥의 팔작 지붕을 갖고 있다.

**½한국사 고득점 TIP** 덕수궁 석조전

개항 후 세운 건물 중 가장 규모가 큰 서양식 건물로 광복 이후 미·소 공동 위원회가 개최되기도 하였다. 18세기 유럽의 궁전 건축 양식을 본떠 1910년에 완공되었다. 기둥 윗부분은 이오니아식, 실내는 로코코 풍으로 장식한 서양식 건축 기법이 특이하다.

## 07

정답 ①

거문도 사건은 1885년부터 1887년까지 발생하였다.

④ 일본의 무관세 무역: 1876년~1883년

② 한성순보: 1883년~1884년 갑신정변으로 중단

| 1885년 | 영국의 거문도 불법 점령 | 러시아 견제 목적 |
|---|---|---|
| ↓ | ① 당오전: 1883년~1894년까지 발행 | |
| 1887년 | 영국의 거문도 철수 | 청의 주선 |

③ 유길준의 『서유견문』: 1895년 출판

**중요 사료** 『서유견문』

대개 개화라 하는 것은 인간의 온갖 사물이 지극히 선하고도 아름다운 경지에 이르는 것을 말한다. ……(중략)…… 오륜의 행실을 독실하게 하여 사람이 도리를 알면 이는 행실의 개화이며, 사람이 학문을 궁구하여 만물의 이치를 밝힌다면 이는 학술의 개화이며, 국가의 정치를 바르고 크게 하여 백성이 태평한 즐거움이 있으면 이는 정치의 개화이며, 법률을 공평히 하여 백성이 억울한 일이 없으면 법률의 개화이며, …(중략)… 대강 그 등급을 구별해 보면 세 가지에 지나지 않으니, 개화한 자, 반쯤 개화한 자, 아직 개화하지 않은 자이다.

## 08

정답 ②

제시된 자료에서 밑줄 친 '그해'는 동학 농민 운동 당시인 1894년이다.

② O: **1885년 광혜원이 설치되었고, 곧 제중원으로 개칭되었다. 이후 1904년 세브란스 병원으로 인수되었다. 그러므로 1894년에 제중원에서 치료를 받는 환자를 볼 수 있다.**

**오답 분석**

① X: 전차는 1899년부터 서대문에서 청량리(홍릉)까지 운행되었다. 그러므로 1894년에 아직 전차는 없었다.

③ X: 독립신문은 1896년부터 1899년까지 발행되었다. 그러므로 1894년에는 독립신문이 발행되지 않았다.

④ X: 경인선은 1899년부터 제물포에서 노량진까지 운행되었다. 그러므로 1894년은 경인선이 아직 부설되기 전이다.

**½한국사 고득점 TIP** 광혜원

- 설립: 1885년 황실이 지원하여 설립
- 운영: 알렌이 운영 → 제중원으로 개칭
- 위치: 활인서와 혜민서를 개편하여 홍영식의 집에 설립
- 변화: 1904년 세브란스 병원에 인수

## 09

2017년 법원직 9급

**다음 각 시기의 사회모습에 대한 설명으로 가장 옳은 것은?**

| 1879 | | 1882 | | 1894 | | 1897 | | 1905 |
|---|---|---|---|---|---|---|---|---|
| | (가) | | (나) | | (다) | | (라) | |
| 강화도 조약 | | 임오군란 | | 갑오 개혁 | | 대한 제국 | | 을사 늑약 |

① (가) - 박문국을 설치하여 한성순보를 발간하였다.
② (나) - 최초의 근대식 병원인 광혜원이 설립되었다.
③ (다) - 함경도 덕원 주민들이 원산 학사를 세웠다.
④ (라) - 영국이 불법적으로 거문도를 점령하였다.

## 10

2012년 법원직 9급

**다음 두 건물의 완공 사이에 나타난 사실로 적절하지 않은 것은?**

<명동성당>

<원각사>

① 서울과 부산 간 철도가 개통되었다.
② 최초의 서양식 병원인 광혜원이 설립되었다.
③ 서대문에서 청량리 사이에 전차 운행이 시작되었다.
④ 최초의 중등 교육 기관인 한성 중학교가 설립되었다.

## 11

2022년 지방직 9급

**(가) 시기에 있었던 사실로 옳은 것은?**

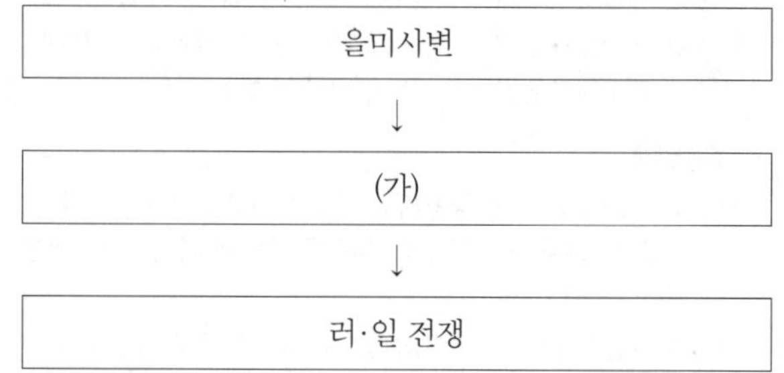


① 독립문이 건립되었다.
② 통감부가 설치되었다.
③ 동양 척식 주식회사가 설립되었다.
④ 임진왜란 때 소실된 경복궁이 중건되었다.

## 12

2023년 법원직 9급

**(가), (나) 시기 사이에 있었던 사실만을 <보기>에서 모두 고른 것은?**

> (가) 수신사 김홍집이 가져와 유포한 황준헌의 사사로운 책자를 보노라면, …… 러시아·미국·일본은 같은 오랑캐입니다. ……
> (나) 이미 국모의 원수를 생각하며 이를 갈았는데, … 이에 감히 먼저 의병을 일으키고서 마침내 이 뜻을 세상에 포고하노라. ……

**보기**
(ㄱ) 관민 공동회가 개최되었다.
(ㄴ) 교육 입국 조서가 반포되었다.
(ㄷ) 영국이 거문도를 불법 점령하였다.
(ㄹ) 나철이 대종교를 창시하였다.

① (ㄱ), (ㄴ) ② (ㄱ), (ㄹ)
③ (ㄴ), (ㄷ) ④ (ㄷ), (ㄹ)

# 문제 풀이

## 09

정답 ②

| 1876년 | 강화도 조약 |
|---|---|

↓(가)

| 1882년 | 임오군란 |
|---|---|

↓(나)
① 1883년 박문국 설치 → 한성순보 발행
③ 1883년 원산 학사 설립: 덕원부사 정현석 주도
② 1885년 광혜원 설립
④ 1885년~1887년 거문도 사건

| 1894년 | 갑오개혁 |
|---|---|

↓(다)

| 1897년 | 대한 제국 |
|---|---|

↓(라)

| 1905년 | 을사늑약 |
|---|---|

## 10

정답 ②

② 1885년: 광혜원 설립

| 1898년 | 명동성당 | 고딕 양식 |
|---|---|---|

↓
① 1904년: 일본이 경부선 완공
③ 1899년: 서대문~청량리까지 미국이 전차 완공
④ 한성 중학교: 1900년

| 1908년 | 원각사 | 최초의 서양식 극장, 1909년 공연 중단 |
|---|---|---|

**½한국사 고득점 TIP** 근대의 건물

- 독립문: 1897년, 프랑스 개선문 모방
- 명동 성당: 1898년, 중세 고딕 양식
- 덕수궁 중명전: 1901년, 러시아 사바틴이 설계, 을사늑약 체결
- 원각사: 1908년, 최초의 서양식 극장, 은세계, 치악산 공연
- 덕수궁 석조전: 1910년, 영국의 하딩과 로벨이 설계, 르네상스 양식

## 11

정답 ①

④ 1865~1872년 흥선 대원군 시절, 경회루와 근정전 중건

| 1895년 8월 | 을미사변 |
|---|---|

① 1897년 독립문 건립

| 1904년 2월 | 러·일 전쟁 |
|---|---|

② 1906년 2월: 통감부 설치
③ 1908년 12월: 동양 척식 주식회사

**중요 사료** 독립문 건립

공공의 의견으로 독립 협회를 발기하여 영은문 유지에 독립문을 새로이 세우고 모화관을 새로 고쳐 독립관이라 하여 옛날의 치욕을 씻고 후인의 표준을 만들고자 함이요, 그 부근의 땅에 독립 공원을 이루어 그 문과 관을 보관하고자 하니 성대한 일이라 아니할 수 없는지라. 돌아보건대, 그 공역이 커서 큰 비용이 될 것이니 합치지 않으면 성취하기를 기약치 못할 것이요. 이에 알리니 밝게 헤아려 보조금을 뜻에 따라 보내고, 본회 회원에 참가할 뜻이 있으면 그를 나타내 주기를 바라오.

## 12

정답 ③

| (가) | 1881년 | 1880년 김홍집이 『조선책략』 전래 → 1881년 이만손의 영남 만인소 |
|---|---|---|

(ㄴ) 1895년 2월 2차 갑오개혁 교육 입국 조서 반포
(ㄷ) 1885년~1887년 거문도 사건

| (나) | 1895년 | 을미의병 당시 유인석의 격문 |
|---|---|---|

(ㄱ) 1898년 관민 공동회
(ㄹ) 1909년 대종교

**½한국사 고득점 TIP** 주시경(1876년~1914년)

독립신문 발간에 관여했던 그는 독립신문사 안에 '국문동식회(國文同式會)'를 조직했으며, 1897년 4월에 '국문론'이라는 글을 발표하기도 했다. 그는 당시의 문장들이 한문에 토를 다는 형식에 그치고 있다면서 실제로 말하는 대로 글을 쓰는 '언문일치'가 필요하다고 주장했다.

PART

# 07

# 일제 강점기

# THEME 105 일제 침탈 과정

## 01

2019년 서울시 9급(2월)

<보기>는 대한 제국 시기의 국권 피탈과 관련된 사건이다. 이를 시간순으로 바르게 나열한 것은?

> 보기
> (ㄱ) 일본은 대한 제국의 외교권을 박탈하고 통감부를 설치하였다.
> (ㄴ) 일본은 대한 제국의 각 부에 일본인 차관을 두어 내정을 간섭하였다.
> (ㄷ) 대한 제국은 재정과 외교 부문에 일본이 추천하는 외국인 고문을 두게 되었다.
> (ㄹ) 고종은 헤이그의 만국 평화 회의에 특사를 보내 억울함을 호소하려고 하였다.

① (ㄱ) - (ㄷ) - (ㄴ) - (ㄹ)
② (ㄴ) - (ㄷ) - (ㄱ) - (ㄹ)
③ (ㄷ) - (ㄱ) - (ㄹ) - (ㄴ)
④ (ㄹ) - (ㄷ) - (ㄱ) - (ㄴ)

## 02

2018년 지방직 9급

밑줄 친 '이 협약'에 대한 설명으로 옳은 것은?

> 일제는 군대를 증강해 강압적 분위기를 조성한 다음 친일 내각과 이 협약을 체결했다. 이 협약을 체결할 때, 일제는 대한 제국 군대의 해산을 요구해 관철시켰다. 이때 해산된 군인의 상당수는 일본군과 격전을 벌인 후 의병 부대에 합류하였다.

① 고종이 헤이그에 특사를 파견하는 계기가 되었다.
② 최익현이 의병 운동을 처음 시작한 원인이 되었다.
③ 재정 고문 메가다가 화폐 정리 사업을 실시하는 근거가 되었다.
④ 통감이 추천하는 일본인을 한국 관리에 임명한다는 내용을 담고 있다.

## 03

2019년 서울시 9급(6월)

<보기>의 협약 이후 일어난 사실로 가장 옳지 않은 것은?

> 보기
> 제1조 한국 정부는 시정 개선에 관하여 통감의 지도를 받는다.
> 제2조 한국의 법령 제정 및 중요한 행정상의 처분은 미리 통감의 승인을 거친다.
> 제4조 한국 고등 관리의 임면은 통감의 동의로써 이를 시행한다.
> 제5조 한국 정부는 통감이 추천하는 일본인을 한국 관리에 임명한다.

① 각 부의 차관에 일본인이 임명되어 이른바 차관 정치가 시작되었다.
② 대한 제국 군대가 해산되었다.
③ 사법권과 경찰권을 빼앗겼다.
④ 만국 평화 회의에 이상설 등이 파견되었다.

## 04

2018년 경찰 3차

다음은 일본의 국권 침탈 과정에서 있었던 사실들이다. 순서대로 나열한 것은?

> (ㄱ) 일본과 미국이 극동의 평화를 구실로 미국의 필리핀 지배와 일본의 한국 지배를 상호 인정하며 가쓰라·태프트 밀약을 체결하였다.
> (ㄴ) 일본이 과도한 차관을 들여와 재정 간섭을 강화하자, 대구에서 국민이 정부를 대신하여 외채를 갚자는 운동이 일어났다.
> (ㄷ) 만주로 진출하려던 일본은 청과 협약을 체결하여 안동과 봉천을 연결하는 철도 부설권을 차지하는 대신 간도를 청의 영토로 인정하였다.

① (ㄱ) - (ㄴ) - (ㄷ)
② (ㄴ) - (ㄱ) - (ㄷ)
③ (ㄱ) - (ㄷ) - (ㄴ)
④ (ㄴ) - (ㄷ) - (ㄱ)

# 문제 풀이

## 01

정답 ③

| (ㄷ) | 제1차 한·일 협약 | 1904년 8월 |
|---|---|---|

↓

| (ㄱ) | 을사늑약 | 1905년 10월(11월) |
|---|---|---|

↓

| (ㄹ) | 헤이그 특사 | 1907년 6월 |
|---|---|---|

※ 헤이그 특사: 1907년 6월 헐버트의 건의
- 만국 평화 회의: 이준, 이상설, 이위종 파견
- 회의 참석 X → 이준 자결
- 1907년 7월 18일 고종 강제 퇴위

↓

| (ㄴ) | 정미 7조약(한일신협약) | 1907년 7월 24일 |
|---|---|---|

**½한국사 고득점 TIP** 만국 평화 회의, 헤이그 특사

러시아는 회의[2차 만국 평화 회의] 초청장을 대일 견제와 설욕의 감정이 고조된 시기에 한국 측에 발송하였다. 회의에 대한 제국을 초청한 까닭은 주창국인 러시아가 패전에도 불구하고 한국의 '독립'을 명분삼아 그들의 기득권을 최대한 유지하기 위함이었다. 다시 말해 회의의 초청은 러시아가 일본의 '한국' 보호에 타격을 주기 위해 다수의 열강이 한국의 독립을 보장하도록 할 목적으로 특사 파견을 '의도적으로 유도하기' 위한 것이었다.

## 02

정답 ④

제시된 자료에서 '대한 제국 군대의 해산 요구 관철, 해산된 군인의 상당수 의병 부대에 합류' 등을 통해 밑줄 친 '이 협약'이 1907년 7월 맺어진 정미 7조약임을 알 수 있다.

④ O: 정미 7조약 때 통감이 추천하는 일본인을 한국 관리에 임명한다는 내용을 담고 있다.

**오답 분석**

① X: 고종은 을사늑약 이후 헐버트의 건의로 1907년 6월 이준과 이상설, 이위종을 헤이그에 특사로 파견하였다.

② X: 1905년 을사늑약 때 최익현이 의병 운동을 처음 시작하였다.

③ X: 1904년 8월 1차 한·일 협약 때 파견된 일본의 재정 고문 메가다가 화폐 정리 사업을 실시하였다.

**½한국사 고득점 TIP** 정미 7조약(한·일 신협약)

- 체결: 1907년 7월
- 내용: 고문정치 폐지 → 차관 정치, 군대 해산 등
- 주요 사항
  - 시정개선에 일본 통감의 지휘를 받을 것
  - 통감이 추천하는 일본인을 한국 관리로 임명할 것
  - 법령 제정과 행정 처분은 미리 통감의 승인을 받을 것
  - 한국 고등 관리의 임명은 통감의 동의에 의할 것
  - 외국인을 관리로 임명할 때도 통감의 승인을 받을 것

## 03

정답 ④

제시된 사료는 1907년 7월 체결된 정미 7조약(한·일 신협약) 중 일부이다.

④ 1907년 6월 헤이그 특사 : 만국 평화 회의 파견

| 1907년 7월 | 정미 7조약 | 차관 정치, 군대 해산 |
|---|---|---|

① 정미 7조약 이후 차관 정치 실시

② 정미 7조약 이후 군대 해산

③ 1909년 7월 기유각서
- 사법권 박탈 → 1910년 6월 경찰권 박탈

## 04

정답 ①

| (ㄱ) | 가쓰라 태프트 밀약 | 1905년 7월 |
|---|---|---|

↓
- 1905년 8월 2차 영일 동맹
- 1905년 9월 포츠머스 강화 조약: 러·일 전쟁 종결

| (ㄴ) | 국채 보상 운동 | 1907년, 대구 |
|---|---|---|

↓

| (ㄷ) | 간도 협약 | 1909년 청과 일본 |
|---|---|---|

**½한국사 고득점 TIP** 일본의 한반도 지배에 대한 열강의 묵인

- 제1차 영·일 동맹: 청(영국)과 대한 제국(일본)에 대한 상호 이권 인정
- 가쓰라 태프트 밀약: 필리핀(미국)과 대한 제국(일본)에 대한 상호 지배권 인정
- 제2차 영·일 동맹: 영국이 대한 제국에 대한 일본의 지배권 인정
- 포츠머스 조약: 러시아가 대한 제국에 대한 일본의 지배권 인정

## 05

2023년 법원직 9급

**㉠ 이후에 일어난 사건으로 가장 옳은 것은?**

> 대한 제국 대황제는 대프랑스 대통령에게 글을 보냅니다. 일본은 우리나라에 ㉠ 불의한 일을 자행하였습니다. 다음은 그에 대한 증거입니다. 첫째, 우리 정무대신이 조인하였다고 운운하는 것은 정당하지 않으며 위협을 받아 강제로 이루어진 것입니다. 둘째, 저는 조인을 허가한 적이 없습니다. 셋째, 정부회의 운운하나 국법에 의거하지 않고 회의를 한 것이며 일본인들이 강제로 가둔 채 회의한 것입니다. 상황이 그런즉 이른바 조약이 성립되었다고 일컫는 것은 공법을 위배한 것이므로 의당 무효입니다. 당당한 독립국이 이러한 일로 국체가 손상당하였으므로 원컨대 대통령께서는 즉시 공사관을 이전처럼 우리나라에 다시 설치해주시기를 바랍니다.

① 포츠머스 조약이 체결되었다.
② 이사청에 관리가 파견되었다.
③ 러시아가 용암포를 점령하고 조차를 요구하였다.
④ 제1차 한·일협약(한일 외국인 고문 용빙에 관한 협정서)이 조인되었다.

## 06

2024년 법원직 9급

**(가)~(다)에 대한 설명으로 가장 옳지 않은 것은?**

> (가) 대한 정부는 일본 정부가 추천한 일본인 1명을 재정 고문으로 삼아 대한 정부에 용빙하여 재무에 관한 사항은 일체 그의 의견을 물어서 시행해야 한다.
> (나) 한국 정부는 금후 일본국 정부의 중개를 거치지 않고서는 국제적 성질을 가진 어떠한 조약이나 약속을 하지 않을 것을 약속한다.
> (다) 러시아는 일본이 한국에서 정치상 군사상 및 경제사의 특수한 이익을 갖는다는 것을 승인하고 일본 정부가 한국에서 필요하다고 인정하는지도, 보호 및 감리의 조치에 대해 방해하거나 간섭하지 않을 것을 약속한다.

① (가) 조약 체결로 메가타는 화폐 정리 사업을 실시하였다.
② (나) 조약 체결로 청과 일본간의 간도 협약이 체결되었다.
③ (다) 조약 이후 일본은 독도를 불법 점령하였다.
④ (가) - (다) - (나) 순서로 조약이 체결되었다.

## 07

2017년 국가직 9급

**국권이 침탈되기까지의 과정을 시기 순으로 바르게 나열한 것은?**

> (ㄱ) 헤이그 특사 파견을 문제 삼아 고종 황제를 강제로 퇴위시켰다.
> (ㄴ) 일본인 메가타를 재정 고문으로, 미국인 스티븐스를 외교 고문으로 임명하도록 하였다.
> (ㄷ) 대한 제국의 사법권을 빼앗고 감옥 사무를 장악하였다.
> (ㄹ) 통감이 추천한 일본인을 대한 제국의 관리로 임명하도록 하였다.

① (ㄱ) - (ㄴ) - (ㄷ) - (ㄹ)　② (ㄴ) - (ㄱ) - (ㄹ) - (ㄷ)
③ (ㄴ) - (ㄷ) - (ㄱ) - (ㄹ)　④ (ㄹ) - (ㄴ) - (ㄱ) - (ㄷ)

## 08

2015년 국가직 9급

**다음 두 사건이 일어난 이후의 사실로 옳은 것만을 <보기>에서 모두 고른 것은?**

> • 고종 황제의 강제 퇴위
> • 일제에 의한 군대 해산

> **보기**
> (ㄱ) 안중근이 만주 하얼빈에서 이토 히로부미를 사살하였다.
> (ㄴ) 민영환이 일제에 대한 저항을 강력하게 표현한 유서를 남기고 자결하였다.
> (ㄷ) 장지연이 민족의식을 고취하는 '시일야방성대곡'을 황성신문에 발표하였다.
> (ㄹ) 이인영을 총대장으로 하는 13도 연합 의병 부대(창의군)가 서울 진공 작전을 시도하였다.

① (ㄱ), (ㄴ)　② (ㄱ), (ㄹ)
③ (ㄴ), (ㄷ)　④ (ㄷ), (ㄹ)

# 문제 풀이

## 05

정답 ②

제시된 사료의 ㉠은 1905년 10월 체결된 을사늑약이다. '정무대신(박제순, 외무대신)이 조인, 위협을 받아 강제로 이루어진 것, 공사관(외교업무)을 이전처럼 우리나라에 다시 설치해주시기를 바랍니다.'에서 1905년 체결된 을사늑약임을 알 수 있다. 을사늑약은 외부대신 박제순이 도장을 가져다 강제로 체결되었고, 고종은 이를 인준하지 않았다. 또한 이를 통해 외교권이 박탈되어 각국 공사관이 폐지되었다.

① 1905년 9월: 포츠머스 강화조약

③ 1903년: 용암포 사건

④ 1904년 8월: 1차 한일협약, 고문 정치 실시

| 1905년 10월 | 을사늑약 |
|---|---|

② 을사늑약 이후 이사청 설치: 지방 통제, 서울과 인천 등

**중요 사료** 을사늑약

일본 정부는 그 대표자로 한국 황제 밑에 1명의 통감을 두되, 통감은 전적으로 외교에 관한 사항을 관리하기 위하여 경성에 주재하고 친히 한국 황제를 만날 수 있는 권리를 가진다. 또한, 일본 정부는 한국의 개항장 및 일본 정부가 필요하다고 인정하는 지역에 이사관을 설치할 권리를 가지며, 이사관은 통감의 지휘하에 종래 재(在)한국 일본 영사에게 속하였던 모든 권리를 집행한다.

## 06

정답 ③

제시된 사료 (가)는 1차 한일 협약이고 (나)는 을사늑약, (다)는 포츠머스 강화조약이다.

③ X: (다) 포츠머스 강화조약은 1905년 9월에 체결되었고, 1905년 2월 일본이 시네마현 고시에서 독도를 불법으로 자국의 영토로 편입하였다.

**오답 분석**

① O: (가) 1차 한·일 협약으로 파견된 메가타의 주도로 1905년 화폐 정리 사업을 실시하였다.

② O: (나) 을사늑약으로 한국의 외교권을 박탈한 일본은 1909년 청과 간도 협약을 체결되었다.

④ O: (가) 1차 한·일 협약(1904. 8.) - (다) 포츠머스 강화조약(1905. 9.) - (나) 을사늑약(1905. 10) 순서로 조약이 체결되었다.

**½한국사 고득점 TIP** 1909년 간도 협약(청과 일본 사이 체결)

- 을사늑약으로 외교권을 박탈한 일본이 체결 → 간도를 청에 넘김
- 일본은 푸순탄광, 안봉선 철도(남만주 철도) 부설권 획득

## 07

정답 ②

| (ㄴ) | 1904년 8월 | 제1차 한·일 협약 |
|---|---|---|
| ↓ | | |
| (ㄱ) | 1907년 7월 | 고종의 강제 퇴위 |
| ↓ | | |
| (ㄹ) | 1907년 7월 | 정미 7조약 |
| ↓ | | |
| (ㄷ) | 1909년 7월 | 기유각서 |

## 08

정답 ②

제시된 자료의 고종의 강제 퇴위와 군대 해산은 1907년의 일이다. 고종은 을사늑약의 부당함을 알리기 위해 1907년 헤이그에 특사를 파견하였으나 일본의 방해로 구체적인 성과를 거두지 못하였고, 일본은 헤이그 특사 파견에 대한 책임을 물어 고종을 강제로 퇴위시키고 순종을 즉위시켰다. 이후 일본의 강요로 체결된 한·일 신협약과 비밀 각서에 의해 대한 제국의 군대가 해산되었다.

㉠ O: 안중근이 만주 하얼빈 역에서 초대 통감 이토 히로부미를 사살한 것은 1909년의 일이므로, 1907년 이후의 사실이다. 이토 히로부미를 암살한 직후 체포된 안중근은 옥중에서 『동양평화론』을 집필하기 시작하여 이토 히로부미 암살이 동양 평화를 위한 의거였다고 하였다.

㉣ O: 이인영을 총대장으로 하는 의병 연합 부대인 13도 창의군이 서울 진공 작전을 시도한 것은 1908년의 일이므로, 1907년 이후의 사실이다.

**오답 분석**

㉡ X: 민영환이 을사늑약에 반발하여 유서를 남기고 자결한 것은 1905년의 일이므로, 1907년 이전의 사실이다.

㉢ X: 장지연이 민족 의식을 고취하고 일제를 규탄하는 내용을 담은 '시일야방성대곡'을 황성신문에 발표한 것은 1905년의 일이므로, 1907년 이전의 사실이다.

# THEME 106 을사늑약과 민족의 저항

## 01

2020년 소방직

(가), (나) 자료에 나타난 사건 사이에 있었던 사실로 옳지 않은 것은?

> (가) 우리 국모의 원수를 생각하며 이미 이를 갈았는데, 참혹한 일이 더하여 우리 부모에게서 받은 머리털을 풀 베듯이 베어 버리니 이 무슨 변고란 말인가.
> (나) 군사장 허위는 미리 군비를 신속히 정돈하여 철통과 같이 함에 한 방울의 물도 샐 틈이 없는지라. 이에 전군에 전령하여 일제히 진군을 재촉하여 동대문 밖으로 진격하였다.

① 외교권이 박탈되고 통감부가 설치되었다.
② 고종이 강제로 퇴위되고 군대가 해산되었다.
③ 안중근이 하얼빈에서 이토 히로부미를 저격하였다.
④ 헤이그에 이상설, 이준, 이위종을 특사로 파견하였다.

## 02

2022년 지방직 9급

밑줄 친 '나'에 대한 설명으로 옳은 것만을 모두 고르면?

> 오늘날 사람은 모두 법에 의하여 생활하고 있는데 실제로 사람을 죽인 자가 벌을 받지 않고 생존할 도리는 없는 것이다. …(중략)… 나는 한국의 의병이며 지금 적군의 포로가 되어 와 있으므로 마땅히 만국공법에 의해 처단 되어야 할 것으로 생각한다.

> (ㄱ) 일본에서 순국하였다.
> (ㄴ) 한인 애국단 소속이었다.
> (ㄷ) 『동양평화론』을 집필하였다.
> (ㄹ) 연해주에서 의병 투쟁을 전개하였다.

① (ㄱ), (ㄴ) ② (ㄱ), (ㄹ)
③ (ㄴ), (ㄷ) ④ (ㄷ), (ㄹ)

## 03

2024년 국가직 9급

다음의 논설을 작성한 인물에 대한 설명으로 옳은 것은?

> 이 날을 목 놓아 우노라[是日也放聲大哭]. …(중략)… 천하만사가 예측하기 어려운 것도 많지만, 천만 뜻밖에 5개조가 어떻게 제출되었는가. 이 조건은 비단 우리 한국뿐 아니라 동양 삼국이 분열할 조짐을 점차 만들어 낼 것이니 이토[伊藤] 후작의 본의는 어디에 있는가?

① 한성순보를 창간하였다.
② 『한국통사』를 저술하였다.
③ 「독사신론」을 발표하였다.
④ 황성신문의 주필을 역임하였다.

## 04

2016년 서울시 7급

다음의 시와 관련된 역사적 사건에 대한 설명으로 가장 옳은 것은?

> 새 짐승도 슬피 울고 산악 해수 다 찡기는 듯
> 무궁화 삼천리가 이미 영락되다니
> 가을 밤 등불 아래 책을 덮고서 옛일 곰곰이 생각해 보니
> 이승에서 지식인 노릇하기 정히 어렵구나.

① 일본은 영·일 동맹, 태프트-가쓰라 각서와 포츠머스 조약을 통하여 각각 영국, 미국, 러시아로부터 대한 제국에 대한 지배를 인정받았다.
② 일본은 군대를 거느리고 들어가 고종 황제와 대신들을 협박하면서 조약에 서명할 것을 강요하였으나, 황제는 끝까지 서명을 거부하였다.
③ 일본은 국가의 법령 제정, 중요 행정처분, 고등 관리의 임명에 대해 통감의 사전 승인을 받도록 하였고 통감이 추천한 일본인을 관리로 임명하도록 하였다.
④ 육군 대신 데라우치는 2천여 명의 헌병을 데리고 들어와 경찰 업무를 담당하게 하였고, 순종에게 양위의 조서를 내리도록 강요하였다.

# 문제 풀이

## 01

정답 ③

제시된 사료 (가)는 1895년 을미의병 당시 유인석의 격문 내용이고, (나)는 1908년 13도 창의군의 서울 진공 작전에 대한 내용이다.

| (가) 1895년 | 을미의병 | 유인석의 격문 |
|---|---|---|
| | ① 1905년 11월: 을사늑약, 외교권 박탈, 통감 정치 | |
| ↓ | ④ 1907년 6월: 헤이그 특사, 이준, 이상설, 이위종 | |
| | ② 1907년 7월: 고종 강제 퇴위, 군대 해산 | |
| (나) 1908년 1월 | 서울 진공 작전 | 13도 창의군: 이인영, 허위 |
| | ③ 1909년 10월: 안중근, 하얼빈에서 이토 히로부미 사살 | |

**중요 사료** 을사늑약 당시 민영환의 유서

대한 2천만 동포에게 남기는 글. 슬프다! 국치와 민욕이 이에 이르렀으니, 우리 인민은 장차 생존경쟁 속에서 모두 멸망하게 되었다. 무릇 삶을 요하는 자는 반드시 죽고, 죽음을 기하는 자는 반드시 삶을 얻는다는 것을 여러분은 어찌 모르겠는가. …(중략)… 부디 우리 동포 형제들은 천만으로 분려를 배가하여 자기를 굳게 하고 학문에 힘쓰고 결심육력하여 우리의 자유와 독립을 회복하면 죽은 자가 마땅히 땅 속에서 기뻐 웃을 것이다. 슬프다. 그러나 조금도 실망하지 말라.

## 02

정답 ④

제시된 사료의 밑줄 친 '나'는 안중근이다.

**(ㄷ) O: 안중근은 뤼순감옥에서 『동양평화론』을 지었다.**

**(ㄹ) O: 안중근은 정미의병에도 가담하였고, 이후 연해주에서 의병 투쟁을 전개하였다.**

**오답 분석**

(ㄱ) X: 안중근은 1910년 요동반도 뤼순 감옥에서 순국하였다.

(ㄴ) X: 김구가 조직한 한인 애국단 소속은 이봉창과 윤봉길 의사 등이다.

**½한국사 고득점 TIP** 『동양평화론』(미래엔 교과서)

- 저술: 안중근이 뤼순 감옥에서 사형을 앞두고 집필한 글이다.
- 내용: 이토 히로부미를 처단한 이유를 밝히고, 진정한 동양 평화는 한·중·일 삼국이 독립 국가로 대등하게 상호 협력할 때 가능하다고 주장하였다. 그런데 일본은 한국의 주권을 부정하고 침략하였기 때문에 동양 평화를 해치는 적이 되었다는 것이다.
- 의미: 『동양평화론』의 핵심은 한국을 침략한 일본의 잘못을 깨닫게 하는 데 있었다. 따라서 인종주의의 관점에서 서양 세력의 침략을 막아 내기 위해 무조건 동양이 하나로 합쳐야 한다는 것은 결코 아니었다. 국가 간의 평등과 상호 협력으로 국제 평화를 이룩하자고 주장하였다.

## 03

정답 ④

제시된 사료는 장지연이 황성신문에 실은 "시일야방성대곡"이다. '이 날을 목 놓아 우노라[是日也放聲大哭]'에서 장지연이 을사늑약 이후 황성신문에 발표한 논설임을 알 수 있다.

**④ O: 장지연은 1898년에 창간된 황성신문의 기자로 활동하였으며, 1901년에는 황성신문의 주필을 역임하였다. 그는 을사늑약이 일제에 의해 강제로 체결되자 '시일야방성대곡'이라는 논설을 황성신문에 게재해 전국에 배포하였다.**

**오답 분석**

① X: 한성순보를 창간한 것은 박문국으로, 장지연과는 관련이 없다. 한성순보는 정부의 개화 정책 취지를 전달하는 등 관보적 성격을 가진 순 한문체 신문으로, 10일에 한 번씩 간행되었다.

② X: 『한국통사』를 저술한 인물은 박은식이다. 박은식은 『한국통사』에서 나라는 형(형체)이고 역사는 신(정신)이며, 나라의 형체는 사라졌지만 그 정신(국혼)은 사라지지 않음을 강조하며 우리 민족의 독립 의식을 고취하였다.

③ X: 「독사신론」을 발표한 인물은 신채호이다. 신채호는 「독사신론」에서 역사 서술의 주체를 민족으로 설정하여 왕조 중심의 전통 사관을 극복하였으며, 일본의 식민주의 사학에 대항할 수 있는 민족주의 사학의 방향을 제시하였다.

**½한국사 고득점 TIP** 「독사신론」

신채호는 1908년 대한매일신보에 민족 중심의 역사를 강조한 「독사신론」을 발표하였다. 신채호는 「독사신론」에서 민족 중심의 역사를 강조하였고, 시간과 공간, 인물을 역사의 3요소로 파악하였다. 또한, 단군-부여-고구려의 역사를 강조하였다.

## 04

정답 ④

제시된 사료는 황현이 저술한 '절명시'의 내용 중 일부로, '무궁화 삼천리가 이미 영락되다니'에서 대한 제국이 강제로 병합당한 사건과 관련이 있음을 알수 있다. 황현은 한말의 역사를 기록한 『매천야록』을 저술하였던 인물로, 일제에 의한 국권 피탈을 개탄하는 내용의 절명시를 남기고 자결하였다.

**④ O: 통감으로 부임한 육군 대신 데라우치는 대한 제국의 경찰권을 장악한 이후, 총리 대신 이완용에게 합병 조약안을 제시하고 수락할 것을 독촉하였다. 그리하여 순종은 형식적인 어전 회의를 개최하였고, 전권을 위임받은 이완용은 데라우치와 함께 합병 조약을 체결하였다.**

**오답 분석**

① X: 일본이 영·일 동맹, 태프트 - 가쓰라 밀약, 포츠머스 조약을 통해 열강들로부터 대한 제국에 대한 지배를 인정 받은 것은 을사늑약 체결 직전의 상황이다.

② X: 일본이 고종 황제에게 조약에 서명할 것을 협박하였지만 끝까지 고종 황제가 서명을 거부한 것은 을사늑약이다.

③ X: 일본이 법령 제정, 관리 임명 등에 대해 통감의 승인을 받도록 하고, 통감이 추천하는 일본인 관리를 임명하도록 하였던 것은 정미 7조약(한·일 신협약)에 대한 내용이다.

# THEME 107 일제 강점기 시대 구분

## 01

2011년 국가직 9급

**일제의 식민지 정책을 시기 순으로 바르게 나열한 것은?**

(ㄱ) 농촌 경제의 안정화를 명분으로 농촌 진흥 운동을 전개하였다.
(ㄴ) 학도 지원병 제도를 강행하여 학생들을 전쟁터로 내몰았다.
(ㄷ) 회사령을 철폐하여 일본 자본이 조선에 자유롭게 유입될 수 있게 하였다.
(ㄹ) 토지의 소유권과 가격에 대한 대대적인 조사를 진행하였다.

① (ㄷ) - (ㄹ) - (ㄱ) - (ㄴ)　② (ㄷ) - (ㄹ) - (ㄴ) - (ㄱ)
③ (ㄹ) - (ㄷ) - (ㄱ) - (ㄴ)　④ (ㄹ) - (ㄷ) - (ㄴ) - (ㄱ)

## 02

2018년 기상직 9급

**다음과 같은 식민 통치가 실시된 시기에 일어난 일로 옳지 않은 것은?**

총독은 문무관 어느 쪽이라도 임용될 수 있는 길을 열고, 나아가 헌병에 의한 경찰 제도를 바꿔 경찰에 의한 경찰 제도를 채택할 것이다. 그리고 복제를 개정하여 일반관리, 교원이 제복을 입고 칼을 차던 것을 폐지하고, ……

① 백산상회가 설립되었다.
② 2차 조선 교육령이 공포되었다.
③ 암태도 소작 쟁의가 일어났다.
④ 조선 소년 연합회가 결성되었다.

## 03

2016년 기상직 9급

**다음 일본의 식민지 지배 정책을 시행 순서대로 나열한 것은?**

(ㄱ) 서당 규칙을 발표하여 개량 서당을 탄압하였다.
(ㄴ) 회사령을 폐지하여 회사 설립을 신고제로 바꾸었다.
(ㄷ) 국가 총동원법을 제정하여 인력과 물자를 수탈하였다.
(ㄹ) 치안 유지법을 제정하여 항일 민족 운동을 탄압하였다.

① (ㄱ) - (ㄴ) - (ㄷ) - (ㄹ)　② (ㄱ) - (ㄴ) - (ㄹ) - (ㄷ)
③ (ㄴ) - (ㄱ) - (ㄹ) - (ㄷ)　④ (ㄴ) - (ㄹ) - (ㄱ) - (ㄷ)

## 04

2021년 법원직 9급

**(가)에 들어갈 법령이 제정된 이후의 사실로 가장 옳은 것은?**

(가)

제4조 제국 신민을 징용하여 총동원 업무에 종사하게 할 수 있다. 단 병역법의 적용을 방해하지 않는다.
제7조 노동 쟁의의 예방 혹은 해결에 관하여 필요한 명령을 내리거나 작업소의 폐쇄, 작업 혹은 노무의 중지 등 노동 쟁의에 관한 행위의 제한 혹은 금지를 행할 수 있다.
제8조 물자의 생산·수리·배급·양도 기타의 처분, 사용·소비·소지 및 이동에 관하여 필요한 명령을 내릴 수 있다.

① 중국 본토에서 중일 전쟁이 발발하였다.
② 백남운이 『조선사회경제사』를 저술하였다.
③ 조선 사상범 예방 구금령이 제정·공포되었다.
④ 양세봉의 조선 혁명군이 영릉가 전투에서 승리하였다.

## 05

2024년 국가직 9급

**(가) 시기에 있었던 사실로 옳은 것은?**

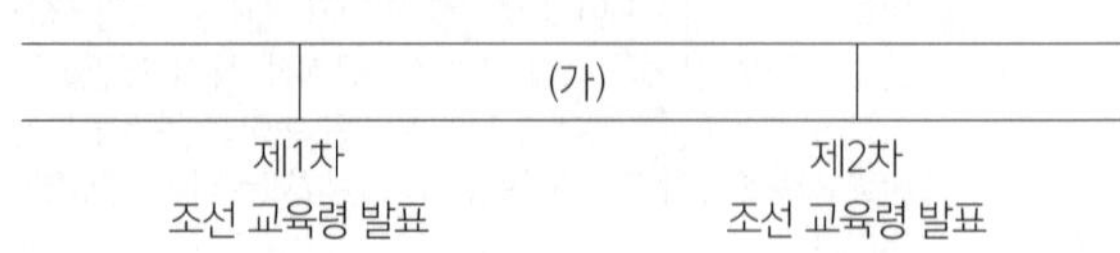


① 경성 제국 대학이 설립되었다.
② 근대 교육 기관인 육영공원이 설립되었다.
③ 일본에서 2·8 독립선언서가 발표되었다.
④ 보안회의 주도로 일본의 황무지 개간권 반대 운동이 일어났다.

## 문제 풀이

### 01

정답 ③

| (ㄹ) | 토지 조사 사업 | 1912년~1918년 |
|---|---|---|
| ↓ | | |
| (ㄷ) | 회사령 철폐 | 1920년 |
| ↓ | ※ 회사령: 1910년 허가제 → 1920년 폐지, 신고제 | |
| (ㄱ) | 농촌 진흥 운동 | 1932년~1940년 |
| ↓ | | |
| (ㄴ) | 학도지원병제 | 1943년 |

**½한국사 고득점 TIP 토지 조사 사업**

- 실시: 1912년~1918년
- 목적: 근대적 토지 소유권 제도 확립, 실제적 토지 약탈
- 원칙: 기한부 신고주의
  - 신고 O: 지세 부과
  - 신고 X 토지 약탈
- 결과
  - 총독부가 최대 지주화, 지세 수입 증가
  - 약탈한 토지: 동척에서 관리, 일본인에게 헐값에 매각
  - 지주의 소유권 강화, 농민들의 경작권, 도지권, 입회권 등 부정
  - 지주 계층 증가: 조선인 지주 + 일본인 지주
  - 자작농 감소, 소작농 증가(계약직 소작농 전락)

### 02

정답 ①

제시된 사료의 식민 통치가 실시된 시기는 1920년대의 문화 통치 시기이다. 1919년 사이토 총독의 '시정 방침 훈시'로 이후 1920년대 일본은 조선 통치 방식을 기존의 무단 통치에서 문화 통치로 전환하였다. '헌병에 의한 경찰 제도를 바꿔…', '교원이 제복을 입고 칼을 차던 것을 폐지하고' 등을 통해 1920년대의 상황임을 알 수 있다.

**① X: 백산상회는 독립 운동가이자 실업가인 안희제가 1914년 부산에 세운 민족기업이며 1927년까지 운영되었다.**

**오답 분석**

② O: 1922년 2차 조선 교육령이 공포되었다.

③ O: 1923년 암태도 소작 쟁의가 일어났다.

④ O: 1927년 조선 소년 연합회가 결성되었다.

**½한국사 고득점 TIP 2차 조선 교육령**

1922년 2차 조선 교육령이 공포되어 일본어 교육과 일본 역사 교육이 강화되었고, 조선어가 필수 과목으로 지정되었다. 또한, 보통학교의 교육 연한이 4년에서 6년으로 연장되었으며 3면 1교 정책을 시행하였다.

### 03

정답 ②

| (ㄱ) | 서당 규칙 | 1918년 |
|---|---|---|
| ↓ | | |
| (ㄴ) | 회사령 폐지 | 1920년 |
| ↓ | | |
| (ㄹ) | 치안유지법 | 1925년 |
| ↓ | | |
| (ㄷ) | 국가 총동원법 | 1938년 |

### 04

정답 ③

제시된 사료의 (가)는 1938년 일제가 제정한 국가 총동원법이다.

④ 1932년: 영릉가 전투(양세봉의 조선 혁명군)

② 1933년: 『조선사회경제사』(백남운)

① 1937년: 중·일 전쟁

| 1938년 | 국가 총동원법 |
|---|---|

③ 1941년: 조선 사상범 예방 구금령

**중요 사료 조선 사상범 예방 구금령**

제1조 치안 유지법의 죄를 범하여 형에 처하여진 자가 집행을 종료하여 석방되는 경우에 석방 후 다시 동법의 죄를 범할 우려가 현저한 때에는 재판소는 검사의 청구에 의하여 본인을 예방 구금에 부친다는 취지를 명할 수 있다.

### 05

정답 ③

② 1886년 육영공원 설립

④ 1904년 보안회: 일제 황무지 개간권 요구 저지

| 1911년 | 1차 조선 교육령 |
|---|---|

③ 1919년 2·8 독립선언

| 1922년 | 2차 조선 교육령 |
|---|---|

① 1924년 경성 제국 대학 설립

# THEME 108 1910년대(무단 통치)

## 01
2023년 국가직 9급

다음 법령이 시행된 시기에 있었던 사실로 옳은 것은?

> 제1조 회사의 설립은 조선 총독의 허가를 받아야 한다.
> 제5조 회사가 본령이나 본령에 따라 나오는 명령과 허가 조건을 위반하거나 공공질서와 선량한 풍속에 반하는 행위를 할 때 조선 총독은 사업의 정지, 지점의 폐쇄, 또는 회사의 해산을 명할 수 있다.

① 산미 증식 계획이 폐지되었다.
② 국가 총동원법이 제정되었다.
③ 원료 확보를 위한 남면북양 정책이 추진되었다.
④ 보통학교 수업 연한을 4년으로 정한 조선 교육령이 공포되었다.

## 02
2023년 법원직 9급

다음 법령에 따라 추진된 사업이 실시 되었던 시기의 모습으로 가장 옳은 것은?

> 1. 토지의 조사 및 측량은 이 영에 의한다.
> …(중략)…
> 4. 토지의 소유자는 조선 총독이 정하는 기간 내에 그 주소, 성명·명칭 및 소유지의 소재, 지목, 자번호, 사방의 경계표, 등급, 지적, 결수를 임시 토지 조사 국장에게 신고하여야 한다. 다만, 국유지는 보관 관청에서 임시 토지 조사 국장에게 통지하여야 한다.
> ……

① 국민부가 조선 혁명당을 결성하는 모습
② 러시아에 대한 광복군 정부가 조직되는 모습
③ '신여성', '삼천리' 등의 잡지가 발행되는 모습
④ 연해주의 한국인이 중앙 아시아로 강제 이주되는 모습

## 03
2016년 교육행정직

다음은 일제 강점기에 작성된 일기의 내용이다. 밑줄 친 '오늘'에 볼 수 있었던 모습으로 가장 적절한 것은?

> 지주총대가 말하기를 내 소유 토지인데도 예전의 결수 연명부에 들어가 있지 않은 것이 있다면 이번에 작성하는 신고서에 모두 적어 신고하라고 했다. 그 말에 따라 신고서를 작성하고 며칠 전에 제출했다. 얼마 지나지 않아 신고한 토지에 대한 등기가 발급되더니, <u>오늘</u> 드디어 지세가 처음으로 부과되었다. 예전에는 결수에 따라 일정한 액수를 세금으로 매기더니 이제부터는 지가를 결정하고, 그 지가의 일정 비율을 지세로 부과한다고 한다.

① 한국인에게 태형을 가하는 일본인 경찰
② 일본어를 공부하고 있는 국민학교 학생
③ 원산 총파업에 참여하여 시위를 벌이는 노동자
④ 한글 맞춤법 통일안을 발표하는 조선어 학회 회원

## 04
2024년 법원직 9급

다음 법령이 시행되던 시기의 모습으로 가장 옳은 것은?

> 제1조 회사의 설립은 조선 총독의 허가를 받아야 한다.
> 제2조 조선 밖에서 설립된 회사가 한국에 본점 또는 지점을 설치하고자 하는 경우, 조선 총독의 허가를 받아야 한다.
> 제3조 조선 밖에서 설립되어 조선에서 사업을 운영하는 것을 목적으로 하는 회사가 그 사업을 경영하는 경우, 조선에 본점 또는 지점을 설립하여야 한다.

① 국민학교에 등교하는 학생의 모습
② 대한 광복회를 체포하려는 헌병 경찰의 모습
③ 치안유지법에 의해 구금되는 독립 운동가의 모습
④ 농촌 진흥 운동을 홍보하는 조선 총독부 직원의 모습

## 문제 풀이

### 01

정답 ④

제시된 사료는 일제의 회사령으로 1910년에 제정되어 1920년에 폐지되었다.

| 1910년 | 회사령 제정 : 허가제 |
|---|---|

④ 1차 조선 교육령: 1911년 공포

| 1920년 | 회사령 폐지 : 신고제 |
|---|---|

① 산미 증식 계획 폐지: 1934년

② 국가 총동원법: 1938년

③ 남면북양 정책: 1930년대

**½한국사 고득점 TIP** 조선 교육령

- 1차: 1911년 보통학교 4년 축소, 1911년 사립학교령, 1918년 서당령
- 2차: 1922년 보통학교 6년, 조선어 과목 필수 과목, 대학 설립 허가
- 3차: 1938년 황국신민화 교육
  - 보통학교를 소학교로 개칭, 조선어 과목 선택(수의) 과목
  - 황국 신민 서사 암송 등
  - 1941년 소학교를 국민학교 개칭
- 4차: 1943년 조선어 과목 폐지 등

### 02

정답 ②

제시된 사료에서 토지 소유자는 조선 총독이 정하는 기간 내에 주소, 지적, 결수 등을 임시 토지 조사 국장에게 신고하여야 한다는 내용을 통해 토지 조사령임을 알 수 있다. 토지 조사령에 따라 추진된 사업은 토지 조사 사업(1912~1918)이다.

**② O: 토지 조사 사업이 실시된 시기인 1914년에 러시아 블라디보스토크에서 이상설과 이동휘를 정·부통령으로 하는 대한 광복군 정부가 조직되었다.**

**오답 분석**

① X: 국민부가 조선 혁명당을 결성한 것은 1929년의 사실이다. 1920년대 후반 민족 유일당 운동의 일환으로 추진된 3부 통합 운동의 결과 남만주에서는 국민부가 결성되었다. 이후 국민부는 조선 혁명당을 결성하고 그 아래 조선 혁명군을 두었다.

③ X: '신여성', '삼천리' 등의 잡지가 발행된 것은 1920년대의 사실이다. 1920년대에 '신여성'(1923), '삼천리'(1929) 등의 잡지들이 발행되어 새로운 패션이나 화장법을 소개하며 유행을 이끌었다.

④ X: 연해주의 한국인이 중앙아시아로 강제 이주된 것은 1937년의 사실이다. 소련은 일본과 전쟁이 발발하면 한국인들이 일본의 첩자 역할을 할 수도 있다는 것을 우려하여 연해주에 거주하고 있던 한국인들을 중앙아시아로 강제 이주시켰다.

### 03

정답 ①

제시된 사료에서 밑줄 친 '오늘'은 토지 조사 사업(1912년~1918년)이 실시되던 시기이다. '토지에 대한 신고서를 작성한다'와 '신고한 토지에 대한 등기가 발급된다'에서 1912년~1918년 실시된 토지 조사 사업임을 알 수 있다.

**① O: 일제 강점기 1912년에서 1920년까지 한국인에 한해서 태형령이 실시되었다.**

**오답 분석**

② X: 일제는 1941년 소학교를 국민학교로 개칭, 1943년 4차 조선 교육령 때부터 시행하였다.

③ X: 원산 총파업은 1929년에 일어났다.

④ X: 조선어 학회는 1931년에 조직되었고, 『우리말 큰 사전』의 편찬을 시도하였다.

**½한국사 고득점 TIP** 태형령

태형령은 갑오개혁 때 폐지되었지만 1910년대에 부활되었고, 1920년에 다시 폐지되었다. 특히 태형령은 한국인에게만 적용되었다.

### 04

정답 ②

제시된 사료의 회사령은 1910년부터 1920년까지 실시되었다. 그러므로 1910년에서 1920년까지의 상황을 고르면 된다.

**② O: 1915년 박상진이 중심이 되어 대한 광복회를 조직하였으므로, 이 시기에 대한 광복회를 체포하려는 헌병 경찰의 모습은 볼 수 있다.**

**오답 분석**

① X: 1941년 소학교가 국민학교로 명칭이 변경되었다. 그러므로 이 지문은 1941년 이후의 상황이다.

③ X: 치안유지법은 1925년에 제정되었으므로 시기가 맞지 않다.

④ X: 농촌 진흥 운동은 1932년부터 1940년까지 일본이 조선 농민을 회유하기 위해서 실시하였다.

# THEME 109 1920년대(문화 통치)

## 01

2020년 국가직 9급

**다음 법령이 실시된 기간에 있었던 사실로 옳은 것은?**

> 제1조 국체를 변혁 또는 사유재산제를 부인할 목적으로 결사를 조직하거나 그 정을 알고 이에 가입하는 자는 10년 이하의 징역 또는 금고에 처함
> 제2조 전조의 제1항의 목적으로 그 목적한 사항의 실행에 관하여 협의한 자는 7년 이하의 징역 또는 금고에 처함

① 「조선 태형령」이 공포되었다.
② 경성 제국 대학이 설립되었다.
③ 물산 장려 운동이 시작되었다.
④ 학도 지원병 제도가 실시되었다.

## 02

2015년 사회복지직

**일제 강점기 생활 모습을 묘사한 것으로 옳은 것은?**

① 대한천일은행 앞에서 회사원이 제국신문을 읽었다.
② 빈민이 토막촌을 형성하였고 걸인처럼 생활하였다.
③ 육영 공원에 입학한 청년이 선교사로부터 영어를 배웠다.
④ 서울의 학생이 미국인이 운영하는 전차를 타고 등교하였다.

## 03

2012년 법원직 9급

**다음 법령의 시행기에 있었던 사실로 옳지 않은 것은?**

> 제2조 국어를 상용하는 자의 보통 교육은 소학교령, 중학교령 및 고등여학교령에 의함.
> 제3조 국어를 상용치 아니하는 자에 보통 교육을 하는 학교는 보통 학교, 고등 보통 학교 및 여자 고등 보통 학교로 함.
> 제5조 보통 학교의 수업 연한은 6년으로 함. 보통 학교에 입학하는 자는 연령 6년 이상의 자로 함.
> 제7조 고등 보통 학교의 수업 연한은 5년으로 함. 고등 보통 학교에 입학하는 자는 수업 연한 6년의 보통 학교를 졸업한 자 또는 조선 총독이 정하는 바에 의하여 이와 동등 이상의 학력이 있다고 인정된 자로 함.

① 치안 유지법이 제정되었다.
② 경성 제국 대학이 설립되었다.
③ 조선어 학회 사건이 발생하였다.
④ 브나로드 운동과 문자 보급 운동이 전개되었다.

## 04

2010년 법원직 9급

**연표에서 (가) 시기에 들어갈 사실로 옳은 것을 <보기>에서 모두 고르면?**

| 1910 | 1919 | 1937 | 1945 |
|---|---|---|---|
| 국권 피탈 | 파리 강회 회의 | 중·일 전쟁 | 8·15 광복 |

(가): 1919~1937

> **보기**
> (ㄱ) "내 살림 내 것으로"라는 구호를 내걸고 민족 기업을 육성하여 경제 자립을 이루려는 운동이 일어났다.
> (ㄴ) 대한민국 임시 정부가 충칭에서 한국광복군을 창설하였다.
> (ㄷ) 조선어 연구회가 조선어 학회로 개편되면서 더욱 활발한 한글 보급 활동이 전개되었다.
> (ㄹ) 일제가 조선의 식민지적 토지 소유 관계를 공고히 하기 위하여 시행한 대규모의 국토 조사 사업이 실행되었다.

① (ㄱ), (ㄴ)
② (ㄴ), (ㄷ)
③ (ㄷ), (ㄹ)
④ (ㄱ), (ㄷ)

# 문제 풀이

## 01

정답 ④

제시된 사료는 1925년 제정된 치안 유지법 중 일부 내용으로, 치안 유지법은 1925년 제정된 이래 개정을 거치면서 존속되다 1945년 폐지되었다.

① 1912년 조선 태형령 제정
③ 1920년 물산 장려 운동 시작: 평양, 조만식
② 1924년 경성 제국 대학 설립

| 1925년 | 치안 유지법 제정 | |
|---|---|---|
| ↓ | ④ 1943년 학도 지원병제 실시 | |
| 1945년 | 치안 유지법 폐지 | |

**½한국사 고득점 TIP 물산 장려 운동**

- 실시: 1920년 평양에서 조만식이 '조선 물산 장려회' 조직
- 배경: 회사령 폐지와 일본의 관세 폐지 움직임에 대항, 민족 기업 육성
- 확산
  - 토산 애용 부인회, 자작회 등이 조직, 금주와 단연회 등의 활동
  - 1922년 조선 청년 연합회: '내 살림, 내 것으로' 표어 제정
  - 1923년 서울에서 '조선 물산 장려회' 조직
- 실패: 생산성 부족과 토산물 가격 상승, 일제 방해로 실패
- 사회주의는 물산 장려 운동을 비판

## 02

정답 ②

일제 강점기는 1910년 한·일 합병이 이루어진 때부터 1945년 해방이 선언된 때까지이다.

**② O: 일제 강점기에 일본인들은 청계천을 기준으로 남촌에, 한국인들은 주로 북촌에 거주하였다. 그리고 서울 변두리에는 빈민들이 토막집을 짓고 살았다.**

**오답 분석**

① X: 대한천일은행은 1899년 서울의 거상들이 조직한 민족 은행이며 일제의 강요로 1912년 2월 상호를 조선상업은행으로 개칭하였고, 1950년 한국상업은행으로 발전하였다. 제국신문은 1898년 발행을 시작하여 1910년 8월에 발행을 중단하였다.

③ X: 육영 공원은 1886년 설립된 최초의 근대적 관립 학교로 젊은 관리나 양반 자제들을 교육하였다. 이후 1894년에 중단되어 한성 외국어 학교에 통합되었다.

④ X: 전차는 1899년 서대문에서 청량리(홍릉)까지 처음으로 완공되었다. 전차는 처음에는 대한 제국과 미국이 합자한 한성 전기 회사에서 운영하였지만, 일제 강점기에 일본 회사가 운영하였다.

## 03

정답 ③

제시된 사료에서 보통학교의 수업 연한이 6년으로 확대된 것으로 보아 1922년부터 1938년까지 시행된 2차 조선 교육령임을 알 수 있다.

**③ X: 조선어 학회 사건은 제3차 조선 교육령 시행기(1938~1943)인 1942년에 발생하였다. 조선어 학회 사건은 당시 국어(일본어) 상용 정책을 시행하던 일제가 조선어 학회를 독립 운동 단체로 간주하여 회원들을 체포·투옥한 사건이다.**

**오답 분석**

① O: 치안 유지법은 일제가 자국의 사회주의 사상과 단체를 탄압하기 위하여 1925년에 제정한 것으로, 식민지인 조선에도 적용되어 독립 운동을 탄압하는 데 활용되었다.

② O: 경성 제국 대학은 1924년에 설립되었다. 경성 제국 대학은 조선인들의 민립 대학 설립 운동을 무마시키고, 조선에 거주하는 일본인들의 고등교육을 위해 설립되었다.

④ O: 브나로드 운동은 동아일보가 주도하고 학생들이 중심이 되어 1931년부터 1934년까지 전개된 문맹 퇴치 운동이다. 문자 보급 운동은 1929년부터 1934년까지 조선 일보의 주도로 "아는 것이 힘, 배워야 산다!"라는 구호 아래 전개된 문맹 퇴치 운동이다.

## 04

정답 ④

| 1910년 | 국권 피탈 |
|---|---|
| ↓ | (ㄹ) 1912년~1918년 토지 조사 사업 |
| 1919년 | 파리 강화 회의 |
| ↓ (가) | (ㄱ) 1920년 물산 장려 운동: 평양, 조만식이 시작<br>(ㄷ) 1931년 조선어 연구회가 조선어 학회로 발전 |
| 1937년 | 중·일 전쟁 |
| ↓ | (ㄴ) 1940년 충칭 임시 정부: 한국광복군 창설 |
| 1945년 | 8·15 광복 |

**½한국사 고득점 TIP 한국광복군**

- 창설: 1940년 충칭, 충칭 임시정부의 산하 부대로 창설
- 지휘: 총대장 지청천, 참모장 이범석
- 한계: 중국 정부의 지원을 받으며 중국 군사 위원회의 통제를 받음
- 활동
  - 1941년 대일 선전 포고
  - 1942년 김원봉의 조선 의용대가 참여
  - 1943년 영국군의 요청으로 인도와 미얀마 전선에 파견
  - 1944년 독자적 작전권 획득
  - 1945년 독일에 선전 포고, 미국의 지원으로 국내 진공 작전 계획

# THEME 110 1930년대(민족 말살 통치)

## 01

2023년 국가직 9급

(가) 시기에 볼 수 있었던 모습으로 옳지 않은 것은?

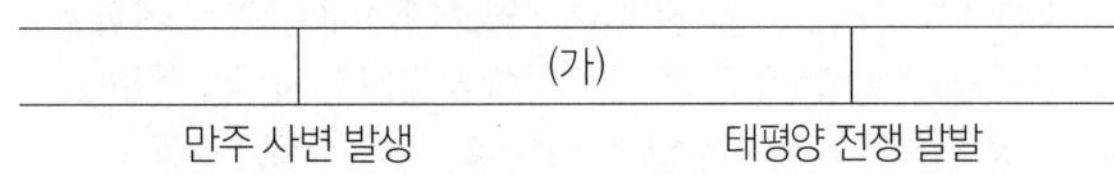


① 소학교에 등교하는 조선인 학생
② 황국 신민 서사를 암송하는 청년
③ 제국신문 기사를 작성하는 기자
④ 쌍성보에서 항전하는 한국 독립당 군인

## 02

2021년 국가직 9급

중일전쟁 이후 조선 총독부가 시행한 민족 말살 정책이 아닌 것은?

① 아침마다 궁성요배를 강요하였다.
② 일본에 충성하자는 황국 신민 서사를 암송하게 하였다.
③ 공업 자원의 확보를 위하여 남면북양 정책을 시행하였다.
④ 황국 신민 의식을 강화하고자 소학교를 국민학교로 개칭하였다.

## 03

2018년 국가직 9급

다음의 법률에 근거하여 실시된 식민지 정책으로 옳지 않은 것은?

> 제4조 정부는 전시에 국가 총동원상 필요하다고 인정될 때에는 칙령이 정하는 바에 따라서 제국 신민을 징용하여 총동원 업무에 종사하도록 할 수 있다.
> 제7조 정부는 칙령이 정하는 바에 따라 노동 쟁의의 예방 혹은 해결에 관한 명령, 작업소 폐쇄, 작업 혹은 노무의 중지 …(중략)… 등을 명할 수 있다.

① 물자 통제령을 공포하여 배급제를 확대하였다.
② 육군 특별 지원병령을 제정하여 지원병을 선발하였다.
③ 금속류 회수령을 제정하여 주요 군수 물자를 공출하였다.
④ 국민 징용령을 공포하여 강제적인 노무 동원을 실시하였다.

## 04

2019년 지방직 9급

밑줄 친 (ㄱ), (ㄴ)에 대한 설명으로 옳은 것은?

> 신고산이 우르르 함흥차 가는 소리에
> (ㄱ) 지원병 보낸 어머니 가슴만 쥐어뜯고요
> …(중략)…
> 신고산이 우르르 함흥차 가는 소리에
> (ㄴ) 정신대 보낸 어머니 딸이 가엾어 울고요

① (ㄱ) - 학생들도 모집 대상이었다.
② (ㄱ) - 처음에는 징병제에 따라 동원되기 시작하였다.
③ (ㄴ) - 국민 징용령에 근거한 조직이었다.
④ (ㄴ) - 물자 공출 장려를 목표로 결성하였다

# 문제 풀이

## 01

정답 ③

③ X: 제국신문 1898년 발행 ~1910년 8월 폐간

| 1931년 | 만주 사변 |
|---|---|

① 1938년 3차 조선 교육령: 보통학교를 소학교로 개칭

② 1937년 황국 신민 서사 암송 강요

④ 1932년 한국 독립군과 호로군: 쌍성보 전투

| 1941년 | 태평양 전쟁 |
|---|---|

**중요 사료** **황국 신민 서사**

- [아동용]
  1. 우리는 대일본제국의 신민(臣民)입니다.
  2. 우리는 마음을 합하여 천황 폐하에게 충의(忠義)를 다합니다.
  3. 우리는 괴로움을 참고 몸과 마음을 굳세게 하여[忍苦鍛錬] 훌륭하고 강한 국민이 되겠습니다.
- [일반인용]
  1. 우리는 황국 신민이다. 충성으로써 군국(君國)에 보답한다.
  2. 우리들 황국 신민은 서로 믿고 아끼고 협력하여[信愛協力] 단결을 공고히 한다.
  3. 우리들 황국 신민은 괴로움을 참고 몸과 마음을 굳세게 하는 힘[忍苦鍛錬力]을 길러 황도(皇道)를 선양(宣揚)한다.

## 02

정답 ③

③ X: 일본은 1931년 만주 사변 이후 민족 말살 정책(황국 신민화 정책)이 아니라 공업원료를 수탈하여 일본 방직 자본을 보호하기 위해서 남면북양 정책을 시행하였다.

**오답 분석**

① O: 일본은 중일전쟁 이후 황국 신민화 정책을 추진하면서 아침마다 궁성요배를 강요하였다.

② O: 일본은 중일전쟁 이후 황국 신민화 정책으로 황국 신민 서사를 암송하게 하였다.

④ O: 일본은 1941년 황국 신민 의식을 강화하고자 소학교를 국민학교로 개칭하였다.

## 03

정답 ②

제시된 사료는 국가 총동원법으로, 1938년 4월에 일제가 인적·물적 자원의 총동원을 위해 제정·공포한 전시통제의 기본법으로 5월부터 시행되었다.

② 1938년 2월: 육군 특별 지원병령

| 1938년 4월 | 국가 총동원법 발표 | |
|---|---|---|

④ 1939년: 국민 징용령

① 1941년: 물자 통제령

③ 1941년: 금속 회수령

**½한국사 고득점 TIP** **일제의 인적 자원 수탈**

- 1938년: 지원병제, 근로 보국대 조직
- 1939년: 국민 징용령
- 1941년: 국민 근로 보국령
- 1943년: 학도 지원병제
- 1944년: 여자 정신대 근무령, 징병제

## 04

정답 ①

① O: (ㄱ) 지원병은 후에는 학생들도 모집 대상이 되었다.

**오답 분석**

② X: (ㄱ) 1938년 지원병제로 모집하다 1944년 강제 징병제에 따라 동원되었다.

③ X: (ㄴ) 정신대는 1939년 제정된 국민 징용령이 아니라 1944년 제정된 여자 정신대 근무령에 근거한 조직이었다.

④ X: (ㄴ) 정신대는 물자 공출 장려를 목표한 것이 아니라 12세~40세 사이의 여성을 강제로 동원하였다.

**중요 사료** **민족 말살 통치기 징병제**

7월 20일, 학생들과 체조를 하고 있었는데 면사무소 직원이 징병 영장을 가져왔다. 흰 종이에는 '징병 영장' 그리고 '8월 1일까지 함경북도에 주둔한 일본군 나남 222부대에 입대하라'고 적혀 있었다. 7월 30일, 앞면에는 '무운장구(武運長久)' 뒷면에는 '축 입영'이라고 적힌 붉은 천의 어깨띠를 두르고 신사를 참배한 후 순사와 함께 나룻배를 타고 고향을 떠났다. 용산역에서 기차를 탈 때까지 순사는 매섭게 나를 감시하였다.

# THEME 111 일제 강점기 경제 상황

## 01

2021년 국가직 9급

**다음 법령에 따라 시행된 사업에 대한 설명으로 옳은 것은?**

> 제1조 토지의 조사 및 측량은 본령에 따른다.
>
> 제4조 토지 소유자는 조선 총독이 정한 기간 내에 주소, 성명 또는 명칭 및 소유지의 소재, 지목, 자번호, 사표, 등급, 지적, 결수를 임시 토지 조사 국장에게 신고해야 한다. 단 국유지는 보관 관청이 임시 토지 조사 국장에게 통지해야 한다.

① 농상공부를 주무 기관으로 하였다.
② 역둔토, 궁장토를 총독부 소유로 만들었다.
③ 토지 약탈을 위해 동양 척식 회사를 설립하였다.
④ 춘궁 퇴치, 농가 부채 근절을 목표로 내세웠다.

## 02

2013년 법원직 9급

**(가), (나) 사업의 공통점으로 가장 옳지 않은 것은?**

> (가) 지계 업무를 소관 지방으로 가서 실시하되 전답·산림·천택·가옥을 모두 조사 측량하여 결부와 사표의 분명함과 칸수 및 척량의 정확함과 시주 및 구권의 증거를 반드시 확인한 후 발급할 것
>
> (나) 토지 소유자는 조선 총독이 정하는 기간 내에 주소·씨명, 명칭 및 소유지의 소재, 지목, 자번호, 사표, 등급, 지적, 결수를 임시 토지 조사 국장에게 신고해야 한다.

① 재정의 확보에 기여하였다.
② 근대적 토지 소유권을 확립하였다.
③ 토지 매매가 보다 쉽게 이루어질 수 있었다.
④ 경자유전의 원칙을 실현하기 위한 방안이었다.

## 03

2015년 서울시 9급

**다음 (ㄱ)의 추진 결과 나타난 현상으로 옳지 않은 것은?**

> 일본은 1910년대 이후 자본주의 경제가 급속하게 발전하면서 농민들이 도시에 몰려 식량 조달에 큰 차질이 빚어졌다. 이를 해결하기 위해 (ㄱ) 을 추진하였는데, 이는 토지 개량과 농사 개량을 통해 식량 생산을 대폭 늘려 일본으로 더 많은 쌀을 가져가고 우리나라 농민 생활도 안정시킨다는 목표로 추진되었다.

① 쌀 생산량의 증가보다 일본으로의 수출량 증가가 두드러졌다.
② 만주로부터 조, 수수, 콩 등의 잡곡 수입이 증가하였다.
③ 한국인의 1인당 연간 쌀 소비량이 이전보다 줄어들었다.
④ 많은 수의 소작농이 이를 통해 자작농으로 바뀌었다.

## 04

2016년 국가직 7급

**조선 총독부의 식민지 경제 정책으로 옳지 않은 것은?**

① 1910년대 - 회사 설립을 허가제로 한 회사령을 공포하였다.
② 1920년대 - 미곡 증산을 표방한 산미 증식 계획을 수립하였다.
③ 1930년대 - 농공은행을 통합하여 조선식산은행을 설립하였다.
④ 1940년대 - 전체 농민까지 식량 공출을 강제한 식량 관리령을 제정하였다.

# 문제 풀이

## 01

정답 ②

제시된 사료는 1912년부터 1918년까지 실시된 토지 조사 사업이다.

② O: **토지 조사 사업 당시 역둔토, 궁장토, 미신고 토지 등을 총독부 소유로 만들어 총독부가 최대 지주가 되었다.**

**오답 분석**

① X: 토지 조사 사업은 농상공부가 아니라 총독부가 1910년 설치한 임시 토지 조사국을 주무 기관으로 진행되었다.

③ X: 토지 조사 사업은 1912년부터 시작되었고, 동양 척식 회사는 1908년 설립되어 시기적으로 맞지 않는다.

④ X: 토지 조사 사업이 아니라 1932년부터 1940년까지 실시된 농촌 진흥 운동이 춘궁 퇴치, 농가 부채 근절을 목표로 내세웠다.

**½한국사 고득점 TIP 농상공부**

1차 갑오개혁 때 설치된 농상아문과 공무아문을 2차 갑오개혁 때 농상공부로 통합하였다.

## 02

정답 ④

제시된 사료의 (가)는 대한 제국 시기의 양전·지계 사업, (나)는 일제 강점기의 토지 조사 사업이다.

④ X: **이 두 사업은 경자유전의 원칙을 실현하는 것은 아니었다. 경자유전은 경작하는 농민들만이 토지를 소유하는 것으로, 해방 이후 북한은 1946년에, 남한은 1950년에 실시된 토지개혁이 경자유전을 목표로 한 것이다.**

**오답 분석**

①, ② O: 양전·지계 사업과 토지 조사 사업은 모두 근대적 토지 소유권 확립을 위해 실행되었으며, 토지의 소유주를 명확히 함으로써 재정의 확보에 기여하였다.

③ O: 양전·지계 사업과 토지 조사 사업의 목적은 토지의 소유주를 명확히 하는 것에 있었기 때문에 토지의 매매가 보다 쉽게 이루어질 수 있었다.

**½한국사 고득점 TIP 양전 지계 사업과 토지 조사 사업**

| 사업 | 양전 지계 사업 | 토지 조사 사업 |
|---|---|---|
| 실시 | 대한 제국 시기 | 총독부 1912년~1918년 |
| 방식 | 관리가 조사, 지계 발급 | 기한부 신고주의 |
| 소유권 | 근대적 소유권 강화 | |
| 정부 수입 | 재정 수입 증가 | |
| 토지 거래 | 쉬워짐 | |
| 완료 | 러·일 전쟁으로 중단 | 1918년 완료 |

## 03

정답 ④

제시된 자료에서 '일본의 식량 조달에 문제가 있었다'와 '이를 해결하기 위해서 우리나라에서 쌀을 가져간다'를 통해 (ㄱ)이 1920년대 실시된 산미 증식 계획임을 알 수 있다.

④ X: **많은 수의 소작농이 이를 통해 자작농으로 바뀌었던 것이 아니라 증식 비용을 우리 농민들이 부담하게 되어 자작농들이 다시 토지를 빼앗기고, 소작농들은 고율의 소작료에 시달렸다.**

**오답 분석**

① O: 산미 증식 계획 때 일제는 증식 목표량은 달성하지 못하였지만 수탈량은 계획대로 가져가서, 쌀 생산량의 증가보다 일본으로의 수출량 증가가 두드러졌다.

② O: 일본으로 많은 쌀이 유출되어 조선 내 쌀 부족 현상이 발생하였고, 이로 인해 만주로부터 조, 수수, 콩 등의 잡곡 수입이 증가하였다.

③ O: 산미 증식 계획의 결과 조선 내 쌀 부족 현상으로 한국인의 1인당 연간 쌀 소비량이 이전보다 줄어들었다.

**½한국사 고득점 TIP 산미 증식 계획**

- 실시: 1차: 1920년~1924년 / 2차: 1926년~1934년
- 목적: 일본 내 쌀값 안정
- 방법: 조선 내 쌀 생산을 늘려 일본으로 쌀을 공급
- 과정: 단작형 농업구조, 수리 시설 확충, 화학 비료 사용 등
- 결과
  - 증식 목표량 달성 실패, 수탈량은 계획대로 → 한국 내 쌀 부족
  - 부족한 쌀을 만주에서 잡곡을 수입해 충당
  - 증식 비용을 농민들이 부담 → 농민 몰락
  - 지주가 증식 비용을 소작농에게 전가 → 소작료 상승

## 04

정답 ③

③ X: **조선식산은행은 1918년에 6개의 농공은행을 통합하여 설립되었다. 조선식산은행은 일제가 식민지 조선의 개발과 수탈에 필요한 자금을 동원하고 배분하기 위해 설립한 특수 은행으로, 일제의 식민 지배가 끝날 때까지 조선 총독부의 경제 정책을 뒷받침하는 중추 금융 기관의 역할을 담당하였다.**

**오답 분석**

① O: 조선 총독부는 민족 기업과 민족 자본의 성장을 억압하기 위해 1910년에 회사의 설립을 총독의 허가제로 한 회사령을 공포하였다.

② O: 1920년대에 일제는 일본 본국의 급속한 산업화로 인한 식량 부족 문제를 해결하기 위해 미곡 증산을 표방한 산미 증식 계획을 수립하였다.

④ O: 일제는 침략 전쟁을 수행하는 데 필요한 전쟁 물자를 마련하기 위해 1943년에 조선 식량 관리령을 제정하여 공출의 범위를 미곡에서 전체 식량으로 확대하였다.

PART 08

# 독립 운동의 전개

# THEME 112 비밀 결사

## 01

2019년 국가직 9급

**밑줄 친 (ㄱ) 이후에 일어난 사실로 옳지 않은 것은?**

> 상쾌한 아침의 나라라는 뜻을 지닌 조선은 일본의 총칼 아래 민족정신을 무참하게 유린당했다. …(중략)… 조선민족은 독립항쟁을 줄기차게 계속하였다. 그중에서도 중요한 것은 (ㄱ) 1919년의 독립만세운동이었다.
>
> \- 네루, 세계사 편력

① '암태도 소작 쟁의'가 일어났다.
② '정우회 선언'이 발표되었다.
③ 임병찬이 독립 의군부를 조직하였다.
④ 조선 민립 대학 기성회가 창립되었다.

## 02

2015년 국가직 9급

**밑줄 친 (ㄱ), (ㄴ)에 대한 설명으로 옳은 것은?**

> 일제의 가혹한 탄압으로 독립 운동은 큰 제약을 받게 되었다. 그러나 그러한 제약 속에서도 비밀 결사의 형태로 독립 운동 단체가 결성되었다. (ㄱ) 독립 의군부와 (ㄴ) 대한 광복회는 모두 이러한 비밀 결사 단체였다.

① (ㄱ)은 공화국의 건설을 목표로 하였다.
② (ㄴ)은 고종의 비밀 지령을 받아 조직되었다.
③ (ㄱ)과 (ㄴ)은 모두 1910년대 국내에서 결성된 단체이다.
④ (ㄱ)은 박상진을 중심으로, (ㄴ)은 임병찬을 중심으로 한 조직이었다.

## 03

2016년 경간부

**다음의 정치적 이념과 가장 거리가 먼 독립 운동 단체는?**

> 융희 황제가 삼보(三寶)를 포기한 8월 29일은 즉 우리 동지가 이를 계승한 8월 29일이니 그간에 순간도 숨을 멈춘 적이 없음이라. …… 구한국 마지막 날은 즉 신한국 최초의 날이니 무슨 까닭인가. 우리 대한은 무시이래로 한인의 한(韓)이오 비한인(非韓人)의 한이 아니라 한인 사이의 주권을 주고받는 것은 역사상 불문법의 국헌(國憲)이오 비한인에게 주권 양여는 근본적 무효요 한국 민성(民性)의 절대 불허하는 바이라. 고로 경술년 융희 황제의 주권 포기는 즉 우리 국민 동지에 대한 묵시적 양위니 우리 동지는 당연히 삼보를 계승하여 통치할 특권이 있고 또 대통을 상속할 의무가 있도다.

① 신민회 ② 대한 독립 의군부
③ 대한 광복회 ④ 조선 국민회

## 04

2018년 경찰 2차

**다음은 일제 강점기 어떤 민족 운동 단체의 강령 중 일부이다. 이 단체에 대한 설명으로 가장 적절한 것은?**

> • 부호의 의연 및 일본인이 불법 징수하는 세금을 압수하여 무장을 준비한다.
> • 남북 만주에 사관 학교를 설치하여 독립 전사를 양성한다.
> • 중국과 러시아에 의뢰하여 무기를 구입한다.
> • 일인 고관 및 한인 반역자를 수시 수처에서 처단하는 행형부를 둔다.

① 이상룡 등이 서간도 지역의 삼원보에 터를 잡고 조직하였다.
② 풍기 광복단과 조선 국권 회복단의 일부 인사가 통합하여 만들었다.
③ 중국의 항일 무장 세력과 연합하여 쌍성보 전투, 사도하자 전투, 대전자령 전투 등에서 일본군을 격파하는 큰 전과를 올렸다.
④ 중국 관내에서 결성된 최초의 한인 무장 부대로, 중국의 지원을 받으며 대일 심리전과 후방 공작 활동을 전개하였다.

## 문제 풀이

### 01

정답 ③

제시된 사료의 밑줄 친 '1919년의 독립 만세 운동'은 3·1 운동이다.

③ 1912년 독립 의군부: 임병찬, 비밀조직, 복벽주의

| 1919년 | 3·1운동 |
|---|---|

① 1923년 암태도 소작 쟁의: 성공

④ 1923년 조선 민립 대학 기성회: 1천만원 모금 운동

② 1926년 정우회 선언 → 1927년 신간회 창립

**½한국사 고득점 TIP 독립 의군부**

- 조직: 1912년 임병찬이 조직, 비밀조직
- 목표: 국권회복과 복벽주의
- 활동: 국권 반환 요구서 전달(시도), 의병 투쟁 계획

### 02

정답 ③

**③ O: (ㄱ) 독립 의군부는 1912년, (ㄴ) 대한 광복회는 1915년 조직, 1910년대 국내에서 결성된 비밀 단체이다.**

**오답 분석**

① X: (ㄱ) 독립 의군부는 공화국의 건설이 아니라 복벽주의를 목표로 하였다. (ㄴ) 대한 광복회는 공화주의를 목표로 하였다.

② X: (ㄴ) 대한 광복회가 아니라 (ㄱ) 독립 의군부가 고종의 비밀 지령을 받아 조직되었다.

④ X: (ㄱ) 독립 의군부는 박상진이 아니라 임병찬을 중심으로, (ㄴ) 대한 광복회는 임병찬이 아니라 박상진을 중심으로 한 조직으로 의병 계열과 애국 계몽 운동 계열의 인사들이 통합하여 만든 단체이다.

**½한국사 고득점 TIP 대한 광복회**

- 부호의 의연 및 일본인이 불법 징수하는 세금을 압수하여 무장을 준비한다.
- 남북 만주에 사관 학교를 설치하여 독립 전사를 양성한다.
- 중국과 러시아에 의뢰하여 무기를 구입한다.
- 일인 고관 및 한인 반역자를 수시 수처에서 처단하는 행형부를 둔다.

### 03

정답 ②

제시된 사료는 1917년 대동단결선언의 일부이다. 이 선언은 공화정을 추구하는 내용이다.

**② X: 대한 독립 의군부는 왕정의 복고를 목적으로 하는 복벽주의를 표방하였다.**

**오답 분석**

① O: 신민회는 안창호, 이승훈, 양기탁 등의 주도로 결성된 비밀결사로, 실력 양성을 통한 국권 회복과 공화 정치 체제의 근대 국가 수립을 목표로 활동하였다.

③ O: 대한 광복회는 박상진을 중심으로 조직되었으며, 국권 회복과 공화정체를 지향하며 활동하였다.

④ O: 조선 국민회는 평양 숭실학교 학생들의 주도로 조직되었으며, 국권 회복과 공화주의를 목표로 활동하였다.

**½한국사 고득점 TIP 대동단결선언**

- 시기: 1917년 중국 상해
- 주도: 신규식, 박은식, 신채호, 조소앙 등 14인이 작성
- 내용: '황제가 포기한 주권을 국민이 넘겨받았다' 주권재민설
- 목표: 공화주의 임시정부 수립 주장

**½한국사 고득점 TIP 조선 국민회**

- 조직: 1915년 국내에서 조직된 비밀조직
- 주도: 하와이 대조선 국민군단의 국내조직, 평양 숭실학교 학생이 주도
- 목표: 국권회복과 공화주의

### 04

정답 ②

제시된 사료는 대한 광복회의 강령 내용이다. 박상진을 중심으로 조직된 대한 광복회는 국권 회복과 공화정체를 지향하였으며, 만주 지역의 무관 학교 설립을 목적으로 군자금을 모았다. 또한 대한 광복회는 국내와 만주에 지부를 설치하여 독립군을 양성하였다.

**② O: 대한 광복회(1915)는 박상진을 중심으로 채기중의 풍기 광복단(대한 광복단)과 조선 국권 회복단의 일부 인사가 통합하여 설립된 단체로, 의병 출신과 애국 계몽 운동 계열의 지식인들로 구성되었다.**

**오답 분석**

① X: 이상룡 등이 서간도(남만주) 지역의 삼원보에 터를 잡고 조직한 단체는 경학사이다. 1911년에 설치된 경학사는 서간도 최초의 한인 자치 기관이었으며, 이후 일제의 탄압으로 경학사가 해산되자 이상룡은 자치 기관인 부민단을 조직하기도 하였다(1912).

③ X: 중국의 항일 무장 세력인 호로군과 연합하여 쌍성보 전투, 사도하자 전투, 대전자령 전투 등에서 일본군을 격파한 단체는 지청천이 지휘한 한국 독립군이다.

④ X: 중국 관내에서 결성된 최초의 한인 무장 부대로, 중국 국민당 정부의 지원을 받아 대일 심리전 등을 전개한 단체는 조선 의용대이다.

# THEME 113 해외 독립 운동 기지

## 01

2017년 국가직 9급

밑줄 친 '이곳'에서 전개된 민족운동으로 옳은 것은?

> 1903년에 우리나라 공식 이민단이 이곳에 도착하였다. 이주 노동자들은 사탕수수 농장, 개간 사업장, 철도 공사장 등에서 일하며 한인 사회를 형성하여 갔다. 노동 이민과 함께 사진 결혼에 의한 부녀자들의 이민도 이루어졌다. 또한 한인합성협회 등과 같은 한인 단체가 결성되었다.

① 독립 운동 기지인 한흥동이 건설되었다.
② 독립 운동 단체인 권업회가 조직되었다.
③ 자치 기관인 경학사와 부민단이 만들어졌다.
④ 군사 양성 기관인 대조선 국민군단이 창설되었다.

## 02

2016년 지방직 9급

다음 법령이 시행되던 시기에 볼 수 있는 모습으로 옳은 것은?

> 제1조 3개월 이하의 징역 또는 구류에 처하여야 할 자는 그 정상에 따라 태형에 처할 수 있다.
> 제6조 태형은 태로써 볼기를 치는 방법으로 집행한다.
> 제13조 본령은 조선인에 한하여 적용한다.

① 회사령 공포를 듣고 있는 상인
② 경의선 철도 개통식을 보는 학생
③ 동양 척식 주식회사의 설립식에 참석한 기자
④ 대한 광복군 정부의 군사 훈련에 참여한 청년

## 03

2019년 서울시 9급(2월)

<보기> 자료의 민족 운동가들이 추진한 독립 운동에 대한 서술로 가장 옳은 것은?

> 보기
> 8월 초에 여러 형제분이 모여서 같이 만주로 갈 준비를 하였다. 비밀리에 땅과 집을 파는데, 여러 집을 한꺼번에 처분하니 얼마나 어려우리요. 그때만 해도 여러 형제분 집은 예전 대갓집이 그렇듯이 종살이를 하는 사람이 수없이 많았고 (……) 우리 집 어른(이회영)은 옛날 범절을 따지지 않고 위아래 구분 없이 뜻만 같으면 악수하여 동지로 대접하였다. (……) 1만여 석의 재산과 가옥을 모두 팔고 경술년(1910) 12월 30일에 큰집, 작은집이 함께 압록강을 건너 떠났다.
> - 이은숙, 민족 운동가 아내의 수기, 서간도 시종기

① 신흥 강습소를 만들어 민족 교육과 독립군 양성을 추진하였다.
② 대한 광복군 정부, 대한국민의회 등의 독립 운동 기지를 설립하였다.
③ 간민회를 기반으로 서전서숙과 명동 학교 등 학교를 세워 민족 교육을 실시하였다.
④ 나라를 되찾은 후 고종을 복위시키려는 목표를 세우고 전국적인 의병 봉기를 준비하였다.

## 04

2019년 서울시 7급(10월)

<보기>의 독립 운동이 전개되었던 지역은?

> 보기
> • 이상설 등이 권업회를 조직하여 민족 의식을 고취했다.
> • 이상설과 이동휘를 정·부통령으로 하는 대한 광복군 정부가 조직되었다.

① 서간도
② 북간도
③ 연해주
④ 미주 지역

# 문제 풀이

## 01

정답 ④

제시된 자료의 밑줄 친 '이곳'은 미주 하와이 지역이다. 1903년 미국으로 합법적 이민이 시작되어 사탕수수 노동자 등으로 이민을 갔다. 또한 이곳 하와이에서는 1907년 한인합성협회 등이 조직되었다.

**④ O: 하와이에서 1914년 박용만이 군사 양성 기관인 대조선 국민군단을 창설하였다.**

**오답 분석**

① X: 하와이가 아니라 중국 길림성 소만국경인 밀산부에 이상설 등이 독립 운동 기지인 한흥동을 건설하였다.

② X: 하와이가 아니라 연해주에 독립 운동 단체인 권업회가 조직되었다.

③ X: 하와이가 아니라 서간도에 자치 기관인 경학사와 부민단이 만들어졌다.

**½한국사 고득점 TIP 대조선 국민군단**

- 조직: 1914년 하와이에서 박용만이 조직
- 소속: 미국 샌프란시스코의 '대한인 국민회'의 연무부 소속
- 중심: 1909년 조직된 한인 소년병 학교 출신들이 중심

## 02

정답 ④

제시된 사료의 법령은 1912년 제정된 조선 태형령의 일부이다. 태형령은 1912년부터 1920년까지 시행되었다. 그러므로 1912년부터 1920년 사이의 사건을 고르면 되는 문제이다.

② 1906년: 경의선 철도 개통

③ 1908년: 동양 척식 주식회사 설립

① 1910년: 회사령 공포

| 1912년 | 조선 태형령 제정 |
|---|---|
| ↓ | ④ 1914년: 대한 광복군 정부 수립 |
| 1920년 | 조선 태형령 폐지 |

## 03

정답 ①

제시된 사료의 이은숙은 이회영의 아내로, 이시영과 이회영 형제의 독립 운동에 대한 내용이다.

**① O: 이회영 형제는 신민회 계열의 인사들로 삼원보에 경학사를 설립하고 한흥동 밀산부에 독립군 기지를 건설하였다. 또한, 남만주 삼원보에 신흥 강습소, 신흥 무관 학교를 설립하여 독립군을 양성하였다.**

**오답 분석**

② X: 대한 광복군 정부는 1914년 연해주 지역에 조직된 군정 기구로 이상설과 이동휘가 정·부통령에 선임되었다. 대한국민의회는 1919년 손병희가 연해주에서 조직하였고, 3·1 운동 당시 연해주의 만세 운동을 주도하였다. 대한국민의회는 3·1 운동 이후 최초의 임시 정부를 수립하였다.

③ X: 서전서숙은 1906년 이상설이 북간도 지역에서 세운 해외에 설립된 최초의 근대식 사립 학교이며, 명동 학교는 1908년 김약연이 설립하였다.

④ X: 1912년 고종의 밀지를 받아 임병찬이 유생들과 조직한 독립 의군부에 대한 설명이다.

**½한국사 고득점 TIP 이회영**

- 1867년~1932년
- 신민회 중앙위원, 상동 청년 학원 학감, 항일 구국 연맹 의장
- 1911년 남만주 삼원보에 경학사 설립, 신흥 강습소 설립
- 1918년 고종의 국외 망명 추진 → 고종의 죽음으로 실패
- 1924년 재중국 조선 무정부주의자 연맹을 조직
- 1931년 항일 구국 연맹의 의장

## 04

정답 ③

제시된 자료에서 이상설 등이 권업회를 조직하였으며, 이상설·이동휘를 정·부통령으로 하는 대한 광복군 정부가 조직되었다는 것을 통해 연해주에 대한 내용임을 알 수 있다.

**③ O: 연해주는 일제 강점기에 해외 독립 운동이 활발하게 일어난 지역으로, 블라디보스토크의 한인 집단 거주지인 신한촌이 독립 운동의 중심지가 되었다. 이상설 등은 신한촌에서 권업회를 조직하였으며, 권업회는 이상설과 이동휘를 정·부통령으로 하는 대한 광복군 정부를 수립(1914)하여 독립 전쟁을 준비하였다.**

**오답 분석**

① X: 서간도(남만주)에서는 한인 자치 기구인 경학사를 중심으로 독립군 양성 기관인 신흥 강습소가 설립되었다(1911).

② X: 북간도에서는 중광단이 결성되어(1911) 대한 독립 선언서(1918)의 발표를 주도하였으며, 3·1 운동 이후에 중광단은 북로 군정서로 조직을 확대·개편하여 무장 투쟁을 전개하였다(1919).

④ X: 미주 샌프란시스코에서는 이승만 등이 미주 지역 독립 운동 단체들을 총괄하는 대한인 국민회(1910)를 결성하였으며, 안창호는 흥사단(1913)을 조직하였다. 또한 미주 하와이에서는 박용만이 대조선 국민군단(1914)을 조직하여 독립군 양성을 위해 노력하였다.

# THEME 114 3·1 운동

## 01

2019년 기상직 9급

**다음 장소에 대한 설명으로 옳지 않은 것은?**

① 일제 강점기에는 파고다 공원으로 불렸다.
② 한성부 도시 개조 사업 과정에서 조성되었다.
③ 민족 대표 33인이 이 장소에서 독립선언서를 낭독하였다.
④ 대리석으로 만들어진 서울 원각사지 십층 석탑이 있다.

## 02

2022년 법원직 9급

**자료에 나타난 민족 운동에 대한 설명으로 가장 옳은 것은?**

> 동대문 밖에서 다시 한 번 일대 시위 운동이 일어났다. 이날은 태황제의 인산날이었으므로 망곡하러 모인 군중이 수십 만이었다. 인산례(因山禮)가 끝나고 융희제(순종)와 두 분의 친왕 이하 여러 관료와 궁속들이 돌아오다가 청량리에 이르렀다. 이때 곡 소리와 만세 소리가 일시에 폭발하여 천지가 진동하였다.

① 신간회의 후원으로 확산되었다.
② 대한민국 임시 정부 수립에 영향을 주었다.
③ 준비 과정에서 천도교와 조선 공산당 등이 연대하였다.
④ 한국인 학생과 일본인 학생 사이의 충돌에서 비롯되었다.

## 03

2024년 지방직 9급

**다음 주장을 내세운 민족 운동은?**

> 1. 오늘날 우리의 이 행동은 정의와 인도 그리고 생존과 존엄함을 지키기 위한 민족적 요구에서 나온 것이니, 오직 자유로운 정신을 발휘할 것이며 결코 배타적 감정으로 치닫지 말라.
> 1. 마지막 한 사람까지 마지막 한순간까지 민족의 정당한 의사를 마음껏 발표하라.
> 1. 일체의 행동은 무엇보다 질서를 존중하며, 우리의 주장과 태도를 어디까지나 떳떳하고 정당하게 하라.

① 3·1운동
② 6·10 만세 운동
③ 물산 장려 운동
④ 민립 대학 설립 운동

## 04

2019년 경찰 1차

**다음 중 3·1 운동의 배경·전개·의의에 관한 설명으로 옳지 않은 것은?**

① 미국 대통령 윌슨의 민족 자결주의는 제1차 세계 대전 이후 지구상의 모든 식민지 처리에 적용되었다.
② 상하이의 신한청년단은 파리 강화 회의에 보낼 독립 청원서를 작성하여 김규식을 대표로 파견하였다.
③ 만주, 연해주, 일본 등지에서도 만세 운동이 벌어졌다.
④ 제1차 세계 대전 승전국의 식민지에서 일어난 최초의 반제 민족 운동이다.

# 문제 풀이

## 01

정답 ③

제시된 자료의 왼쪽은 원각사지 10층 석탑, 오른쪽은 팔각정으로 위 문화재는 현재 탑골 공원에 위치하고 있다.

③ X: 3·1 운동 당시 민족 대표 33인은 독립 선언문을 작성하여 탑골 공원이 아니라 태화관에서 독립 선언식을 열고 체포되었다. 탑골 공원에서는 학생들과 민중들 중심으로 시위가 전개되었다.

**오답 분석**

①, ② O: 탑골 공원은 대한 제국 시기 도시 개조 사업의 일환으로 영국인 브라운에 의해 공원으로 조성된 것으로 추정되며, 이후 탑동 공원, 탑 공원, 파고다 공원 등으로 불리다 일제 강점기인 1920년에 '파고다 공원'이라는 이름으로 정식 개원하였다. 이후 1992년에 옛 지명을 따라 탑골 공원으로 개칭되었다.

④ O: 탑골 공원 내에는 조선 세조 때 대리석으로 제작된 원각사지 십층 석탑이 있다.

**½한국사 고득점 TIP** 탑골 공원

- 위치: 세조 때 만들어진 원각사 터에 설치
- 서울 최초의 근대식 공원, 일제 강점기에 파고다 공원으로 불림
- 팔각정, 앙부일구, 원각사지 10층 석탑, 원각사비
- 3·1 운동 기념탑, 3·1 운동 기념 부조, 손병희 동상

## 02

정답 ②

제시된 사료에서 '태황제의 인산날, 융희제(순종)와 두 분의 친왕 이후 여러 관료와 ~ 곡소리와 만세 소리'를 통해 1919년 고종의 인산일에 벌어진 3·1 운동임을 알 수 있다.

② O: 3·1 운동은 대한민국 임시 정부 수립에 영향을 주었다.

**오답 분석**

① X: 신간회의 후원으로 확산된 민족 운동은 광주 학생 항일 운동이다.

③ X: 준비 과정에서 천도교와 조선 공산당 등이 연대한 민족 운동은 6·10 만세 운동이다.

④ X: 한국인 학생과 일본인 학생 사이의 충돌에서 비롯된 민족 운동은 광주 학생 항일 운동이다.

## 03

정답 ①

제시된 사료는 3·1 독립 선언서(기미 독립 선언서)의 일부인 공약 3장의 내용으로, 다음 주장을 내세운 민족 운동은 3·1 운동이다.

① O: 3·1 운동은 무단 통치 시기에 일제의 강력한 탄압에 반발하여 일어난 독립 만세 운동으로, 민족 대표 33인 중 29인(4명은 지방에 있어 불참)은 탑골 공원에서 독립 선언식을 가지려 했으나, 시위가 격해질 것을 우려하여 태화관에서 독립 선언서를 낭독하였다. 또한 3·1 운동 당시 시민들과 학생들은 탑골 공원에 모여 독립선언문을 낭독하고 만세 시위를 전개하였다.

**오답 분석**

② X: 6·10 만세 운동은 순종의 인산일에 맞춰 민족주의 계열인 천도교와 사회주의 계열의 단체, 조선 학생 과학 연구회를 중심으로 한 학생들이 함께 추진하여 일으킨 독립 운동으로, 이후 민족 유일당 운동이 전개되는 계기를 마련하였다.

③ X: 물산 장려 운동은 1920년대 일본의 회사령 철폐와 관세 철폐 움직임에 대항하여 시작된 경제적 구국 운동이다.

④ X: 민립 대학 설립 운동은 일제의 식민지 차별 교육에 대항하여 우리 민족의 힘으로 대학을 설립하고자 일어난 민족 운동이다.

## 04

정답 ①

① X: 미국 대통령 윌슨의 민족 자결주의는 어느 민족의 운명이나 미래를 그 민족이 스스로 결정하게 해야 한다는 주장으로, 제1차 세계 대전 이후 패전국의 식민지에만 적용되었다.

**오답 분석**

② O: 상하이의 신한청년단(신한청년당)은 독립 청원서를 작성하고, 김규식을 파리 강화 회의에 대표로 파견하여 국제적인 협조를 요청하였다. 이러한 국외에서의 노력은 3·1 운동의 배경이 되었다.

③ O: 3·1 운동은 국내뿐만 아니라 해외로도 확산되어 만주 서간도 삼원보와 북간도 용정, 연해주 블라디보스토크 등에서 만세 시위가 일어났으며, 일본 도쿄의 유학생들도 만세 시위를 전개하였다.

④ O: 3·1 운동은 제1차 세계 대전 승전국의 식민지에서 일어난 최초의 반제국주의 민족 운동이다. 3·1 운동은 이후 중국의 5·4 운동, 인도의 비폭력·불복종 운동 등 세계 각지의 민족 해방 운동에 큰 영향을 주었다.

**중요 사료** 3·1 운동

> 오늘은 한국의 위대한 날이다. …… 오후 2시, 중학교를 비롯한 각급 학교들이 일본의 한국 지배에 항거하는 시위를 벌였고, 거리로 나가 양손을 위로 올리고 모자를 흔들며 '대한 독립 만세'를 외치며 행진을 하기 시작했다. 거리의 사람들 역시 이 대열에 합류했고, 도시 전역에 기쁨의 외침 소리들이 울려 퍼졌다. …… 최근 일본 정부는 소위 '역도들'을 제압할 수 있는 더 '근본적인 대책'을 마련했다고 한다. 우리는 손으로 단순히 '독립 만세'를 외치는 사람들에게 …… 보병대 2사단, 포병대 1사단, 기병대 2 사단이 일본으로부터 파병되고 난 후 …… 마을들이 불타고 있다는 소문이 무성하다는 것이다.
> – 『노블일지』

# THEME 115 대한민국 임시 정부

## 01
2012년 서울시 9급

**1919년에 수립된 대한민국 임시 정부를 설명한 것이다. 다음 중 옳지 않은 것은?**

① 삼권 분립에 기초한 최초의 민주 공화국이다.
② 초대 대통령은 이승만이 선출되었고 국무총리에는 김구가 임명되었다.
③ 4차 개헌에서는 주석제를 실시하여 강력한 지도력을 발휘하였다.
④ 사료 편찬소에서 『한국독립 운동지혈사』를 편찬하였고, 독립신문을 간행하였다.
⑤ 상하이 사변 이후 임시 정부는 수도를 여러 번 이동하였고 1940년 충칭에 마지막으로 수도를 정했다.

## 02
2023년 국가직 9급

**다음과 같은 선포문을 발표하면서 성립한 정부의 정책으로 옳지 않은 것은?**

> 제1조 대한민국은 민주공화제로 함
> …(중략)…
> 민국 원년 3월 1일 우리 대한민족이 독립을 선언한 뒤 …(중략)… 이제 본 정부가 전 국민의 위임을 받아 조직되었으니 전 국민과 더불어 전심(專心)으로 힘을 모아 국토 광복의 대사명을 이룰 것을 선서한다.

① 독립 공채를 발행하였다.
② 기관지로 『독립신문』을 발간하였다.
③ 비밀 행정 조직인 연통부를 설치하였다.
④ 재정 확보를 위하여 전환국을 설립하였다.

## 03
2017년 교육행정직

**(가)에 들어갈 내용으로 옳은 것은?**

[대한민국 임시 정부의 변천]

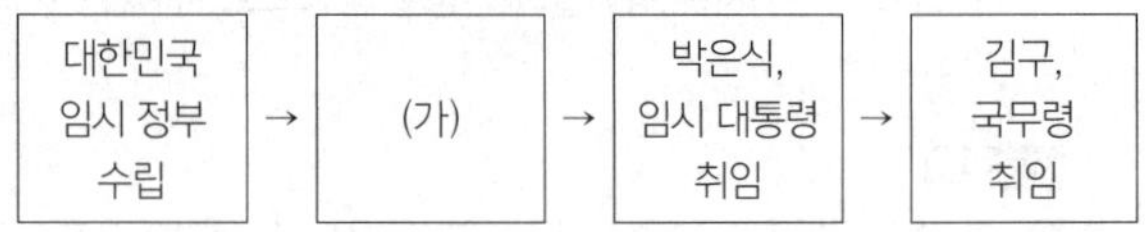


① 한국 국민당 창당
② 국민 대표 회의 개최
③ 대한민국 건국 강령 발표
④ 한국 광복 운동 단체 연합회 결성

## 04
2021년 법원직 9급

**밑줄 친 (ㄱ)~(ㄹ)에 대한 설명으로 옳은 것을 <보기>에서 모두 고른 것은?**

> 대한민국 임시 정부는 1921년을 고비로 (ㄱ) <u>위기 상태</u>에 빠졌다. 임시 정부 내에서 (ㄴ) <u>독립 운동의 노선</u>을 둘러싼 갈등도 나타났다. 각계의 독립 운동 지도자들은 이 국면을 타개하고자 국민 대표 회의를 열어 독립 운동의 새로운 방향을 모색하였다. 하지만 임시 정부의 진로 문제를 놓고 (ㄷ) <u>개조파</u>와 창조파가 대립하여 회의는 결렬되었다. 이후 (ㄹ) <u>지도 체제</u>가 개편되었지만 대한민국 임시 정부는 한동안 침체 상태에 빠졌다.

**보기**

(가) (ㄱ) - 교통국과 연통제 조직이 일제에 발각되었다.
(나) (ㄴ) - 외교 활동에 대한 무장 투쟁론자의 비판이 거세졌다.
(다) (ㄷ) - 주로 외교론을 비판하는 무장 투쟁론자들로 구성되었다.
(라) (ㄹ) - 헌법을 고쳐 대통령 중심의 집단 지도 체제로 전환하였다.

① (가), (나)　　② (가), (라)
③ (나), (다)　　④ (다), (라)

## 문제 풀이

### 01

정답 ②

② X: 대한민국 임시 정부 초대 대통령은 이승만, 국무총리는 김구가 아니라 이동휘였다. 김구는 경무국장이었다.

**오답 분석**

① O: 대한민국 임시 정부는 입법 기관(임시 의정원), 행정 기관(국무원), 사법 기관(법원)으로 구성된 한국 최초의 삼권 분립에 입각한 민주 공화정체의 정부였다.

③ O: 임시 정부는 1940년 충칭에서 4차 개헌을 통해 주석제를 실시하여 강력한 지도력을 발휘하였다.

④ O: 임시 정부는 사료 편찬소를 설치하고 『한·일 관계 사료집』, 『한국독립 운동지혈사』를 편찬하였고, 독립신문을 간행하였다.

⑤ O: 1932년 상하이 사변 이후 임시 정부는 수도를 여러 번 이동하였고, 1940년 충칭에 마지막으로 수도를 정했다.

**½한국사 고득점 TIP 임시 정부의 개헌**

- 1차: 1919년 대통령제
- 2차: 1925년 국무령 중심의 내각 책임제, 사법권 조항 폐지
- 3차: 1927년 국무위원 중심의 집단 지도 체제
- 4차: 1940년 주석제
- 5차: 1944년 부주석제 신설, 사법부 조항 부활

### 02

정답 ④

제시된 사료는 1919년 4월 수립된 임시 정부의 임시헌장이다.

④ X: 전환국은 임시 정부가 아니라 1883년 고종 시절 화폐 발행을 위해서 만들어진 기구이다.

**오답 분석**

① O: 대한민국 임시 정부는 독립 운동을 위한 자금을 마련하기 위해 독립 공채를 발행하였다.

② O: 대한민국 임시 정부는 기관지로 독립신문을 발간하였다.

③ O: 대한민국 임시 정부는 국내외를 연결하는 비밀 행정 조직인 연통부를 설치하였다.

**½한국사 고득점 TIP 임시 정부의 편찬 활동**

임시 정부는 사료 편찬소를 설치하여 1919년 『한·일 관계 사료집』을 간행하였고 여기에 독립 운동가들의 경험을 덧붙여 『한국독립운동지혈사』(박은식)를 편찬하였다. 또한 1919년부터 1925년까지 독립신문을 간행하였고, 이광수가 주필을 담당하기도 하였다.

### 03

정답 ②

| 1919년 | 상해 대한민국 임시 정부 수립 |
|---|---|
| ↓ | ② 1923년: 국민 대표 회의 개최 |
| 1925년 | 박은식이 두 번째 대통령에 취임 |
| | ① 1935년: 한국 국민당 창당 |
| | ④ 1937년: 한국 광복 운동 단체 연합회 결성 |
| | ③ 1941년: 대한민국 건국 강령 반포 |

**½한국사 고득점 TIP 통합 임시 정부(1919. 9)**

- 상하이 임시 정부 명칭 및 정부의 위치 + 한성 정부의 법통 + 대한 국민 의회의 헌법
- 우리나라 최초의 3권 분립에 입각한 민주 공화정: 임시 의정원(입법), 국무원(행정), 법원(사법)
- 대통령 중심제에 의원 내각제를 절충: 대통령 이승만, 국무총리 이동휘

### 04

정답 ①

(가) O: (ㄱ) 임시 정부는 1921년 비밀 행정 조직망인 연통제와 정보 수립을 담당하는 교통국이 일제에 발각되어 위기에 빠졌다.

(나) O: 임시 정부는 초기에는 주로 외교 활동을 하였지만 성과가 미흡하여 무장 투쟁론자들의 비판을 받았다.

**오답 분석**

(다) X: 1923년 국민 대표 회의 당시 (ㄷ) 개조파가 아니라 창조파가 주로 외교론을 비판하는 무장 투쟁론자들로 구성되었다.

(라) X: 1923년 국민 대표 회의가 결렬된 후 1925년 이승만이 탄핵되고 1925년 박은식이 대통령에 취임한 후 1925년 2차 개헌을 통해 국무령 중심의 내각책임제로 개헌하였고, 이후 1927년 3차 개헌을 통해 대통령이 아니라 국무위원 중심의 집단 지도 체제로 전환하였다.

**½한국사 고득점 TIP 임시 정부의 노선 갈등**

임시 정부는 초기에 외교 활동에 주력하였다. 워싱턴에 구미 위원부, 파리에 파리 위원부 등을 설치하여 외교 활동을 주로 하였지만 이에 대한 성과가 미흡하자 이러한 외교론을 비판하는 무장 투쟁론자의 비판이 거세졌고 신채호와 박용만 등은 임시 정부를 탈퇴하고 군사통일주비회를 조직하였다.

## 05

2021년 국가직 9급

**밑줄 친 '회의'에서 있었던 사실은?**

> 본 회의는 2천만 민중의 공정한 뜻에 바탕을 둔 국민적 대화합으로 최고의 권위를 가지고 국민의 완전한 통일을 공고하게 하며, 광복 대업의 근본 방침을 수립하여 우리 민족의 자유를 만회하며 독립을 완성하기를 기도하고 이에 선언하노라. …(중략)… 본 대표 등은 국민이 위탁한 사명을 받들어 국민적 대단결에 힘쓰며 독립운동이 나아갈 방향을 확립하여 통일적 기관 아래에서 대업을 완성하고자 하노라.

① 대한민국 건국 강령이 상정되었다.
② 박은식이 임시 대통령으로 선출되었다.
③ 민족 유일당 운동 차원에서 조선 혁명당이 참가하였다.
④ 임시 정부를 대체할 새로운 조직을 만들자는 주장이 나왔다.

## 06

2020년 국가직 9급

**다음 자료가 발표된 이후의 사실에 해당하지 않는 것은?**

> 우리는 3천만 한국 인민과 정부를 대표하여 삼가 중·영·미·소·캐나다 기타 제국의 대일 선전이 일본을 격패케 하고 동아를 재건하는 가장 유효한 수단이 됨을 축하하여 이에 특히 다음과 같이 성명한다.
> 1. 한국 전 인민은 현재 이미 반침략 전선에 참가하였으니 한 개의 전투 단위로서 추축국에 선전한다.
> 2. 1910년의 합방 조약과 일체의 불평등 조약의 무효를 거듭 선포하며 아울러 반(反) 침략 국가인 한국에 있어서의 합리적 기득권익을 존중한다.
>
> …(중략)…
>
> 5. 루스벨트·처어칠 선언의 각조를 견결히 주장하며 한국 독립을 실현키 위하여 이것을 적용하여 민주 진영의 최후 승리를 축원한다.

① 한국광복군은 김원봉이 이끌던 조선 의용대의 병력을 통합하였다.
② 영국군의 요청에 따라 인도, 미얀마 전선에 한국광복군이 파견되었다.
③ 조선 독립 동맹은 조선 의용대 화북 지대를 기반으로 조선 의용군을 조직하였다.
④ 대한민국 임시 정부는 김구를 주석으로 하는 단일 지도 체제를 만들고 「대한민국 건국 강령」을 제정하였다.

## 07

2012년 사회복지직

**밑줄 친 부분에 들어갈 내용으로 옳은 것은?**

> 일제의 중국 침략이 가속화되자 우리나라 독립 운동 단체들은 항일 세력을 한 곳으로 모으는 데 힘을 기울였다. 그리하여 민족주의 계열의 세 개 정당을 한국 독립당으로 통합하는 데 성공하였다. 한국 독립당은 김구가 중심이 된 단체로서 대한민국 임시 정부의 집권 정당의 성격을 가졌다. 한국 독립당을 중심으로 한 대한민국 임시 정부는 주석 중심제로 정부 체제를 개편하여 독립 전쟁을 전개할 강력한 지도 체제를 확립하였고, 그 후 ______________________

① 한인 애국단을 조직하였다.
② 국민 대표 회의를 개최하였다.
③ 대한민국 건국 강령을 발표하였다.
④ 광주 학생 항일 운동을 지원하였다.

## 08

2021년 법원직 9급

**지도의 (가)~(라) 중 다음 성명서가 발표된 장소로 옳은 것은?**

> 1. 한국의 전체 인민은 현재 이미 반침략전선에 참가해 오고 있으며, 이제 하나의 전투 단위로서 추축국에 선전한다.
> 2. 1910년 한일 '병합'과 일체의 불평등조약은 무효이며, 아울러 반침략 국가가 한국에서 합리적으로 얻은 기득 권익이 존중될 것임을 거듭 선포한다.
> 3. 한국, 중국과 서태평양에서 왜구를 완전히 몰아내기 위하여 최후의 승리를 거둘 때까지 혈전한다.

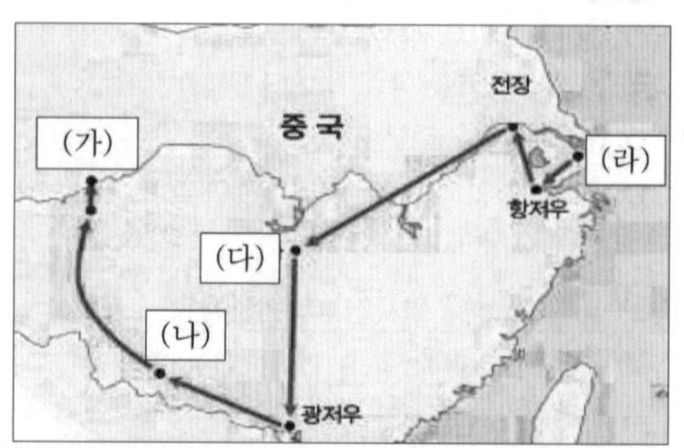


① (가) ② (나)
③ (다) ④ (라)

# 문제 풀이

## 05

정답 ④

제시된 사료에서 밑줄 친 '회의'는 1923년 열린 국민 대표 회의이다. '국민이 위탁한 사명을 받들고'에서 국민들의 대표이며, '독립 운동이 나아갈 방향을 확립하기 위한 회의'에서 1923년 열린 국민 대표 회의임을 알 수 있다.

④ O: 1923년 국민 대표 회의에서 신채호 등의 창조파는 임시 정부를 대체할 새로운 조직을 만들자고 하였고, 안창호 등의 개조파는 임시 정부를 유지하되 개조를 하자고 하였다. 김구는 국민대표회의의 해산을 요구하며 현상 유지를 주장하였다.

**오답 분석**

① X: 1923년 국민 대표 회의가 아니라 1941년 충칭 임시 정부 시절에 조소앙의 삼균주의를 바탕으로 대한민국 건국 강령이 반포되었다.

② X: 1923년 국민 대표 회의는 창조파와 개조파의 분열로 성과없이 끝났고, 1925년 이승만이 탄핵되고 박은식이 임시 대통령으로 선출되었다.

③ X: 1923년 국민 대표 회의가 아니라 1935년 민족 유일당 운동으로 김원봉이 의열단, 한국 독립당, 조선 혁명당 등을 통합하여 민족 혁명당을 만들었다. 다만 김구는 민족 혁명당에 참여하지 않고 한국 국민당을 창당하였다.

## 06

정답 ④

제시된 사료는 1941년 (12월) 발표된 한국광복군의 대일 선전 포고 중 일부이다. '한국 전 인민은 현재 이미 반침략 전선에 참가하였으니 한 개의 전투 단위로서 추축국(일본과 독일, 이탈리아)에 선전한다'에서 1941년 12월 임시 정부 한국광복군의 대일 선전 포고임을 알 수 있다.

④ 1941년 11월 임시 정부 건국 강령 발표

| 1941년 12월 | 임시 정부의 대일 선전 포고 |
|---|---|

① 1942년: 김원봉의 조선 의용대의 합류

③ 1942년: 김두봉, 조선 독립 동맹의 조선 의용군 조직

② 1943년: 영국군 요청으로 한국광복군 파견

**½한국사 고득점 TIP** 조선 독립 동맹

조선 독립 동맹은 1942년 김두봉이 화북 조선청년연합회와 화북지대 조선의용대를 중심으로 조직하였고, 1942년 화북지대 조선의용대가 조선 의용군으로 개편되었다.

## 07

정답 ③

대한민국 임시 정부가 주석 중심제의 지도 체제로 개편된 때는 4차 개헌 때로 1940년에 이루어졌다.

② 1923년: 국민 대표 회의 개최

④ 1929년: 광주 학생 항일 운동(신간회가 지원)

① 1931년: 한인 애국단 조직

| 1940년 | 충칭, 4차 개헌: 주석제 | |
|---|---|---|

③ 1941년: 건국 강령 발표, 조소앙의 삼균주의 토대

**중요 사료** 임시 정부의 건국 강령

삼균 제도를 골자로 한 헌법을 실시하여 정치와 경제와 교육의 민주적 시설로 실제상 균형을 도모하며 전국의 토지와 대생산 기관의 국유가 완성되고 전국의 학령 아동 전체가 고급 교육의 면비수학(무상교육)이 완성되고 보통 선거가 구속 없이 완전히 실시되어 …… 자치 조직과 행정 조직과 민중 단체와 민중 조직이 완비되어 삼균 제도가 배합 실시되고 경향 각 층의 극빈 계급에게 물질과 정신상 생활 정도와 문화 수준이 제고 보장되는 과정을 건국의 제2기라 함.

**½한국사 고득점 TIP** 조소앙의 삼균주의 → 건국 강령에 반영

- 중국 사상가 쑨원(孫文)의 삼민주의에서 영향을 받았다.
- 정치, 경제, 교육 분야에서의 균등을 주장하였다.
- 토지 및 대기업의 국유화와 중소기업의 사영화를 주장하였다.
- 식민 정책과 침략 전쟁을 반대하였다.

## 08

정답 ①

제시된 지도는 임시 정부가 1932년 상하이 사변 이후 여러 차례 수도를 옮기다 1940년 마지막으로 충칭으로 옮기는 과정을 보여주는 지도이다. 위의 사료는 1941년 충칭 임시 정부가 발표한 대일 선전 포고이다.

① O: 대한민국 임시 정부가 대일 선전 포고를 발표한 지역은 충칭이다. 대한민국 임시 정부는 1940년에 충칭에 정착하였고, 산하 부대인 한국광복군을 창설하였다. 이후 1941년에 태평양 전쟁이 일어나자 대한민국 임시 정부는 대일 선전 성명서를 발표하고 연합군의 일원으로 참전하였다.

**오답 분석**

② X: 유주

③ X: 장사

④ X: 상해

# THEME 116 의열 투쟁

## 01

2016년 국가직 9급

**다음 선언문을 강령으로 했던 단체의 활동으로 옳지 않은 것은?**

> 우리는 일본 강도 정치 즉 이족 통치가 우리 조선 민족 생존의 적임을 선언하는 동시에, 우리는 혁명 수단으로 우리 생존의 적인 강도 일본을 살벌함이 곧 우리의 정당한 수단임을 선언하노라.

① 민족 혁명당 창당에 가담하였다.
② 경성 부민관에 폭탄을 투척하였다.
③ 일본 제국의회와 황궁을 공격할 계획을 세웠다.
④ 임시 정부 요인과 제휴한 투탄 계획을 추진하였다.

## 02

2019년 지방직 9급

**다음 선언문의 강령에 따라 활동한 단체에 대한 설명으로 옳은 것은?**

> 민중은 우리 혁명의 대본영(大本營)이다. 폭력은 우리 혁명의 유일한 무기이다. 우리는 민중 속으로 가서 민중과 손을 맞잡아 끊임없는 폭력 - 암살, 파괴, 폭동 - 으로써 강도 일본의 통치를 타도하고 우리 생활에 불합리한 일체의 제도를 개조하여 인류로써 인류를 압박하지 못하며, 사회로써 사회를 박탈하지 못하는 이상적 조선을 건설할지니라.

① 임시 정부 활동에 활기를 불어넣고자 결성하였다.
② 청산리 지역에서 일본군과 접전을 벌여 대승을 거두었다.
③ 한국 독립당, 조선 혁명당 등과 함께 민족 혁명당을 결성하였다.
④ 원산에서 일본인이 한국인 노동자를 구타한 사건을 계기로 총파업을 일으켰다.

## 03

2018년 지방직 9급

**(ㄱ) 조직에 대한 설명으로 옳은 것은?**

> 1922년 3월, 중국 상하이에서 (ㄱ) 이/가 일본 육군대장 타나카 기이치(田中義一)를 암살하고자 한 사건이 발생했다. 이때 체포된 독립 운동가들은 일본 경찰에 인도되어 심문을 받게 되었는데, 그 심문 과정에서 (ㄱ) 속한 김익상이 1921년 9월 조선 총독부 건물에 폭탄을 던진 의거의 당사자라는 사실이 밝혀졌다.

① 공화주의를 주창하는 내용의 대동 단결 선언을 작성해 발표하였다.
② 이 조직에 속한 이봉창이 일왕이 탄 마차 행렬에 폭탄을 던졌다.
③ 일부 구성원을 황푸 군관 학교에 보내 군사 훈련을 받도록 하였다.
④ 새로 부임하는 사이토 조선 총독에게 폭탄을 투척하는 의거를 일으켰다.

## 04

2012년 지방직 9급

**밑줄 친 '그'가 일으킨 사건의 영향에 대한 설명으로 옳은 것은?**

> 일제는 1월 28일 일본 승려 사건을 계기로 전쟁을 도발하였다. 일본은 이때 시라카와(白川) 대장을 사령관으로 삼아 중국과의 전쟁을 승리로 이끌었다. 그는 이듬해 봄 야채상으로 가장하여 일본군의 정보를 탐지한 뒤, 4월 29일 이른바 천장절 겸 전승 축하 기념식에 폭탄을 투척하기로 하였다. 식장에 참석하여 수류탄을 투척함으로써 파견군 사령관 시라카와, 일본 거류민 단장 가와바다 등은 즉사하였다.

① 이를 계기로 신간회가 결성되었다.
② 한국광복군 형성의 기초가 되었다.
③ 민족 유일당 운동의 계기가 되었다.
④ 미쓰야 협정이 체결되는 계기가 되었다.

## 문제 풀이

### 01

정답 ②

제시된 사료는 1923년 신채호가 작성한 「조선혁명선언」의 일부로, 이는 의열단의 선언문이다. 신채호는 1923년 의열단 선언문인 「조선혁명선언」을 발표하였고, 외교론, 준비론 등의 독립 노선을 비판하고 민중의 직접적인 폭력 혁명을 강조하였다.

**② X: 의열단이 아니라 대한 애국 청년단이 1945년 7월 경성 부민관에 폭탄을 투척하여 친일파 박춘금의 암살을 시도하였다.**

**오답 분석**

① O: 1919년 김원봉이 조직한 의열단은 1935년 민족 유일당인 민족 혁명당 창당에 가담하였다.

③ O: 의열단은 일본 제국의회와 황국을 공격할 계획을 세웠다.

④ O: 의열단은 임시 정부 요인과 제휴한 투탄 계획을 추진하였다.

**중요 사료** 의열단의 <공약10조>

1. 천하의 정의의 사(事)를 맹렬(猛烈)히 실행하기로 함.
2. 조선의 독립과 세계의 평등을 위하여 신명(身命)을 희생하기로 함.
3. 충의의 기백과 희생의 정신이 확고한 자라야 단원이 된다.

…(중략)…

9. 일(一)이 구(九)를 위하여 구가 일을 위하여 헌신함.
10. 단의를 배반한 자는 척살한다.

### 02

정답 ③

제시된 사료는 1923년 신채호가 작성한 「조선혁명선언」 중 일부이며 이 강령에 따라 활동한 단체는 1919년 조직된 의열단이다.

**③ O: 의열단의 단원들은 1935년 한국 독립당, 조선 혁명당 등과 함께 민족 유일당인 민족 혁명당을 결성하였다.**

**오답 분석**

① X: 의열단이 아니라 1931년 김구가 조직한 한인 애국단이 임시 정부 활동에 활기를 불어넣고자 결성된 단체이다.

② X: 의열단이 아니라 김좌진의 북로군정서군과 홍범도의 대한 독립군이 1920년 10월 청산리 지역에서 일본군과 접전을 벌여 대승을 거두었다.

④ X: 1929년 원산에서 일본인이 한국인 노동자를 구타한 사건을 계기로 원산 총파업이 발생하였지만 의열단과는 관련이 없다.

**½한국사 고득점 TIP** 민족 혁명당(1935년, 김원봉)

1930년대 일제의 중국 침략이 본격화되자, 중국 본토에서 활동하던 독립 운동 단체들은 좌우의 대립을 지양하고 민족 연합 전선을 형성하기 위해 상하이에서 '한국대일전선통일동맹'을 결성하고 민족 유일당 건설을 제창하였다. 이에 여러 단체의 인사들이 난징에서 회의를 열고 [민족 혁명당]를 창건하였다. 이는 단순한 여러 단체의 동맹이 아니라 단일 정당을 형성한 것이다.

### 03

정답 ③

제시된 자료의 (ㄱ) 조직은 1919년 김원봉이 조직한 의열단이다. 자료에서 '김익상이 1921년 9월 조선 총독부 건물에 폭탄을 던진 의거의 당사자…'를 통해 (ㄱ)이 의열단임을 알 수 있다.

**③ O: 의열단은 일부 구성원을 중국의 황푸 군관 학교에 보내 군사 훈련을 받도록 하였다.**

**오답 분석**

① X: 의열단이 아니라 1917년 중국 상해에서 신규식과 박은식, 신채호, 조소앙 등의 14명이 공화주의를 주창하는 내용의 대동단결 선언을 작성해 발표하였다.

② X: 의열단이 아니라 한인 애국단 소속의 이봉창이 1932년 일왕이 탄 마차 행렬에 폭탄을 던졌다.

④ X: 의열단이 아니라 노인 동맹단의 강우규가 1919년 서울역에서 새로 부임하는 사이토 총독의 마차에 폭탄을 투척하는 의거를 일으켰다.

### 04

정답 ②

제시된 자료에서 밑줄 친 '그'는 한인 애국단의 윤봉길 의사이다. 1932년 한인 애국단의 윤봉길 의사가 천장절 겸 상하이 사변의 전승 축하 기념행사가 열리는 훙커우 공원에서 도시락 폭탄을 투척한 사건에 대한 것으로, 이 사건 이후 중국 정부가 우리를 지원하게 되어 한국광복군 창설의 밑바탕이 되었다.

**② O: 1932년 윤봉길 의사의 의거로 중국 정부의 지원을 받게 되었고, 그 결과 1940년 중국 정부의 지원으로 충칭에서 한국광복군이 조직되었다.**

**오답 분석**

① X: 윤봉길 의사의 의거의 영향이 아닌 1926년 6·10 만세 운동과 정우회 선언 등을 계기로 1927년 신간회가 결성되었다.

③ X: 윤봉길 의사의 의거의 영향이 아닌 1926년 북경촉성회, 조선민흥회, 정우회 선언 등을 계기로 민족 유일당 운동이 일어나 1927년 신간회가 조직되었다.

④ X: 윤봉길 의사의 의거의 영향이 아닌 1923년부터 1925년까지 참의부, 정의부, 신민부 등의 3부가 조직되었고, 일본이 이를 탄압하기 위해서 1925년 미쓰야 협정을 체결하였다.

**½한국사 고득점 TIP** 미쓰야 협정(1925년)

- 불령 선인 취재에 관한 협정
- 일본의 미쓰야 경무국장과 만주 군벌이 체결
- 공동으로 만주 독립군 토벌 약속 → 독립군 활동의 위축

# THEME 117 무장 독립 운동의 전개

## 01

2019년 국가직 9급

**다음 전투를 이끈 한국인 부대에 대한 설명으로 옳은 것은?**

> 아군은 사도하자에 주둔 병력을 증강시키면서 훈련에 여념이 없었다. 새벽에 적군은 황가둔에서 이도하 방면을 거쳐 사도하로 진격하여 왔다. 그런데 적군은 아군이 세운 작전대로 함정에 들어왔고, 이에 일제히 포문을 열어 급습함으로써 적군은 응전할 사이도 없이 격파되었다.

① 양세봉이 총사령관이었다.
② 미쓰야 협정이 체결되기 직전까지 활약하였다.
③ 한국 독립당의 산하 부대로 동경성 전투도 수행하였다.
④ 조선 민족 전선 연맹이 중국 국민당의 지원을 받아 창설하였다.

## 02

2018년 지역 인재 9급

**조선 의용대에 대한 사실로 옳지 않은 것은?**

① 김원봉이 이끄는 일부가 한국광복군으로 합류하였다.
② 조선 민족 전선 연맹이 중국 국민당 정부의 지원을 받아 조직하였다.
③ 일부는 화북 지역으로 이동하여 조선 의용대 화북 지대를 만들었다.
④ 중국 호로군과 연합하여 쌍성보, 대전자령 등지에서 대승을 거두었다.

## 03

2013년 국가직 9급

**(가)와 (나) 사이의 시기에 만주에서 전개된 무장 항일 운동에 대한 설명으로 옳은 것은?**

> (가) 경신년에 왜군이 내습하여 31명이 살고 있는 촌락을 방화하고 총격을 가하였다. 나도 가옥 9칸과 교회당, 학교가 잿더미로 변한 것을 보고 그것이 사실임을 알았다. 11월 1일에는 왜군 17명, 왜경 2명, 한인 경찰 1명이 와서 남자들을 모조리 끌어내어 죽인 뒤 …(중략)… 남은 주민들을 모아 일장 연설을 하였다.
>
> (나) 상해의 한국 독립투사 조직에 속해 있는 한국의 한 젊은이는 비밀리에 도쿄로 건너갔다. 그는 마침 군대를 사열하기 위해 마차에 타고 있던 일본 천황에게 수류탄을 던졌다. 그는 영웅적인 행동 후에 무자비하게 살해되었다. 이 사건은 일본 군국주의자들에게 한국인들은 결코 그들에게 지배될 수 없다는 것을 당당히 보여준 것이다.

① 남만주에 조선 혁명군이 창설되었다.
② 한국광복군이 국내 진공 작전을 준비하였다.
③ 독립군이 봉오동·청산리 전투에서 일본군을 크게 무찔렀다.
④ 동북 항일 연군을 중심으로 치열한 항일 유격전이 전개되었다.

## 04

2015년 기상직 9급

**다음의 강령과 관련된 단체의 군사 조직에 대한 설명으로 옳은 것은?**

> 1. 본 동맹은 조선에 대한 일본 제국주의의 지배를 전복하고 독립 자유의 조선 민주주의 공화국을 수립할 목적으로 다음 임무를 실현하기 위해 싸운다.
> (1) 전 국민의 보통 선거에 의한 민주 정권의 수립
> (6) 조선에 있는 일본 제국주의자의 일체 자산 및 토지를 몰수하고, 일본 제국주의와 밀접한 관계에 있는 대기업을 국영으로 귀속하며, 토지 분배를 실행한다.
> (9) 국민 의무 교육 제도를 실시하고, 이에 필요한 경비는 국가가 부담한다.

① 중국 공산당의 팔로군과 함께 활동하였다.
② 중국 국민당 정부의 지원을 받아 창설되었다.
③ 미국 전략 정보처와 함께 국내 진공 작전을 계획하였다.
④ 중국 의용군과 함께 영릉가와 홍경성 등지에서 일본군을 물리쳤다.

## 문제 풀이

### 01

정답 ③

제시된 사료의 부대는 지청천이 조직한 한국 독립군이다. 사료의 '사도하자'를 통해 1933년 한국 독립군과 호로군이 연합하여 승리한 사도하자 전투임을 알 수 있다.

**③ O: 한국 독립군은 한국 독립당의 산하 부대로 동경성 전투도 수행하였다.**

**오답 분석**

① X: 지청천의 한국 독립군이 아니라 양세봉이 이끄는 조선 혁명군이 중국의 의용군과 영릉가 전투(1932), 흥경성 전투(1933)를 수행하였다.

② X: 미쓰야 협정(재만 한인 단속에 관한 협약)은 1925년 만주 군벌과 조선 총독부 경무국장 간에 체결된 것으로 독립군 소탕, 체포, 인도에 합의하였던 것이고, 지청천의 한국 독립군은 1930년 조직되었다.

④ X: 한국 독립군이 아닌 조선 민족 혁명당(조선 민족 전선 연맹)의 부대인 조선 의용대가 1938년 중국의 지원으로 중국 관내에서 조직된 최초의 한국인 무장 단체이다.

**½한국사 고득점 TIP 한중 연합 작전**

- 배경: 1931년 만주 사변을 계기로 한중 연합 작전 전개
- 북만주: 한국 독립군(지청천) + 호로군
  - 대전자령, 사도하자, 동경성, 쌍성보 전투
- 남만주: 조선 혁명군(양세봉) + 의용군
  - 영릉강, 흥경성 전투

### 02

정답 ④

**④ X: 조선 의용대가 아니라 지청천의 한국 독립군이 중국 호로군과 연합하여 쌍성보, 대전자령 등지에서 대승을 거두었다.**

**오답 분석**

① O: 조선 의용대는 김원봉이 이끄는 일부가 1942년 한국광복군으로 합류하였다.

② O: 조선 의용대는 조선 민족 전선 연맹이 1938년 중국 국민당 정부의 지원을 받아 조직하였다.

③ O: 조선 의용대의 일부는 화북 지역으로 이동하여 조선 의용대 화북 지대를 만들었고 1941년 호가장 전투에 참여하였다.

**½한국사 고득점 TIP 조선 의용대와 조선 의용군**

중·일 전쟁이 일어나자 민족 혁명당을 계승한 조선 민족 혁명당을 중심으로 통합에 찬성하는 단체들이 모여 조선 민족 전선 연맹을 결성하였다(1937). 조선 민족 전선 연맹은 국민당 정부의 지원을 받아 이듬해 김원봉을 대장으로 하여 [조선 의용대]를 창설하였다. 그러나 국민당이 일제에 맞서기를 꺼리자 이들 중 일부는 화북 지역으로 이동하여 현지 한국인과 함께 여러 전투에 참가하였다. 이후 이들은 조선 독립 동맹의 군사 조직인 [조선 의용군]에 흡수되어 항일 투쟁에 가담하였다.

### 03

정답 ①

③ 1920년 6월 봉오동 전투 → 10월 청산리 전투

| 1920년 | 간도 참변 | 경신참변 |
|---|---|---|

↓ ① 1929년: 조선 혁명군, 양세봉

| 1932년 | 이봉창의 의거 | 한인 애국단 |
|---|---|---|

④ 1936년: 동북 항일 연군 조직

② 1945년: 한국광복군이 국내 진공 작전 계획

### 04

정답 ①

제시된 사료의 '본 동맹', '조선 민주주의 공화국' 등의 표현을 통해 조선 독립 동맹이 발표한 건국 강령임을 알 수 있으며, 조선 독립 동맹 산하의 군사 조직은 조선 의용군이다.

**① O: 조선 독립 동맹의 산하 군사 조직인 조선 의용군은 중국 공산당의 팔로군과 연합하여 태항산 지역 등에서 항일 전투를 수행하였다.**

**오답 분석**

② X: 중국 국민당 정부의 지원을 받아 창설된 군대는 조선 민족 전선 연맹 산하의 조선 의용대와, 대한민국 임시 정부 산하의 한국광복군이다.

③ X: 미국 전략 정보국(OSS)의 도움을 받아 국내 진공 작전을 계획한 것은 대한민국 임시 정부 산하의 한국광복군이다.

④ X: 중국 의용군과 연합하여 영릉가·흥경성 등지에서 일본군을 물리친 것은 조선 혁명군이다.

## 05

2013년 지방직 9급

**밑줄 친 '우리 부대'에 대한 설명으로 옳은 것은?**

> 이번 연합군과의 작전에 모든 운명을 거는 듯하였다. 주석(主席)과 우리 부대의 총사령관이 계속 의논하는 것을 옆에서 들었기 때문에 더욱 일의 중대성을 절감하였다. 드디어 시기가 온 것이다! 독립 투쟁 수십 년에 조국을 탈환하는 결정적 시기가 온 것이다. 이때의 긴장감은 내가 일본 군대를 탈출할 때와는 다른 긴장감이었다. 목적은 같으나 그때는 막연한 미지의 세계에 뛰어드는 것이었지만 이번에는 분명히 조국으로 가는 것이 아닌가?
>
> \- 장정

① 중국 공산군과 함께 화북에서 항일전을 벌였다.
② 만주에서 중국 의용군과 연합 작전을 수행하였다.
③ 중국 관내에서 조직된 최초 한국인 군사 조직이었다.
④ 인도, 미얀마 전선에서 영국군과 공동 작전을 펼쳤다.

## 06

2020년 법원직 9급

**지도에 표시된 전투가 일어났던 시기를 연표에서 옳게 고른 것은?**

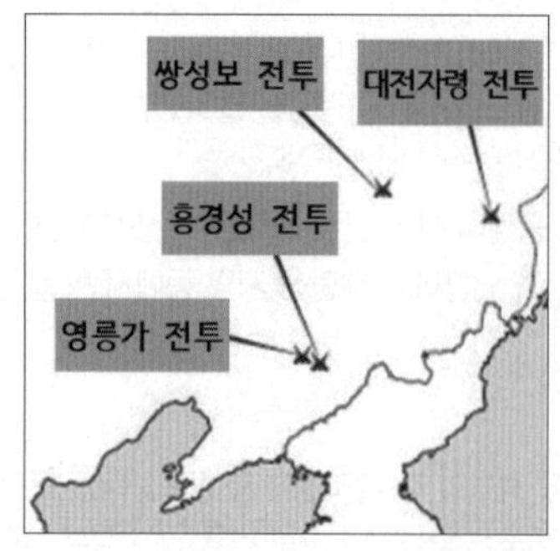


| 1910년 | 1919년 | 1931년 | 1937년 | 1945년 |
|---|---|---|---|---|
| (가) | (나) | (다) | (라) | |
| 국권피탈 | 3·1 운동 | 만주사변 | 중·일 전쟁 | 8·15 해방 |

① (가) ② (나)
③ (다) ④ (라)

## 07

2017년 법원직 9급

**다음 (가)에 들어갈 내용으로 가장 옳은 것은?**

| 구분 | 홍범도 (1868~1943) | 김좌진 (1889~1930) |
|---|---|---|
| 출신 | 가난한 농민의 아들, 포수 | 홍성 지주의 아들 |
| 1907년 전후 | 의병 항쟁에 가담 | 애국 계몽 운동 (교육 운동) 전개 |
| 1910년대 | 연해주와 만주에서 활동 | 국내 비밀 결사에 가입하여 활동 |
| 3·1 운동 이후 | 대한 독립군 조직 | 북로 군정서 조직 |
| 1920년 | (가) | |
| 1921년 이후 | 연해주에서 후진 양성 | 만주에서 독립군 활동, 신민부 간부 |

① 한·중 연합 작전을 전개함
② 의열단 단원으로 의거를 벌임
③ 대한민국 임시 정부에 참여함
④ 청산리 전투에서 일본군을 크게 물리침

## 08

2021년 법원직 9급

**(가)~(라)를 일어난 순서대로 바르게 나열한 것은?**

> (가) 서일을 총재로 조직된 대한 독립군단은 일본군을 피해 러시아 영토인 자유시로 집결하였다.
> (나) 김좌진이 이끄는 북로 군정서군이 백운평 전투와 천수평, 어랑촌 전투에서 대승을 거두었다.
> (다) 일본군이 청산리 대첩 패전에 대한 보복으로 간도 동포를 무차별로 학살하였다.
> (라) 참의부, 정의부, 신민부의 3부가 혁신의회와 국민부로 재편되었다.

① (가) - (나) - (다) - (라) ② (나) - (다) - (가) - (라)
③ (나) - (라) - (가) - (다) ④ (라) - (다) - (나) - (가)

# 문제 풀이

## 05

정답 ④

제시된 사료의 밑줄 친 '우리 부대'는 임시 정부의 한국광복군이다. '독립 투쟁 수십 년에 조국을 탈환하는 결정적 시기가 온 것이다'에서 1945년 임시 정부의 한국광복군이 계획한 국내 진공 작전임을 알 수 있다.

**④ O: 한국광복군은 1943년 영국군의 요청으로 인도, 미얀마 전선에 부대원을 파견하여 영국군과 공동 작전을 펼쳤다.**

**오답 분석**

① X: 한국광복군이 아니라 조선 독립 동맹의 부대인 조선 의용군이 중국 공산군과 함께 화북에서 항일전을 벌였다.

② X: 한국광복군이 아니라 양세봉의 조선 혁명군이 만주에서 중국 의용군과 연합 작전을 수행하였다.

③ X: 한국광복군이 아니라 1938년 김원봉이 조직한 조선 의용대가 중국 관내에서 조직된 최초 한국인 군사 조직이었다.

**중요 사료** 한국광복군

> 우리 군(한국광복군)은 임시 정부에 직속한 국군이나 범한국의 혼을 가진 열혈 청년은 모다 한데 뭉치여 위국 헌신할 가장 범위 크고 원만한 기구이다. 삼십 년 전 우리나라를 망친 것은 우리 부형의 죄과이고, 삼십 년 후인 금일 조국을 능히 광복할만한 기회를 당하야 적은 사리에 눈이 멀어 혹은 주의적 입장의 고집으로 혹은 감정 관계로 뭉쳐야 될 때 뭉치지 못하고 …(중략)… 이것은 우리의 천대 선조와 억만대 후손에게 대하야 더 말할 수 없는 대죄인이 되는 것이다.

## 06

정답 ③

**③ O: 제시된 자료의 쌍성보 전투, 사도하자 전투, 동경성 전투, 대전자령 전투는 (다) 시기인 1930년대 전반 지청천의 한국 독립군과 중국의 호로군이 연합하여 북만주에서 치른 전투이다. 1931년 만주사변 이후 한·중 연합 작전이 전개되었고, 지청천의 한국 독립군은 북만주에서 중국의 호로군과, 양세봉의 조선 혁명군은 중국의 의용군과 남만주에서 한·중 연합 작전을 전개하였다.**

**중요 사료** 한국독립군과 호로군의 연합

> 1. 한·중 양군은 최악의 상황이 오는 경우에도 장기간 항전할 것을 맹세한다.
> 2. 중동 철도를 경계선으로 서부 전선은 중국이 맡고, 동부 전선은 한국이 맡는다.
> 3. 전시의 후방 전투 훈련은 한국 장교가 맡고, 한국군에 필요한 군수품은 중국군이 공급한다.

## 07

정답 ④

**④ O: 1920년 홍범도의 대한 독립군과 김좌진의 북로 군정서군 등이 청산리 전투에서 일본군을 크게 물리쳤다.**

**오답 분석**

① X: 한·중 연합 작전은 1920년이 아니라 1931년 만주 사변 이후 일본군의 침략에 대항하여 지청천의 한국 독립군과 양세봉의 조선 혁명군이 전개하였다.

② X: 홍범도와 김좌진이 아니라 김원봉이 1919년 의열단을 조직하였다.

③ X: 임시 정부의 직할 부대였던 참의부(1925년)와 1942년 김원봉의 조선 의용대가 임시 정부에 참여하였다.

**½한국사 고득점 TIP** 의열단원의 활동

- 1920년 박재혁이 부산 경찰서, 최수봉이 밀양 경찰서에 투탄
- 1921년 김익상이 총독부에 투탄
- 1922년 오성륜이 황포탄 의거
- 1923년 김상옥이 종로 경찰서에 투탄, 일본 경찰과 총격전
- 1924년 김지섭이 일본 왕궁에 투탄
- 1926년 나석주가 동척과 식산은행에 투탄

## 08

정답 ②

| | | |
|---|---|---|
| (나) | 1920년 10월 | 청산리 전투 |
| ↓ | | |
| (다) | 1920년 | 간도 참변 |
| ↓ | | |
| (가) | 1920년 12월 | 대한 독립 군단(서일) |
| ↓ | | |
| (라) | 3부 통합 운동 | 1928년: 북만주, 혁신의회<br>1929년: 남만주, 국민부 |

# THEME 118 신간회

## 01
2017년 하반기 국가직 9급

**다음 선언으로 결성된 단체에 대한 설명으로 옳은 것은?**

> 민족주의적 세력에 대하여는 그 부르주아 민주주의적 성질을 분명히 인식함과 동시에 과정상의 동맹자적 성질도 충분히 승인하여, 그것이 타락하지 않는 한 적극적으로 제휴하여 대중의 이익을 위해서도 종래의 소극적인 태도를 버리고 싸워야 할 것이다.

① 조선인 본위의 교육 제도 실시를 주장하였고, 원산 노동자 총파업을 지원하였다.
② 민중의 직접 폭력 혁명으로 강도 일본을 무너뜨리는 목표를 설정하였다.
③ 언론을 통한 국민 계몽과 문맹 퇴치 운동, 민립 대학 설립운동 등을 추진하였다.
④ 민족 자본의 육성을 위해 자급자족, 토산품 애용 등을 주장하며 물산 장려 운동을 벌였다.

## 02
2012년 국가직 9급

**다음 주장에서 강조하고 있는 내용으로 가장 적절한 것은?**

> 그러면 지금의 조선 민족에게는 왜 정치적 생활이 없는가? 일본이 조선을 병합한 이래로 조선인에게는 모든 정치 활동을 금지한 것이 첫째 원인이다. … 지금까지 해 온 정치적 운동은 모두 일본을 적대시하는 운동뿐이었다. 이런 종류의 정치 운동은 해외에서나 할 수 있는 일이고, 조선 내에서는 허용되는 범위 내에서 일대 정치적 결사를 조직해야 한다는 것이 우리의 주장이다.

① 무장 투쟁을 통해 독립을 이루어야 한다.
② 농민, 노동자를 단결시켜 일제를 타도해야 한다.
③ 일제의 식민 지배를 인정하고 그 밑에서 정치적 실력 양성을 해야 한다.
④ 국제적인 외교를 통해서 일제의 만행을 알리고 우리나라의 독립을 일리아 한다.

## 03
2017년 하반기 지방직 9급

**다음 강령을 채택한 단체에 대한 설명으로 옳은 것은?**

> • 우리는 정치적 경제적 각성을 촉구함
> • 우리는 단결을 공고히 함
> • 우리는 기회주의를 일체 부인함

① 조선 민흥회를 조직하였다.
② 한글 맞춤법 통일안을 제정하였다.
③ 암태도 소작 쟁의를 주도적으로 이끌었다.
④ 광주 학생 항일 운동의 진상 조사 활동을 펼쳤다.

## 04
2024년 지방직 9급

**다음 창립 취지문을 발표한 단체에 대한 설명으로 옳은 것은?**

> 우리 사회에서도 여성 운동이 제기된 것은 또한 이미 오래되었다. 그러나 회고하여 보면 여성 운동은 거의 분산되어 있었다. 그것에는 통일된 조직이 없었고 통일된 목표와 정신도 없었다. … (중략) … 우리가 실제로 우리 자체를 위해, 우리 사회를 위해 분투하려면 우선 조선 자매 전체의 역량을 공고히 단결하여 운동을 전반적으로 전개하지 않으면 아니 된다.

① 호주제 폐지 운동을 전개하였다.
② 여학교 설립을 주장하는 「여권통문」을 발표하였다.
③ 어린이날을 제정하고 잡지 『어린이』를 창간하였다.
④ 봉건적 인습 타파, 여성 노동자의 임금 차별 철폐 등을 주장했다.

# 문제 풀이

## 01
정답 ①

제시된 사료에서 '민족주의 세력이 타락하지 않는 한 적극적으로 제휴'하다에서 1926년 발표된 정우회 선언임을 알 수 있다. 정우회 선언은 경제 투쟁에서 정치 투쟁으로의 활동의 전환을 강조하였고, 타락하지 않은 민족주의(비타협적)와의 연대를 강조하였으며 신간회 창립의 계기가 되었다.

**① O: 신간회는 한국인 착취 기관의 철폐, 한국인 본위의 교육 실시, 한국어 교수의 실시 등을 목표로 활동하였고, 1929년 원산 총파업을 지원하였다.**

**오답 분석**

② X: 신간회가 아니라 의열단이 민중의 직접적 폭력 혁명으로 강도 일본을 무너뜨리는 목표를 설정하였다.

③ X: 신간회가 아니라 조선 교육 협회를 중심으로 조직된 조선 민립 대학 기성회가 1923년 민립 대학 설립 운동 등을 추진하였다.

④ X: 신간회가 아니라 1920년 조만식이 평양에서 물산 장려 운동을 주도하였다.

**½한국사 고득점 TIP** 신간회

- 설립: 1927년 설립
- 목표: 민족 유일당으로 비타협적 민족주의 + 사회주의 + 종교계 등
- 의의: 일제 강점기 조직된 최대 규모의 항일 단체
- 구성: 회장에 이상재, 부회장에 홍명희
- 구성원: 농민과 노동자가 다수
- 조직: 중앙 본부는 우파가 장악, 지방 지회는 좌파가 장악
- 해소: 1931년 좌파의 주장으로 해소

## 02
정답 ③

제시된 사료는 1924년 이광수가 동아일보에 발표한 「민족적 경륜」이다. 「민족적 경륜」에서 이광수는 일제의 식민 통치는 인정하되 정치에 참여할 수 있는 참정권을 일본에게 요구하는 것이 국내에서 할 수 있는 활동이라고 주장하고 있다. 이러한 자치론의 주장 이후 최남선과 최린을 포함한 대부분의 민족주의가 이에 동조하여 타협적 민족주의로 변질되었고, 일부 안재홍 등은 타협적 민족주의를 비판하며 비타협적 민족주의 활동을 하였다.

**③ O: 자치론(타협적 민족주의세력)은 일제의 식민 지배를 인정하고 그 밑에서 정치적 실력 양성을 주장하였다.**

**오답 분석**

① X: 자치론이 아니라 만주와 연해주의 독립군들이 무장 투쟁을 통해 독립을 이루어야 한다고 하였다.

② X: 자치론이 아니라 사회주의 세력이 농민, 노동자를 단결시켜 일제를 타도하려 하였다,

④ X: 자치론이 아니라 이승만 등의 외교 독립론자들이 국제적인 외교를 통해서 일제의 만행을 알리고 우리나라의 독립을 알릴 것을 주장하였다.

**½한국사 고득점 TIP** 신간회의 창립

1920년대 국내에서는 일본과 타협해 실익을 찾자는 자치 운동이 대두하였다. 비타협적인 민족주의자들은 이를 경계하면서 사회주의 세력과 연대하고자 하였다. 사회주의 세력도 정우회 선언을 발표해 비타협적 민족주의 세력과의 제휴를 주장하였다. 그 결과 비타협적 민족주의 세력과 사회주의 세력은 1927년 2월에 [신간회]를 창립하고 이상재를 회장으로 추대하였다.

## 03
정답 ④

제시된 사료는 1927년 창립된 신간회의 강령이다.

**④ O: 신간회는 1929년 광주 학생 항일 운동에 진상 조사단을 파견하여 민중 대회를 계획하였으나 사전에 발각되어 실패하였다.**

**오답 분석**

① X: 조선 민흥회는 1926년 조직되었고, 이후 1927년 신간회에 참여하였다. 신간회에서 조선 민흥회를 조직한 것이 아니다.

② X: 신간회가 아니라 1931년 조직된 조선어 학회에서 우리말 큰 사전 편찬을 시도하면서 1933년 한글 맞춤법 통일안을 제정하였다.

③ X: 신간회는 1927년 조직되었고, 암태도 소작 쟁의는 1923년에 발생하여 1년간 투쟁이 진행되었는데 신간회와는 시기적으로 맞지 않는 지문이다.

## 04
정답 ④

제시된 사료의 취지문을 발표한 단체는 1927년 조직된 근우회이다.

**④ O: 근우회는 봉건적 인습 타파, 여성 노동자의 임금 차별 철폐 등을 주장하였다.**

**오답 분석**

① X: 1999년 5월 여성 단체 연합 호주제 폐지 운동 본부의 발족과 함께 본격적으로 시작되었다. 이후 노무현 정부 때 호주제가 폐지되었다.

② X: 여학교 설립을 주장하는 「여권통문」을 발표한 단체는 찬양회이다.

③ X: 어린이날을 제정하고 잡지 『어린이』를 창간한 단체는 천도교 소년회이다.

**½한국사 고득점 TIP** 근우회

- 1927년, 조선 여자의 공고한 단결과 지위 향상, 차별 폐지 요구
- 근우 발간, 노동 운동과 농민 운동과 연대 모색
- 조선 여자의 단결을 도모함
- 조선 여자의 지위 향상을 도모함
- 국내와 도쿄, 간도 등에 수십 개의 지회를 둠

# THEME 119 일제 강점기 다양한 사회 운동

## 01

2009년 지방직 9급

**일제하에 일어났던 농민·노동 운동에 대한 설명으로 옳지 않은 것은?**

① 1920년대 소작 쟁의는 주로 소작인 조합을 중심으로 전개되었다.

② 1920년대 노동 운동 중에서 가장 규모가 큰 투쟁은 원산 총파업이었다.

③ 1920년대 농민 운동으로 암태도 소작 쟁의가 일어났다.

④ 1920년대에 이르러 농민·노동자의 쟁의가 절정에 달하였다.

## 02

2022년 법원직 9급

**자료에 나타난 운동에 대한 설명으로 가장 옳은 것은?**

> 진주성 내 동포들이 궐기하여 형평사라는 단체를 조직하여 계급 타파 운동을 개시할 것이라고 한다. …… 어떤 자는 고기를 먹으면서 존귀한 대우를 받고, 어떤 자는 고기를 제공하면서 비천한 대우를 받는다. 이는 공정한 천리(天理)에 따를 수 없는 일이다.

① 백정에 대한 차별 철폐를 요구하였다.

② 공사 노비 제도가 폐지되는 결과를 가져왔다.

③ 향·부곡·소를 일반 군현으로 승격할 것을 주장하였다.

④ 평안도 지역에 대한 차별과 지배층의 수탈에 항거하였다.

## 03

2020년 국가직 9급

**(가)에 대한 설명으로 옳은 것은?**

> 문화 통치의 일환으로 한글 신문의 발행이 허용되었다. 이에 따라 (가) 이/가 창간되었다. (가) 은/는 자치 운동을 모색하던 이광수의 「민족적 경륜」을 실어 비판받기도 하였으나, '일장기 말소 사건'으로 일제로부터 정간 처분을 받기도 하였다.

① 한글 보급 운동에 앞장서 『한글원본』을 만들었다.

② 브나로드 운동이라는 농촌 계몽 운동을 전개하였다.

③ 『개벽』, 『신여성』, 『어린이』 등의 잡지를 발행하였다.

④ 신간회가 결성되자 신간회 본부와 같은 역할을 하게 되었다.

## 04

2013년 지방직 9급

**일제 강점 시기 (가)와 (나)의 주장을 한 단체에 대한 설명으로 옳은 것은?**

> (가) 우리가 우리의 손에 산업의 권리 생활의 제일 조건을 장악하지 아니하면 우리는 도저히 우리의 생명·인격·사회의 발전을 기대하지 못할지니 …(중략)… 우리 조선 사람의 물산을 장려하기 위하여 조선 사람은 조선 사람이 지은 것을 사서 쓰자.
>
> (나) 유감스러운 것은 우리에게 아직도 대학이 없는 일이라. 물론 관립 대학도 조만간 개교될 터지만 …(중략)… 우리 학문의 장래는 결코 일개 대학으로 만족할 수 없다. 그처럼 중대한 사업을 우리 민중이 직접 영위하는 것은 오히려 우리의 의무이다.

① (가) - 사회주의 성향의 운동 세력이 주도하였다.

② (가) - 조선과 일본 간의 관세 철폐 정책에 대항하였다.

③ (나) - 민족 연합 전선 단체인 신간회의 후원을 받았다.

④ (나) - 조선 학생 과학 연구회와 연계한 6·10 만세 운동을 전개하고 격문을 작성하였다.

# 문제 풀이

## 01
정답 ④

④ X: **농민과 노동자의 쟁의는 1920년대가 아니라 1930년대 전반에 이르러 절정에 달하였다.**

**½한국사 고득점 TIP 일제 강점기 노동 운동과 농민 운동**

- 1920년대 생존권 투쟁: 소작료 인하, 임금 인상 등을 요구
  - 1923년 암태도 소작 쟁의: 성공
  - 1929년 원산 총파업: 실패, 최대 노동 운동
  - 1920년대 농민 운동: 소작농 + 자작농까지 포함
- 1930년대 혁명적 투쟁: 절정, 사회주의가 노동 운동과 농민 운동 주도
- 노동자 농민 단체
  - 1920년: 조선 노동 공제회
  - 1924년: 조선 노동 총동맹
  - 1927년: 조선 노동 총동맹, 조선 농민 총동맹
  - 1930년대: 혁명적 노동 단체와 농민 단체, 적색 농민 단체와 노동 단체

## 02
정답 ①

주어진 자료는 일제 강점기 벌어진 형평 운동이다. '진주', '형평사'를 통해 1923년 이학찬이 진주에서 조직한 조선 형평사임을 알 수 있다.

① O: **형평 운동은 백정에 대한 차별 철폐를 요구하며 일어났다.**

**오답 분석**

② X: 공사 노비 제도가 폐지되는 결과를 가져온 것은 제1차 갑오개혁이다.

③ X: 향·부곡·소를 일반 군현으로 승격할 것을 주장한 것은 망이·망소이의 난이다.

④ X: 평안도 지역에 대한 차별과 지배층의 수탈에 항거한 것은 홍경래의 난이다.

**½한국사 고득점 TIP 형평 운동**

- 배경: 백정에 대한 차별
  - 별도의 호적 작성, 직업에 붉은 점을 찍고, 도한으로 기재
  - 자녀의 학교 입학 거부
- 시작: 1923년 진주, 이학찬이 조선 형평사 조직
- 전개: 서울로 본부 이동, 전국 확대, 1925년 형평사 전 조선대회 개최
- 결과: 1930년대 백정들의 신분 표시 삭제, 자녀 학교 입학 허용

## 03
정답 ②

제시된 자료의 (가)는 동아일보이다. 동아일보에서 1924년 이광수의 민족적 경륜을 발표하였다. 또한 1936년 베를린 올림픽에서 금메달을 딴 손기정의 일장기를 지워 정간을 당하기도 하였다.

② O: **동아일보는 1931~1934년까지 '배우자, 가르치자, 다함께'를 기치로 브나로드 운동을 전개하였다.**

**오답 분석**

① X: 동아일보가 아니라 1929년 조선일보가 주도한 문자(한글) 보급 운동에 대한 설명이다.

③ X: 천도교에 대한 설명이다. 천도교는 보성사라는 출판사를 운영하였고, 개벽, 신여성, 어린이, 학생, 농민 등과 같은 잡지를 발행하기도 하였다.

④ X: 동아일보가 아니라 조선일보가 신간회가 결성되자 신간회 본부와 같은 역할을 하게 되었다. 조선일보의 사장 이상재가 신간회의 회장이 되면서 조선일보가 신간회의 본부 역할을 하였다.

## 04
정답 ②

제시된 사료 (가)는 물산 장려 운동, (나)는 민립 대학 설립 운동을 전개한 단체의 주장이다.

② O: **(가) 물산 장려 운동을 전개한 조선 물산 장려회는 1923년 조선과 일본 간의 관세 철폐 정책에 대항하였다.**

**오답 분석**

① X: (가) 물산 장려 운동을 주도한 조선 물산 장려회는 사회주의 성향의 운동 세력이 아니라 민족주의 계열이 주도하였고, 사회주의는 이 운동을 비판하였다.

③ X: (나) 민립 대학 설립 운동은 1923년 조선 민립 대학 기성회가 조직되어 전개하였지만 실패하였다. 반면 신간회는 1927년 조직되어 민립 대학 설립 운동을 후원할 수 없었다.

④ X: (나) 민립 대학 설립 운동은 조선 민립 대학 기성회에서 전개하였지만 조선 학생 과학 연구회와 연계해서 6·10 만세 운동을 전개한 적은 없다.

**중요 사료 사회주의자의 물산 장려 운동 비판**

> 이 운동의 사상적 도화수가 된 것은 누구인가? 저들의 사회적 지위로 보나 계급적 의식으로 보나 결국 중산 계급임을 벗어나지 못하였으며, 적어도 중산 계급의 이익에 충실한 대변인인 지식 계급 아닌가. … 실상을 말하면 노동자에게는 … 말할 필요가 없는 것이다. … 그네는 자본가 중산 계급이 양복이나 비단 옷을 입는 대신 무명과 베옷을 입었고, 저들 자본가가 위스키나 브랜디나 정종을 마시는 대신 소주나 막걸리를 먹지 않았는가? … 이리하여 저들은 민족적, 애국적 하는 감상적 미사(美辭)로써 눈물을 흘리면서 저들과 이해가 전연 상반한 노동 계급의 후원을 갈구하는 것이다.
>
> – 이성태, 동아일보

## 05

2018년 지역 인재 9급

**밑줄 친 '만세 시위'에 대한 설명으로 옳은 것은?**

> 대한 제국의 마지막 황제인 순종이 서거하자 그의 장례일을 기해 만세 시위가 일어났다.

① 신간회의 지원으로 확대되었다.

② 광주에서 한·일 학생 간의 충돌로 시작되었다.

③ 사회주의 계열, 천도교, 학생 단체 등이 계획하였다.

④ 일본 도쿄 유학생들은 조선 청년 독립단을 창설하여 참여하였다.

## 06

2021년 법원직 9급

**다음 격문과 관련이 깊은 역사적 사건에 대한 설명으로 가장 옳은 것은?**

> 검거자를 즉시 우리의 힘으로 구출하자.
> 교내에 경찰관 침입을 절대 반대하자.
> 조선인 본위의 교육 제도를 확립하자.
> 민족문화와 사회 과학 연구의 자유를 획득하자.
> 전국 학생 대표자 회의를 개최하라.

① 원산에서 일제 강점기 최대 규모의 노동 쟁의를 일으켰다.

② 전국으로 확대되어 이듬해까지 동맹 휴학 투쟁이 계속되었다.

③ 민족 산업의 보호와 육성을 위해 국산품 애용 등을 주장하였다.

④ 순종의 국장일에 학생들이 만세 시위를 벌이고 시민들이 가세하였다.

## 07

2006년 수능 한국 근·현대사

**다음 밑줄 친 부분에 해당하는 사례로 적절하지 않은 것은?**

> 3·1 운동 이후에 유입된 이 사상은 청년, 지식인층을 중심으로 파급되었다. 그리하여 마르크스를 비롯한 여러 사상가의 저작이 널리 읽혔다. 이 사상은 사회·경제적 민족 운동과 문예 활동에 많은 영향을 끼쳤다.

① 조선 공산당이 비밀리에 결성되었다.

② 언론사를 통한 문자 보급 운동이 활발하게 전개되었다.

③ 지주제 폐지를 내건 혁명적 농민 조합 운동이 나타났다.

④ 전국 규모의 청년 조직으로 조선 청년 총동맹이 결성되었다.

⑤ 카프(KAPF)는 계급 의식을 고취하는 문학 작품을 발표하였다.

## 문제 풀이

### 05

정답 ③

제시된 자료의 '순종의 장례일을 기해'를 통해 밑줄 친 '만세 시위'가 1926년 6·10 만세 운동임을 알 수 있다.

**③ O: 6·10 만세 운동 당시 사회주의 계열, 천도교, 학생 단체 등이 시위를 계획하였다.**

**오답 분석**

① X: 신간회의 지원으로 확대되었던 것은 1929년 광주 학생 항일 운동이며, 1926년 6·10 만세 운동 당시에 신간회는 없었다.

② X: 1926년 6·10 만세 운동이 아니라 1929년 광주 학생 항일 운동이 광주에서 한·일 학생 간의 충돌로 시작되었다.

④ X: 6·10 만세 운동이 아니라 1919년 2·8 독립 선언 당시 일본 도쿄 유학생들이 조선 청년 독립단을 창설하여 참여하였다.

**중요 사료** 6·10 만세 운동 당시 격문

- 마음껏 통곡하고 복상(服喪)하자. …(중략)… 울고 싶어도 울지 못하는 조선 민중은 단결하여 일본 제국주의에 대항하는 싸움을 시작하자! 슬퍼하는 민중들이여! 하나가 되어 혁명 단체 깃발 밑으로 모이자! 오늘의 충성과 의분을 모아 우리들의 해방 투쟁에 바치자! 일본 제국주의를 박멸하자!
- 대한 독립 운동자여 단결하라! 일본 물화(物貨)를 배척하자!

### 06

정답 ②

제시된 사료에서 '검거자를 우리 힘으로 구출하자'에서 1929년 일어난 광주 학생 항일 운동임을 알 수 있다.

**② O: 광주 학생 항일 운동은 신간회의 활약으로 전국으로 확대되어 이듬해까지 동맹 휴학 투쟁이 계속되었다.**

**오답 분석**

① X: 광주 학생 항일 운동이 아니라 1929년 원산 총파업이 일제 강점기 최대 규모의 노동 쟁의였다.

③ X: 광주 학생 항일 운동이 아니라 1920년 평양에서 조만식이 주도한 물산 장려 운동에서 당시 민족 산업의 보호와 육성을 위해 국산품 애용 등을 주장하였다.

④ X: 광주 학생 항일 운동이 아니라 1926년 6·10 만세 운동에 순종의 국장일에 학생들이 만세 시위를 벌이고 시민들이 가세하였다.

### 07

정답 ②

제시된 자료의 밑줄 친 사상은 사회주의이다. 3·1 운동 이후 1920년대 사회주의가 청년과 지식인층을 중심으로 보급되었다.

**② X: 사회주의가 아니라 민족주의 계열이 조선일보 등의 언론사를 통해 문자 보급 운동을 주도하였다.**

**오답 분석**

① O: 1924년에 각 사회주의 단체들은 단일 공산당을 수립하고자 하였다. 이에 1925년 4월 서울에서 비밀리에 조선 공산당 제1차 대회를 개최하고 조선 공산당을 창당하였다.

③ O: 1930년대에는 사회주의자들이 지주제 폐지 등을 주장하며, 혁명적·비합법적 방향의 농민 조합 운동을 전개하였다.

④ O: 사회주의 사상의 유입으로 청년 운동도 계급 투쟁을 강조하면서 민족주의와 사회주의 계열로 분열되었으나, 1924년 분열된 청년 운동을 통합하기 위해서 '조선 청년 총동맹'이 결성되었다.

⑤ O: 1920년대에는 사회주의의 영향으로 식민지 현실 계급 모순을 비판하는 프로 문학(신경향파 문학)이 등장하였는데 우리나라에서는 김기진, 박영희 등이 결성한 카프(KAPF)를 중심으로 확산되었다. 카프(KAPF)는 식민지 현실 고발과 계급 의식 고취를 강조하는 문학 작품을 발표하였다.

**½한국사 고득점 TIP** 사회주의

- 보급: 1920년대 국내에 '신사상'으로 보급 → 1925년 조선 공산당 조직
- 영향
  - 노동 운동과 농민 운동을 활성화, 여성 운동에도 영향
  - 민족주의와 갈등
  - 문학: 신경향파 문학 → 1925년 카프(KAPF) 결성
  - 자치론에 반발 → 1926년 정우회 선언 → 신간회 참여
  - 1930년대: 노동자와 농민들이 사회주의 주도
- 탄압: 일본은 1925년 치안 유지법을 통해 탄압

# THEME 120 일제 강점기 문화 운동

## 01
2023년 법원직 9급

**(가) 단체에 대한 설명으로 옳은 것을 <보기>에서 모두 고른 것은?**

> 최현배, 이극로 등이 중심이 된 (가) 은/는 '표준어 및 외래어 표기법 통일안'을 제정하는 등 한글 표준화에 기여하였다. 이에 일제는 1942년 (가) 을/를 독립 운동 단체로 간주하여 회원들을 대거 검거하였다. 일제는 이들을 고문하여 자백을 강요하였고 이윤재, 한징이 옥사하였다.

**보기**
(ㄱ) 국문 연구소를 설립하였다.
(ㄴ) 한글 맞춤법 통일안을 만들었다.
(ㄷ) 『우리말 큰사전』 편찬을 준비하였다.
(ㄹ) 『개벽』, 『어린이』 등의 잡지를 발행하였다.

① (ㄱ), (ㄴ)　② (ㄱ), (ㄷ)
③ (ㄴ), (ㄷ)　④ (ㄴ), (ㄹ)

## 02
2018년 국가직 9급

**(가) 기구가 존속한 시기의 사람들이 볼 수 있었던 사실로 적절한 것은?**

> 지주는 조선 총독이 정하는 기간 내에 (가) 혹은 그것의 출장소 직원에게 신고해야 한다. 만약 제출을 태만히 하거나 신고서를 제출하지 않을 시에는 당국에서 해당 토지에 대해 소유권의 유무 등을 조사하다가 소유자를 알지 못하는 경우에 지주가 없는 것으로 간주하여 국유지로 편입할 수 있다.

① 조선 청년 연합회에 출입하는 일본인 고문
② 신문에 연재 중인 소설 무정을 읽는 학생
③ 연초 전매 제도에 따라 조합에 수매되는 담배
④ 의열단에 가입하는 신흥 무관 학교 출신 청년

## 03
2018년 국가직 9급

**일제 강점기 조선인의 생활 모습으로 옳지 않은 것은?**

① 도시 외곽의 토막촌에는 빈민이 살았다.
② 번화가에서 최신 유행의 모던걸과 모던보이가 활동하였다.
③ 몸뻬를 입은 여성들이 근로 보국대에서 강제 노동을 하였다.
④ 상류층이 한식 주택을 2층으로 개량한 영단 주택에 모여 살았다.

## 04
2024년 국가직 9급

**다음에서 설명하는 단체는?**

> • '가갸날'을 제정하였다.
> • 기관지인 『한글』을 창간하였다.

① 국문 연구소
② 조선 광문회
③ 대한 자강회
④ 조선어 연구회

## 05
2019년 법원직 9급

**다음 종교와 관련 있는 것을 <보기>에서 고른 것은?**

> 사람이 곧 하늘이라, 그러므로 사람은 평등하며 차별이 없나니, 사람이 마음대로 귀천을 나눔은 하늘을 거스르는 것이다. 우리 도인은 차별을 없애고 선사의 뜻을 받들어 생활하기를 바라노라.

**보기**
(ㄱ) 중광단을 결성하였다.
(ㄴ) 임술 농민 봉기를 주도했다.
(ㄷ) 양반과 상민을 차별하지 않는다.
(ㄹ) 잡지 '신여성'과 '어린이'를 발간하였다.

① (ㄱ), (ㄴ)　② (ㄱ), (ㄷ)
③ (ㄴ), (ㄷ)　④ (ㄷ), (ㄹ)

## 문제 풀이

### 01

정답 ③

제시된 자료의 (가)는 1931년 조직된 조선어 학회이다. 조선어 학회는 1942년 조선어 학회 사건을 계기로 해체되었다.

(ㄴ) O: 조선어 학회는 한글 맞춤법 통일안을 만들었다.

(ㄷ) O: 조선어 학회는 『우리말 큰사전』 편찬을 준비하였다. 하지만 일제의 방해로 실패하였다.

**오답 분석**

(ㄱ) X: 국문 연구소가 설립된 것은 1907년의 사실로, 조선어 학회와는 관련이 없다.

(ㄹ) X: 『개벽』, 『어린이』 등의 잡지를 발행한 것은 천도교이다.

### 02

정답 ②

제시된 사료의 (가) 기구는 1910년 설치된 임시 토지 조사국으로 1912년 8월 토지 조사령 및 시행 규칙을 공포하며 1918년까지 토지 조사 사업을 실시하였다.

| 1910년<br>↓<br>1918년 | 1910년 임시 토지 조사국<br>- 토지 조사 사업 | ② 1917년 이광수의 무정 |
|---|---|---|

④ 1919년 의열단 조직: 김원봉, 만주 길림

① 1920년 조선 청년 연합회 조직

③ 1921년 연초 전매령

### 03

정답 ④

④ X: 영단 주택은 상류층의 한식 주택이 아니라 서민 주택으로 1941년 일본이 설립하고 공급한 일본식 주택과 온돌이 혼합된 주택이었다. 상류층이 거주하였던 주택은 문화 주택으로 벽돌 사용, 현관, 화장실을 갖춘 개량 한옥이었다.

**오답 분석**

① O: 일제 강점기 서울 외곽 변두리 지역에서는 빈민들이 토막집을 짓고 살았다.

② O: 일제 강점기 1920년대에는 단발머리, 양장을 입은 모던걸과 모던보이가 유행하였다.

③ O: 중·일 전쟁 이후 일본은 남성에게는 국민복을, 여성에게는 몸뻬(일바지, 왜바지)라는 근로복 착용을 강요하였다.

### 04

정답 ④

제시된 자료의 활동을 한 단체는 1921년 조직된 조선어 연구회이다

④ O: 조선어 연구회는 1921년에 설립된 단체로, 가갸날을 제정하고 기관지인 『한글』을 간행하였다. 한편 조선어 연구회는 1931년에 조선어 학회로 발전하였다.

**오답 분석**

① X: 국문 연구소는 1907년 학부에 설치된 기구로, 주시경과 지석영이 활동하였다.

② X: 조선 광문회는 1910년에 박은식과 최남선이 설립하였으며, 『동국통감』, 『해동역사』 등 민족 고전을 정리하였다.

③ X: 대한 자강회는 1906년에 헌정 연구회를 계승하여 설립된 단체로, 국권 회복과 입헌 군주제의 정치 개혁을 목표로 전국에 25개 지회를 설립하였다. 또한 대한 자강회 월보를 간행하고 고종의 강제 퇴위 반대 운동을 전개하였으며, 정미 7조약 때 제정된 악법 시행 반대 투쟁 등을 전개하였다.

### 05

정답 ④

제시된 사료의 종교는 1860년 최제우가 창시한 동학이다. '사람이 곧 하늘이다'에서 동학의 인내천 사상을 알 수 있다.

(ㄷ) O: 동학은 인간이 곧 하늘이라는 인내천 사상을 주장하며 인간 존중을 강조하였고, 한울님을 섬기며 평등 사상을 강조하며 양반과 상민을 차별하지 않았다.

(ㄹ) O: 1905년 동학은 천도교로 개칭되었고, 이후 보성사를 운영하며 잡지 '신여성'과 '어린이'를 발간하였다.

**오답 분석**

(ㄱ) X: 동학(천도교)이 아니라 1911년 대종교의 서일이 북간도에서 중광단을 결성하였다.

(ㄴ) X: 1862년 발생한 임술 농민 봉기는 삼정의 문란이 원인이 된 농민 봉기이지만 동학이 이를 주도한 것은 아니다.

**½한국사 고득점 TIP** 동학

- 창시: 1860년 경주, 몰락 양반 최제우
- 교리
  - 유교와 불교, 도교의 장점 수용, 천주교 교리도 일부 수용
  - '궁궁을을'의 부적 강조, 『정감록』의 영향을 받음
  - 인내천, 후천개벽, 보국안민, 시천주(한울님), 사인여천
  - 인간 존중, 평등 강조, 조선 왕조 부정
- 탄압: 1863년 사교로 지정 → 1864년 최제우 사형(혹세무민)
- 발전
  - 2대 교주: 최시형이 포접제 조직, 『동경대전』과 『용담유사』 편찬
  - 3대 교주: 손병희가 1905년 동학을 천도교로 개칭

# THEME 121 일제 강점기 역사 연구

## 01
2021년 법원직 9급

다음 자료의 주장을 한 일제 강점기 역사 연구 활동에 대한 설명 중 가장 옳은 것은?

> 조선 민족의 발전사는 그 과정이 아시아적이라고 하더라도 사회 구성의 내면적 발전 법칙 그 자체는 오로지 세계사적인 것이며, 삼국 시대의 노예제 사회, 통일 신라기 이래의 동양적 봉건 사회, 이식 자본주의 사회는 오늘날에 이르기까지 조선 역사의 단계를 나타내는 보편사적인 특징이다.

① 일선동조론을 유포하였다.
② 실증 사학의 영향을 받았다.
③ 대표적인 인물로 백남운이 있다.
④ 진단 학회를 결성하여 진단학보를 발간하였다.

## 02
2023년 법원직 9급

㉠을 비판한 사례로 가장 옳은 것은?

> 근세 조선사에서 유형원·이익·이수광·정약용·서유구·박지원 등 이른바 '현실학파(現實學派)'라고 불러야 할 우수한 학자가 배출되어, 우리의 경제학적 영역에 대한 선물로 남겨준 업적이 결코 적지 않다. …… ㉠ <u>후쿠다 도쿠조(福田德三)는 조선에서 봉건 제도의 존재를 전면적으로 부정</u>했다는 점에서 그에 승복할 수 없는 것이다.

① 백남운이 조선사회경제사를 저술하였다.
② 이병도, 손진태 등이 진단 학보를 발간하였다.
③ 조선사 편수회 인사들이 청구 학회를 결성하였다.
④ 신채호가 대한매일신보에 독사신론을 연재하였다.

## 03
2019년 국가직 9급

다음 글의 저자에 대한 설명으로 옳은 것은?

> 무릇 동양의 수천 년 교화계(敎化界)에서 바르고 순수하며 광대 정밀하여 많은 성현들이 전해주고 밝혀 준 유교가 끝내 인도의 불교와 서양의 기독교와 같이 세계에 큰 발전을 하지못함은 어째서이며 …(중략)… 유교계에 3대 문제가 있는지라. 그 3대 문제에 대하여 개량하고 구신(求新)을 하지 않으면 우리 유교는 흥왕할 수가 없을 것이다.

① '조선 얼'을 강조하며 '조선학 운동'을 펼쳤다.
② '나라는 형(形)이고 역사는 신(神)'이라고 주장하였다.
③ 주석·부주석 체제하의 대한민국 임시 정부에서 주석을 역임하였다.
④ 독사신론에서 민족을 역사 서술의 주체로 설정하고 사대주의를 비판하였다.

## 04
2017년 국가직 9급

다음 주장을 한 인물에 대한 설명으로 옳은 것은?

> 계급 투쟁은 민족의 내부 분열을 초래할 것이며, 민족의 내쟁은 필연적으로 민족의 약화에 따르는 다른 민족으로부터의 수모를 초래할 것이다. 계급 투쟁의 길은 우리가 반드시 취해야 할 필요는 없고, 민족 균등이 실현되는 날 그것은 자연 해소되는 문제다. …(중략)… 이 세계적 기운과 민족적 요청에서 민족사관은 출발하는 것이며, 민족사는 그 향로와 방법을 명백하게 과학적으로 지시하여야 할 것이다. -『조선 민족사 개론』

① 『조선상고사』와 『조선사연구초』를 저술하였다.
② 대동 사상을 수용한 유교 구신론을 주장하였다.
③ 『진단학보』를 발간한 진단 학회의 발기인으로 활동하였다.
④ 「5천 년간 조선의 얼」이라는 글을 동아일보에 연재하였다.

## 문제 풀이

### 01

정답 ③

제시된 사료의 주장을 한 역사가는 사회 경제 사학의 백남운이다. '오늘날에 이르기까지 조선 역사의 단계를 나타내는 보편사적인 특징이다'에서 백남운이 사회 경제 사학에서 강조한 우리 역사의 보편성임을 알 수 있다.

**③ 사회 경제 사학을 주장한 대표적인 인물로는 백남운이 있다.**

**오답 분석**

① X: 일선동조론을 유포한 것은 조선사 편수회이다.

②, ④ X: 실증 사학의 영향을 받아 진단 학회를 결성하고, 진단 학보를 발간한 것은 이병도, 손진태이다.

### 02

정답 ①

제시된 자료는 일제의 식민사학의 정체성론(봉건 사회 결여론)이며, 백남운이 사회 경제 사학에서 우리 역사의 보편성을 강조하며 일제의 정체성론(봉건 사회 결여론)을 비판하였다.

**① 일제는 식민사학을 통해 우리 역사를 왜곡하였고, 열등감을 심어주려 하였다. 그 중 대표적인 것이 정체성론으로 한국사가 고대사에 머물러 있다는 것이며, 우리 한국사가 봉건 사회를 경험하지 못해 고대사에 머물러 있다는 주장이다. 이를 봉건 사회 결여론이라 하기도 한다. 이에 사회 경제 사학의 백남운이 우리 역사의 보편성을 강조하며 일제의 정체성론(봉건 사회 결여론)을 비판하였다.**

**오답 분석**

② X: 1934년 이병도, 손진태 등이 진단 학회를 조직하고, 『진단학보』를 발간하였다. 이들은 랑케의 실증주의 사학을 강조하였지만 독립 운동에 소극적이어서 비판을 받았다.

③ X: 1930년 조직된 청구 학회는 친일 단체로 우리 역사를 왜곡하였다.

④ X: 신채호가 대한매일신보에 「독사신론」을 연재한 것은 역사 서술의 주체를 민족으로 설정하여 민족주의 사학의 연구 방법을 제시한 활동이다.

### 03

정답 ②

제시된 사료는 박은식의 「유교구신론」 중 일부이다. '유교계에 3대 문제가 있는지라. 그 3대 문제에 대하여 개량하고 구신(求新)을 하지 않으면 우리 유교는 흥왕할 수가 없을 것이다.'에서 '유교에서 문제를 개량하고 구신한다'는 부분을 통해 박은식의 「유교구신론」임을 추측할 수 있다.

**② O: 박은식은 『한국통사』에서 '나라는 형(形)이고 역사는 신(神)'이라고 주장하며 정신과 국혼이 멸하지 않으면 반드시 국권(국백)을 회복할 수 있다고 하였다.**

**오답 분석**

① X: 박은식이 아니라 정인보가 '조선 얼'을 강조하며 1934년 안재홍, 문일평 등과 함께 '조선학 운동'을 펼쳤다.

③ X: 박은식이 아니라 김구가 주석·부주석 체제하의 대한민국 임시 정부에서 주석을 역임하였고, 박은식은 임시 정부의 2대 대통령이었다.

④ X: 박은식이 아니라 신채호가 1908년 대한매일신보에 「독사신론」을 발표하고, 민족을 역사서술의 주체로 설정하고 사대주의를 비판하였다.

**½한국사 고득점 TIP** 조선학 운동

- 전개: 1934년 정약용 서거 99주기를 기념하여 전개
- 주도: 정인보, 문일평, 안재홍 등이 참여
- 목표: '문화가 살면 민족은 죽지 않는다'를 강조
- 성과
  - 실학을 연구하여 우리 학문의 보편성과 특수성 강조
  - 실학을 역사적 용어로 사용, 자본주의 맹아론, 여유당전서 간행

### 04

정답 ③

제시된 사료의 『조선 민족사 개론』은 손진태의 저서이다. '민족사는 그 항로와 방법을 명백하게 과학적으로 지시하여야 할 것이다.'에서 과학적인 실증적인 역사 연구 방법을 강조하는 것으로 보아 실증 사학임을 알 수 있다. 하지만 이 문제는 『조선 민족사 개론』의 저자를 암기해두어야 한다.

**③ O: 1934년 손진태는 이병도 등과 함께 『진단학보』를 발간한 진단 학회의 발기인으로 활동하였다.**

**오답 분석**

① X: 손진태가 아니라 신채호가 『조선상고사』와 『조선사연구초』를 저술하였다.

② X: 손진태가 아니라 박은식이 대동 사상을 수용한 유교구신론을 주장하였고 대동교를 창시하였다.

④ X: 손진태가 아니라 정인보가 「5천 년간 조선의 얼」이라는 글을 동아일보에 연재하였고, 후에 『조선사연구』로 간행되었다.

**½한국사 고득점 TIP** 진단 학회

- 조직: 1934년~1942년까지 활동
- 주도: 손진태, 이병도, 신석호, 김상기 등
- 목표: 랑케의 실증 사학을 강조, 객관적인 역사 연구 강조
- 활동: 조선과 인근의 문화를 연구, 청구 학회에 대항
- 의의: 역사를 학문의 단계로 발전
- 한계: 독립 운동에 방관적이어서 비판을 받음

## 05

2017년 지방직 9급

다음 자료를 쓴 역사가의 활동으로 옳은 것은?

> 역사란 무엇이뇨. 인류 사회의 아와 비아의 투쟁이 시간부터 발전하며 공간부터 확대되어 심적 활동의 상태의 기록이니, 세계사라 하면 세계 인류의 그리되어 온 상태의 기록이며, 조선사라 하면 조선 민족의 그리되어 온 상태의 기록이니라.

① '5천 년간 조선의 얼'이라는 글을 동아일보에 연재하여 민족 정신을 고취하였다.

② 『조선사회경제사』를 저술하여 세계사적 보편성 속에서 한국사를 해석하였다.

③ 을지문덕, 최영, 이순신 등 애국명장의 전기를 써서 애국심을 고취하였다.

④ 『여유당전서』를 발간하여 조선 후기 실학자들을 재평가하였다.

## 06

2015년 서울시 9급

다음 (ㄱ)의 인물에 대한 설명으로 옳은 것은?

> (ㄱ) 은 조선 시대에 민중을 위해서 노력한 정치가들과 혁명가들을 드러내고, 세종과 실학자들의 민족 지향, 민중 지향, 실용 지향을 높이 평가하는 사론을 발표하여 일반 국민의 역사 의식을 계발하는 데 기여하였다. 또한 국제 관계에서 실리적 감각이 필요함을 절감하고, 이러한 시각에서 『대미 관계 50년사』라는 저서를 내기도 하였다.

① 1930년대에 조선학 운동을 주도하였다.

② 진단 학회를 창립하여 한국사의 실증적 연구에 힘썼다.

③ 한국사가 세계사의 보편적 법칙에 입각하여 발전하였음을 강조하였다.

④ 우리의 민족 정신을 '혼'으로 파악하고, '혼'이 담겨 있는 민족사의 중요성을 강조하였다.

## 07

2015년 사회복지직

다음의 인물에 대한 설명으로 옳은 것만을 모두 고른 것은?

> 1930년대 『조선사회경제사』, 『조선봉건사회경제사』 등을 저술하여 유물 사관의 입장에서 한국사를 체계적으로 이해하고자 하였다.

**보기**

(ㄱ) 진단 학회의 결성과 진단학보의 발행을 주도하였다.

(ㄴ) 국민당 창당을 주도하고 미 군정에서 민정 장관을 역임하였다.

(ㄷ) 『조선 민족의 진로』라는 글에서 '연합성 신민주주의'를 제창하였다.

(ㄹ) 한국사가 정체적이며 타율적이라 주장하는 식민사학을 비판하였다.

① (ㄱ), (ㄴ) ② (ㄴ), (ㄷ)

③ (ㄷ), (ㄹ) ④ (ㄱ), (ㄹ)

# 문제 풀이

## 05

정답 ③

제시된 사료는 신채호의 『조선상고사』 중 일부이다. 신채호는 『조선상고사』에서 역사를 아와 비아의 투쟁으로 강조하였다.

③ O: **신채호가 을지문덕, 최영, 이순신 등 애국명장의 전기를 써서 애국심을 고취하였다.**

**오답 분석**

① X: 신채호가 아니라 정인보가 '5천 년간 조선의 얼'이라는 글을 동아일보에 연재하여 민족 정신을 고취하였다.

② X: 신채호가 아니라 백남운이 『조선사회경제사』를 저술하여 세계사적 보편성 속에서 한국사를 해석하였다.

④ X: 1934년 정인보, 문일평, 안재홍 등이 조선학 운동을 전개하면서 정약용의 저술을 모아 『여유당전서』를 발간하여 조선 후기 실학자들을 재평가하였다. 신채호와 박은식은 조선학 운동에 참여하지 않았다.

**½한국사 고득점 TIP** 영웅전

- 신채호: 『이순신전』, 『을지문덕전』, 『최도통전』(최영) 등
- 박은식: 『연개소문전』, 『안중근전』, 『동명성왕실기』

## 06

정답 ①

제시된 자료에서 세종을 강조한 것과, 민족 지향, 민중 지향, 실용 지향을 강조한 것, 그리고 『대미 관계 50년사』를 저술한 것으로 보아 (ㄱ)의 인물은 문일평이다.

① O: **문일평은 정인보, 안재홍 등과 함께 1934년 조선학 운동을 전개하였다.**

**오답 분석**

② X: 문일평이 아니라 이병도와 손진태가 1934년 진단 학회를 조직하여 실증적 역사 연구를 강조하였다.

③ X: 문일평이 아니라 백남운이 우리 역사의 보편성을 강조하면서 일본의 정체성론을 비판하였다.

④ X: 문일평이 아니라 박은식이 우리의 민족 정신을 '혼'으로 파악하고, '혼'이 담겨 있는 민족사의 중요성을 강조하였다.

## 07

정답 ③

제시된 자료는 백남운에 대한 설명이다. 『조선사회경제사』, 『조선봉건사회경제사』는 백남운의 저서이다.

(ㄷ) O: **백남운은 『조선 민족의 진로』라는 글에서 '연합성 신민주주의'를 제창하며 통일 정부 수립을 강조하였다.**

(ㄹ) O: **백남운은 우리 역사의 보편성을 강조하며 한국사가 정체적이며 타율적이라 주장하는 식민 사학을 비판하였다.**

**오답 분석**

(ㄱ) X: 백남운이 아니라 이병도와 손진태가 진단 학회의 결성과 진단학보의 발행을 주도하였다.

(ㄴ) X: 백남운이 아니라 안재홍이 해방 이후 국민당 창당을 주도하고 미 군정에서 민정 장관을 역임하였다.

**중요 사료** 『조선사회경제사』

나의 조선경제사의 기도(企圖)는 사회의 경제적 구성을 기축으로 대체로 다음과 같은 제 문제를 취급하려 하였다.
제1. 원시 씨족 공산체의 태양(態樣)
제2. 삼국의 정립 시대의 노예 경제
제3. 삼국 시대 말기 경부터 최근세에 이르기까지의 아시아적 봉건 사회의 특질
제4. 아시아적 봉건 국가의 붕괴 과정과 자본주의 맹아 형태
제5. 외래 자본주의 발전의 일정과 국제적 관계
제6. 이데올로기 발전의 총 과정

# THEME 122 근대 중요 인물 연구

## 01
2020년 지방직 9급

**밑줄 친 '그'의 활동으로 옳은 것은?**

> 경술년(1910)에 여러 형제들이 모여서 같이 만주로 갈 준비를 하였다. …… 그(1867~1932)는 1만여 석의 재산과 가옥을 모두 팔고 큰집, 작은 집이 함께 압록강을 건너 떠났다. 그는 만주에서 독립군 양성 기관인 신흥 강습소를 설립하였다.

① 조선어 학회 사건으로 옥고를 치렀다.
② 독립 운동 단체인 경학사를 조직하였다.
③ 3·1 운동 민족 대표 33인 중 한 명이었다.
④ '삼균주의'에 입각한 한국 국민당을 결성하였다.

## 02
2019년 법원직 9급

**<보기> 활동과 관련하여 학생들이 설정한 탐구 주제와 선정한 인물이 가장 잘못 연결된 것은?**

> • 탐구 목표: 인물을 통해 우리나라의 역사를 이해한다.
> • 탐구 절차: 탐구 주제 설정 → 대상 인물 선정 → 관련 자료 수집 → 보고서 작성·발표

| | 탐구 주제 | 인물 |
|---|---|---|
| ① | 종로 경찰서에 폭탄을 투척하다! | 김익상 |
| ② | 하얼빈에서 순국한 여성 독립 운동가! | 남자현 |
| ③ | 조선 의용대, 중국 국민당과 연합하다! | 김원봉 |
| ④ | 통일 정부 수립을 위해 좌우 합작 운동을 펼치다! | 여운형 |

## 03
2018년 법원직 9급

**다음 인물에 대한 설명으로 옳지 않은 것은?**

> 1907년 헤이그 만국 평화 회의 밀사로 임명되었다.
> 1909년 밀산 한흥동에 독립 운동 기지를 건설하였다.
> 1914년 대한 광복군 정부의 대통령이 되었다.

① 권업회를 결성하였다.
② 서전서숙을 설립하였다.
③ 13도 의군에 참여하였다.
④ 대한 국민 의회를 조직하였다.

## 04
2015년 법원직 9급

**다음 인물의 활동으로 옳은 것은?**

> 1886년 우리나라에 왔다. 을사늑약 사건 후 고종의 밀서를 휴대하고 미국에 가서 국무장관과 대통령을 면담하려 했으나 실현하지 못하였다. 1906년 다시 내한하였으며, 고종에게 헤이그에서 열리는 제2차 만국 평화 회의에 밀사를 보내도록 건의하였다. 그는 이상설 등 헤이그 특사보다 먼저 도착하여 '회의시보'에 한국 대표단의 호소문을 싣게 하는 등 한국의 국권 회복을 위해 노력하였다.

① 대한매일신보의 발행인이었다.
② 육영 공원의 교사로 초빙되었다.
③ 광혜원의 설립에 깊이 관여하였다.
④ 우리나라 최초의 서양인 고문이었다.

## 05
2022년 지방직 9급

**다음 글은 (가)의 부탁을 받고 (나)가 지은 것이다. (가)와 (나)에 대한 설명으로 옳은 것은?**

> 우리는 '외교', '준비' 등의 미련한 꿈을 버리고 민중 직접 혁명의 수단을 취함을 선언하노라. 조선 민족의 생존을 유지 하자면 강도 일본을 쫓아내야 하고, 강도 일본을 쫓아내려면 오직 혁명으로써만 가능하니, 혁명이 아니고는 강도 일본을 쫓아낼 방법이 없는 바이다.

① (가)는 조선 의용대를 결성하였고, (나)는 '국혼'을 강조하였다.
② (가)는 신흥 무관 학교를 세웠고, (나)는 형평사를 창립하였다.
③ (가)는 조선 건국 동맹을 조직하였고, (나)는 식민 사학의 한국사 정체성론을 반박하였다.
④ (가)는 황포 군관 학교에서 훈련받았고, (나)는 민족주의 역사 서술의 기본 틀을 제시하였다.

## 01

정답 ②

제시된 자료의 밑줄 친 '그'는 이회영이다.

② O: **이회영 등의 신민회 인사들은 1911년 서간도(남만주) 지역에 경학사를 조직하였다.**

**오답 분석**

① X: 1942년 조선어 학회 사건으로 옥고를 치른 것은 최현배, 이윤재 등이다.

③ X: 이회영은 3·1 운동 당시 민족 대표 33인에 포함되지 않았다.

④ X: 한국 국민당은 1935년 김구와 이동녕이 중심이 되어 조직되었다.

## 02

정답 ①

① X: **김익상이 아니라 김상옥이 1923년 종로 경찰서에 폭탄을 투척하였고, 일본 경찰과 교전 후 자결하였다. 김익상은 1921년 조선 총독부에 폭탄을 투척하였다.**

**오답 분석**

② O: 남자현은 1924년 일본 총독 암살을 계획하였으나 실패하였고 1932년 '한국독립원'이라는 혈서를 통해 독립을 호소하였다. 1933년 이규동 등과 주만 일본 대사를 죽이기로 계획하고, 동지와의 연락 및 무기 운반 등의 임무를 띠고 걸인노파 차림으로 하얼빈 교외를 지나다 일본 경찰에 붙잡혔다. 6개월 동안 갖은 고문을 받다가 단식 투쟁을 전개하고 보석으로 석방되었다. 이후 "독립은 정신으로 이루어지느니라."라는 말을 남기고 하얼빈에서 세상을 떠났다.

③ O: 조선 의용대는 김원봉의 의열단 등이 참여하여 1935년 조직된 조선 민족 혁명당의 산하 부대로 한커우에서 1938년 조직되었다. 중국 관내에서 조직된 최초의 한국인 무장 단체로 중국 국민당의 지원으로 중·일 전쟁에 참전하기도 하였다.

④ O: 이승만의 정읍 발언 이후 단독 정부 수립 운동을 비판하며 여운형(중도 좌파)과 김규식(중도 우파)의 주도로 좌우 합작 운동이 전개되었다.

## 03

정답 ④

제시된 자료의 인물은 이상설에 대한 내용이다.

④ X: **대한 국민 의회는 1919년 손병희가 연해주 지역에서 조직하였고, 3·1 운동 당시 연해주의 만세 운동을 주도하였으며 3·1 운동 이후 최초의 임시 정부를 수립하였다.**

**오답 분석**

① O: 권업회는 1911년 이상설, 홍범도, 유인석 등이 연해주에서 조직한 단체로 권업신문을 발행하였고 1914년 대한 광복군 정부를 조직하였다.

② O: 서전서숙은 1906년 이상설이 해외(북간도)에 설립한 근대식 사립 학교이다.

③ O: 13도 의군은 이상설과 유인석이 서울 진공 작전의 무모함을 비판하면서 연해주로 이동하여 조직한 단체이다.

## 04

정답 ②

제시된 자료에서 설명하는 인물은 헐버트이다. 헐버트는 육영 공원의 선생으로 초빙되었고, 1905년 을사늑약이 체결되자 고종의 특사로 미국에 파견되었지만 미국 대통령을 만나지 못하고 귀국하였다. 이후 고종에게 헤이그 특사의 파견을 건의하였다.

② O: **헐버트는 1886년 육영 공원 교사로 부임하였고, 이후 한글의 독창성, 과학성, 간편성을 발견하고 한글에 대한 많은 논문을 발표하였으며, 한글 애용을 적극적으로 주장하기도 하였다. 고종에게 헤이그 특사를 건의하였고, 『사민필지』를 저술하기도 하였다.**

**오답 분석**

① X: 대한매일신보는 영국인 베델과 양기탁이 중심이 되어 발행하였다.

③ X: 광혜원은 1885년 정부의 지원을 받은 알렌이 활인서와 혜민원을 개편해 세운 최초의 근대식 왕립 병원이다.

④ X: 우리나라 최초의 서양인 고문은 1882년 임오군란 이후 청이 임명한 묄렌도르프이다.

## 05

정답 ④

제시된 사료는 1923년 신채호가 작성한 「조선혁명선언」이다.

④ O: **(가) 김원봉은 의열단원으로 중국의 황포 군관 학교에서 훈련받았고, (나) 신채호는 「독사신론」에서 민족주의 역사 서술의 기본 틀을 제시하며 민족 중심의 역사를 강조하였다.**

**오답 분석**

① X: (가) 김원봉은 1938년 조선 의용대를 결성하였고, (나) 신채호는 '국혼'이 아니라 '낭가' 사상을 강조하였다. '국혼'은 박은식이 강조하였다.

② X: (가) 김원봉은 신흥 무관 학교를 세운 것이 아니라 그 학교 출신이었고, 신흥 무관 학교는 이회영 등의 신민회 인사들이 서간도(남만주)에 설립하였던 학교이다. 또한 (나) 신채호가 아니라 백정 이학찬이 진주에서 1923년 형평사를 창립하여 백정들의 사회적 차별 철폐를 요구하였다.

③ X: (가) 김원봉이 아니라 여운형이 1944년 국내에 비밀리에 조선 건국 동맹을 조직하였다. 또한 (나) 신채호가 아니라 백남운이 사회경제사학에서 우리 역사의 보편성을 강조하며 일제의 식민 사학의 한국사 정체성론을 반박하였다.

**½한국사 고득점 TIP 「독사신론」**

신채호는 1908년 대한매일신보에 민족 중심의 역사를 강조한 「독사신론」을 발표하였다. 신채호는 「독사신론」에서 민족 중심의 역사를 강조하였고, 시간과 공간, 인물을 역사의 3요소로 파악하였다. 또한, 단군-부여-고구려의 역사를 강조하였다.

# THEME 123 지역 관련 통합 문제

## 01
2020년 국가직 9급

**독도가 대한민국의 영토임을 알 수 있는 자료로 옳은 것만을 모두 고르면?**

(ㄱ) 일본의 은주시청합기(1667년)
(ㄴ) 일본의 삼국접양지도(1785년)
(ㄷ) 일본의 태정관 지령문(1877년)
(ㄹ) 일본의 시마네현 고시(1905년)

① (ㄱ), (ㄴ), (ㄷ) ② (ㄱ), (ㄴ), (ㄹ)
③ (ㄱ), (ㄷ), (ㄹ) ④ (ㄴ), (ㄷ), (ㄹ)

## 02
2017년 국가직 9급

**독도가 우리나라 영토임을 입증하는 근거로만 옳게 짝지어진 것은?**

① 이범윤의 보고문 - 은주시청합기
② 대한 제국 칙령 제41호 - 삼국접양지도
③ 미쓰야 협정 - 시마네 현 고시 제40호
④ 조선국교제시말내탐서 - 어윤중의 서북경략사 임명장

## 03
2010년 국가직 9급

**다음은 간도와 관련된 역사적 사실들이다. 옳지 않은 것은?**

① 1909년 일제는 청과 간도 협약을 체결하여 남만주의 철도 부설권을 얻는 대가로 간도를 청의 영토로 인정하였다.
② 조선과 청은 1712년 "서쪽으로는 압록강, 동쪽으로는 토문강을 국경으로 한다."는 내용의 백두산 정계비를 세웠다.
③ 통감부 설치 후 일제는 1906년 간도에 통감부 출장소를 두어 간도를 한국의 영토로 인정하였다.
④ 1902년 대한 제국 정부는 간도관리사로 이범윤을 임명하는 한편, 이를 한국 주재 청국 공사에게 통고하고 간도의 소유권을 주장하였다.

## 04
2023년 국가직 9급

**밑줄 친 '이곳'에 대한 설명으로 옳은 것은?**

- 장수왕은 남진 정책의 일환으로 수도를 이곳으로 천도하였다.
- 묘청은 이곳으로 수도를 옮길 것을 주장하였다.

① 쌍성총관부가 설치되었다.
② 망이·망소이가 반란을 일으켰다.
③ 제너럴 셔먼호 사건이 발생하였다.
④ 1923년 조선 형평사가 결성되었다.

## 05
2023년 법원직 9급

**(가) 지역에 대한 설명으로 옳은 것을 <보기>에서 모두 고른 것은?**

몽골의 대군이 경기 지역으로 침입하자 최이가 재추 대신들을 모아 놓고 (가) 천도를 의논하였다. 사람들은 옮기기를 싫어하였으나 최이의 세력이 두려워서 감히 한마디도 발언하는 자가 없었다. 오직 유승단이 "작은 나라가 큰 나라를 섬기는 것은 도리에 맞는 일이니, 예로써 섬기고 믿음으로써 사귀면 그들도 무슨 명목으로 우리를 괴롭히겠는가? 성곽과 종사를 내버리고 섬에 구차히 엎드려 세월을 보내면서 장정들을 적의 칼날에 죽게 만들고, 노약자들을 노예로 잡혀가게 하는 것은 국가를 위한 계책이 아니다."라고 반대하였다.

**보기**
(ㄱ) 동녕부가 설치되었다.
(ㄴ) 조선왕조실록 사고가 세워졌다.
(ㄷ) 망이·망소이의 난이 일어났다.

① (ㄱ) ② (ㄱ), (ㄴ)
③ (ㄴ) ④ (ㄴ), (ㄷ)

## 문제 풀이

### 01

정답 ①

(ㄱ) O: 은주시청합기는 일본 측 기록으로, 울릉도와 독도를 우리 영토로 기록하고 있다.

(ㄴ) O: 삼국접양지도는 일본 지도로, 울릉도와 독도를 우리 영토로 표기하였다.

(ㄷ) O: 태정관은 당시 일본 최고 국가 기관으로, 태정관 지령문은 일본의 최고 국가 기관이 울릉도와 독도가 일본의 영토가 아니라고 확인한 공식 문서이다.

**오답 분석**

(ㄹ) X: 일본은 1905년 2월 러·일 전쟁 중 독도를 다케시마 섬으로 공포하고, 시마네현 고시 40호를 통해 불법적으로 독도를 시마네현으로 편입시켰다.

### 02

정답 ②

② O: 독도와 관련된 것은 대한 제국이 반포한 칙령 41호이며, 삼국접양지도는 1785년 제작된 일본 지도로 울릉도와 독도를 우리나라 영토로 표기하였다.

**오답 분석**

① X: 이범윤은 대한 제국 시기 간도 관리사로 파견되었다. 은주시청합기는 울릉도와 독도를 우리 영토로 인정한 일본의 기록물이다.

③ X: 미쓰야 협정은 1925년 독립군의 탄압을 위해 만주 군벌과 조선 총독부 경무국장 미쓰야 간에 체결되었다. 1905년 2월 시마네 현 고시 제40호에서 일본은 독도를 자신의 영토로 불법적으로 편입하였다.

④ X: 어윤중은 서북경략사로 파견되어 간도가 조선 땅임을 청에 주장하였다. 1870년 일본 외무성의 조선국교제시말내탐서에서 독도가 일본과 관계 없는 영토임을 지시하였다.

**½한국사 고득점 TIP** 독도가 우리 영토라는 기록물

- 『삼국사기』: 지증왕 시절 이사부가 정벌한 기록
- 『세종실록지리지』: 강원도 관할, 최초로 울릉도(무릉)와 독도(우산) 구분
- 팔도총도: 조선 중종, 최초로 울릉도와 독도 구분한 지도
- 동국문헌비고, 동국지도(정상기), 증보문헌비고, 신경준의 강계고 등
- 일본 측 기록
  - 은주시청합기, 죽도기사, 삼국통람도설, 삼국접양지도, 통항일람
  - 태정관 지령: 1877년, 일본 메이지 정부가 우리 영토로 인정

### 03

정답 ③

③ X: 통감부 설치 후 일제는 1906년이 아니라 1907년 간도에 통감부 출장소(간도 파출소)를 두어 간도를 한국의 영토로 인정하였다.

**½한국사 고득점 TIP** 간도

- 간도 귀속 문제: 19세기 후반
- 문제 배경: 백두산 정계비의 [토문강]의 해석 문제
- 토문강 해석: 청은 토문강을 두만강, 조선은 송화강의 지류로 해석
- 과정
  - 1883년 어윤중을 서북경략사 → 1885년 이중하, 토문감계사
  - 1902년 이범윤: 간도 관리사 파견, 간도를 함경도 관할로 관리
  - 1907년 일본: 간도 파출소(통감부 출장소) 설치
- 1909년 간도 협약: 청과 일본 사이 체결
  - 을사늑약으로 외교권을 박탈한 일본이 체결 → 간도를 청에 넘김
  - 일본은 푸슨 탄광, 안봉선 철도(남만주 철도) 부설권 획득

### 04

정답 ③

주어진 자료의 밑줄 친 '이곳'은 서경(평양)이다.

③ O: 서경(평양)에서 1866년에 제너럴 셔먼호 사건이 발생하였다.

**오답 분석**

① X: 쌍성총관부가 설치된 곳은 화주, 영흥이다.

② X: 망이·망소이가 반란을 일으킨 곳은 공주이다.

④ X: 1923년에 조선 형평사가 결성된 곳은 진주이다.

### 05

정답 ③

제시된 사료의 (가)는 강화도이다. 1231년 몽골의 침략 당시 최우 정권은 강화도로 천도하였다.

(ㄴ) O: 강화도에는 조선왕조실록 사고가 세워졌다(강화도 정족산성 사고).

**오답 분석**

(ㄱ) X: 동녕부가 설치된 지역은 평양(서경)이다.

(ㄷ) X: 망이·망소이의 난이 일어난 지역은 공주 명학소이다.

## 06

2023년 지방직 서울시

**여름 휴가를 맞아 강화도로 답사 여행을 떠나고자 한다. 다음 중 유적(지)과 주제의 연결이 옳지 않은 것은?**

| 유적(지) | 구제 |
|---|---|
| ① 외규장각 | 동학 농민 운동 |
| ② 고려 궁지 | 대몽 항쟁 |
| ③ 고인돌 | 청동기 문화 |
| ④ 광성보 | 신미양요 |

## 07

2021년 지방직 9급

**(가) 지역에 대한 설명으로 옳은 것은?**

> 나는 삼한(三韓) 산천의 음덕을 입어 대업을 이루었다. (가) 는/은 수덕(水德)이 순조로워 우리나라 지맥의 뿌리가 되니 대업을 만대에 전할 땅이다. 왕은 춘하추동 네 계절의 중간달에 그곳에 가 100일 이상 머물러서 나라를 안녕케 하라. -『고려사』

① 이곳에 대장도감을 설치하여 재조대장경을 만들었다.
② 지눌이 이곳에서 수선사 결사 운동을 펼쳤다.
③ 망이·망소이가 이곳에서 봉기하였다.
④ 몽골이 이곳에 동녕부를 두었다.

## 08

2020년 국가직 9급

**밑줄 친 '이 지역'에 대한 설명으로 옳은 것은?**

> 장수왕은 군사 3만을 거느리고 백제를 침공하여 왕도인 이 지역을 함락시켜, 개로왕을 살해하고 남녀 8천 명을 사로잡아 갔다.

① 망이, 망소이가 반란을 일으켰다.
② 고려 문종 대에 남경이 설치되었다.
③ 보조국사 지눌이 수선사 결사를 주도하였다.
④ 고려 태조가 북진 정책의 전진 기지로 삼았다.

## 09

2017년 국가직 9급

**고려 시대 의주에 대한 설명으로 옳지 않은 것은?**

① 청천강변에 위치하며 도호부가 설치된 곳이다.
② 강동 6주 가운데 하나인 흥화진이 있던 곳이다.
③ 요(遼)와 물품을 거래하던 각장이 설치된 곳이다.
④ 요(遼)와 금(金)의 분쟁을 이용하여 회복하려고 시도한 곳이다.

## 10

2016년 교육행정직

**(가) 지역에 대한 설명으로 옳은 것은?**

> 김위제가 도선의 비기를 공부한 후, 남경 천도를 청하며 다음과 같은 글을 올렸다.「도선기」에는 '고려 땅에 세 곳의 수도가 있으니, (가) 이/가 중경, 목멱양이 남경, 평양이 서경이다. 11월에서 2월까지는 중경에서, 3월에서 6월까지는 남경에서, 7월에서 10월까지는 서경에서 지내면 36개국이 와서 조공할 것이다.'라고 했습니다.

① 견훤이 국도로 삼은 곳이다.
② 묘청이 반란을 일으킨 곳이다.
③ 망이·망소이의 난이 일어난 곳이다.
④ 거란의 침략에 대비하여 나성이 축조된 곳이다.

## 11

2014년 방재안전직 9급

**밑줄 친 '이 무덤'이 발견된 지역과 관련된 역사적 사실로 옳은 것은?**

> 1971년 배수로 공사 중에 우연히 발견한 이 무덤은 중국 남조의 영향을 크게 받아 연꽃 등 우아하고 화려한 백제 특유의 무늬를 새긴 벽돌로 내부를 쌓았다. 무덤 속에서 무덤 주인공의 지석이 발견되었고, 각종 장신구와 금관 장식 등 3,000여 점의 껴묻거리가 출토되었다.

① 동학 농민군이 일본군과 싸웠으나 패하였다.
② 김윤후가 이끈 민병과 승군이 몽고의 살리타 군대를 물리쳤다.
③ 백정들이 형평사를 창립하고 평등한 대우를 요구하는 형평 운동을 시작하였다.
④『조선왕조실록』을 보관하는 사고(史庫)가 설치되었으나 임진왜란 때 소실되었다.

# 문제 풀이

## 06

정답 ①

① X: 외규장각은 강화도에 설치되어 의궤 등의 고문서를 보관하였다. 하지만 1866년 병인양요가 발생하였고, 이때 프랑스군에게 의궤 등의 고문서를 약탈당하였다. 동학 농민 운동은 전라도 지방에서 발생였지만 강화도와는 관련이 없다.

## 07

정답 ④

제시된 사료는 고려 태조의 훈요 10조의 일부로, (가)는 평양(서경)이다. 태조는 훈요 10조에서 서경 길지설을 강조하며 왕이 평양에 100일 이상 머물 것을 당부하며, 평양을 서경으로 승격하였다.

④ O: 몽골이 자비령 이북의 서경에 동녕부를 두었다. 또한 몽골은 철령 이북 화주, 영흥 지방에는 쌍성총관부, 제주에 탐라총관부를 설치하였다.

**오답 분석**

① X: 최우 시절 몽골의 3차 침입을 계기로 1236년 강화도에 대장도감을 설치하고 진주와 남해 등에서 재조대장경(팔만대장경)을 만들었다.

② X: 지눌이 수선사 결사 운동을 펼친 지역은 순천 송광사이다.

③ X: 망이·망소이가 봉기한 지역은 공주 명학소이다.

## 08

정답 ②

제시된 자료는 475년 고구려 장수왕이 백제 개로왕을 전사시키고 한성(한양, 서울)을 함락한 내용으로, 밑줄 친 '이 지역'은 한성(한양, 서울)이다.

② O: 성종 때 정비된 중경(개경), 서경(평양), 동경(경주)의 3경을, 고려 문종 때는 동경을 제외하고 한양을 남경으로 승격시켜 3경에 포함시켰다.

**오답 분석**

① X: 망이, 망소이가 반란을 일으킨 지역은 공주 명학소이다.

③ X: 보조국사 지눌이 수선사 결사를 주도한 지역은 순천 송광사이다.

④ X: 고려 태조가 북진 정책의 전진 기지로 삼은 지역은 서경(평양)이다.

## 09

정답 ①

① X : 의주는 청천강 유역이 아니라 압록강 유역이다.

**오답 분석**

② O: 고려 전기 거란의 침입 당시 압록강 유역에 강동 6주를 획득하였고, 흥화진이 있던 곳이 의주이다.

③ O: 고려는 거란·여진과의 무역을 위해 국경 지대에 각장이라는 시장을 설치하였고, 의주의 각장에서는 요와 무역을 하였다.

④ O: 고려 중기 여진족인 금의 침략 당시 거란족이 고려에 도움을 요청하였지만 고려는 이를 거부하고 여진과 거란의 싸움을 이용하여 의주(보주)를 확보하였다.

**½한국사 고득점 TIP** 강동 6주

강동 6주는 흥화진, 용주, 철주, 통주, 곽주, 귀주의 압록강 유역이다.

## 10

정답 ④

제시된 자료의 (가)는 송악(개경)이다. 고려 성종 때 개경을 중경, 평양을 서경, 경주를 동경으로 한 3경 제도를 정비하였다. 문종 때는 한양명당설이 유행하면서 3경에서 동경을 제외하고 한양을 남경으로 승격하여 3경에 포함시켰다.

④ O: 송악(개경)에는 거란의 침략에 대비하여 나성이 축조되었다.

**오답 분석**

① X: 견훤이 국도로 삼은 지역은 전주(완산주)이다.

② X: 묘청이 반란을 일으킨 지역은 평양(서경)이다.

③ X: 망이·망소이의 난이 일어난 지역은 공주 명학소이다.

## 11

정답 ①

제시된 사료의 밑줄 친 '이 무덤'은 공주 송산리에서 발견된 백제 무령왕릉이다.

① 공주 우금치에서 동학 농민군이 일본군과 싸웠으나 패하였다(우금치 전투).

**오답 분석**

② X: 김윤후가 이끈 민병과 승군이 몽고의 살리타 군대를 물리친 지역은 용인 처인성이다.

③ X: 백정들이 형평사를 창립하고 평등한 대우를 요구하는 형평 운동을 시작한 지역은 진주이다.

④ X: 『조선왕조실록』을 보관하는 사고는 전기에는 한양의 춘추관, 전주, 충주, 성주에 설치되었지만 임진왜란이 터지면서 전주 사고를 제외하고 모두 소실되어 전주 사고본을 토대로 광해군 때 5대 사고를 설치하였다.

## 12

2016년 법원직 9급

**지도의 (가)~(라) 지역과 관련된 역사적 사실로 가장 옳지 않은 것은?**

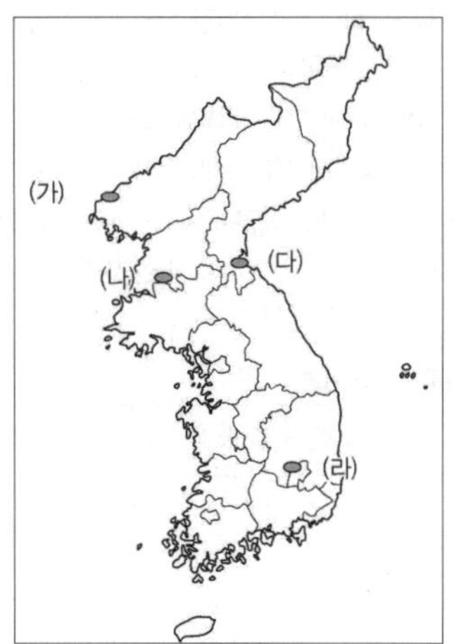


① (가) - 임진왜란 때 선조가 피난하였다.
② (나) - 남북 정상 회담(2000년, 2007년)이 개최되었다.
③ (다) - 강화도 조약 체결에 따라 개항이 이루어졌다.
④ (라) - 물산 장려 운동이 처음 시작되었다.

## 13

2009년 법원직 9급

**다음 글의 밑줄 친 '이곳' 지역에 대한 설명 중 옳은 것을 <보기>에서 모두 고른 것은?**

> 덕원(원산) 부사 정현석이 장계를 올립니다. 신이 다스리는 이곳 읍은 해안의 요충지에 있고 아울러 개항지가 되어 소중함이 다른 곳에 비할 바가 못됩니다. 개항지를 빈틈 없이 운영해 나가는 방도는 인재를 선발하여 쓰는 데 달려 있고, 인재 선발의 요체는 교육에 있습니다. 그러므로 학교를 설립하여 연소하고 총명한 자를 뽑아 교육하고자 합니다. - 덕원부계록

**보기**

(ㄱ) 1876년 강화도 조약을 맺어 개항하였다.
(ㄴ) 1883년 정부에서 근대 교육 기관을 설립하여 상류층 자제에게 영어 교육을 하였다.
(ㄷ) 1904년 미국에 의하여 경원선이 부설되었다.
(ㄹ) 1929년 노동자들이 총파업을 실행하였다.

① (ㄱ), (ㄴ)　② (ㄱ), (ㄹ)
③ (ㄱ), (ㄴ), (ㄹ)　④ (ㄱ), (ㄴ), (ㄷ), (ㄹ)

## 14

2009년 법원직 9급

**백제 문화권 문화재에 대한 설명이 잘못된 것은?**

| | 장소 | 문화재 | 내용 |
|---|---|---|---|
| ① | 서울 | 석촌동 고분 | 백제 건국의 주도 세력이 고구려 계통임을 알 수 있다. |
| ② | 공주 | 공주 무령왕릉 | 웅진 시기 벽돌무덤으로 백제와 중국 남조와의 교류 관계를 보여준다. |
| ③ | 부여 | 부여 박물관 소재 금동대향로 | 도교가 발달하였음을 알 수 있다. |
| ④ | 익산 | 익산 미륵사지 석탑 | 전형적인 3층 석탑으로 탑신에 부조로 불상을 새겼다. |

## 15

2013년 경간부

**다음 답사 지역에 대한 역사기행의 주제로 적절하지 않은 것은?**

| | 답사 지역 | 주제 |
|---|---|---|
| ① | 인천 강화군 | 세계 문화유산 고인돌과 우리나라 청동기 시대 |
| ② | 충남 서산시 | 백제인의 미소를 간직한 마애 삼존불 |
| ③ | 전북 익산시 | 고구려 부흥 운동을 이끌었던 안승과 보덕국 |
| ④ | 경북 안동시 | 신라 진흥왕의 영토 팽창과 순수비 |

# 문제 풀이

## 12

정답 ④

제시된 자료의 (가)는 의주, (나)는 평양, (다)는 원산, (라)는 대구이다.

④ X: (라) 대구가 아니라 (나) 평양에서 1920년 조만식의 주도로 물산 장려 운동이 처음 시작되었다.

**오답 분석**

① O: (가) 의주는 임진왜란 때 선조가 피난하기도 하였다.

② O: (나) 평양에서 2000년 김대중 정부와 2007년 노무현 정부 시절 남북 정상 회담이 개최되었다.

③ O: (다) 원산에서 강화도 조약 체결에 따라 1880년 군사적 목적으로 개항이 이루어졌다.

## 13

정답 ②

제시된 사료의 밑줄 친 '이곳'은 바로 원산이다. 덕원 부사 정현석이 원산에 1883년 최초의 근대적 학교인 원산 학사를 세웠다.

(ㄱ) O: 1876년 강화도 조약을 맺어 부산과 원산, 인천을 개항하였다.

(ㄹ) O: 일제 강점기 1929년 최대 총파업인 원산 총파업이 원산에서 발생하였지만 실패하였다.

**오답 분석**

(ㄴ) X: 1883년 정부에서 세운 근대 교육 기관은 동문학이며 원산이 아니라 서울에 설립되어 상류층 자제에게 영어 교육을 하였다.

(ㄷ) X: 1904년이 아니라 1914년 일본에 의하여 경원선이 부설되었다.

## 14

정답 ④

④ X: 익산 미륵사지 석탑은 백제 무왕 때 만들어진 현존 최고의 석탑이다. 전형적인 3층 석탑은 통일 신라의 탑의 특징이며, 탑신에 부조로 불상을 새겼던 것은 신라 하대 양양 진전사지 3층 석탑이다.

**오답 분석**

① O: 서울 석촌동 고분은 고구려의 돌무지무덤인 장군총의 영향을 받았고, 두 나라가 같은 계통임을 보여주는 증거이다.

② O: 공주 무령왕릉은 웅진 시대 남조의 영향을 받은 벽돌무덤으로 백제와 남조의 교류를 보여준다.

③ O: 부여 능산리에서 발견된 백제 금동대향로는 백제에서 도교가 발달하였음을 보여주는 유물이다.

## 15

정답 ④

④ X: 안동에는 진흥왕의 순수비가 없다. 진흥왕의 순수비는 북한산비, 창녕 지방의 창녕비, 함경도 지방의 황초령비와 마운령비가 있다.

**오답 분석**

① O: 강화도와 화순, 고창은 청동기 시대 고인돌 유적으로 유네스코 문화유산에 등재되었다.

② O: 서산 마애 삼존불상은 대표적인 백제의 불상이며 '백제의 미소'라 불린다.

③ O: 익산은 삼국 시대 금마저라고 불렸고, 고구려 부흥 운동을 이끌던 안승이 신라로 망명하자 문무왕이 금마저에서 안승을 머물게 하며 고구려 왕, 보덕국왕의 칭호를 주었다.

PART 09

# 해방 전후의 역사

# THEME 124 대한민국 건국 과정

## 01

2019년 국가직 9급

**(가)~(라)를 시기순으로 바르게 나열한 것은?**

(가) 좌우 합작 7원칙이 발표되었다.
(나) 조선 건국 준비 위원회가 결성되었다.
(다) 모스크바 3국 외상 회의가 개최되었다.
(라) 김구와 김규식이 남북 협상을 제의하였다.

① (나) - (가) - (라) - (다)　② (나) - (다) - (가) - (라)
③ (다) - (가) - (나) - (라)　④ (다) - (나) - (가) - (라)

## 02

2020년 지방직 9급

**다음의 사건을 시기순으로 바르게 나열한 것은?**

(가) 제헌 국회가 구성되어 헌법을 제정하였다.
(나) 여운형과 김규식은 좌우 합작 위원회를 조직하였다.
(다) 조선 건국 동맹을 기반으로 조선 건국 준비 위원회가 조직되었다.
(라) 민주주의 임시 정부 수립을 논의하기 위해 제1차 미·소 공동 위원회가 열렸다.

① (가) - (다) - (나) - (라)　② (나) - (다) - (라) - (가)
③ (다) - (라) - (나) - (가)　④ (라) - (나) - (가) - (다)

## 03

2017년 법원직 9급

**다음 (가) 시기에 있었던 일로 옳지 않은 것은?**

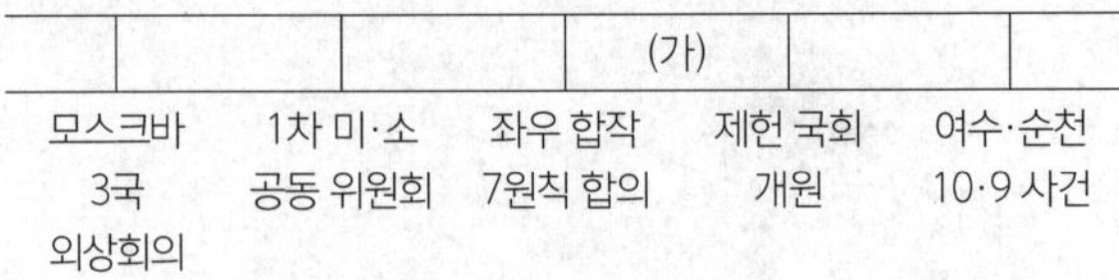


① 이승만이 '정읍 발언'을 발표하였다.
② 제주에서 4·3 사건이 발생하였다.
③ 남한에서 5·10 총선거가 실시되었다.
④ 2차 미·소 공동 위원회가 개최되었다.

## 04

2012년 1차 경간부

**다음은 대한민국 정부 수립 과정에서 나타난 국제회의의 결의사항이다. 다음 (가), (나), (다) 자료에 대한 설명으로 올바른 것을 <보기>에서 모두 고른 것은?**

(가) 미, 영, 중 3대 동맹국은 조선 인민의 노예 상태에 유의하여 적절한 시기(in due course)에 조선을 자유 독립시킬 것을 결의한다.
(나) 만약 통일 정부 수립을 위한 남북한 동시 총선거가 불가능하다면 유엔 한국 임시 위원단의 활동이 가능한 지역에서만이라도 선거를 실시해야 한다.
(다) 조선 임시 정부의 구성을 원조할 목적으로 먼저 그 적절한 방안을 연구 조성하기 위하여 남조선 미합중국 점령군과 북조선 소연방 점령군의 대표자들로 공동 위원회가 설치될 것이다.

**보기**

(ㄱ) - (가) 한국의 38도선 분할이 결정되었다.
(ㄴ) - (나) 남북 협상의 계기가 되었다.
(ㄷ) - (다) 소련은 회담에서 모든 정당들을 참여시킬 것을 주장하였다.

① (ㄱ)　② (ㄴ)
③ (ㄱ), (ㄴ)　④ (ㄱ), (ㄷ)

# 문제 풀이

## 01

정답 ②

| (나) | 1945년 8월 15일 | 건국 준비 위원회 |
|---|---|---|
| ↓ | | |
| (다) | 1945년 12월 | 모스크바 3국 외상 회담 |
| ↓ | | |
| (가) | 1946년 10월 | 좌우 합작 7원칙 발표 |
| ↓ | | |
| (라) | 1948년 2월 | 남북 협상 제의 |

**중요 사료** 조선 건국 준비 위원회 강령

- 우리는 완전한 독립 국가의 건설을 기함
- 우리는 전 민족의 정치적, 사회적 기본 요구를 실현할 수 있는 민주주의 정권의 수립을 기함
- 우리는 일시적 과도기에 있어서 국내 질서를 자주적으로 유지하며 대중 생활의 확보를 기함

## 02

정답 ③

| (다) | 1945년 8월 15일 | 조선 건국 준비 위원회 |
|---|---|---|
| ↓ | | |
| (라) | 1946년 3월 | 1차 미·소 공동 위원회 |
| ↓ | | |
| (나) | 1946년 7월 | 좌우 합작 위원회 조직 |
| ↓ | | |
| (가) | 1948년 7월 | 제헌 국회 헌법 제정 |

**½한국사 고득점 TIP** 미·소 공동 위원회

미·소 공동 위원회에서 소련 대표는 미국·소련·영국 외무장관이 합의한 사항에 동의하는 사회단체와 정당을 한국 민주주의 임시정부 수립 문제를 논의할 협의 대상으로 하자고 했다. 또 합의한 사항에 반대하는 세력을 협의 대상에서 배제해야 한다고 주장하였다. 미국은 소련이 '의사 표현의 자유'를 보장하지 않는다며 비판했다. 양측은 이 문제로 대립하였고, 결국 미·소 공동 위원회는 특별한 성과를 거두지 못한 채 휴회에 들어갔다.

## 03

정답 ①

| | ① 정읍 발언: 1946년 6월 |
|---|---|
| 1946년 10월 | 좌우 합작 7원칙 합의 |
| ↓ | ④ 2차 미·소 공동 위원회: 1947년 5월<br>② 제주도 4·3 사건: 1948년 4월 3일<br>③ 5·10 총선거: 1948년 5월 10일 |
| 1948년 5월 31일 | 제헌 국회 개원 |

**중요 사료** 정읍 발언

이제 우리는 무기 휴회된 공위가 재개될 기색도 보이지 않으며 통일 정부를 고대하나 여의케 되지 않으니 남방만이라도 임시 정부 혹은 위원회 같은 것을 조직하여 38 이북에서 소련이 철퇴하도록 세계 공론에 호소하여야 될 것이니 여러분도 결심하여야 될 것이다. 그리고 민족통일기관 설치에 대하여 지금까지 노력하여 왔으나 이번에는 우리 민족의 대표적 통일기관을 귀경한 후 즉시 설치하게 되었으니 각 지방에 있어서도 중앙의 지시에 순응하여 조직적으로 활동하여 주기 바란다.

## 04

정답 ②

제시된 사료의 (가)는 카이로 회담, (나)는 유엔 소총회, (다)는 모스크바 3국 외상 회담에서 발표된 결의 사항이다.

**(ㄴ) O: (나) 유엔 소총회에서 가능한 지역에서의 단독 선거를 결의하자, 김구와 김규식은 단독 정부 수립에 반대하면서 1948년 3월에 김일성과 김두봉에게 남북 협상을 제의하였다.**

**오답 분석**

(ㄱ) X: (가) 카이로 회담이 아니라 38도선 분할은 1945월 2월 얄타 회담에서 밀약되었고, 맥아더 행정 포고문에서 확정되었다.

(ㄷ) X: (다) 모스크바 3국 외상 회담의 결과 미·소 공동 위원회가 개최되었고, 여기서 미국이 모든 정당과 사회 단체를 참여시킬 것을 제의하였고, 소련은 찬탁 세력만 참여시킬 것을 주장하였다.

**½한국사 고득점 TIP** 얄타 회담

- 시기: 1945년 2월
- 참여: 미, 영, 소
- 주요 내용
  - 소련의 일본전 참전 결의, 미국은 40여 년간 신탁 통치 제의
  - 한반도 38도선 분할 밀약: 미군과 소련군 주둔
  - 독일 분할 점령

## 05

2023년 국가직 9급

**다음과 같은 결의문에 근거하여 시행된 조치로 옳은 것은?**

> 소총회는 …(중략)… 한국 인민의 대표가 국회를 구성하여 중앙 정부를 수립할 수 있도록 선거를 시행함이 긴요하다고 여기며, 총회의 의결에 따라 국제 연합 한국 임시 위원단이 접근할 수 있는 지역에서 결의문 제2호에 기술된 계획을 시행함이 동 위원단에 부과된 임무임을 결의한다.

① 미 군정청이 설치되었다.
② 5·10 총선거가 실시되었다.
③ 좌우 합작 위원회가 구성되었다.
④ 미·소 공동 위원회가 개최되었다.

## 06

2023년 지방직 서울시

**다음 원칙이 발표된 이후에 있었던 사실로 옳지 않은 것은?**

> • 조선의 민주 독립을 보장한 삼상 회의 결정에 의하여 남북을 통한 좌우 합작으로 민주주의 임시 정부를 수립할 것
> • 토지 개혁에 있어서 몰수, 유조건 몰수, 체감매상 등으로 토지를 농민에게 무상으로 나누어 주며, …(중략)… 민주주의 건국 과업 완수에 매진할 것
> • 입법 기구에 있어서는 일체 그 권능과 구성 방법 운영에 관한 대안을 본 합작 위원회에서 작성하여 적극적으로 실행을 기도할 것

① 3·15 부정 선거에 대항하여 4·19 혁명이 일어났다.
② 친일파를 청산하기 위한 「반민족 행위 처벌법」이 공포되었다.
③ 제헌 국회에서 대통령에 이승만, 부통령에 이시영을 선출하였다.
④ 임시 민주 정부 수립을 논의하기 위해 제1차 미·소 공동 위원회가 개최되었다.

## 07

2013년 국가직 9급

**연표의 (가)~(라) 시기에 있었던 사실로 옳은 것은?**

| 광복 | 모스크바 3국 외상 회의 | 5·10 총선거 | 대한민국 정부 수립 | 6·25 전쟁 발발 |
|---|---|---|---|---|
| ↓ (가) | ↓ (나) | ↓ (다) | ↓ (라) | ↓ |

① (가) - 대한민국 임시 정부에서 건국 강령을 제정하였다.
② (나) - 북한 정부가 수립되었다.
③ (다) - 김구·김규식이 남북 협상을 위해 북한을 방문하였다.
④ (라) - 국회에서 반민족 행위 처벌법을 제정하였다.

## 08

2017년 기상직 7급

**다음 사료들을 시기 순서대로 나열한 것은?**

> (가) 남북 제정당사회단체연석회의는 자주적 민주적 통일 조국을 재건하기 위하여서 양 조선의 단선 단정을 반대하며, 미·소 양군의 철퇴를 요구하는 데 의견이 일치하였다.
> (나) 조선의 좌우 합작은 민족 독립의 단계이요, 남북통일의 관건인 점에 있어서 3천만 민족의 지상 명령이며 국제 민주화의 필연적 요청이었음에도 불구하고……
> (다) 나는 통일된 조국을 건설하려다 38선을 베고 쓰러질지언정, 일신의 구차한 안일을 위하여 단독 정부를 세우는 데에 협력하지 않겠다. 나는 내 생전에 38 이북에 가고 싶다.
> (라) 위원회가 조선 국민의 자유 및 독립의 긴급 달성에 관하여 협의할 수 있는 대표자를 선출하기 위하여 적령자 선거권을 기초로 비밀투표에 의하여 1948년 3월 31일 이내에 선거를 시행함을 건의함. ……

① (가) - (나) - (라) - (다)　② (나) - (라) - (다) - (가)
③ (나) - (가) - (라) - (다)　④ (나) - (라) - (가) - (다)

# 문제 풀이

## 05

정답 ②

제시된 사료는 1948년 2월에 개최된 유엔 소총회에 대한 내용이다.

① 1945년 9월: 미 군정 시작

③ 1946년 7월: 좌우 합작 위원회

④ 1946년 3월 1차 미·소 공위/ 1947년 5월 2차 미·소 공위

| 1948년 2월 | 유엔 소총회: 가능한 지역(남한) 총선거 결의 |
|---|---|

② 1948년 5월 10일 총선거 실시

## 06

정답 ④

제시된 사료는 1946년 7월 10월 발표된 좌우 합작 7원칙이다.

④ 1946년 3월: 1차 미·소 공동 위원회 개최

| 1947년 10월 | 좌우 합작 7원칙 |
|---|---|

① 1960년: 4·19 혁명

② 1948년 9월: 반민족 행위 처벌법 제정

③ 1948년 7월: 제헌 국회에서 이승만을 대통령, 이시영을 부통령에 선출

**½한국사 고득점 TIP** 좌우 합작 운동

- 시기: 1946년 7월 여운형과 김규식이 주도
- 배경: 1946년 6월 이승만이 정읍 발언에서 단독 정부 수립 주장
- 목표: 단독 정부 수립을 반대하고 좌우 합작의 통일 정부 수립 주장
- 활동
  - 좌우 합작 위원회 조직
  - 미·소 공동 위원회의 조속한 속개, 좌우 합작 7원칙 제정(1946년 10월)
- 반응
  - 미 군정 지원: 김규식(남조선 과도 입법 의원 의장), 안재홍(민정장관)
  - 김구는 찬성, 이승만 조건부 찬성
  - 조선 공산당과 한국 민주당은 반대

## 07

정답 ④

① 1941년: 임시 정부 건국강령

| 1945년 8월 15일 | 광복 |
|---|---|

↓ (가)

| 1945년 12월 | 모스크바 3국 외상 회담 |
|---|---|

↓ (나) ③ 1948년 4월 19일: 남북 협상(평양 방문)

| 1948년 5월 10일 | 5·10 총선거 |
|---|---|

↓ (다)

| 1948년 8월 15일 | 대한민국 정부 수립 |
|---|---|

↓ (라)
④ 1948년 9월 7일: 반민법
② 1948년 9월 9일: 북한 정부 수립

| 1950년 | 6·25 전쟁 |
|---|---|

**중요 사료** 반민족 행위 처벌법

제1조 일본 정부와 통모하여 한·일 합병에 적극 협력한 자, 한국의 주권을 침해하는 조약 또는 문서에 조인한 자와 모의한 자는 사형 또는 무기 징역에 처하고, 그 재산과 유산의 전부 혹은 2분의 1 이상을 몰수한다.

제2조 일본 정부로부터 작위를 받은 자 또는 일본 제국 의회의 의원이 되었던 자는 무기 또는 5년 이상의 징역에 처하고 그 재산과 유산의 전부 혹은 2분의 1 이상을 몰수한다.

제3조 일본 치하 독립 운동자나 그 가족을 악의로 살상·박해한 자 또는 이를 지휘한 자는 사형, 무기 또는 5년 이상의 징역에 처하고 그 재산의 전부 혹은 일부를 몰수한다.

## 08

정답 ②

| (나) | 1946년 10월 | 좌우 합작 7원칙 |
|---|---|---|
| ↓ | | |
| (라) | 1947년 9월~11월 | 유엔총회 결의안 |
| ↓ | | |
| (다) | 1948년 2월 | 김구 삼천만 동포에게 읍고함 |
| ↓ | | |
| (가) | 1948년 4월 | 남북 협상 개최 |

**중요 사료** 김구의 '삼천만 동포에게 읍고함'

현시에 있어서 나의 유일한 염원은 3천만 동포와 손을 잡고 통일된 조국의 달성을 위하여 공동 분투하는 것뿐이다. 이 육신을 조국이 수요(需要)로 한다면 당장에라도 제단에 바치겠다. 나는 통일된 조국을 건설하려다 38도선을 베고 쓰러질지언정 일신에 구차한 안일을 취하여 단독 정부를 세우는 데는 협력하지 않겠다.

# THEME 125 해방 전후 중요 사건

## 01

2017년 하반기 지방직 9급

다음 글의 ㉠에 해당하는 것은?

> 국내·외에서 줄기차게 전개된 독립 운동은 연합국이 한국의 독립을 약속하는 데에 영향을 미쳤다. 1943년에 미국의 루스벨트 대통령과 영국의 처칠 수상, 중국의 장제스 총통은 '한국인이 노예적 상태에 있음에 유의하여 적당한 절차(in due course)를 밟아 한국을 독립시키기로 결의한다'는 내용이 담긴 ( ㉠ )을 발표하였다.

① 얄타 협정 ② 카이로 선언
③ 포츠담 선언 ④ 트루먼 독트린

## 02

2021년 법원직 9급

다음 강령을 발표한 단체에 대한 설명으로 가장 옳은 것은?

> • 우리는 완전한 독립 국가 건설을 기함.
> • 우리는 전 민족의 정치적, 경제적, 사회적 기본 요구를 실현할 수 있는 민주주의 정권 수립을 기함.
> • 우리는 일시적 과도기에 있어서 국내 질서를 자주적으로 유지하며 대중 생활의 확보를 기함.

① 자유당을 창당하였다.
② 조선 인민 공화국의 수립을 선포하였다.
③ 독립 촉성 중앙 협의회의 결성을 주도하였다.
④ 38도선을 넘어 북한 지도부와 남북 협상을 가졌다.

## 03

2019년 국가직 7급

다음 선언문을 발표한 단체에 대한 설명으로 옳은 것은?

> 본 위원회는 우리 민족을 진정한 민주주의적 정권에로 재조직하기 위한 새 국가 건설의 준비 기관인 동시에 모든 진보적 민주주의적 세력을 집결하기 위하여 각층 각계에 완전히 개방된 통일 기관이요, 결코 혼잡된 협동 기관은 아니다.

① 각지에 치안대를 설치하였다.
② 반민족 행위 처벌법에 근거하여 설치되었다.
③ 임정 지지를 주장하면서 한국 민주당에 참가하였다.
④ 친일 청산 등을 명시한 좌우 합작 7원칙을 결정하였다.

## 04

2021년 지방직 9급

(가)에 대한 설명으로 옳은 것은?

> 1945년 12월 모스크바에서 미국, 소련, 영국의 외무장관들은 한국 문제를 논의하였다. 이 회의에서 미국, 소련, 영국, 중국이 최장 5년간 신탁 통치를 시행한다는 합의가 이루어졌다. 또 미국과 소련이 (가) 를/을 개최해 민주주의 임시 정부 수립 문제에 대해 논의하기로 했다. 이 합의에 따라 1946년 3월 서울에서 (가) 가/이 시작되었다.

① 미·소 양측의 의견 차이로 결렬되었다.
② 조선 건국 준비 위원회를 조직하는 성과를 냈다.
③ 민주 공화제를 핵심으로 한 제헌 헌법을 만들었다.
④ 유엔 감시하의 총선거로 정부를 수립한다는 결정을 내렸다.

## 문제 풀이

### 01

정답 ②

제시된 사료에서 '한국인이 노예적 상태에 있음에 유의하여 적당한 절차(in due course)를 밟아 한국을 독립시키기로 결의한다'를 통해 ㉠이 1943년 개최된 카이로 회담임을 알 수 있다.

**② O: 카이로 선언은 1943년 미국, 영국, 중국이 참여한 카이로 회담에서 발표한 선언문으로, 최초로 한국의 독립을 약속하였다.**

**오답 분석**

① X: 얄타 협정은 1945년 2월 미국, 영국 소련이 참가한 얄타 회담에서 체결한 협정이다. 얄타 회담에서는 소련의 일본전 참전을 결의하였고, 미국은 한국에 대한 40여 년간 신탁 통치를 제안하였다. 또한 미국과 소련은 한반도 38도선 분할 밀약을 맺어 미군과 소련군을 주둔하기로 하였다.

③ X: 포츠담 선언은 1945년 미국, 영국, 중국이 참여한 포츠담 회담에서 발표한 선언으로, 이후 소련도 합의하였다. 이 선언에서는 일본에게 무조건 항복을 요구하고, 한국의 독립을 재확인하였다.

④ X: 1947년 3월 발표된 트루먼 독트린은 공산주의 세력의 확대를 저지하기 위하여 자유와 독립의 유지에 노력하며, 독재에 항거하는 나라에 대하여 군사적, 경제적 원조를 제공한다는 선언이다. 이 선언은 냉전적인 분위기를 조장하는 결과를 낳았고 냉전이 강화되는 계기가 되었다.

### 02

정답 ②

제시된 사료는 1945년 8월 15일 여운형과 안재홍이 중심이 되어 조직된 건국 준비 위원회의 강령이다. '완전한 독립국가를 건설한다'에서 건국을 준비하고 있고, '일시적 과도기에 국내 질서를 유지하는 정부의 역할을 대행한다'에서 건국 준비 위원회임을 알 수 있다.

**② O: 건준은 1945년 9월 6일 좌파 중심으로 조선 인민 공화국의 수립을 선포하였지만 이후 미 군정은 이를 인정하지 않았다.**

**오답 분석**

① X: 건준이 아니라 1951년 이승만이 세력을 강화하기 위해서 자유당을 창당하였다.

③ X: 건준이 아니라 1945년 10월 국내로 귀국한 이승만이 우파 세력을 모아 독립 촉성 중앙 협의회를 결성하였다.

④ X: 건준이 아니라 김구와 김규식 등이 1948년 38도선을 넘어 북한 지도부와 남북 협상을 가졌다.

### 03

정답 ①

제시된 사료는 1945년 8월 15일 조직된 건국 준비 위원회의 선언문 중 일부이다. 새국가 건설(건국)의 준비기관(준비)이며, 통일기관(좌우합작)이라는 것에서 해방 직후 여운형이 조직한 건국 준비 위원회임을 알 수 있다.

**① O: 건국 준비 위원회는 치안대를 조직하여 전국의 치안을 담당하였고, 무정부 상태에서 행정과 식량 확보 등 정부의 기능을 담당하였다.**

**오답 분석**

② X: 건국 준비 위원회가 아니라 1948년 10월 조직된 반민족 행위 특별 조사 위원회(반민특위)에 대한 설명이다.

③ X: 송진우와 김성수 등이 임시 정부를 지지하며 건준에 참여하지 않고 한국 민주당을 조직하였다.

④ X: 건국 준비 위원회가 아니라 좌우 합작 위원회에 대한 설명이다. 이승만의 정읍 발언 이후 단독 정부 수립 운동을 비판하며 여운형(중도 좌파)과 김규식(중도 우파)의 주도로 좌우 합작 운동이 전개되었고, 1946년 7월 좌우 합작 위원회가 조직되었다.

**½한국사 고득점 TIP 친일파 처단**

- 반민법 제정: 1948년 9월 제헌 국회에서 제정
- 반위특위 구성: 1948년 10월 → 1949년 1월 특별 조사 위원회 발족
- 친일파 처단 실패
  - 이승만 정부의 소극적 태도
  - 1949년 국회 프락치 사건, 반민특위 습격 사건
  - 1949년 9월 반민특위 해체안이 국회 통과 → 10월 해체
  - 처벌: 실형 12명, 사형X

### 04

정답 ①

제시된 자료의 (가)는 미·소 공동 위원회이다. 모스크바 3국 외상회담에서 임시 정부 수립을 위한 협의체 구성을 위해서 미·소 공동 위원회의를 개최할 것을 합의하였고, 1946년 3월 덕수궁에서 1차 미·소 공동 위원회가 열렸지만 미국과 소련의 의견 차이로 결렬되었다. 이후 1947년 5월 2차 미·소 공동 위원회가 개최되었지만 냉전의 강화로 결렬되었다.

**① O: 1946년 3월 열린 1차 미·소 공동 위원회에서 정부 수립을 위한 협의체에 소련은 찬탁 세력만 참여시킬 것을 주장하였고, 미국은 모든 단체의 참여를 요구하였지만 결국 합의가 되지 못하고 결렬되었다.**

**오답 분석**

② X: 미·소 공동 위원회가 아니라 1944년 여운형이 국내에서 비밀리에 조직한 건국 동맹이 해방 직후 1945년 건국 준비 위원회로 개편되었다.

③ X: 미·소 공동 위원회가 아니라 1948년 5·10 총선거로 구성된 제헌 국회에서 민주 공화제를 핵심으로 한 제헌 헌법을 만들었다.

④ X: 미·소 공동 위원회가 아니라 유엔 총회에서 유엔 감시하의 총선거로 정부를 수립한다는 결정을 내렸다.

## 05

2017년 서울시 사회복지직

**모스크바 3국 외상 회의에서 결정한 한국 정부 수립 방안을 순서대로 바르게 나열한 것은?**

> (ㄱ) 미·소 공동 위원회 개최
> (ㄴ) 미·소 공동 위원회와 임시 민주 정부 협의하에 미, 영, 중, 소에 의한 신탁 통치 방안 결정
> (ㄷ) 미·소 공동 위원회와 한국의 정당 및 사회 단체의 협의
> (ㄹ) 임시 민주 정부 수립

① (ㄱ) - (ㄷ) - (ㄴ) - (ㄹ)　② (ㄱ) - (ㄷ) - (ㄹ) - (ㄴ)
③ (ㄷ) - (ㄱ) - (ㄹ) - (ㄴ)　④ (ㄷ) - (ㄹ) - (ㄱ) - (ㄴ)

## 06

2015년 서울시 9급

**다음 원칙을 발표한 기구가 내세운 주장으로 옳은 것은?**

> 조선의 좌우 합작은 민주 독립의 단계요, 남북 통일의 관건인 점에서 3천만 민족의 지상 명령이며 국제 민주화의 필연적 요청이었음에도 불구하고 저간의 복잡다단한 내외 정세로 오랫동안 파란곡절을 거듭해 오던바, 드디어 …(중략)… 다음과 같은 7원칙을 결정하였다.

① 외국 군대의 철수
② 미소 공동 위원회의 속개
③ 토지의 무상 몰수, 무상 분배
④ 유엔(UN) 감시하의 남북한 총선거 실시

## 07

2018년 서울시 7급

**1948년 남북 협상에 대한 설명으로 옳은 것을 <보기>에서 모두 고른 것은?**

> 보기
> (ㄱ) 제1차 미·소 공동 위원회와 2차 미·소 공동 위원회 사이에 추진되었다.
> (ㄴ) 좌·우 정치 세력의 합작을 위한 7원칙을 발표하였다.
> (ㄷ) 김구, 김규식 등이 평양에서 열린 회의에 참여하였다.
> (ㄹ) 회의 결과, 미·소 양군의 철수를 요구하는 결의문을 채택하였다.

① (ㄱ), (ㄴ)　② (ㄱ), (ㄹ)
③ (ㄴ), (ㄷ)　④ (ㄷ), (ㄹ)

## 08

2017년 기상직 9급

**다음과 같이 구성된 국회의 활동으로 옳은 것은?**

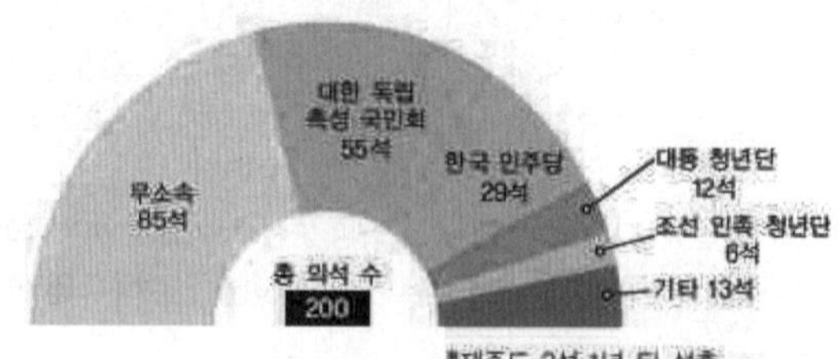


정당별 의석 분포

① 내각 책임제와 국회 양원제의 개헌을 하였다.
② 친일파 청산을 위해 반민족 행위 처벌법을 제정하였다.
③ 무상몰수, 무상분배 방식의 농지 개혁법을 제정하였다.
④ 공직자 부정 행위 방지를 위한 공직자 윤리법을 제정하였다.

## 05

정답 ②

| (ㄱ) | 정부 수립을 위한 협의체 구성 ← 미·소 공동 위원회 결정 |
|---|---|
| ↓ | |
| (ㄷ) | 정부 수립 논의: 미·소 공동 위원회와 한국 정당 및 사회 단체 |
| ↓ | |
| (ㄹ) | 임시 민주 정부 수립 |
| ↓ | |
| (ㄴ) | 신탁 통치 논의: 임시 민주 정부와 미·소 공동 위원회가 논의 |

## 06

정답 ②

제시된 사료를 발표한 기구는 1946년 7월 조직된 좌우 합작 위원회이다.

② O: **좌우 합작 위원회는 통일 정부를 세우기 위해서 미소 공동 위원회의 속개를 요구하였다.**

**오답 분석**

① X: 좌우 합작 위원회가 아니라 1948년 김구와 김규식이 제의한 남북 협상에서 외국 군대의 철수를 요구하였다.

③ X: 좌우 합작 위원회는 좌우 합작 7원칙에서 토지 개혁에 대해서 무상 몰수 무상 분배가 아니라 몰수, 유조건 몰수, 체감 매상으로 토지를 농민에게 무상으로 분배할 것을 합의하였다.

④ X: 유엔 총회에서 유엔(UN) 감시하에 남북한 총선거 실시가 결정되었다.

**½한국사 고득점 TIP** 남북 협상

- 제의: 1948년 2월(3월) 김구와 김규식이 제의 → 김일성, 김두봉 수락
- 개최: 1948년 4월 18일~30일까지 평양에서 개최
- 주요 내용
  - 단독 정부 수립 반대, 5·10 총선거 불참
  - 미군과 소련군의 즉각 철군, 남북 내전 발생 부인

## 07

정답 ④

(ㄷ) O: **남북 협상은 김구, 김규식 등이 제안하였고, 김일성과 김두봉이 이에 응해서 평양에서 열렸다.**

(ㄹ) O: **남북 협상에서 미·소 양군의 철수를 요구하는 결의문을 채택하였다.**

**오답 분석**

(ㄱ) X: 제1차 미·소 공동 위원회와 2차 미·소 공동 위원회 사이에 추진되었던 것은 좌우 합작 운동이며, 남북 협상은 유엔 소총회 결의 이후 1948년 4월에 진행되었다.

(ㄴ) X: 남북 협상이 아니라 좌우 합작 위원회에서 좌·우 정치 세력의 합작을 위한 7원칙을 발표하였다.

## 08

정답 ②

제시된 자료는 1948년 5·10 총선거 이후의 정당별 의석 분포이다. '무소속이 가장 많았고, 정당으로는 대한 독립 촉성 국민회가 다수이며, 제주도 2석은 1년 뒤 선출한다'에서 1948년 5·10 총선거임을 알 수 있다.

② O: **제헌 국회에서 1948년 9월 친일파 청산을 위해 반민족 행위 처벌법을 제정하였다.**

**오답 분석**

① X: 1960년 4·19 혁명 이후 3차 개헌에서 내각 책임제와 국회 양원제의 개헌을 하였다.

③ X: 제헌 국회는 1949년 6월 무상몰수, 무상분배가 아니라 유상몰수 유상분배 방식의 농지 개혁법을 제정하였다.

④ X: 제헌 국회가 아니라 1981년 전두환 정부 시절 공직자 부정 행위 방지를 위한 공직자 윤리법을 제정하였다. 특히, 김영삼 정부 시기인 1993년에는 고위 공직자 재산 등록을 법제화하였다.

**½한국사 고득점 TIP** 5·10 총선거와 제헌 국회

- 실시: 1948년 5월 10일
- 의의: 최초의 보통 직접 선거, 95%의 투표율
- 과정
  - 만 21세 이상에게 선거권 부여, 북한을 제외한 남한에서만 실시
  - 남한의 제주도 2개 제외 198개에서 실시
  - 김구, 김규식, 조소앙 등의 남북 협상파는 불참
- 결과: 198명의 제헌 국회의원 선출
  - 무소속이 다수, 이승만의 대한 독립 촉성 국민회 다수당
  - 제헌 국회의 임기 2년

# THEME 126 현대사 중요 인물 연구

## 01
2022년 국가직 9급

**밑줄 친 '그'에 대한 설명으로 옳은 것은?**

> 한국 국민당을 이끌던 그는 독립 운동 세력을 통합하고자 한국 독립당을 결성해 항일 운동을 주도하였다. 광복 직후 귀국한 그는 정부 수립을 위한 활동을 이어 나갔으며, 남한 단독 선거가 결정되자 김규식과 더불어 남북 협상을 위해 평양을 방문하기도 하였다.

① 좌우 합작 위원회를 구성해 좌우 합작 7원칙을 발표하였다.
② 광복 직후 안재홍 등과 함께 조선 건국 준비 위원회를 만들었다.
③ 무장 항일 투쟁을 위해 하와이로 건너가 대조선 국민 군단을 결성하였다.
④ 모스크바 3국 외상 회의의 결정 사항이 알려지자 신탁 통치 반대 운동을 펼쳤다.

## 02
2018년 국가직 9급

**(가)와 (나)를 주장한 각 인물에 대한 설명으로 옳은 것은?**

> (가) 우리는 남방만이라도 임시 정부 혹은 위원회 같은 것을 조직하여 38도선 이북에서 소련이 철퇴하도록 세계 공론에 호소해야 할 것이다.
> (나) 나는 통일된 조국을 달성하려다 38도선을 베고 쓰러질지언정 일신의 구차한 안일을 위하여 단독 정부를 세우는 데는 협력하지 아니하겠다.

① (가) - 5·10 총선거에 불참하였다.
② (가) - 좌우 합작 7원칙을 지지하였다.
③ (나) - 탁치 반대 국민 총동원 위원회를 조직하였다.
④ (나) - 남조선 과도 입법 의원의 의장을 역임하였다.

## 03
2014년 국가직 9급

**8·15 광복 직후에 결성된 정당의 중심인물과 주요 내용을 정리하였다. 이와 관련된 정당을 바르게 연결한 것은?**

> (ㄱ) 여운형 등이 중심이 되어 결성하였으며, 진보적 민주주의를 표방하면서 좌우 합작을 추진하였다.
> (ㄴ) 송진우 등이 중심이 되어 결성하였으며, 인민 공화국을 부정하고 대한민국 임시 정부의 법통을 계승하려 하였다.
> (ㄷ) 안재홍 등이 중심이 되어 결성하였으며, 신민족주의를 내세워 평등 사회를 건설하려 하였다.

① (ㄱ) 조선 인민당, (ㄴ) 한국 민주당, (ㄷ) 한국 독립당
② (ㄱ) 조선 신민당, (ㄴ) 민족 혁명당, (ㄷ) 한국 독립당
③ (ㄱ) 조선 신민당, (ㄴ) 한국 민주당, (ㄷ) 국민당
④ (ㄱ) 조선 인민당, (ㄴ) 한국 민주당, (ㄷ) 국민당

## 04
2017년 지방직 9급

**다음 자료에 나타난 사상을 정립한 인물에 대한 설명으로 옳지 않은 것은?**

> 우리나라의 건국 정신은 삼균제도(三均制度)의 역사적 근거를 두었으니 선조들이 분명히 명한 바 수미균평위(首尾均平位)하야 흥방보태평(興邦保泰平)하리라 하였다. 이는 사회 각층 각급의 지력과 권력과 부력의 향유를 균평하게 하야 국가를 진흥하며 태평을 보유(保維)하려 함이니 홍익인간(弘益人間)과 이화세계(理化世界)하자는 우리 민족의 지킬 바 최고 공리(公理)임

① 정치·경제·교육의 균등을 주장하였다.
② 제헌 국회의원에 당선되었다.
③ 임시 정부의 국무위원이었다.
④ 한국 독립당을 창당하였다.

## 문제 풀이

### 01

정답 ④

제시된 자료에서 한국 국민당을 이끌며 한국 독립당을 결성, 김규식과 함께 남북 협상 등을 통해 밑줄 친 '그'가 김구임을 알 수 있다.

④ O: **김구는 모스크바 3국 외상 회의의 결정 사항이 알려지자 신탁 통치 반대 운동을 펼쳤다.**

**오답 분석**

① X: 좌우 합작 위원회를 구성해 좌우 합작 7원칙을 발표한 인물은 여운형, 김규식이다.

② X: 광복 직후 안재홍 등과 함께 조선 건국 준비 위원회를 만든 인물은 여운형이다.

③ X: 무장 항일투쟁을 위해 하와이로 건너가 대조선 국민 군단을 결성한 인물은 박용만이다.

**½한국사 고득점 TIP 한국 국민당과 한국 독립당**

- 1935년 민족 혁명당(김원봉) vs 한국 국민당(김구)
- 1937년 조선 민족 전선 연맹(좌파) vs 한국 광복 운동 단체 연합회(우파)
- 1940년 한국 국민당 + 조선 혁명당 + 한국 독립당 → 한국 독립당(김구)

### 02

정답 ③

제시된 사료의 (가)는 정읍 발언으로 이승만이 주장하였으며, (나)는 '삼천만 동포에게 읍고함'으로 김구가 주장하였다.

③ O: **(나) 김구는 탁치 반대 국민 총동원 위원회를 조직하여 반탁 운동을 전개하였다.**

**오답 분석**

① X: (가) 이승만은 5·10 총선거에 참여하여 제헌 국회의 의장에 선출되었고, (나) 김구가 5·10 총선거에 불참하였다.

② X: (가) 이승만은 좌우 합작 7원칙에 조건부 찬성이었고, (나) 김구가 좌우 합작 7원칙을 '해방 이후 민족이 거둔 최대 수확'이라며 지지하였다.

④ X: (나) 김구가 아니라 김규식이 남조선 과도 입법 의원의 의장을 역임하였다.

**½한국사 고득점 TIP 남조선 과도 입법 의원**

- 설치: 1946년 12월 설치, 의장 김규식
- 구성: 관선과 민선의원
- 활동
  - 입법의원 의원선거법을 제정
  - 민족반역자·부일협력자·간상배에 대한 특별법을 제정

### 03

정답 ④

④ O: **(ㄱ)~(ㄷ)에 들어갈 정당은 (ㄱ) 조선 인민당, (ㄴ) 한국 민주당, (ㄷ) 국민당이다.**

**오답 분석**

- 한국 독립당은 김구가 이끄는 임시 정부의 정당으로, 광복 이후 남북 통일 정부 수립을 위해 활동하였다.
- 민족 혁명당은 1935년에 중국 난징에서 김원봉의 의열단을 중심으로 결성된 민족 연합 전선의 정당이다.
- 조선 신민당은 김두봉이 조선 독립 동맹 계열을 주축으로 1946년 2월에 창설한 정당이다.

**½한국사 고득점 TIP 해방 이후 주요 조직**

- 독립 촉성 중앙 협의회: 이승만
- 한국 독립당: 김구
- 한국 민주당: 김성수와 송진우
- 민족 자주 연맹: 김규식
- 조선 인민당: 여운형
- 조선 국민당: 안재홍
- 조선 공산당: 박헌영

### 04

정답 ②

제시된 사료는 조소앙의 삼균주의를 바탕으로 한 대한민국 임시 정부의 건국 강령 중 일부이다.

② X: **조소앙은 1948년 김구, 김규식 등과 함께 남북 협상에 참여한 남북 협상파로 5·10 총선거에 불참하였고, 제헌 국회에도 참여하지 않았다.**

**오답 분석**

① O: 조소앙은 보통 선거에 의한 정치의 균등, 토지 및 주요 생산 기관의 국유화를 통한 경제의 균등, 의무 교육 제도를 통한 교육의 균등을 주장하였다.

③ O: 조소앙은 대한민국 임시 정부의 초대 국무원 비서장을 지낸 이후(1919) 국무위원에 선임되었다.

④ O: 조소앙은 1930년에 상하이에서 안창호, 김구 등과 함께 임시 정부의 지지 정당인 한국 독립당을 창당하였다.

**½한국사 고득점 TIP 조소앙**

- 1919년 대한독립선언문 작성: 육탄혈전 강조
- 1919년 임시 정부에 참여 → 국무위원 활동
- 1919년 파리에서 김규식과 외교 활동
- 1930년 한국 독립당 결성: 이동녕과 이시영, 김구 등이 참여
- 삼균주의: 정치, 경제 교육 → 임시 정부의 건국 강령으로 채택
- 1937년 한국 광복 운동 단체 연합회에 참여
- 1945년 충칭 정부의 외무부장
- 1948년 남북 협상으로 평양 방문, 5·10 총선거 불참, 12월 사회당 결성
- 1950년 6·25 전쟁 때 납북

PART

10

# 현대 사회의 전개

# THEME 127 현대 정치사의 전개

## 01

2017년 하반기 국가직 9급

**다음 법을 시행하기 이전 상황에 대한 설명으로 옳은 것은?**

> 제1조 본법은 헌법에 의거하여 농지를 농민에게 적절히 분배함으로써 농가 경제의 자립과 농업 생산력의 증진으로 인한 농민 생활의 향상 내지 국민경제의 균형과 발전을 기함을 목적으로 한다.
> 제17조 일체의 농지는 소작, 임대차 또는 위탁경영 등 행위를 금지한다.

① 반민족 행위 처벌법의 시효가 단축되었다.
② 제2대 국회의원 총선거가 실시되었다.
③ 미국의 공법 480(PL480)에 따른 잉여농산물이 도입되었다.
④ 국민 방위군 사건이 일어났다.

## 02

2017년 지방직 9급

**다음 (가)~(라)를 내용으로 하는 헌법이 적용되던 시기에 일어난 사건으로 바르게 연결한 것은?**

> (가) 대통령의 임기는 7년이며 중임할 수 없다.
> (나) 대통령과 부통령은 국회에서 무기명 투표로 각각 선거한다.
> (다) 대통령과 부통령의 임기는 4년으로 하며, 1차 중임할 수 있다. 단, 이 헌법 공포 당시의 대통령에 대하여 중임 제한을 적용하지 아니한다.
> (라) 6년 임기의 대통령은 통일 주체 국민회의에서 선출된다.

① (가) - 남한과 북한은 함께 유엔에 가입하였다.
② (나) - 판문점에서 휴전 협정이 체결되었다.
③ (다) - 평화통일론을 주장한 진보당의 정당 등록이 취소되었다.
④ (라) - 민족 통일을 위한 남북 공동 성명이 발표되었다.

## 03

2017년 서울시 9급

**다음과 같은 남북 합의가 이루어진 정부에서 일어난 사실은?**

> 제1조 남과 북은 서로 상대방의 체제를 인정하고 존중한다.
> 제2조 남과 북은 상대방의 내부 문제에 간섭하지 아니한다.
> 제3조 남과 북은 상대방에 대한 비방, 중상을 하지 아니한다.
> 제4조 남과 북은 상대방을 파괴, 전복하는 일체 행위를 하지 아니한다.

① 남북 조절 위원회 회담
② 금융 실명제 전면 실시
③ 남북 정상 회담 개최
④ 북방 외교의 적극 추진

## 04

2016년 서울시 9급

**다음 사건들을 일어난 순서대로 바르게 나열한 것은?**

> (가) 김영삼 신민당 당수 국회 제명
> (나) 김대중 납치 사건 발생
> (다) 유신 헌법의 국민 투표 통과
> (라) 국민 교육 헌장 제정
> (마) 7·4 남북 공동 성명 발표

① (라) - (마) - (다) - (가) - (나)
② (라) - (마) - (다) - (나) - (가)
③ (마) - (다) - (라) - (가) - (나)
④ (마) - (다) - (라) - (나) - (가)

# 문제 풀이

## 01

정답 ①

제시된 사료는 1949년 6월 제헌 국회에서 제정된 농지 개혁법 중 일부이다. 농지 개혁법은 1949년 6월 제정되어 1950년 3월부터 시행되었다.

① 1949년 8월: 반민법 시효 단축 (1948년 9월 제정)

| 1950년 3월 | 농지 개혁 시작 | ※ 제정: 1949년 6월 |
|---|---|---|

② 1950년 5월 30일: 2대 국회의원 선거

④ 1951년 3월: 국민 방위군 사건

③ 1955년: 공법 480호, 잉여농산물 원조

※ 공법 480: 1955년 한미 농산물 협정

## 02

정답 ③

| (나) | 1948년 7월 | 제헌 헌법, 대통령제, 임기 4년, 1회 중임, 간선제 |
|---|---|---|

↓

| | 1952년 | 1차 개헌, 발췌 개헌: 간선제 → 직선제 |
|---|---|---|

② 1953년 7월: 휴전 협정 체결

| (다) | 1954년 | 2차 개헌, 사사오입 개헌, 초대 대통령 중임 제한 X |
|---|---|---|

↓ ③ 1958년: 진보당 사건

| | 1960년 6월 | 3차 개헌, 내각 책임제, 양원제 |
|---|---|---|
| | 1960년 11월 | 4차 개헌, 소급, 반민주 행위자 처벌 |
| | 1962년 12월 | 5차 개헌, 대통령제, 4년, 직선제, 1회 중임 |
| | 1969년 10월 | 6차 개헌, 3선 개헌<br>- 계속 재임시 3기까지 가능 |

④ 1972년 7·4 남북 공동 성명

| (라) | 1972년 12월 | 7차 개헌, 유신 헌법: 4공화국<br>- 간선제, 통일 주체 국민 회의 선출, 임기 6년, 횟수 제한 X |
|---|---|---|

↓

| (가) | 1980년 | 8차 헌법: 7년 단임 간선제, 5공화국 |
|---|---|---|
| | 1987년 | 9차 개헌: 5년 단임, 직선제 6공화국 |

① 1991년 9월 남북한 유엔 동시 가입: 노태우 정부

## 03

정답 ④

제시된 사료는 노태우 정부 시절인 1991년 12월 체결된 남북 기본 합의서에 대한 내용이다.

**④ O: 노태우 정부 시기에는 북방 외교를 적극 추진하여 공산주의 국가와 외교 관계를 형성하였다.**

**오답 분석**

① X: 남북 조절 위원회 회담이 개최된 것은 박정희 정부 시기의 사실이다.

② X: 금융 실명제를 전면 실시한 것은 김영삼 정부 시기의 사실이다.

③ X: 남북 정상 회담을 개최한 것은 김대중, 노무현, 문재인 정부 시기의 사실이다.

**중요 사료 | 한반도 비핵화 공동 선언(1991년 12월)**

1. 남과 북은 핵무기의 시험, 제조, 생산, 접수, 보유, 저장, 배치, 사용을 아니 한다.
2. 남과 북은 핵에너지를 오직 평화적 목적에만 이용한다.
3. 남과 북은 핵재처리시설과 우라늄 농축 시설을 보유하지 아니 한다.

…(후략)…

## 04

정답 ②

| (라) | 1968년 12월 | 국민 교육 헌장 |
|---|---|---|
| ↓ | | |
| (마) | 1972년 7월 4일 | 7·4 남북 공동 성명 |
| ↓ | | |
| (다) | 1972년 11월 | 유신 헌법 국민 투표 |
| ↓ | | |
| (나) | 1973년 | 김대중 피랍 사건 |
| ↓ | | |
| (가) | 1979년 | 김영삼 신민당 당수 국회 제명 |

**½한국사 고득점 TIP 현대 교육 정책**

- 1공화국 이승만: 국민 학교 의무 교육
- 3공화국 박정희: 1969년 중학교 무시험 제도
- 4공화국 박정희: 1973년 고등학교 연합 고사 → 1974년 고교 평준화
- 5공화국 전두환: 1980년 과외 금지
- 6공화국 김영삼: 1996년 국민 학교 → 초등 학교 개칭
- 6공화국 김대중: 2002년 중학교 전면적 의무교육

## 05

2016년 사회복지직

다음 사실들을 시기 순으로 바르게 나열한 것은?

> (ㄱ) 서울 올림픽 개최
> (ㄴ) 한·일 월드컵 대회 개최
> (ㄷ) 금융 실명제 개시(開始)
> (ㄹ) 제3차 경제 개발 5개년 계획 실시

① (ㄱ) - (ㄹ) - (ㄴ) - (ㄷ)　② (ㄴ) - (ㄷ) - (ㄹ) - (ㄱ)
③ (ㄷ) - (ㄴ) - (ㄹ) - (ㄱ)　④ (ㄹ) - (ㄱ) - (ㄷ) - (ㄴ)

## 06

2016년 교육행정직

(가), (나) 선거 사이의 시기에 있었던 사실로 옳은 것은?

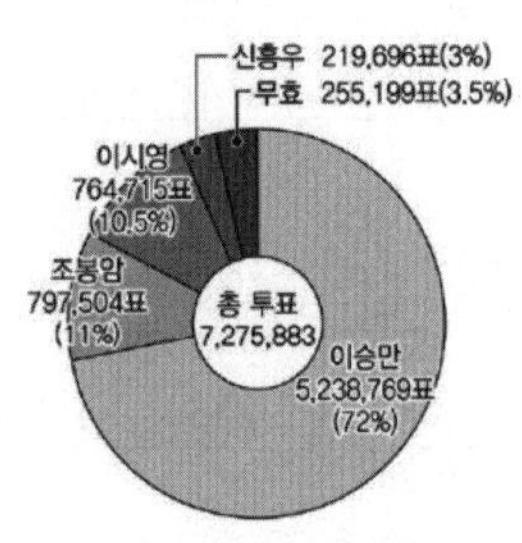

제○대 대통령 선거 결과
(가)

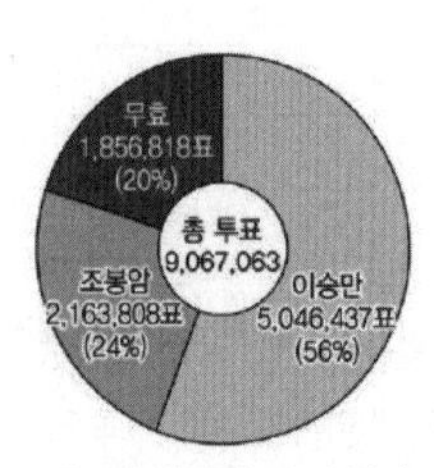

제△대 대통령 선거 결과
(나)

① 부산에서 자유당이 창당되었다.
② 국가 재건 최고 회의가 구성되었다.
③ 반민족 행위 특별 조사 위원회가 설치되었다.
④ 초대 대통령의 중임 제한을 없앤 헌법 개정이 이루어졌다.

## 07

2016년 교육행정직

밑줄 친 '정부'가 실시한 정책으로 옳은 것은?

> 친애하는 7천만 국내외 동포 여러분, 노태우 대통령을 비롯한 전직 대통령, 그리고 이 자리에 참석하신 내외 귀빈 여러분, 오늘 우리는 그렇게도 애타게 바라던 문민 민주주의의 시대를 열기 위하여 이 자리에 모였습니다. 오늘을 맞이하기 위하여 30년의 세월을 기다려야 했습니다. 마침내 국민에 의한, 국민의 정부를 이 땅에 세웠습니다. 오늘 탄생되는 <u>정부</u>는 민주주의에 대한 국민의 불타는 열망과 거룩한 희생으로 이루어졌습니다.
> - ○○○ 대통령 취임사

① 중국·소련과 국교를 맺었다.
② 남북 정상 회담을 개최하였다.
③ 7·4 남북 공동 성명을 발표하였다.
④ 경제 협력 개발 기구(OECD)에 가입하였다.

## 08

2019년 기상직 9급

다음 자료와 관련된 사건이 발생한 정권 시기의 사실로 옳지 않은 것은?

> …… 헌법 개정의 주체는 오로지 국민이다. 국민 이외의 어느 누구도 이 신성한 권리를 대행하거나 파기할 수 없다. 그러므로 국민적 의사를 전적으로 묵살한 4·13 폭거는 시대적 대세인 민주화를 거스르려는 음모요, 국가 권력의 주인인 국민을 향한 도전장이 아닐 수 없다. ……

① 신한 민주당이 창당되어 국회에 진출하였다.
② 부천 경찰서에서 성고문 사건이 발생하였다.
③ 천주교 정의 구현 전국 사제단이 조직되었다.
④ 금강산댐 사건으로 위기를 조성하였다.

## 문제 풀이

### 05

정답 ④

| (ㄹ) | 1972년~1976년 | 3차 경제 개발 5개년 계획 |
|---|---|---|
| ↓ | | |
| (ㄱ) | 1988년 | 노태우: 서울 올림픽 개최 |
| ↓ | | |
| (ㄷ) | 1993년 | 김영삼: 금융 실명제 개시 |
| ↓ | | |
| (ㄴ) | 2002년 | 김대중: 한·일 월드컵 개최 |

### 06

정답 ④

③ 1948년 10월: 반민특위 설치

① 1951년 자유당 창당

| (가) | 1952년 2대 대통령 선거 | 직선제 선거 |
|---|---|---|
| ↓ | ④ 1954년 사사오입 개헌: 초대 대통령의 중임 제한X | |
| (나) | 1956년 3대 대통령 선거 | 무효표: 신익희 → 사표 때문 |

② 1961년: 5·16 군사 정변 이후 국가 재건 최고 회의에서 군정

**중요 사료** 1956년 선거

1956년의 제3대 정·부통령 선거에서는 평화 통일과 혁신 노선을 내세운 [조봉암] 후보가 대통령 선거에 출마하여 전체 유효표의 30%를 차지하였고, 부통령 선거에서는 민주당의 [장면] 후보가 자유당의 이기붕 후보를 누르고 당선되었다.

**½한국사 고득점 TIP** 자유당 창당

1950년 제2대 국회의원 선거에서 이승만 지지 세력이 약화되고, 무소속 계열의 중도 세력이 국회에 많이 진출하자 이승만은 1951년 자유당을 창당하여 자신의 세력 기반을 강화하였다.

### 07

정답 ④

제시된 사료의 밑줄 친 '정부'는 김영삼 정부이다. 노태우 대통령을 비롯한 전직 대통령이란 표현에서 13대 노태우 다음 취임한 14대 김영삼 대통령임을 알 수 있다. 그리고 문민 민주주의 시대라는 표현에서 김영삼 정부임을 확인할 수 있다.

**④ O: 김영삼 정부는 세계화를 명분으로 시장 개방 정책을 추진하여 1996년 경제 협력 개발 기구(OECD)에 가입하였다.**

**오답 분석**

① X: 중국·소련과 국교를 맺은 것은 노태우 정부이다.

② X: 남북 정상 회담을 개최한 것은 김대중, 노무현, 문재인 정부이다.

③ X: 7·4 남북 공동 성명을 발표한 것은 박정희 정부이다.

### 08

정답 ③

제시된 사료는 1987년 6·10 국민 대회 선언문의 일부이다. 이 사건은 5공화국 전두환 정부 시절에 발생하였다. '4·13 폭거'는 1987년 국민들의 직선제 요구를 거절한 전두환 정부의 4·13 호헌 조치이며, 이에 반발하여 1987년 6월 민주 항쟁이 일어났다.

**③ X: 천주교 정의 구현 전국 사제단은 1974년 지학순 주교의 구속을 계기로 결성되어 1970~80년대 군부 독재 아래 반군사 독재 운동을 벌였고, 1987년에는 박종철 고문 치사 사건을 폭로하여 6월 민주화 운동을 이끌었다.**

**오답 분석**

① O: 신한 민주당은 정치정화법으로 묶여 정치 활동이 금지되었던 정치인들이 1984년 정치 활동 금지 조치에서 해제되면서 구 신민당과 민주화추진협의회의 소속 인사를 중심으로 창당 발기 대회를 열고 '자생 자율적 민주정당'을 선언함으로써 1985년 창당되었고, 이후 대통령 직선제 개헌안을 요구하는 등 활동을 전개하였다.

② O: 부천 경찰서 성고문 사건은 1986년 학력을 낮춰 위장 취업한 여대생이 부천 경찰서에 연행되어 조사받는 도중 성고문을 받은 사건이다.

④ O: 금강산댐은 북한이 북한강의 물을 수력 발전에 이용하기 위해 1986년 10월 착공한 북한강 상류 임남면의 댐으로, 북한에서는 임남댐으로 불린다. 이에 남한의 전두환 정부는 임남댐의 수공(水攻)에 대응한다는 명분으로 평화의 댐(1987년 기공식)을 건설하였다.

**½한국사 고득점 TIP** 6월 민주 항쟁

- 발단: 박종철 열사와 이한열 열사의 죽음, 4·13 호헌 조치
- 과정: 6·10 민주 항쟁, 전국 18개 도시, 민주 헌법 쟁취, 호헌철폐 주장
- 결과: 여당 후보 노태우의 6·29 선언으로 직선제 수용
- 개헌: 9차 개헌(5년 단임 직선제, 헌법재판소 설치 등)

## 09

2018년 법원직 9급

**(가)~(나)를 일어난 순서대로 바르게 나열한 것은?**

> (가) 브라운 각서 체결
> (나) 한·일 기본 조약 조인
> (다) 전태일 분신자살 사건
> (라) 7·4 남북 공동 성명 발표
> (마) 김대중의 제7대 대통령 선거 출마

① (가) - (나) - (다) - (라) - (마)
② (가) - (다) - (나) - (마) - (라)
③ (나) - (가) - (다) - (라) - (마)
④ (나) - (가) - (다) - (마) - (라)

## 10

2016년 법원직 9급

**헌법이 다음과 같이 개정된 시기에 볼 수 있는 사회 모습으로 가장 적절한 것은?**

> 개헌안에 대한 국회 표결 결과, 재적 의원 203명, 재석 의원 202명, 찬성 15표, 반대 60표, 기권 7표였다. 이것은 헌법 개정에 필요한 의결 정족수(재적 의원의 3분의 2 이상)인 136표에 1표가 부족한 135표 찬성이므로 부결된 것이었다. 그러나 자유당 간부회는 재적 의원 203명의 3분의 2는 135.333…이므로 이를 사사오입하면 135명이 개헌 정족수가 된다고 주장하였다. 이들은 이 주장을 자유당 의원 총회에서 채택하고, 국회에서 야당 의원들이 퇴장한 가운데 '번복 가결 동의안'을 상정하여 통과시켰다.

① 소설 '자유부인'을 읽고 있는 사람들
② 경부 고속 도로 개통 소식을 전해 듣는 시민
③ 혼·분식 장려 정책으로 도시락 검사를 받는 학생들
④ 반민족 행위 처벌법이 통과되었다는 뉴스를 듣는 시민

## 11

2021년 법원직 9급

**다음 개헌이 이루어진 정부 시기에 있었던 사실로 가장 옳은 것은?**

> 제55조 대통령과 부통령의 임기는 4년으로 한다. 단, 재선에 의하여 1차 중임할 수 있다. 대통령이 궐위된 때에는 부통령이 대통령이 되고 잔임 기간 중 재임한다.
> 부칙 이 헌법 공포 당시의 대통령에 대하여는 제55조 제1항 단서의 제한을 적용하지 아니한다.
> - 대한민국 관보 제1228호

① 소련, 중국과 교류를 확대하였다.
② 일본과 국교 정상화를 추진하였다.
③ 진보당 사건으로 조봉암을 처형하였다.
④ 지방 자치제를 전면적으로 실시하였다.

## 12

2023년 법원직 9급

**다음 연설을 한 대통령의 집권기에 일어난 사실로 가장 옳은 것은?**

> 저는 이 순간 엄숙한 마음으로 헌법 제76조 제1항의 규정에 의거하여, 「금융실명 거래 및 비밀보장에 관한 대통령 긴급명령」을 반포합니다. …… 금융 실명제에 대한 우리 국민의 합의와 개혁에 대한 강렬한 열망에 비추어 국회의원 여러분이 압도적인 지지로 승인해 주실 것을 믿어 의심치 않습니다. 친애하는 국민 여러분, 드디어 우리는 금융 실명제를 실시합니다. 이 시간 이후 모든 금융거래는 실명으로만 이루어집니다. 금융 실명제가 실시되지 않고는 이 땅의 부정부패를 원천적으로 봉쇄할 수가 없습니다.

① YH 무역 사건이 일어났다.
② 제4차 경제 개발 계획이 추진되었다.
③ 국민 기초 생활 보장법이 시행되었다.
④ 한국이 경제 협력 개발 기구(OECD)에 가입하였다.

# 문제 풀이

## 09

정답 ④

| (나) | 1965년 | 한·일 기본 조약(한일 협정) |
|---|---|---|
| ↓ | | |
| (가) | 1966년 | 브라운 각서 |
| ↓ | | |
| (다) | 1970년 | 전태일 분신 |
| ↓ | | |
| (마) | 1971년 | 김대중 7대 대통령 선거 출마 |
| ↓ | | |
| (라) | 1972년 | 7·4 남북 공동 성명 |

**중요 사료** 전태일이 쓴 '대통령과 근로 감독관에게'

… 저는 서울특별시 쌍문동 208번지 2통 5반에 거주하는 22살 된 청년입니다. 직업은 의류 계통의 재단사로서 5년의 경력을 가지고 있습니다. 저의 직장은 시내 동대문구 평화시장으로서 … 저희들은 근로 기준법의 혜택을 조금도 못 받으며 더구나 3만여 명을 넘는 종업원의 90% 이상이 평균 연령 18세의 여성입니다. … 저희들의 요구는 1일 15시간의 작업 시간을 단축하십시오. 1일 10시간~12시간으로, 1개월 휴일 2일을 일요일마다 휴일로 쉬기를 희망합니다. 건강 진단을 정확하게 하여 주십시오. …

## 10

정답 ①

제시된 사료에서 '자유당 간부회는 재적 의원 203명의 3분의 2는 135.333…이므로 이를 사사오입하면 135명이 개헌 정족수가 된다고 주장하였다.'에서 1954년 이루어진 2차 개헌인 사사오입 개헌임을 알 수 있다. 그리고 1960년 3차 개헌이 이루어질 때까지 이 헌법이 유지되었다.

④ 1948년 9월: 반민법 제정

| 1954년 | 2차 개헌(사사오입) | 초대 대통령 중임 제한X |
|---|---|---|
| ↓ | ① 1954년: 자유부인, 서울신문에 연재 | |
| 1960년 | 3차 개헌 | 내각 책임제, 양원제 |

③ 1969년~1977년: 혼분식 장려

② 1970년: 경부 고속 도로

**중요 사료** 사사오입 개헌(1954년, 2차 개헌)

제31조 입법권은 국회가 행한다. 국회는 민의원과 참의원으로써 구성한다.

제55조 대통령과 부통령의 임기는 4년으로 한다. 단, 재선에 의하여 1차 중임할 수 있다. 대통령이 궐위된 때에는 부통령이 대통령이 되고 잔임 기간 중 재임한다.

부칙 이 헌법 공포 당시의 대통령에 대하여는 제55조 제1항 단서의 제한을 적용하지 아니한다.

## 11

정답 ③

제시된 사료의 '이 헌법 공포 당시의 대통령에 대하여는 제55조 제1항 단서의 제한을 적용하지 아니한다.'에서 당시 대통령인 이승만은 중임 제한을 받지 않는다는 것에서 1954년 이루어진 2차 개헌(사사오입 개헌)임을 알 수 있다.

**③ O: 이승만 정부 시절 1958년 진보당 사건으로 진보당을 해체하고 1959년 조봉암을 처형하였다.**

**오답 분석**

① X: 이승만 정부가 아니라 노태우 정부 시절 1990년 소련, 1992년 중국과 수교를 맺고 교류를 확대하였다.

② X: 이승만 정부가 아니라 장면 내각 때 일본과 국교 정상화를 계획하였고, 1962년 박정희 군정 시기 김종필과 오히라의 비밀회담을 시작으로 1965년 박정희 3공화국 때 한일 협정이 체결되었다.

④ X: 이승만 정부가 아니라 김영삼 정부 시절 1995년 지방 자치제를 전면적으로 실시하였다.

## 12

정답 ④

제시된 사료는 14대 김영삼 대통령 집권기의 금융 실명제 실시에 대한 사료이다.

**④ O: 김영삼 정부 시기에 경제 협력 개발 기구(OECD)에 가입하였다(1996).**

**오답 분석**

① X: YH 무역 사건이 일어난 것은 박정희 정부 시기의 사실이다(1979).

② X: 제4차 경제 개발 계획이 추진된 것은 박정희 정부 때부터 전두환 정부 시기까지의 사실이다(1977~1981).

③ X: 국민 기초 생활 보장법이 시행된 것은 김대중 정부 시기의 사실이다(2000).

## 13

2020년 지방직 9급

**밑줄 친 '새 헌법'에 대한 설명으로 옳은 것은?**

> 정부에서는 6월 15일 국회에서 통과된 개헌안을 이송받자 이날 긴급 국무회의를 소집하고 정식으로 이를 공포하였다. 이로써 개정된 새 헌법은 16일 0시를 기해 효력을 발생케 되었다. 새 헌법이 공포됨으로써 16일부터는 실질적인 내각 책임체제의 정부를 갖게 되었으며 허정 수석국무위원은 자동으로 국무총리가 된다.
>
> \- 경향신문, 1960. 6. 16.

① 임시 수도 부산에서 개정되었다.
② '사사오입'의 논리로 통과되었다.
③ 통일 주체 국민 회의 설치를 규정한 조항이 있다.
④ 민의원과 참의원으로 구성된 국회 조항이 있다.

## 14

2023년 국가직 9급

**밑줄 친 '나'가 집권하여 추진한 사실로 옳은 것은?**

> 나는 우리 국민이 선천적으로 타고난 재질을 최대한으로 활용하여 다각적인 생산 활동을 더욱 활발하게 하고, …(중략)… 공산품 수출을 진흥시키는 데 가일층 노력할 것을 요망합니다. 끝으로 나는 오늘 제1회 「수출의 날」 기념식에 즈음하여 …(중략)… 이 뜻깊은 날이 자립 경제를 앞당기는 또 하나의 계기가 될 것을 기원합니다.

① 대통령 직선제 개헌을 추진하였다.
② 3·1 민주 구국 선언을 발표하였다.
③ 반민족 행위 특별 조사 위원회를 구성하였다.
④ 베트남 파병에 필요한 조건을 명시한 브라운 각서를 체결하였다.

## 15

2018년 서울시 9급

**1965년 6월 22일 체결된 한·일 기본 조약에 대한 설명으로 가장 옳은 것은?**

> 제2조 1910년 8월 22일 및 그 이전에 대한 제국과 일본 제국 간에 체결된 모든 조약 및 협정이 이미 무효임을 확인한다.
>
> 제3조 대한민국 정부가 국제 연합 총회의 결의 제195(Ⅲ)호에 명시된 바와 같이 한반도에 있어서의 유일한 합법 정부임을 확인한다.

① 위안부 문제가 주요한 의제로 논의되었다.
② 조약에 반대하여 학생들이 6·10 민주 항쟁을 일으켰다.
③ 조약 협의를 위해 중앙정보부장 이후락이 특사로 파견되었다.
④ 재일 교포의 법적 지위 및 대우에 관한 협정도 함께 체결되었다.

## 16

2019년 지방직 9급

**다음은 1960년대 어느 일간지에 실린 사설이다. 밑줄 친 '파병'에 대한 설명으로 옳은 것만을 모두 고르면?**

> 우리는 원했든 원하지 안했든 이미 이 전쟁에 직접적인 관계를 맺었고 파병을 찬반(贊反)하던 국민이 이젠 다 힘과 마음을 합해서 파병된 용사들을 성원하고 있거니와 근대 전쟁이 전투하는 사람만의 전쟁이 아니라 온 국민이 참가하는 '총력전'이라는 것을 알고 이 전쟁의 승리를 위해 모든 국민의 단합을 호소하는 바이다.

> (ㄱ) 발췌 개헌안 통과에 영향을 주었다.
> (ㄴ) 브라운 각서를 체결하는 이유가 되었다.
> (ㄷ) 1960년대 경제 개발 계획의 추진에 기여하였다.
> (ㄹ) 한·미 상호 방위 원조 협정을 체결하는 계기가 되었다.

① (ㄱ), (ㄴ)　② (ㄱ), (ㄷ)
③ (ㄴ), (ㄷ)　④ (ㄷ), (ㄹ)

# 문제 풀이

## 13

정답 ④

제시된 사료의 밑줄 친 '새 헌법'은 1960년 4·19 혁명 이후 내각 책임제와 양원제(민의원, 참의원) 국회를 골자로 하는 3차 개헌이다.

**④ O: 3차 개헌은 허정 과도 정부에서 이루어졌고, 내각 책임제와 민의원과 참의원의 양원제로 구성된 국회 조항이 있다.**

**오답 분석**

① X: 1952년 1차 개헌에 대한 설명이다.

② X: 1954년 2차 개헌인 사사오입 개헌에 대한 설명이다. 사사오입 개헌은 초대 대통령에 대한 중임 제한을 폐지하는 개헌이다.

③ X: 1972년 유신 헌법에 대한 설명이다. 통일 주체 국민 회의는 조국 통일의 정책에 관한 국민의 주권적 수임기관으로 1972년 개정된 유신 헌법에서 새로 설치되었고, 유신 헌법에서는 통일 주체 국민 회의에서 간선제로 대통령을 선출하였다.

**중요 사료** 3차 개헌(1960년)

제32조 민의원 의원의 정수와 선거에 관한 사항은 법률로써 정한다. 참의원 의원은 특별시와 도를 선거구로 하여 법률이 정하는 바에 의하여 선거하며 그 정수는 민의원 정원 수의 4분의 1을 초과하지 못한다.

제53조 대통령은 양원 합동회의에서 선거하고 재적 국회의원 3분의 2 이상의 투표를 얻어 당선된다.

제71조 국무원은 민의원에서 국무원에 대한 불신임 결의안을 가결한 때에는 10일 이내에 민의원 해산을 결의하지 않는 한 총사직하여야 한다.

## 14

정답 ④

박정희 정부는 1964년 1억달러 수출을 달성하고 수출의 날로 지정하였다. 박정희의 집권은 1963년 5대 대통령 당선부터 1979년 10·26 사태까지이다. 문제의 '집권'이 중의적으로 해석된다. 집권의 사전적 의미는 권력이나 정권을 잡음으로 되어있다. 이로 인해 대통령 당선 전 군정 시기의 모습으로 해석한다면 ①도 답이 될 수 있다.

**④ O: 박정희 정부는 1966년 브라운 각서를 체결하였다.**

**오답 분석**

① X: 대통령 직선제 개헌을 추진한 인물은 이승만, 전두환이다. 한편, 박정희는 1972년에 장기 집권을 위해 통일 주체 국민 회의에서 대통령을 선출하는 대통령 간선제 개헌(7차 개헌)을 추진하였다.

② X: 유신 체제에 대한 저항으로 긴급 조치 철폐, 박정희 정권 퇴진, 민족 통일 추구 등을 요구하는 3·1 민주 구국 선언을 발표한 인물은 윤보선, 김대중 등이다.

③ X: 박정희는 반민족 행위 특별 조사 위원회를 구성하지 않았다. 한편, 반민족 행위 특별 조사 위원회는 친일파의 반민족 행위를 처벌하기 위하여 제헌 국회에 설치되었던 특별 기구이다.

## 15

정답 ④

제시된 사료는 1965년 체결된 한·일 협정(한·일 기본 조약) 중 일부 내용이다.

**④ O: 한·일 협정의 4개 부속 협정 중 일부 내용이다.**

**오답 분석**

① X: 한·일 협정 때는 위안부, 징병 피해자, 원폭 피해자 문제, 약탈 문화재, 독도 문제 등은 해결되지 못하였다.

② X: 한·일 협정을 굴욕적인 회담이라 반대하며 학생들은 1964년 6·3 항쟁을 전개하였다. 6·10 민주 항쟁은 1987년 4·13 호헌 조치로 전두환이 대통령 직선제 개헌을 거부하면서 일어났다.

③ X: 한·일 협정을 위해 파견된 인물은 이후락이 아니라 중앙정보부장 김종필이었다.

**½한국사 고득점 TIP** 한·일 협정

- 1962년: 김종필과 오히라 비밀 회담
- 1964년: 6·3 항쟁 → 한일 협정 반대 시위
- 1965년: 한일 협정 체결
  - 배경: 미국의 요구, 경제 개발 자금 확보
  - 한계: 사죄와 배상 X, 청구권을 경제 협력의 방식으로 타결

※ 부속협정: 어업, 재일교포 법적 지위와 대우, 경제 협력, 문화 협력

## 16

정답 ③

제시된 사료에서 밑줄 친 '파병'은 1964년부터 시작된 베트남 파병이다.

**(ㄴ) O: 미국은 한국의 베트남 파병에 대한 대가로 1966년 브라운 각서를 체결하여 한국군의 현대화 계획을 위해 장비 제공, 경제 개발을 위한 추가 AID 차관 공여 등을 약속하였다.**

**(ㄷ) O: 베트남 파병으로 건설 업체의 해외 진출, 인력 수출 등 베트남 특수는 한일 협정과 함께 한국 경제 개발에 큰 도움이 되었다.**

**오답 분석**

(ㄱ) X: 발췌 개헌은 1952년 1공화국 당시의 상황으로 베트남 파병과는 관련이 없다.

(ㄹ) X: 베트남 파병은 한·미 상호 방위 원조 협정이 아니라 1966년 브라운 각서를 체결하는 배경이 되었다.

**½한국사 고득점 TIP** 베트남 파병

- 파견: 1964년~1973년, 미국의 요청으로 파견, 유엔군 X
- 영향: 미국의 지원으로 한국군 전력 강화, 베트남 특수로 경제 성장
- 브라운 각서: 1966년
  - 한국군의 현대화, 베트남 파병의 장비와 비용 원화 제공
  - 베트남 전쟁 물자 일부를 한국에서 수입, 기술 원조, AID 차관 제공

## 17

2023년 법원직 9급

다음 헌법이 적용된 시기에 일어난 사실로 가장 옳은 것은?

> 제38조 ① 대통령은 통일에 관한 중요 정책을 결정하거나 변경함에 있어서, 국론통일을 위하여 필요하다고 인정할 때에는 통일 주체 국민 회의의 심의에 붙일 수 있다.
> ② 제1항의 경우에 통일 주체 국민 회의에서 재적대의원 과반수의 찬성을 얻은 통일 정책은 국민의 총의로 본다.
> 제40조 통일 주체 국민 회의는 국회의원 정수의 3분의 1에 해당하는 수의 국회의원을 선거한다.

① 광주 대단지 사건이 일어났다.
② 7·4 남북 공동 성명이 발표되었다.
③ 국가 보위 비상 대책 위원회가 조직되었다.
④ 전태일이 근로기준법 준수를 요구하며 분신하였다.

## 18

2021년 국가직 9급

밑줄 친 '헌법'이 시행 중인 시기에 일어난 사건은?

> 이 헌법은 한 사람의 집권자가 긴급조치라는 형식적인 법 절차와 권력 남용으로 양보할 수 없는 국민의 기본 인권과 존엄성을 억압하였다. 그리고 이러한 권력 남용에 형식적인 합법성을 부여하고자 …(중략)… 입법, 사법, 행정 3권을 한 사람의 집권자에게 집중시키고 있다.

① 부·마 민주 항쟁이 일어났다.
② 국민 교육 헌장을 선포하였다.
③ 7·4 남북 공동 성명이 발표되었다.
④ 한일 협정 체결을 반대하는 6·3 시위가 있었다.

## 19

2019년 서울시 9급(6월)

<보기>와 같은 내용의 헌법으로 개정된 이후 발생한 사건으로 가장 옳은 것은?

> **보기**
> 제39조 대통령은 통일 주체 국민 회의에서 토론 없이 무기명 투표로 선거한다.
> 제40조 통일 주체 국민 회의는 국회의원 정수의 1/3에 해당하는 수의 국회의원을 선거한다.
> 제43조 대통령은 조국의 평화적 통일을 위한 성실한 의무를 진다.

① 굴욕적인 한일 회담에 반대하는 학생 시위가 전개되었다.
② 재야 인사들이 명동성당에 모여 '3·1 민주 구국 선언'을 발표하였다.
③ 친일파 청산을 위해 반민족 행위 특별 조사 위원회를 설치하였다.
④ 민생안정을 위해 농가 부채 탕감, 화폐 개혁 등을 실시하였다.

## 20

2022년 지방직 9급

다음 조항을 포함한 법률에 대한 설명으로 옳지 않은 것은?

> 제1조 일본 정부와 통모하여 한일 합병에 적극 협력한 자, 한국의 주권을 침해하는 조약 또는 문서에 조인한 자와 이를 모의한 자는 사형 또는 무기 징역에 처하고, 그 재산과 유산의 전부 혹은 2분의 1 이상을 몰수한다.

① 이 법률은 제헌 국회에서 제정되었다.
② 이 법률은 농지 개혁법이 제정된 후 제정되었다.
③ 이 법률에 의해 반민특위와 특별 재판부가 구성되었다.
④ 이 법률에 의해 친일 경력을 지닌 고위 경찰 간부가 체포되었다.

# 문제 풀이

## 17

정답 ③

제시된 사료는 1972년 10월 유신 이후 국민투표로, 1972년 11월 확정된 유신 헌법이다. 이 헌법은 1980년 5·18 광주 민주화 운동 이후 설치된 국가 보위 비상 대책 위원회(5월 31일)에서 1980년 10월 제정한 8차 개헌(7년 단임 간선제)전까지 지속되었다.

④ 1970년: 전태일이 근로기준법 준수를 요구하며 분신하였다.

① 1971년: 광주 대단지 사건이 일어났다.

② 1972년 7월 4일: 7·4 남북 공동 성명이 발표되었다.

| 1972년 11월 | 유신 헌법 확정 |
|---|---|

③ 1980년 5월: 국가 보위 비상 대책 위원회가 조직되었다.

| 1980년 10월 | 8차 개헌: 7년 단임 간선제 |
|---|---|

**½한국사 고득점 TIP 광주 대단지 사건(1971)**

서울시의 광주 대단지(지금의 성남시) 조성 계획으로 정부의 선전만 믿고 광주 대단지에 이주한 주민들에게 서울시가 보상 약속을 제대로 시행하지 않고, 오히려 각종 세금을 부과하였다. 이에 이주민들이 반발하여 광주 대단지 전역을 일시 점거하였다.

## 18

정답 ①

제시된 자료는 1972년 12월 제정된 유신 헌법(7차 개헌)이다. 이 헌법은 1972년 12월 제정되어 1980년 10월 8차 개헌이 이루어지기 전까지 지속되었다.

④ 1964년: 6·3 항쟁

② 1968년: 국민 교육 헌장

③ 1972년 7월 4일: 7·4 남북 공동 성명

| 1972년 12월 | 7차 개헌: 유신 헌법 | 4공화국 |
|---|---|---|
| ↓ | ① 1979년 10월: 부마 항쟁 | |
| 1980년 10월 | 8차 개헌 | 5공화국 |

**중요 사료 국민 교육 헌장**

우리는 민족 중흥의 역사적 사명을 띠고 이 땅에 태어났다. 조상의 빛난 얼을 오늘에 되살려 안으로 자주 독립의 자세를 확립하고, 밖으로 인류 공영에 이바지할 때다. 이에 우리의 나아갈 바를 밝혀 교육의 지표로 삼는다.

## 19

정답 ②

제시된 사료의 헌법은 1972년 제정된 유신 헌법이다. 사료의 '통일 주체 국민 회의' 등을 통해 1972년 발표된 유신 헌법 중 일부임을 알 수 있다.

③ 1948년: 반민특위 설치

④ 1961년: 군정시기 (~1963년)

① 1964년: 6·3 항쟁

| 1972년 12월 | 유신 헌법 | 7차 개헌 |
|---|---|---|

② 1976년: 3·1 민주 구국 선언

**½한국사 고득점 TIP 유신 헌법(7차 개헌)**

- 대통령 임기 6년, 횟수 제한 X, 통일 주체 국민 회의에서 간선제 선출
- 대통령: 국회의원의 1/3을 추천, 국회해산권, 법관 임명권
- 긴급조치권: 1974년~1975년, 1호~9호 발동

## 20

정답 ②

제시된 사료는 1948년 9월 제헌 국회에서 제정된 반민족 행위 처벌법이다.

**② X: 이 법률(반민족 행위 처벌법)은 1949년 6월 제정된 농지 개혁법보다 앞선 1948년 9월에 제헌 국회에서 제정되었다.**

**오답 분석**

① O: 반민족 행위 처벌법은 제헌 국회(1948. 5~1950. 5.)에서 제정되었다. 제헌 국회는 반민족 행위자를 처벌하여 일제의 잔재를 청산하고, 사회 정의를 확립하기 위해 반민족 행위 처벌법을 제정하였다.

③ O: 반민족 행위 처벌법이 제정된 후, 이 법률에 의해 반민족 행위 특별 조사 위원회(반민특위)와 특별 재판부가 구성되었다.

④ O: 반민족 행위 처벌법에 의해 노덕술 등 친일 경력을 지닌 고위 경찰 간부가 체포되었다.

**중요 사료 반민족 행위 처벌법 제정 근거**

대한민국헌법(1948. 7. 17. 헌법 제1호) 부칙 제101조 이 헌법을 제정한 국회는 단기 4278년 8월 15일 이전의 악질적인 반민족행위를 처벌하는 특별법을 제정할 수 있다.

**½한국사 고득점 TIP 제헌 국회에서 제정한 법률**

- 반민족 행위 처벌법: 1948년 제정, 반민족 행위자를 처벌하고 공민권 제한
- 농지 개혁법: 1949년 제정(1950년 시행), 3정보 이상의 토지 소유를 금지하고 지주들의 땅을 유상 매입하여 농민들에게 유상 분배
- 귀속 재산 처리법: 1949년 제정, 국공유 재산을 제외한 귀속 재산의 불하 사업 추진

# THEME 128 중요 민주화 운동

## 01
2019년 서울시 9급(6월)

<보기> 선언문의 발표 후에 있었던 사건으로 가장 적합하지 않은 것은?

> **보기**
> 상아의 진리탑을 박차고 거리에 나선 우리는 질풍과 같은 역사의 조류에 자신을 참여시킴으로써 이성과 진리, 그리고 자유의 대학정신을 현실의 참담한 박토에 뿌리려 하는 바이다. …(중략)… 무릇 모든 민주주의 정치사는 자유의 투쟁사다. 그것은 또한 여하한 형태의 전제로 민중 앞에 군림하든 '종이로 만든 호랑이'같이 헤슬픈 것임을 교시한다. …(중략)… 근대적 민주주의의 근간은 자유다. - 서울대학교 문리과대학 학생 일동

① 이승만 대통령이 하야하였다.
② 장면 정권이 수립되었다.
③ 민족자주통일중앙협의회가 조직되었다.
④ 조봉암이 진보당을 결성하였다.

## 02
2018년 교육행정직

다음 민주화 운동의 원인으로 가장 적절한 것은?

> 1. 당일 10시 각 본부별 종파별로 고문 살인 조작 규탄 및 호헌 철폐 국민 대회를 개최한 후 오후 6시를 기하여 성공회 대성당에 집결, 국민 운동 본부가 주관하는 국민 대회를 개최한다.
> 2. (1) 오후 6시 국기 하강식을 기하여 전국민은 있는 자리에서 애국가를 제창하고
> (2) 애국가가 끝난 후 자동차는 경적을 울리고
> (3) 전국 사찰, 성당, 교회는 타종을 하고
> (4) 국민들은 형편에 따라 만세 삼창(민주헌법 쟁취 만세, 민주주의 만세, 대한민국 만세)을 하던지 제자리에서 11분간 묵념을 함으로써 민주쟁취의 결의를 다진다.
>
> - 국민운동본부, 「국민 대회 행동요강」 -

① 대통령이 긴급조치 1호를 발동하였다.
② 정부와 자유당이 3·15 부정 선거를 자행하였다.
③ 정부가 4·13 조치로 대통령 직선제 요구를 거부하였다.
④ 한·일 기본 조약을 체결하여 일본과 국교를 정상화하였다.

## 03
2017년 서울시 9급

다음 자료와 관련된 사건을 순서대로 바르게 나열한 것은?

> (ㄱ) 무엇보다 우리는 이른바 4·13 대통령의 특별 조치를 국민의 이름으로 무효임을 선언한다.
> (ㄴ) 우리 시민군은 온갖 방해에도 불구하고 여러분의 안전을 끝까지 지킬 것입니다. 또한 협상이 올바른 방향대로 진행되면 우리는 즉각 총을 놓겠습니다.
> (ㄷ) 오늘의 이 시점에서 저는 사회적 혼란을 극복하고, 국민적 화해를 이룩하기 위하여 대통령 직선제를 택하지 않을 수 없다는 결론에 이르게 되었습니다.

① (ㄱ) - (ㄴ) - (ㄷ)
② (ㄴ) - (ㄱ) - (ㄷ)
③ (ㄴ) - (ㄷ) - (ㄱ)
④ (ㄷ) - (ㄴ) - (ㄱ)

## 04
2019년 법원직 9급

(가)~(라)에 해당하는 구호와 관련된 설명이 잘못된 것은?

> (가) 3·15 부정 선거 다시 하라!
> (나) 계엄령 해제하고 신군부 퇴진하라!
> (다) 굴욕적인 대일 외교 결사 반대한다!
> (라) 호헌 철폐, 대통령 직선제 개헌 쟁취하자!

① (가) - 이승만이 하야하는 계기가 되었다.
② (나) - 종신 집권이 가능한 대통령제로 개헌했다.
③ (다) - 한일 회담에 반대하고 정권의 퇴진을 요구했다.
④ (라) - 이한열 등의 희생을 통해 직선제 개헌에 성공했다.

## 문제 풀이

### 01

정답 ④

제시된 사료는 1960년 4·19 혁명 당시 서울 대학교 문리대학 학생 선언문 중 일부이다.

④ 1956년: 조봉암 진보당 창당

| 1960년 | 4·19 혁명 | |
|---|---|---|

① 1960년 4월 26일: 이승만 하야
② 1960년 8월: 장면 내각 수립
③ 1961년: 민족 자주 통일 중앙 협의회

**중요 사료** 3·15 부정 선거

- 총 유권자의 40%에 해당하는 표를 자유당 후보에게 기표하여 투표 당일 투표함에 미리 넣어 놓는다.
- 나머지 60%의 유권자는 3인, 5인, 9인조로 묶어 매수 혹은 위협을 통해 자유당 후보에게 투표하도록 한다.
- 투표소 부근에 여당 완장을 착용한 완장 부대를 배치하여 야당 성향의 유권자를 위협한다.
- 야당 참관인은 적당한 구실을 만들어 투표소 밖으로 내쫓는다.

- 동아일보, 1960년 3월 4일

### 02

정답 ③

제시된 사료에서 '고문 살인 조작 규탄 및 호헌 철폐' 등을 통해 6월 민주 항쟁(1987)에 대한 내용임을 파악할 수 있다.

③ O: **1987년 전두환 정부가 4·13 조치로 대통령 직선제 요구를 거부하자 6·10 민주 항쟁(6월 민주 항쟁)이 발생하였다.**

**오답 분석**

① X: 1974년 박정희 유신 정권 때 대통령이 긴급조치 1호를 발동하였다. 6월 민주 항쟁은 박정희 유신 정권에 반발 것은 아니다.
② X: 6월 민주 항쟁이 아니라 4·19 혁명이 3·15 부정 선거로 인해서 발생하였다.
④ X: 6월 민주 항쟁이 아니라 1964년 6·3 항쟁이 한·일 기본 조약 체결을 반대하며 일어났다.

**½한국사 고득점 TIP** 반유신 투쟁

- 김대중 일본에서 반유신 투쟁 → 1973년 김대중 피랍
- 동아일보 기자들의 언론 자유 수호 투쟁: 1974년
- 민주 회복 국민 회의 : 1974년
- 3·1 구국 선언 : 1976년
- 부마 항쟁 : 1979년

**½한국사 고득점 TIP** 6월 민주 항쟁

- 발단: 박종철 열사와 이한열 열사의 죽음, 4·13 호헌 조치
- 과정: 6·10 민주 항쟁, 전국 18개 도시, 민주 헌법 쟁취, 호헌철폐 주장
- 결과: 여당 후보 노태우의 6·29 선언으로 직선제 수용
- 개헌: 9차 개헌(5년 단임 직선제, 헌법 재판소 설치 등)

### 03

정답 ②

제시된 사료에서 '우리 시민군은 온갖 방해에도 불구하고 여러분의 안전을 끝까지 지킬 것입니다.'에서 시민군이라는 표현을 통해 5·18 광주 민주화 운동임을 알 수 있다. 이 당시 신군부가 공수부대를 광주에 파견하여 광주 시민들에게 발포를 하자 시민들은 스스로 무장을 하고 진압군에게 대항하였다.

| (ㄴ) | 1980년 | 5·18 광주 민주화 운동 |
|---|---|---|
| ↓ | | |
| (ㄱ) | 1987년 | 6월 민주 항쟁 |
| ↓ | | |
| (ㄷ) | 1987년 | 6·29 선언 |

**중요 사료** 5·18 광주 민주화 운동

우리는 왜 총을 들 수밖에 없었는가? 그 대답은 너무나 간단합니다. 너무나 무자비한 만행을 더 이상 보고 있을 수만 없어서 너도나도 총을 들고 나섰던 것입니다. …(중략)… 계엄 당국은 18일 오후부터 공수 부대를 대량 투입하여 시내 곳곳에서 학생, 젊은이들에게 무차별 살상을 자행하였으니!

- 광주 시민군 궐기문

### 04

정답 ②

제시된 사료의 (가)는 4·19 혁명의 구호이고, (나)는 5·18 광주 민주화 운동의 구호이다. (다)는 6·3 항쟁의 구호이고, (라)는 6월 민주 항쟁의 구호이다.

② X: **(나) 5·18 광주 민주 항쟁으로, 이 민주화 운동을 진압한 전두환은 유신 헌법을 폐지하고 7년 단임 간선제의 8차 개헌을 단행하였다. 1972년 박정희의 7차 유신 헌법이 종신 집권이 가능한 대통령제의 개헌이었다.**

**오답 분석**

① O: (가) 4·19 혁명으로 이승만이 하야하는 계기가 되었고 장면 내각이 등장하여 최초의 정권 교체가 이루어졌다.
③ O: (다) 6·3 항쟁은 박정희 정부의 한일 회담에 반대하고 정권의 퇴진을 요구했다.
④ O: (라) 6월 민주 항쟁 당시 연세대 학생 이한열 등의 희생을 통해 5년 단임 직선제의 9차 개헌에 성공했다.

# THEME 129 개헌 과정

## 01

2020년 법원직 9급

**(가)에 들어갈 내용으로 가장 옳은 것은?**

> 3차 개헌(1960. 6.) - 의원 내각제, 양원제 채택
> 5차 개헌(1962. 12.) - 대통령 직선제
> 6차 개헌(1969. 10.) - (가)
> 7차 개헌(1972. 12.) - 대통령 권한 강화

① 대통령 간선제
② 중임 제한 철폐
③ 국회 양원제 규정
④ 대통령의 3선 허용

## 02

2021년 법원직 9급

**밑줄 친 (ㄱ), (ㄴ)의 내용으로 옳은 것은?**

> • 투표는 (ㄱ) 이 헌법 제39조의 규정에 따라 토론 없이 무기명으로 투표 용지에 후보자 성명을 기입하는 방법으로 진행되었다. 투표 결과는 찬성 2,357표, 반대는 한 표도 없이 무효 2표로 박정희 후보를 선출하였다.
> • 집권 준비를 마친 전두환은 통일 주체 국민 회의를 통해 제11대 대통령으로 선출되었다. 그러나 국민의 반발과 악화된 국제 여론을 의식하여 개헌을 단행하였다. (ㄴ) 새 헌법에 따라 실시된 선거에서 전두환은 다시 대통령에 당선되었다.

① (ㄱ) - 대통령의 연임을 3회까지만 허용한다.
② (ㄱ) - 대통령이 국회를 해산할 권한을 갖는다.
③ (ㄴ) - 대통령의 임기는 5년으로 한다.
④ (ㄴ) - 통일 주체 국민 회의에서 대통령을 선출한다.

## 03

2022년 지방직 9급

**다음과 같은 대통령 선출 방식이 포함된 헌법의 내용으로 옳지 않은 것은?**

> 제39조 ① 대통령은 통일 주체 국민 회의에서 토론없이 무기명 투표로 선거한다.
> ② 통일 주체 국민 회의에서 재적 대의원 과반수의 찬성을 얻은 자를 대통령 당선자로 한다.

① 대통령은 국회를 해산할 수 있다.
② 대통령의 임기는 7년으로 하며, 중임할 수 없다.
③ 대법원장은 대통령이 국회의 동의를 얻어 임명한다.
④ 대통령은 국정 전반에 걸쳐 필요한 긴급조치를 할 수 있다.

## 문제 풀이

### 01

정답 ④

④ O: 1969년 10월에 제6차 개헌(3선 개헌)이 이루어졌는데, 주요 내용은 대통령의 3선을 허용하는 것이었다.

**오답 분석**

① X: 대통령 간선제는 제헌 헌법, 7차 개헌(유신 헌법), 8차 개헌이 간선제 개헌이었다.

② X: 대통령의 중임 제한 철폐는 1954년 사사오입 개헌과 6차 3선 개헌, 7차 유신 헌법 때 중임 제한이 없었다.

③ X: 1952년 1차 개헌과 1960년 3차 개헌에서 양원제 규정이 있었지만 1차 개헌 이후에는 양원제가 운영되지 못하였다.

**½한국사 고득점 TIP 3선 개헌(1969년 6차 개헌)**

1969년 6차 개헌은 3선 개헌으로 대통령의 3선을 허용하는 개헌이다. 박정희는 야당, 학생, 재야 세력의 반발에도 불구하고 3선 개헌을 국민 투표로 확정하였고, 1971년 직선제로 실시된 선거에서 김대중 후보를 누르고 3선에 성공하였다.

### 02

정답 ②

제시된 자료에서 밑줄 친 (ㄱ)은 유신 헌법(7차 개헌)이고 (ㄴ)은 8차 헌법이다.

② O: (ㄱ) 유신 헌법에서는 대통령이 국회를 해산할 권한을 가졌고, 국회의원의 1/3을 대통령이 추천하였다.

**오답 분석**

① X: (ㄱ) 유신 헌법은 대통령의 연임을 3회까지만 허용하는 것이 아니라 횟수 제한이 없었다.

③ X: (ㄴ) 8차 헌법은 대통령의 임기를 5년이 아니라 7년 단임으로 하였다.

④ X: (ㄴ) 8차 헌법이 아니라 (ㄱ) 유신 헌법이 통일 주체 국민 회의에서 대통령을 선출한다.

**½한국사 고득점 TIP 7차 개헌과 8차 개헌**

| 개헌 | 유신헌법(7차 개헌) | 8차 헌법 |
|---|---|---|
| 선출 방식 | 간선제 | 간선제 |
| 선출 | 통일 주체 국민 회의 | 대통령 선거인단 |
| 임기 | 6년 | 7년 |
| 중임 | 중임제한 없음 | 단임 |

### 03

정답 ②

제시된 사료는 1972년 제정된 유신 헌법(7차 개헌)의 내용이다. '통일 주체 국민 회의에서 대통령을 선거로 뽑는다'에서 1972년 7차 개헌(유신 헌법)임을 알 수 있다.

② X: 대통령의 임기는 7년으로 하며, 중임할 수 없다는 것은 전두환 정부 때 개정된 제8차 개헌(1980)의 내용이다.

**오답 분석**

① O: 유신 헌법에서는 대통령에게 국회를 해산할 수 있는 권한이 부여되었다.

③ O: 유신 헌법에서 대법원장은 대통령이 국회의 동의를 얻어 임명할 수 있다고 규정하였다.

④ O: 유신 헌법에서는 대통령에게 국정 전반에 걸쳐 필요한 긴급 조치권이 부여되었다.

**½한국사 고득점 TIP 유신 헌법(7차 개헌)**

- 배경: 닉슨독트린(1969)으로 냉전 완화, 박정희 정부의 위기 고조
- 목적: 박정희의 장기 종신 집권 시도
- 과정
  - 1972년 10월 유신 선포. 비상계엄, 국회 해산, 유신 헌법 제정
  - 11월 유신 헌법 국민 투표에서 90%가 찬성 → 12월 유신 헌법 공포
  - 1972년 12월 통일 주체 국민 회의에서 박정희가 8대 대통령 당선
- 내용
  - 대통령 임기 6년, 횟수 제한X, 통일 주체 국민 회의에서 간선제 선출
  - 대통령이 국회의원의 1/3을 추천, 국회해산권, 법관 임면권을 가짐
  - 긴급조치권: 1974년~1975년, 1호~9호 발동

# THEME 130 6·25 전쟁과 북한의 변화

## 01

2023년 법원직 9급

**다음 조약이 조인된 시기를 연표에서 가장 옳게 고른 것은?**

> 제3조 각 당사국은 타 당사국의 행정 지배하에 있는 영토와 각 당사국이 타 당사국의 행정 지배하에 합법적으로 들어갔다고 인정하는 금후의 영토에 있어서 타 당사국에 대한 태평양 지역에 있어서의 무력 공격을 자국의 평화와 안전을 위태롭게 하는 것이라 인정하고 공통한 위험에 대처하기 위하여 각자의 헌법상의 수속에 따라 행동할 것을 선언한다.
> 제4조 상호적 합의에 의하여 미합중국의 육군, 해군과 공군을 대한민국의 영토 내와 그 부근에 배치하는 권리를 대한민국은 이를 허여하고 미합중국은 이를 수락한다.

| | (가) | | (나) | | (다) | | (라) | |
|---|---|---|---|---|---|---|---|---|
| 대한민국 정부 수립 | | 6·25 전쟁 발발 | | 제2차 개정 헌법 공포 | | 5·16 군사 정변 | | 한일 기본 조약 조인 |

① (가) ② (나)
③ (다) ④ (라)

## 02

2015년 국가직 9급

**연표의 (가), (나) 시기에 있었던 사실로 옳은 것은?**

| | (가) | | (나) | |
|---|---|---|---|---|
| 6·25 전쟁 발발 (1950. 6. 25) | | 서울 수복 (1950. 9. 28) | | 휴전 협정 체결 (1953. 7. 27) |

① (가) - 인천 상륙 작전이 실시되었다.
② (가) - 중국군의 참전으로 인해 한국군은 서울에서 후퇴하게 되었다.
③ (나) - 애치슨 선언이 발표되었다.
④ (나) - 유엔 안전 보장 이사회에서 유엔군 파병이 결정되었다.

## 03

2015년 사회복지직

**다음의 협정과 관련한 설명으로 옳지 않은 것은?**

> 군사 분계선을 확정하고 쌍방이 이 선에서 2km씩 후퇴하여 비무장 지대를 설정한다. 비무장 지대는 완충 지대로서 적대 행위로 인해 우려되는 사건을 미리 방지한다.

① 협상 과정에서 휴전 반대 운동이 있었다.
② 협정 조인으로 발췌 개헌 파동이 야기되었다.
③ 협상 과정에서 정부는 반공 포로를 석방하였다.
④ 협정 조인 이후 정부는 미국과 한미 상호 방위 조약을 체결하였다.

## 04

2020년 소방직

**다음 사건이 일어난 시기를 연표에서 옳게 고른 것은?**

> • 아군은 38선 이북에서 대대적인 철수를 계획하였다.
> • 아군과 피난민들이 흥남 부두에서 모든 선박을 동원하여 해상으로 철수를 시작하였다.

| (가) | | (나) | | (다) | | (라) |
|---|---|---|---|---|---|---|
| | 북한군 남침 시작 | | 인천 상륙 작전 개시 | | 평양 탈환 | |

① (가) ② (나)
③ (다) ④ (라)

## 05

2007년 국가직 9급

**1945년 해방 이후 남·북한의 정치 상황에 대한 설명으로 옳은 것은?**

① 1948년 김일성은 남로당과 연안파 인사들을 배제하고 북한 정부를 구성하였다.
② 1965년 한국군은 UN군의 일원으로 베트남에 파병되었다.
③ 1969년 3선 개헌에 성공한 박정희는 간접 선거를 통해 1971년 대통령에 당선되었다.
④ 1972년 북한은 사회주의 헌법을 공포하여 수령 유일 지도 체제를 확립하였다.

## 01

정답 ②

제시된 사료에서 상호적 합의에 의하여 미합중국의 육군, 해군과 공군을 대한 민국의 영토 내와 그 부근에 배치하는 권리를 대한민국이 허락한다는 내용을 통해 한·미 상호 방위 조약임을 알 수 있다.

| 1948년 8월 15일 | 대한 민국 정부 수립 |
|---|---|
| ↓(가) | |
| 1950년 6월 25일 | 6·25 전쟁 발발 |
| ↓(나) | 1953년 10월: 한미 상호 방위 조약 체결 |
| 1954년 | 2차 개헌: 사사오입 개헌 |
| ↓(다) | |
| 1961년 | 5·16 군사 정변 |
| ↓(라) | |
| 1965년 | 한일 기본 조약 체결 |

## 02

정답 ①

| | ③ 1950년 1월: 애치슨 선언 | |
|---|---|---|
| 1950년 6월 25일 | 6·25 전쟁 발발 | 북한의 기습 |
| ↓(가) | ④ 1950년 6월 27일: 유엔군 파병 결정<br>① 1950년 9월 15일: 인천 상륙 작전 | |
| 1950년 9월 28일 | 서울 수복 | |
| ↓(나) | ② 1951년 1월 4일: 1·4 후퇴 | |
| 1953년 7월 27일 | 휴전 협정 체결 | |

## 03

정답 ②

제시된 사료는 1953년 7월 조인된 6·25 전쟁에 대한 휴전(정전) 협정의 내용이다. '군사 분계선에서 2km씩의 비무장 지대를 설치하기로 합의하였다'에서 휴전(정전) 협정임을 알 수 있다.

**② X: 휴전(정전) 협정은 1953년 7월에 이루어졌고, 발췌 개헌은 1952년에 이루어졌다. 그러므로 정전 협정 조인으로 발췌 개헌이 이루어졌다는 것은 틀린 지문이다.**

**오답 분석**

① O: 휴전(정전) 회담 당시 남한 정부와 국민들은 휴전(정전) 회담에 반대하였고, 북진 통일을 주장하였다. 특히 이승만은 휴전을 방해할 목적으로 1953년 6월 거제도 반공 포로를 석방하기도 하였다.

③ O: 휴전 협상 중 1953년 6월 이승만은 휴전(정전) 협정을 방해할 목적으로 미국에 한·미 상호 방위 조약을 요구하며 수감된 포로들 중 반공 포로들을 대규모로 석방하였다.

④ O: 휴전(정전) 협정 이후 1953년 10월 한국 정부의 휴전 반대에 대한 설득의 일환으로 한·미 상호 방위 조약을 체결하였고, 1954년 '한·미 합의 의사록'을 통해 한국군의 작전 지휘권을 유엔군 사령부에 양도하였다.

## 04

정답 ④

제시된 자료는 1950년 12월 흥남 철수에 대한 설명으로 (라) 시기에 발생하였다.

| ↓(가) | | |
|---|---|---|
| 1950년 6월 25일 | 북한군의 남침 | |
| ↓(나) | | |
| 1950년 9월 15일 | 인천 상륙 작전 | |
| ↓(다) | | |
| 1950년 10월 | 평양 탈환 | |
| ↓(라) | • 1950년 12월: 흥남 철수 | |

**½한국사 고득점 TIP 6·25 전쟁의 전개 과정**

6·25 전쟁 발발(1950. 6. 25.) → 유엔군 참전(1950. 7.) → 인천 상륙 작전(1950. 9. 15.) → 서울 수복(1950. 9. 28.) → 평양 탈환(1950. 10. 19.) → 중국군 개입(1950. 10. 25.) → 국군과 유엔군 서울 철수(1951. 1. 4.) → 휴전 회담(1951. 7.) → 휴전 협정 체결(1953. 7.)

## 05

정답 ④

**④ O: 1972년 7·4 남북 공동 성명 이후 남한에서는 10월에 유신 헌법을, 북한은 12월에 사회주의 헌법을 채택하여 박정희와 김일성의 독재를 강화하는데 이용되었다.**

**오답 분석**

① X: 북한은 처음에는 김일성의 갑산파, 김두봉의 연안파, 허가이의 소련파, 박헌영의 남로당파 등의 연합 정권으로 시작하였다. 하지만 1948년이 아니라 1950년대 김일성이 다른 세력을 제거하고 독재 기반을 강화하였다.

② X: 1965년 한국군의 베트남 파병은 유엔군의 일원으로 참전한 것이 아니라 미국의 요청으로 참전하였다.

③ X: 1969년 3선 개헌에 성공한 박정희는 간접 선거가 아니라 직접 선거를 통해 1971년 대통령에 당선되었다.

**½한국사 고득점 TIP 김일성 독재 체제 강화**

6·25 전쟁의 패전 책임을 떠넘기고 김일성 자신의 권력 기반 강화를 위해, 1950~1953년 연안파(무정)와 소련파(허가이), 남로당 계열을 숙청하였고, 1956년 8월 종파 사건으로 연안파를 제거한 후 1957년 김두봉마저 제거하면서 독재 체제를 강화하였다.

# THEME 131 1공화국의 경제 상황

## 01

2020년 국가직 9급

**다음 그래프에 표시된 시기에 일어난 사회 현상으로 옳지 않은 것은?**

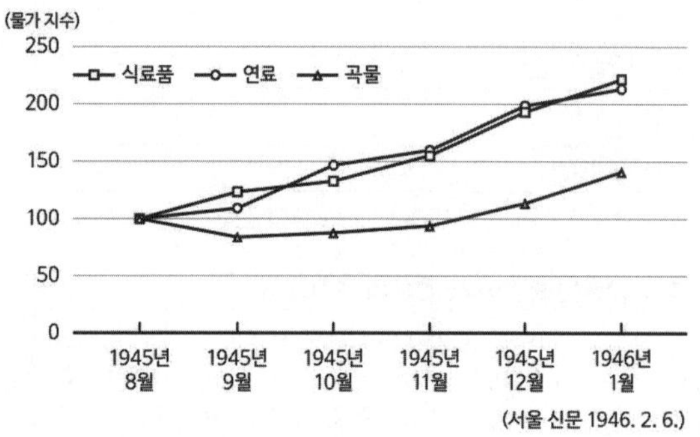


① 해외로부터 귀환인이 급증하여 식량이 부족했다.

② 38도선 분할 점령 이후 식료품 부문의 생산이 크게 위축되었다.

③ 미 군정이 재정 적자를 메우기 위해 화폐를 과도하게 발행했다.

④ 미곡 수집제 폐지, 토지 개혁 실시를 주장하는 대규모 시위가 일어났다.

## 02

2018년 교육행정직

**다음은 어느 전직 공무원의 기록이다. 밑줄 친 (ㄱ)이 운용된 시기의 경제 현상으로 옳은 것은?**

> 재무부 장관에 정식 취임한 나는 (ㄱ) <u>미국의 원조 물자 및 잉여 농산물의 판매 대전(代錢)으로 조성된 대충자금</u>의 사용 방안에 관해 미국 측과의 이견조정에 직면하게 되었다. …(중략)… 원조 물자나 잉여 농산물의 판매 대전 중 우리나라가 사용할 수 있는 돈은 반드시 국방비에만 사용할 수 있다는 주장을 내세웠고, 또 우리나라는 이를 미국 측 주장대로 감수하여 온 처지에 있었다.
>
> \- 재계회고

① 농축산물 수입 개방 반대 운동이 전개되었다.

② 제분, 제당, 면방직 등 삼백 산업이 발달하였다.

③ 금리, 기름 값, 달러 인하로 3저 호황을 누렸다.

④ 정부 주도하에 건설 노동자들이 중동에 파견되었다.

## 03

2020년 법원직 9급

**다음 법령이 반포되었을 당시의 경제적 상황으로 가장 옳은 것은?**

> 제2조 본 법에서 귀속 재산이라 함은 … 대한민국 정부에 이양된 일체의 재산을 지칭한다. 단, 농경지는 따로 농지 개혁법에 의하여 처리한다.
>
> 제3조 귀속 재산은 본 법과 본 법의 규정에 의하여 발하는 명령이 정하는 바에 의하여 국용 또는 공유재산, 국영 또는 공영 기업체로 지정되는 것을 제외하고는 대한민국의 국민 또는 법인에게 매각한다.
>
> \- 귀속재산 처리법

① 삼백 산업이 발달하였다.

② 금융 실명제가 실시되었다.

③ 수출 100억 달러를 달성하였다.

④ OECD 회원국으로 가입하였다.

## 04

2019년 지방직 9급

**다음 법령과 관련한 설명으로 옳은 것은?**

> 제5조 정부는 다음에 의하여 농지를 취득한다.
>
> 1. 다음의 농지는 정부에 귀속한다.
>
> (가) 법령 및 조약에 의하여 몰수 또는 국유로 된 토지
>
> (나) 소유권의 명의가 분명하지 않은 농지

① 농지 이외 임야도 포함되었다.

② 신한 공사가 보유하던 토지를 분배하였다.

③ 중앙 토지 행정처가 분배 업무를 주무하였다.

④ 분배받은 농민은 평년 생산량의 30%를 5년간 상환하였다.

## 문제 풀이

### 01

정답 ④

제시된 자료는 광복 이후 1945년~1946년 1월까지의 물가 상승과 관련된 내용이다.

④ X: **미 군정의 경제 정책에 대한 반발로 1946년 9월 9일 총파업, 10월 대구 폭동 등이 전개되었다. 특히, 자료는 1946년 1월까지의 상황이며 미곡 수집제는 1946년 이후에 실시된 정책이다. 이전에 미 군정은 미곡의 자유 시장 제도를 도입하여 미곡의 가격이 폭등하였다.**

**오답 분석**

① O: 해방 이후 해외 동포들이 남한으로 많이 귀환하여 인구는 증가하였지만 식량이 부족하여 물가가 폭등하였다.

② O: 일제 강점기 병참 기지화 정책과 중화학 공업 정책으로 대부분의 공장이 북부 지방에 집중되어 있었고, 해방 이후 남북의 불균형과 기술 부족, 자본 부족 등으로 남한의 공장 60%가 중단되었다. 이로 인해 생필품 등의 부족으로 물가가 상승하였다.

③ O: 미 군정은 해방 이후 물가를 조절하기 위해 여러 경제 정책을 시도하였으나 실패하였다. 이로 인해 발생한 재정 적자를 해결하기 위해 화폐를 발행하였고, 그 결과 극심한 인플레이션이 발생하였다.

### 02

정답 ②

제시된 사료의 밑줄 친 '원조 물자, 잉여 농산물' 등을 통해 1950년대의 경제 상황임을 알 수 있다.

② O: **1950년대 이승만 정부 시절 미국은 농산물과 소비재 원료를 무상으로 원조하였고, 이를 통해 남한의 식량 문제가 해결되었고 면방직, 제분, 제당의 삼백 산업이 발달하였다. 미국의 무상 원조는 1950년대 후반 유상 차관으로 전환되었다.**

**오답 분석**

① X: 1950년대 이승만 정부가 아니라 김영삼 정부 시절 1993년 12월 타결, 1995년부터 발효된 우루과이 라운드를 통해 농산물 시장이 개방(쌀 제외, 쌀은 2015년 개방)되었고, 농민들은 반대 운동을 전개하였다.

③ X: 이승만 정부 시절이 아니라 전두환 정부 시절 3저 호황으로 2차 석유 파동을 극복하였고, 경제 호황을 누렸다.

④ X: 이승만 정부 시절이 아니라 박정희 정부 시절인 1973년 1차 석유 파동 당시 정부 주도하에 건설 노동자들이 중동에 파견되어 외화를 많이 벌어 1차 석유 파동을 극복하였다.

**½한국사 고득점 TIP 이승만 정부의 원조 경제**

- 1956년 공법 480: 미국이 농산물 등을 원조
- 원조 방식: 무상 원조 → 1950년대 후반 유상 차관으로 전환
- 원조 물자: 농산물과 소비재 원료 등
- 영향
  - 남한의 식량 부족 문제 해결, 농민들의 농가 소득 감소
  - 밀과 면화 재배 농가 소득 감소
  - 삼백 산업 발달 (밀가루, 면화, 설탕 등)

### 03

정답 ①

제시된 사료는 1949년 이승만 정부 시절 제정된 귀속 재산 처리법 중 일부이다.

① O: **1950년대 이승만 정부 시절 미국의 소비재 원료 원조로 삼백 산업이 발달하였다.**

**오답 분석**

② X: 이승만 정부가 아니라 1993년 김영삼 정부 시절 금융 실명제가 실시되었다.

③ X: 이승만 정부가 아니라 1977년 박정희 정부 시절 수출 100억 달러를 달성하였다.

④ X: 이승만 정부가 아니라 1996년 김영삼 정부 시절 OECD 회원국으로 가입하였다.

### 04

정답 ④

제시된 사료는 이승만 정부 시절 1949년 6월 제정된 농지 개혁법 중 일부 내용이다

④ O: **농지 개혁에서 3정보 이내로 유상 분배하고, 연 수확량의 150%를 5년간(매년 30%를 5년간 상환) 분할 상환하도록 하였다.**

**오답 분석**

① X: 남한의 농지 개혁에서는 임야와 산림, 과수원, 상전 등 비농지는 농지 개혁의 대상에서 제외되었다.

② X: 미 군정 시기 1946년 신한 공사가 설치되어 귀속 농지를 직접 경영하고 소작료를 1/3 이내로 제한하였다. 신한 공사는 1948년 3월 해체되었다. 대한민국 정부가 수립되고 이승만 정부 시절 1949년 6월 농지 개혁법이 제정되었고, 1950년 3월부터 시행되었다.

③ X: 미 군정은 1948년 3월 신한 공사를 폐지하고 중앙 토지 행정처에서 일부 귀속 농지를 농민들에게 연간 생산량의 300%를 15년간 현물 상환하는 조건으로 분배하였다.

**½한국사 고득점 TIP 농지 개혁**

- 제정: 1949년 6월 제헌 국회에서 제정
- 시행: 1950년 3월 시행 → 6·25 전쟁으로 중단 → 전쟁 후 종료
- 목적: 경자유전, 지주를 산업 자본가로 육성(미흡)
- 원칙: 경자유전의 원칙, 유상 몰수 유상 분배, 3정보
  - 농지만 개혁의 대상, 비농지 제외
  - 유상 몰수: 농가X, 자경X, 규정 한도 초과 농지
  - 유상 분배: 3정보, 수확량의 150%를 5년간 분할 납부(매년 30%, 5년간)
- 의의: 자작농 증가, 농촌 근대화, 남한의 공산화 방지에 기여

# THEME 132 박정희 정부의 경제 정책과 새마을 운동

## 01

2018년 국가직 9급

(가)와 (나)는 외국과 맺은 각서이다. 두 각서 사이에 있었던 사실로 옳은 것은?

> (가) 일본 측은 한국 측에 무상 원조 3억 달러, 유상 원조(해외 경제 협력 기금) 2억 달러, 그리고 수출입은행 차관 1억 달러 이상을 제공한다.
> (나) 미국 정부가 한국과 약속했던 1억 5천만 달러 규모의 차관 공여와 더불어 …(중략)… 한국의 경제 발전을 돕기 위한 추가 AID 차관을 제공한다.

① 경부 고속 국도가 개통되었다.
② 마산에 수출 자유 지역이 건설되었다.
③ 국가 기간 산업인 울산 정유 공장이 가동되었다.
④ 유엔의 지원으로 충주에 비료 공장을 설립하였다.

## 02

2017년 하반기 지방직 9급

밑줄 친 '시기'에 있었던 사실에 대한 설명으로 옳은 것은?

> 제1차 경제 개발 5개년 계획을 시행할 무렵에 우리나라 정부는 국내에서 산업 개발 자금을 확보하려 하였다. 이에 통화 개혁을 실시했으나 목적을 달성하지 못했고, 결국 외국 차관을 들여왔다. 이러한 배경 속에서 섬유·가발 등의 수출 산업이 육성되었다. 제2차 경제 개발 5개년 계획이 적용된 때에는 화학, 철강 산업에 대한 투자도 이루어졌다. 이 두 차례의 경제 개발 계획이 시행된 시기에 수출 주도 성장 전략이 자리를 잡았다.

① 경부 고속 국도가 건설되었다.
② 금융 실명제가 전격적으로 실시되었다.
③ 경제 협력 개발 기구(OECD)에 가입하였다.
④ 연간 수출 총액이 늘어나 100억 달러를 돌파하였다.

## 03

2012년 국가직 9급

1960년대의 경제 상황으로 옳지 않은 것은?

① 제1차 경제 개발 5개년 계획이 추진되었다.
② 베트남 파병을 계기로 베트남 특수를 누리게 되었다.
③ 미국의 무상 원조가 경제 개발의 주요 재원으로 활용되었다.
④ 경제 건설에 필요한 재원 조달을 위해 한·일 협정이 체결되었다.

## 04

2015년 지방직 9급

1970년대 시행된 정책이 아닌 것은?

① 금융 실명제의 실시
② 새마을 운동의 추진
③ 통일벼의 전국적 보급
④ 수출 주도형 중화학 공업화

## 01

정답 ③

④ 1959년: 충주 비료 공장 설립

| 1962년 | 김종필과 오히라 각서 | |
|---|---|---|

↓ ③ 1964년: 울산 정유 공장 가동

| 1966년 | 브라운 각서 | |
|---|---|---|

① 1970년: 경부 고속 도로

② 1970년: 마산에 수출 자유 무역 지대 설치

**½한국사 고득점 TIP 울산 공업 단지**

울산 공업 단지는 울산광역시 남구에 위치한 국가 산업 단지로, 1962년 울산 공업 센터의 기공식을 계기로 1966년까지 공장 부지 등 지원 시설의 착수가 이루어졌다. 이후 1967년 지역 확장 공고를 통하여 울산 정유 공장(1964)이 확장되어 석유 화학 공업 단지로 선정되었다.

## 02

정답 ①

제시된 자료의 밑줄 친 '시기'는 제1차 경제 개발 5개년 계획이 진행되던 1962년부터 1966년, 제2차 경제 개발 5개년 계획이 진행되던 1967년부터 1971년의 시기이다. 그러므로 1962년~1971년까지의 상황을 고르면 되는 문제이다.

**① O: 1970년 경부 고속 국도가 건설되었다.**

**오답 분석**

②, ③ X: 금융 실명제가 전격적으로 실시되고, 경제 협력 개발 기구(OECD)에 가입한 시기는 제1·2차 경제 개발 이후인 김영삼 정부 때이다. 김영삼 정부는 투명한 금융 거래를 위하여 금융 실명제를 실시(1993)하였고, 경제 협력 개발 기구(OECD)에 가입(1996)하였다.

④ X: 연간 수출 총액이 100억 달러를 돌파한 시기는 1977년으로, 제4차 경제 개발 5개년 계획(1977~1981)이 시행되던 시기이다. 이 시기에는 중화학 공업의 생산이 경공업을 앞서면서 고도 성장을 이루었다.

**½한국사 고득점 TIP 경제 개발 5개년 계획**

- 특징
  - 정부 주도하에 수출 주도형의 성장 전략 실시
  - 공업 분야를 중점적으로 육성하여 불균형 성장 초래
  - 외자 도입 촉진법을 보완하는 등 외자를 적극적으로 도입
  - 고도의 경제 성장을 이룩하여 아시아의 신흥 공업국으로 부상
- 내용
  - 제1·2차 경제 개발 계획: 경공업 육성(노동 집약적 산업), 사회 간접 자본 확충: 경부 고속도로 개통
  - 제3·4차 경제 개발 계획: 중화학 공업 육성, 건설업의 중동 진출로 제1차 석유 파동 극복

## 03

정답 ③

**③ X: 1960년대가 아니라 1950년대에 미국의 무상원조가 경제 개발의 주요 재원으로 사용되었다. 미국의 무상원조는 1950년대 후반 유상차관으로 전환되었다.**

**오답 분석**

① O: 1962년부터 제1차 경제 개발 5개년 계획이 추진되었다.

② O: 1965년 베트남 파병을 계기로 베트남 특수를 누리게 되었다.

④ O: 1965년 박정희 정부 시절 경제 건설에 필요한 재원 조달을 위해 한·일 협정이 체결되었다.

## 04

정답 ①

**① X: 금융 실명제는 1970년대가 아니라 1993년 김영삼 정부 시절에 실시되었다.**

**오답 분석**

② O: 1970년 4월 22일 농촌 재건 운동에 착수하기 위해 새마을 운동이 시작되었다.

③ O: 통일벼는 1970년대 주곡의 자급을 달성하게 한 신품종 벼로 1970년대 후반 전국적으로 보급되었다.

④ O: 1970년대 선진국들의 보호 무역이 강화됨에 따라 정부는 수출 주도형 중화학 공업을 육성하기 위해서 1973년 중화학 공업 추진 위원회를 설치하고 철강과 화학, 비철금속, 기계, 조선, 전자 등 6개 전략 업종을 선정, 집중 육성하였다.

**½한국사 고득점 TIP 새마을 운동**

- 농가의 소득 배가 운동으로 시작하여 점차 도시·직장·공장 등으로 확산되면서 의식 개혁 운동으로 이어졌다.
- 농어촌 지역의 경우, 환경 정비 사업을 첫 단계로 하여 지붕 개량, 주택 개량, 농로 개설, 마을 도로 확충, 하천 정비, 전기화 사업 등에서 가시적인 성과를 거두었다.
- 초기에는 겨울철 농한기를 이용하여 전국의 33,267개 이동(里洞)에 시멘트를 335부대씩 무상으로 지급하여, 이동개발위원회(里洞開發委員會)를 중심으로 각 마을의 환경 개선 사업을 주민 협동으로 추진하도록 하였다.

# THEME 133 1980년대 이후 경제 상황

## 01

2020년 국가직 9급

**다음은 우리나라 경제 성장 과정을 시간순으로 나열한 것이다. (가)에 들어갈 내용으로 옳은 것은?**

| 수출액 100억 달러를 돌파하다. |
|---|
| ↓ |
| 제2차 석유 파동으로 경제가 침체에 빠지다. |
| ↓ |
| (가) |
| ↓ |
| 경제 협력 개발 기구에 가입하다. |

① 제3차 경제 개발 5개년 계획이 실시되다.
② 저금리, 저유가, 저달러의 3저 호황을 경험하다.
③ 베트남 파병을 시작하고 「브라운 각서」를 체결하다.
④ 일본과 대일 청구권 문제에 합의하고 「한일 기본 조약」을 체결하다.

## 02

2017년 하반기 국가직 9급

**다음은 연대별 인구 정책을 상징하는 표어이다. 각 연대별로 일어난 일에 대한 설명으로 옳은 것만을 <보기>에서 모두 고른 것은?**

| 연대 | 표어 |
|---|---|
| (가) | 덮어 놓고 낳다 보면 거지꼴을 못 면한다. |
| (나) | 딸 아들 구별 말고 둘만 낳아 잘 기르자. |
| (다) | 잘 키운 딸 하나 열 아들 안 부럽다. |
| (ㄹ) | 국자감 |

**보기**

(ㄱ) (가) 군사 정부가 '경제 개발 5개년 계획'을 추진하였다.
(ㄴ) (나) 유신 체제가 성립되었고, 2차례의 오일 쇼크와 중화학 공업 과잉 중복 투자에 대한 경제 불황이 있었다.
(ㄷ) (다) 6월 민주 항쟁과 저금리, 저유가, 저달러의 3저 호황이 있었다.

① (ㄱ), (ㄴ)　② (ㄱ), (ㄷ)
③ (ㄴ), (ㄴ)　④ (ㄱ), (ㄴ), (ㄷ)

## 03

2019년 소방직

**다음 담화문을 발표한 정부 시기에 있었던 사실로 옳은 것은?**

> 저는 이 순간 엄숙한 마음으로 헌법 제76조 1항의 규정에 의거하여, 「금융실명 거래 및 비밀 보장에 관한 대통령 긴급명령」을 반포합니다. 아울러 헌법 제47조 3항의 규정에 따라, 대통령의 긴급명령을 심의하기 위한 임시 국회 소집을 요청하고자 합니다. …(중략)… 이 시간 이후 모든 금융 거래는 실명으로만 이루어집니다.

① 삼백 산업이 발달하였다.
② 새마을 운동이 전개되었다.
③ 경부 고속 국도(도로)가 개통되었다.
④ 경제 협력 개발 기구(OECD)에 가입하였다.

## 04

2012년 기상직 9급

**1980년대 경제 상황의 설명으로 바른 것은?**

① 저금리·저유가·저달러의 '3저 호황'으로 위기를 벗어났다.
② 소비재 중심인 제분, 제당, 면방직 등의 삼백 산업이 발달하였다.
③ 우루과이 라운드의 타결로 쌀 시장과 서비스 시장을 개방하였다.
④ 마산과 익산을 수출 자유 무역 지역으로 선정하여 외자를 유치하였다.

## 문제 풀이

## 01

정답 ②

④ 1965년: 한일 기본 조약(한일 협정)

③ 1966년: 브라운 각서

① 1972년~1976년: 3차 경제 개발 5개년 계획

| 1977년 | 100억 달러 수출 |
|---|---|
| ↓ | |
| 1978년 | 2차 석유 파동 |
| ↓ (가) | ② 1986년~1988년: 3저 호황, 전두환 정부 시기 |
| 1996년 | 경제 협력 개발 기구(OECD) 가입 |

## 02

정답 ④

제시된 자료 (가)는 1960년대, (나)는 1970년대, (다)는 1980년대에 발표된 표어이다.

**(ㄱ) O: (가) 1960년대: 1961년 5·16 군사 정변으로 등장한 군사 정부가 1962년부터 '경제 개발 5개년 계획'을 추진하였다.**

**(ㄴ) O: (나) 1970년대: 1972년 유신 체제가 성립되었고, 1973년과 1978년 2차례의 오일 쇼크와 중화학 공업 과잉 중복 투자로 인해 경제 불황이 있었다.**

**(ㄷ) O: (다) 1980년대: 전두환 정부 시절 1987년 6월 민주 항쟁이 일어났고, 저금리, 저유가, 저달러의 3저 호황이 있었다.**

**½한국사 고득점 TIP 시기별 인구 정책 표어**

- 1950년대: 3남 2녀로 5명은 낳아야죠, 건강한 어머니에 되어 나온 옥동자
- 1960년대: 많이 낳아 고생 말고 적게 낳아 잘 키우자, 덮어 놓고 낳다 보면 거지꼴을 못 면한다.
- 1970년대: 딸 아들 구별 말고 둘만 낳아 잘 기르자.
- 1980년대: 둘도 많다! 잘 키운 딸 하나 열 아들 안 부럽다.
- 1990년대: 선생님! 착한 일 하면 여자 짝꿍 시켜주나요?
- 2000년대: 아빠, 혼자는 싫어요. 엄마, 저도 동생을 갖고 싶어요.

## 03

정답 ④

제시된 사료에서 '금융실명 거래 및 비밀 보장에 관한 대통령 긴급 명령', '모든 금융 거래는 실명으로만' 등을 통해 김영삼 정부 시기의 담화문임을 알 수 있다.

**④ O: 김영삼 정부 시기에 경제 협력 개발 기구(OECD)에 가입하였다.**

**오답 분석**

① X: 삼백 산업이 발달한 것은 이승만 정부 시기이다.

② X: 새마을 운동이 전개된 것은 박정희 정부 시기이다.

③ X: 경부 고속 국도(도로)가 개통된 것은 박정희 정부 시기이다.

## 04

정답 ①

**① O: 전두환 정부 때인 1980년대에는 3저 호황(저금리·저유가·저달러)으로 우리나라는 어려움을 극복하고 빠른 경제 성장을 달성할 수 있었다.**

**오답 분석**

② X: 삼백 산업이 발달한 것은 1950년대의 일이다. 이승만 정부 때 미국의 원조를 바탕으로 한 제분, 면방직, 제당 공업의 삼백 산업이 발달하였다.

③ X: 우루과이 라운드 협정(UR)이 타결된 것은 1994년의 일이다.

④ X: 마산과 익산을 수출 자유 무역 지역으로 선정하여 외자를 유치한 것은 박정희 정부 때인 1970년대의 일이다. 박정희 정부는 외국인의 투자 촉진, 고용 증대 등을 위해 마산과 익산을 수출 자유 무역 지역으로 선정하였다.

**½한국사 고득점 TIP 1980년대의 경제 상황**

- 경제 위기: 중화학 공업에 대한 중복·과잉 투자, 제2차 석유 파동 등으로 1980년을 전후하여 경제적 위기에 직면
- 제5차 경제 사회 개발 계획: 소득 분배의 불균등을 개선하고 국민 복지 증대를 위한 제5차 개발 계획 진행
- 3저 호황: 저금리·저유가·저달러의 3저 호황으로 어려움을 극복

# THEME 134 통일 정책의 전개와 변화

## 01
2017년 하반기 지방직 9급

다음 사실들을 시기순으로 바르게 나열한 것은?

(ㄱ) 남북이 유엔에 동시 가입하였다.
(ㄴ) 분단 후 처음으로 금강산 관광 사업이 실현되었다.
(ㄷ) '남북 사이의 화해와 불가침 및 교류·협력에 관한 합의서'가 체결되었다.
(ㄹ) 북한 핵시설 동결과 경수로 발전소 건설 지원 등을 명시한 '북·미 제네바 기본 합의서'가 채택되었다.

① (ㄱ) - (ㄴ) - (ㄷ) - (ㄹ) ② (ㄱ) - (ㄷ) - (ㄹ) - (ㄴ)
③ (ㄷ) - (ㄱ) - (ㄹ) - (ㄴ) ④ (ㄷ) - (ㄹ) - (ㄱ) - (ㄴ)

## 02
2018년 서울시 9급

<보기 1>의 (가)와 (나)가 발표된 시기의 사이에 있었던 사실을 <보기 2>에서 모두 고른 것은?

**보기 1**
(가) 첫째, 통일은 외세에 의존하거나 외세의 간섭을 받음이 없이 자주적으로 해결하여야 한다.
둘째, 통일은 서로 상대방을 반대하는 무력 행사에 의거하지 않고 평화 방법으로 실현하여야 한다.
셋째, 사상과 이념, 제도의 차이를 초월하여 우선 하나의 민족으로서 민족적 대단결을 도모하여야 한다.
(나) 1. 남과 북은 나라의 통일 문제를 그 주인인 우리 민족끼리 서로 힘을 합쳐 자주적으로 해결한다.
2. 남과 북은 남측의 연합제 안과 북측의 낮은 단계의 연방제 안이 서로 공통성이 있다고 인정한다.

**보기 2**
(ㄱ) 금강산 관광이 시작되었다.
(ㄴ) 남북 조절 위원회를 설치하였다.
(ㄷ) 경의선과 동해선 철도가 연결되었다.
(ㄹ) 남과 북이 동시에 유엔에 가입하였다.

① (ㄱ), (ㄴ), (ㄷ) ② (ㄱ), (ㄴ), (ㄹ)
③ (ㄱ), (ㄷ), (ㄹ) ④ (ㄴ), (ㄷ), (ㄹ)

## 03
2020년 법원직 9급

(가)에 들어갈 사실로 가장 옳은 것은?

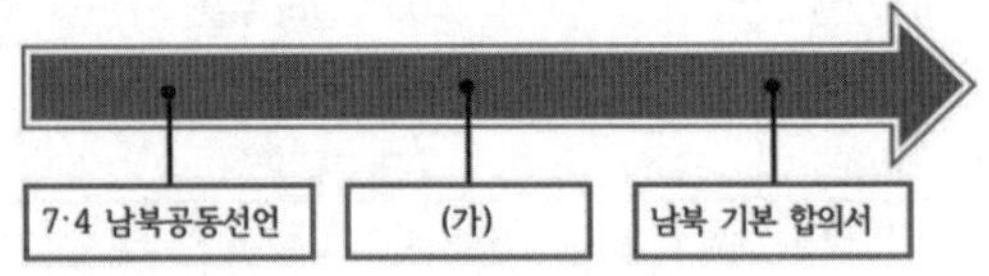


① 개성 공업 지구가 조성되었다.
② 최초로 금강산 관광이 시작되었다.
③ 남북한이 동시에 유엔에 가입하였다.
④ 남북한이 비핵화 공동 선언을 체결하였다.

## 04
2022년 법원직 9급

(가), (나) 사이 시기에 있었던 사실로 가장 옳은 것은?

(가) 남과 북은 상대방에 대하여 무력을 사용하지 않으며 상대방을 무력으로 침략하지 아니한다. …… 민족 전체의 복리 향상을 도모하기 위하여 자원의 공동 개발, 민족 내부 교류로서의 물자 교류, 합작 투자 등 경제 교류와 협력을 실시한다.
(나) 남과 북은 나라의 통일을 위한 남측의 연합제 안과 북측의 낮은 단계의 연방제 안이 서로 공통성이 있다고 인정하고 앞으로 이 방향에서 통일을 지향시켜 나가기로 하였다.

① 남북 조절 위원회가 설치되었다.
② 금강산 관광 사업이 시작되었다.
③ 제2차 남북 정상 회담이 개최되었다.
④ 남북 이산가족 상봉이 최초로 이루어졌다.

## 문제 풀이

### 01

정답 ②

| (ㄱ) | 1991년 9월 | 남북한 유엔 동시 가입 |
|---|---|---|
| ↓ | | |
| (ㄷ) | 1991년 12월 | 남북 기본 합의서 |
| ↓ | | |
| (ㄹ) | 1994년 | 제네바 합의(북한, 미국) |
| ↓ | | |
| (ㄴ) | 1998년 | 금강산 해로 관광 |

### 02

정답 ②

| (가) | 1972년 | 7·4 남북 공동 성명 |
|---|---|---|

(ㄴ) 1972년: 남북 조절 위원회 설치

↓ (ㄹ) 1991년 9월: 유엔 동시 가입

(ㄱ) 1998년: 금강산 관광 시작(해로)

| (나) | 2000년 | 6·15 남북 공동 성명 |
|---|---|---|

↓ (ㄷ) 2002년 경의선, 2005년 동해선 완공

**½한국사 고득점 TIP 제1차 남북 정상 회담 합의 사항 이행**

- 개성 공단 건설: 2003년 착공 → 2004년 가동 → 2016년 중단
- 경의선 복구 사업: 2000년 9월 기공 → 2003년 연결식 개최
- 이산가족 상봉: 2000년 8월부터 2018년 8월까지 21차례 실시
- 금강산 관광: 2003년 육로 관광 시작 → 2008년 관광객 피살 사건으로 중단

### 03

정답 ③

| 1972년 7월 4일 | 7·4 남북 공동 성명 | 박정희 정부 |
|---|---|---|

↓ ③ 1991년 9월: 유엔 동시 가입

| 1991년 12월 13일 | 남북 기본 합의서 | 노태우 정부 |
|---|---|---|

④ 1991년 12월 31일: 한반도 비핵화 공동 선언

② 1998년: 금강산 관광(해로 관광) 시작

① 2004년~2007년: 개성 공단 조성 사업
- 합의: 2000년 6·15 남북 공동 성명
- 시험단지: 2004년 준공
- 준공과 운영: 2007년

**½한국사 고득점 TIP 노태우 정부의 통일 노력**

- 7·7 선언(1988): 남북 관계를 선의의 동반자이며 함께 번영해야 할 민족 공동체 관계로 규정하고 모든 부분에서의 교류 표방
- 한민족 공동체 통일 방안(1989): 자주·평화·민주의 3대 원칙 아래 과도적인 체제로 남북 연합을 구성하여 통일 헌법을 제정한 다음 총선거를 실시하여 통일 민주 공화국을 구성하자는 방안 제시
- 남북 기본 합의서(1991): 상호 체제를 인정하고 상호 불가침, 교류와 협력 확대 등에 대해 합의

### 04

정답 ②

① 1972년 7·4 남북 공동 성명 이후 남북 조절 위원회 설치

④ 1985년 전두환 정부 시절 최초의 이산가족 상봉

| (가) | 1991년 12월 | 남북 기본 합의서(노태우 정부) |
|---|---|---|

② 1998년 금강산 관광 시작(해로 관광)

※ 2000년 6·15 남북 공동 성명 금강산 육로 관광 합의
- 2003년 시작
- 2008년 관광객 사망으로 중단

※ 개성 관광: 2007년 시작

| (나) | 2000년 6월 | 6·15 남북 공동 성명 |
|---|---|---|

③ 2007년 노무현 정부 시절 2차 남북 정상 회담(10·4 선언)

**중요 사료 10·4 남북 공동 선언**

제1조 남과 북은 6·15 공동 선언을 고수하고 적극 구현해 나간다.

제2조 남과 북은 사상과 제도의 차이를 초월하여 남북 관계를 상호 존중과 신뢰 관계로 확고히 전화시켜 나가기로 하였다.

제4조 남과 북은 군사적 적대 관계를 종식시키고 한반도에서 긴장 완화와 평화를 보장하기 위해 긴밀히 협력하기로 하였다.

# THEME 135 중요 통일 정책 비교

## 01
2018년 교육행정직

**다음 합의에 따라 추진된 정부의 통일 노력으로 옳은 것은?**

> 1. 남과 북은 나라의 통일 문제를 그 주인인 우리 민족끼리 서로 힘을 합쳐 자주적으로 해결해 나가기로 하였다.
> 2. 남과 북은 나라의 통일을 위한 남측의 연합제 안과 북측의 낮은 단계의 연방제 안이 서로 공통성이 있다고 인정하고 앞으로 이 방향에서 통일을 지향시켜 나가기로 하였다.

① 개성 공단을 건설하였다.
② 남북 조절 위원회를 구성하였다.
③ 제1차 남북 적십자 회담을 열었다.
④ 남북 유엔 동시 가입을 성사시켰다.

## 02
2015년 법원직 9급

**다음은 정부가 발표한 통일 관련 선언문이다. 이에 관한 서술로 가장 옳지 않은 것은?**

> (가) 쌍방은 다음과 같은 조국 통일 원칙들에 합의를 보았다.
> 첫째, 통일은 외세에 의존하거나 외세의 간섭을 받음이 없이 자주적으로 해결하여야 한다.
> 둘째, 통일은 상대방을 반대하는 무력 행사에 의거하지 않고 평화적 방법으로 실현하여야 한다.
> 셋째, 사상과 이념, 제도의 차이를 초월하여 우선 하나의 민족으로서 민족적 대단결을 도모하여야 한다.
> (나) 1. 남과 북은 나라의 통일 문제를 그 주인인 우리 민족끼리 서로 힘을 합쳐 자주적으로 해결해 나가기로 하였다.
> 2. 남과 북은 나라의 통일을 위한 남측의 연합제 안과 북측의 낮은 단계의 연방제 안이 서로 공통성이 있다고 인정하고 앞으로 이 방향에서 통일을 지향시켜 나가기로 하였다.

① (가) 발표 직후, 긴급 조치권이 포함된 헌법 개정이 이루어졌다.
② (나)는 남북한 정부 간에 최초로 공식 합의한 남북 기본 합의서이다.
③ (나) 이후 남북한 이산가족 간의 서신 교환이 실시되었다.
④ (가)와 (나) 사이에 해로를 통한 금강산 관광이 처음으로 시작되었다.

## 03
2018년 지방직 9급

**다음 합의문에 대한 설명으로 옳은 것은?**

> 쌍방은 오랫동안 서로 만나보지 못한 결과로 생긴 남북 사이의 오해와 불신을 풀고 긴장의 고조를 완화시키며 나아가서 조국 통일을 촉진시키기 위하여 다음과 같은 문제들에 완전한 견해의 일치를 보았다.
> 1. 쌍방은 다음과 같은 조국 통일 원칙들에 합의를 보았다.
> 첫째, 통일은 외세에 의존하거나 외세의 간섭을 받음이 없이 자주적으로 해결하여야 한다.
> 둘째, 통일은 서로 상대방을 반대하는 무력 행사에 의거하지 않고 평화적 방법으로 실현하여야 한다.
> …(중략)…
> 4. 쌍방은 지금 온 민족의 거대한 기대 속에 진행되고 있는 남북 적십자 회담이 하루빨리 성사되도록 적극 협조하는 데 합의하였다.

① 남북 기본 합의서와 동시에 작성된 문서이다.
② 남북 조절 위원회를 구성하기로 합의한 내용이 담겨 있다.
③ 분단 후 최초로 열린 남북 정상 회담의 결과로 발표된 성명서이다.
④ 금강산 관광 사업을 추진하기로 결정했다는 내용이 수록되어 있다.

## 04
2014년 국가직 7급

**밑줄 친 '합의'에 대한 설명으로 옳은 것을 <보기>에서 모두 고르면?**

> 쌍방 사이의 관계가 나라와 나라 사이의 관계가 아닌 통일을 지향하는 과정에서 잠정적으로 형성되는 특수 관계라는 것을 인정하고, 평화 통일을 성취하기 위한 공동의 노력을 경주할 것을 다짐하면서, 다음과 같이 <u>합의</u>하였다.
> 제1조 남과 북은 서로 상대방의 체제를 인정하고 존중한다.

> **보기**
> (ㄱ) 남북의 정상이 만나서 약속한 것이다.
> (ㄴ) 남북이 동시에 유엔에 가입하는 계기가 되었다.
> (ㄷ) 군사 당국자 간의 직통 전화를 가설하기로 하였다.
> (ㄹ) 남북 불가침을 위한 남북 군사 공동 위원회 설치를 명시하였다.

① (ㄱ), (ㄴ)　② (ㄱ), (ㄹ)
③ (ㄴ), (ㄷ)　④ (ㄷ), (ㄹ)

## 문제 풀이

### 01

정답 ①

제시된 사료는 2000년 6·15 남북 공동 성명에 대한 설명이다.

① O: 2000년 6·15 남북 공동 성명 이후 개성 공단 조성 사업과 경의선, 동해선 철도 복원 사업이 시작되었으며 2003년부터 금강산 육로 관광 사업이 시작되었다.

**오답 분석**

② X: 남북 조절 위원회는 6·15 남북 공동 성명이 아니라 1972년 7·4 남북 공동 성명에서 설치에 합의하였다.

③ X: 6·15 남북 공동 성명이 아니라 남북 적십자 회담은 1971년 회담을 제의하였고, 1972년 본 회담이 개최되었다.

④ X: 1991년 노태우 정부 시절 남북이 유엔에 동시 가입하였다.

### 02

정답 ②

제시된 (가) 사료는 7·4 남북 공동 성명(박정희), (나) 사료는 6·15 남북 공동 선언(김대중)이다.

② X: (나)는 남북한 정부 간에 최초로 공식 합의한 남북 기본 합의서가 아니라 2000년 김대중 정부 시절 이루어진 최초의 정상 회담인 6·15 남북 공동 성명이다.

**오답 분석**

① O: (가) 7·4 남북 공동 성명 발표 직후 긴급 조치권이 포함된 유신 헌법(7차 개헌)이 이루어져 박정희 독재에 이용되었다.

③ O: (나) 2000년 6·15 남북 공동 성명 이후 금강산에 이산가족 면회소가 설치되었으며 이산가족 간의 서신 교환 등이 실시되었다.

④ O: (가) 1972년과 (나) 2000년 사이인 1998년에 해로를 통한 금강산 관광이 처음으로 시작되었다.

### 03

정답 ②

제시된 사료는 1972년 7·4 남북 공동 성명이다. '자주', '평화', '남북 적십자 회담 성사 협조' 등을 통해 1972년 7·4 남북 공동 성명임을 알 수 있다.

② O: 7·4 남북 공동 성명에서 남북 조절 위원회 구성에 합의하였다.

**오답 분석**

① X: 7·4 남북 공동 성명은 1972년 박정희 시절 합의된 것이고, 남북 기본 합의서는 1991년 노태우 정부 시절 채택된 남북 정부 당사자 간에 공식 합의된 최초의 문서이다.

③ X: 최초로 열린 남북 정상 회담의 결과로 발표된 성명서는 7·4 남북 공동 성명이 아니라 김대중 정부 시절의 2000년 6·15 남북 공동 성명이다.

④ X: 금강산 관광 사업은 1998년 김대중 정부 때부터 시작되었다.

**½한국사 고득점 TIP** 7·4 남북 공동 성명

- 발표: 1972년 7월 4일
- 의의: 최초 남북 통일 합의(비공식적 합의: 이후락이 비밀 파견)
- 원칙: 자주적, 평화적, 민족 대단결
- 설치: 남북 조절 위원회, 서울과 평양 사이의 직통 전화
- 한계: 남북한 독재에 이용(남한: 유신 헌법 / 북한: 사회주의 헌법)

### 04

정답 ④

제시된 사료의 밑줄 친 '합의'는 남북 기본 합의서(1991년 12월)이다.

(ㄷ) O: 남북 기본 합의서에 따라 군사 당국자 간의 직통 전화를 가설하기로 하였다.

(ㄹ) O: 남북 기본 합의서에는 남북 불가침을 위한 남북 군사 공동 위원회의 설치를 명시하였다.

**오답 분석**

(ㄱ) X: 남북 기본 합의서는 남북의 정상이 아니라 남북 정부 당사자 간의 합의였다.

(ㄴ) X: 1991년 9월 남북이 동시에 유엔에 가입 이후 1991년 12월 남북 기본 합의서가 채택되었다.

**½한국사 고득점 TIP** 남북 기본 합의서

- 체결: 1991년 12월 노태우 정부
- 의의: 최초의 남북간의 공식 합의(정부 당사자간의 합의/정상X)
- 합의: 화해·불가침·교류 협력에 합의
  - 남과 북은 서로 상대방의 체제를 인정하고 존중한다.
  - 국가적 실체는 인정하되, 국가로 승인하지 않는다.
- 설치
  - 남북 연락 사무소(판문점)
  - 군 당사자간의 직통 전화 개설, 남북 군사 공동 위원회

# THEME 136 유네스코

## 01

2022년 국가직 9급

**우리나라 유네스코 세계유산에 대한 설명으로 옳지 않은 것은?**

① 미륵사지에는 목탑 양식의 석탑이 있다.
② 정림사지에는 백제의 5층 석탑이 남아 있다.
③ 능산리 고분군에는 계단식 돌무지무덤이 있다.
④ 무령왕릉에는 무덤 주인공을 알려주는 지석이 있었다.

## 02

2021년 국가직 9급

**우리나라 세계유산과 세계 기록유산에 대한 설명으로 옳은 것만을 모두 고르면?**

> (ㄱ) 공주 송산리 고분군에는 전축분인 6호분과 무령왕릉이 있다.
> (ㄴ) 양산 통도사는 금강계단 불사리탑이 있는 삼보 사찰이다.
> (ㄷ) 남한산성은 병자호란 때 인조가 피난했던 산성이다.
> (ㄹ) 『승정원일기』는 역대 왕의 훌륭한 언행을 「실록」에서 뽑아 만든 사서이다.

① (ㄱ), (ㄴ) ② (ㄴ), (ㄷ)
③ (ㄱ), (ㄴ), (ㄷ) ④ (ㄱ), (ㄴ), (ㄹ)

## 03

2018년 지역 인재 9급

**유네스코 세계 기록유산으로 등재된 조선 시대 기록물과 그에 대한 설명으로 옳은 것은?**

① 어책 - 왕실의 혼인이나 국장 등 국가의 여러 행사를 글과 그림으로 기록한 것이다.
② 『일성록』 - 정조가 세손 때부터 매일 매일의 생활을 반성한다는 뜻에서 쓰기 시작한 일기이다.
③ 『동의보감』 - 사람의 체질을 태양·태음·소양·소음으로 나눈 사상 의학 서적이다.
④ 『승정원일기』 - 전왕(前王)의 통치 기록인 사초, 시정기, 조보 등을 모아 편찬하였다.

## 04

2020년 지방직 9급

**세계유산으로 등재된 것이 아닌 것은? (2019년 12월 31일 기준)**

① 종묘 ② 화성
③ 한양도성 ④ 남한산성

## 01

정답 ③

③ X: 부여 능산리 고분군이 아니라 서울의 석촌동 고분에 고구려의 장군총에 영향을 받은 계단식 돌무지무덤이 있다.

**오답 분석**

① O: 익산 미륵사지에는 현존 최고의 석탑인 익산 미륵사지 석탑이 있고, 이 탑은 목탑 양식의 석탑이다.

② O: 부여 정림사지에는 평제탑이라 불리는 부여 정림사지 5층 석탑이 남아 있다.

④ O: 공주 송산리에 있는 무령왕릉에는 무덤 주인공을 알려주는 현존 최고의 지석이 발견되었다.

**½한국사 고득점 TIP** 백제 역사 유적 지구

- 백제 역사 유적 지구: 공주시, 부여군, 익산시 3개 지역의 8개 유적지
  - 475년~660년 사이의 백제 왕국의 역사
- 공주: 웅진성과 연관된 공산성과 송산리 고분군
- 부여
  - 사비성과 관련된 관북리 유적(관북리 왕궁지) 및 부소산성
  - 정림사지, 능산리 고분군, 부여 나성
- 익산: 왕궁리 유적, 미륵사지 등

## 02

정답 ③

(ㄱ) O: 공주 송산리 고분군에는 중국 남조의 영향을 받은 전축분(벽돌무덤)인 6호분과 무령왕릉이 있다.

(ㄴ) O: 양산 통도사는 금강계단 불사리탑이 있는 삼보 사찰이다.

(ㄷ) O: 남한산성은 병자호란 때 인조가 피난했던 산성으로 유네스코 문화유산에 등재되었다.

**오답 분석**

(ㄹ) X: 『승정원일기』가 아니라 『국조보감』이 역대 왕의 훌륭한 언행을 「실록」에서 뽑아 만든 것이며 『국조보감』은 유네스코 기록유산이 아니다.

**½한국사 고득점 TIP** 양산 통도사

- 창건: 신라 선덕 여왕 시절 신라 승려 자장이 창건한 사찰
- 의의: 신라 3대 사찰 중의 하나로 불보 사찰이라 불림
- 2018년 '산사, 한국의 산지 승원'으로 유네스코 문화유산 등재

## 03

정답 ②

② O: 『일성록』 - 정조가 세손 때부터 매일 매일의 생활을 반성한다는 뜻에서 쓰기 시작한 일기이다.

**오답 분석**

① X: 어책이 아니라 의궤가 왕실의 혼인이나 국장 등 국가의 여러 행사를 글과 그림으로 기록한 것이다.

③ X: 『동의보감』이 아니라 이제마의 『동의수세보원』이 사람의 체질을 태양·태음·소양·소음으로 나눈 사상 의학 서적이지만 유네스코의 기록유산에 등재되지 않았다.

④ X: 『승정원일기』가 아니라 『조선왕조실록』이 전왕의 통치 기록인 사초, 시정기, 조보 등을 모아 편찬하였다.

**½한국사 고득점 TIP** 『승정원일기』

- 승정원에서 왕과 신하 간에 오고 간 문서와 왕의 일과를 매일 기록한 것
- 국초부터 편찬하였으나 왜란 이전의 것은 모두 없어지고 인조부터 갑오개혁 때까지의 3,000여 권이 전해져 실록보다 3배정도 양이 많으며, 유네스코 세계 기록유산에 등재되었다.

## 04

정답 ③

③ X: 한양 도성은 서울의 주위를 에워싸고 있는 조선 시대의 도성으로, 세계유산으로 지정되지 않았다.

**오답 분석**

① O: 종묘는 조선 시대 역대의 왕과 왕비 및 추존된 왕과 왕비의 신주를 모신 왕가의 사당으로, 1995년 유네스코 세계유산에 등재되었다.

② O: 화성은 정조가 사도세자의 묘를 수원으로 옮기면서 축조한 성곽으로, 1997년 유네스코 세계유산에 등재되었다.

④ O: 남한산성은 조선 시대에 유사시를 대비하여 임시 수도로서 역할을 담당하도록 건설된 산성으로, 2014년 유네스코 세계유산에 등재되었다.

**½한국사 고득점 TIP** 유네스코 문화유산

고인돌, 불국사와 석굴암, 경주 역사 지구, 백제 역사 유적 지구, 산사와 한국의 산지 승원, 창덕궁, 종묘, 해인사 장경판전, 수원 화성, 안동 하회 마을, 경주 양동 마을, 남한산성, 조선왕릉, 한국의 서원, 가야 고분군

2025 대비 최신판

# 해커스공무원 최진우 1/2 한국사 테마별 기출 700제

**초판 2쇄 발행 2025년 2월 10일**
초판 1쇄 발행 2024년 9월 2일

| | |
|---|---|
| **지은이** | 최진우 |
| **펴낸곳** | 해커스패스 |
| **펴낸이** | 해커스공무원 출판팀 |

| | |
|---|---|
| **주소** | 서울특별시 강남구 강남대로 428 해커스공무원 |
| **고객센터** | 1588-4055 |
| **교재 관련 문의** | gosi@hackerspass.com<br>해커스공무원 사이트(gosi.Hackers.com) 교재 Q&A 게시판<br>카카오톡 플러스 친구 [해커스공무원 노량진캠퍼스] |
| **학원 강의 및 동영상강의** | gosi.Hackers.com |

| | |
|---|---|
| **ISBN** | 979-11-7244-266-8 (13910) |
| **Serial Number** | 01-02-01 |